Befragung von Kindern und Jugendlichen

Befragung von Kindern und Jugendlichen

Grundlagen, Methoden und Anwendungsfelder

herausgegeben von

Eva Walther, Franzis Preckel und Silvia Mecklenbräuker

HOGREFE GÖTTINGEN · BERN · WIEN · PARIS · OXFORD · PRAG · TORONTO
CAMBRIDGE, MA · AMSTERDAM · KOPENHAGEN · STOCKHOLM

Prof. Dr. Eva Walther, geb. 1964. Studium der Linguistik und Philosophie in Marburg. Studium der Psychologie in Gießen. 1997 Promotion. 2002 Habilitation. Seit 2005 Professur für Sozialpsychologie an der Universität Trier.

Prof. Dr. Franzis Preckel, geb. 1971. Studium der Psychologie in Münster und Green Bay, Wisconsin. 2002 Promotion. Seit 2006 Professur für Hochbegabtenforschung und -förderung an der Universität Trier.

Dr. Silvia Mecklenbräuker, geb. 1953. Studium der Psychologie in Göttingen. 1980 Promotion. Seit 1981 Wissenschaftliche Mitarbeiterin an der Universität Trier.

Wichtiger Hinweis: Der Verlag hat für die Wiedergabe aller in diesem Buch enthaltenen Informationen (Programme, Verfahren, Mengen, Dosierungen, Applikationen etc.) mit Autoren bzw. Herausgebern große Mühe darauf verwandt, diese Angaben genau entsprechend dem Wissensstand bei Fertigstellung des Werkes abzudrucken. Trotz sorgfältiger Manuskriptherstellung und Korrektur des Satzes können Fehler nicht ganz ausgeschlossen werden. Autoren bzw. Herausgeber und Verlag übernehmen infolgedessen keine Verantwortung und keine daraus folgende oder sonstige Haftung, die auf irgendeine Art aus der Benutzung der in dem Werk enthaltenen Informationen oder Teilen davon entsteht. Geschützte Warennamen (Warenzeichen) werden nicht besonders kenntlich gemacht. Aus dem Fehlen eines solchen Hinweises kann also nicht geschlossen werden, dass es sich um einen freien Warennamen handele.

Bibliografische Information der Deutschen Nationalbibliothek

Die Deutsche Nationalbibliothek verzeichnet diese Publikation in der Deutschen Nationalbibliografie; detaillierte bibliografische Daten sind im Internet über http://dnb.d-nb.de abrufbar.

© 2010 Hogrefe Verlag GmbH & Co. KG
Göttingen · Bern · Wien · Paris · Oxford · Prag · Toronto
Cambridge, MA · Amsterdam · Kopenhagen · Stockholm
Rohnsweg 25, 37085 Göttingen

http://www.hogrefe.de
Aktuelle Informationen · Weitere Titel zum Thema · Ergänzende Materialien

Das Werk einschließlich aller seiner Teile ist urheberrechtlich geschützt. Jede Verwertung außerhalb der engen Grenzen des Urheberrechtsgesetzes ist ohne Zustimmung des Verlags unzulässig und strafbar. Das gilt insbesondere für Vervielfältigungen, Übersetzungen, Mikroverfilmungen und die Einspeicherung und Verarbeitung in elektronischen Systemen.

Umschlagabbildung: Gisela Dauster, Rheinbach
Gesamtherstellung: Druckerei Kaestner, Rosdorf
Printed in Germany
Auf säurefreiem Papier gedruckt

ISBN 978-3-8017-2139-8

Vorwort der Herausgeberinnen

Liebe Leserin, lieber Leser!

Obwohl die Befragung sicherlich die häufigste Methode der Informationsgewinnung bei Kindern und Jugendlichen ist, gibt es bisher kaum deutschsprachige Buchpublikationen, die sich wissenschaftlich begründet mit diesem Thema beschäftigen. Das vorliegende Werk soll dazu beitragen, diese Lücke zu schließen. Dabei haben wir zum einen versucht, die psychologischen Grundlagen und Themengebiete der Befragung von Kindern und Jugendlichen verständlich und umfassend aufzuarbeiten. Zum anderen haben wir uns bemüht, Einblick in zentrale Anwendungsgebiete (Familie, Umfrage, Forensik) der Befragung von Personen dieses Altersbereichs zu geben.

Das Buch beginnt mit einer Hinführung zum Thema „Befragung" von Albert Spitznagel. In diesem Kapitel werden neben psychologischen auch soziologische, philosophische und linguistische Aspekte beleuchtet. Traurigerweise ist Albert Spitznagel vor der endgültigen Fertigstellung des Buchkapitels verstorben. Nach Rücksprache mit seiner Ehefrau haben wir uns dazu entschlossen, dieses Kapitel – wenn auch nicht ganz vollendet – in unser Buch aufzunehmen, um auf die einzigartig wertvollen und umfassenden Darlegungen Albert Spitznagels nicht verzichten zu müssen. Es folgen die Kapitel zu den kognitiven Grundlagen der Befragung (Lockl & Schneider) sowie zu den affektiven Grundlagen der Befragung (Janke & Schlotter), in denen die themenrelevanten entwicklungspsychologischen Voraussetzungen bei Kindern und Jugendlichen beleuchtet werden.

Psychologisches Befragen geschieht in weiten Teilen mittels standardisierter Testverfahren. In dem auf die Grundlagen folgenden zweiten Teil des Buches werden zentrale psychologische Konstrukte sowie Methoden und Grenzen ihrer Erfassung dargestellt. Hier haben wir uns darum bemüht, neben klassischen Themen wie Gedächtnis (Vock, Hupbach & Mecklenbräuker), Intelligenz (Preckel & Vock), Persönlichkeit (Mohr & Glaser) und Sprache (Weinert) auch neuere Konstrukte wie emotionale Intelligenz (Jagers, Burrus, Preckel & Roberts) zu diskutieren.

Der dritte Teil des Buches widmet sich den oben erwähnten Anwendungsthemen, der Befragung von Kindern im forensischen Kontext (Roebers), in der Umfrageforschung (Diersch & Walther) und im Familienkontext (Berkic & Schneewind). Den Abschluss bildet ein Ausblick von Nicola Baumann zu Alternativen der Befragung, wobei auch neuere sogenannte implizite Verfahren diskutiert werden.

In diesem Buch wurde die Frage der Gender-Schreibweise so gelöst, dass wo möglich eine Beidnennung (z. B. „Schülerinnen und Schüler") anstatt des generischen Maskulinums (z. B. „Schüler") erfolgt. Da eine konsequente Beidnennung die Lesbarkeit mitunter jedoch erheblich erschwert, wurde an einigen Stellen des Buches darauf verzichtet. Selbstverständlich sind aber auch in diesen Fällen beide Geschlechter gemeint.

Wir möchten uns bei allen Autorinnen und Autoren für die stets konstruktive Zusammenarbeit und für die interessanten Beiträge bedanken. Außerdem möchten wir uns bei Frau Andrea Clements für ihre wertvolle Hilfe bei der Manuskripterstellung bedanken. Besonderer Dank gebührt Frau Cand.-Psych. Julia Herrmann, M. A. für ihre unermüdliche und äußerst sachkundige Unterstützung bei der Fertigstellung des Buches.

Trier, im August 2010

Eva Walther
Franzis Preckel
Silvia Mecklenbräuker

Inhalt

Einführung
Albert Spitznagel 9

Teil 1: Entwicklungspsychologische Voraussetzungen der Befragung von Kindern und Jugendlichen

Sprachentwicklungspsychologische Voraussetzungen von Kindern und
Jugendlichen und deren Konsequenzen für die Kompetenzen von Befragenden
Mechthild Kiegelmann 33

Affektive Grundlagen: Emotionen, Selbstwert und Temperament
Bettina Janke und Christiane Schlotter 45

Kognitive Grundlagen: Denken, Gedächtnis und Metakognition
Kathrin Lockl und Wolfgang Schneider 71

Teil 2: Inhalte der Befragung von Kindern und Jugendlichen

Intelligenzdiagnostik
Franzis Preckel und Miriam Vock 99

Erfassung von Persönlichkeitseigenschaften bei Kindern und Jugendlichen
Andrea Mohr und Sabina Glaser 133

Emotionale Intelligenz bei Kindern und Jugendlichen:
Konzeptualisierungen und Möglichkeiten der Erfassung
Robert J. Jagers, Jeremy Burrus, Franzis Preckel und Richard D. Roberts 153

Erfassung von Interessen
Eberhard Todt 177

Gedächtnis
Miriam Vock, Almut Hupbach und Silvia Mecklenbräuker 201

Erfassung sprachlicher Fähigkeiten
Sabine Weinert 227

Teil 3: Anwendungskontexte der Befragung von Kindern und Jugendlichen

Befragung von Kindern im forensischen Kontext
Claudia M. Roebers 265

Umfrageforschung mit Kindern und Jugendlichen
Nadine Diersch und Eva Walther 297

Befragung von Kindern und Jugendlichen im Familienberatungskontext
Julia Berkic und Klaus A. Schneewind 319

Teil 4: Ausblick

Alternativen zur Befragung: Indirekte und implizite Methoden
am Beispiel von Einstellungen, Selbststeuerung und Motiven
Nicola Baumann 343

Die Autorinnen und Autoren des Bandes 367

Einführung

Albert Spitznagel

1 Einleitung: Historische und aktuelle Grundlagen des Fragens und Antwortens

Unsere Gesellschaft, so lautet vor einiger Zeit eine Diagnose von Makro-Soziologen, habe sich von einer Produktions- zu einer Informationsgesellschaft entwickelt. Trotz eines Unbehagens gegenüber Versuchen, komplex organisierte Gesellschaften durch eine kurze Formel zu charakterisieren, erscheint diese Diagnose jedoch nicht unplausibel. Seit der bahnbrechenden Arbeit von Shannons „Theory of communication" (1948), in der es um die technische Übertragung von Informationen (Informationstheorie) geht, nimmt dieser Ausdruck und die dazwischen ständig wachsende Anzahl von Kompositabildungen, von Derivaten, von Neologismen wie beispielsweise „Informationskaskaden" einen nicht mehr zu übersehenden Platz in Fachsprachen und in der Alltagssprache ein. Davon zeugt schon ein Blick in allgemeine Wörterbücher, in Fachtexte und ihre Sachregister und in inhaltlich spezialisierte Lexika (z. B. Informatik). Was zu beobachten ist, ist eine immer noch wachsende Differenzierung eines etymologisch basierten Wortfeldes „Information". Einen indirekten Hinweis auf die Gebrauchshäufigkeit geben Abbreviationen an, zum Beispiel „I" statt Information. Der Ausdruck Information scheint zudem so etwas wie ein Verdrängungspotential zu besitzen (z. B. statt Auskunft: Informationszentrum). Die Diagnose Informationsüberflutung (Reizüberflutung nachgebildet) macht einsichtig, weshalb reaktiv Instanzen entstanden sind wie Informations- oder Wissensmanagement oder Jobs wie Wissensmanager.

Auf Shannon (1948) geht die Einsicht zurück, dass Information als ein Glied in einer Kommunikationskette begriffen werden muss, die vom Informanten (Sender) bis zum Nachfrager (Empfänger) reicht. Diese Kette weist aber auch potentielle Störquellen auf wie den Übertragungskanal oder bereits bei der Kodierung der Information auf der Senderseite, weswegen die Information beim Adressaten unvollständig oder verzerrt ankommen kann. Daher impliziert die Bezeichnung Informationsgesellschaft mehr als nur den Aspekt Information (Nachricht). Eine Gesellschaft, wie sie das Schlagwort umschreibt, gruppiert ihre Mitglieder in zwei abstrakte Kategorien. In der einen befinden sich die Personen, die motiviert Informationen nachfragen, die Unwissenden, Laien oder Novizen, in der anderen die, die Bescheid wissen, die Experten, die Spezialisten. Je nachgefragter eine spezielle Wissensdomäne ist und je geringer die Anzahl ihrer Kenner, desto höher ist ihre Chance, in den Genuss von Privilegien wie Sozialprestige zu kommen. Fragen wird daher „teuer", weil die Antworten „teuer" sind. Bei einer näheren Betrachtung werden die Grenzen dieser an Berufen orientierten Einteilung sichtbar. Innerhalb der üblichen dyadischen professionellen Beziehungen ist der Rollenwechsel zwischen Fragesteller und Respondenten der Regelfall, weil die hier im weitesten Sinne zu verstehenden Berater bei Erstkontakten meist über kein Vorwissen über die Gründe, die Motive, die Ziele verfügen, weshalb eine Konsultation gesucht wird, lässt man die triviale „Kenntnis" außer Betracht, die ihm durch die Wahl als Experten für ein bestimmtes Sachgebiet signalisiert wird. Die arbeitsteilige Organisation der Gesellschaft führt zur ungleichen Verteilung von Wissen. Weil es keine Omniszienz geben kann, ist auch der Wissende auf einem Gebiet ein Unwissender in einem anderen Sektor, sodass er, wenn er in eine solche Situation gerät, Kundige zu befragen genötigt sein wird. Dadurch kommt es zu einer individuellen Interdependenz oder wechselseitigen Abhängigkeit, wenn auch im Einzelfall graduell unterschiedlich innerhalb des Systems.

Shannons Informationskonzept hat bis heute Eingang in verschiedene Fachgebiete gefunden. Seine jeweilige Einbürgerung ist indessen nicht ohne Folgen für die Bedeutung geblieben. Zunächst gilt es festzuhalten, dass Shannon diesen Ausdruck nicht erfunden hat, Information also kein Kunstwort ist. Er ist lateinischen Ursprungs („informatio" bzw. „informani") und bedeutet soviel wie Mitteilung oder Unterrichtung. Genau in dieser Bedeutung wird er bis heute noch verstanden. Shannons Konzept weicht, wie zu zeigen sein wird, von dieser umgangssprachlichen Lesart ab, die sich sowohl auf den Vorgang als auch auf den Inhalt der Mitteilung beziehen kann. Der Ökonom Wittmann (1959) charakterisiert „Information als zweckorientiertes Wissen [...], das zur Erreichung eines Zweckes eingesetzt wird" (S. 14), also handlungsrelevant und Basis der Entscheidung für eine der bestehenden Alternativen im Hinblick auf eine vorgegebene Zielsetzung ist. Es ist Wittmann selbst, der auf Probleme aufmerksam macht, die mit dieser Auffassung verbunden sind. Kritisch ist vor allem die Gleichsetzung von Information und Wissen. Gemeinhin zeichnet sich Wissen durch Gewissheit, Begründbarkeit und Begründetheit von Kenntnissen aus (vgl. z. B. Metzke, 1948). Weil aber Informationen selten das Gewissheitskriterium erfüllen, behilft sich Wittmann dadurch, dass er anstelle der „vollkommenen Information" mit Graden der Information, also mehr oder weniger wahrscheinlichem Wissen arbeitet (vgl. S. 23 ff.). Psychologisch bedeutsam ist nun, was er als subjektive Information (S. 25) bezeichnet. Sie wird bestimmt als Quotient aus tatsächlich vorhandener Information (tvI) und für notwendig erachteter Information (neI): tvI/neI. Die Frage einmal beiseite gelassen, wie sich diese beiden Informationsarten messen lassen, kann man ihr Verhältnis als Indikator der Entscheidungsunsicherheit bzw. des Risikos zu entscheiden auffassen. Der Fragebedarf sollte formal betrachtet zunehmen, je mehr der Quotient gegen null tendiert, weil Unsicherheit Fragen generiert. Dies mag gelten bis zu einem individuellen „turning point", unterhalb dessen eine Entscheidung für einen bestimmten Handlungskurs nicht mehr in Erwägung gezogen wird. Individuell unterschiedlich dürfte die Wahl dieses „Punktes" deswegen sein, weil Eigenschaften des Entscheiders wie Sicherheitsbedürfnis, Risikobereitschaft und/oder Zielattraktivität zum Zuge kommen können. Will beispielsweise A von einem Bekannten B einen höheren Geldbetrag leihen, so muss B die Bonität von A einschätzen, wozu er sich der oben genannten Relation bedienen kann. Nachdem A seinen Wunsch oder die Bitte unterbreitet hat, mag B das Ergebnis einer initialen „Berechnung" nicht befriedigen, weil aber beispielsweise seine und Bs Frau sich gut verstehen, will er die Bitte erst dann verwerfen, wenn neue erreichbare Informationen die anfänglich ermittelte Relation nicht verbessern. Dieser von Wittmann für wirtschaftliche Entscheidungen konzipierte Ansatz kann auch in ein psychologisch relevantes Prozessmodell transponiert werden durch den Einbau zusätzlicher intervenierender Größen wie des Fragebedarfs, der als Konsequenz aus der Bewertung der Ausgangslage als sicher oder unsicher entsteht und von dessen Einschätzung etwa des Realisierungsaufwandes abhängig sein wird, ob aus der Situation ausgestiegen wird oder ob durch konkretes Fragehandeln die diagnostizierten Wissenslücken (vgl. Differenz zwischen neI und tvI) beseitigbar erscheinen.

Eine Gesellschaft, die sich als Informationsgesellschaft wahrnimmt, wird darauf bedacht sein, dass Wissenserwerb und Wissen einen besonderen Wert darstellen. Neben den offiziellen Instanzen, deren Aufgabe Wissensvermittlung und Ergebniskontrolle ist, wird oft übersehen, welchen Anteil dabei die Medien und das Internet haben. Wege und Formen, wie das geschieht, sind vielfältig, sodass wenige Beispiele ausreichen müssen, um dies zu belegen. Zeitschriften unterschiedlichster Provenienz drucken Rätsel aller Art, bieten Wissenstests oder Quiz an, haben eine Spalte „Leser fragen, wir antworten", drucken Ergebnisse von Umfragen ab; Bücher tragen als Titel Hinweise auf Fragen (z. B. „40 Fragen an den Dichter X und seine Antworten") oder versprechen „Allgemeinbildung in Frage und Antwort" (vgl. Edbauer, 2007). Im Fernsehen gibt es zahlreiche Beispiele – wer kennt nicht TED-Umfragen, das regelmäßig gesendete Politbarometer, die großen Rededuelle der Spitzenkandidaten vor Bundestagswahlen, (allabendliche) Quizsendungen oder die zahllosen Interviews mit Figuren des öffentlichen Interesses und Interviewvarianten wie Satzergänzungsfragen. Mit penetranter Häufigkeit enden Interviews mit der Ankündigung: „Und nun eine letzte Frage mit der Bitte um eine kurze Antwort." Internet-Tagesfragen samt ihren Ergebnissen und ohne jede Kontextangaben werden von Tageszeitungen übernommen, meist auf der ersten Seite einer Ausgabe.

Wissenschaftliche, mit Meinungs- und Einstellungsforschung befasste Institute und privat organisierte Institutionen mit demoskopischer Aufgabenstellung und nicht zuletzt die Gesamtheit der Beratungs- und Behandlungseinrichtungen „sorgen" gewissermaßen als Nebeneffekt dafür, dass die wie auch immer praktizierte Sonderform einer (meist dyadischen) sozialen Beziehung, wie sie eine Befragung, ein Interview darstellt, längst öffentlich rezipiert worden ist. Bedenkt man ferner, dass in manchen Schulen und Fächern „Interviews" zum Unterrichtsprogramm gehören, so ist erstaunlich feststellen zu müssen, dass die Teilnahmebereitschaft abgenommen, das „Non-response"-Verhalten zugenommen hat. Schell (1997) belegt diesen Trend für Deutschland für den Zeitraum Ende 1960 bis Anfang 1990. Aus der Einstellungsforschung weiß man, dass Personen mit einer positiven Einstellung zu Umfragen auch eine höhere Teilnahmebereitschaft zeigen (vgl. z. B. Stocké & Becker, 2004). Sieht man davon ab, dass außer dieser spezifischen Personeneigenschaft „Einstellung" noch eine Reihe von anderen Gründen als Trendursache erwogen wird, so wird man fragen müssen, welche Bedingungen zu dieser Reserviertheit bei einem Teil der Befragten führen mögen. Vielleicht kann ein kurzer Rückblick auf die öffentlichen Reaktionen zu zwei BRD-spezifischen Ereignissen Hinweise liefern. Bei beiden handelt es sich um „nationwide" angelegte Befragungskampagnen, die zu einer Polarisierung/ambivalenten Einstellung unter den Betroffenen geführt haben und mit einer wahrscheinlich hohen einstellungsprägenden Wirkung verbunden waren.

Bei dem zeitlich früheren Ereignis unmittelbar nach dem Ende des Zweiten Weltkrieges haben die amerikanischen und britischen Besatzungsbehörden eine Umfrage durchgeführt, die einem doppelten Zweck dienen sollte, einerseits, um „unbelastete" Personen für den Wiederaufbau der zusammengebrochenen Verwaltung zu finden, andererseits um „Belastete" zu finden und gegebenenfalls mit Strafen zu belegen. Dieses Selektionsinstrument, das in der Öffentlichkeit nur das Etikett „Der Fragebogen" erhielt, war höchst umstritten, nicht nur bei den „Indigenen", sondern auch bei den Amerikanern. Es war nicht anonym und für einen Teil der Befragten mit der Erwerbung negativer Folgen verbunden. Dieser umfangreiche Bogen war zudem die erste Begegnung mit Umfragen und darüber hinaus mit Demokratie assoziiert, da während der Nazizeit diese Art der Gewinnung eines Meinungsbildes tabuisiert war und eine empirische Sozialforschung auf wissenschaftlicher Basis nicht existierte.

Das zweite Ereignis bezieht sich auf das Vorhaben Volkszählung und damit zusammenhängend auf das Volkszählungsgesetz des Bundesverfassungsgerichts von 1983 [BVerfGE 65, 1 (43)]. Streitpunkt einer engagiert geführten öffentlichen Debatte bildete die Frage, welche persönlichen Daten abzufragen dem Staat erlaubt sei und welche Daten wem so zugänglich sind oder zugänglich gemacht werden dürfen. Recht auf individuelle Informationskontrolle und legitimes Informationsbedürfnis des Staates – in diesem Spannungsfeld bewegte sich diese Debatte. Das Misstrauen gegenüber der autoritären Instanz des Staates eskalierte zum Teil bis hin zur Verweigerung, am Zensus teilzunehmen. Dieser Streit um informationelle Selbstbestimmung erhöhte die öffentliche Sensitivität für den Datenschutz und indirekt die Skepsis gegenüber Umfragen allgemein. „Wer darf was wissen und zu welchem Zweck" war die Frage, die bis heute ihre Relevanz behalten hat. Wir teilen heute Fragen nach vielerlei Gesichtspunkten ein. Wenn etwa die Rede von persönlichen, heiklen oder unangenehmen Fragen ist – wann sie gestellt werden dürfen, wann nicht – bleibt ein nicht leicht zu lösendes Problem.

Die hier aufgestellte These vom Einfluss zweier kritischer Ereignisse auf die Einstellung gegenüber Umfragen bedarf natürlich einer eingehenden sozialhistorischen Analyse. Sie erklärt auch nicht, weshalb in anderen europäischen Ländern auch eine Abnahme der Teilnahmebereitschaft beobachtet werden kann. Eine Einschränkung bedeutet auch, dass sich die These auf Meinungsumfragen bezieht, mit der Zielgruppe Erwachsene als Befragte.

Über die Einschätzung der Bedeutung des Fragenkönnens, des Fragens als einer Form kommunikativen Handelns, gibt es keinen Dissens. Es dient dem Wissenstransfer, dem Austausch von Informationen, dem Verfolgen von Interessen. Von der Selbstbefragung und an sich selbst gerichteten Fragen, die einen Problemlösungsprozess begleiten, abgesehen, sind Fragen Elemente verbaler Interaktionen (z. B. in Gesprächen, Dialogen oder Diskussionsforen). In asymmetrisch organisierten Beziehungen (z. B. Interviews, Examina, Vernehmungen, Verhören) legen Konventionen fest, wer das Recht hat, Fragen zu stellen und wer sie zu beantworten hat. Mit Fragen lassen sich Gespräche initiieren und metapsychologisch betrachtet kann man mit Fragen über Fragen sprechen oder Fragen hinterfragen. Soweit zur sozialen Positionierung von Fragen. Ein zweiter Bedeutungsaspekt kommt in den Blick, wenn die Frage gestellt wird, welchen Rang diese Interrogativfunktion der Sprache (vgl. Kainz, 1954, S. 494, 497) im Vergleich zu der interjektiven, indikativen und imperativen, den drei anderen Basis-Sprachfunktionen, einnimmt. In der Regel wird die interrogative Funktion als die wichtigste erachtet. Ein dritter Bedeutungsaspekt greift Beobachtungen von Sprachwissenschaftlern auf, die sprachhistorisch und sprachvergleichend arbeiten. Ihnen zufolge gibt es in allen von ihnen untersuchten Sprachen einen eigenen Apparat, um Fragen zum Ausdruck zu bringen, der es den jeweiligen Sprechern und Hörern erlaubt, Äußerungen als Fragen in der Sprachproduktion und für das Sprachverstehen kenntlich zu machen.

In den bisherigen Ausführungen war weit häufiger von Fragen und weniger von Antworten die Rede. Das kanonische Paar Frage und Antwort ist eine zweistellige Folge, wobei die Antwort die Frage voraussetzt. Es geht hier aber nicht um die zeitliche Zweitrangigkeit, sondern um antwortdeterminierende Effekte von Fragen. In Abbildung 1 werden Reaktionen auf Fragen dargestellt. Antworten ohne Kenntnis der Frage bleiben unverständlich (vgl. Collingwood, 1955, S. 33 ff.). Auf den gleichen Punkt zielen bestimmte Fragelogiken, freilich auf Kosten zulässiger Fragearten. Vom Fachgebiet hängt es natürlich ab, ob das fachliche Fragen – das Fragen nach den Eigenschaften von Fragen, nach ihrer Wirkung, dem Verstehen von Fragen – zum jeweiligen Ressort gehört. Selbst wenn dieses Fragen legitim ist, sind es Fachvertreter mit ihren Interessen, die entscheiden, ob es eine fachspezifische Forschung zu Frage/Antwort-Prozessen gibt oder ob das Fragenkönnen als eine unbefragte, selbstverständliche Voraussetzung betrachtet wird.

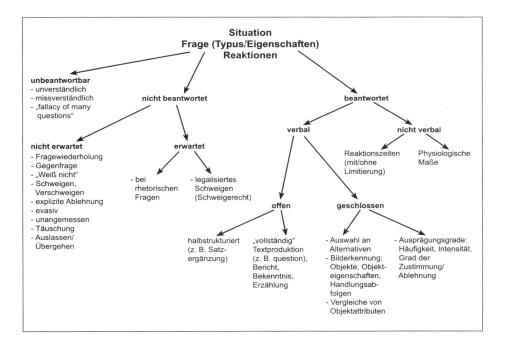

Abbildung 1: Verschiedene Typen von Fragen und Reaktionen darauf

Als Ursprung des Interesses am Fragen/Antworten als solchem gilt die antike griechische Philosophie und die Rhetorik. Die nach dem „Erfinder" Sokrates benannte sokratische Methode des Fragens und Antwortens in Gesprächsform ist Thema in mehreren Dialogen des Philosophen Plato. Ihre Wirkung reicht bis in die Gegenwart und findet sich heute in der angewandten Rhetorik, freilich mit einer Zielsetzung, die nicht mehr der ursprünglichen entspricht. Den Entwicklungen nach Sokrates kann hier nicht nachgegangen werden. Einen intensiven Schub bekam das Fragen/Antworten durch die neuen, auch empirisch arbeitenden anthropologischen Disziplinen im 19./20. Jahrhundert und noch einmal nach dem Zweiten Weltkrieg durch das Aufkommen eines fächerübergreifenden Interesses an Sprache und Sprachverhalten, angeregt durch die bahnbrechenden Arbeiten des Linguisten Chomsky (1973), vergleichbar der Wirkung, die von Shannon (1948) ausging. Über die lange und differenzierte Geschichte seit der Antike informieren zahlreiche Abhandlungen (z. B. Ueding & Steinbrink, 1986, oder der „Klassiker" Lausberg, 1960). Welche Bedeutung die Rhetorik für die Psychologie haben kann, zeigt unter anderem Vukovic (o. J.) auf. Ihre Relevanz für die forensische Psychologie liegt auf der Hand. Dass Philosophie- und Rhetorikgeschichte nicht in Vergessenheit geraten sind, stellen rezente Trends unter Beweis. So greift Hanke (1986) die Dialog-Theorie von Plato mit seinem Projekt „Maieutic Dialogue" wieder auf, die Mannheimer Forschungsgruppe des Sonderforschungsbereichs „Sprache und Situation" reaktiviert (für die Psychologie) das ursprünglich in der Rhetorik beheimatete Quaestio-Thema (vgl. z. B. Kohlmann, 1996) und schließt zu aktuellen entsprechenden Forschungen in der Sprachwissenschaft auf (vgl. z. B. Stutterheim, 1995).

Auch die jüngere Philosophie setzt sich mit dem Fragen/Antworten auseinander und führt ein traditionelles Interesse fort. Eine besonders psychologieaffine Abhandlung muss hier erwähnt werden. Pöltners (1972) Anliegen ist es, das Fragen zu befragen. Er unterscheidet das philosophische Fragen vom Fragen in der Wissenschaft und im Alltag. Für wissenschaftliches und alltägliches Fragen gilt, dass beide es für partikuläre Zwecke nutzen, das Fragen selbst jedoch nicht befragen. Dies zu beheben, sei Aufgabe philosophischen, hier des phänomenologisch orientierten Fragens, so Pöltner. Es ist in dem hier gegebenen Rahmen unmöglich, seine differenzierte Analyse darzustellen. Wir beschränken uns auf die Charakterisierung zweier seiner Grundbegriffe: auf die sogenannte Frageerfahrung und die sogenannte Fragehaltung. Diese Auswahl erscheint gerechtfertigt, weil diese Grundbegriffe inhaltlich gehaltvoll sind und weil es in der vergleichbaren Literatur nach meinem Wissen keine Entsprechung gibt.

Mit dem ersten Konzept verbindet er die Ad-hoc-Erfahrung, etwas nicht zu kennen. Das Fragehandeln, das einer Unkenntnis entspringt, das Nachschauen (meistens bei einer Sachfrage), das Erkundigen (bei personalen Fragen), das Suchen, die Einholung von Auskünften, das Sich-Vergewissern (vgl. S. 16) bewegen sich prinzipiell im schon Bekannten, Zugänglichen. Jemand mit einem Kenntnisdefizit verfügt in der Regel auch über die Vorerfahrung, wen oder was er konsultieren muss, um die Kenntnislücke zu beseitigen. Hat beispielsweise jemand hohes Fieber und kennt die Ursache nicht, wird er nicht einen Gemüsehändler, sondern einen Arzt befragen.

Eine andere Situation liegt beim Fragen aufgrund eines Nichtwissens vor. Es entsteht, indem etwas Selbstverständliches, zum Beispiel eine immer schon gültige Wahrheit oder eine von einer großen Mehrheit geteilte Einstellung, fragwürdig wird. Staunen, Verwunderung, beides noetische Gefühle (vgl. Lersch, 1954, S. 232 f.), gelten seit der Antike als Auslöser des Fragwürdig-Werdens. Später kam der Zweifel hinzu (vgl. z. B. Grassi, 1945).

Was mit dem initialen Fragen weiterhin geschehen kann, dafür ist nach Pöltner das zweite Konzept, die Fragehaltung, zuständig, formelhaft beschrieben als das „Wie" (z. B. oberflächlich, systematisch) und „Wozu" (z. B. Wissbegier, besonderes Interesse) des Fragens.

Pöltners Ansatz (1972) zählt wie der schon erwähnte von Collingwood (1955) zusammenfassend zu denjenigen Ansätzen, die die Vordringlichkeit einer Analyse des Fragens gegenüber der des Antwortens vertreten, wenn auch ihr theoretischer Bezugsrahmen variieren mag. Ein weiteres Kennzeichen der Vorgehensweise Pöltners ist die Verlaufsbetrachtung des Fragens: Fragen als Prozess, ausgehend vom Gewahrwerden eines typologisch bestimmbaren Defizits, über das Aufrechterhalten oder die Paralyse der Fragehaltung bis hin zur Formulierung oder zum Ausstieg aus dem Fragen. Aus psychologischem Blickwinkel betrachtet, fällt die Nähe zu einigen bekannten Konstrukten in verschiedenen psychologischen Gebieten auf: die Nähe der Auslöser der noetischen Gefühle zu Berlyne's kollativen Eigenschaften einer Reizkonstellation (1974), die Nähe der Beständigkeit der Fragehaltung zur Persistenz der Ambiguitäts- oder Ungewissheitstoleranz sowie die Nähe des Wie des Fragens zur Verarbeitungstiefe von Informationen bzw. zu Copingprozessen. Diese Hinweise auf Parallelitäten mögen ausreichen, um auch auf die empirische Bedeutsamkeit der Überlegungen von Pöltner zum Befragen des Fragens aufmerksam zu machen.

Neben den bisher erwähnten Fachgebieten war das Fragen/Antworten seit langem Gegenstand des Interesses von Erkenntnistheorie und Logik. In welche Richtung solche Ansätze zielen, soll an wenigen ausgesuchten Beispielen demonstriert werden. So behandelt Ebbinghaus (1913) das „Wesen der Fragen" (vgl. S. 315) innerhalb einer Lehre vom Urteil als unvollendete Urteile, Antworten demgegenüber als Urteile. Diese Bestimmung blieb nicht unwidersprochen. Meyer (1955) etwa konstatiert, dass Fragen keine Urteile im eigentlichen Sinne seien (vgl. S. 111), differenziert dann aber diese Aussage, wenn er davon spricht, sie seien eher „ein urteilsträchtiger und urteilsvorbereitender Gedanke als ein urteilsähnlicher" (vgl. S. 112). Die Feststellung, Fragen „wollen die Entscheidung in einem Urteil" (vgl. S. 111), lässt jedoch offen, welche Frageart, ob die Gesprächs-, die Entdeckungs- oder die Entscheidungsfrage, gemeint ist.

Sich einer linguistischen Betrachtungsweise von Fragen annähernd, erkennt Kraft (1960) in Fragen (semantisch) unvollständige Sätze oder Sätze mit Leerstellen, signalisiert durch Fragepronomina, zusammen mit „der Aufforderung ihrer Ausfüllung" (S. 74). „Wer hat das getan?", so könnte ein Lehrer fragen, der beim Betreten des Klassenzimmers das Zersplittern einer Fensterscheibe gerade noch mitbekam. „Wer" signalisiert die Leerstelle oder ein Kenntnisdefizit, der Lehrer möchte wissen, wer wer ist. Die Ausfüllungsaufforderung sollte besser durch eine Antwort-Erwartung ersetzt werden, weil sie sonst als Befehl („Nun sagt es schon!"), der in Gestalt einer Frage daherkommt, missverstanden werden kann. Nach heutiger Sicht greift die

Bestimmung von Fragen als bloße Substitutionsaufgabe zu kurz, obwohl man mit Weinrich (2007), einem Linguisten, demzufolge jeglichem Fragen das semantische Merkmal Lücke zugrunde liegt, diese Kritik für unberechtigt halten müsste. Fragen als unvollendete Urteile, als Sätze mit Leerstellen und als Lücken – ein überfachlicher Konsens trotz unterschiedlicher Denominationen? Diese Frage zu bejahen hieße jedoch, von den jeweiligen bestehenden, hier nur angedeuteten, Rahmenbedingungen abzusehen.

Über die mehr oder weniger „nur" fragezentrierten Ansätze (Ausnahme Weinrich!) gehen jene hinaus, die Frage-Antwort-Dialoge oder Spiele normativ/deskriptiv zu modellieren suchen. Untereinander können sie jedoch nur schwer verglichen werden aufgrund spezifischer Beschränkungen in Bezug auf zulässige Frageart, Antwortkriterien, „erlaubte" Interaktion (Selbstbefragung, zwischen zwei oder mehr Personen) und Kalkülwahl (Formalisierungsweise zur Vermeidung alltagssprachlich bedingter Vagheiten). Auf einer abstrakteren Ebene werden aber auch Gemeinsamkeiten sichtbar, wie die Orientierung der Sprecher und Hörer (Befragte) an der „Rationalität" und die Kooption eines Kalküls und Referenzen auf Theorien (wie die Spiel- und/oder Entscheidungstheorie). Kritischer Punkt unter den Gemeinsamkeiten ist der Aspekt „Rationalität". Damit ist nicht ein pragmatisches Prinzip (z. B. das Kooperationsprinzip nach Grice, 1975) gemeint. Auch die operationale Definition, wonach rational ist, was der „scientific man" tut, kann nicht befriedigen. Brauchbarer erscheint eine Charakterisierung von Carlson (1983) zu sein, die Anleihen bei der Spiel- und Entscheidungstheorie macht: „A rational agent is one, who uses the most efficient means available to him to further his goals, i. e. one who follows his optimal strategies (S. XVI)." Lässt man die Frage der Anwendungstauglichkeit der hier genannten Ansätze beiseite, so muss man doch herausstellen, dass sie das ganze Spektrum von Frage-Antwort-Prozessen ins Auge zu fassen trachten und vor allem die Relationen Antwort – Frage systematischer behandeln, als dies in den beschriebenen philosophisch orientierten Bestimmungen der Fall ist. Darüber hinaus bringen sie Gesichtspunkte ins Spiel, die in der bisherigen Darstellung gänzlich unbeachtet geblieben sind. Auf einen von diesen sei kurz hingewiesen. Harrah (1963) macht – bei dyadischen Interaktionen und bei einem informationssuchenden Austausch – den Fragesteller für sein Fragen verantwortlich. Fragt er defektiv (S. 24), wird er (und sein Partner) „bestraft", weil es die Effizienz der Kommunikation verringert.

Dass die Pädagogik sich mit Fragen/Antworten beschäftigen muss, liegt auf der Hand. Vor allem innerhalb von Unterrichtsgesprächen spielt das Fragen eine multifunktionale Rolle. In den Verfahren zur Unterrichtsbeobachtung kann Fragen und Antworten seitens Lehrern und Schülern zu anderen relevanten Unterrichtsaktivitäten in Beziehung gebracht werden. Eines der zentralen Anliegen ist die Frage nach den Auswirkungen auf das Lernen und das Wissen. Auf diesem Feld kooperieren Pädagogische und Wissenspsychologie mit der Pädagogik. Eine differenzierte, kommunikationsbasierte, pädagogisch-spezifische Abhandlung stammt von Bock (1978), die auch die einschlägigen Erkenntnisse von Nachbarfächern berücksichtigt.

Ein weiterer Bereich, in dem das hier behandelte Thema einen herausragenden Platz einnimmt, ist die Sozial- bzw. Umfrageforschung sowie die persuasive Kommunikation. In neuerer Zeit haben sich hinzugesellt die Geschichtswissenschaft mit ihrem Zweig der „oral history", deren Gegenstand befragungsassistierte Autobiographien, Biographien und Lebenswelten von Zeitzeugen ist, sowie die kognitive Anthropologie/Ethnographie, die sich unter anderem für Fragen und mögliche Antworten interessiert, die Angehörige anderer Kulturen in Alltagskommunikationen äußern (vgl. z. B. Frake, 1960), wenn sie sich in einer bestimmten subjektiven Lage (z. B. Trinkbedürfnis, Unwohlsein) befinden. Verbindende Elemente all dieser Richtungen sind empirische Orientierung und in methodischer Hinsicht der besondere Stellenwert von Befragungen, von Interviews als Instrumenten zur Erkenntnisgewinnung. Teilgebiete von Soziologie und Sozialpsychologie sind es vornehmlich, die die Grundlagenforschung vorantreiben und aus deren Ergebnissen sämtliche Anwendungsfelder auch der Psychologie einen Nutzen ziehen, da auch Befragungen zu ihrem Methodenarsenal gehören. Da es in diesem Beitrag unmöglich ist, dem state of the art (zu bestimmten Zeitpunkten) auch nur annähernd gerecht zu werden, sei auf Überblicksartikel hingewiesen. Aus soziologischer Sicht: Atteslander (1974), Friedrichs (1975), Scheuch (1973); aus psychologischer Sicht: Cannell und Kahn (1968), Maccoby und Maccoby (1956), Mummenday (1999).

Gewöhnlich werden Befragung und Interview auseinandergehalten. Befragung und Befragungsinstrument (Fragebogen) sowie numerisch „große" Zielgruppe und Schriftlichkeit sind eng assoziiert, während das variantenreiche Interview sich in einer Sonderform, der Face-to-face-Interaktion, vollzieht, zeitliche und räumliche Kopräsenz von Interviewer und Respondent implizierend. In der Regel handelt es sich bei den Interaktionen um asymmetrische, also solche mit ungleicher Machtverteilung, wobei die Macht des Interviewers durch seine Expertenrolle, einen höheren Status und Zugehörigkeit zu einer (rechtlichen) Institution legitimiert wird. Auf der sprachlichen Ebene manifestiert sich (legitimierte) Macht durch Sprechhandlungen wie auffordern, bitten, befragen, anweisen und keine Antworten äußern zu müssen, während auf der Seite des Interviewten seine Rollenzuweisung sich mit der Erwartung verbindet, zu tun, was verlangt wird, nämlich zu antworten (für Näheres vgl. z. B. Thimm & Kruse, 1993). Diese Beschreibung eines „Verhältnisses" zwischen zwei oder mehr Personen (z. B. Diagnostiker vs. Familie) ist ohne Kenntnis der Vorgeschichte bzw. der Zielsetzung der Begegnung unvollständig. Der Interviewer (Kliniker, Berater) hat mindestens ein erlerntes Skript im Kopf, das den ganzen Untersuchungsablauf, die einzelnen Schritte samt ihrer Abfolge idealtypisch repräsentiert, das aber auch über Leerstellen verfügt, die situative Ausfüllungen erlauben. Skripte sollen einen standardisierten Untersuchungsablauf gewährleisten, wenn das Ziel nicht exploratives Fragen ist. Trotz der Normierungen gibt es teilweise nur schwer kontrollierbare Störeinflüsse, die unter den Stichworten „Interviewer-Fehler", „Fehlerquelle Interviewer" oder weiterreichend „Fallstricke des Interviewens" (für Näheres vgl. z. B. Scheuch, 1973, S. 99 ff.) und der Problematik der Frageformulierung (vgl. z. B. Katz & Lazarsfeld, 1955, S. 201; vgl. auch Diersch & Walther in diesem Band) bzw. des Fragenverstehens bekannt sind. Beide Problemfelder stehen separat oder kombiniert im Zusammenhang mit den Diskussionen über die Positionierung des Interviews zwischen Kunst und Wissenschaft. Das Attribut „Kunst" (vgl. Payne, 1951) bezieht sich zumeist auf die Angemessenheit der Generierung von (konstruktorientierten) Fragen, seltener auf unerwünschte Untersuchereinflüsse. Schwarz et al. (1994) erkennen den Grund für die ambivalente Einschätzung des Interviews in dem Kontrast zwischen dem Theoriedefizit des Fragens sowie dem Erkenntnismangel beim Verstehen einerseits und der Theoriegeleitetheit der Stichprobenziehung und der Auswertung andererseits. Diese Interpretation hat den Vorteil, dass sie den Maßstab der theoretischen Verankerung einführt, damit den Grund für die Alternative benennt und so den Weg zu ihrer Auflösung zeigt. Unberücksichtigt bleibt jedoch der „Faktor Interviewer". In dem Disput zwischen qualitativer und quantitativer Sozialforschung sind das Wie und das Wozu des Interviewens, des Befragens und die Beziehung der Beteiligten bis hin zum Menschenbild strittig. Unschwer kann man Überschneidungen mit der bereits erwähnten Dichotomie „Kunst versus Wissenschaft" feststellen.

Hopf (1991) gibt einen kompakten Überblick über qualitative Interviews und macht die Unterschiede zu quantitativen Befragungen deutlich. Die Bezeichnung „offenes" Interview deutet bereits an, worin die Differenzen bestehen. Der Fragende ist frei hinsichtlich der Frageformulierung, und die Frageabfolge bedient sich keiner Fragevorgaben, sodass der Befragte seinerseits frei ist, wie er die an ihn gerichteten Fragen beantworten will oder kann. (Eine Individualisierung, ein Adressaten-adaptiertes Fragen kennt jeder. Ein Erwachsener wird ein Schulkind anders befragen als einen Erwachsenen. Der „Baby-Talk" ist ein Beispiel.): An die Stelle einer strikten Frage-Antwort-Abfolge (z. B. in Prüfungen, Vernehmungen) treten Interviewformen, die als Resultanten der Koorientierung und Kooperation zwischen einer Person, die Informationen sucht und einem Informanten im Kontext einer Problemlösung begriffen werden. Bei Friedrichs (1975, S. 190) findet sich ein kurzer, nicht weiter kommentierter Hinweis auf eine allgemein wenig beachtete Differenz zwischen offenem und standardisiertem Interview. Er statuiert einen Zusammenhang zwischen dem Ausmaß der Situationskontrolle, das der Interviewer bei der standardisierten Befragung innehat, und der Aufdringlichkeitswirkung für den Respondenten. Will Friedrichs mit dieser Charakterisierung auf mögliche Reaktanzbildung aufmerksam und kenntlich machen, dass das Ausmaß an Kontrolle eigentlich ein Übermaß ist? Oder könnte es sein, dass die provokante und radikale These „Von der Obszönität des Fragens" von Bodenheimer (1992) die Antwort ist? Jedenfalls kann man folgern, dass ein offenes Interview mit seiner symmetrischen Beziehungsform, seiner eher balancierten Machtstruktur diese Wirkung nicht haben wird. In Bezug auf die Frage-Antwort-Thematik überwiegen in qualitativen Interviews (z. B. in narrativen oder diskursiven) offene, Quaestio-, Ergänzungs- (z. B. „Wie meinen Sie das?"), Gegen- oder auch Fokus-Fragen (vgl. Tab. 1). Die sprachlichen Anforderungen an die Beteiligten sind auch abhängig von den jeweils praktizierten Interviewformen. Werden in quantitativen Interviews Fragebögen eingesetzt, so ist ihr Autor verantwortlich für Frageinhalt und Formulierung und nicht der Interviewer, seine Verantwortung für die Auswahl des Verfahrens einmal beiseite gelassen. Bei standardisierten Einzelfalluntersuchungen variieren die Frage-Antwort-Reaktionsverhältnisse inklusive Äußerungsmedium auch mit den Untersuchungsabschnitten (Vorgespräch – (Planung) – Untersuchung – (Auswertung) – Befund – Kommunikation der Ergebnisse). Auf der Mikroebene sind die zugrunde liegenden Prozesse des Verstehens von Fragen (vgl. dazu z. B. Schwarz et al., 1994) und die Bedingungen, die zu bestimmten Antworten führen, für offene und standardisierte Interviews gleichermaßen relevant.

Tabelle 1: Direkte Frageformen, zusammengestellt auf der Grundlage der Unterscheidungen nach Weinrich (2007, S. 880 ff.)

Grundformen[1]	Unterformen[2]	Sonderformen	Beispiele[3]
1. Geltungsfragen (GF) a) Entscheidungsfragen, Totalfragen b) Merkmalskombination (Lücke) + (Geltung)	Einfache GF: a) Vergewisserungsfragen b) Merkmalskombination (bekannt) + (Lücke) Deliberative Fragen: a) Selbstfragen b) -	Echofragen	„Hier ist mein Pass – ist er noch gültig?"
2. Alternativfragen (AF) a) Wahlfragen, disjunktive Fragen b) Merkmalskombination (Lücke) + (Wahl)			„Möchten Sie lieber den frühen Zug oder einen späteren nehmen?"
3. Fokusfragen (FF) a) Ergänzungsfragen b) Merkmalskombination (Lücke) + (Person) oder z. B. (Lücke) + (Referenz)	- Verbfragen - Rollenfragen - Fragen nach Person - Fragen nach Referenz - Fragen nach Sachen - Fragen nach Spezifikation - Identitätsfragen einer Referenz - Partikularitätsfragen - Fragen nach Quantität - Applikationsfragen - Fragen nach Zeit - Fragen nach Begründung - Fragen nach Position - Fragen nach Umständen - Funktionsfragen	Echofragen	„Wann seid ihr euch zum letzten Mal begegnet?"
4. Rhetorische Fragen (RF) a) - b) Merkmalskombination (Interesse) + (Lücke)			„Wer hätte ihm das zugetraut?"
5. Textfragen (TF)			

Anmerkungen:
[1] Für die Unterformen gelten jeweils auch die Merkmalskombinationen der Grundformen.
[2] Sogenannte deliberative Fragen entsprechen den selbstbezogenen Äußerungen während der Problemlösung bzw. sind Bestandteil des Egozentrismus-Syndroms (Piaget, 1972).
[3] Welche sprachlichen Mittel es erlauben, zu erkennen, ob eine Äußerung eine Frage ist und wenn ja, um welche Form es sich handelt, wird im Text behandelt.

Die letzten Abschnitte dieser Einleitung skizzieren die jeweiligen fachspezifischen Perspektiven zur Frage-Antwort-Thematik. Ausgang und Basis (empirisch) wissenschaftlicher Analyse ist in jedem Falle das relevante Alltagsverhalten. Wenn es denn richtig ist, dass dem Fragen als Wissenstransfer universelle Bedeutung zukommt, so kann man auch erwarten, dass es auch im kulturellen Gedächtnis einer Gesellschaft Spuren hinterlassen hat. Bei solchen Spuren mag es sich um wohl bestätigte Erfahrungen mit Fragen und Antworten handeln. Wiederbelebungen sedimentierter Erfahrungen mögen beispielsweise in der Erziehung genutzt werden. Die Zusammenstellung von „kulturell verankerten Formeln und Auffassungen zum Fragen und Antworten" beschränkt sich auf zwei Hauptgruppen, auf Sprichwörter und auf Aphorismen, sowie auf drei Sondergruppen (vgl. Tab. 2).

Tabelle 2: Kulturell verankerte Formeln und Auffassungen zum Fragen und Antworten

Sprichwörter	Aphorismen (nach Spicker, 1999)
1. Fragen macht klug. 2. Wer nicht fragt, bleibt dumm. 3. Wer, wie, was? Wieso, weshalb, warum? Wer nicht fragt, bleibt dumm. 4. Lieber dumm fragen als dumm bleiben. 5. Wer viel fragt, geht viel irre. 6. Ask no questions and you'll get no lies. 7. Wenn du eine „weise" Antwort verlangst, musst du vernünftig fragen (Goethe).	1. Man hört nur die Fragen, auf welche man imstande ist, eine Antwort zu finden (Nietzsche). 2. Prekäre Fragen muss man beantworten, bevor sie gestellt werden (Brudzinsky). 3. Nur wenige Geister kümmern sich darum, die Frage zu prüfen, bevor sie die Antwort liefern (Valéry). 4. Alles Fragen ist ein Eindringen [...]. Klug ist eine Antwort, die dem Fragen ein Ende setzt (Canetti). 5. Man sollte keine Fragen stellen, aus denen (stillschweigend) wortlose Schlüsse gezogen werden können (Irzykowski). 6. Die großen Fragen sind nur ohne Antworten groß (Benyoëtz).

„Ewige" Fragen/ Leerformeln	Bildungsformeln	Antwort-Stereotype
1. Was ist die Seele? 2. Was ist Wahrheit? 3. Was ist der Sinn des Lebens?	1. Die Gretchen-Frage (Goethe) 2. Nie sollst du mich befragen (Wagner). 3. Sein oder Nichtsein, das ist die Frage (Shakespeare).	1. Das ist die Frage! 2. Das ist eine gute Frage! 3. Die alte Frage (z. B. Reaktion auf „ewige" Fragen)

Die zitierten Sprichwörter lassen drei „Inhaltscluster" erkennen: (a) kognitive Effekte des Fragens (Nr. 1 - 4), (b) die Risiken des Fragens (Nr. 5 + 6) und (c) die Abhängigkeit einer gehaltvollen Antwort vom Fragestil (Nr. 7). Im Unterschied zu den meisten Sprichwörtern sind die Autoren der Aphorismen bekannt. Ihr augenfälligster Unterschied zu den Sprichwörtern ist eine Tendenz zur Beachtung weniger offensichtlicher Aspekte des Fragens, sie thematisieren in den zitierten Beispielen eher

„psychodynamische" Prozesse. Dass es sich bei beiden Gruppen nicht nur um literarisch bedeutsame Phänomene handelt, sondern dass auch einige Items wissenschaftliches Interesse gefunden haben, zeigen die folgenden Beispiele. Die kognitiven Effekte des Fragens behandeln heute Wissens- und Instruktionspsychologie. Fragen ist mehr als Wissenstransfer.

Zu jedem Aphorismus ließe sich einiges sagen. Wir beschränken uns auf Anmerkungen zu „Alles Fragen ist ein Eindringen [...]. Klug ist eine Antwort, die den Fragen ein Ende bereitet" (Canetti). Wir wollen den Aspekt „Aufdringlichkeit" (vgl. Friedrichs, 1973) und vor allen Bodenheimers (1992) These vom Fragen als „obszön" etwas genauer betrachten. Wir haben Fragen als Mäeutik (Hebammenkunst), als Mittel zur Beseitigung von Unsicherheit, als Befriedigung von Neugierde, als Wissenstransfer kennengelernt. Bodenheimer (1992) fügt all diesen Bestimmungen eine neue, extreme, wohl einzigartige hinzu, wenn er Fragen als „obszön" in die Umgangssprache übersetzt, als „Bloßstellen", als „Beschämung" kennzeichnet. Dass es Fragen gibt, die sogenannten sensiblen Fragen, die „heikel", „indiskret" oder „unangenehm", „peinlich" sein können, ist keine neue Erkenntnis. Neu ist jedoch, dass diese Qualitäten auf jegliches Fragen ausgedehnt werden. Auf eine Formel gebracht: „Quaestio est inquisitio" (S. 104). Es ist der Akt des Fragens überhaupt, unabhängig von der Absicht des Fragenden und vom Frageinhalt, der Beschämung impliziert. Diese dem Fragesteller Überlegenheit verschaffende Funktion des Fragens erlernen Kinder bereits in den typischen Fragephasen. Bekanntermaßen können sie Erwachsene mit „Fragen löchern" wie etwa „Weshalb fallen Sterne nicht vom Himmel?" oder „Warum können Katzen nicht bellen?" sowie rasch in Verlegenheit bringen. Sobald sie das aber gewahr werden, erhöht sich noch ihre Fragelust. Bodenheimer hält Warum-Fragen für die „Grundobszönität". Wie kann man sich gegen das Befragt-Werden wehren? Die Antwort lautet: Durch das Vorwegnehmen des Fragens (vgl. S. 233); ein Mittel, das auch der Aphorismus empfiehlt. Psychologisch formuliert heißt dies, den Fragesteller durch Nichterfüllung seiner Antworterwartung zu „irritieren", was auch bedeutet, die einseitige Beziehung nicht zu akzeptieren. Ein Bereich, in dem sich Beispiele finden lassen, die Bodenheimers These belegen, sind Vorstellungsgespräche, bei denen teilweise mit „Fangfragen" gearbeitet wird, ein Sachverhalt, der für so wichtig gehalten wird, dass sich die Ratgeberliteratur für Bewerber damit befasst (Lüdemann & Lüdemann, 2008).

Am Lernen, Fragen zu formulieren, zu verstehen, sie sachgerecht zu beantworten, können Erziehungspersonen beteiligt sein, wenn sie gezielt literarische Formen als Aufforderung, Mahnung, Erklärung einsetzen. Dafür eignen sich nicht nur die erwähnten Sprichwörter, Aphorismen, sondern auch, vom Lebensalter bzw. kognitiven Entwicklungsniveau der Zuhörer oder Leser abhängig, Kinder-Volksmärchen, Sagen, Rätsel oder Ratespiele sowie Detektivgeschichten, Krimifilme.

Kinder lernen, dass sie nach einer an sie gerichteten Frage jetzt „dran" sind, also die Sprecherrolle gemäß der „Turn-taking"-Regel übernehmen und der Antworterwartung nachkommen sollen. Bestimmte Märchen, sofern Kinder sie kennengelernt haben, vermitteln eine neue, andere Frage-Antwort-Relation, die sich aus einem dialektischen Verhältnis von Sprache und Schweigen ergibt (vgl. dazu Knüsel, 1980). Das Schweigen in diesen Märchen geht über die Bestimmung hinaus, die beispielsweise Kainz (1954) vornimmt, wenn er es als „sprachlose Sprachhandlung"

(S. 523) oder als eine „Leerstelle in einem Gespräch […], wo eine Äußerung nötig wäre oder erwartet werden kann" beschreibt. Das Märchen-Schweigen als Gebot ist von existentieller Bedeutung, ist Bedingung, um ein bestimmtes Ziel zu erreichen oder kann lebenslang dem Schutz eines Geheimnisses dienen. Es zu brechen bedeutet Lebensgefahr. Ähnlich verhält es sich mit dem Fragen. Fragetabus, die sich auf Namen, Aussehen oder das „eigentümliche Wesen" beziehen können, koexistieren mit dem riskanten Erraten von Namen, zu deren Kenntnis man auch ohne eigenes Zutun, nämlich durch „Selbstverrat" des Namensträgers (z. B. „Rumpelstilzchen") gelangen kann. Bei diesen knappen Erläuterungen müssen wir es belassen, um die ambivalenzbesetzte Rolle von Fragen und Antworten in Märchentexten zu verdeutlichen. Die psychologisch interessante Frage, ob oder wie Kinder/Jugendliche die Differenz zwischen Restriktion und Nichtrestriktion beim Fragen-Antworten kognitiv repräsentieren, ist ungeklärt, zum Beispiel ob fiktionale Informationen (Märchen) hybrid repräsentiert werden (vgl. z. B. Gerrig & Prentice, 1991) oder ob aufgrund von Dissonanz eine Komplexitätsreduktion in Richtung auf die erfahrene Welt erfolgt. Im Märchen ist Schweigen eine Antwort, in der Realität zwar eine Reaktion (vgl. Abb. 1), aber keine (allenfalls eine beredte) Antwort.

Rätsel gehören wie Märchen zu den einfachen literarischen Formen (vgl. z. B. Jolles, 1974). Ihre Formenvielfalt ist kaum mehr zu überschauen. Trotzdem folgen sie einem Grundprinzip, nämlich dem Lösbarkeitsaxiom. Der Rater weiß also, dass es eine Lösung geben muss. Der Lösungsweg ähnelt oft dem anderer (z. T. formaler) Problemlösungsaufgaben (vgl. Pólya, 1949). Kinder zeigen vielfach Interesse an Puzzles und testen mit ihnen die Lösungsfähigkeit Erwachsener. In der Psychologie finden sich Studien, die Puzzles als Stimuli ausgewählt haben, um die Gültigkeit der Verarbeitung von (Frage-)Sätzen nach der „Thema-vor-Rhema"-Regel zu prüfen. An dieser Stelle interessieren nur die Rätsel selbst, um wenigstens zwei ihrer Spielarten zu illustrieren. Bei der einen handelt es sich um die sogenannte „Moses"-Illusion (vgl. Erickson & Mattson, 1981): „How many animals of each kind did Moses take on the ark?", bei der anderen geht es um einen Flugzeugabsturz (vgl. Barton & Sanford, 1993): „There was a tourist flight travelling from Vienna to Barcelona. On the last leg of the journey, it developed engine trouble. Over the Pyrenees, the pilot started to lose control. The plane eventually crashed right on the border. Wreckage was equally strewn in France and Spain. The authorities were trying to decide where to bury the survivors. What is the solution?" Beide Beispiele zeigen ein typisches Baumuster von Rätseln: das Fallenstellen oder Falsche-Spuren-Legen, das wir auch in fiktionalen Detektivgeschichten antreffen, die zuerst vom Detektiv, dann im Nachvollzug vom Leser oder Zuschauer eine Antwort auf die Frage „Wer war es?" oder „Wird der mir von vornherein bekannte Täter überführt werden?" verlangen bzw. die zum Erraten anregen. Suerbaum (1984) stellt fest, dass trotz aller Unterschiede innerhalb der Gattung „die Anlage als regelhaftes und limitiertes Frage- und Antwortspiel nicht berührt" wird (vgl. S. 26). Auch das Lösbarkeitsaxiom bleibt erhalten. Über die geschlechts-, alters- und sozialschichtabhängigen Leseinteressen geben Erhebungen Auskunft, wobei eine explizite Aufschlüsselung nach dem Stichwort „Krimis" nicht immer erfolgt. Über die Wirkung der Lektüre von Krimis gehen die Meinungen auseinander. Über Untersuchungen speziell zur Fragegenerierung durch den Text oder zur Verifizierung durch Belegstellen bei lesekundigen Jugendlichen ist dem Verfasser nichts bekannt, geschweige, ob ein Transfer auf andere Bereiche stattfindet, wenn denn ein Lernen durch den Text stattfindet.

Eine besondere Beachtung verdienen die sogenannten „Ratespiele". Diese Bezeichnung ist allerdings nicht ganz zutreffend. Geht man von der Alltagsbedeutung von „Raten" aus, so könnte damit ein auf Zufall, auf Planlosigkeit beruhendes Antworten gemeint sein: Bekanntlich ist aus einer Antwort in der Regel nicht ablesbar, ob sie Ausdruck von Wissen, eines „feeling of knowing", oder von Unkenntnis ist, die sich nicht, aus welchen Gründen auch immer, zu erkennen geben will. Nun mag im Kontext „Spiel" diese Differenzierung belanglos erscheinen, faktisch verkennt aber eine Aufgabendefinition „Raten", dass diese Spiele eine Lösung haben, die freilich nur durch strategisches Fragen, gegenstandsbezogenes Wissen und Gedächtnis über den Spielverlauf auf Seiten des Ratenden gefunden werden kann.

Ratespiele sind wie Detektivgeschichten variantenreich. Wir beschränken uns hier auf das sogenannte „Teekesselspiel", an dem sich zwei oder mehr Personen als Rateteam beteiligen können. Ein bekanntes Beispiel war die TV-Serie „Heiteres Beruferaten". Andere Varianten sind das „Wer-bin-ich"-Spiel oder die „Lästerschule". Im englischsprachigen Raum entspricht dem Teekesselspiel das „twenty question problem", was das Procedere betrifft. Shannon (1951), der sich für die Entropie des Schriftenglisch interessierte, entwarf einen (später durch andere in Details modifizierten) Rateversuch, bei dem Versuchspersonen die Aufgabe hatten, die Buchstaben eines Wortes oder Textes sukzessiv zu erraten. Der Rateprozess pro Buchstabe wurde so lange fortgesetzt, bis die Versuchperson vom Versuchsleiter die Rückmeldung „richtig" bekam, um danach den nächsten Buchstaben in Angriff zu nehmen. Der wichtigste Unterschied zwischen Shannons Vorgehen und dem Ratespiel ist in der theoretischen Verankerung des Texte-Ratens und in der Erfahrung des Rateprozesses zu sehen. So hat zum Beispiel Bendig (1953) Shannons Methode und Theorie auf das „twenty question problem" übertragen. Auf derselben Grundlage arbeitend befasste sich Faust (1958) mit individuellen Faktoren der Leistungsverbesserung. Weltner (1967) entwickelte ein vereinfachtes Verfahren des Rateversuchs und konnte bei Realschülern eine Alters- und Textsortenabhängigkeit seines Maßes der subjektiven Information belegen. Gleichgültig, welches Format dieses Spiels gewählt wird, durch die Aufforderung zum „lauten Denken" bietet sich eine Möglichkeit, den jeweiligen Auswahlprozess, der der Wahl des einzelnen Frageschrittes zugrunde liegt, zu erkunden. Aus den so gewonnenen Informationen können sich Hinweise auf das Vorliegen von Fragestrategien und deren kognitiver Verankerung ergeben, die eine Differenzierung des bekannten Prinzips „vom Allgemeinen zum Speziellen" erlauben. Eine psychologisch interessante Erweiterung dieses „produktiven" Spielformats ist das Suchen/Finden versteckter Objekte, ein gleichermaßen bei Kindern, Jugendlichen und selbst bei Erwachsenen beliebtes Spiel. Anstelle des sprachlich begrifflichen Frageraums tritt hier ein spatialer, die Raumausstattung betreffender, sofern das Setting häuslich ist. Zugelassen sind Lokomotionen des Unwissenden, die der Wissende mit „warm" kommentiert, wenn eine Annäherung zum Versteck erfolgt und mit „kalt", wenn die Bewegung weg vom Ziel führt. Der Sucher geht wie bei den „twenty questions" von der Annahme aus, nicht durch falsche Reaktionen des Wissenden irregeführt zu werden. Der Erfolg des Suchens – das rasche

Auffinden – wird durch zwei Faktoren bestimmt: durch ein Wissen, wo man einen konkreten Gegenstand wirksam unter den gegebenen Bedingungen versteckt und durch partnerbezogene Kenntnisse, durch relevante Erfahrungen mit dem Aufgabensteller, mit anderen Worten, durch Empathie.

Die hier kurz beschriebenen Spiele zeichnen sich durch einfache Regeln aus, unterscheiden sich aber in Bezug auf die Komplexität der kognitiven Anforderungen und damit von der kognitiven sozialen Entwicklung. Sie sind informelle, folgenlose, früh erlebbare, auf variable Inhaltsbereiche bezogene Erfahrungen mit einem kooperativen, auf soziale Rollen verteilten Suchen von Informationen durch das Instrument Frage und den Verkettungen von Fragen und Antworten. Natürlich wird das Ausmaß solcher Erfahrungen variieren. Die Annahme, dass diese Erfahrungen neben anderen schon bei Kindern den Umgang mit den ernsten Fragen-Antworten zum Beispiel in der Schule oder beim Arzt wenigstens anbahnen helfen, scheint nicht unberechtigt.

Diesen tour d'horizon nun abschließend stellt sich die Aufgabe, das Fragen-Antworten-Thema als ein ubiquitäres, facettenreiches Phänomen zu charakterisieren, das für die Zielgruppe des Buches deshalb relevant erscheint, weil im Vergleich zu früher multimediale, einschlägige Kontaktmöglichkeiten und Einflüsse auf das Erlernen beträchtlich zugenommen haben.

2 Fragen in der Linguistik

Die bisherigen Ausführungen konzentrierten sich auf die Bedeutung von Frage(n) – Antwort(en), erläutert an Beispielen aus den Bereichen Gesellschaft, Wissenschaft und Sozialisation. Vorausgesetzt wurde bislang, dass die sprachlichen Instrumente und Bedingungen, wie man Fragen stellt, auf welche Weise man eine sprachliche Äußerung als Frage markiert, wie man Fragen-angemessene Antworten gibt, bekannt sind. In diesem zweiten Abschnitt wird zunächst in Grundzügen beschrieben, was dieses spezifische Sprachwissen ausmacht und im dritten Abschnitt, wie dieses Wissen im Rahmen der Sprachentwicklung erworben wird (vgl. auch die Beiträge von Kiegelmann; Janke & Schlotter sowie Weinert in diesem Band).

Wie werden in der Sprachwissenschaft (Linguistik) Fragen gekennzeichnet und definiert (zum Wortfeld „Fragen" vgl. Tab. 3)? Dies voranzustellen ist deshalb notwendig, weil zum Beispiel in der Psychologie andere Aspekte der Frage, des Fragens thematisiert werden, als in der Sprachwissenschaft. Zum Zweck der Kontrastierung sei vorab eine Definition angeführt, die Metzke (1948) in seinem Handlexikon der Philosophie gibt: Unter einer Frage wird ein „Ausdruck des Verlangens nach Wissen (verstanden), in dem das Bewusstsein des eigenen Nichtwissens als Antrieb zu Wissen wirksam wird" (S. 109). Fasst man diese an sich schon kompakte Definition noch weiter zusammen, so enthält sie zwei Komponenten: (1) ein kogniziertes Wissensdefizit, das (2) das Fragen motiviert, wobei Verlangen auf die Dringlichkeit der Beseitigung des Zustands „Nichtwissen" hindeutet. Ein Sprachbezug ist allenfalls indirekt in „Ausdruck" enthalten. Ein Hinweis auf das „Wodurch" der Beseitigung des Verlangens fehlt ebenfalls. Metzkes Fassung lässt auch die Möglichkeit zu, dass der, der sich in einer Fragesituation befindet, sich selbst die Frage beantwortet. Näher an einer sprachlichen Kennzeichnung einer Frage ist die folgende Definition: „Ein Satz, durch den eine Antwort herausgefordert wird" (Brockhaus, 1968, S. 440). Diese Kurzformel ist in mehrfacher Hinsicht unbefriedigend, weil vor allem unter dieser Bestimmung auch Sätze subsumiert werden können, die gar keine Fragen sind oder Fragen auch nicht notwendig einen Satzcharakter (wie elliptische Fragen, z. B. „und wie weiter jetzt?") haben müssen.

Tabelle 3: Komponenten, die dem Konstrukt Fragekompetenz zugrunde liegen (nach Wehrle-Eggers, 1968; Dornseiff, 1970)

Zum Wortfeld „Fragen"					
Frager, Fragesteller, Ausfrager, Befragter	Fraglich, fragwürdig, fraglos	anfragen, ab-, aus-, be-, durch-, er-, hinter-, nach-, über-, zwischenfragen …	Anfrage, Ausgangs-, Fang-, Gegen-, Nach-, Neben-, Leit-, Rück-, Schlüssel-, Streit-, Um-, Vor-, Voran-, Wissens-, Zwischenfrage …	Frageart, Fragefolge, Frageform, Fragebogen …	außer Frage stehen, Frage erheben, (in) Frage stellen, Frage auftauchen, Fragen aus dem Weg gehen, querbeet Fragen, Frage drängt sich auf, …

Anmerkungen: Ausgewählt wurden deutsche Wörter mit dem Lexem „Frag(e)". Fachspezifische Termini sind nicht berücksichtigt (wie z. B. Geltungsfrage, Filter- oder Pufferfrage). Es fehlen auch Wörter mit einem anderen Stamm, die fragenbezogen sind (z. B. prüfen, verhören, Examen, Vernehmung).

Aus den folgenden aktuellen Beispielen ist zu entnehmen, welche Veränderungen sich im linguistischen Verständnis gegenüber Frage oder Fragen vollzogen haben. Im Metzler Lexikon Sprache schreibt Ehlich (2005) über die Frage: Sie ist ein „illokutiver Akt, der der Prozessierung des Wissens vom Hörer zum Sprecher dient. Die Ermöglichung von Wissenstransfer wird offenbar in vielen Sprachen als eine so elementare sprachliche Aufgabe angesehen, dass für die illokutive Indizierung dieser Sprechhandlung ein vergleichsweise umfängliches explizites Indikatorenarsenal vorgehalten wird" (S. 198). Es folgt eine kurze Auflistung der Indikatoren zusammen mit ihrer Bedeutung für die Markierung bestimmter Fragetypen (z. B. Ja/Nein-Fragen, Entscheidungs-, Echo-Fragen). Im Rest des Eintrags zum Stichwort geht der Verfasser auf jene (Rand-)Bedingungen in einer konkreten Interaktion zwischen Sprecher A und Sprecher B ein, die explizit und implizit zusammen mit der eigentlichen Frage erst zu einem erfolgreichen Wissenstransfer führen. Diese Ausführungen vermitteln ein weitaus differenzierteres Bild der Frage als dies bei den vorher zitierten Bestimmungen der Fall ist. Die wichtigen Bestandteile dieser Charakterisierung von Fragen sind: Fragen als Sprachhandlungen (mit den damit verknüpften Implikationen), ihre Funktion als Wissenstransfer, Erkennbarkeit einer Äußerung als Frage (Indikatoren) und Unterscheidbarkeit gegenüber anderen Sprachhandlungen wie Mitteilungen oder Aufforderungen, sprachliche und/oder logische Typisierung von Fragen auf der Grundlage dessen, was man wissen möchte. Nichts grundsätzlich Neues enthält die Beschreibung von Weinrich (2007), wiewohl sich die Akzentsetzung ändert und die weitreichende Bedeutung des Fragens/Antwortens deutlicher zum Ausdruck gebracht wird: „Frage und Antwort sind [...] grundsätzlich paarige Äußerungen in einem Dialog zwischen Dialogpartnern mit ungleichem Informationsstand. Ihr Informationsstand ist aber nicht null: wer über keine Vorinformationen verfügt, kann auch keine Fragen stellen. Wer jedoch Fragen stellt, verbessert seinen Informationsstand. Fragen sind daher wichtige sprachliche Instrumente in allen Lernprozessen, in denen eine Lücke auszufüllen ist. Allen Fragen ist als Grundmerkmal ihrer Bedeutung das semantische Merkmal (LÜCKE) eingeschrieben" (S. 878).

Aus den genannten Charakterisierungen zum Fragen kann man die Komponenten extrahieren, die dem Konstrukt Fragekompetenz (FK) zugrunde liegen (vgl. Tab. 4).

Tabelle 4: Komponenten, die dem Konstrukt Fragekompetenz zugrundeliegen

Komponenten	Konstrukt
1. Grammatik (Syntax), Phonologie, Orthographie 2. Semantik	Sprachliches Wissen
3. Pragmatik (Sprachhandeln im situativen Kontext)	Kommunikatives Wissen
4. Sprachverarbeitung: kognitive Prozesse, Gedächtnis (semantisches, autobiographisches)	Sprachgebrauch: Verstehen, Produktion, Weltwissen, Selbstwissen

An dieser Stelle sind die ersten drei Komponenten von Interesse. Der effektive Gebrauch der Interrogativfunktion der Sprache generell setzt ein Multikomponentenwissen voraus. Die ersten beiden Komponenten stellen zwar notwendige, aber nicht hinreichende Voraussetzungen dar. Wie zu zeigen sein wird, bedarf es auch des kommunikativen Wissens, um effektives Fragen bzw. adäquates Antworten zu gewährleisten. Die Komponenten sind zwar im Prinzip selbständige Bausteine, interagieren jedoch miteinander in der konkreten Frageäußerung.

Literatur

Adler, R. B. & Towne, N. (1984). *Looking Out – Looking In*. New York: Holt, Rinehart & Winston.
Atteslander, P. (1974). *Methoden der empirischen Sozialforschung*. Berlin: de Gruyter.

Barton, S. B. & Sauford, A. J. (1993). A Case Study of Anomaly Detection: Shallow Semantic Processing and Cohesion Establishment. *Memory and Cognition, 21,* 477-487.
Bendig, A. W. (1953). Twenty Questions: An Information Analysis. *Journal of Experimental Psychology, 46,* 345-348.
Berlyne, D. E. (1974). *Konflikt, Erregung, Neugier.* Stuttgart: Klett (Original erschienen 1960: Conflict, arousal and curiosity).
Bock, I. (1978). *Kommunikation und Erziehung. Grundzüge ihrer Beziehungen.* Darmstadt: Wissenschaftliche Buchgesellschaft.
Bodenheimer, A. R. (1992). *Warum? Von der Obszönität des Fragens.* Stuttgart: Reclam.
Bühler, K. (1934). *Sprachtheorie. Die Darstellungsfunktion der Sprache.* Jena: Fischer.
Cannell, C. F. & Kahn, R. L. (1968). Interviewing. In G. Lindzey & E. Aronson (Eds.), *The Handbook of Social Psychology* (Vol. 2, pp. 526-595). Reading, MA: Addison-Wesley.
Carlson, L. (1983). Dialogue Games. *An Approach to Discourse Analysis.* Dordrecht: Reidel.
Chase, S. (1951). *Die Wissenschaft vom Menschen.* Wien: Humboldt.
Chomsky, N. (1973). *Strukturen der Syntax.* Frankfurt/Main: Suhrkamp.
Collingwood, R. G. (1955). *Denken. Eine Autobiographie.* Stuttgart: Köhler.
Cronbach, L. J. & Gleser, G. C. (1965). *Psychological Tests and Personnel Decisions.* Urbana, IL: University of Illinois Press.
Dornseiff, F. (1970). *Der Deutsche Wortschatz nach Sachgruppen.* Berlin: de Gruyter.
Ebbinghaus, H. (1913). *Grundzüge der Psychologie* (Bd. 2). Leipzig: Veit.
Ehlich, K. (2005). Frage. In H. Glück (Hrsg.), *Metzler Lexikon Sprache* (S. 198). Stuttgart: Metzler.
Erdbauer, M. (2007). *Allgemeinbildung in Frage und Antwort.* München: Compakt.
Erickson, T. D. & Mattson, M. E. (1981). From Words to Meaning: A Semantic Illusion. *Journal of Verbal Learning and Verbal Behavior, 20,* 540-541.
Ertel, H. (1990). *Erotik und Pornographie.* München: Psychologie Verlags Union.
Faust, W. L. (1958). Factors in Individual Improvement in Solving Twenty-Questions Problem. *Journal of Experimental Psychology, 55,* 39-44.
Feger, H. & Sorembe, V. (1983). Konflikt und Entscheidung. In H. Thomae (Hrsg.), *Theorien und Formen der Motivation* (Enzyklopädie der Psychologie, Serie Motivation und Emotion, Bd. 1, S. 536-712). Göttingen: Hogrefe.
Frake, C. (1960). How to ask for a drink in Subanum. *American Anthropologist, 66,* 127-132.
French, J. & Denton, T. (2008) *Das kleine Buch der großen Fragen. Philosophie für Kinder.* Köln: Boje.
Friedrichs, J. (1973). *Methoden empirischer Sozialforschung.* Reinbek: Rowohlt.
Gerrig, J. R. & Prentice, D. A. (1991). The Representation of Fictional Information. *Psychological Science, 2,* 336-340.
Graesser, A. C. & Franklin, S. P. (1990). QUEST: A Cognitive Model of Question Answering. *Discourse Processes, 13,* 279-303.
Grassi, E. (1945). Das Reale als Leidenschaft und die Erfahrung der Philosophie. In Th. von Uexküll & E. Grassi (Hrsg.), *Wirklichkeit als Geheimnis und Auftrag* (S. 90-93). Freiburg/Br.: Alber.
Grice, H. P. (1975). Logic and Conversation. In P. Cole & J. L. Morgan (Eds.), *Syntax and Semantics, Vol. 3: Speech Acts* (pp. 41-58). New York: Academic.
Hanke, M. (1986). *Der maieutische Dialog. Kommunikationswissenschaftliche Untersuchungen zur Struktur und Anwendbarkeit eines Modells* (Aachener Studien zur Semiotik und Kommunikationsforschung, Bd. 10). Aachen: Rader.
Harrah, D. (1963). *Communication: A Logical Model.* Cambridge, MA: MIT Press.
Hofstätter, P. (1958). *Einführung in die Sozialpsychologie.* Stuttgart: Humboldt.

Hopf, C. (1991). Quantitative Interviews in der Sozialforschung. Ein Überblick. In U. Flick, E. von Kardorff, H. Keupp, L. von Rosenstiel & St. Wolff (Hrsg.), *Handbuch qualitative Sozialforschung* (S. 177-182). München: Psychologie Verlags Union.

Jolles, A. (1974). *Einfache Formen*. Tübingen: Niemeyer.

Kainz, F. (1954). *Psychologie der Sprache* (Bd. 3). Stuttgart: Enke.

Katz, E. & Lazarsfeld, P. F. (1955). *Personal Influence*. Glencoe, IL: The Free Press.

Knüsel, K. (1980). *Reden und Schweigen in Märchen und Sagen*. Unveröffentlichte Dissertation, Philosophische Fakultät I der Universität Zürich.

Kohlmann, U. (1996). *Selbstkorrekturen in Beschreibungen, Instruktionen und Erzählungen*. (Arbeiten aus dem Sonderforschungsbereich 245 „Sprache und Situation"). Heidelberg: Psychologisches Institut der Universität Heidelberg.

Kraft, V. (1960). *Erkenntnislehre*. Wien: Springer.

Lausberg, H. (1960). *Handbuch der literarischen Rhetorik*. München: Hueber.

Lersch, Ph. (1954). *Aufbau der Person*. München: Barth.

Lüdemann, C. & Lüdemann, H. (2008). *Fangfragen im Vorstellungsgespräch souverän meistern*. München: Redline Wirtschaft.

Maccoby, E. E. & Maccoby, N. (1956). The Interview: A Tool of Social Science. In G. Lindzey (Ed.), *Handbook of Social Psychology* (Vol. 1, pp. 449-487). Cambridge, MA: Addison-Wesley.

Metzke, E. (1948). *Handlexikon der Philosophie*. Heidelberg: Kerle.

Meyer, H. (1955). *Systematische Philosophie. Band 1: Allgemeine Wissenschaftstheorie und Erkenntnislehre*. Paderborn: Schöningh.

Miller, G. A. (1951). *Language and Communication*. New York: McGraw-Hill.

Mummendey, H. D. (1999). *Die Fragebogen-Methode*. Göttingen: Hogrefe.

Payne, S. L. (1951). *The Art of Asking Questions*. Princeton: Princeton University Press.

Piaget, J. (1972). *Sprechen und Denken des Kindes*. Düsseldorf: Schwann.

Pöltner, G. (1972). *Zu einer Phänomenologie des Fragens*. Freiburg/Br.: Alber.

Pólya, G. (1949). *Schule des Denkens. Vom Lösen mathematischer Probleme*. Bern: Francke.

Rogers, C. R. (1945). The Nondirective Method as a Technique for Social Research. *American Journal of Sociology, 50*, 279-293.

Rombach, H. (1952). *Über Ursprung und Wesen der Frage*. Freiburg/Br.: Alber.

Scheuch, E. K. (1973). Das Interview in der Sozialforschung. In R. König (Hrsg.), *Grundlegende Methoden und Techniken der empirischen Sozialforschung* (Erster Teil, S. 66-190). Stuttgart: Enke.

Scheuch, E. K. (1999). Die Entwicklung der Umfrageforschung in der Bundesrepublik Deutschland in den siebziger und achtziger Jahren. *ZUMA-Nachrichten, 45*, 7-22.

Schnell, R. (1997). *Nonresponse in Bevölkerungsumfragen. Ausmaß, Entwicklung und Ursachen*. Opladen: Leske und Budrich.

Schwarz, N., Bless, H., Hippler, H.-J., Strack, F. & Sudman, S. (1994). Cognitive and Communicative Aspects of Survey Measurement. In I. Borg & P. Ph. Molar (Eds.), *Treads and Perspectives in Empirical and Social Research* (pp. 40-56). Berlin: de Gruyter.

Shannon, C. E. (1948). A mathematical Theory of Communication. *The Bell System Technical Journal 1948, 27*, 379-423, 623-656.

Shannon, C. E. (1951). Prediction and Entropy of printed English. *The Bell System Technical Journal, 1951*, 50-64.

Spicker, F. (1999). *Aphorismen der Weltliteratur*. Stuttgart: Reclam.

Stahl, G. (1962). Fragebogen. In M. Käsbauer & F. v. Kutschera (Hrsg.), *Logik und Logik-Kalkül* (S. 149-157). Freiburg/Br.: Alber.

Stern, C. & Stern, W. (1922). *Die Kindersprache*. Leipzig: Barth.

Stiekel, B. (Hrsg.). (2004). *Kinder fragen, Nobelpreisträger antworten*. München: Heyne.
Stocké V. & Becker, B. (2004). Determinanten und Konsequenzen der Umfrageeinstellung. *ZUMA-Nachrichten, 54,* 89-116.
Stutterheim, C. V. (1995). *Einige Prinzipien des Textaufbaus. Empirische Untersuchungen zur Produktion mündlicher Texte*. Habilitationsschrift, Universität Heidelberg.
Suerbaum, U. (1984). *Krimi. Eine Analyse der Gattung*. Stuttgart: Reclam.
Tack, W. H. (1976). Diagnostik als Entscheidungshilfe. In K. Pawlik (Hrsg.), *Diagnose der Diagnostik* (S. 103-130). Stuttgart: Klett.
Thimm, C. & Kruse, L. (1993). *Sprachliche Effekte von Partnerhypothesen in dyadischen Situationen* (Arbeiten aus dem Sonderforschungsbereich 245 „Sprache und Situation"). Heidelberg: Psychologisches Institut der Universität Heidelberg.
Ueding, G. & Steinbrink, B. (1986). *Grundriss der Rhetorik. Geschichte – Technik – Methode*. Stuttgart: Metzler.
Vukovich, A. (o. J.). *Der rhetorische Forschungsansatz in der Kommunikationspsychologie* (Sonderdruck aus: Bericht über den 30. Kongress der Deutschen Gesellschaft für Psychologie). Regensburg: Institut für Psychologie der Universität Regensburg.
Waldmann, M. & Weinert F. E. (1990). *Intelligenz und Denken*. Göttingen: Hogrefe.
Wehrle-Eggers, H. (1968). *Deutscher Wortschatz 1*. Frankfurt/Main: Fischer.
Weinrich, H. (2007). *Textgrammatik der deutschen Sprache*. Hildesheim: Olms.
Weltner, K. (1967). Subjektive Information von deutschen Texten und didaktische Transformation. In: F. Merz (Hrsg.), *Bericht über den 25. Kongress der Deutschen Gesellschaft für Psychologie, Münster 1966* (S. 294-301). Göttingen: Hogrefe.
Wengraf, T. (2001). *Qualitative research interviewing. Biographic, narrative and semi-structured method*. London: Sage.
Wittmann, W. (1959). *Unternehmung und unvollkommene Information*. Köln: Westdeutscher Verlag.

Teil 1

Entwicklungspsychologische Voraussetzungen der Befragung von Kindern und Jugendlichen

Sprachentwicklungspsychologische Voraussetzungen von Kindern und Jugendlichen und deren Konsequenzen für die Kompetenzen von Befragenden

Mechthild Kiegelmann[1]

1   Einleitung

Befragungen von Kindern in der Psychologie finden stets innerhalb von sozialen Beziehungen statt. Um möglichst valide und aussagekräftige Ergebnisse durch Befragungen zu erzielen, ist es hilfreich, die sprachentwicklungspsychologischen Voraussetzungen der befragten Kinder und Jugendlichen in der Planung und Durchführung der Befragungen zu beachten. Gleichzeitig erfordern die Befragungssituationen, dass Befrager und Befragerinnen ihre eigene Beteiligung am Befragungsgespräch reflektieren und zur Maximierung des Erfolgs der Forschungs- oder Diagnoseanliegen diese Interaktionsform gestalten. In diesem Beitrag wird der Fokus auf die sprachentwicklungspsychologischen Voraussetzungen von Kindern und Jugendlichen im Rahmen von Befragungsbeziehungen gelegt. Besonders relevante Hinweise für die Gestaltung von Befragungsbeziehungen können aus einer Reflexion von Sprachentwicklungsprozessen im Bereich der Anwendung von Sprache in sozialen Situationen gezogen werden. Denn die Befragenden sind in der Regel die Personen, die die Befragungssituation initiieren und deren Rahmen planen. Damit haben sie einen starken Einfluss auf die Gestaltung der sozialen Prozesse der Kommunikation. Befragende können so besonders auf die Sprachkompetenzen der Kinder und Jugendlichen eingehen, die sich auf die soziale Situation der Sprachnutzung beziehen. In der Linguistik wird dieser Bereich als Pragmatik bezeichnet (Miller & Weissenborn, 1991).

Die Gestaltung von Befragungssituationen mit Kindern und Jugendlichen wird wesentlich von den sprachentwicklungspsychologischen Voraussetzungen der Befragten beeinflusst, unabhängig davon, ob dies der befragenden Person tatsächlich bewusst ist und in der Konzeption des Interviews berücksichtigt wurde. Welche Fähigkeiten Kinder und Jugendliche hinsichtlich des Sprachverstehens und der Sprachproduktion mitbringen, hat einen nicht zu unterschätzenden Einfluss darauf, über welche Inhalte sie berichten können, welche Fragen sie verstehen und darauf, ob und wie sie Antworten auf die gestellten Fragen formulieren können. Nicht zuletzt hat der Sprachentwicklungsstand des Kindes Auswirkungen darauf, wie gut oder schlecht die befragende Person die Aussagen des Kindes verstehen kann. Interviewende sollten daher wissen, wie sich die sprachlichen Fähigkeiten von Kindern und Jugend-

---

[1] Bei der Konzeption und Durchsicht des Manuskripts hat Nina Maslowski mitgearbeitet. Greta Müller nahm eine Sprachkorrektur vor.

lichen entwickeln, um die Interaktion im Rahmen der Befragungssituation im Vorfeld besser planen zu können und falschen Erwartungen bezüglich des Gesprächsverlaufs und der Qualität und Quantität der gewonnenen Informationen vorzubeugen.

Im Kapitel „Erfassung sprachlicher Fähigkeiten" in diesem Band beschreibt Sabine Weinert den Erwerb sprachlicher Kompetenzen. Sie erklärt die Grundkomponenten von Sprachkompetenz, wie sie in der Psychologie diskutiert werden: die rhythmisch-prosodische, die morphologische, die syntaktische, die lexikalisch-semantische und die pragmatische Komponente. Im Verlauf des Spracherwerbs wird spätestens bei Schuleintritt zusätzlich der schriftsprachliche Aspekt der Sprachentwicklung relevant (Snow, 2006). Mehrsprachige Kinder entwickeln darüber hinaus Fähigkeiten, die mit den unterschiedlichen Sprachen zusammenhängen, wie zum Beispiel „code switching" oder spezifische metasprachliche Kompetenzen (Bialystok, 1991; Jessner, 2006). Während Weinert sich in ihrer Deskription der Sprachentwicklung auf die Erfassung von sprachlichen Fähigkeiten konzentriert, wird die Sprachentwicklung im vorliegenden Kapitel mit dem Interesse an einer optimalen Gestaltung von Befragungssituationen betrachtet. Der Schwerpunkt liegt bei den diskursiv-kommunikativen Sprachfähigkeiten von Kindern und Jugendlichen, die in Befragungen aufgrund des sozialen Charakters der Interaktion besonders relevant sind.

2 Entwicklung von pragmatischen Fähigkeiten als wichtige sprachpsychologische Voraussetzung für Befragungen

Die Befragung von Kindern und Jugendlichen findet in der Regel im Kontext einer Beziehung zwischen erwachsenen oder zumindest kompetenteren Befragenden und den befragten Kindern bzw. Jugendlichen statt. Damit diese Arbeitsbeziehungen gelingen können, ist Voraussetzung, dass die beteiligten Personen die verwendete Sprache bzw. verwendeten Sprachen verstehen und sich auf die besondere Kommunikationsform der Befragung einlassen können.

Da Befragungen eine aus dem Alltag herausgehobene Kommunikationsform sind, erfordert diese Sozialform besondere Kompetenzen der Befragten und Befragenden. Die beteiligten Personen an einer Befragung müssen in der Lage sein, den jeweiligen sozialen Kontext so zu verstehen, dass sie eine Kommunikation beginnen und aufrechterhalten können. Neben einem ausreichend großen Wortschatz (Lexikon), Sicherheit im Hören und lautlichem Ausdruck von gesprochener Sprache (Phonologie und Prosodie), Anwendungswissen von grammatikalischen Regeln auf Wort- und Satzebene (Morphologie und Syntax) und, bei lesekompetenten Kindern und Jugendlichen, der Fähigkeit zu sinnentnehmendem Lesen, gehört zu den sprachlichen Kompetenzen, die in Befragungssituationen genutzt werden, die Fähigkeit, Äußerungsabsichten in der jeweiligen sozialen Situation verstehen zu können und Wirkungen des (eigenen und fremden) Gesagten auf die Hörer und Hörerinnen einschätzen zu können (Pragmatik). Hierbei ist zu beachten, dass sich die sozialen Gegebenheiten von Sprachlernenden nicht ausschließlich auf die pragmatische Ebene der Sprache beziehen, sondern die Sprache in ihrer gesamten Breite betreffen. Ochs (1986) spricht in diesem Zusammenhang von konversationalem Diskurs und hebt hervor, dass auch formale Aspekte der Sprache soziokulturelle Informationen enthalten (Ochs, 1986, S. 3). So kann die Nähe oder Ferne der Aussprache eines Kindes zur Hochsprache Auskunft über das Alltagsmilieu geben oder der verwendete aktive Wortschatz schichtspezifisch sein. Bei der Planung und Durchführung von Befragungen sind zusätzlich zur Betrachtung des unmittelbaren Mikrokontextes auch die sozialen Bedingungen der jeweiligen Sprachkultur zu beachten. So ist zu erwarten, dass Kinder mit Befragungssituationen unbefangen umgehen können, wenn sie es seit früher Kindheit gewohnt sind, in Interaktion mit Erwachsenen Bilder aus Bilderbüchern zu benennen und dekontextualisiertes Wissen auf Anfrage zu zeigen (Pizer, Walters & Meier, 2007, S. 414). Schon bei Kindern im Alter von sechs Monaten konnte gezeigt werden, dass sie ein spezifisches Kommunikationsverhalten gezielt lernen und auf Anfrage präsentieren konnten (Thomsen, Cotnoir-Bichelman, McKerchar, Tate & Dancho, 2007). Kinder aus bildungsnahen Schichten lernen in der Regel früher und intensiver die Formen des akademischen Diskurses kennen und erarbeiten sich einen sichereren Umgang mit den in Bildungseinrichtungen praktizierten Sprachhandlungen als Kinder aus bildungsfernen Schichten. Wenn die spezifischen Erwartungen an die Form der Beteiligung an einer Kommunikation nicht ausdrücklich benannt werden, können diejenigen Kinder und Jugendliche diese Erwartungen aus Unkenntnis und aufgrund von mangelnder Übung schlechter erfüllen, als Kinder, die typische Interaktionen zwischen Lehrenden und Lernenden in Bildungsinstitutionen gewohnt sind. Wenn also die Kinder nicht darüber informiert sind, was genau von ihnen erwartet wird, können Missverständnisse entstehen (Roth, 2007). Insbesondere Kinder aus Familien mit Migrationserfahrungen, die mit dem Bildungsdiskurs des Wohnorts weniger vertraut sind, erfahren implizite Anforderungen an ihr Sprachverhalten als zusätzliche Herausforderung. Befrager und Befragerinnen von Kindern, die mit bildungsüblichen Formen der Interaktion ihrer Umgebung wenig vertraut sind, profitieren von ausdrücklichen Artikulationen der Erwartungen, die Befragende an die Interaktion mit den befragten Kindern und Jugendlichen haben. So könnte eine befragende Person einem Kind ausdrücklich erklären, dass sie erfahren möchte, welche Worte ein Kind schon kennt und daher das Kind auffordern, eine Reihe von Bildkarten mit Worten zu beschreiben. In diesem Beispiel kann dem befragten Kind deutlich werden, dass der Befrager oder die Befragerin zwar die Antwort kennt, aber die Frage nicht zur eigenen Wissenserweiterung stellt, sondern zur Beobachtung der Fähigkeiten des Kindes. So können die Erwartungen an die Kommunikationsform Befragung für das Kind verständlicher werden.

In der Pragmatik können verschiedene Äußerungsabsichten unterschieden werden. Beispielsweise gibt es Feststellungen, das heißt, Sprecher oder Sprecherin benennen einen Sachverhalt ausdrücklich, oder Aufforderungen, das heißt, Sprecher oder Sprecherin erwarten von der zuhörenden Person eine Reaktion. Auch sind Vereinbarungen möglich, das heißt beide beteiligten Personen verpflichten sich zu etwas. In einer Befragung eher untergeordnet ist die performative Rede, das heißt durch eine Aussage wird ein neuer Sachverhalt geschafften (z. B. Eröffnung einer Sitzung, Verleihung eines Titels, Heirat; vgl. Sprechakttheorie, Austin, 2002). Die pragmatisch-kommunikative Ebene der Sprachkompetenz umfasst sowohl soziolinguistische Aspekte (z. B. Höflichkeitsregeln), als auch Kenntnis über Verwendungsregeln der Sprache, zum Beispiel Aufbau von Erzählungen, Unterscheidung zwischen verschiedenen Verwendungsformen der Sprache wie Befehle, Bitten, Beschreibungen oder Ironie. In einer Befragungssituation kommt unter anderem eine Sprache mit Aufforderungscharakter zur Anwendung: Die Befragten werden durch einen Redeimpuls, eine Frage, eine Aufgabe oder durch die Vorlage eines Tests oder Fragebogens zu einer Reaktion aufgefordert. Die Befragten sollten in der Lage sein, diesen Aufforderungscharakter zu verstehen und zu entscheiden, wie sie sich demgegenüber verhalten möchten und können.

Die pragmatisch-kommunikative Ebene der Sprachentwicklung von Kindern und Jugendlichen ist für die Praxis der Befragung von zentraler Bedeutung. Denn die Fähigkeiten der aktiven Kommunikationsgestaltung von Kindern unterliegen auch nach dem Alter von fünf Jahren noch Veränderungsprozessen. Insbesondere mit dem Beginn des Erwerbs von Schriftsprache verändern und erweitern sich die sprachlichen Fähigkeiten von älteren Kindern und Jugendlichen. Mit zunehmendem Alter und zunehmender Erfahrung in Bildungseinrichtungen und in der Kommunikation mit anderen Personen erweitert sich der Wortschatz von Kindern und Jugendlichen. Auch abstrakte Konzepte und Fremdwörter werden mit der Zeit für die Kinder vertraut. Figurative Sprache kann verstanden und verwendet werden, das heißt, Sprichwörter mit übertragener Bedeutung, Metaphern oder Wortspiele können verstanden werden (Nippold, 2006). Auch wirkt sich erweiterte soziale Kompetenz von älteren Kindern auf die Fähigkeit zur Kommunikation aus, weil die Jugendlichen und Kinder lernen, sich auf das Vorwissen ihrer Gesprächspartner und -partnerinnen einzustellen. Die jeweiligen kommunikativen Kompetenzen der befragten Personen sind bei der Gestaltung von Befragungen besonders zu beachten. Die Kommunikationsform Befragung kann außerdem von den Kindern und Jugendlichen subjektiv anders gedeutet werden als von den Befragenden. Hierbei spielen sowohl Unerfahrenheit mit der Kommunikationsform Befragung eine Rolle als aber auch Vorerfahrungen mit Tests, diagnostischen Gesprächen oder anderen formalisierten Interaktionen und Testsituationen, die zwischen Kindern und psychologisch trainierten Erwachsenen stattfinden. Insbesondere Kinder mit sonderpädagogischem Förderbedarf haben sich gegebenenfalls Strategien zum Umgang mit Befragungsbeziehungen angewöhnt, die dem Erkenntnisinteresse der Befragung hinderlich sein können, beispielsweise sozial erwünschte Antworten (vgl. Baumgartner & Füssenich, 2002).

Um in einer Befragung angemessen interagieren zu können, brauchen Kinder und Jugendliche die pragmatische Fähigkeit, die Art und Weise von ausgedrückten Inhalten so auf die Befragungssituation auszurichten, dass die Befragenden genügend und relevante Daten zur verwendeten Fragestellung sammeln können. Grice (1993) hat eine Kategorisierung von Gesprächsaspekten vorgeschlagen, die hilfreich ist, um die Sprachkompetenzen von Befragten einschätzen zu können: Zentraler übergeordneter Gedanke der Grice'schen Konversationsmaximen ist das Kooperationsprinzip, also das Eingehen der befragten Person auf das Befragungsziel der oder des Fragenden. Befragte sind bereit, mit den Befragenden für die Erfüllung deren Interessen zusammenzuarbeiten und zu kooperieren. Grice formuliert vier Maximen für Sprechende: Die Maxime der Quantität (1) bedeutet, dass die Gesprächspartner und -partnerinnen die Menge an Informationen dem Zweck der Befragung anpassen und dabei weder zu viel noch zu wenig Inhalte aussagen. Mit der Maxime der Qualität (2) bezieht sich Grice auf die Einschätzung des Wahrheitsgehalts von Gesprächsbeiträgen durch die sprechende Person. Ein Einhalten dieser Maxime bedeutet, nur solche Informationen auszusprechen, die von den befragten Personen für richtig gehalten werden und dabei bewusstes Lügen oder irreführende Hinweise zu vermeiden. Die Beschränkung von Gesprächsinhalten auf relevante Aspekte wird mit der Maxime der Relevanz (3) angesprochen. Schließlich beschreibt Grice mit der Maxime der Modalität (4) die Fähigkeit oder Bereitschaft von Gespächspartnern und -partnerinnen, Inhalte so zu strukturieren, dass diese möglichst eindeutig verständlich sind.

Kinder lernen zunehmend, die Konventionen für Diskurse ihres sozialen Kontextes zu entschlüsseln und sich an diese zu halten. Uta Quasthoff (1983) berichtet von fünfjährigen Kindern, die in ihren Äußerungen noch nicht zwischen Erzählung und Bericht unterscheiden. 14-jährige Jugendliche dagegen können beide Diskursmuster voneinander trennen und die von Erwachsenen genutzte Struktur des konversationellen Erzählens verstehen und anwenden (Quasthoff, 1983, S. 51).

In diesem Zusammenhang ist auch zu beachten, dass es kulturelle Unterschiede in Kommunikationsformen gibt, die sich auf die Befragungssituationen auswirken können. Huth (2006) zeigt am Beispiel des Erlernens von Deutsch als Fremdsprache bei amerikanisch-englisch sprechenden Personen, wie irritierend der Umgang mit Komplimenten in der deutschen Sprachkultur auf Menschen aus Nordamerika wirken kann. Zur Illustration zitiert er eine Einschätzung einer Nordamerikanerin, die im deutschen Sprachunterricht Höflichkeitsäußerungen geübt hat: „I felt almost insulted at times. In America, saying 'thank you' lets us know that the compliment is appreciated. In German, it sounds like the person is very arrogant to just agree with the compliment." (Huth, 2006). Wenn Befragungen in bikulturellen Beziehungen stattfinden, können sich Unterschiede in der Deutung der sozialen Situation zwischen Befragten und Fragenden auf die gesammelten Daten auswirken. Unbeabsichtigte Irritationen oder sogar Einschüchterungen der befragten Kinder können dazu führen, dass die befragten Kinder oder Jugendlichen die Kommunikation als beengend erleben und sich aus der Befragungssituation entfernen.

3 Zusammenspiel von Befragenden und Befragten

Befragende stehen vor der Aufgabe, in Kooperation mit den befragten Kindern und Jugendlichen möglichst aussagekräftige Aussagen von den Kindern und Jugendlichen anregen zu können. Nach Wygotski (1971) besteht in einer solchen Kooperation die Chance, aktive Lernprozesse der befragten Person beobachten zu können. Durch die Unterstützung einer kompetenten Person kann es möglich sein, dass Kinder während der Befragung etwas dazulernen. Die Befragungssituation dokumentiert hierbei einen innerhalb der Beziehung stattfindenden Lernprozess. Wygotski beschreibt mit seiner Theorie über das Lernen, dass während einer sozialen Lernaktivität Hinweise über die Fähigkeiten von Kindern und Jugendlichen gesammelt werden können. Insbesondere in der westlichen Rezeption der Theorien Wygotskis wird dem psychologischen Konstrukt der „Zone der proximalen Entwicklung" eine zentrale Bedeutung beigemessen (vgl. Robbins, 2007). Unter der Zone der proximalen Entwicklung wird der Spielraum von Kindern verstanden, unter fachkundiger

Anleitung ihr aktuelles Können erweitern zu können. Für Befragende ergibt sich aus dieser Deutung von Lernprozessen die Aufgabe, sich so auf die sprachlichen und kognitiven Fähigkeiten der befragten Kinder einstellen zu können, dass diese in der Interaktion einen Lernprozess durchlaufen können. Werden Befragungen aufgrund der Theorie Wygotskis durchgeführt, geht es daher nicht darum, statisches Wissen punktuell von Kindern zu erfassen, sondern einen Prozess des Lernens beobachten zu können. Die Frage lautet daher nicht, was die Kinder schon können, sondern wie sie aufgrund von Hilfestellungen dazulernen können (Miller, 1993).

Gilligan und Kiegelmann (Kiegelmann, 2009) diskutieren darüber hinaus Forschungssituationen, in denen sich sowohl Befragte als auch die befragenden Forschenden in einem Forschungsgespräch gegenseitig inspirieren und dabei unterstützen, eine Fragestellung über einen gegebenen Sachverhalt im Prozess des Forschungsinterviews treffend artikulieren zu können. Hier kann soziales Lernen stattfinden, bei dem sich jedoch beide Teilnehmenden der Befragungssituation in einem Lernprozess befinden. Befragungssituationen, in denen Befragte und Fragende gemeinsam daran beteiligt sind, das Thema der Unterhaltung genauer zu definieren, können von den Beteiligten als unstrukturiert erlebt werden. Die Offenheit der Kommunikation unterscheidet sich hier von anderen Befragungsformen, bei denen beispielsweise die Befragten mit eindeutigen Ja/Nein-Antworten auf geschlossene Fragen reagieren können. Für weniger vorstrukturierte offene Interviewverfahren brauchen die beteiligten Personen eine Offenheit, um sich auf die Ungewissheit des Verlaufs des Gesprächs einlassen zu können. Das Konstrukt Ungewissheitsorientierung kann in diesem Zusammenhang auf die Befragungssituation angewendet werden. Für den Kontext des Unterrichtsgesprächs führen König und Dahlbert (2004) aus, inwiefern Ungewissheitstoleranz eine Ressource für Lehrkräfte sein kann.

Zur Illustration der Herausforderungen an Befragende aufgrund der sich noch stark entwickelnden pragmatischen Kompetenz von Jugendlichen kann das Beispiel eines Interviews in einer Studie zum Phänomen des Rauschtrinkens von Jugendlichen dienen (Stumpp, 2009). Trinkende Jugendliche im Alter von 12 bis 17 Jahren wurden von trainierten Studierenden an öffentlichen Plätzen über das Forschungsprojekt informiert und eingeladen, einen Termin für ein Forschungsinterview auszumachen. In einem Interview antwortete ein 14-jähriges Mädchen auf die Frage nach Prävention von übermäßigem Alkoholkonsum bei Jugendlichen, ein Beinbruch würde helfen: Die befragte Jugendliche schlug als Prävention vor: „....dass irgendjemand wegen Alkohol was passiert", woraufhin die Interviewerin nachfragte: „Was meinst du mit was passiert?" und die befragte Jugendliche antwortete: „Dass man sich den Fuß bricht, oder so was. Ich will ja jetzt nichts Schlimmes sagen. Aber dass sie einfach mal was mitkriegt, dass was passiert." Die Interviewerin fragte weiter: „Und was glaubst du wird das auslösen?" und bekam zur Antwort: „Ja, dass sie denkt, oh je, das kann mir auch passieren und das will ich halt nicht, Angst. Vielleicht trinkt sie dann sogar gar nichts mehr." (Projekt Rauschtrinken, 2008, Interview Z-8; Zeilen 965 - 980). Erst auf gezieltes Nachfragen der Interviewerin erläuterte die Jugendliche ihre subjektive Theorie, dass ein Knochenbruch aus ihrer Perspektive dazu anregen kann, die eigenen Gestaltungsfreiheiten des Alltags selbst kritisch zu reflektieren. Für die Befragerin stellte sich in dieser Situation die Aufgabe, ein noch unausgereiftes Vermögen der Jugendlichen in der Einschätzung der

Verständlichkeit ihrer Aussagen zu kompensieren, indem die Interviewerin aktiv versuchte, den Gedankengang der Befragten durch gezieltes Nachfragen zu unterstützen. Statt die unerwartete Antwort als irrelevant zu übergehen oder als falsch einzuschätzen, signalisiert die Interviewerin die Bereitschaft, die Aussagen der Jugendlichen anzuerkennen.

Piaget hat mit seiner Methode des klinischen Interviews eine Haltung für Befragende vorgeschlagen, die die subjektiven Sinnkonstruktionen der befragten Kinder als in sich stimmig und bedeutungsvoll anerkennt (Piaget & Inhelder, 1975). Statt Antworten als falsch abzutun, hat er Hinweise auf die eigene Logik des Denkens der Kinder beobachtet und versucht nachzuvollziehen. Im Forschungsprojekt zum Rauschtrinken benannten einige Jugendliche ihre anfängliche Irritation, über ihr Trinkverhalten von Erwachsenen in einem Forschungsinterview befragt zu werden, das nicht dazu diente, mit moralisierendem Ton das Verhalten der Jugendlichen ändern zu wollen. Aufgrund von bisher fehlender Erfahrung in der Begegnung mit Erwachsenen, die ohne Interventionsabsichten ein rein deskriptives Interesse an der Perspektive der Jugendlichen hatten, mussten diese Jugendlichen erst in der Befragungssituation die pragmatische Kompetenz der Teilnahme an einer nichtintervenierenden Befragung erlernen.

An Befragende stellt sich auch die Aufgabe, die Beziehungen in der Befragungssituation so zu gestalten, dass Kinder und Jugendliche in der Lage und bereit sind, sich auf das Gespräch einzulassen und die gewünschten Informationen weiterzugeben. Kinder lernen, sich auf ihre Gegenüber in Kommunikationssituationen einzustellen. Forschung zum unterschiedlichen Sprachverhalten von Müttern und Vätern (Kornhaber & Marcos, 2000) zeigen, dass sich Eltern ihren Kindern gegenüber unterschiedlich verhalten und die Kinder dadurch lernen, in verschiedenen Beziehungen jeweils spezifische Formen der Kommunikation zu verwenden. Eine entwicklungspsychologische Voraussetzung für die Fähigkeit, angemessen auf Kommunikationspartner und -partnerinnen eingehen zu können, ist die soziale Perspektivübernahme. Mit dem Forschungsparadigma „Theory of Mind" untersuchen Psychologen und Psychologinnen, ob und wie sich Kinder in die Denkweisen von anderen Personen hineinversetzen können. Für dieses Forschungsinteresse ist es interessant zu untersuchen, ob Kinder in der Lage sind, eigenes Wissen von dem Wissen anderer Personen unterscheiden zu können (de Villiers & Pyers, 2002). So wurde Kindern gezeigt, wie eine Tafel Schokolade von einem Schrank in einen anderen gelegt wurde, ohne dass ein zweites Kind diese Umräumaktion beobachten konnte. Das erste Kind wurde dann gefragt, wo das zweite Kind die Schokolade suchen würde. Wenn die Kinder antworten, dass das zweite Kind die Schokolade am ursprünglichen Ort suchen würde, wird hieraus geschlossen, dass diese Kinder in der Lage sind, eine einfache Theorie über das Denken des anderen Kindes zu entwickeln (Perner et al., 1987). Etwa zwischen dem vierten bis fünften Lebensjahr entwickeln Kinder in der Regel diese Fähigkeit der sozialen Perspektivübernahme, mit der sie ihre eigene Verstehensweise von den Verstehensweisen anderer Personen unterscheiden können (Perner, 1999). Für Befragungssituationen ist die soziale Perspektivenübernahme relevant, da befragte Kinder vor der Aufgabe stehen, solche Informationen auszusprechen, die auf die Fragen der Befrager oder Befragerinnen eingehen und die Kenntnisse der Fragenden in angemessener Weise ergänzen. Eskritt, Whalen und Lee

(2008) konnten zeigen, dass schon Vorschulkinder wahrnehmen, wenn Sprechende irrelevante Informationen in ein Gespräch einbringen. Damit Kinder unter anderem die Grice'sche Maxime der Relevanz einhalten können, müssen sie verstehen können, was aus der Perspektive der Befragenden relevante Informationen sind.

4 Fazit

In diesem Beitrag ging es besonders um die Sprachentwicklungsfragen, die für die Gestaltung von sozialen Beziehungen in Befragungen mit Kindern und Jugendlichen wichtig werden können. Psychologen und Psychologinnen, Pädagogen und Pädagoginnen, die Befragungen planen und durchführen, initiieren in der Regel die Befragungssituation im Kontakt mit den Kindern und Jugendlichen und haben dabei einen Gestaltungsspielraum für unmittelbare soziale Rahmenbedingungen der Kommunikation. Eine Reflexion des subjektiven Verständnisses der Gesprächssituation aus Sicht der Befragten wird durch Kenntnisse über die diskursiv-kommunikativen Fähigkeiten der Kinder und Jugendlichen unterstützt. Zusätzlich zur Einschätzung des Sprachentwicklungsstandes in Bezug auf Hörverstehen von Sprachrhythmus und Melodie, auf Grammatik und Wortschatz ist auch die sprachanwendungsbezogene Komponente der Sprachkompetenz in Befragungssituationen relevant. Bei Kindern und Jugendlichen, die bereits Schriftsprache beherrschen oder mehr als eine Sprache sprechen, erweitern sich die für Befragungen nutzbaren Fähigkeiten. Befragende stehen vor der Aufgabe, die gewohnten Sprachkulturen der Kinder einschätzen und dabei erkennen zu können, ob die in Bildungsinstitutionen vorherrschende Bildungssprache den Kindern und Jugendlichen vertraut und geläufig ist. Durch eine ausdrückliche Reflexion der in den Fragen implizierten Äußerungsabsichten können Befragende ihre Erwartungen an die Kinder und Jugendlichen offen legen. Sofern diese noch nicht über die diskursive Sprachkompetenz verfügen, implizite Äußerungsabsichten zu dekodieren, unterstützen die Fragenden die Interaktion durch ausdrückliches Benennen der jeweiligen Erwartungen. Trotzdem bleibt die Möglichkeit, dass Kinder und Jugendliche nicht bereit sind, die Aufforderungen der Fragen zu erfüllen oder dass die Befragten die Interaktion missverstehen. Insbesondere bei Vorerfahrungen von Stigmatisierungen oder Diskriminierungen seitens der Kinder sind die Befragenden herausgefordert, die Kinder und Jugendlichen für eine aktive Teilnahme am Gespräch zu gewinnen. Eine Einschätzung der Fähigkeiten der Befragten, Konversationsmaximen erfüllen zu können, hilft hierbei ebenso, wie die Vertrautheit der Kinder und Jugendlichen mit der deutschen Sprachkultur zu erkennen. Befragende können in der Interaktion mit den Kindern und Jugendlichen Lernprozesse anstoßen und beobachten. Selbst Zusammenarbeit von Befragenden und Befragten im kooperativen Überdenken und gemeinsamen Lernen bei Befragungen ist möglich. Aktives Nachfragen bei unerwarteten Antworten von Kindern und Jugendlichen kann helfen, die interne Logik von zunächst fehlerhaft erscheinenden Antworten zu rekonstruieren. Kinder und Jugendliche sind in der Lage, sich auf die Sprachen und spezifischen Sprechweisen ihrer Zuhörer und Zuhörerinnen einzustellen und eine Theorie über deren Denkweisen zu bilden.

Als Fazit der hier ausgeführten Betrachtungen über Sprachfähigkeiten von Kindern und Jugendlichen lässt sich für das Design und die Durchführung von Befragungen feststellen, dass explizites Offenlegen von Erwartungen an die befragten Kinder und Jugendlichen die Kommunikation fördern kann. Insbesondere in der Sprachhandlung Befragung haben implizite Absichten das Potential, die Sprachkompetenzen der Befragten auf einer kommunikativ-pragmatischen Ebene zu überfordern. Ausdrückliches Benennen der Interessen oder die Zuhilfenahme nicht sprachlicher Ausdrucksformen kann Befragungsinteraktionen unterstützen.

5 Praktische Relevanz

Ein entwicklungspsychologischer Blick auf die Sprachentwicklung kann Psychologen und Psychologinnen in Forschung und Praxis helfen, Befragungen mit Kindern und Jugendlichen so zu gestalten, dass der jeweilige Entwicklungsstand der jungen Gesprächspartner und -partnerinnen beachtet wird. Für Befragende stellt sich die Aufgabe, die impliziten Erwartungen an das Gespräch offen zu legen. Sofern Kinder in ihrem Umfeld noch wenig Gelegenheit zur aktiven Anwendung der herrschenden Umgangssprache des lokalen Bildungssystems hatten, kann es passieren, dass diese Kinder nicht alle ihre sprachlichen Fähigkeiten in die Interaktion mit der befragenden Person einbringen können. Für Befragende bedeutet dies, sich auf komplexe Sprachkompetenzen der Kinder und Jugendlichen einzustellen, die über die Betrachtung von monolingualer Sprachfähigkeit hinausgehen (Gogolin, 2007). Für Befragende kann es deshalb hilfreich sein, ausdrücklich und für die Kinder verständlich zu benennen, welche Ziele mit der Befragung verfolgt werden, damit die Kinder in der Lage sein werden, sich an dieser Sozialform erfolgreich zu beteiligen, auch wenn Befragungskommunikation für die Kinder neu, ungewohnt und unerwartet ist.

Um mit Kindern Befragungen sinnvoll durchführen zu können, kann es auch nützlich sein, auf Medien zurückzugreifen, die über die Lautsprache hinausgehen und so Kompetenzdefizite in der verwendeten Bildungssprache zu umgehen. Beispielsweise können Bilder als Medium zur Unterstützung der Befragungen gewählt werden. Urs Fuhrer stellt mit der Methode der Autophotographie einen Ansatz vor, in dem Jugendliche ihre Identitätskonstruktionen in ihren jeweiligen sozialen Kontexten mithilfe von Photographien ausdrücken (Fuhrer & Laser, 1997). Bei einer solchen Methode können Defizite im Verständnis der Kinder bei der Rezeption und Produktion von gesprochener Sprache mit einem nicht sprachlichen Medium umgangen werden.

Bei der Planung und Durchführung von Befragungen mit Kindern und Jugendlichen kommt es sehr stark darauf an, auf die jeweilige pragmatische Kompetenz der Befragten so einzugehen, dass die Kinder und Jugendlichen die von der Alltagskommunikation abweichende Sozialform Befragung einschätzen können.

Literatur

Austin, J. (2002). *Zur Theorie der Sprechakte (How to do things with Words)* (Deutsche Bearbeitung von Eike von Savigny). Stuttgart: Reclam.
Baumgartner, S. & Füssenich, I. (Hrsg.). (2002). *Sprachtherapie mit Kindern* (5. Aufl.). München: Reinhardt.
Bialystok, E. (1991). *Language processing in bilingual children.* Cambridge: Cambridge University Press.
De Villiers, J. & Pyers, J. E. (2002). Complements to Cognition. A longitudinal study of the relationship between complex syntax and false belief understanding. *Cognitive Development, 17*, 1037-1060.
Eskritt, M., Whalen, J. & Lee, K. (2008). Preschoolers can recognize violations of the Gricean maxims. *British Journal of Developmental Psychology, 26*, 435-443.
Fuhrer, U. & Laser, S. (1997). Wie Jugendliche sich über ihre soziale und materielle Umwelt definieren: eine Analyse von Selbst-Fotografien. *Zeitschrift für Entwicklungspsychologie und Pädagogische Psychologie, 14*, 183-196.
Gogolin, I. (2007). Sprachlich-kulturelle Differenz und Chancengleichheit. In D. Lemmermöhle & M. Hasselhorn. (Hrsg.), *Bildung – Lernen. Humanistische Ideale, gesellschaftliche Notwendigkeiten, wissenschaftliche Erkenntnisse* (S. 167-181). Göttingen: Wallstein.
Grice, H. P. (1993). Logik und Konversation. In Georg Meggle (Hrsg.), *Handlung, Kommunikation, Bedeutung* (S. 243-265). Frankfurt/Main: Suhrkamp.
Huth, T. (2006). Negotiating structure and culture: L2 learners' realization of L2 compliment-response sequences in talk-in-interaction. *Journal of Pragmatics, 38*, 2025-2050.
Jessner, U. (2006). *Linguistic awareness in multilinguals: English as a third language.* Edinburgh: Edinburgh University Press.
Kiegelmann, M. (2009). Making oneself vulnerable to discovery. Carol Gilligan in conversation with Mechthild Kiegelmann [82 paragraphs]. *Forum Qualitative Sozialforschung/ Forum: Qualitative Social Research, 10(2)*, Art. 3. Retrieved August 15, 2009, from http://nbn-resolving.de/urn:nbn:de:0114-fqs090234
König, S. & Dalbert, C. (2004). Ungewissheitstoleranz, Belastung und Befinden bei BerufsschullehrerInnen. *Zeitschrift für Entwicklungspsychologie und Pädagogische Psychologie, 36*, 190-199.
Kornhaber, M. & Marcos, H. (2000). Young children's communication with mothers and fathers: functions and contents. *British Journal of Developmental Psychology, 1*, 187-210.
Miller, M. & Weissenborn, J. (1991). Sprachliche Sozialisation. In K. Hurrelmann & D. Ulich (Hrsg.), *Neues Handbuch der Sozialisationsforschung* (S. 531-550). Weinheim: Beltz.
Miller, P. (1993). *Theorien der Entwicklungspsychologie.* Heidelberg: Spektrum.
Nippold, M. A. (2006). Language development in school-age children, adolescents, and adults. In K. Brown (Ed.), *Encyclopedia of language and linguistics* (2nd ed., Vol. 6, Article No. 0852, pp. 368-372). Oxford: Elsevier.
Ochs, E. (1986). Introduction. In B. Schieffelin & E. Ochs (Eds.), *Language Socialization across Cultures* (pp. 1-13). New York: Cambridge University Press.
Perner, J., Leekam, S. & Wimmer, H. (1987). Three-year-olds' difficulty with false belief: The case for a conceptual deficit. *British Journal of Developmental Psychology, 5*, 125-137.
Perner, J. (1999). Theory of mind. In M. Bennett (Ed.), *Developmental psychology: Achievements and prospects* (pp. 205-230). Philadelphia, PA: Psychology Press.

Piaget, J. & Inhelder, B. (1976). *The origin of the idea of chance in children*. New York: Norton (Originalarbeit erschienen 1951).

Pizer, G., Walters, K. & Meier, R. P. (2007). Bringing up baby with Baby Signs: Language ideologies and socialization in hearing families. *Sign Language Studies, 7,* 387-430.

Projekt Rauschtrinken (2008). *Interview Z-8*. Unveröffentlichtes Datentranskript. Tübingen: Eberhard Karls Universität.

Quasthoff, U. (1983). Kindliches Erzählen: Zum Zusammenhang von erzählendem Diskursmuster und Zuhöreraktivitäten. In D. Boueke & W. Klein. (Hrsg.), *Untersuchungen zur Dialogfähigkeit von Kindern* (S. 45-74). Tübingen: Narr.

Robbins, D. (2007). Redefining L. S. Vygotsky's non-classical psychology. *Intercultural Pragmatics, 4,* 85-97.

Roth, H. J. (2007). Multilingualität und Monolingualität. In W. D. Bukow, C. Nikodem, E. Schulze & E. Yildiz. (Hrsg.), *Was heißt hier Parallelgesellschaft? Zum Umgang mit Differenzen* (S. 159-174). Wiesbaden: VS.

Snow, C. E. (2006). What counts as literacy in early childhood? In K. McCartney & D. Phillips (Eds.), *Blackwell Handbook of Early Childhood Development* (pp. 274-294). Oxford: Wiley-Blackwell.

Stumpp, G. (2009). Rauschtrinken bei Jugendlichen. Einflussfaktoren, Motivation und Anreize. *Monatsschrift Kinderheilkunde, 157,* 5-9.

Wygotski, L. S. (1971). *Denken und Sprechen* (3. Aufl.). Frankfurt: Fischer.

Affektive Grundlagen: Emotionen, Selbstwert und Temperament

Bettina Janke und Christiane Schlotter

Die Befragung von Kindern dürfte nicht nur abhängig von deren sprachlichen und kognitiven Fähigkeiten, sondern auch von deren affektiver Entwicklung, Persönlichkeitsmerkmalen und der Repräsentation ihrer Person, die sich in der Selbstrepräsentation manifestiert, sein. Der vorliegende Beitrag skizziert zunächst kurz die Entwicklung der Selbstrepräsentation von Kindern von der frühen Kindheit bis zum Ende der Grundschulzeit. Danach folgt die Beschreibung der Emotionsentwicklung von der frühen Kindheit bis ins Jugendalter. Hierbei liegt nach einem Abschnitt über Indikatoren von Emotionen im Erleben und Verhalten der Schwerpunkt zunächst auf der Entwicklung der Emotionen Verlegenheit, Stolz, Scham und Schuld. Danach wird als zweiter Schwerpunkt die Entwicklung des Wissens über Emotionen dargestellt, da anzunehmen ist, dass in Befragungen von Kindern deren Wissen, Annahmen und Überzeugungen über Emotionen eine wichtige Rolle spielen. Zum Abschluss wird die Entwicklung habitueller Merkmale der Affektivität, wie sie in entwicklungspsychologischen Ansätzen der Temperamentforschung behandelt werden, dargestellt und deren Bedeutung für die Befragung von Kindern diskutiert.

1 Entwicklung der Repräsentation des Selbst

Das Selbstkonzept einer Person umfasst Gedanken und Einstellungen über sich selbst in verschiedenen Bereichen. Diese Gedanken beziehen sich auf das eigene materielle Sein (Körper, Eigentum), auf soziale (z. B. Beziehungen, Persönlichkeit, soziale Rollen), spirituelle, ideelle oder innere Merkmale (Gedanken und psychische Vorgänge, Werte, Einstellungen) sowie auf das kognitive Leistungsvermögen in verschiedenen Teilbereichen (Roebers, 2007). Ebenso enthält es Annahmen darüber, ob das Selbst über die Zeit veränderbar ist und Annahmen über die Möglichkeit, dies aktiv zu beeinflussen (Damon & Hart, 1988). Aus dieser Definition wird deutlich, dass das Selbstkonzept einer Person sowohl eine kognitive Repräsentation der eigenen Person im Sinne eines Selbstschemas als auch eine das Selbst bewertende Instanz beinhaltet. Allgemein wird in der Forschung in Anlehnung an eine Unterscheidung von William James zwischen dem „I-" und dem „Me-Self" unterschieden. Das „I-Self" wird auch als das „subjektive Selbst" bezeichnet (James, 1892). Das „Me-Self" beinhaltet das Selbst als Objekt, als konstruiertes und bewertetes Selbstkonzept der Person (Harter, 2006). Ein diesbezüglich wichtiges Element des Selbstkonzeptes ist das Selbstwertgefühl, die bewertende affektive Komponente des Selbst (Crocker & Wolfe, 2001).

Hierarchische Selbstkonzeptmodelle (Shavelson, Hubner & Stanton, 1976) gehen von einer übergeordneten Ebene mit einem generellen oder allgemeinen Selbstkonzept aus, das in vier verschiedene Selbstkonzeptbereiche aufgeteilt ist (akademisches, soziales, emotionales, körperliches Selbstkonzept). Diese können in ein leistungsbezogenes schulisches und ein nicht leistungsbezogenes Selbstkonzept zusammengefasst werden.

1.1 Entwicklung des Selbstkonzeptes im Kleinkindalter

Zwischen dem zweiten und vierten Lebensjahr beginnen Kinder sich als eigene Person wahrzunehmen. Dieses wird in den meisten Arbeiten aus der Fähigkeit, sich selbst im Spiegel oder im Photo zu erkennen, erschlossen (Amsterdam, 1972; Lewis & Brooks, 1978). Beides entwickelt sich frühestens mit etwa 18 Monaten. Auch die Tendenz zur Selbstbehauptung (Trotzalter) und Versuche, Aktivitäten und Ziele unabhängig von den Eltern zu bestimmen (Bullock & Lütkenhaus, 1988) sowie das ab dem 18. Monat beobachtbare Selbermachenwollen und Protest- oder Trotzreaktionen, wenn das Kind hierbei gehindert wird (Geppert & Heckhausen, 1990), werden als Indikatoren des entstehenden Selbst-Bewusstseins interpretiert.

Es wird angenommen, dass die Entwicklung des Selbstkonzepts in Interaktion mit der Umwelt stattfindet. So sind Bezugspersonen äußere Regulationsinstanzen und soziale Spiegel (Spangler & Schwarzer, 2008). Für die Entwicklung des Selbstkonzepts sind Fortschritte in der Sprach- und Gedächtnisentwicklung, insbesondere des autobiographischen Gedächtnisses, von entscheidender Bedeutung (vgl. Lockl & Schneider in diesem Band). Kinder verwenden vermehrt Personalpronomen (ich, mein), nennen sich beim Namen (Bates, 1989; Lewis, 2007; Thompson, 2006) und beginnen, sich selbst zu beschreiben. Elterliche Erzählungen über Erlebnisse des Kindes, die Informationen über das Ausmaß enthalten, in welchem das Kind Regeln und Normen beachtet, tragen hierzu bei. Auch die evaluativ-affektive Komponente der Selbstrepräsentation wird durch den sozialen Kontext bedingt und durch die Regulation von Bezugspersonen beeinflusst (Calkins & Hill, 2007; Fivush, 1993; Nelson, 1990, 1993, 2003). Eltern setzen zudem für Kinder Verhaltensstandards und induzieren durch Bewertungen und daraus folgende Reaktionen entsprechende Selbstbewertungen (Harter, 2006; Spangler & Schwarzer, 2008).

Allgemein ist folgender Entwicklungsverlauf festzuhalten: Während Einjährige sich über ein Ergebnis zwar freuen, aber keine Selbstbewertung zeigen, zeigen Zweijährige eine Orientierung an den Reaktionen von Erwachsenen, indem sie zunächst Blickkontakt mit diesen aufnehmen. Ab dreieinhalb Jahren zeigen Kinder nicht nur Freude, sondern auch Stolz über Erfolge und Beschämung oder Verlegenheit über Misserfolge (Cole, Barrett & Zahn-Waxler, 1992). Ab dem vierten Lebensjahr kommt es zu einer zunehmenden Internalisierung dieser Bewertungen (Stipek, Recchia & McClintic, 1992).

1.2 Entwicklung des Selbstkonzeptes in der Vor- und Grundschulzeit

Untersuchungen aus der Arbeitsgruppe von Harter (1996) belegten in Querschnittsuntersuchungen deutliche Veränderungen im Selbstkonzept vom Kindergarten- bis zum Grundschulalter. Hierbei orientiert sich Harter (1996) an dem neopiagetianischen Modell von Fischer und Kollegen (Fischer, Bullock, Rotenberg & Raya, 1991; Fischer, Shaver & Carnochan, 1990). Nach dem Modell von Fischer und Kollegen sind Kinder zunächst dazu in der Lage, kognitive Repräsentationen einzelner persönlicher Merkmale zu bilden (rennt schnell, mag Pizza etc.), in denen nicht zwischen dem idealen und realen Selbst unterschieden wird. Als Resultat sind Selbstbeschreibungen häufig durch Selbstüberschätzungen charakterisiert. In der nächsten Stufe, etwa mit fünf bis sechs Jahren, sind Kinder in der Lage, einzelne Elemente ihrer Beschreibungen zusammenzufassen (repräsentationale Zuordnungen). Hierbei ordnen sie sich in der Regel in eindimensionaler Weise Eigenschaften zu. Sie nehmen an, dass sie, da sie gut sind, nicht auch schlecht sein können. Zugleich findet man in diesem Alter bei einigen wenigen Kindern Abweichungen im Sinne eines generellen negativen Selbstkonzeptes. Risikogruppen für eine solche von der Norm abweichende Entwicklung eines zunächst generalisierten positiven Selbstkonzepts sind zum Beispiel misshandelte Kinder und auch Kinder mit ungünstigen Eltern-Kind-Bindungen (Harter, 2006). So wurde beobachtet, dass misshandelte Kinder im Alter von 36 Monaten über geringere sprachliche Fähigkeiten verfügen, um eigene Emotionen und Handlungen zu beschreiben. Diese Ergebnisse indizieren nach Harter Defizite in der Entwicklung des „I-Self" und korrelieren mit sogenannten unsicheren Bindungen zu primären Bezugspersonen. Weitere ungünstige Bedingungen wie Dysfunktionen auf Seiten der Eltern können ebenfalls zu einer reduzierten Form des Selbstkonzepts beitragen, da dem Kind die sogenannte Ko-Konstruktion von erlebten Ereignissen und positiven Wertschätzungen fehlt.

Auf dem nächsten Entwicklungsniveau, das die Bezeichnung „Repräsentationale Systeme" trägt, bilden die Kinder Generalisierungen höherer Ordnung, durch die sie mehr spezifische Eigenschaften oder Merkmale integrieren. Sie bewerten sich selbst als klug, wenn sie in zwei Schulfächern (zum Beispiel in Mathematik und Deutsch) gut sind, auch wenn sie in einem dritten Fach schlecht sind. Repräsentationale Systeme ermöglichen, dass zuvor unvereinbare Dimensionen wie dumm und klug koordiniert werden können. Diese Entwicklung ermöglicht auch ausbalancierte Beschreibungen der eigenen Person, die sowohl Kompetenzen als auch die eigenen Defizite umfassen.

Mit der Entwicklung multidimensionaler Repräsentationen beginnen Kinder in der Grundschulzeit auch zunehmend, sich selbst zu beobachten, eventuell auch zu kritisieren und negativ zu bewerten (Harter, 1996). Zwar sind jüngere Kinder durchaus auch in der Lage, andere Kinder zu beobachten und zu bewerten, sie scheinen sich aber nicht bewusst zu sein, dass auch andere sie beobachten. Ihr „I-self" betrachtet sich und andere, ohne dass ihr „I-self" auch kritisch ihr „Me-self" bewertet. Mit etwa fünf bis sechs Jahren bemerken Kinder, dass andere sie beobachten und bewerten und beginnen auch, sich darüber zu sorgen, was andere über sie denken. Diese Entwicklung ist notwendig, um die Perspektive anderer für die Entwicklung eigener Standards übernehmen zu können. Mit etwa sechs bis sieben Jahren werden die Beobachtungen der anderen in die eigene Selbstwahrnehmung integriert. Das „I-self" übernimmt die Einstellung des „Me-self" in Relation zu wichtigen anderen Personen. Kinder beginnen zunehmend, sich damit zu befassen, wie ihre eigenen Leistungen in Relation zu anderen zu bewerten sind. Sie internalisieren externe Standards und sind zu sozialen Vergleichen in der Lage.

In einer Übersichtsarbeit zu Zusammenhängen zwischen Selbstkonzept und der Suggestibilität von Kindern wurden in insgesamt sechs von neun Untersuchungen negative Korrelationen zwischen Selbstkonzept und dem Beantworten irreführender Fragen („misleading questions") gefunden (Bruck & Melnyk, 2004). Kinder mit einem besseren Selbstkonzept waren weniger geneigt, entsprechende Fragen zu bejahen. Dies traf insbesondere für diejenigen Kinder zu, die von sie unterstützenden Interviewenden befragt worden waren. Diese interviewten das Kind mit einer freundlichen, warmen Stimme und lächelten, während sie das Kind befragten. Diese Zusammenhänge wurden für Kinder ab sechs Jahren gefunden, wobei nicht signifikante Ergebnisse bei jüngeren Kindern möglicherweise auf Instabilitäten im Selbstkonzept und/oder nicht ausreichende Messgenauigkeit der Verfahren, mit denen das Selbstkonzept jüngerer Kinder erfasst wurde, zurückzuführen sind.

2 Emotionen

Emotionen sind vorübergehende psychische Vorgänge, die durch äußere und innere Reize ausgelöst werden und durch eine spezifische Qualität und einen zeitlichen Verlauf gekennzeichnet sind. Sie manifestieren sich auf mehreren Ebenen: der des Ausdrucks (Stimme, Mimik, Gestik, Körperhaltung), der des Erlebens, der von Gedanken und Vorstellungen, der des Verhaltens und der der somatischen Vorgänge. Vor der Betrachtung der Emotionsentwicklung sollen einige wichtige Methoden zur Erfassung von Emotionen skizziert werden.

2.1 Indikatoren im Verhalten und Erleben sowie somatische Indikatoren

Emotionen hinterlassen ihre Spuren auf mehreren Ebenen. Da erst im Verlauf der Entwicklung emotionales Erleben über Selbstberichte (vgl. Janke & Janke, 2005; Janke, 2009) zugänglich ist, dienen zunächst Verhaltens-, Ausdrucks- und Handlungsmerkmale sowie somatische Variablen als Indikatoren.

2.1.1 Verhalten

Insbesondere bei Säuglingen und Kleinkindern sind zur Erfassung von Emotionsqualitäten und -intensitäten systematische Beobachtungen emotionaler Reaktionen in definierten Situationen erforderlich. Beispiele für solche definierten Situationen werden weiter unten im Abschnitt Erfassung des Temperaments dargestellt. Neben der Mimik kann man auf eine Vielzahl von Verhaltens- und Handlungsindikatoren zurückgreifen. Sie sind hinsichtlich ihres Bezugs zu Emotionsqualitäten nur im Kontext einer eindeutig definierten Situation zu interpretieren. So kann Stolz in einer Erfolgssituation aus Merkmalen der Körperhaltung (aufrechte Haltung, Lächeln) erschlossen werden. Der Bezug zum Erleben kann allerdings in verschiedenen Altersstufen unterschiedlich ausfallen. Nimmt man als Beispiel die Emotion Verlegenheit, so fand man auf der Basis von Verhaltensindikatoren bereits bei 18-monatigen Babys Anzeichen von Verlegenheit. Das subjektive Erleben dieser Emotion kann in diesem Alter aber nicht nachgewiesen werden (Barrett, 2005).

2.1.2 Ausdruck

Eine Überprüfung des bereits von Darwin (1872) postulierten Zusammenhangs zwischen Gefühl und dem mimischen Ausdruck wurde durch Systeme zur Beschreibung von Bewegungsmustern im Gesicht ermöglicht. Bedauerlicherweise existieren noch keine ähnlich differenzierten Systeme für andere Ausdrucksmerkmale (Stimme, Gestik, Körperausdruck). Sehr verbreitet sind das *Facial Action Coding System* (FACS) (Ekman & Friesen, 1982) sowie von Izard (Izard & Dougherty, 1982) entwickelte Systeme (z. B. MAX: *Maximally Discriminative Facial Coding System*). In der Regel protokollieren unabhängige Beurteilende ohne Kenntnisse der Situation in Videoaufnahmen einzelne mimische Bewegungen. Die Zuordnung zu Emotionen erfolgt im Nachhinein und gewährleistet damit die Objektivität der Auswertungssysteme. Die Interpretation der Ausdruckszeichen ist nicht unproblematisch. So bestehen Diskrepanzen zwischen den Systemen. Die Korrespondenz zwischen mimischem Ausdruck und Empfinden kann insbesondere bei Säuglingen nicht vorausgesetzt werden (vgl. Saarni, Campos, Camras & Witherington, 2006). Dennoch sind Verfahren zur Messung des mimischen Ausdrucks vor allem wegen ihrer Zugänglichkeit, Objektivität und Reliabilität von unschätzbarem Wert.

2.1.3 Erleben

Die Einschätzung des eigenen Zustandes ist bei Erwachsenen eine wichtige Datenquelle. Die verwendeten Selbstberichtsmethoden sind nicht die einzig möglichen Indikatoren, was für die Untersuchung von Kindern bedeutsam ist. Bei geeigneten experimentellen Anordnungen sind Indikatoren des Ausdrucks, von Verhalten oder von somatischen Vorgängen, wie evozierte Potentiale, als erlebensnahe Indikatoren anzusehen. Mindestens das Vorhandensein emotionalen Erlebens kann durch diese Methoden indiziert werden. Anordnungen zur Untersuchung einzelner Emotionen können experimentell so gestaltet werden, dass die Induktion der fokussierten Emotion wahrscheinlich ist, etwa Furcht durch Signale, die auf Bestrafung hinweisen. Ab welchem Alter Kinder ihr emotionales Befinden reliabel einschätzen können, ist noch nicht hinreichend erforscht. Die Güte von Informationen über das Erleben einer Emotion ist von der Art der Untersuchungsanordnung und der Befragung des Kindes abhängig. Erst seit kurzem wird versucht, das subjektive Befinden von Kindern durch standardisierte Verfahren wie Eigenschaftswörterlisten zu erfassen (Janke & Janke, 2005, im Druck). Hiernach können Kinder etwa ab dem neunten Lebensjahr zuverlässig Zustände wie Ärger, Trauer aber auch Gutgestimmtheit oder Aktiviertheit anhand von Adjektivlisten berichten.

2.1.4 Somatische Indikatoren

Seit Beginn der Emotionspsychologie werden peripher-physiologische Vorgänge, die in Zusammenhang mit Aktivitäten des vegetativen Nervensystems (VNS) und des muskulären Systems stehen, beobachtet und als Indikatoren verwendet. In jüngerer Zeit wurden auch Variablen, die die Aktivität des Zentralnervensystems (ZNS) indizieren, einbezogen.

Vegetativ-nervöse Vorgänge. Veränderungen des VNS mit seinen Teilsystemen Sympathikus und Parasympathikus werden als Ursachen, Begleit- oder Folgeerscheinungen von Emotionen erfasst. Als Indikator emotionsbegleitender VNS-Reaktionen wurde bei Kindern häufig die Herzfrequenz (bzw. -rate) untersucht. Im Gegensatz zur Messung ist die Interpretation ihrer Bedeutung relativ schwierig. Ursprünglich wurde angenommen, dass die Reaktion das Ausmaß emotionaler Erregung widerspiegelt. Inzwischen wird Herzratenanstieg als Indikator emotionaler Erregung und -absinken als Indikator der Entspannung, aber auch kognitiver Aktivitäten, interpretiert. Da der Herzschlag nicht regelmäßig ist, wird nicht nur die Herzfrequenz (bzw. -rate), sondern auch deren Schwankung herangezogen. Sie werden als respiratorische Sinusarhythmie (RSA) bestimmt. Bei der Interpretation von RSA und Herzrate ist zu berücksichtigen, dass habituelle Merkmale (Bindungsstatus, Temperament) einen moderierenden Einfluss haben (Fox & Calkins, 2000).

Zentralnervöse Vorgänge. Hirnaktivitäten wurden durch das Elektroencephalogramm (EEG), durch ereignisbezogene evozierte Potentiale (ERP) und sogenannte bildgebende Verfahren (z. B. fMRT) bestimmt. ERP wurden zur Unterscheidung verschiedener Emotionen in der Mimik bzw. Sprachmelodie eingesetzt (Grossmann, Striano & Friederici, 2005). Bildgebende Verfahren ermöglichen, Zusammenhängen zwischen Aktivitäten in spezifischen Hirnstrukturen (z. B. Mandelkern) und psychologischen Variablen (Angstreaktionen) nachzugehen. Diese Methoden sind vielversprechend, es sind aber noch viele Fragen offen, wie die der zeitgenauen Abbildung von Emotionen.

Hormonelle Vorgänge. Seit Selye (30er Jahre) gilt Cortisol als das wichtigste Stresshormon. Es indiziert die Aktivität des Hypothalamus-Hypophysen-Nebennierenrinden-Systems (sog. HPA-Achse). Alle emotionalen Vorgänge führen zur Aktivierung des Systems und letztlich zur Freisetzung von Cortisol. Da Cortisol im Speichel gemessen werden kann, wird es als Messgröße in Untersuchungen mit Säuglingen und Kleinkindern verwendet. Bei Säuglingen und Kleinkindern finden sich Cortisolanstiege bei emotionalen Reaktionen in „natürlichen" Belastungssituationen, so bei Blutentnahmen (Stansbury & Gunnar, 1994) oder Trennungssituationen (Schieche & Spangler, 2005; Spangler & Schieche, 1998). Schwierig ist die Interpretation eines Cortisolanstiegs in belastenden Situationen. Zunächst wurde angenommen, dass ein erhöhter Cortisolspiegel als Belastungsreaktion zu interpretieren ist. Inzwischen wird angenommen, dass die emotionale Kontrolle die entscheidende Größe ist. Bei Kindern, die ihre Emotionen schlecht regulieren konnten, wurde ein erhöhter Cortisolspiegel gemessen (Fox & Calkins, 2000).

2.2 Emotionsentwicklung in früher Kindheit, Kindheit und Jugend

Übersichten über die Emotionsentwicklung zeigen, dass gegen Ende des ersten Lebensjahres die Entwicklung grundlegender Emotionen wie Freude, Ärger, Trauer und Furcht angenommen werden kann (Denham, Salisch, Olthof, Kochanoff & Caverly, 2002; Janke, 2007; Saarni, Campos, Camras & Witherington, 2006; Salisch & Kunzmann, 2005; Spangler & Schwarzer, 2008; Sroufe, 1996). Ab dem Kleinkindalter konzentriert man sich in der Forschung zunehmend auf die Entwicklung von auf das Selbst bezogenen Emotionen wie Verlegenheit, Scham oder Stolz. Ebenfalls zeigen sich bedeutsame Veränderungen im Emotionsausdruck von Kindern. Ein weiteres bedeutsames Gebiet ist die Entwicklung des Emotionswissens von Kindern (Janke, 2002). Dieses beinhaltet das Wissen über verschiedene Aspekte von Emotionen wie etwa über den mimischen Emotionsausdruck oder typische Anlässe von Emotionen. In der folgenden Übersicht liegt der Fokus auf der Entwicklung selbstbezogener Emotionen. Im Anschluss werden einige bedeutsame Veränderungen des Emotionswissens im Lauf der Entwicklung skizziert.

2.2.1 Entwicklung von auf das Selbst bezogenen Emotionen

Die Emotionen Verlegenheit, Stolz oder Scham werden als auf das Selbst bezogene Emotionen bezeichnet, da für ihre Entstehung eine reflektierte Sicht der eigenen Person notwendig zu sein scheint. Insofern wird angenommen, dass sich Emotionen wie Verlegenheit, Scham oder Stolz erst entwickeln können, wenn zumindest ein rudimentäres Konzept des Selbst entwickelt ist. Einige Autoren bezeichnen selbstbezogene Emotionen in Abgrenzung zu den sogenannten Basisemotionen deshalb auch als „komplexe" Emotionen, deren Entwicklung eng an die Entwicklung bestimmter kognitiver Fähigkeiten gebunden ist (Lagattuta & Thompson, 2007). Gerade in jüngster Zeit wurde aber sowohl aus empirischer als auch aus theoretischer Perspektive diese Annahme in Frage gestellt (Barrett, 2005; Campos, 2007). Beispielsweise beobachte Barrett (2005), dass Kinder, die sich nicht im Spiegel erkannten, dennoch Anzeichen von Verlegenheit zeigten. Einige Autoren (Campos, 2007; Fessler, 2007) haben deshalb vorgeschlagen, dass „selbstbezogene" Emotionen dann auftreten, wenn man sich der Anwesenheit anderer bewusst ist und bemerkt, dass eine andere Person einen wahrnimmt und verwenden deshalb den theoretisch sparsameren Begriff der „other conscious emotions".

Für Stolz und Scham existieren weder universell gültige Anlässe noch liegt ein spezifischer mimischer Ausdruck vor. Untersuchungen mit jüngeren Kindern verwenden in der Regel experimentelle Anordnungen zur Induktion von Emotionen und interpretieren bestimmte Verhaltensindikatoren als Anzeichen der Emotion. So beobachteten Geppert und Gartmann (1983) die Mimik und den Körperausdruck von Kindern im Alter von 18 bis 24 Monaten in Aufgaben, in denen ein Erfolg bzw. Misserfolg induziert wurde. Bei Erfolg wurden Lächeln, Anheben des Kopfes, ein vorgeschobenes Kinn sowie eine aufrechte Haltung beobachtet. Umgekehrt waren Stirnrunzeln, Blickvermeidung, ein hängender Kopf beim Scheitern zu beobachten. Veränderungen im Ausdruck beobachtete auch Stipek (1995) in Querschnittsuntersuchungen, in denen nur zehn Prozent der Zweijährigen, aber 70 Prozent der Vierjährigen bei Erfolg lächelten. Letzteres wurde als Zeichen von Stolz gewertet. Umgekehrt wurde Stirnrunzeln als Zeichen von Scham nur bei zehn Prozent der Zweijährigen, aber bei bis zu 50 Prozent bei den Vierjährigen beobachtet. Stipek (1995) hat auf der Basis dieser Ergebnisse ein dreistufiges Modell der Entwicklung selbstbewertender Emotionen vorgeschlagen. Unter 22 Monaten scheinen Kinder nicht darüber zu reflektieren, ob sie etwas erreicht haben oder was ein anderer darüber denkt. In einem zweiten Stadium versichern sie sich der Aufmerksamkeit Erwachsener. Bei Misserfolg zeigen sie soziales Vermeidungsverhalten. Dieses Verhalten indiziert aber nicht, dass Kinder ihren Erfolg oder Misserfolg an einem internen Maßstab messen. Den Aufbau eines internen Standards erschließt Stipek aus den oben beschriebenen negativen bzw. positiven Mimikzeichen, der in einem dritten Schritt ein Jahr später mit dreieinhalb Jahren beobachtet werden konnte. Andere Autoren nehmen an, dass Scham und Stolz zunächst auf dem Lob Erwachsener beruhen. Erst Vorschüler internalisieren Standards und beginnen unabhängig von der Anwesenheit anderer mit Scham oder Stolz zu reagieren (Sroufe, 1996).

Stolz-, Scham- und Schuldgefühle im Grundschulalter. Arbeiten zum Verständnis der Emotionen Scham und Schuld wurden vor allem im Grundschulalter durchgeführt. Dies mag auch daran liegen, dass Scham- und Schuldgefühle anders als die grundlegenden Emotionen nicht mit einem spezifischen mimischen Ausdruck verknüpft sind (Tracy & Robins, 2007b). Neuere Arbeiten zeigen allerdings, dass bei Kindern Stolz anhand der Körperhaltung von Freude und Überraschung unterschieden werden kann (Tracy, Robins & Lagatutta, 2005). Bei Erwachsenen ist charakteristisch für das Gefühl Schuld (= subjektives Erleben der Emotion) ein hohes Maß an Aufgeregtheit, Besorgtheit, Furcht und Anspannung, das häufig mit dem Wunsch nach Berichtigung des eigenen unangemessenen Verhaltens assoziiert ist. Die Person bezieht sich in ihren Überlegungen auf eine begangene Regelübertretung („wie konnte ich nur so etwas tun"). Demgegenüber ist Scham verbunden mit Gefühlen der Niedergeschlagenheit, Gefühlen der Trauer und Hilflosigkeit, manchmal auch des Ärgers. Bei Scham kann die Person auch damit beschäftigt sein, wie sie von anderen gesehen wird und fühlt sich deren Sicht ausgeliefert. Die Neigung, Scham zu empfinden, ist vermutlich eng verknüpft mit anderen negativen Reaktionstendenzen. Scham korreliert positiv mit Ärger und einer Tendenz zu internalisierenden Verhaltensstörungen und wird auch wegen vermuteter Diskrepanzen zwischen dem aktuellen und idealen Selbst als maladaptive Emotion diskutiert (Ferguson & Stegge, 1995). Schuldgefühle tragen vermutlich zum Aufbau prosozialen Verhaltens bei und hemmen das Auftreten aggressiver Verhaltensweisen. Die Person übernimmt die Verantwortung für Ereignisse, anstatt sie externalen Ursachen zuzuschreiben (Ferguson, Stegge, Miller & Olsen, 1999; Tracy, Robins & Tangney, 2007).

Ausgehend von der Annahme, dass manche Geschehnisse gleichermaßen Scham- und Schuldgefühle auslösen können, während andere Situationen nur Scham auslösen, untersuchten Olthof, Schouten, Kuiper, Stegge und Jennekens-Schinkel (2000) sechs-, neun-, und elfjährige Kinder. Diese mussten insgesamt zehn fiktive Situationen beurteilen, von denen fünf nur Schamgefühle und fünf Scham- und Schuldgefühle auslösen sollten. Die Kinder hatten für jede Situation auf einer Ratingskala einzuschätzen, wie sehr sich Kinder schämen bzw. schuldig fühlen würden. Während die Sechsjährigen beiden Situationstypen gleichermaßen Scham- und Schuldgefühle zuschrieben, schrieben die Neun- und Elfjährigen den „nur Schamsituationen" deutlich mehr Scham zu als den „Scham- und Schuldsituationen".

In einer Interviewstudie mit Kindern im Alter von vier bis elf Jahren ließ Harter (1996) zunächst die Gefühle von Stolz und Scham beschreiben und die Kinder dann Gründe für jede der Emotionen benennen. Während die Vier- bis Fünfjährigen zwar verstanden, dass Stolz ein angenehmes und Scham ein unangenehmes Gefühl ist, waren Kinder mit sechs bis sieben Jahren außerdem in der Lage, plausible Beschreibungen der Emotionen abzugeben. Auffällig war hierbei, dass die Kinder sowohl bei der Beschreibung von Stolz als auch von Scham regelmäßig darauf verwiesen, dass jemand anderes stolz auf sie wäre oder sich wegen etwas, dass sie getan hätten, schämen würde. Erst die Achtjährigen berichteten Ereignisse, auf die sie selbst stolz waren oder derer sie sich schämten. In einer weiteren Untersuchung (auch in Harter, 1996), in der die emotionalen Reaktionen anderer Kinder auf verschiedene hypothetische Situationen vorherzusagen waren, stellte Harter fest, dass sechs- bis siebenjährige Kinder den Schamsituationen Scham und den Stolzsituationen Stolz zuschrieben, allerdings in der Selbstzuschreibung nur dann, wenn andere anwesend waren. Erst die Sieben- bis Achtjährigen schrieben sich beide Emotionen auch dann zu, wenn keine zweite Person anwesend war. Harter sieht darin einen Hinweis dafür, dass Sozialisationsprozesse für die Entstehung beider Emotionen von Bedeutung sind. Kinder brauchen offenbar zunächst das Modell ihrer Eltern, die stolz auf sie sind oder sich schämen, und können dann später diese Emotionen auch übernehmen (Holodynski, 2006).

2.2.2 Veränderungen im Ausdruck von Emotionen vom Kindergarten- zum Grundschulalter

Aus elterlicher Sicht ist ein wesentliches Merkmal des emotionalen Verhaltens ihrer Kinder die Fähigkeit, Emotionen unter bestimmten Umständen gar nicht („inhibition") oder in abgeschwächter Form zu zeigen oder sogar eine andere Emotion auszudrücken, als man tatsächlich hat. Es scheint so zu sein, dass Kinder im Lauf der Vorschul- bzw. Grundschulzeit lernen, ihre Emotionen in angemessener Weise auszudrücken oder auch zurückzuhalten (vgl. auch Jagers, Burrus, Preckel & Roberts in diesem Band). In experimentellen Paradigmen werden Kinder angeregt, ihren Ausdruck zu verbergen oder zu verändern. Nicht nur Grundschülern, sondern auch Kindergartenkindern gelingt dies relativ gut. Das Wissen über diese Möglichkeit entwickelt sich vermutlich später (Cole, 1986; Josephs, 1994).

Ab welchem Alter Kinder einerseits in emotionalen Situationen eine andere Emotion zeigen können, als sie tatsächlich haben und ab wann sie annehmen, dass es möglich ist, eine andere Emotion zu zeigen, als man hat, wurde inzwischen häufig untersucht. Eine Ausdrucksregel, auf die in mehreren Untersuchungen zurückgegriffen wurde, ist, dass man, wenn man ein Geschenk erhält, Freude zeigen sollte, auch wenn einem das Geschenk nicht gefällt (Cole, 1986; Davis, 1995; Saarni, 1979, 1984). Saarni verglich die Reaktion von Kindern der ersten, dritten und vierten Klasse, die vom Versuchsleiter ein attraktives Geschenk erwarteten und stattdessen ein langweiliges Kleinkindergeschenk erhielten. Die Reaktion der Kinder auf dieses Ereignis wurde auf Video aufgezeichnet und es zeigte sich, dass die Kinder (insbesondere die Mädchen) mit zunehmendem Alter immer mehr mit Freude in der Mimik reagierten. Demgegenüber zeigten die jüngeren Kinder in dieser Situation eine abgeschwächte Reaktion gegenüber einer Ausgangsmessung, in der sie zuvor ein attraktives Geschenk erhalten hatten.

Cole (1986) gelang es nach einigen Modifikationen der Prozedur zu zeigen, dass schon Kinder im Alter von drei bis vier Jahren trotz des Erhalts eines unerwünschten Geschenks eine positive Reaktion simulieren konnten. Im Gegensatz zu Saarni fand sie keine Altersunterschiede zwischen Vier-, Sechs- und Achtjährigen im Ausdrucksverhalten. Die von Saarni bereits beobachtete Tendenz, dass die Mädchen grundsätzlich ein intensiveres positives Ausdrucksverhalten zeigten als die Jungen, konnte auch von Cole bestätigt werden. Die Geschlechtsunterschiede blieben auch in einer Wettbewerbssituation bestehen, mit deren Hilfe der Bedeutung motivationaler Unterschiede zwischen Jungen und Mädchen nachgegangen werden sollte (Davis, 1995). Davis (1995) hatte angenommen, dass Jungen in Wettbewerbssituationen negative Gefühle eher verbergen würden als in einer Geschenksituation. Unterschiede in Bezug auf die Kenntnis entsprechender Ausdrucksregeln können als Erklärung dieses Ergebnisses ausgeschlossen werden, da sich das Emotionswissen von Jungen und Mädchen nicht unterscheidet (Josephs, 1994). Erklärt werden die Geschlechtsunterschiede mit möglicherweise biologisch fundierten Geschlechtsunterschieden eventuell auch im Temperament, die dazu beitragen, dass elterliche Erwartungen bei Mädchen wirksamer sind als bei Jungen (Fabes et al., 1994). Hinzu kommt, dass Kinder auch in Abhängigkeit vom Geschlecht und den anwesenden Personen zu differenzieren scheinen. Zumindest aus Untersuchungen mit älteren Kindern (Zeman & Garber, 1996) ist bekannt, dass diese angeben, ihren Emotionsausdruck an verschiedene Adressaten anzupassen. Über mehrere Untersuchungen hinweg, die alle mit einem sehr ähnlichen Ansatz arbeiteten, waren Geschlechtsunterschiede in der Anwendung von Darbietungsregeln belegbar. Weniger eindeutig sind die Ergebnisse im Hinblick auf die Altersunterschiede. Nur Saarni und Davis berichten über Altersunterschiede zwischen Kindern der ersten und dritten Klasse. Außerdem zeigten sich Altersunterschiede hinsichtlich des Wissens über die Möglichkeit der Ausdrucksmaskierung. Hier stellte Cole (1986) in einer Nachbefragung der Kinder einen deutlichen Entwicklungstrend fest. Nur wenige Vierjährige, aber die meisten Achtjährigen berichteten spontan, dass es möglich sei, den Ausdruck zu maskieren.

Welche Motive gibt es aus der Sicht von Kindern, ihre Emotionen anderen nicht zu zeigen? Saarni (1979) nennt als Motive (1) das Vermeiden negativer Konsequenzen bzw. Erreichen positiver Konsequenzen, (2) den Schutz des eigenen Selbstwerts, (3) den Erhalt von Beziehungen und (4) die Beachtung von Normen und Konventionen. So berichteten Kinder, dass sie Gefühle des Schmerzes oder der Angst nicht zeigen wollten, weil sie sich nicht lächerlich machen wollten. Umgekehrt gaben sie an, Emotionen zeigen zu wollen, um Hilfe zu erhalten oder die Aufmerksamkeit anderer zu erwecken (Saarni, 1979).

Insgesamt ist festzuhalten, dass Kinder schon im Kindergartenalter in der Lage sind, von der eigenen Emotion abweichende, aber in der Situation angemessene Reaktionen zu zeigen. Neue Längsschnittstudien zeigen, dass Kinder, die als Neunjährige in der beschriebenen Geschenksituation besonders gut im Zeigen der entsprechenden Darbietungsregel waren, ein Jahr später von Gleichaltrigen und Lehrern als sozial kompetenter wahrgenommen wurden (Garner, 1996; McDowell & Parke, 2000, 2005). Das Wissen über die Darbietungsregeln entwickelt sich bis in das Grundschulalter hinein. Es ist ein weiter Weg von der Simulation einer bestimmten Emotion zum Wissen über die Möglichkeit des Verbergens von Emotionen.

2.2.3 Veränderungen des Emotionswissens vom Kindergarten- zum Grundschulalter

Das Emotionswissen wird seit etwa 20 Jahren untersucht (Harris, 1989). In jüngster Zeit wird vermehrt dem Zusammenhang zwischen Emotionswissen und sozialer Kompetenz nachgegangen (vgl. auch Jagers et al. in diesem Band).

Tabelle 1: Komponenten des Emotionswissens (Janke, 2008; Pons, Harris & Rosnay, 2004)

Komponente 1 (Mimik)	Erkennen verschiedener Emotionen in der Mimik
Komponente 2 (Anlässe)	Zuordnung einer Emotion zu einem bestimmten Anlass (etwa Freude anlässlich des eigenen Geburtstages)
Komponente 3 (Wünsche)	Verstehen Kinder, dass jemand, der etwas Erwünschtes erhält, sich freut bzw. jemand, der etwas Unerwünschtes erhält, traurig ist?
Komponente 4 (Emotionsperspektive: ToM)	Können Kinder sich in die Emotionsperspektive anderer versetzen?
Komponente 5 (Erinnerung)	Verstehen Kinder, dass die Erinnerung an ein trauriges Ereignis erneut Trauer auslöst?
Komponente 6 (Regulation)	Verstehen Kinder, dass sie ihre Emotionen verändern können?
Komponente 7 (Verbergen von Emotionen)	Verstehen Kinder, dass es möglich ist, eigene Emotionen zu verbergen?
Komponente 8 (Gemischte Emotionen)	Verstehen Kinder, dass man gleichzeitig mehrere Emotionen haben kann?
Komponente 9 (Moral)	Verstehen Kinder, dass man ein schlechtes Gewissen hat, wenn man eine Regel übertreten hat?

Dies wird durch die Entwicklung neuer Verfahren möglich, die das Wissen über verschiedene Aspekte von Emotionen für ein breites Altersspektrum erfassen. Ein in dieser Hinsicht interessantes Verfahren ist der TEC (*Test of Emotion Comprehension* von Pons, Harris & Rosnay, 2004), der auch in einer deutschen Fassung, der *Skala zur Erfassung des Emotionswissens*, vorliegt (Janke, 2008). Mit der *Skala zur Erfassung des Emotionswissens* werden insgesamt neun verschiedene Komponenten des Emotionswissens erfasst (vgl. Tab. 1 und Janke, 2008). Die *Skala zur Erfassung des Emotionswissens* korreliert in englischen Untersuchungen signifikant mit Tests des Grammatikverständnisses ($r = .52$, Pons, Lawson, Harris & Rosnay, 2003) sowie mit dem IQ ($r = .63$, Hernández-Blasi, Pons, Escalera & Suco, 2003, Juni). In einer deutschen Untersuchung fanden sich bei drei- bis sechsjährigen Kindern signifikante Korrelationen zwischen dem Emotionswissen und dem Sprachvermögen ($r = .29$) sowie dem „Theory of Mind"-Verständnis ($r = .51$, Janke, 2008, 2009).

Insbesondere das Verständnis komplexer Emotionen wie Stolz, Scham oder Schuld aber auch das Verständnis gemischter Emotionen (Ambivalenz) spielen eine wichtige Rolle in Befragungen von Kindern. Noch im frühen Grundschulalter scheinen Kinder Probleme zu haben, sich vorzustellen, dass sie mehrere gegensätzliche Gefühle zur gleichen Zeit haben können. Harter und Whitesell (1989) berichten von Kindern, die argumentieren, sie hätten nur einen Kopf und könnten deshalb nicht zwei Gefühle gleichzeitig haben. Auch wenn in Experimenten nachgewiesen werden konnte, dass Kinder gemischte Gefühle oder Ambivalenz verstehen (Donaldson & Westermann, 1986; Stein & Trabasso, 1989), ist zu vermuten, dass Kinder in Befragungssituationen aufgrund konzeptueller Probleme unter Umständen nicht in der Lage sind, eigene ambivalente emotionale Zustände zu beschreiben.

2.3 Emotionsentwicklung im Jugendalter

Das Jugendalter ist durch tief greifende biologische Veränderungen charakterisiert, vor allem des Hormonsystems und des körperlichen Wachstums. Damit verbunden sind unmittelbar und mittelbar emotionale Veränderungen, die die basale Emotionalität und die emotionale Reaktivität betreffen. Die basale Emotionalität bezieht sich auf die Stimmungslage sowie Stärke und Häufigkeit einzelner Emotionen, die emotionale Reaktivität auf die emotionale Ansprechbarkeit auf äußere und innere Reize. Betrachtet werden der Verlauf der Reaktion und ihre Rückkehr zur Ausgangslage.

Die Veränderungen gehen nicht nur zu Lasten biologischer, sondern – in Interaktion damit – auch äußerer Faktoren, vor allem psychosozialer Bedingungen wie familiäre Konflikte. Diese stellen oft Belastungsfaktoren dar, die zu Stress führen, der die Mobilisierung von Bewältigungsvorgängen („coping") erfordert.

Insgesamt ist das Jugendalter durch eine erhöhte emotionale Reaktivität und durch erhöhte negative und erniedrigte positive Befindlichkeit zu kennzeichnen. Untersuchungen an US-amerikanischen Jugendlichen deuten ebenso wie die an deutschen Jugendlichen in diese Richtung (Janke, im Druck). In deutschen Untersuchungen wurde in einer Querschnittuntersuchung ein Abfall positiven und ein Anstieg negativen Befindens bei Schüler und Schülerinnen der Klassen fünf bis neun festgestellt. Längsschnittuntersuchungen, in denen Jugendliche die Emotionen im Tagesverlauf aufzeichneten, zeigen ähnliche Trends (Larson, Moneta, Richards & Wilson, 2002). In diesen Studien veränderte sich nicht nur das Ausmaß negativen Befindens, sondern das Befinden unterlag auch an sich größeren Schwankungen. Die Jugendlichen berichteten häufiger verlegen, nervös oder gelangweilt zu sein. Langeweile war häufig assoziiert mit niedriger Lernmotivation. Als Anlässe für den Anstieg negativer Emotionen wurden traditionell Konflikte in der Familie, insbesondere mit den Eltern, vermutet. Hierbei scheint der Höhepunkt dieser Auseinandersetzungen im frühen Jugendalter zu liegen. Wenn Konflikte und Meinungsverschiedenheiten offen ausgetragen werden, bleiben Jugendliche mit ihren Eltern emotional verbunden, wirken kompetenter, selbstsicherer und haben bessere Stressverarbeitungsstrategien. Für die Emotionsregulation ist sowohl die erlebte soziale Unterstützung durch die Eltern als auch die Qualität der Bindung bedeutsam (Zimmermann, 2007). Neben den Beziehungen zu den Eltern sind im Jugendalter Gleichaltrige von großer Bedeutung, da sie Erfahrungen im Austausch positiver und negativer Emotionen außerhalb der Familie ermöglichen (vgl. Salisch & Kunzmann, 2005).

Bedeutsame Zusammenhänge von emotionaler Reaktivität und Befragungen. Bislang existieren nur wenige Untersuchungen, die sich mit der Auswirkung des Ausmaßes an emotionaler Erregung während eines Ereignisses (z. B. bei einer notwendigen medizinischen Prozedur wie etwa einer Blutentnahme), über das ein Kind befragt wird und der Zuverlässigkeit der Befragungsergebnisse befassen. Die Ergebnisse sind widersprüchlich. Zu finden sind sowohl positive als auch negative Zusammenhänge zwischen dem Ausmaß an Erregung und der Beantwortung irreführender Fragen (Bruck & Melnyk, 2004; Goodman, 2005). Ein weiterer bedeutsamer Faktor in Bezug auf die Suggestibilität von Kindern scheint einerseits die Bindungsrepräsentation der Bezugspersonen zum Partner, in der Regel der Mutter zu einem Partner, aber auch die Bindung zwischen Mutter und Kind zu sein. Mütter, die in Beziehungen zu einem Erwachsenen eher unsicher waren oder enge Beziehungen vermieden, hatten Kinder, die eher durch irreführende Fragen beeinflusst werden konnten. Eine Ursache dieser Effekte, so wird vermutet, ist, dass Mütter mit unsicheren Bindungen zum Partner auch Kinder haben, die eher unsicher sind und bei emotional erregenden Ereignissen größeren Stress erleben. Eine Untersuchung, die versuchte, bei diesen Kindern die Erregung während des Interviews durch eine unterstützende Interviewtechnik (vgl. oben) zu mildern, zeigte ein Absinken der Suggestibilität [Bottoms, Quas & Davis (2007), zitiert nach Goodman, 2005].

3 Temperament

Mit dem Begriff Temperament werden affektive, aktivitätsbezogene und aufmerksamkeitsspezifische Merkmale von Personen bezeichnet. Temperamentsforscher gehen von einer biologisch genetischen Grundlage des Temperaments aus (Goldsmith et al., 1987; Rothbart & Bates, 1998, 2006). Die entwicklungspsychologische Temperamentsforschung befasst sich seit langem mit früh auftretenden interindividuellen Unterschieden in der Reaktivität und der Selbstregulationsfähigkeit, die sich auf die affektiven und motorischen Reaktionen sowie die Aufmerksamkeit auswirken (Goldsmith et al., 1987). Nachdem man lange Zeit davon ausging, dass biologische Einflüsse im Lauf der Entwicklung zurückgehen würden (Goldsmith et al., 1987), wird inzwischen angenommen, dass sowohl biologische als auch Umweltfaktoren die Entwicklung des Temperaments über die gesamte Lebensspanne hinweg beeinflussen (Rothbart, 1981; Rothbart & Derryberry, 2002; Rothbart & Sheese, 2007).

3.1 Erfassung des Temperaments

Die meisten Arbeiten beschreiben Temperamentsmerkmale auf der Basis von Fragebögen (Kochanska, Coy, Tjebkes & Husarek, 1998; Lemery, Goldsmith, Klinnert & Mrazek, 1999; vgl. auch Mohr & Glaser in diesem Band). Eltern oder andere erwachsene Bezugspersonen (z. B. Lehrer und Lehrerinnen) beurteilen verschiedene Aspekte des kindlichen Verhaltens, zum Beispiel die Reizbarkeit oder das Ausmaß positiver Affekte. Es existiert eine Vielzahl unterschiedlicher Fragebögen. Besonders die Gruppe um Mary Rothbart hat entsprechende Fragebögen für alle Altersklassen entwickelt. Für Säuglinge werden meistens der *Infant Behavior Questionnaire* (IBQ, von drei bis zwölf Monaten; Rothbart, 1981; Gartstein & Rothbart, 2003) oder ab zwölf Monaten der *Toddler Behavior Assessment Questionnaire* (TBAQ; Goldsmith, 1996) bzw. der *Early Childhood Behavior Questionnaire* (ECBQ; Putnam, Gartstein & Rothbart, 2006) eingesetzt (Carnicero, Perez-Lopez, Salinas & Martinez-Fuentes, 2000; Goldsmith & Campos, 1990; Hane, Fox, Polak-Toste, Ghera & Guner, 2006). Zur Erfassung des Temperaments von Kindern im Alter von drei bis sieben Jahren wird häufig der *Child Behavior Questionnaire* (CBQ) von Rothbart, Ahadi, Hershey und Fisher (2001) verwendet (Durbin, Hayden, Klein & Olino, 2007; Pfeifer, Goldsmith, Davidson & Rickman, 2002). Sowohl vom IBQ als auch vom CBQ existieren deutsche Versionen (Pauli-Pott, Mertesacker & Beckmann, 2003; Pauli-Pott, Ries-Hahn, Kupfer & Beckmann, 1999).

Aufgrund des größeren Aufwands sind Untersuchungen durch geschulte Beobachtende in der alltäglichen, häuslichen Umgebung des Kindes, die sich dann ebenfalls an den genannten Fragebögen orientieren, seltener. Vereinzelt wird das Temperament bei älteren Kindern und Jugendlichen auch durch Selbstbeschreibung erfasst, zum Beispiel mit dem EAS, dem *Emotionality Activity and Sociability Temperament Survey* für 10- bis 17-Jährige (Anthony, Lonigan, Hooe & Phillips, 2002). Auch mithilfe von Q-Sort-Verfahren wurden Temperamentsmerkmale in Videoaufzeichnungen von Interaktionen mit Gleichaltrigen oder Erwachsenen (z. B. *Riverside Behavioral Q-Sort* von Funder, Furr & Colvin, 2000) oder Beobachtungen in häuslicher Umgebung (z. B. *Child Temperament and Behavior Q-Set*, CTBQ-Set; Buckley, Klein, Durbin, Hayden & Moerk, 2002) beschrieben.

Seltener wird Temperament im Labor erfasst (Asendorpf, Banse & Mucke, 2002). Beobachtet wird, wie Säuglinge, Kleinkinder und Kinder auf neue Dinge und Erfahrungen reagieren. Hierzu wurde eine Batterie von standardisierten Situationen entwickelt (Rothbart & Goldsmith, 1985), die sogenannte *Laboratory Temperament Assessment Battery* (Lab-TAB). Die Lab-TAB existiert in einer Version für Säuglinge vor bzw. nach Beginn des Krabbelns und in einer für Vorschulkinder. Sie umfasst eine Vielzahl standardisierter Episoden, die Angst/Furcht, Ärger/Distress, Freude oder Interesse induzieren sollen. Als abhängige Variablen fungieren Unterschiede im Ausdruck von Emotionen, der Annäherungs- bzw. Vermeidungstendenz, dem Aktivitätsniveau („activity level") und der Regulationsfähigkeit. Einige Arbeiten greifen auf einzelne Paradigmen aus der Lab-TAB zurück. Zur Ärgerinduktion wird ein interessantes Spielzeug außer Reichweite des Kindes hinter eine durchsichtige Absperrung oder in eine transparente Box gelegt („attractive toy behind barrier") oder die Bewegungsfreiheit des Säuglings durch Festhalten der Arme eingeschränkt („gentle arm restraint by parents", z. B. Buss & Goldsmith, 1998). Bei Vorschulkindern wird Ärger durch Kritik an einem Kreis, den das Kind zeichnen soll, erzeugt („impossibly perfect green circles", z. B. Durbin, Klein, Hayden, Buckley & Moerk, 2005). Zur Induktion von Furcht wird mechanisches Spielzeug, das sich laut und unvorhersehbar auf die Säuglinge zubewegt verwendet („unpredictable mechanical toy"; „remote control spider", z. B. Hane, Fox, Polak-Toste, Ghera & Guner, 2006) oder die Annäherung einer fremden Person, die mit Säuglingen oder Vorschulkindern versucht, ein Gespräch zu beginnen („stranger approach", z. B. Bishop, Spence & McDonald, 2003; Goldsmith & Campos, 1990).

Interessante Anordnungen zur Erfassung der willentlichen Kontrolle („effortful control") bei Kleinkindern wurden von Kochanska entwickelt (Kochanska, Murray & Coy, 1997; Kochanska, Murray & Harlan, 2000), die der Bedeutung von Temperamentsmerkmalen für die Entwicklung des Gewissens nachgeht. In diesen Versuchsanordnungen müssen Kinder auf ein Signal warten, bevor sie eine vor ihnen liegende Süßigkeit essen dürfen („snack delay"), eine Linie so langsam wie möglich entlanglaufen („slowing down motor activity") oder dem Versuchsleiter den Namen einer Comicfigur zuflüstern („lowering voice").

3.2 Entwicklung des Temperaments

Erst neuerdings wird eine Brücke geschlagen von den Konzepten der Kindertemperamentsforschung zu den „Big Five"-Faktoren der Persönlichkeitspsychologie (Caspi, Roberts & Shiner, 2005; vgl. auch Mohr & Glaser in diesem Band). Zunehmend wurden Ähnlichkeiten in den höheren Faktoren der hierarchischen Modelle der Persönlichkeits- und Kindertemperamentsfaktoren untersucht. Über diverse Studien und Erfassungsmethoden hinweg wurden wiederholt drei Faktoren höherer Ordnung gefunden, die bereits ab dem Säuglings- und Kleinkindalter nachweisbar sind (Caspi et al., 2005; Gartstein & Rothbart, 2003; Rothbart & Derryberry, 2002): (1) Positive Affektivität, die dem Big-Five-Faktor Extraversion entspricht, (2) Negative Affektivität, die Furcht, Distress und Irritabilität beinhaltet und dem Big-Five-Faktor Emotionale Stabilität (Neurotizismus) entspricht sowie (3) Selbstregulationsfähigkeiten, die dem Big-Five-Faktor Gewissenhaftigkeit („conscientiousness") entsprechen. In vielen Studien ergab sich auch ein vierter Faktor, der dem Big-Five-Faktor Verträglichkeit („agreeableness") entspricht (Goldberg, 2001; Shiner & Caspi, 2003).

Interindividuelle Unterschiede in der affektiven und motorischen Reaktion und der Selbstregulationsfähigkeit finden sich bereits bei Kleinkindern (Rothbart & Bates, 1998). Die zu diesen Faktoren höherer Ordnung gehörenden beobachtbaren Emotionen und Verhaltensweisen (niedrigerer Ordnung), deren Entwicklung und Veränderung werden im Folgenden dargestellt.

3.3 Affektive Dimensionen des Temperaments und deren Veränderung im Entwicklungsverlauf

Extraversion, Positive Affektivität, Aktivität. Positive Affektivität korreliert mit dem Faktor höherer Ordnung „Extraversion". Dieser Faktor höherer Ordnung beinhaltet eher offenes und Annäherungsverhalten, Aktivität und Engagement sowie eine Sensitivität für Belohnungen (Watson, 2000). Kinder und Jugendliche unterscheiden sich in ihrer Präferenz, lieber mit anderen zusammen als alleine zu sein und entsprechenden Handlungen der Kontaktaufnahme und des Kontakthaltens. Extravertierte Kinder und Jugendliche werden als gesellig, sozial kompetent, eifrig, ausdrucksstark, sehr aktiv und lebendig beschrieben, während introvertierte als eher ruhig und gehemmt beschrieben werden (Buckley, Klein, Durbin, Hayden & Moerk, 2002). Introvertierte zeigen eher soziale Hemmungen und Zeichen von Unbehagen besonders in neuen Situationen. Solche Angst bzw. Scheu kann bereits bei 32 Monate alten Säuglingen in verschiedenen Spielsituationen beobachtet werden. Dies stimmt mit Daten aus Eltern- und Lehrerbefragungen (Bishop, Spence & McDonald, 2003; Pfeifer, Goldsmith, Davidson & Rickman, 2002) überein. Bereits im Alter von zweieinhalb bis vier Jahren waren in der häuslichen Umgebung Unterschiede beobachtbar, wie energisch, offen, neugierig und aktiv Kinder mit der Welt interagieren (Buckley et al., 2002).

Das *Aktivitäts- bzw. Energieniveau* bezeichnet das Ausmaß, in dem Kinder während alltäglicher Tätigkeiten (z. B. Essen, Schlafen, Anziehen etc.) in Bewegung sind (Halverson et al., 2003; Lamb, Chuang, Wessels, Broberg & Hwang, 2002). Bereits pränatal zeigten sich Unterschiede im Aktivitätsniveau sowohl in Berichten der Mütter über Bewegungen als auch in Ultraschallaufnahmen (Eaton & Saudino, 1992). Zusammenhänge zu späterem Verhalten sind jedoch eher gering und instabil (Roberts & DelVecchio, 2000). Mit zwei bis vier Monaten kommt es bei positiven Emotionen und der Zuwendung zu neuen Objekten zu vermehrter Bewegung und Aktivität (Sylvester-Bradley, 1985). Ein hohes Aktivitätsniveau kann Annäherungstendenzen („approach tendency") von Vier- bis Achtjährigen vorhersagen (Rothbart, Ahadi, Hershey & Fisher, 2001).

Auch die *soziale Dominanz* als die Fähigkeit, sich durchzusetzen und die Aufmerksamkeit der anderen zu bekommen und zu halten (Markon, Krueger & Watson, 2005), verändert sich. Interindividuelle Unterschiede positiver emotionaler Reaktionen wie zum Beispiel Lächeln, Lachen (Rothbart, Derryberry & Hershey, 2000) und auch Arm- und Beinbewegungen (Fox, Henderson, Rubin, Calkins & Schmidt, 2001; Rothbart, Ahadi, Hershey & Fisher, 2001) bei drei bis vier Monate alten Säuglingen als Reaktion auf neue oder unbekannte Reize leisten einen bedeutsamen Beitrag zur Vorhersage von Extraversion in der Kindheit ($r = .38$, vgl. Rothbart, Derryberry & Hershey, 2000). Mit der Entwicklung von Kontrollmechanismen gegen Ende des ersten Lebensjahres sind frühe Anzeichen des Annäherungsverhaltens schlechter messbar (Kochanska, 1993).

Negative Affektivität (Furcht, Gehemmtheit/Schüchternheit, Ärger). Kinder und Jugendliche mit hoher Ladung auf dem Faktor „Neurotizismus" bzw. „Negative Affektivität" werden als ängstlich, vulnerabel, angespannt und leicht zu erschrecken beschrieben. Sie haben eine geringere Frustrationstoleranz und unsichere, eher instabile Beziehungen zu anderen. Beispielsweise beobachteten Markey und Kollegen (2004) im Rahmen einer experimentellen Kooperationsaufgabe, die Zehnjährige gemeinsam mit ihren Eltern lösen mussten, dass diese selbstkritischer, unsicherer und empfindlicher gegenüber Kritik waren (Markey, Markey & Tinsley, 2004).

Auch die in dem Faktor „Neurotizismus" oder „Negative Affektivität" enthaltenen Persönlichkeitsmerkmale niedrigerer Ordnung (Furcht/Ängstlichkeit, Traurigkeit sowie Ärger und Misstrauen) verändern sich im Lauf der Entwicklung. *Furcht* bezeichnet die Reaktion in einer furchtauslösenden (z. B. neuen) Situation, *Ängstlichkeit* bezieht sich auf einen Zustand der allgemeinen Besorgtheit („worry") und des Distress (Caspi & Shiner, 2006). Säuglinge mit ausgeprägter Furcht weinen, wenn sie mit einer fremden Person allein gelassen werden oder sich in einer fremden Situation befinden. Sechsjährige weinen weniger, sind aber besorgter („worry"; Rothbart & Bates, 2006). Ältere furchtsame Kinder neigen zur Vermeidung neuer Situationen, ziehen sich eher zurück (Caspi & Shiner, 2006). Nach Ergebnissen von Kagan und Snidman (1999) ist Ängstlichkeit („fearfulness"), die bereits mit 4, 14 und 21 Monaten durch unbekannte Situationen induziert werden konnte, einerseits als Schutzfaktor für die Entwicklung von Aggressivität, andererseits als ein Risikofaktor für die Entwicklung von Angststörungen anzusehen (Kagan & Snidman, 1999).

Traurigkeit weist Überschneidungen mit dem Konstrukt der Depression auf und manifestiert sich bereits im Kindesalter in gedrückter Stimmung, Hoffnungslosigkeit und Niedergeschlagenheit (Rothbart et al., 2001). Carnicero und Kollegen (Carnicero, Perez-Lopez, Salinas & Martinez-Fuentes, 2000) fanden zudem einen signifikanten Zusammenhang ($r = -.43$) zwischen geringer Frustrationstoleranz („low frustration") von Säuglingen mit 13,5 Monaten und späterer Traurigkeit („sadness").

Ärger umfasst Gefühle von Neid, Frustration, aber auch Irritation. Aggressives, feindseliges Verhalten von Kindern entsteht oft, wenn ihnen durch Erwachsene Grenzen gesetzt werden (Halverson et al., 2003). Auch die Ärgerreaktionen ändern sich von einem ärgerlichen Gesichtsausdruck und entsprechenden Verbalisationen von Säuglingen bis zu aggressivem Verhalten gegenüber Eltern und Gleichaltrigen ab dem zweiten bis dritten Lebensjahr (Loeber & Hay, 1997). Ein bei dreimonatigen Kindern beobachteter Ausdruck von Ärger und Trauer bei Annäherung eines Fremden korrelierte mit Neurotizismus (Abe & Izard, 1999). Interessant ist, dass kindlicher Ärger („anger"/„frustration") nicht durch negative Affektivität, sondern durch besonders hohe Aktivität vorhergesagt werden kann. Möglicherweise erleben aktivere Kleinkinder stärker und häufiger Frustration, da sie beim Erreichen von Zielen durch Erwachsene behindert werden (Caspi & Shiner, 2006).

Selbstregulation (Aufmerksamkeit, Durchhaltefähigkeit). Weitere relevante interindividuelle Unterschiede betreffen die Selbstkontroll- und Selbstregulationsfähigkeit von Kindern. Aufmerksamkeit, Impulskontrolle und Durchhaltefähigkeit werden als grundlegende Fertigkeiten und Vorbedingungen für Selbstregulationsfertigkeiten und Gewissenhaftigkeit angenommen (Caspi & Shiner, 2006).

Aufmerksamkeit beinhaltet die Fähigkeit, diese auch bei bestehenden äußeren Störreizen bei einer Tätigkeit zu halten. Frühe Aufmerksamkeitsunterschiede konnten Halverson et al. (2003) mittels Elternfragebögen und freien Beschreibungen in verschiedenen Ländern (China, Griechenland und US-Amerika) beobachten. Zeichen von gezielter Aufmerksamkeitslenkung zeigen Kinder am Ende des ersten Lebensjahres, wenn es ihnen gelingt, ihre Aufmerksamkeit auch bei Ablenkung zu halten (Kochanska, Murray & Coy, 1997).

Willentliche Kontrolle bezeichnet die Tendenz zu planvollem, vorsichtigem und kontrolliertem Verhalten. Experimentell wird die Fähigkeit zur willentlichen Kontrolle mit Hilfe von Belohnungsaufschubaufgaben erfasst, in denen die Kinder warten müssen, bis sie eine Belohnung erhalten (Rothbart, Ahadi, Hershey & Fisher, 2001). Eisenberg, Smith, Sadovsky und Spinrad (2004) weisen jedoch zu Recht darauf hin, dass die Annäherungstendenzen und das Aktivitätsniveau hierbei die Selbstkontrollfähigkeiten der Kinder moderieren können.

Mit 22 Monaten sind bei Kleinkindern Temperamentsmerkmale der willentlichen Kontrolle („effortful control") zu beobachten. Kinder können dann im Rahmen von diversen Aufgaben zur Erfassung der willentlichen Kontrolle (z. B. „delaying", „slowing down", „lowering voice") eigentlich dominante Verhaltensimpulse zugunsten von subdominanten unterdrücken. Diese Fähigkeit geht mit besserer Emotionsregulationsfähigkeit von Ärger und Freude im Kindesalter einher (Kochanska & Knaack, 2003; Rothbart et al., 2001). Auch Unterschiede im emotionalen Ausdruck im Alter von drei bis vier Monaten sagen spätere willentliche Kontrolle im Alter von dreieinhalb Jahren voraus. So indizieren milde emotionale Reaktionen wenn sich unbekannte Personen nähern ebenso wie ein moderater Ärgerausdruck im Alter von 15 Monaten gute Regulationsfähigkeiten und sagen spätere Gewissenhaftigkeit im Vorschulalter vorher (Abe & Izard, 1999). Gewissenhafte Kinder mit hoher Selbstregulationsfähigkeit werden als verantwortlich, ordentlich, planvoll und aufmerksam beschrieben. Dies hat positive Auswirkungen auf ihre schulische Leistungsfähigkeit (Judge, Higgins, Thoresen & Barrick, 1999) und auf ihre soziale Kompetenz, vermutlich da es ihnen leichter fällt, soziale Regeln und Erwartungen zu erkennen und sich entsprechend angepasst zu verhalten (Caspi et al., 2005; Lamb et al., 2002).

4 Resümee

Alle in diesem Kapitel beschriebenen Kennzeichen der affektiven Entwicklung, der Entwicklung des Selbstkonzeptes sowie der Persönlichkeitsentwicklung dürften bei der Befragung von Kindern und Jugendlichen von Bedeutung sein. Denkt man etwa an die Befragung von Kindern als Zeugen, dürfte der aktuelle emotionale Zustand, das Temperament eines Kindes und auch sein Wissen über Emotionen sowohl seine Erinnerung an eine bestimmte Situation als auch seine Reaktion in einer Befragungssituation und damit die Befragungsergebnisse beeinflussen (Bruck & Melnyk, 2004; Goodman, 2005). Besonders deutlich und vielfach diskutiert wird dies im Rahmen von Zeugenaussagen von Kindern (vgl. Roebers in diesem Band). Beispielsweise könnte man spekulieren, dass Kinder mit ausgeprägter emotionaler Reaktivität Situationen insgesamt weniger gut beschreiben können, gleichzeitig unter Umständen wesentliche Elemente sehr lebendig in Erinnerung haben (Shapiro, Blackford & Chen, 2005). Weiter ist bei der Interpretation von Aussagen von Kindern zu Emotionen und Interaktionen mit anderen ihr Emotionswissen zu berücksichtigen. Gerade die Fähigkeit, die Emotionsperspektive der anderen zu übernehmen, hat Einfluss auf das Antwortverhalten der Kinder. Ebenfalls wird das Antwortverhalten von dem Temperament des Kindes beeinflusst. Antworten von offenen, extravertierten Kindern sind anders zu bewerten als solche von schüchternen Kindern. Allerdings ist die Befundlage in Bezug auf Zusammenhänge zwischen globalen Temperamentsfaktoren und der Suggestibilität von Kindern noch dürftig und vorliegende Befunde sind eher enttäuschend (Bruck & Melnyk, 2004).

Es ist zu empfehlen, bei der Befragung von Kindern- und Jugendlichen die entsprechenden affektiven Grundlagen sowohl bei der Durchführung als auch bei der Ergebnisinterpretation zu berücksichtigen. Weiterhin sind auch die Folgen von Befragungen über belastende Ereignisse für die affektive und Persönlichkeitsentwicklung von Kindern zu bedenken und zu berücksichtigen (Sandler, 2006; Walker, 1997).

Literatur

Abe, J. A. & Izard, C. E. (1999). A longitudinal study of emotion expression and personality relations in early development. *Journal of Personality and Social Psychology, 77,* 566-577.

Amsterdam, B. (1972). Mirror self-image reactions before age two. *Developmental Psychobiology, 5,* 297-305.

Anthony, J. L., Lonigan, C. J., Hooe, E. S. & Phillips, B. M. (2002). An affect-based, hierarchical model of temperament and its relations with internalizing symptomatology. *Journal of Clinical Child and Adolescent Psychology, 31,* 480-490.

Asendorpf, J. B., Banse, R. & Mucke, D. (2002). Double dissociation between implicit and explicit personality self-concept: The case of shy behavior. *Journal of Personality and Social Psychology, 83,* 380-393.

Barrett, K. C. (2005). The origins of social emotions and self-regulation in toddlerhood: New evidence. *Cognition and Emotion, 19,* 953-979.

Bates, J. E. (1989). Concepts and measures of temperament. In G. A. Kohnstamm, J. E. Bates & M. K. Rothbart (Eds.), *Temperament in childhood* (pp. 3-26). Oxford: Wiley.

Bishop, G., Spence, S. H. & McDonald, C. (2003). Can parents and teachers provide a reliable and valid report of behavioral inhibition? *Child Development, 74,* 1899-1917.

Bottoms, B. L., Quas, J. & Davis, S. (2007). The influence of interviewer-provided social support on children's suggestibility, memory and disclosure. In M. E. Pipe, M. E. Lamb, Y. Orbach & A. C. Cedarborg (Eds.), *Child sexual abuse, disclosure, delay and denial* (pp 135-157). Hillsdale, NJ: Erlbaum.

Bruck, M. & Melnyk, L. (2004). Individual differences in children's suggestibility: A review and synthesis. *Applied Cognitive Psychology, 18,* 947-996.

Buckley, M. E., Klein, D. N., Durbin, C. E., Hayden, E. P. & Moerk, K. C. (2002). Development and validation of a Q-sort procedure to assess temperament and behavior in preschool-age children. *Journal of Clinical Child and Adolescent Psychology, 31,* 525-539.

Bullock, M. & Lütkenhaus, P. (1988). The development of volitional behavior in the toddler years. *Child Development, 59,* 664-674.

Buss, K. A. & Goldsmith, H. H. (1998). Fear and anger regulation in infancy: Effects on the temporal dynamics of affective expression. *Child Development, 69,* 359-374.

Calkins, S. D. & Hill, A. (2007). Caregiver influences on emerging emotion regulation: Biological and environmental transactions in early development. In J. J. Gross (Ed.), *Handbook of emotion regulation* (pp. 229-248). New York: Guilford.

Campos, J. J. (2007). Forward. In J. L. Tracy, R. W. Robins & J. P. Tangney (Eds.), *The self-conscious emotions: Theory and research* (pp. IX-XV). New York: Guilford.

Carnicero, J. A. C., Perez-Lopez, J., Salinas, M. D. C. G. & Martinez-Fuentes, M. T. (2000). A longitudinal study of temperament in infancy: Stability and convergence of measures. *European Journal of Personality, 14,* 21-37.

Caspi, A., Roberts, B. W. & Shiner, R. L. (2005). Personality development: Stability and change. *Annual Review of Psychology, 56,* 453-484.

Caspi, A. & Shiner, R. (2006). Personality development. In N. Eisenberg (Ed.), *Handbook of child psychology: Vol. 3. Social, emotional and personality development* (6th ed., pp. 300-365). New York: Wiley.

Cole, P. M. (1986). Children's spontaneous control of facial expression. *Child Development, 57,* 1309-1321.

Cole, P. M., Barrett, K. C. & Zahn-Waxler, C. (1992). Emotion displays in two-year-olds during mishaps. *Child Development, 63,* 314-324.

Crocker, J. & Wolfe, C. T. (2001). Contingencies of self-worth. *Psychological Review, 108,* 593-623.

Damon, W. & Hart, D. (1988). *Self-understanding in childhood and adolescence.* New York: Cambridge University Press.

Darwin, C. (1872). *The expression of the emotions in man and animals.* London: Murray.

Davis, T. (1995). Gender differences in masking negative emotions: Ability or motivation? *Developmental Psychology, 31,* 660-667.

Denham, S. A., Salisch, M. v., Olthof, T., Kochanoff, A. & Caverly, S. (2002). Emotional and social development in childhood. In P. K. Smith & C. H. Hart (Eds.), *Blackwell handbook of childhood social development* (pp. 308-328). Malden, MA: Blackwell.

Donaldson, S. K. & Westermann, M. A. (1986). Development of children's understanding of ambivalence and causal theories of emotions. *Developmental Psychology, 22,* 655-662.

Durbin, C. E., Hayden, E. P., Klein, D. N. & Olino, T. M. (2007). Stability of laboratory-assessed temperamental emotionality traits from ages 3 to 7. *Emotion, 7,* 388-399.

Durbin, C. E., Klein, D. N., Hayden, E. P., Buckley, M. E. & Moerk, K. C. (2005). Temperamental emotionality in preschoolers and parental mood disorders. *Journal of Abnormal Psychology, 114,* 28-37.

Eaton, W. O. & Saudino, K. J. (1992). Prenatal activity level as a temperament dimension? Individual differences and developmental functions in fetal movement. *Infant Behavior & Development, 15,* 57-70.

Eisenberg, N., Smith, C. L., Sadovsky, A. & Spinrad, T. L. (2004). Effortful control: Relations with emotion regulation, adjustment, and socialization in childhood. In R. F. Baumeister & K. D. Vohs (Eds.), *Handbook of self-regulation: Research, theory, and applications* (pp. 259-282). New York: Guilford.

Ekman, P. & Friesen, W. V. (1982). Measuring facial movement with the facial action coding systems (FACS). In P. Ekman (Ed.), *Emotion in the human face* (2nd ed.). Cambridge: Cambridge University Press.

Fabes, R. A., Eisenberg, N., Karbon, M., Bernzweig, J., Speer, A. L. & Carlo, G. (1994). Socialization of children's vicarious emotional responding and prosocial behavior: Relations with mothers' perceptions of children's emotional reactivity. *Developmental Psychology, 30*, 44-55.

Ferguson, T. J. & Stegge, H. (1995). Emotional states and traits in children: The case of guilt and shame. In J. P. Tangney & K. W. Price (Eds.), *Self-conscious emotions: The psychology of shame, guilt, embarrassment, and pride* (pp. 174-197). New York: Guilford.

Ferguson, T. J., Stegge, H., Miller, E. R. & Olsen, M. E. (1999). Guilt, shame, and symptoms in children. *Developmental Psychology, 35*, 347-357.

Fessler, D. M. T. (2007). From appeasement to conformity: Evolutionary and cultural perspectives on shame, competition, and cooperation. In J. L. Tracy, R. W. Robins & J. P. Tangney (Eds.), *The self-conscious emotions: Theory and research* (pp. 174-193). New York: Guilford.

Fischer, K. W., Bullock, D., Rotenberg, E. & Raya, P. (1991). The dynamics of competence: How context contributes directly to skill. Part II: Context and the acquisition of sociocultural knowledge. In R. Wozniak & K. Fischer (Eds.), *Development in context: Acting and thinking in specific environments*. Hillsdale, NJ: Erlbaum.

Fischer, K. W., Shaver, P. R. & Carnochan, P. (1990). How emotions develop and how they organize development. *Cognition and Emotion, 4*, 81-127.

Fivush, R. (1993). Emotional content of parent-child conversations about the past. In C. A. Nelson (Ed.), *The Minnesota Symposia on Child Psychology. Memory and affect in development* (pp. 39-77). Hillsdale, NJ: Erlbaum.

Fox, N. A. & Calkins, S. D. (2000). Multiple-measure approaches to the study of infant emotion. In M. Lewis & J. M. Haviland (Eds.), *Handbook of emotions* (2nd ed., pp. 203-219). New York: Guilford.

Fox, N. A., Henderson, H. A., Rubin, K. H., Calkins, S. D. & Schmidt, L. A. (2001). Continuity and discontinuity of behavioral inhibition and exuberance: Psychophysiological and behavioral influences across the first four years of life. *Child Development, 72*, 1-21.

Funder, D. C., Furr, R. M. & Colvin, C. R. (2000). The Riverside Behavioral Q-sort: A tool for the description of social behavior. *Journal of Personality, 68*, 451-489.

Garner, P. W. (1996). The relations of emotional role taking, affective/moral attributions, and emotional display rule knowledge to low-income school-age children's social competence. *Journal of Applied Developmental Psychology, 17*, 19-36.

Gartstein, M. A. & Rothbart, M. K. (2003). Studying infant temperament via the revised infant behavior questionnaire. *Infant Behavior & Development, 26*, 64-86.

Geppert, U. & Gartmann, D. (1983). *The emergence of self-evaluative emotions as consequences of achievement actions*. Paper presented at the Biennal meeting of the International Society for the Study of Behavioral Development, Munich, Germany.

Geppert, U. & Heckhausen, H. (1990). Ontogenese der Emotionen. In K. R. Scherer (Hrsg.), *Psychologie der Emotion* (S. 115-211). Göttingen: Hogrefe.

Goldberg, L. R. (2001). Analyses of Digman's child-personality data: Derivation of Big-Five Factor scores from each of six samples. *Journal of Personality, 69*, 709-743.

Goldsmith, H. H. (1996). Studying temperament via construction of the Toddler Behavior Assessment Questionnaire. *Child Development, 67*, 218-235.

Goldsmith, H. H., Buss, A. H., Plomin, R., Rothbart, M. K., Thomas, A., Chess, S. et al. (1987). What is temperament? Four approaches. *Child Development, 58*, 505-529.

Goldsmith, H. H. & Campos, J. J. (1990). The structure of temperamental fear and pleasure in infants: A psychometric perspective. *Child Development, 61*, 1944-1964.

Goodman, G. S. (2005). Wailing babies in her wake. *American Psychologist, 60*, 872-881.

Grossmann, T., Striano, T. & Friederici, A. D. (2005). Infants' electric brain responses to emotional prosody. *Neuroreport: For Rapid Communication of Neuroscience Research, 16,* 1825-1828.

Halverson, C. F., Havill, V. L., Deal, J., Baker, S. R., Victor, J. B., Pavlopoulous, V. et al. (2003). Personality structure as derived from parental ratings of free descriptions of children: The inventory of child individual differences. *Journal of Personality, 71,* 995-1026.

Hane, A. A., Fox, N. A., Polak-Toste, C., Ghera, M. M. & Guner, B. M. (2006). Contextual basis of maternal perceptions of infant temperament. *Developmental Psychology, 42,* 1077-1088.

Harris, P. L. (1989). *Children and emotion.* Oxford: Blackwell.

Harter, S. (1996). Developmental changes in self-understanding across the 5 to 7 shift. In A. J. Sameroff & M. M. Haith (Eds.), *The five to seven year shift – The age of reason and responsibility* (pp. 207-236). Chicago: University of Chicago Press.

Harter, S. (2006). The self. In N. Eisenberg (Ed.), *Handbook of child psychology: Vol. 3. Social, emotional, and personality development* (6th ed., pp. 505-570). New York: Wiley.

Harter, S. & Whitesell, N. R. (1989). Developmental changes in children's understanding of single, multiple, and blended emotion concepts. In C. Saarni & P. L. Harris (Eds.), *Children's understanding of emotion* (pp. 81-116). Oxford: Oxford University Press.

Hernández-Blasi, C., Pons, F., Escalera, C. & Suco, A. (2003, June). *On the role of intelligence on emotional comprehension.* Paper presented at the 33rd Annual Meeting of the Jean Piaget Society, Chicago, USA.

Holodynski, M. (2006). Die Entwicklung der Leistungsmotivation im Vorschulalter: Soziale Bewertungen und ihre Auswirkungen auf Stolz-, Scham- und Ausdauerreaktionen. *Zeitschrift für Entwicklungspsychologie und Pädagogische Psychologie, 38,* 2-17.

Izard, C. E. & Dougherty, L. M. (1982). Two complementary systems for measuring facial expressions in infants and children. In C. E. Izard (Ed.), *Measuring emotions in infants and children* (pp. 97-125). Cambridge: Cambridge University Press.

James, W. (1892). *Psychology: The briefer course.* New York: Holt.

Janke, B. (2002). *Entwicklung des Emotionswissens.* Göttingen: Hogrefe.

Janke, B. (2005). Emotionale Kompetenz. In T. Guldimann & B. Hauser (Hrsg.), *Bildung und Erziehung 4- bis 8jähriger* (S. 189-208). Münster: Waxmann.

Janke, B. (2007). Entwicklung von Emotionen. In W. Schneider & M. Hasselhorn (Hrsg.), *Handbuch der Entwicklungspsychologie* (S. 347-356). Göttingen: Hogrefe.

Janke, B. (2008). Emotionswissen und Sozialkompetenz von Kindern im Alter von drei bis zehn Jahren. *Zeitschrift für Empirische Pädagogik, 22,* 126-143.

Janke, B. (2009). *Emotionswissen, Theory of Mind und Sprachentwicklung bei Kindern im Alter von drei bis zehn Jahren.* Heidelberg: Pädagogische Hochschule Heidelberg.

Janke, B. (in Vorbereitung). *EWL-KJ. Eigenschaftswörterliste für Kinder und Jugendliche.* Göttingen: Hogrefe.

Janke, B. & Janke, W. (2005). Untersuchungen zur Erfassung des Befindens von Kindern: Entwicklung einer Selbstbeurteilungsmethode (EWL40-KJ). *Diagnostica, 51,* 29-39.

Janke, B. & Janke, W. (in Druck). EWL-KJ. Eigenschaftswörterliste für Kinder und Jugendliche. In C. Barkmann, M. Schulte-Markwort & E. Brähler (Hrsg.), *Klinisch-psychiatrische Ratingskalen für das Kindes- und Jugendalter.* Göttingen: Hogrefe.

Josephs, I. E. (1994). Display rule behavior and understanding in preschool children. *Journal of Nonverbal Behavior, 18,* 301-326.

Judge, T. A., Higgins, C. A., Thoresen, C. J. & Barrick, M. R. (1999). The big five personality traits, general mental ability, and career success across the life span. *Personnel Psychology, 52,* 621-652.

Kagan, J. & Snidman, N. (1999). Early childhood predictors of adult anxiety disorders. *Biological Psychiatry, 46,* 1536-1541.

Kochanska, G. (1993). Toward a synthesis of parental socialization and child temperament in early development of conscience. *Child Development, 64,* 325-347.

Kochanska, G., Coy, K. C., Tjebkes, T. L. & Husarek, S. J. (1998). Individual differences in emotionality in infancy. *Child Development, 69,* 375-390.

Kochanska, G. & Knaack, A. (2003). Effortful control as a personality characteristic of young children: Antecedents, correlates, and consequences. *Journal of Personality, 71,* 1087-1112.

Kochanska, G., Murray, K. & Coy, K. C. (1997). Inhibitory control as a contributor to conscience in childhood: From toddler to early school age. *Child Development, 68,* 263-277.

Kochanska, G., Murray, K. T. & Harlan, E. T. (2000). Effortful control in early childhood: Continuity and change, antecedents, and implications for social development. *Developmental Psychology, 36,* 220-232.

Lagattuta, K. H. & Thompson, R. A. (2007). The development of self-conscious emotions: Cognitive processes and social influences. In J. L. Tracy, R. W. Robins & J. P. Tangney (Eds.), *The self-conscious emotions: Theory and research* (pp. 91-113). New York: Guilford.

Lamb, M. E., Chuang, S. S., Wessels, H., Broberg, A. G. & Hwang, C. P. (2002). Emergence and construct validation of the Big Five factors in early childhood: A longitudinal analysis of their ontogeny in Sweden. *Child Development, 73,* 1517-1524.

Larson, R. W., Moneta, G., Richards, M. H. & Wilson, S. (2002). Continuity, stability, and change in daily emotional experience across adolescence. *Child Development, 73,* 1151-1165.

Lemery, K. S., Goldsmith, H. H., Klinnert, M. D. & Mrazek, D. A. (1999). Developmental models of infant and childhood temperament. *Developmental Psychology, 35,* 189-204.

Lewis, M. (2007). Self-conscious emotional development. In J. L. Tracy, R. W. Robins & J. P. Tangney (Eds.), *The self-conscious emotions: Theory and research* (pp. 134-149). New York: Guilford.

Lewis, M. & Brooks, J. (1978). Self-Knowledge and emotional development. In M. Lewis & L. A. Rosenblum (Eds.), *The development of affect* (pp. 205-227). New York: Plenum.

Loeber, R. & Hay, D. (1997). Key issues in the development of aggression and violence from childhood to early adulthood. *Annual Review of Psychology, 48,* 371-410.

Markey, P. M., Markey, C. N. & Tinsley, B. J. (2004). Children's behavioral manifestations of the five-factor model of personality. *Personality and Social Psychology Bulletin, 30,* 423-432.

Markon, K. E., Krueger, R. F. & Watson, D. (2005). Delineating the structure of normal and abnormal personality: An integrative hierarchical approach. *Journal of Personality and Social Psychology, 88,* 139-157.

McDowell, D. J. & Parke, R. D. (2000). Differential knowledge of display rules for positive and negative emotions: Influences from parents, influences on peers. *Social Development, 9,* 415-432.

McDowell, D. J. & Parke, R. D. (2005). Parental control and affect as predictors of children's display rule use and social competence with peers. *Social Development, 14,* 440-457.

Nelson, K. (1990). Remembering, forgetting, and childhood amnesia. In R. Fivush & J. A. Hudson (Eds.), *Knowing and remembering in young children* (pp. 301-316). New York: Cambridge University Press.

Nelson, K. (1993). Events, narratives, memory. What develops. In C. A. Nelson (Ed.), *Minnesota Symposia on Child Psychology: Vol. 26. Memory and affect* (pp. 1-24). Hillsdale, NJ: Erlbaum.

Nelson, K. (2003). Narrative and self, myth, and memory: Emergence of a cultural self. In R. Fivush & J. A. Hudson (Eds.), *Autobiographical memory and the construction of a narrative self: Developmental and cultural perspectives* (pp. 72-90). Mahwah, NJ: Erlbaum.

Olthof, T., Schouten, A., Kuiper, H., Stegge, H. & Jennekens-Schinkel, A. (2000). Shame and guilt in children: Differential situational antecedents and experiential correlates. *British Journal of Developmental Psychology, 18,* 51-64.

Pauli-Pott, U., Mertesacker, B. & Beckmann, D. (2003). Ein Fragebogen zur Erfassung des frühkindlichen Temperaments im Elternurteil. *Zeitschrift für Kinder- und Jugendpsychiatrie und Psychotherapie, 31,* 99-110.

Pauli-Pott, U., Ries-Hahn, A., Kupfer, J. & Beckmann, D. (1999). Zur Kovariation elterlicher Beurteilungen kindlicher Verhaltensmerkmale mit Entwicklungstest und Verhaltensbeobachtung. *Praxis der Kinderpsychologie und Kinderpsychiatrie, 48,* 311-325.

Pfeifer, M., Goldsmith, H. H., Davidson, R. J. & Rickman, M. (2002). Continuity and change in inhibited and uninhibited children. *Child Development, 73,* 1474-1485.

Pons, F., Harris, P. & Rosnay, M. (2004). Emotion comprehension between 3 and 11 years: Developmental periods and hierarchical organization. *European Journal of Developmental Psychology, 1,* 127-152.

Pons, F., Lawson, J., Harris, P. L. & Rosnay, M. (2003). Individual differences in children's emotion understanding: Effects of age and language. *Scandinavian Journal of Psychology, 44,* 347-353.

Putnam, S. l. P., Gartstein, M. A. & Rothbart, M. K. (2006). Measurement of fine-grained aspects of toddler temperament: The early childhood behavior questionnaire. *Infant Behavior & Development, 29,* 386-401.

Roberts, B. W. & DelVecchio, W. F. (2000). The rank-order consistency of personality traits from childhood to old age: A quantitative review of longitudinal studies. *Psychological Bulletin, 126,* 3-25.

Roebers, C. (2007). Selbstkonzept. In W. Schneider & M. Hasselhorn (Hrsg.), *Handbuch der Entwicklungspsychologie* (S. 381-391). Göttingen: Hogrefe.

Rothbart, M. K. (1981). Measurement of temperament in infancy. *Child Development, 52,* 569-578.

Rothbart, M. K., Ahadi, S. A., Hershey, K. L. & Fisher, P. (2001). Investigations of temperament at three to seven years: The Children's Behavior Questionnaire. *Child Development, 72,* 1394-1408.

Rothbart, M. K. & Bates, J. B. (1998). Temperament. In N. Eisenberg (Ed.), *Handbook of child psychology: Vol. 3. Social, emotional and personality development* (5th ed., pp. 105-176). New York: Wiley.

Rothbart, M. K. & Bates, J. B. (2006). Temperament. In N. Eisenberg (Ed.), *Handbook of child psychology: Vol. 3. Social, emotional and personality development* (6th ed., pp. 99-167). New York: Wiley.

Rothbart, M. K. & Derryberry, D. (2002). Temperament in children. In C. von Hofsten & L. Backman (Eds.), *Psychology at the turn of the millennium: Social, developmental, and clinical perspectives* (Vol. 2, pp. 17-35). Florence, KY: Taylor & Frances/Routledge.

Rothbart, M. K., Derryberry, D. & Hershey, K. (2000). Stability of temperament in childhood: Laboratory infant assessment to parent report at seven years. In V. J. Molfese & D. L. Molfese (Eds.), *Temperament and personality development across the life span* (pp. 85-119). Mahwah, NJ: Erlbaum.

Rothbart, M. K. & Goldsmith, H. H. (1985). Three approaches to the study of infant temperament. *Developmental Review, 5,* 237-260.

Rothbart, M. K. & Sheese, B. E. (2007). Temperament and emotion regulation. In J. J. Gross (Ed.), *Handbook of emotion regulation* (pp. 331-350). New York: Guilford.

Saarni, C. (1979). Children's understanding of display rules for expressive behavior. *Developmental Psychology, 15,* 424-429.

Saarni, C. (1984). An observational study of children's attempts to monitor their expressive behavior. *Child Development, 55,* 1504-1513.

Saarni, C., Campos, J. J., Camras, L. A. & Witherington, D. (2006). Emotional development: Action, communication, and understanding. In N. Eisenberg (Ed.), *Handbook of child psychology: Vol. 3. Social, emotional, and personality development* (6th ed., pp. 226-299). New York: Wiley.

Salisch, M. v. & Kunzmann, U. (2005). Emotionale Entwicklung über die Lebensspanne. In J. Asendorpf (Hrsg.), *Soziale, emotionale und Persönlichkeitsentwicklung* (Enzyklopädie der Psychologie, Serie Entwicklungspschologie, Bd. 3, S. 1-73). Göttingen: Hogrefe.

Sandler, J. C. (2006). Alternative methods of child testimony: A review of law and research. In C. R. Bartol & A. M. Bartol (Eds.), *Current perspectives in forensic psychology and criminal justice* (pp. 203-212). Thousand Oaks, CA: Sage.

Schieche, M. & Spangler, G. (2005). Individual differences in biobehavioral organization during problem-solving in toddlers: The influence of maternal behavior, infant-mother attachment, and behavioral inhibition on the attachment-exploration balance. *Developmental Psychobiology, 46,* 293-306.

Sroufe, L. A. (1996). *Emotional development: The organization of emotional life in the early years.* New York: Cambridge University Press.

Shapiro, L. R., Blackford, C. & Chen, C.-F. (2005). Eyewitness memory for a simulated misdemeanor crime: The role of age and temperament in suggestibility. *Applied Cognitive Psychology, 19,* 267-289.

Shavelson, R. J., Hubner, J. J. & Stanton, G. C. (1976). Self-concept: Validation of construct interpretations. *Review of Educational Research, 46,* 407-441.

Shiner, R. & Caspi, A. (2003). Personality differences in childhood and adolescence: Measurement, development, and consequences. *Journal of Child Psychology and Psychiatry, 44,* 2-32.

Spangler, G. & Schieche, M. (1998). Emotional and adrenocortical responses of infants to the strange situation: The differential function of emotional expression. *International Journal of Behavioral Development, 22,* 681-706.

Spangler, G. & Schwarzer, G. (2008). Kleinkindalter. In R. Silbereisen & M. Hasselhorn (Hrsg.), *Entwicklungspsychologie des Säuglings- und Kindesalters* (Bd. 4, S. 127-175). Göttingen: Hogrefe.

Stansbury, K. & Gunnar, M. R. (1994). Adrenocortical activity and emotion regulation. *Monographs of the Society for Research in Child Development, 59,* 108-134.

Stein, N. L. & Trabasso, T. (1989). Children's understanding of changing emotional states. In C. Saarni & P. L. Harris (Eds.), *Children's understanding of emotion. Cambridge studies in social and emotional development* (pp. 50-77). New York: Cambridge University Press.

Stipek, D. (1995). The development of pride and shame in toddlers. In J. P. Tagney & K. W. Fischer (Eds.), *Self-conscious emotions. The psychology of shame, guilt, embarrassment, and pride* (pp. 237- 252). New York: Guilford.

Stipek, D., Recchia, S. & McClintic, S. (1992). Self-evaluation in young children. *Monographs of the Society for Research in Child Development, 57,* 100.

Sylvester-Bradley, B. (1985). Failure to distinguish between people and things in early infancy. *British Journal of Developmental Psychology, 3,* 281-292.

Thompson, R. A. (2006). The development of the person: Social understanding, relationships, conscience, self. In N. Eisenberg (Ed.), *Handbook of child psychology: Vol. 3. Social, emotional, and personality development* (6th ed., pp. 24-98). New York: Wiley.

Tracy, J. L. & Robins, R. W. (2007a). Emerging insights into the nature and function of pride. *Current Directions in Psychological Science, 16,* 147-150.

Tracy, J. L. & Robins, R. W. (2007b). The self in self-conscious emotions: A cognitive appraisal approach. In J. L. Tracy, R. W. Robins & J. P. Tangney (Eds.), *The self-conscious emotions: Theory and research* (pp. 3-20). New York: Guilford.

Tracy, J. L., Robins, R. W., & Lagattuta, K. H. (2005). Can children recognize pride? *Emotion, 5,* 251-257.

Tracy, J. L., Robins, R. W. & Tangney, J. P. (Eds.) (2007). *The self-conscious emotions. Theory and Research.* New York: Guilford.

Walker, N. E. (1997). Should we question how we question children? In J. D. Read & D. S. Lindsay (Eds.), *Recollections of trauma: Scientific evidence and clinical practice* (pp. 517-521). New York: Plenum.

Watson, D. (2000). *Mood and temperament.* New York: Guilford.

Zeman, J. & Garber, J. (1996). Display rules for anger, sadness, and pain: It depends on who is watching. *Child Development, 67,* 957-973.

Zimmermann, P. (2007). Bindungsentwicklung im Lebenslauf. In M. Hasselhorn & W. Schneider (Hrsg.), *Handbuch der Entwicklungspsychologie* (S. 326-335). Göttingen: Hogrefe.

Kognitive Grundlagen: Denken, Gedächtnis und Metakognition

Kathrin Lockl und Wolfgang Schneider

In dem vorliegenden Kapitel sollen zunächst in aller Kürze zentrale theoretische Perspektiven und allgemeine Grundlagen der kognitiven Entwicklung skizziert werden. Da für die Befragung von Kindern und Jugendlichen die Erinnerung an selbst erlebte Ereignisse eine große Rolle spielt, wird besonderes Augenmerk auf Aspekte der Gedächtnisentwicklung und hierbei vor allem auf die Entwicklung alltäglicher Gedächtnisleistungen gelegt. Danach werden wesentliche theoretische Konzeptionen und empirische Befunde zum Erwerb metakognitiver Kompetenzen erläutert. Den Abschluss bildet eine kurze Darstellung von Entwicklungsveränderungen in zwei Teilbereichen der Denkentwicklung, dem schlussfolgernden Denken und dem Einschätzen von Wahrscheinlichkeiten.

1 Zentrale theoretische Perspektiven

In der wissenschaftlichen Psychologie lassen sich unterschiedliche Wurzeln der zeitgenössischen kognitiven Entwicklungspsychologie ausmachen, die ihren Schwerpunkt ausnahmslos in der Kinderforschung hatten (vgl. für Details Weinert & Weinert, 2006). Schon im 19. Jahrhundert begann Wilhelm Preyer (1882) mit der systematischen Beobachtung des kindlichen Verhaltens am Beispiel seines Sohnes, dessen Entwicklung innerhalb der ersten drei Lebensjahre sehr umfassend dokumentiert wurde. Auf der Basis seiner Arbeiten konnten unter anderem erste wichtige Erkenntnisse zum Spracherwerb, zur Wahrnehmung, dem Denken und Lernen gewonnen werden.

Nur wenig später erfolgte die erste Untersuchung der kindlichen Intelligenz, die kurz nach Beginn des 20. Jahrhunderts von Alfred Binet stimuliert und über das französische Erziehungsministerium gefördert wurde. Binet sah in der kindlichen Intelligenz die wichtigste individuelle Bedingung für schulischen Erfolg bzw. Misserfolg und konzentrierte sich von daher auf eine möglichst objektive Messung intellektueller Fähigkeit. Er ging dabei von der These aus, dass höhere intellektuelle Fähigkeiten eine Person im Alltag dazu befähigen, mehr, schneller und besser zu lernen als eine Person, die nur über eine niedrige Intelligenz verfügt. Eine genauere Analyse der in altersgerecht konstruierten Lernaufgaben erzielten Ergebnisse sollte von daher die Abschätzung grundlegender Fähigkeitsmerkmale erlauben. Während der im Jahr 1905 von Binet zusammen mit Simon entwickelte Intelligenztest weltweit bekannt wurde, ist heute teilweise vergessen, dass Binet eine konstruktive Entwicklungsauffassung vertrat, in der die besondere Bedeutung kindlicher Aktivität und der aktiven Assimilation neuer Erfahrungen an die bereits verfügbaren Erkenntnismöglichkeiten betont wurde (vgl. Weinert & Weinert, 2006). Diese Grundauffassung gewann wenige Jahrzehnte später im Rahmen der Entwicklungstheorie von Jean Piaget überdauernde Popularität.

1.1 Piagets Theorie der kognitiven Entwicklung

Aus den Ergebnissen eines Intelligenztests kann man erschließen, welche Position ein Kind im Vergleich zu seiner Altersgruppe einnimmt und wo seine Stärken und Schwächen in unterschiedlichen Bereichen der intellektuellen Leistungsfähigkeit liegen, ob es beispielsweise eher sprachlich begabt ist oder ein gutes räumliches Vorstellungsvermögen besitzt (vgl. Preckel & Vock in diesem Band). Jedoch erfährt man stets nur, ob eine Testaufgabe richtig oder falsch gelöst wurde, nicht, welche Denkprozesse zur Lösung führten, bzw. wie es zu falschen Lösungen kam. An dieser Frage war der Schweizer Biologe und Erkenntnistheoretiker Jean Piaget besonders interessiert, der 1919 in Binets Laboratorium in Paris arbeitete. Er war fasziniert von den *Denkfehlern* der Kinder, da ihm diese einen Einblick in die Eigenart des kindlichen Denkens und speziell in die *Unterschiede* zwischen dem Denken des Kindes und dem des Erwachsenen vermittelten.

Piaget entwickelte in der Folge eine klassische *Stadientheorie* der Denkentwicklung (für detaillierte Darstellungen vgl. Montada, 2002; Reusser, 2006). Piaget nahm vier globale Entwicklungsstadien an, das sensumotorische Stadium (0 bis 2 Jahre), das prä-operatorische (ca. 3 bis 7 Jahre), das konkret-operatorische (ca. 7 bis 12 Jahre) und das formal-operatorische (ab 12 Jahren). Hier sind vor allem das prä-operatorische, das konkret-operatorische und das formal-operatorische Stadium von Bedeutung, die den Zeitraum vom Vorschul- bis zum Erwachsenenalter umfassen. Jedes Stadium ist nach Piaget gekennzeichnet durch eine Reihe von Kompetenzen und von bestimmten Beschränkungen geistiger Fähigkeiten. Die stadientypischen Kompetenzen wie die Defizite werden als Ausdruck einer zugrunde liegenden Gesamtstruktur des Denkens interpretiert.

So gilt zum Beispiel für das Vorschulkind, dass es Symbole gebrauchen und verstehen kann, was sich vor allem im Gebrauch und Verständnis der Sprache ausdrückt, dass es zwischen Vergangenheit, Gegenwart und Zukunft unterscheiden, phantasievolle fiktionale Spielwelten bilden und so mit Gleichaltrigen wie mit Erwachsenen schon sehr kompetent interagieren kann. Jedoch zeigte Piaget eine Reihe von stadientypischen Beschränkungen, die er als Ausdruck mangelnder Beweglichkeit des Denkens, als Unfähigkeit, zwei Aspekte einer Situation gleichzeitig zu beachten, und als Unfähigkeit, äußerlich beobachtbare Handlungen „im Geiste" rückgängig zu machen, interpretierte.

Vorschulkinder glauben zum Beispiel, dass sich die Quantität einer Flüssigkeit verändert, wenn sie von einem breiten in ein hohes Glas umgegossen wird, und dass sich das Gewicht einer Plastilinkugel verändert, wenn sie zu einem Pfannkuchen ausgewalzt wird. Diese für uns erstaunlichen Antworten interpretierte Piaget als ein Zeichen der Unfähigkeit, zwei Objektdimensionen (z. B. Höhe und Breite) gleichzeitig zu beachten; Kinder „zentrieren", so Piaget, auf die für den Augenschein hervorstechende Dimension und vernachlässigen die andere Dimension. Dies zeigt sich in vielen Bereichen des Denkens, zum Beispiel auch im Bereich des moralischen Denkens, wenn Vorschulkinder urteilen, ein Kind, das unabsichtlich zehn Tassen zerbrochen hat, sei „schlimmer" als ein Kind, das etwas Verbotenes getan (z. B. genascht) und dabei eine Tasse zerbrochen hat: Die Kinder beachten hier, so Piagets Interpretation, nur die Dimension der Schadenshöhe, nicht die der Absicht. Diese Beispiele machen deutlich, dass Piaget versuchte, Eigentümlichkeiten des kindlichen Denkens über die verschiedensten Inhalte auf wenige sehr allgemeine, zugrunde liegende Merkmale zurückzuführen. Ab dem Grundschulalter, so Piaget, erwirbt das Kind dann die Voraussetzungen, um die Grundkonzepte unseres Denkens – die Begriffe des Raums, der Zeit, der Kausalität, der Perspektive (u. a. m.) – zu verstehen.

Während psychometrische Intelligenzkonzepte (wie auch Informationsverarbeitungsansätze vgl. unten) unterstellen, dass sich intellektuelle Fähigkeiten vom Vorschul- über das Grundschulalter und darüber hinaus kontinuierlich bis zu einem maximalen Wert entwickeln, der Fortschritt also als kontinuierliche, quantitative Veränderung beschrieben werden kann, gehen Forscher in der Tradition Piagets davon aus, dass es im Entwicklungsverlauf qualitative Sprünge gibt, die auf grundlegende Umstrukturierungen der Denkvorgänge zurückzuführen sind. Die theoretischen Unterschiede zwischen beiden Ansätzen sind also durchaus beträchtlich.

Mittlerweile gibt es zahlreiche empirische Belege, die viele der Hauptannahmen von Piaget in Zweifel ziehen. So ist sicher unbestritten, dass Piaget die kognitiven Kompetenzen von jungen Kindern deutlich unterschätzt hat und dass Kinder bei geeigneteren Aufgabenstellungen zum Teil erheblich früher Leistungen zeigen, als Piaget dies berichtet hat. Auch seine Annahme über die stadientypische Kohärenz des kindlichen Denkens konnte empirisch nicht bestätigt werden. Weitere zentrale Kritikpunkte beziehen sich auf die zu vage Formulierung der vermuteten Entwicklungsmechanismen oder auf die Vernachlässigung von sozialen Faktoren (vgl. Montada, 2002; Sodian, 2008).

1.2 Informationsverarbeitungsansätze

Im Gegensatz zu Piagets Theorie der kognitiven Entwicklung handelt es sich bei den Informationsverarbeitungsansätzen um keine einheitliche Theorie, sondern vielmehr um eine Vielzahl verwandter Ansätze, denen gemeinsam ist, dass sie die am Denken bzw. an der Informationsverarbeitung beteiligten Prozesse genau spezifizieren möchten. Eine zugrunde liegende Sichtweise der Informationsverarbeitungsansätze ist, Veränderungen im kindlichen Denken in Analogie zu einem Computersystem aufzufassen, welches in seiner Arbeitsweise durch seine Hardware und Software gekennzeichnet werden kann (Klahr & MacWhinney, 1998). Als Hardware (oder Struktur) werden dabei Beschränkungen in der Speicherkapazität und in der Informationsverarbeitungsgeschwindigkeit angesehen, die Software (oder Prozesse) wird beispielsweise durch die Verfügbarkeit von Strategien und durch für die Aufgabenstellung relevantes Vorwissen charakterisiert. Informationsverarbeitungsansätze beeinflussen seit den 1950er und 1960er Jahren, also etwa seit der Zeit, als die ersten Computer entwickelt und eingesetzt wurden, in starkem Maße die psychologische Forschung und Theorienbildung. In diesem Kapitel kann aus Platzgründen nur knapp auf die wesentlichsten Kennzeichen von Informationsverarbeitungsansätzen eingegangen werden (für ausführlichere Überblicke vgl. z. B. Anderson, 1992; Bjorklund, 2005).

Charakteristisch für alle Informationsverarbeitungsansätze ist die Vorstellung, dass Menschen eine Vielzahl an kognitiven Operationen oder Strategien einsetzen, um Informationen innerhalb eines kapazitätsbegrenzten Systems zu verarbeiten. Ein einflussreiches und nach wie vor in erweiterter Form aktuelles Modell zur Veranschaulichung des Informationsflusses ist das *Mehrspeichermodell* von Atkinson und Shiffrin (1968). Die erste Komponente innerhalb dieses Modells bildet das Ultrakurzzeitgedächtnis (auch sensorischer Speicher oder sensorisches Register). Man geht davon aus, dass die eingehende sensorische Information dort als eine Art Nachbild (ikonisches Gedächtnis) oder als eine Art Echo (echoisches Gedächtnis) gehalten wird. Es gibt getrennte sensorische Speicher für jede Sinnesmodalität (z. B. Sehen, Hören); diese verfügen über eine enorme Kapazität, jedoch bleibt die Information nur für sehr kurze Zeit präsent (im Millisekundenbereich). Wird nun die Aufmerksamkeit auf eine bestimmte Information gelenkt, so gelangt diese in das Kurzzeitgedächtnis (KZG), das Zentrum bewusster mentaler Tätigkeit. Seine Kapazität wird als sehr begrenzt angenommen (etwa sieben +/- zwei Einheiten) mit einer Höchstspeicherdauer von etwa 30 Sekunden. Lediglich diejenige Information, die innerhalb dieser kurzen Zeitspanne wiederholt oder anderweitig aktiv bearbeitet wird, kann in das Langzeitgedächtnis (LZG) gelangen.

Alternativ zu der traditionellen Sichtweise des Kurzzeitgedächtnisses wurde von Baddeley und Hitch (1974; Baddeley, 1986) ein Modell des *Arbeitsgedächtnisses (working memory)* konzipiert (vgl. Vock, Hupbach & Mecklenbräuker in diesem Band). Diesem Modell zufolge kontrolliert und koordiniert eine *zentrale Exekutive* zwei verschiedene „Dienstleistungssysteme". Eines dieser Subsysteme ist phonologisch ausgerichtet und setzt sich aus zwei Komponenten zusammen, nämlich einem passiven *phonetischen Speicher*, der klangliche Informationen für circa zwei Sekunden verfügbar hält, und einem subvokalem Wiederholungsprozess, mit dem neu aufgenommene oder aus der Wissensbasis übernommene klangliche Informationen in den phonetischen Speicher eingelesen werden. Im Zusammenhang mit dem phonologischen Wiederholungsprozess wird auch von einer „*artikulatorisch-phonologischen Schleife*" gesprochen, da die zu behaltende sprachliche Information (etwa eine unvertraute Telefonnummer) kontinuierlich in den Speicher eingelesen werden muss, um sie vor dem Verfall zu schützen.

Auch für das *visuell-räumliche Hilfssystem* des Arbeitsgedächtnisses werden zwei verschiedene Komponenten postuliert (vgl. Logie & Pearson, 1997). In einer Art visuellem Speicher können die physikalischen Merkmale von Objekten und Ereignissen repräsentiert sowie bildliche Informationen und Vorstellungen bearbeitet werden. Als zweite Komponente wird ein räumlicher Mechanismus angenommen, der für die Planung von Bewegungen genutzt wird und weiterhin eine Wiederholungsfunktion übernimmt. Im Vergleich zum visuellen Speicher scheint der räumliche Mechanismus weniger Altersveränderungen unterworfen zu sein (vgl. Hasselhorn & Schneider, 2007; Logie & Pearson, 1997).

Das *Langzeitgedächtnis* wird schließlich als umfassender und relativ permanenter Speicher angesehen, der unser Wissen über die Welt enthält, wie auch Eindrücke von vergangenen Erlebnissen und Ereignissen sowie Strategien, um Informationen zu bearbeiten und Probleme zu lösen (zu weiteren Differenzierungen des Langzeitgedächtnisses vgl. z. B. Eysenck & Keane, 2005; vgl. auch Vock et al. in diesem Band). Neben den genannten Speicherkomponenten schließen die meisten Informationsverarbeitungsmodelle Kontrollprozesse oder exekutive Funktionen mit ein, also solche Prozesse, die an der Aufmerksamkeitsregulierung, der Strategieauswahl und an der Überwachung der Informationsverarbeitung beteiligt sind. Diese Prozesse werden auch unter den Begriff der Metakognition gefasst (vgl. unten).

Informationsverarbeitungsansatz und Gedächtnisentwicklung. Im Folgenden sollen nun einige Aspekte der Informationsverarbeitung, die für die kognitive Entwicklung, insbesondere die Gedächtnisentwicklung, von Bedeutung sind, beispielhaft erläutert werden. Als grundlegender Faktor und als Beispiel für die „Hardware"-Komponente kann die Kapazität des Kurzzeit- bzw. Arbeitsgedächtnisses angesehen werden. Üblicherweise wird die Kapazität über die Gedächtnisspanne erfasst, wobei den Probanden im Ein-Sekunden-Takt eine Reihe von Stimuli (Zahlen, Buchstaben oder Wörter) vorgegeben wird, die daraufhin exakt in der gleichen Reihenfolge reproduziert werden soll. Generell lassen sich bei dieser Vorgehensweise deutliche Alterstrends nachweisen. So beträgt zum Beispiel die Gedächtnisspanne für Zahlen nach Dempster (1981) bei Zweijährigen etwa zwei Items, bei Fünfjährigen etwa vier Items, bei Siebenjährigen fünf Items und bei Erwachsenen etwa sieben Items. In verschiedenen Arbeiten wurde versucht, die Entwicklungstrends in der Gedächtnisspanne auf unterschiedliche kovariierende Faktoren wie aktive, intentionale Gedächtnisstrategien oder den Zuwachs in der Informationsverarbeitungsgeschwindigkeit zurückzuführen (vgl. die Übersichten bei Dempster, 1981; Schneider & Pressley, 1997). Dabei scheinen gerade bei der Zahlenspanne aktive Organisationsprozesse wie Wiederholung oder Gruppierung teilweise für Entwicklungsunterschiede verantwortlich zu sein. Strategische Prozesse reichen aber zur Erklärung alleine nicht aus, denn Alterstrends bleiben auch dann noch bestehen, wenn durch die Art der Aufgabenstellung ein eventueller Strategieeinsatz unwahrscheinlich gemacht wird (z. B. Cowan, Nugent, Elliott, Ponomarev & Saults, 1999).

Eine nahe liegende Erklärung für die Zunahme der Gedächtnisspanne könnte darin gesehen werden, dass den Kindern im Verlauf ihrer Entwicklung aufgrund neurologischer Reifungsprozesse immer mehr strukturelle Gedächtniskapazität zur Verfügung steht. Neuere theoretische Vorstellungen darüber, warum es zu einer alterskorrelierten Verbesserung der Gedächtnisspanne kommt, weisen jedoch in eine andere Richtung. Im Gegensatz zu Konzeptionen, die der Piaget-Tradition verpflichtet sind (etwa die „M-space"-Hypothese von Pascual-Leone, 1970) gehen spätere Modellansätze davon aus, dass sich die insgesamt zur Verfügung stehende Verarbeitungskapazität nicht verändert. Case (1985) nimmt dabei an, dass kognitive Prozesse im Verlauf ihrer Entwicklung zunehmend automatisiert und effizienter werden. Jede Steigerung der Effizienz bedeutet auch, dass für die Bewältigung kognitiver Aufgaben weniger Kapazität in Anspruch genommen wird. Nach Case (1985) setzt sich die *gesamte Verarbeitungskapazität* aus zwei Grundfunktionen zusammen, nämlich (1) dem *Arbeitsspeicher (operating space)*, in dem gerade ablaufende kognitive Prozesse durchgeführt werden und (2) dem *Kurzzeitspeicher (storage space)*, in dem die Ergebnisse gerade abgelaufener Prozesse gespeichert werden. Im Verlauf der Entwicklung wird zur Bewältigung der gleichen Aufgaben weniger Platz für die erforderlichen mentalen Operationen (Arbeitsspeicher) benötigt und es steht daher mehr Raum für die Speicherung von Informationen im Kurzzeitspeicher zur Verfügung. In Einklang mit diesen Modellannahmen fanden Case, Kurland und Goldberg (1982) hohe negative Korrelationen zwischen der Informationsverarbeitungsgeschwindigkeit und der Gedächtnisspanne.

Strategieentwicklung als Beispiel für „Software-Einwirkung". Es ist aufgrund relativ konsistenter Ergebnisse aus zahllosen entwicklungspsychologischen Arbeiten zum Kurzzeit- und Arbeitsgedächtnis unbestritten, dass sich die Gedächtnisspanne mit dem Alter verbessert (vgl. für Details Schneider & Pressley, 1997). Vergleichsweise kontroverser wird die Frage diskutiert, welchen Anteil daran der gerade im Grundschulalter stärker zu beobachtende Einsatz von *Gedächtnisstrategien* hat. Es kann kein Zweifel daran bestehen, dass die Begrenzung unseres Kurzzeitgedächtnisses durch Strategiegebrauch überwunden werden kann. Schon seit den frühen Arbeiten von Flavell und seinen Mitarbeitern (z. B. Flavell, Beach & Chinsky, 1966) hat sich die Einsicht durchgesetzt, dass quantitative und qualitative Veränderungen von Aktivitäten wie Wiederholen, Elaborieren (etwa das Verwenden von „Eselsbrücken") und Organisieren/systematisches Ordnen von Lernmaterial die Gedächtnisentwicklung bedeutsam vorantreiben. Bessere Leistungen des Kurzzeitgedächtnisses sowie des episodischen Langzeitgedächtnisses korrespondieren zumindest ab dem Schulalter mit dem effektiven Einsatz von Gedächtnisstrategien (vgl. etwa Hasselhorn, 1986). Neuere Arbeiten haben zeigen können, dass Kinder mit zunehmendem Alter auch mehrere Strategien gleichzeitig einsetzen können. Der Gebrauch von multiplen Strategien, etwa die Kombination von Wiederholungs- und semantischen Ordnungsstrategien, führt im Vergleich zur Verwendung lediglich einer einzigen Strategie zu deutlich besseren Langzeit-Gedächtnisleistungen (vgl. Coyle & Bjorklund, 1997; Kron-Sperl, Schneider & Hasselhorn, 2008).

Einfluss des Vorwissens. Seit Ende der 70er Jahre haben unzählige Forschungsarbeiten demonstrieren können, dass das Vorwissen in einem bestimmten Inhaltsbereich Gedächtnisleistungen in diesem Bereich enorm beeinflussen kann (vgl. den Überblick bei Schneider & Bjorklund, 2003). Im Rahmen des sogenannten „Experten-Novizen-Paradigmas" wurden viele entwicklungspsychologische Studien durchgeführt, die nachweisen konnten, dass jüngere Experten ältere Novizen bei solchen Gedächtnisaufgaben, die sich auf den Expertisebereich bezogen, deutlich übertrafen. Ein bekanntes Beispiel ist die Studie von Chi (1978), bei der Schach-erfahrene Kinder im Vergleich zu Schach-unerfahrenen Erwachsenen deutlich besser abschnitten, als es darum ging, verschiedene nur für kurze Zeit präsentierte Positionen von Schachfiguren unmittelbar danach auf einem leeren Schachbrett zu rekonstruieren. Dies schien insofern bemerkenswert, als die Gedächtnisspannen der älteren Probanden bei „neutralem" Material signifikant höher lagen. In einer umfangreichen Replikation mit jungen und erwachsenen Schachexperten und -novizen ließ sich weiterhin zeigen, dass sich bei dieser Aufgabe die verfügbare Expertise nicht nur positiv auf das Kurzzeitgedächtnis auswirkte, sondern auch langfristige Behaltenseffekte zeigte (vgl. Schneider, Gruber, Gold & Opwis, 1993). Das Vorwissen spielt demnach eine zentrale Rolle für die Organisation und das Ausmaß von Gedächtnisleistungen. Es beeinflusst sowohl Kapazität als auch Strategien, kann demnach also nicht eindeutig Hardware- oder Software-Aspekten zugeordnet werden.

2 Die Entwicklung alltäglicher Gedächtnisleistungen

Innerhalb der kognitiven Entwicklungspsychologie nimmt die Forschung zur Entwicklung des Gedächtnisses bei Kindern und Jugendlichen einen hohen Stellenwert ein. In jüngerer Zeit hat sich dabei der Fokus der Arbeiten deutlich verschoben; während sich frühere Arbeiten vorwiegend auf intentionale, strategische und schulleistungsbezogene Gedächtnisleistungen konzentrierten, beschäftigen sich neuere Studien stärker mit dem Alltagsgedächtnis, also der Fähigkeit, sich an persönlich erlebte oder beobachtete Ereignisse zu erinnern (vgl. Roebers & Schneider, 2006). Forschungsarbeiten zu alltäglichen Gedächtnisleistungen lassen sich dabei zwei unterschiedlichen Richtungen zuordnen, die zwar thematisch eng miteinander verzahnt sind, jedoch in der Literatur relativ wenig Bezug aufeinander nehmen. Einerseits handelt es sich dabei um Arbeiten, die untersuchen, inwieweit Kinder dazu in der Lage sind, sich korrekt an autobiographische Ereignisse zu erinnern und diese zu berichten. Kinder werden hierbei nach unterschiedlich langen Zeiträumen über reale Ereignisse aus ihrem Leben befragt (z. B. ein Ausflug in ein Museum), wobei dem Untersucher spezifische Inhalte und Details dieser Lebensereignisse bekannt sind. Andererseits geht es in eher anwendungsbezogenen Forschungsarbeiten zum Augenzeugengedächtnis um die Vollständigkeit und Genauigkeit kindlicher Berichte von zumeist forensisch relevanten Ereignissen, z. B. ein Diebstahl, der den Kindern per Video vorgeführt wurde (vgl. Roebers in diesem Band). Im Folgenden sollen nun Forschungsarbeiten zu diesen beiden Aspekten des Alltagsgedächtnisses kurz skizziert werden.

2.1 Gedächtnis für Ereignisse und autobiographisches Gedächtnis

In Anlehnung an Weber (1993) lässt sich das autobiographische Gedächtnis als Teilbereich des episodischen (Langzeit-)Gedächtnisses definieren, in dem Erinnerungen an komplex strukturierte Erlebnisse mit starkem Selbstbezug repräsentiert sind. Forschungsarbeiten in diesem Bereich interessieren sich unter anderem dafür, welche Art von Ereignissen junge Kinder gut erinnern können und welche Faktoren die Fähigkeit beeinflussen, Ereignisse auch nach längerer Zeit noch akkurat zu erinnern. Daneben stellt sich die Frage, ab welchem Alter bei jungen Kindern überhaupt Anzeichen autobiographischen Gedächtnisses beobachtbar sind. Da sich die Forschung in diesem Bereich vorwiegend auf das (frühe) Kindergartenalter bezieht, der Schwerpunkt dieses Buches aber eher in der mittleren Kindheit liegt, soll auf diese Aspekte nur sehr kurz eingegangen werden (für ausführlichere Überblicke vgl. z. B. Fivush & Hudson, 1990; Nelson, 1993; Roebers & Schneider, 2006). Generell kann als eine wichtige Erkenntnis aus der Forschung zum autobiographischen Gedächtnis festgehalten werden, dass sich sogar sehr junge Kinder unter bestimmten Umständen überraschend gut an zurückliegende Ereignisse erinnern können, wobei allerdings ältere Kinder mehr ereignisbezogene Information berichten und weniger konkrete Hinweise für ihre Schilderungen benötigen als jüngere Kinder (vgl. Roebers & Schneider, 2006).

Skripts. Ein zentraler Begriff bei der Untersuchung des autobiographischen Gedächtnisses bei jungen Kindern ist der des „Skripts": Ein „Skript" ist als schematischer Handlungsplan eines Ereignisses aufzufassen, der aufgrund von wiederholten Alltagserfahrungen gewonnen wurde (Nelson, 1986). Typische Beispiele sind das „Restaurant-Skript" oder das „Geburtstagsparty-Skript" (vgl. Fivush & Hudson, 1990). Diese Skripts helfen Kindern, öfter auftretende Ereignisse und ihre Abläufe zu verstehen (z. B. treffen bei einer Geburtstagsparty zunächst die Gäste ein, dann werden die Geschenke überreicht, dann wird Kuchen gegessen etc.). Bereits zweijährige Kinder sind dabei in der Lage, Information skriptähnlich zu organisieren, wobei Skripts insbesondere die Erinnerung an typische Ereigniselemente fördern (Fivush, Kuebli & Clubb, 1992). Andererseits scheint dies auf Kosten von spezifischen Erinnerungen zu gehen, die Abweichungen von dem normalen Ablauf oder Besonderheiten beinhalten (z. B. Hudson, 1988). Beispielsweise befragten Fivush und Hamond (1990) Kinder unter anderem zu einem Camping-Ausflug, also einem neuen, eher ungewöhnlichen Ereignis und anstatt das Besondere dieses Ereignisses hervorzuheben, berichteten junge Kinder Routineabläufe wie etwa „wir haben zu Abend gegessen, dann sind wir schlafen gegangen, dann sind wir aufgewacht und dann gab es Frühstück." Mit zunehmendem Alter erinnern sich Kinder jedoch an spezifischere und atypischere Informationen auch über längere Zeiträume (z. B. Hamond & Fivush, 1991) und ab dem frühen bis mittleren Grundschulalter sind deutlich geringere Informationsverluste zu beobachten als bei jüngeren Kindern. Insgesamt stellen also das höhere Alter des Kindes, Ereigniswiederholungen sowie aktive Teilnahme während des Ereignisses wichtige Faktoren dar, die autobiographische Erinnerungen positiv beeinflussen, wohingegen sich längere Vergessenszeiträume eher negativ auswirken (vgl. Roebers & Schneider, 2006). Weiterhin scheint bei der Ausbildung des autobiographischen Gedächtnisses eine bedeutsame Rolle zu spielen, wie und wie häufig Kinder mit ihren Eltern über gemeinsame Erlebnisse sprechen (Fivush & Nelson, 2004; Ornstein, Haden & Hedrick, 2004). Hudson (1990) nimmt an, dass die Anfänge eines Gedächtnisses für Ereignisse darin zu sehen sind, dass Kinder über vergangene Erlebnisse sprechen und die Eltern dabei durch gezieltes Nachfragen die spärlichen Erinnerungen ihrer Kinder weiter ausbauen. Eltern-Kind-Konversationen helfen dabei zudem, zeitliche und kausale Abfolgen zwischen (Teil-)Ereignissen herzustellen und das Erlebte in Geschichten mit erzählerischem Charakter zu organisieren. So berichteten beispielsweise diejenigen Kinder in der Studie von Hamond und Fivush (1991) mehr Informationen zu einem Ausflug nach Disneyworld, die mit ihren Eltern häufiger über dieses Ereignis gesprochen hatten.

Frühkindliche Amnesie. Werden in der Literatur die Ursprünge des autobiographischen Gedächtnisses thematisiert, so stößt man immer wieder auf das faszinierende Phänomen der frühkindlichen (oder infantilen) Amnesie, worunter die Schwierigkeit von Erwachsenen verstanden wird, sich an Lebensereignisse zu erinnern, die vor dem dritten oder vierten Lebensjahr stattgefunden haben. Obwohl eine eindeutige Erklärung für dieses Phänomen wohl schwer auszumachen ist, wurden verschiedenste Erklärungsversuche angeführt, von denen einige qualitative Veränderungen in der Repräsentation von selbst erlebten Ereignissen für die frühkindliche Amnesie verantwortlich machen (z. B. Case, 1985; Nelson, 1993). Beispielsweise bezieht sich Nelson (1993) auf Veränderungen im Sprachgebrauch und in der sprachgebundenen Verarbeitung von Erlebnissen in dem Sinne, dass in einem frühen Stadium eher „Skript"-artige Routinen enkodiert werden (vgl. oben). Diese Gedächtnisinhalte sind demnach nicht sonderlich distinktiv und können später kaum noch erinnert werden. Dagegen weisen andere Autoren (z. B. Howe & Courage, 1993; Perner & Ruffman, 1995) darauf hin, dass das Kind für echte autobiographische Erinnerungen dazu in der Lage sein muss, sich selbst als erlebendes Individuum zu erkennen bzw. wissen muss, dass die erinnerten Inhalte tatsächlich selbst erlebt wurden. Insgesamt kann festgehalten werden, dass den verschiedenen Erklärungsversuchen gemeinsam ist, dass sie eine Inkompatibilität zwischen der ursprünglichen Enkodierung von Informationen und späteren Abrufformaten annehmen.

2.2 Augenzeugengedächtnis und Suggestibilität

Untersuchungen zum Augenzeugengedächtnis von Kindern haben besonders innerhalb der letzten 20 Jahre einen starken Aufschwung erlebt. Gründe dafür sind in einem gestiegenen öffentlichen Interesse an Fällen von (vermuteter) Kindesmisshandlung und Kindesmissbrauch und in der Tatsache zu sehen, dass Kinder immer häufiger als Zeugen vor Gericht gehört werden (vgl. Ceci & Bruck, 1998). Sowohl aus psychologischer als auch aus forensischer Perspektive ist dabei von Bedeutung, wie viele (Teil-)Informationen Kinder und Jugendliche unterschiedlichen Alters über ein beobachtetes oder selbst erlebtes Ereignis erinnern, wie genau diese Berichte sind und wie empfänglich sie für suggestive Einflüsse sind (vgl. Roebers in diesem Band).

Menge und Genauigkeit kindlicher Berichte. Im Allgemeinen zeigen sich in Studien zum Augenzeugengedächtnis, in denen Kinder ein Ereignis beobachten und später dazu befragt werden, die typischen Alterseffekte wie sie auch in Studien zum autobiographischen Gedächtnis erzielt werden (z. B. Ornstein, Gordon & Larus, 1992; Poole & Lindsay, 1995; Roebers & Schneider, 2001). Dies bedeutet, dass ältere Kinder generell mehr Information erinnern als jüngere Kinder. Beispielsweise forderten Roebers und Schneider (2001) Kinder und Erwachsene direkt im Anschluss an ein beobachtetes Ereignis auf, alles frei zu berichten, was sie beobachtet hatten. Der Prozentsatz an korrekt erinnerter Information betrug hierbei 15 Prozent bei den Fünf- bis Sechsjährigen, 31 Prozent bei den Sieben- bis Achtjährigen und 40 Prozent bei den Neun- bis Zehnjährigen. Selbst die Erwachsenen gaben mit 45 Prozent erinnerter

Information bei weitem keine vollständige Beschreibung des Beobachteten ab. Aber auch wenn junge Kindergartenkinder und Vorschulkinder meist wenig präzise Details wiedergeben können, so bezieht sich das, was sie erinnern, überwiegend auf die zentralen Inhalte und ist im Allgemeinen korrekt (Poole & White, 1995; Roebers & Schneider, 2001). Werden spezifische Fragen gestellt (z. B. „Wie sah der Junge aus?"), sind junge Kinder durchaus in der Lage, deutlich mehr Details wiederzugeben. Jedoch bergen spezifische Fragen die Gefahr, dass zusätzlich zu der Tatsache, dass mehr korrekte Details berichtet werden, auch tendenziell mehr falsche Details erinnert werden, wodurch sich insgesamt die Genauigkeit der Berichte verringert (Bjorklund, Bjorklund, Brown & Cassel, 1998; Goodman, Quas, Batterman-Faunce, Riddlesberger & Kuhn, 1994).

Werden Altersunterschiede im Augenzeugengedächtnis von Kindern analysiert, so ist zudem von Bedeutung, nach welchem Zeitraum die Befragungen der Kinder stattfinden. Zwar beinhalten die meisten Studien eher kürzere Vergessensintervalle, jedoch gibt es eine Reihe von Studien, die die Berichte von Kindern nach Zeitintervallen von bis zu zwei Jahren untersucht haben (z. B. Flin et al., 1992; Salmon & Pipe, 1997). Auch wenn in einem gewissen Maße Vergessensprozesse stattzufinden scheinen, demonstrieren junge Kinder insgesamt in ihren freien Berichten und in ihren Antworten auf offene Fragen nach einem Jahr und längeren Zeiträumen durchaus beeindruckende Gedächtnisleistungen. Was den differentiellen Einfluss des Vergessensintervalls auf die verschiedenen Altersgruppen betrifft, also die Frage, ob jüngere Kinder über die Zeit mehr und schneller vergessen als ältere Kinder, so ist die Befundlage weniger konsistent. Beispielsweise berichten Flin und ihre Kollegen Boon, Knox und Bull (1992), dass sechsjährige Kinder und Erwachsene nach einem Zeitraum von fünf Monaten genauso viel richtige Information erinnerten wie ursprünglich, allerdings waren die Berichte der sechsjährigen Kinder weniger genau als die von Erwachsenen. Dies bedeutet, dass das Verhältnis von falsch zu richtig erinnerter Information während des Zeitraums von fünf Monaten für die Kinder höher wurde als für die Erwachsenen (vgl. auch Poole & White, 1993). Einige Studien deuten also darauf hin, dass Altersunterschiede in der Genauigkeit der Berichte vorwiegend dann gefunden werden, wenn die Gedächtnisleistungen nach sehr langen Zeiträumen erfasst werden.

Neben dem Alter der Kinder und der Länge des Vergessensintervalls wurden noch zahlreiche andere Faktoren untersucht, die sich auf die Menge und die Genauigkeit kindlicher Berichte auswirken können. So zeigten zum Beispiel einige Studien, dass Stress während des Erlebens spätere Gedächtnisleistungen beeinflussen kann (z. B. Peters, 1991). Dabei scheinen extrem hohe und auch sehr niedrige Stressniveaus negativ mit nachfolgenden Gedächtnisleistungen in Verbindung zu stehen, wohingegen mittlere Ausprägungen von Stress die Gedächtnisleistungen eher fördern, was insgesamt auf einen umgekehrt U-förmigen Zusammenhang zwischen erlebtem Stress und Gedächtnis hinweist. Als ein weiterer Faktor wurde in mehreren Studien die Rolle des Vorwissens untersucht (z. B. Elischberger, 2005; Ornstein & Greenshoot, 2000). Es ist davon auszugehen, dass das vorhandene Wissen sowohl die Ereigniswahrnehmung als auch die Interpretation der Ereignisse und die Beachtung bzw. Nichtbeachtung einzelner Ereigniskomponenten beeinflussen kann. Ornstein und Greenshoot (2000) zeigten beispielsweise, dass vier- und sechsjährige Kinder solche Bestandteile einer Routineuntersuchung bei einem selbst erlebten Arztbesuch häufiger erinnerten, die als typische Komponenten einer Untersuchung gelten (z. B. das Herz mit einem Stethoskop abhören, in die Ohren schauen). Weniger häufig wurden dagegen eher untypische Bestandteile genannt (z. B. den Bauchnabel mit einem Tuch abwischen). Jedoch hatte das Vorwissen der Kinder auch eine negative Seite: Wenn nach typischen Komponenten einer Untersuchung gefragt wurde (z. B. „Hat der Arzt in deinen Mund geschaut?"), die tatsächlich aber nicht stattgefunden haben, stimmten die vier- und sechsjährigen Kinder fälschlicherweise häufiger zu, als wenn sie nach untypischen Ereignissen gefragt wurden. Vorwissen über die typischen Abläufe bei einem Ereignis ist also üblicherweise mit erhöhten Gedächtnisleistungen verbunden, es kann sich jedoch unter bestimmten Umständen als zweischneidiges Schwert erweisen.

Abgesehen von den hier genannten Faktoren wird die Menge und Genauigkeit kindlicher Berichte in starkem Maße auch durch die Charakteristika des Interviews beeinflusst (vgl. Roebers in diesem Band).

Suggestibilität. Ein Themenkomplex, der in Forschungsarbeiten zum Augenzeugengedächtnis von besonderem Interesse ist, betrifft die Suggestibilität von Kindern (vgl. Ceci & Bruck, 1998). Generell kann festgehalten werden, dass Probanden aller Altersgruppen schlechtere Leistungen erzielen und mehr falsche Informationen berichten, wenn ihnen irreführende Fragen (d. h. Fragen, die falsche Tatsachen suggerieren) gestellt werden. Die aus entwicklungspsychologischer Perspektive entscheidende Frage ist, ob Kinder in stärkerem Maße empfänglich sind für suggestive Einflüsse als Erwachsene. Insgesamt deutet die empirische Befundlage darauf hin, dass dies tatsächlich der Fall ist; vor allem Kindergarten- und Vorschulkinder scheinen im Vergleich zu älteren Kindern und Erwachsenen besonders suggestibel zu sein (Ceci & Bruck, 1993).

Beispielsweise wurde in einer Untersuchung von Cassel, Roebers und Bjorklund (1996) Kindergartenkindern, Zweit- und Viertklässlern sowie Erwachsenen ein kurzes Video zu einer Auseinandersetzung über ein Fahrrad vorgeführt. Eine Woche später wurden die Probanden dazu befragt, wobei sich an die freie Reproduktion des Ereignisses gezielte, zum Teil irreführende Fragen (z. B. „Das Fahrrad gehörte der Mutter, nicht wahr?") anschlossen. Wiesen die Probanden die irreführende Information zurück, erfolgte eine zweite Nachfrage, welche die Irreführung noch intensivierte. Als wesentliches Ergebnis zeigte sich, dass etwa die Hälfte der Kindergartenkinder dem Interviewer bei der zweiten irreführenden Nachfrage zustimmte, obwohl sie die erste irreführende Frage meist noch richtigerweise verneint hatten. Im Vergleich dazu ließen sich die Viertklässler und die Erwachsenen nur selten von den Suggestivfragen beeinflussen, und selbst die Zweitklässler gingen relativ selten mit dem Interviewer konform. Alterseffekte in der Suggestibilität werden also dann besonders deutlich, wenn Suggestivfragen wiederholt werden.

Besonders negative Effekte von irreführenden Fragen zeigen sich dann, wenn zusätzlich Stereotypien – also soziales Wissen und naive Theorien über Personen und ihre angeblichen Charaktereigenschaften – aufgebaut werden, wie dies in einer Studie von Leichtman und Ceci (1995) eindrucksvoll dokumentiert wurde: Eine unbekannte Person namens Sam Stone besuchte drei- bis sechsjährige Kinder im

Kindergarten, sprach mit den Erzieherinnen, saß eine Weile in der Gruppe und ging dann wieder. Einem Viertel der Kinder wurde bereits vor dem Besuch stereotypes Wissen über Sam Stone vermittelt, wobei dieser als nette, jedoch sehr ungeschickte Person dargestellt wurde, die immer wieder versehentlich etwas kaputt mache. Einem zweiten Viertel der Kinder wurde nach dem Besuch von Sam Stone mehrfach suggeriert, er habe bei seinem Besuch einen Teddybär beschmutzt und ein Buch zerrissen. In der dritten, kombinierten Bedingung durchliefen die Kinder sowohl die Stereotypien induzierenden als auch die nachgeschobenen, irreführenden Interviews. Das verbleibende Viertel diente als Kontrollgruppe. Zehn Wochen nach dem Besuch wurden die Kinder befragt, wobei 46 Prozent der drei- bis vierjährigen und 30 Prozent der fünf- bis sechsjährigen Kinder in der kombinierten Bedingung mit stereotypem Vorwissen und irreführenden Suggestionen spontan fälschlicherweise behaupteten, Sam Stone habe einen Teddybär beschmutzt oder ein Buch zerrissen bzw. beides getan. Bei spezifischem Nachfragen stieg der Prozentsatz der falschen Angaben sogar auf 72 Prozent bei den drei- bis vierjährigen und 44 Prozent bei den fünf- bis sechsjährigen Kindern. Diejenigen Kinder, die entweder nur stereotype oder irreführende Information erhalten hatten, machten auf konkretes Nachfragen hin zwar auch falsche Angaben, erwähnten diese aber nicht spontan in ihren freien Berichten.

Als Erklärungsansätze für die höhere Suggestibilität von jüngeren Kindern wurden von manchen Autoren soziale Faktoren angeführt, wie zum Beispiel der Wunsch, die Erwartungen des Interviewers zu erfüllen (Bjorklund, Brown & Bjorklund, 2002) oder der Status des Interviewers (Ceci, Ross & Toglia, 1987). Andererseits wurden Zusammenhänge zwischen Aspekten der kognitiven Entwicklung und Suggestibilität gefunden, wie zum Beispiel im Hinblick auf entwicklungsbezogene und individuelle Unterschiede in Arbeitsgedächtnis und Inhibitionskontrolle (Ruffman, Rustin, Garnham & Parkin, 2001; vgl. aber Roebers & Schneider, 2005), „Theory of Mind"-Fähigkeiten (Welch, 1999) oder metakognitive Kompetenzen (Roebers, 2002).

Zusammenfassend deuten Forschungsarbeiten zum autobiographischen Gedächtnis, zum Augenzeugengedächtnis und zur Suggestibilität von Kindern darauf hin, dass auch junge Kinder prinzipiell dazu in der Lage sind, sich an zurückliegende Ereignisse zu erinnern. Wird die Befragung in neutraler, nicht suggestiver Weise durchgeführt, so kann bereits bei jungen Kindergartenkindern mit einer korrekten Beschreibung der Ereignisse gerechnet werden. Dabei geben jüngere im Vergleich zu älteren Kindern jedoch weniger Informationen wieder und sind stärker auf spezifische Abrufhilfen angewiesen. Zudem erweisen sich jüngere Kinder als deutlich anfälliger für suggestive Einflüsse. Gerade wenn junge Kinder schon mehrere, möglicherweise mit irreführender Information behaftete Interviews über sich ergehen lassen mussten und die Ereignisse schon lange zurückliegen, sollten die Aussagen junger Kinder mit einiger Vorsicht betrachtet werden.

3 Entwicklung von Metakognition

Beschäftigt man sich mit Faktoren, die die Gedächtnis- und Denkentwicklung von Kindern vorantreiben, so darf als wichtiger Aspekt die Entwicklung metakognitiven Wissens nicht vernachlässigt werden. Unter Metakognition versteht man allgemein das Wissen über kognitive Zustände und Prozesse (Flavell, 1979). Metakognition lässt sich somit als „Denken über Denken" oder als „Wissen über Wissen" charakterisieren; das recht breit gefasste Konstrukt beinhaltet jedoch auch Überwachungsaktivitäten und die Selbstregulation der eigenen kognitiven Aktivitäten. Metakognition impliziert, dass sich eine Person ihrer eigenen Denkprozesse bewusst ist.

Forschungsarbeiten, die sich dieser sehr breiten Definition von Metakognition zuordnen lassen, wurden in jüngerer Zeit insbesondere von der Arbeitsgruppe um John Flavell durchgeführt. Beispielsweise forderten Flavell und Kollegen fünf- und achtjährige Kinder sowie Erwachsene auf, etwa eine halbe Minute lang an gar nichts zu denken. Die meisten Erwachsenen und Achtjährigen schilderten daraufhin, dass ihnen dies nicht möglich war. Ein Großteil der fünfjährigen Kinder behauptete jedoch, dass es ihnen gelungen ist, alle Gedanken von sich fern zu halten; sie schienen sich des eigenen Bewusstseinsstroms nicht bewusst zu sein (Flavell, Green & Flavell, 2000). Dieses Beispiel illustriert zudem den recht optimistischen Glauben jüngerer Kinder in die Kontrollierbarkeit mentaler Prozesse. So haben sie beispielsweise auch noch Schwierigkeiten zu verstehen, dass man manchmal an Dinge denken muss, obwohl man gar kein Interesse hat, darüber nachzudenken (Flavell, Green & Flavell, 1998). Zusammenfassend legen Studien dieser Art den Schluss nahe, dass Kinder erst nach und nach ein Bewusstsein ihres eigenen Denkens entwickeln.

Aus Studien zum Erwerb von metakognitiver Sprache ist weiterhin bekannt, dass jüngere Kinder häufig die Begrifflichkeiten für verschiedene Formen des Denkens noch nicht klar umreißen und voneinander abgrenzen können. Zwar beginnen Kinder schon im Alter von etwa drei Jahren, mentale Verben wie „wissen", „denken", „glauben" zu verwenden, ohne jedoch die verschiedenen Implikationen dieser Verben vollständig zu beherrschen. Verschiedene Arbeiten (z. B. Astington & Olson, 1990; Schwanenflugel, Henderson & Fabricius, 1998) konnten zeigen, dass das Verständnis von metakognitiven Verben bei Kindern im Vergleich zu dem von Erwachsenen deutlich eingeschränkt ist. Beispielsweise präsentierten Schwanenflugel et al. (1998) Drittklässlern, Fünftklässlern und Erwachsenen verschiedene Szenarien, in denen eine mentale Aktivität beschrieben wurde. Aufgabe der Probanden war es, diesen Aktivitäten passende Verben, wie z. B. erkennen, verstehen, schätzen, denken oder vergleichen zuzuordnen. Anhand der Auswahl dieser Verben ließen sich drei wesentliche Entwicklungstrends ausmachen: Mit zunehmendem Alter wurde besser verstanden, dass (1) dem Gedächtnis eine aktive Rolle bei der Informationsaufnahme zukommt, (2) Gedächtnis und Verständnis miteinander verknüpft sind und (3) sich mentale Aktivitäten anhand des Ausmaßes, in dem sie Sicherheit bzw. Unsicherheit ausdrücken (z. B. bei raten, schätzen, denken), differenzieren lassen.

Insgesamt kann wohl davon ausgegangen werden, dass der Erwerb eines Verständnisses über mentale Vorgänge ein lang andauernder Prozess ist, der im Grundschulalter bei weitem noch nicht abgeschlossen ist.

Metagedächtnis. Das Metagedächtnis als ein Teilbereich von Metakognition bezieht sich spezifischer auf das Wissen um Gedächtnisvorgänge. Die Anfänge der Metagedächtnisforschung gehen auf John Flavell (1971; Flavell & Wellman, 1977) sowie Ann Brown (Brown, 1978; Brown, Bransford, Ferrara & Campione, 1983) und deren Kollegen zurück, die diese Forschungsrichtung bereits in den 70er Jahren etablierten. Seit der Einführung des Konstrukts in die Gedächtnispsychologie sind zahlreiche Versuche unternommen worden, präzise Definitionen vorzulegen (vgl. z. B. Schneider & Pressley, 1997). Inzwischen wird allgemein eine Taxonomie vom Metagedächtnis akzeptiert, bei der grob zwischen dem faktischen deklarativen Gedächtniswissen und einer eher prozeduralen Komponente unterschieden wird. Im Folgenden soll nun kurz auf die wichtigsten Entwicklungsverläufe im deklarativen und prozeduralen Metagedächtnis eingegangen werden.

3.1 Deklaratives Metagedächtnis

Unter dem deklarativem Metagedächtnis versteht man das faktisch verfügbare und verbalisierbare Wissen um Gedächtnisvorgänge, wobei nach Flavell und Wellman (1977) nochmals zwischen dem Wissen um Personen-, Aufgaben- und Strategievariablen differenziert werden kann. Als *Personenvariablen* werden dabei gedächtnisrelevante Charakteristika der eigenen Person oder anderer Personen verstanden, wie zum Beispiel das Alter. *Aufgabenvariablen* beziehen sich auf Merkmale, die eine Gedächtnisaufgabe erschweren oder erleichtern können (z. B. die Länge einer zu lernenden Wortliste) und *Strategievariablen* betreffen schließlich Einspeicherungs- und Abrufstrategien, welche die Gedächtnisleistung beeinflussen.

Das deklarative Metagedächtnis wird üblicherweise über Fragebögen oder Interviews zu erfassen versucht (vgl. Vock et al. in diesem Band). Kreutzer, Leonard und Flavell (1975) führten eine der ersten und bekanntesten Interviewstudien zu dieser Thematik durch und befragten Kinder vom Kindergartenalter bis zur fünften Klasse zu ihrem Wissen über Gedächtnisprozesse. Dies betraf unter anderem eher alltägliche Gedächtnisleistungen (z. B. Was kannst du alles tun, um nicht zu vergessen, am nächsten Tag deine Schlittschuhe mit in die Schule zu nehmen?), oder es wurden den Kindern verschiedene Materialien präsentiert (z. B. Gegensatzpaare wie „black" – „white" und zufällig zusammengestellte Paare wie „Mary" – „walk") und sie sollten angeben, welche der Materialien leichter bzw. schwieriger zu lernen sind. Insgesamt belegen die Ergebnisse dieser Interviewstudie, dass bereits junge Kinder über ein grundlegendes Gedächtniswissen verfügen. Bereits die jüngsten Kinder verstanden beispielsweise, dass man Dinge vergessen kann oder dass es schwerer ist, sich an länger zurückliegende Ereignisse zu erinnern als an gerade abgelaufene Ereignisse. Ab etwa der ersten Klasse schienen die Kinder ein basales Verständnis von der Kurzlebigkeit des Kurzzeitgedächtnisses zu haben und wussten zum Beispiel, dass mechanisch gelernte Informationen wie Telefonnummern schnell vergessen werden. Das Wissen über spezifischere Aufgabenvariablen, wie zum Beispiel die Tatsache, dass Gegensatzpaare leichter zu lernen sind als zufällig verknüpfte Wortpaare, demonstrierten die meisten Kinder jedoch erst gegen Ende der Grundschulzeit (Kreutzer et al., 1975). In ähnlicher Weise zeigten andere Studien, dass das Wissen über die

Nützlichkeit von Strategiegebrauch, vor allem von Organisationsstrategien, zwischen dem Kindergartenalter und der sechsten Klassenstufe deutlich zunimmt (vgl. z. B. Hasselhorn, 1990; Schneider, 1986; Sodian, Schneider & Perlmutter, 1986).

Neuere Forschungsbemühungen im Bereich des deklarativen Gedächtniswissens dienten vor allem der Verbesserung von Erhebungsverfahren und der Entwicklung von Gruppentests mit akzeptablen Gütekriterien im Hinblick auf die Reliabilität und Validität der Instrumente (vgl. Hasselhorn, 1994; Schlagmüller, Visé & Schneider, 2001; Schlagmüller & Schneider, 2007). Ein auf diese Weise entstandenes Verfahren ist die von Schlagmüller et al. (2001) entwickelte *Würzburger Testbatterie zum deklarativen Metagedächtnis bei Grundschulkindern*, in die nach Vorversuchen insgesamt 16 Items zu drei Subskalen aufgenommen wurden (Subskalen zum allgemeinen deklarativen Wissen, zum Wissen über semantische Kategorisierungsstrategien und zum Wissen über Textverarbeitung; für eine ausführlichere Darstellung vgl. Vock et al. in diesem Band).

Insgesamt kann aus der empirischen Evidenz gefolgert werden, dass Anfänge deklarativen Metagedächtnisses schon bei Vorschulkindern beobachtet werden können, wobei das Wissen mit zunehmender Erfahrung mit Gedächtnisaufgaben immer ausgereifter wird. Der größte Wissenszuwachs scheint dabei in der Grundschulzeit stattzufinden, jedoch lassen sich auch später noch bei komplexeren Aufgabenstellungen wie zum Beispiel beim textbezogenen Metagedächtnis Zuwächse feststellen.

3.2   Prozedurales Metagedächtnis

Das prozedurale Metagedächtnis betrifft die Fähigkeit zur Überwachung sowie zur Regulation und Kontrolle gedächtnisbezogener Aktivitäten und wird als relativ unabhängig vom deklarativen Wissen angesehen. Diese Komponente des Metagedächtnisses wurde zunächst von Brown und Kollegen (z. B. Brown et al., 1983) genauer erläutert, die davon ausgingen, dass Überwachungsprozesse und Prozesse der Selbstregulation oder Selbstkontrolle bei komplexen kognitiven Aufgaben wie etwa dem Verständnis und Behalten von Texten eine bedeutsame Rolle spielen. Metakognitive Überwachungs- und Steuerungsprozesse werden in der Regel im Zusammenhang mit gerade ablaufenden Gedächtnisaktivitäten („online") erfasst.

In der neueren allgemeinpsychologischen Literatur erlangte das Modell von Nelson und Narens (1994) große Aufmerksamkeit. Dieses Modell zum prozeduralen Metagedächtnis konzentriert sich auf das Zusammenspiel von zwei metakognitiven Prozessen, Überwachung („monitoring") und Kontrolle („control"). Als Überwachungsaktivitäten werden solche Prozesse beschrieben, die es uns erlauben, unsere eigenen kognitiven Vorgänge zu beobachten und darüber zu reflektieren. Überwachungsvorgänge informieren die Person über den momentanen Zustand ihrer Kognition in Relation zu einem aktuellen Ziel. So kann eine Person beispielsweise das Gefühl haben, eine Liste mit Vokabeln gut gelernt zu haben oder eine Textpassage noch nicht ausreichend verstanden zu haben. In der Forschung werden Überwachungsvorgänge untersucht, indem Probanden nach ihren Leistungsprognosen, „Judgment-of-learning" (JOL)-Urteilen, „Feeling-of-knowing" (FOK)- oder Sicherheitsurteilen befragt werden.

Metakognitive Überwachungsvorgänge. Die Befundlage zu alterskorrelierten Veränderungen in Selbstüberwachungs-Kompetenzen zeigt einerseits, dass junge Kinder insbesondere dann sehr optimistisch sind und ihre Leistung deutlich überschätzen, wenn es darum geht, Leistungsprognosen abzugeben und somit die eigene Gesamtleistung im Voraus einzuschätzen (z. B. Flavell, Friedrich & Hoyt, 1970; Wordon & Sladeswki-Awig, 1982). Beispielsweise glaubte die Mehrzahl der Vorschul- und Kindergartenkinder in einer Studie von Flavell et al. (1970) fälschlicherweise, sich an eine Sequenz von zehn Bildern erinnern zu können. Von den Grundschulkindern waren es nur noch etwa 25 Prozent, die diese Fehleinschätzung vornahmen. Bei Aufgabenstellungen dieser Art scheinen allerdings weniger metakognitive Defizite, sondern eher motivationale Faktoren wie Wunschdenken oder übergroßes Vertrauen in die Wirksamkeit der eigenen Anstrengung eine erhebliche Rolle zu spielen (z. B. Schneider, 1998; zu Selbsteinschätzungen eigener Fähigkeiten vgl. auch Mohr & Glaser in diesem Band).

Andererseits lassen sich weniger ausgeprägte und zum Teil gar nicht vorhandene Alterstrends dann beobachten, wenn in Bezug auf einzelne Items Einschätzungen darüber verlangt werden, ob sie später erinnert oder wiedergegeben werden können, wie dies bei „Judgment-of-learning" (JOL)-Urteilen oder „Feeling-of-knowing" (FOK)-Urteilen der Fall ist (Butterfield, Nelson & Peck, 1988; Lockl & Schneider, 2002; Schneider, Visé, Lockl & Nelson, 2000). Um FOK-Urteile zu erfassen, werden den Kindern beispielsweise eine Reihe von Zeichnungen von Objekten vorgegeben, die benannt werden sollen. Wenn der Name nicht einfällt, wird vom Versuchsleiter nachgefragt, ob das Kind den Namen erkennen wird, wenn er in einem Wiedererkennungstest zusammen mit ähnlichen Bezeichnungen vorgegeben wird. Insbesondere die Ergebnisse neuerer, methodisch verbesserter Untersuchungen zeigen hierbei, dass bereits junge Grundschulkinder ein gewisses Gespür dafür besitzen, welche Begriffe sie später wiedererkennen können und welche nicht (Butterfield et al., 1988; Lockl & Schneider, 2002).

Werden Kinder oder Jugendliche zu selbst erlebten oder beobachteten Ereignissen befragt, erscheint besonders von Bedeutung, in welchem Maße sie genaue und zuverlässige Sicherheitsurteile darüber abgeben können, inwieweit ihre Berichte dem tatsächlichen Ereignis entsprechen (vgl. Roebers in diesem Band). Die relevante Literatur aus eher anwendungsbezogenen Fragestellungen zum Augenzeugengedächtnis von Kindern deutet darauf hin, dass Kinder ab einem Alter von etwa acht Jahren dazu in der Lage sind, in ihren Sicherheitsurteilen zwischen richtigen und falschen Antworten zu differenzieren (Roebers, 2002; Roebers, von der Linden, Schneider & Howie, 2007).

Metakognitive Kontrollvorgänge. Metakognitive Kontrollvorgänge auf der anderen Seite sind bewusste oder unbewusste Entscheidungen, die wir aufgrund der Ergebnisse unserer Überwachungsaktivitäten treffen. Kontrollvorgänge spiegeln sich also beispielsweise in dem Verhalten der Person wider, die gerade dabei ist, etwas zu lernen. Wenn die Person das Gefühl hat, einen Lerninhalt noch nicht genügend „tief" gespeichert zu haben, wird sie diesen Inhalt möglicherweise weiter lernen. Falls die Person das Gefühl hat, einen Text nicht verstanden zu haben, wird sie ihn nochmals lesen. Metakognitive Kontrolle kann sich in Befragungssituationen auch darin äußern, eine potentielle Antwort, die aufgrund metakognitiver Überwachung als eher falsch eingestuft wird, zurückzuhalten und stattdessen lieber mit „Ich weiß nicht" zu antworten (vgl. z. B. Roebers, Moga & Schneider, 2001).

In der Forschung übliche Paradigmen zur Untersuchung von Kontrollprozessen erfassen die Verteilung (Allokation) von Lernzeit auf unterschiedliche Inhalte oder die Reproduktionsbereitschaft (d. h. die Entscheidung, wann ausreichend gelernt wurde). Im Kontext der Forschung zum Augenzeugengedächtnis wird die Fähigkeit untersucht, eine Frage lieber zu überspringen und mit „weiß nicht" zu antworten als eine falsche Antwort zu geben, um insgesamt einen möglichst fehlerfreien Bericht abzugeben (vgl. Roebers in diesem Band).

Als ein Beispiel sei hier der Aspekt der Lernzeitallokation herausgegriffen. Alterstrends in diesen metakognitiven Kompetenzen lassen sich gut an einer Studie von Dufresne und Kobasigawa (1989) illustrieren, in der Kinder im Alter von sechs bis zwölf Jahren aufgefordert wurden, „leichte" (z. B. Katze – Hund) und „schwierige" (z. B. Buch – Frosch) Bildpaare zu lernen. Die Kinder konnten ihre Lernzeiten frei bestimmen und wurden instruiert, die Bildpaare solange zu lernen, bis sie ganz sicher waren, alle Bildpaare zu beherrschen. Als wesentliches Ergebnis zeigte sich, dass die Sechs- und Achtjährigen in etwa gleich viel Lernzeit für die leichten und schwierigen Bildpaare verwendeten, während die älteren Kinder wesentlich mehr Zeit in die schwierigen als in die leichten Bildpaare investierten. Die zehn- und zwölfjährigen Kinder schienen also die Implikationen der Aufgabe korrekt zu erfassen. Dufresne und Kobasigawa (1989) stellten heraus, dass auch die jüngeren Kinder ihrer Stichprobe sehr wohl angeben konnten, welche Items leichter und welche schwieriger zu lernen waren. Die beobachteten Entwicklungsunterschiede sind daher weniger auf mangelndes Wissen über die Aufgabenschwierigkeit zurückzuführen als vielmehr auf die Fähigkeit, dieses Wissen adäquat in Selbstregulationsvorgänge umzusetzen. Diese Befunde sind inzwischen mehrfach repliziert (z. B. Lockl & Schneider, 2003) und legen insgesamt den Schluss nahe, dass die alterskorrelierte Verbesserung in der Aufteilung der Lernzeit primär auf das mit zunehmendem Alter immer bessere Zusammenspiel zwischen Überwachungs- und Selbstregulationsvorgängen zurückgeht.

Wird metakognitive Kontrolle in Befragungssituationen untersucht, so zeigen diverse Studien, dass auch die Fähigkeit, eventuell falsche Antworten zurückzuhalten und stattdessen lieber mit „Ich weiß nicht" zu antworten, deutlichen alterskorrelierten Veränderungen unterliegt. Cassel, Roebers und Bjorklund (1996) beobachteten beispielsweise nur circa zehn Prozent Weiß-nicht-Antworten auf irreführende Fragen bei Kindern, während Erwachsene im Mittel 25 Prozent der Fragen mit „weiß nicht" umgingen. Ebenso fanden Shrimpton, Oates und Hayes (1998) eine altersbedingte Zunahme von Weiß-nicht-Antworten auf irreführende Fragen im Alter zwischen vier und zwölf Jahren (zur Abhängigkeit von Weiß-nicht-Antworten von der Art der Frage vgl. Roebers & Schneider, 2006).

Zusammenfassend lässt sich festhalten, dass Entwicklungsveränderungen im prozeduralen Metagedächtnis vor allem in Aufgabenstellungen zu finden sind, in denen metakognitive Kontrollvorgänge von Bedeutung sind. Weniger ausgeprägte Altersunterschiede lassen sich dagegen in Selbstüberwachungskompetenzen nachweisen, wobei sich hier die Befundlage als insgesamt weniger konsistent erweist und die jeweiligen Ergebnismuster auch stark von der konkreten Aufgabenstellung abhängen.

Metakognitives Wissen und die Fähigkeit, über eigene kognitive Zustände und Prozesse zu reflektieren, spielen auch dann eine große Rolle, wenn es darum geht, durch Denkprozesse, insbesondere durch schlussfolgerndes Denken, über gegebene Informationen hinaus zu gehen und neues Wissen zu erwerben. So weisen Studien zum Zusammenhang von Metakognition und schlussfolgerndem Denken darauf hin, dass die Effizienz kindlicher Schlussfolgerungen deutlich gesteigert werden kann, wenn Kinder dazu ermutigt werden, über ihre eigenen Denkprozesse zu reflektieren (z. B. Brown, 1978).

4 Denkentwicklung

Allgemein befassen sich Forschungsarbeiten zur Denkentwicklung von Kindern sowohl mit eher domänenübergreifenden Veränderungen von Denkprozessen (wie z. B. im schlussfolgernden oder im wissenschaftlichen Denken) als auch mit Veränderungen von Denkleistungen und dem Erwerb von Wissen in verschiedenen Inhaltsbereichen (z. B. intuitive Biologie, intuitive Physik, intuitive Psychologie). Dabei werden in neueren Studien vielfach ältere Fragestellungen, die bereits von Piaget angegangen wurden, mit Hilfe neuer Forschungsmethoden wieder aufgegriffen. Auf die Denkentwicklung in bestimmten Inhaltsbereichen kann im Rahmen dieses Kapitels aus Platzgründen nicht eingegangen werden (vgl. dazu z. B. Sodian, 2008); wir möchten hier lediglich kurz zwei Teilbereiche der Denkentwicklung ansprechen: das schlussfolgernde Denken und die Fähigkeit, Wahrscheinlichkeiten einschätzen zu können.

Schlussfolgerndes Denken ist in unserem Alltag von großer Bedeutung, da es häufig nicht ausreicht, Sachverhalte wahrzunehmen oder zu beobachten, sondern mindestens ebenso wichtig ist, über die gegebene Information hinaus zu gehen, um zu neuen Schlussfolgerungen und zu neuem Wissen zu gelangen. In der Literatur werden vor allem zwei verschiedene Formen schlussfolgernden Denkens thematisiert: das deduktive und das induktive Schließen. Während beim deduktiven Schließen die logische Gültigkeit im Vordergrund steht und aufgrund einer Regel vom allgemein Gültigen auf den Einzelfall geschlossen wird, verhält es sich beim induktiven Schließen umgekehrt; hier wird von Einzelbeobachtungen oder besonderen Fällen auf andere Fälle oder allgemeine Gesetzmäßigkeiten geschlossen. Induktive Schlüsse sind nicht notwendigerweise logisch gültig, aber trotzdem sehr hilfreich, um neue Problemstellungen besser zu verstehen. Ein Beispiel für induktive Schlussfolgerungen ist das analoge Schließen, wobei aus der Ähnlichkeit oder Gleichheit in einigen Punkten auf die Ähnlichkeit oder Gleichheit in anderen Punkten geschlossen wird (z. B. Pferd zu Fohlen verhält sich wie Hund zu…?). Indem eine Person die Ähnlichkeit zwischen den ersten beiden Elementen erkennt, kann sie dieses Wissen dazu verwenden, um die Analogie für die fehlende Relation zu vervollständigen.

Im Gegensatz zu früheren Ansätzen, die davon ausgingen, dass schlussfolgerndes Denken abhängig vom Alter und unabhängig vom Inhaltsbereich ist, hat sich mittlerweile eine Sichtweise durchgesetzt, die die Kontinuität schlussfolgernden Denkens über die Lebensspanne betont (Goswami, 2002). Induktive und deduktive Denkprozesse scheinen sowohl bei Kindern als auch bei Erwachsenen durch ähnliche

Faktoren beeinflusst zu werden und weder Kinder noch Erwachsene erwerben allgemeine Denkstrategien unabhängig von der Domäne, in der die Schlussfolgerungen stattfinden.

Wenn ältere Kinder und Jugendliche beispielsweise Analogie-Schlüsse nicht erfolgreich ziehen können, liegt es häufig daran, dass die Aufgaben Objekte oder Konzepte beinhalten, die den Kindern nicht vertraut sind. So hat sich herausgestellt, dass in sehr einfachen Problemstellungen sogar schon 10 bis 13 Monate alte Babys prinzipiell dazu in der Lage sind, eine einmal gelernte Problemlösung auf analoge Situationen zu übertragen (Chen, Sachez & Campell, 1997). Und auch in eher „klassischen" Analogie-Problemen vom Typ A : B = C : ? liegen schon junge Kinder mit ihren Aufgabenlösungen klar über dem Zufallsniveau, wenn sie über das für die Herstellung der Analogie notwendige Wissen verfügen (Goswami & Brown, 1990). In der Untersuchung von Goswami und Brown (1990) sollten vier-, fünf- und neunjährige Kinder beispielsweise die Relation zwischen Vogel und Nest erkennen und die analoge Schlussfolgerung für Hund (d. h. Hundehütte) ziehen. Obwohl auch deutliche Alterstrends erkennbar waren, scheinen Kinder also schon recht früh zu erfolgreichem Schlussfolgern in der Lage zu sein, zumindest wesentlich früher als von Piaget angenommen, der die Fähigkeit zum analogen Schließen dem formaloperatorischen Stadium, also einem Alter ab etwa zwölf Jahren, zuschrieb (vgl. Inhelder & Piaget, 1958).

Ein Bereich der Denkentwicklung, der bei der Befragung von Kindern und Jugendlichen eine wichtige Rolle spielen kann, betrifft die Frage, ob und ab welchem Alter Kinder dazu in der Lage sind, Wahrscheinlichkeiten für das Eintreffen von unsicheren Ereignissen abzuschätzen. Die traditionelle Sichtweise ging hier von qualitativen Entwicklungsveränderungen aus und nahm an, dass jungen Kindern die logischen Fähigkeiten dazu fehlen, Häufigkeitsverhältnisse zu beachten, die formal zur Bestimmung von Wahrscheinlichkeiten benötigt werden. Studien, in denen die Teilnehmer die Ergebnisse von Glücksspielen vorhersagen sollten, unterstützten diese Sichtweise (Piaget & Inhelder, 1951/1975). Spätere Forschungsarbeiten legten jedoch vielmehr den Schluss nahe, dass sich die gefundenen Alterstrends auf spezifische und sich kontinuierlich verändernde kognitive Prozesse zurückführen lassen. Beispielsweise vermutete Brainerd (1981), dass es vier- und fünfjährigen Kindern nicht gelingt, genaue Vorhersagen über die Wahrscheinlichkeit eines Ereignisses zu treffen, weil sie aufgrund von Kapazitätsbeschränkungen die Häufigkeitsinformationen nicht ausreichend lange im Arbeitsgedächtnis halten können. Aktuelle Studien weisen nun aber darauf hin, dass in früheren Untersuchungen die Fähigkeiten der Kinder eher unterschätzt wurden (z. B. Schlottmann & Anderson, 1994). Dies wird durch Studien untermauert, in denen funktionale Messmethoden verwendet wurden. Beispielsweise sollten sechs- und neunjährige Kinder sowie Erwachsene in einer Untersuchung von Schlottmann (2001) nicht das Ergebnis des Spiels selbst vorhersagen, sondern einschätzen, wie froh eine Puppe wäre, bei einem Glücksspiel mitzuspielen, wobei die Preise und die Wahrscheinlichkeiten für bestimmte Spielausgänge variiert wurden. Erstaunlicherweise bezogen selbst die jüngsten Versuchsteilnehmer sowohl den erwarteten Wert als auch die Wahrscheinlichkeiten in ihr Urteil mit ein. Schlottmann (2001) kommt zu dem Schluss, dass schon junge Kinder ein intuitives Verständnis von Wahrscheinlichkeit aufweisen; dieses Ergebnis mache Sinn, wenn

Wahrscheinlichkeit nicht als abstraktes mathematisches Konzept begriffen werde (mit dem selbst Erwachsene erhebliche Schwierigkeiten haben), sondern als wichtiger Bestandteil effektiven Denkens über Ziele und Bedürfnisse von sich selbst und von anderen Personen.

Insgesamt deuten viele Studien darauf hin, dass Kinder unter optimalen Aufgabenbedingungen früher als von Piaget angenommen bestimmte Denkleistungen vollbringen können. Dessen ungeachtet lassen sich in den meisten Untersuchungen klare Entwicklungsveränderungen beobachten; diese scheinen aber weniger auf dem Erwerb bestimmter logischer Operationen zu beruhen, sondern vielmehr auf der Zunahme an inhaltlichem Wissen, dem Zuwachs an Arbeitsgedächtniskapazität oder auf verbesserten metakogitiven Kompetenzen.

5 Fazit

Die hier vorgelegte Übersicht zu neueren Befunden der kognitiven Entwicklungspsychologie macht deutlich, dass sich beim Übergang vom Vorschul- zum Schulalter wichtige Fortschritte in der Informationsverarbeitungsfähigkeit erkennen lassen, die sicherlich auch Implikationen für die angemessene Befragung von Kindern und Jugendlichen haben. Kindergartenkinder verfügen in der Regel über eine eingeschränkte Kapazität des Kurzzeitgedächtnisses (etwa vier Items können gleichzeitig memoriert werden), was zur Empfehlung führt, bei der Befragung kurze Sätze zu verwenden, relativ langsam zu sprechen und die Zeitabstände zwischen den Sätzen hinreichend lang zu lassen. Da Vorschulkinder in der Regel auch sehr suggestibel sind, sollte auf irreführende Fragen und häufige Wiederholungen der gleichen Fragen verzichtet werden. Wenn auch im klassischen Modell der Denkentwicklung nach Piaget die kognitiven Fähigkeiten junger Kinder wohl insgesamt unterschätzt wurden, sollten auch die Anforderungen an schlussfolgerndes Denken bei Vorschulkindern minimiert werden.

Für Schulkinder der Primar- und Sekundarstufe stellt sich die Situation deutlich anders dar. Hier kann man bei der Befragung allgemein darauf bauen, dass neben einer für das Verständnis von Fragen hinreichenden Gedächtniskapazität auch schon etwa ab dem achten Lebensjahr solides metakognitives Wissen und die Fähigkeit zur Selbstregulation so weit entwickelt sind, dass auch kognitiv anspruchsvolle Fragen sinnvoll beantwortet werden können.

Literatur

Anderson, M. (1992). *Intelligence and development. A cognitive theory.* Oxford: Blackwell.
Astington, J. W. & Olson, D. R. (1990). Metacognitive and metalinguistic language: Learning to talk about thought. *Applied Psychology: An International Review, 39,* 77-87.
Atkinson, R. C. & Shiffrin, R. M. (1968). Human memory: A proposed system and its control processes. In K. W. Spence & J. T. Spence (Eds.), *The psychology of learning and motivation* (Vol. 2, pp. 90-197). New York: Academic.

Baddeley, A. D. (1986). *Working memory*. Oxford: Clarendon.
Baddeley, A. D. & Hitch, G. J. (1974). Working memory. In G. Bower (Ed.), *The psychology of learning and motivation: Advances in research and theory* (Vol. 8). New York: Academic.
Binet, A. & Simon, T. (1905). Méthodes nouvelles pour le diagnostic du niveau intellectual des anormaux. *L'année Psychologique, 11*, 191-244.
Bjorklund, D. F. (2005). *Children's thinking*. Belmont, CA: Wadsworth/Thomson Learning.
Bjorklund, D. F., Bjorklund, B. R., Brown, R. D. & Cassel, W. S. (1998). Children's susceptibility to repeated questions: How misinformation changes children's answers and their minds. *Applied Developmental Science, 2*, 99-111.
Bjorklund, D. F., Brown, R. D. & Bjorklund, B. R. (2002). Children's eyewitness memory: Changing reports and changing representations. In P. Graf & J. Ohta (Eds.), *Lifespan memory development* (pp. 101-126). Cambridge, MA: MIT Press.
Brainerd, C. J. (1981). Working memory and the developmental analysis of probability judgment. *Psychological Review, 88*, 463-502.
Brown, A. L. (1978). Knowing when, where and how to remember: A problem of metacognition. In R. Glaser (Ed.), *Advances in Instructional Psychology* (Vol. 1, pp. 77-165). Hillsdale, NJ: Erlbaum.
Brown, A. L., Bransford, J. D., Ferrara, R. A. & Campione, J. C. (1983). Learning, remembering, and understanding. In J. H. Flavell & E. M. Markham (Eds.), *Handbook of child psychology: Vol III. Cognitive development* (pp. 77-166). New York: Wiley.
Butterfield, E. C., Nelson, T. O. & Peck, V. (1988). Developmental aspects of the feeling of knowing. *Developmental Psychology, 24*, 654-663.
Case, R. (1985). *Intellectual development: A systematic reinterpretation*. New York: Academic.
Case, R., Kurland, D. M. & Goldberg, J. (1982). Operational efficiency and the growth of short-term memory span. *Journal of Experimental Child Psychology, 33*, 386-404.
Cassel, W. S., Roebers, C. M. & Bjorklund, D. F. (1996). Developmental patterns of eyewitness responses to repeated and increasingly suggestive questions. *Journal of Experimental Child Psychology, 61*, 116-133.
Ceci, S. J. & Bruck, M. (1993). Suggestibility of the child witness: A historical review and synthesis. *Psychological Bulletin, 113*, 403-439.
Ceci, S. J. & Bruck, M. (1998). Children's testimony: Applied and basic issues. In W. Damon (Ed.), *Handbook of child psychology* (5th ed. pp. 713-733). New York: Wiley.
Ceci, S. J., Ross, D. F. & Toglia, M. P. (1987). Suggestibility of children's memory: Psycholegal implications. *Journal of Experimental Psychology: General, 116*, 38-49.
Chen, Z., Sanchez, R. P. & Campbell, T. (1997). From beyond to within their grasp: The rudiments of analogical problem solving in 10- and 13-month-olds. *Developmental Psychology, 33*, 790-801.
Chi, M. T. H. (1978). Knowledge structure and memory development. In R. S. Siegler (Ed.), *Children's thinking: What develops?* (pp. 73-96). Hillsdale, NJ: Erlbaum.
Cowan, N., Nugent, L. D., Elliott, E. M., Ponomarev, I. & Saults, J. S. (1999). The role of attention in the development of short-term memory: Age differences in the verbal span of apprehension. *Child Development, 70*, 1082-1097.
Coyle, T. R. & Bjorklund, D. F. (1997). Age differences in, and consequences of, multiple and variable strategy use on a multitrial memory task. *Developmental Psychology, 33*, 372-380.
Dempster, F. N. (1981). Memory span: Sources of individual and developmental differences. *Psychological Bulletin, 89*, 63-100.

Dufresne, A. & Kobasigawa, A. (1989). Children's spontaneous allocation of study time: Differential and sufficient aspects. *Journal of Experimental Child Psychology, 47,* 274-296.

Elischberger, H. B. (2005). The effects of prior knowledge on children's memory and suggestibility. *Journal of Experimental Child Psychology, 92,* 247-275.

Eysenck, M. W. & Keane, M. T. (2005). *Cognitive psychology: A student's handbook (5th ed.).* Hove: Psychology Press.

Fivush, R. & Hamond, N. R. (1990). Autobiographical memory across the preschool years: Toward reconceptualizing childhood amnesia. In R. Fivush & J. A. Hudson (Ed.), *Knowing and Remembering in Young Children* (pp. 223-248). Cambridge: Cambridge University Press.

Fivush, R. & Hudson, J. (Ed.) (1990). *Knowing and Remembering in Young Children.* New York: Cambridge University Press.

Fivush, R., Kuebli, J. & Clubb, P. A. (1992). The structure of events and event representations: a developmental analysis. *Child Development, 63,* 188-201.

Fivush, R. & Nelson, K. (2004). Culture and language in the emergence of autobiographical memory. *Psychological Science, 15,* 573-577.

Flavell, J. H. (1971). First discussant's comments: What is memory development the development of? *Human Development, 14,* 272-278.

Flavell, J. H. (1979). Metacognition and cognitive monitoring. A new area of cognitive-developmental inquiry. *American Psychologist, 34,* 906-911.

Flavell, J. H., Beach, D. R. & Chinsky, J. M. (1966). Spontaneous verbal rehearsal in a memory task as a function of age. *Child Development, 37,* 283-299.

Flavell, J. H., Friedrichs, A. G. & Hoyt, J. D. (1970). Developmental changes in memorization processes. *Cognitive Psychology, 1,* 324-340.

Flavell, J. H., Green, F. L. & Flavell, E. R. (1998). The mind has a mind of its own: Developing Knowledge about mental uncontrollability. *Cognitive Development, 13,* 127-138.

Flavell, J. H., Green, F. L. & Flavell, E. R. (2000). Development of children's awareness of their own thoughts. *Journal of Cognition and Development, 1,* 97-112.

Flavell, J. H. & Wellman, H. M. (1977). Metamemory. In R. V. Kail & J. W. Hagen (Eds.), *Perspectives on the development of memory and cognition* (pp. 3-33). Hillsdale, NJ: Erlbaum.

Flin, R., Boon, J., Knox, A. & Bull, R. (1992). The effect of a five-month delay on children's and adult's eyewitness memory. *British Journal of Psychology, 83,* 323-336.

Goodman, G. S., Quas, J. A., Batterman-Faunce, J. M., Riddlesberger, M. M. & Kuhn, J. (1994). Predictors of accurate and inaccurate memories of traumatic events experienced in childhood. *Consciousness and Cognition, 3,* 269-294.

Goswami, U. (2002). Inductive and deductive reasoning. In U. Goswami (Ed.), *Blackwell handbook of childhood cognitive development.* Malden, MA: Blackwell.

Goswami, U. & Brown, A. L. (1990). Higher-order structure and relational reasoning: Contrasting relational and thematic relations. *Cognition, 36,* 207-226.

Hamond, N. R. & Fivush, R. (1991). Memories of Mickey Mouse: Young children recount their trip to Disneyworld. *Cognitive Development, 6,* 433-448.

Hasselhorn, M. (1986). *Differentielle Bedingungsanalyse verbaler Gedächtnisleistungen bei Schulkindern.* Frankfurt/Main: Lang.

Hasselhorn, M. (1990). The emergence of strategic knowledge activation in categorial clustering during retrieval. *Journal of Experimental Child Psychology, 50,* 59-80.

Hasselhorn, M. (1994). Zur Erfassung von Metagedächtnisaspekten bei Grundschulkindern. *Zeitschrift für Entwicklungspsychologie und Pädagogische Psychologie, 26,* 71-78.

Hasselhorn, M. & Schneider, W. (2007), Gedächtnisentwicklung. In M. Hasselhorn & W. Schneider (Hrsg.), *Handbuch der Entwicklungspsychologie* (S. 266-276). Göttingen: Hogrefe.

Howe, M. L. & Courage, M. L. (1993). On resolving the enigma of infantile amnesia. *Psychological Bulletin, 113,* 305-326.

Hudson, J. A. (1988). Children's memory for atypical actions in script-based stories: Evidence for a disruption effect. *Journal of Experimental Child Psychology, 46,* 159-173.

Hudson, J. A. (1990). The emergence of autobiographical memory in mother-child conversation. In R. Fivush & J. A. Hudson (Eds.), *Knowing and remembering in young children.* Cambridge: Cambridge University Press.

Inhelder, B. & Piaget, J. (1958). *The growth of logical thinking from childhood to adolescence.* New York: Basic.

Klahr, D. & MacWhinney, B. (1998). Information processing. In W. Damon (Ed.), *Handbook of child psychology* (5th ed., pp. 631-678). New York: Wiley.

Kreutzer, M. A., Leonard, C. & Flavell, J. H. (1975). *An interview study of children's knowledge about memory.* Chicago, IL: University of Chicago Press.

Kron-Sperl, V., Schneider, W. & Hasselhorn, M. (2008). The development and effectiveness of memory strategies in kindergarten and elementary school: Findings from the Würzburg and Göttingen Longitudinal Studies. *Cognitive Development, 23,* 79-104.

Leichtman, M. D. & Ceci, S. J. (1995). The effects of stereotypes and suggestions on preschoolers' reports. *Developmental Psychology, 31,* 568-578.

Lockl, K. & Schneider, W. (2002). Developmental trends in children's feeling-of-knowing judgments. *International Journal of Behavioral Development, 26,* 327-333.

Lockl, K. & Schneider, W. (2003). Metakognitive Überwachungs- und Selbstkontrollprozesse bei der Lernzeiteinteilung von Kindern. *Zeitschrift für Pädagogische Psychologie, 17,* 173-183.

Logie, R. H. & Pearson, D. G. (1997). The inner eye and the inner scribe of visuo-spatial working memory: Evidence from developmental fractionation. *European Journal of Cognitive Psychology, 9,* 241-157.

Montada, L. (2002). Die geistige Entwicklung aus der Sicht Jean Piagets. In R. Oerter & L. Montada (Hrsg.), *Entwicklungspsychologie* (S. 418-442). Weinheim: Psychologie Verlags Union.

Nelson, K. (1986). *Event Knowledge: Structure and Function in Development.* Hillsdale, NJ: Erlbaum.

Nelson, K. (1993). Events, narratives, memory: What develops? In C. A. Nelson (Ed.), *Memory and Affect in Development: The Minnesota Symposia on Child Psychology* (S. 1-24). Hilldale, NJ: Erlbaum.

Nelson, T. O. & Narens, L. (1994). Why investigate metacognition? In J. Metcalfe & A. P. Shimamura (Eds.), *Metacognition. Knowing about knowing.* (pp. 1-25). Cambridge, MA: MIT Press.

Ornstein, P. A., Gordon, B. N. & Larus, D. M. (1992). Children's memory for a personally experienced event: Implications for testimony. *Applied Cognitive Psychology, 6,* 49-60.

Ornstein, P. A. & Greenhoot, A. (2000). Remembering the distant past: Implications of Research on children's memory for the recovered memory debate. In D. F. Bjorklund (Ed.), *False memory creation in children and adults* (pp. 203-237). Mahwah, NJ: Erlbaum.

Ornstein, P. A., Haden C. A. & Hedrick, A. M. (2004). Learning to remember: Social-communicative exchanges and the development of children's memory skills. *Developmental Review, 24,* 374-395.

Pascual-Leone, J. (1970). A mathematical model for the transition rule in Piaget's developmental stages. *Acta Psychologica, 32,* 301-345.

Perner, J. & Ruffman, T. (1995). Episodic memory and autonoetic consciousness: Developmental evidence and a theory of childhood amnesia. *Journal of Experimental Child Psychology, 59,* 516-548.

Peters, D. P. (1991). The influence of stress and arousal on the child witness. In J. Doris (Ed.), *The Suggestibility of Children's Recollections: Implications for Eyewitness Testimony* (pp. 60-76). Washington, DC: American Psychological Association.

Piaget, J. & Inhelder, B. (1975). *The origin of the idea of chance in children.* New York: Norton (Original erschienen 1951).

Poole, D. A. & Lindsay, D. S. (1995). Interviewing preschoolers: Effects of nonsuggestive techniques, parental coaching, and leading questions on reports of nonexperienced events. *Journal of Experimental Psychology, 60,* 129-154.

Poole, D. A. & White, L. T. (1993). Two years later: Effects of question repetition and retention interval on the eyewitness testimony of children and adults. *Developmental Psychology, 29* (5), 844-853.

Poole, D. & White, L. T. (1995). Tell me again and again: Stability and change in de repeated testimonies of children and adults. In M. S. Zaragoza, J. R. Graham, C. N. Gordon, R. Hirschman & Y. S. Ben Porath (Eds.), *Memory and testimony in the child witness* (pp. 24-43). Newbury Park, CA: Sage.

Preyer, W. (1882). *Die Seele des Kindes.* Leipzig: Grieben (3. Aufl., 1890).

Reusser, K. (2006). Konstruktivismus – vom epistemologischen Leitbegriff zur Erneuerung der didaktischen Kultur. In M. Fuchs, M. Baer, H. Wyss, K. Reusser & P. Füglister (Hrsg.), *Didaktik auf psychologischer Grundlage. Von Hans Aeblis kognitionspsychologischer Didaktik zur modernen Lehr- und Lernforschung* (S. 151-168). Bern: h.e.p.

Roebers, C. M. (2002). Confidence judgements in children's and adults' event recall and suggestibility. *Developmental Psychology, 38,* 1052-1967.

Roebers, C., Moga, N. & Schneider, W. (2001). The role of accuracy motivation on children's and adults event recall. *Journal of Experimental Child Psychology, 78,* 313-329.

Roebers, C. M. & Schneider, W. (2001). Memory for an observed event in the presence of prior misinformation: Developmental patterns in free recall and identification accuracy. *British Journal of Developmental Psychology, 19,* 507-524.

Roebers, C. M. & Schneider, W. (2005). Individual differences in young children's suggestibility: Relations to event memory, language abilities, working memory, and executive functioning. *Cognitive Development, 20,* 427-447.

Roebers, C. M. & Schneider, W. (2006). Die Entwicklung des autobiographischen Gedächtnisses, des Augenzeugengedächtnisses und der Suggestibilität. In W. Schneider & B. Sodian (Hrsg.), *Kognitive Entwicklung* (Enzyklopädie der Psychologie, Serie Entwicklungspsychologie, Bd. 2, S. 327-375). Göttingen: Hogrefe.

Roebers, C. M., von der Linden, N., Schneider, W. & Howie, P. (2007). Children's metamemorial judgments in an event recall task. *Journal of Experimental Child Psychology, 97,* 117-137.

Ruffman, T., Rustin, C., Garnham, W. & Parkin, A. (2001). Source monitoring and false memories in children: Relation to certainty and executive functioning. *Journal of Experimental Child Psychology, 80,* 95-111.

Salmon, K. & Pipe, M. E. (1997). Props and children's event reports: The impact of a 1-year delay. *Journal of Experimental Child Psychology, 65,* 261-292.

Schlagmüller, M. & Schneider, W. (2007). *WLST 7 – 12. Würzburger Lesestrategie-Wissenstest für die Klassen 7 – 12.* Göttingen: Hogrefe.

Schlagmüller, M., Visé, M. & Schneider, W. (2001). Zur Erfassung des Gedächtniswissens bei Grundschulkindern: Konstruktionsprinzipien und empirische Bewährung der Würzburger Testbatterie zum deklarativen Metagedächtnis. *Zeitschrift für Entwicklungspsychologie und Pädagogische Psychologie, 33,* 91-102.

Schlottmann, A. (2001). Children's probability intuitions: understanding the expected value of complex gambles. *Child Development, 72,* 103-122.

Schlottmann, A. & Anderson, N. H. (1994). Children's judgments of expected value. *Developmental Psychology, 30,* 56-66.

Schneider, W. (1986). The role of conceptual knowledge and metamemory in the development of organizational processes in memory. *Journal of Experimental Child Psychology, 42,* 218-236.

Schneider, W. (1998). Performance prediction in young children: Effects of skill, metacognition and wishful thinking. *Developmental Science, 1,* 291-297.

Schneider, W. & Bjorklund, D. F. (2003). Memory and knowledge development. In J. Valsiner & K. Connolly (Eds.), *Handbook of developmental psychology* (pp. 370-403). London: Sage.

Schneider, W., Gruber, H., Gold, A. & Opwis, K. (1993). Chess expertise and memory for chess positions in children and adults. *Journal of Experimental Child Psychology, 56,* 328-349.

Schneider, W. & Pressley, M. (1997). *Memory development between 2 and 20.* Hillsdale, NJ: Erlbaum.

Schneider, W., Visé, M., Lockl, K. & Nelson, T. O. (2000). Developmental trends in children's memory monitoring: Evidence from a judgment-of-learning (JOL) task. *Cognitive Development, 15,* 115-134.

Schwanenflugel, P. J., Henderson, R. L. & Fabricius, W. V. (1998). Developing organization of mental verbs and theory of mind in middle childhood: Evidence from extensions. *Developmental Psychology, 34,* 512-524.

Shrimpton, S., Oates, K. & Hayes, S. (1998). Children's memory of events: Effects of stress, age, time delay and location of interview. *Applied Cognitive Psychology, 12,* 133-143.

Sodian, B. (2008). Entwicklung des Denkens. In R. Oerter & L. Montada (Hrsg.), *Entwicklungspsychologie* (S. 436-479). Weinheim: Beltz.

Sodian, B., Schneider, W. & Perlmutter, M. (1986). Recall, clustering, and metamemory in young children. *Journal of Experimental Child Psychology, 41,* 395-410.

Weber, A. (1993). *Autobiographische Erinnerung und Persönlichkeit.* Frankfurt/Main: Lang.

Weinert, S. & Weinert, F. E. (2006). Entwicklung der Entwicklungspsychologie: Wurzeln, Meilensteine, Entwicklungslinien. In W. Schneider & F. Wilkening (Hrsg.), *Theorien, Modelle und Methoden der Entwicklungspsychologie* (Enzyklopädie der Psychologie, Serie Entwicklungspsychologie, Bd. 1, S. 3-58). Göttingen: Hogrefe.

Welch, M. K. (1999). Preschooler's understanding of mind: Implications for suggestibility. *Cognitive Development, 14,* 101-131.

Worden, P. E. & Sladewski-Awig, L. J. (1982). Children's awareness of memorability. *Journal of Educational Psychology, 74* (3), 341-350.

Teil 2

Inhalte der Befragung von Kindern und Jugendlichen

Intelligenzdiagnostik

Franzis Preckel und Miriam Vock

1 Einleitung

Für viele Lebensbereiche und vor allem für Leistungsbereiche wie Schule und Beruf gilt Intelligenz als Schlüsselmerkmal für Erfolg. So definiert zum Beispiel Hofstätter (1957) Intelligenz explizit als das Ensemble von Fähigkeiten, das den innerhalb einer bestimmten Kultur Erfolgreichen gemeinsam ist. Entsprechend groß ist das Interesse an diesem Thema und Intelligenz gilt als das in der Psychologie am besten untersuchte und in der diagnostischen Praxis am häufigsten erfasste Persönlichkeitsmerkmal. Bei Kindern und Jugendlichen erfolgt eine Intelligenzdiagnostik meist zur Beantwortung schulbezogener Fragen (z. B. Schuleingangsdiagnose, Schullaufbahnberatung, Diagnostik von weit unter- oder überdurchschnittlichen Fähigkeiten).

Im Folgenden geben wir zunächst eine kurze Klärung des Intelligenzbegriffs und stellen die Intelligenzentwicklung sowie Geschlechterdifferenzen dar. Konsequenzen für die Diagnostik werden jeweils diskutiert. Anschließend geht es um Möglichkeiten und Besonderheiten der Erfassung der Intelligenz von Kindern und Jugendlichen zwischen 5 und 15 Jahren. So werden die aktuell prominentesten Verfahren zur Intelligenzerfassung in dieser Altersgruppe vorgestellt und bewertet, Alternativen und Erweiterungen klassischer Intelligenztests diskutiert und zuletzt konkrete Hinweise für die Praxis der Intelligenzdiagnostik mit Kindern und Jugendlichen gegeben.

1.1 Begriffsklärung: Intelligenzdefinitionen und -modelle

Das Konstrukt der Intelligenz (lat. intellectus: Erkenntnis, Einsicht) ist unmittelbar mit Denkfähigkeiten verknüpft und wird zum Beispiel als „die personale Fähigkeit, sich unter zweckmäßiger Verfügung über Denkmittel auf neue Forderungen einzustellen" (Stern, 1950) definiert. Eine generelle Intelligenzdefinition gibt es nicht. Jedoch besteht in der Forschung weitestgehend Einigkeit darüber, unter Intelligenz „höhere Denkprozesse" wie abstraktes Denken, Problemlösen oder Entscheidungsfindung zu fassen (Süß, 2003). Intelligentes Handeln kann in nahezu jedem Lebensbereich erfolgen. Entsprechend vielfältig sind Intelligenzleistungen und sie erlauben damit sehr unterschiedliche Definitionen und theoretische Strukturierungen (Überblick über Modelle z. B. bei Heller, 2000; Sternberg, 2000). Auch die jeweilige Forschungsperspektive entscheidet mit darüber, wie das Konstrukt der Intelligenz angegangen wird. Während die Differentielle Psychologie ihren Fokus auf die Identifikation und Strukturierung bestimmter Teilfähigkeiten und hier zu findende interindividuelle Unterschiede legt, werden in der Kognitiven Psychologie mentale Prozesse und deren Komponenten betrachtet, die bei der Lösung von Denkaufgaben relevant erscheinen. Bei dieser Intelligenzprozessforschung geht es vor allem darum, kognitive Leistungen durch Abläufe der Informationsverarbeitung zu erklären; es geht in diesen Ansätzen also weniger um eine Bestandsaufnahme der Intelligenz. Eine dritte Perspektive bieten Kontexttheorien der Intelligenz, welche Intelligenz als dynamisches Konstrukt der Person-Umwelt-Interaktion konzeptualisieren. Ein Beispiel ist Sternbergs Triarchische Theorie (Sternberg, 1985), nach der sich Intelligenz aus drei interagierenden Aspekten zusammensetzt: (1) Informationsverarbeitungsfähigkeiten (analytische Intelligenz), (2) Umgang mit Neuheit (kreative Intelligenz) sowie (3) Anwendung der Intelligenz in der externen Welt (praktische Intelligenz). Diese Fähigkeiten, erfasst mit dem *Sternberg Triarchic Abilities Test* (STAT; Sternberg, 1993), korrelieren signifikant mit Maßen der allgemeinen Intelligenz, die inkrementelle Validität dieser Maße über allgemeine Intelligenzmaße hinaus kann jedoch in Frage gestellt werden (z. B. Koke & Vernon, 2003).

Üblicherweise werden, wenn es um die Erfassung der Intelligenz bei Kindern und Jugendlichen geht, Leistungen in Intelligenztests als Indikatoren für bestimmte Fähigkeiten herangezogen. Da die meisten Testverfahren zur Erfassung von Intelligenz aus der Differentiellen Psychologie stammen, werden wir in diesem Beitrag nicht weiter auf Prozessmodelle der Intelligenz aus dem Forschungskontext der Kognitiven Psychologie oder die Kontexttheorien der Intelligenz eingehen, sondern auf Intelligenzstrukturmodelle aus der Differentiellen Psychologie fokussieren.

Fast alle Modellvorstellungen der Intelligenz der Differentiellen Psychologie beschreiben eine bestimmte Anordnung oder Struktur von Teilfähigkeiten (sog. Strukturmodelle). Trotz einer großen Modellvielfalt besteht heute weitestgehend Einigkeit darüber, Intelligenz als multidimensionales Konstrukt aufzufassen, welches sich aus verschiedenen Teilfähigkeiten zusammensetzt. Diese Teilfähigkeiten wiederum haben unterschiedlich breite Geltungsbereiche, sodass Intelligenz insgesamt als *Eigenschaftshierarchie* verstanden werden kann. Modellunterschiede bestehen in der Anzahl der Hierarchieebenen und der Art und Anzahl der jeweils dort angesiedelten Teilfähigkeiten. Studienübergreifend haben sich unter den Teilfähigkeiten drei als am robustesten erwiesen, nämlich die verbale, räumliche und numerische Denkfähigkeit (Kyllonen, 1996). Die meisten Modelle gehen weiterhin davon aus, dass die höchste Hierarchieebene ein allgemeiner Intelligenzfaktor „g" bildet, der alle intelligenten Verhaltensweisen beeinflusst. Doch diese Annahme ist nicht unumstritten, auch wenn starke empirische Argumente dafür vorliegen (z. B. Brody, 2005; Jensen, 1998). Wird die Existenz eines *g*-Faktors bezweifelt, so macht es keinen Sinn, aus den Leistungen in einem Intelligenztest einen Durchschnittswert oder allgemeinen Intelligenzquotienten (IQ) zu bilden. Vielmehr erfolgt in diesem Fall eine Rückmeldung zu den spezifischen Teilfähigkeiten. Das einem Test zugrunde liegende Intelligenzkonzept entscheidet somit also maßgeblich über Ergebnisrückmeldung und -interpretation (vgl. Abschnitt 2.2 in diesem Beitrag).

Ein hierarchisches Intelligenzstrukturmodell ist das Berliner Intelligenzstruktur-Modell (BIS; Jäger, 1982, 1984), dargestellt in Abbildung 1. Dieses soll hier exemplarisch vorgestellt werden, da sich eine Vielzahl anderer Modelle in das BIS integrieren lassen. Das BIS basiert auf drei Grundannahmen (Jäger et al., 2006): (1) Am Zustandekommen einer Intelligenzleistung sind alle möglichen intellektuellen Fähigkeiten – je nach Aufgabe in unterschiedlichem Ausmaß – beteiligt (mehrfaktorielle Bedingtheit), (2) Intelligenzleistungen lassen sich unter verschiedenen Aspekten klassifizieren (Mehrmodalitätsprinzip; im BIS wird die bimodale Klassifikation in Operationen und Inhalte angewandt), (3) Fähigkeitskonstrukte sind hierarchisch strukturiert (Hierarchieannahme). Die Spitze der Fähigkeitshierarchie bildet die allgemeine Intelligenz BIS-g; darunter befinden sich sieben breite, voneinander abhängige Fähigkeitskonstrukte.

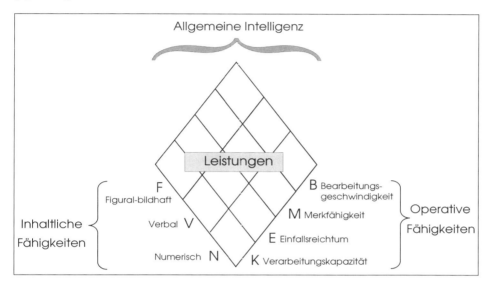

Abbildung 1: Berliner Intelligenzstrukturmodell (Jäger, 1982)

Nach Jensen (1998) kann die allgemeine Intelligenz g „(...) am ehesten als Destillat der gemeinsamen Quelle interindividueller Leistungsunterschiede in Denktests verstanden werden, unabhängig von deren jeweiligen Eigenheiten wie Inhaltsklasse, benötigte Fertigkeiten oder Strategien (etc.). In diesem Sinne kann g grob mit dem Prozessor eines Computers verglichen werden." (S. 74; eigene Übersetzung). Die spezifischeren Fähigkeiten im BIS sind zum einen die inhaltsgebundenen Fähigkeiten figural-bildhaftes Denken (F), sprachgebundenes Denken (V) und zahlengebundenes Denken (N). Als operationsgebundene Fähigkeiten werden unterschieden: Bearbeitungsgeschwindigkeit (B: Arbeitstempo, Auffassungsgeschwindigkeit, Konzentrationsfähigkeit beim Lösen einfacher Aufgaben), Merkfähigkeit (M: aktives Einprägen und kurzfristiges Wiedererkennen oder Reproduzieren von Material), Einfallsreichtum (E: flexible Ideenproduktion, möglichst vielfältige Problemlösungen, divergentes Denken), Verarbeitungskapazität (K: Verarbeitung komplexer Informationen, formallogisch exaktes Denken, sachgerechtes Beurteilen von Informationen).[1]

---

[1] Einen sehr guten Einblick in die Geschichte der Intelligenzforschung und -diagnostik und aktuelle Kontroversen gibt die Website des amerikanischen Psychologieprofessors Jonathan Plucker (URL: http://www.indiana.edu/~intell/index.shtml).

1.2 Intelligenzentwicklung

Bis zum frühen Erwachsenenalter verbessert sich die kognitive Leistungsfähigkeit kontinuierlich. Dabei zeigen unterschiedliche Teilfähigkeiten unterschiedliche Wachstumskurven: Bezogen auf Thurstones Primärfaktoren (Verbales Verständnis, Wortflüssigkeit, Zahlenverständnis, Räumliches Vorstellungsvermögen, Merkfähigkeit/ Kurzzeitgedächtnis, Wahrnehmungsgeschwindigkeit, Schlussfolgerndes Denken/Erkennen von Regelhaftigkeit) scheint sich die Wahrnehmungsgeschwindigkeit am schnellsten zu entwickeln, gefolgt von räumlichen und schlussfolgernden Fähigkeiten und Zahlenverständnis. Am langsamsten entwickeln sich verbale Fähigkeiten wie das verbale Verständnis oder die Wortflüssigkeit (Carroll, 1993). Hier wird wiederum deutlich, dass Intelligenz keine einheitliche Größe ist, sondern sich aus vielen Teilfähigkeiten zusammensetzt. Der Zuwachs der kognitiven Fähigkeiten erfolgt dabei negativ beschleunigt: Mit zunehmendem Alter nehmen die Wachstumsraten der kognitiven Fähigkeiten leicht ab, sodass für manche Fähigkeiten bereits im Jugendalter oder im frühen Erwachsenenalter ein Plateau erreicht ist (zur Entwicklung der Intelligenz im Erwachsenenalter vgl. z. B. Berg, 2000).

Verschiedene Aspekte der Intelligenzentwicklung sind für die Diagnostik der Intelligenz bei Kindern und Jugendlichen relevant: Zum einen sind die meisten Intelligenzmodelle auf der Datengrundlage junger Erwachsener entwickelt worden. Hier stellt sich nun die Frage, ob sich die jeweiligen Modelle auch bei Kindern und Jugendlichen nachweisen lassen (Strukturäquivalenz). Nur wenn dieses der Fall ist, lassen sich Testergebnisse dieser Probandengruppe angemessen interpretieren. Zum anderen ist der Aspekt der Stabilität von Intelligenzmaßen wichtig. Nur bei ausreichender Stabilität lassen sich aufgrund von Testergebnissen valide Vorhersagen über die weitere Entwicklung machen.

Im Hinblick auf die Frage der Strukturäquivalenz ist es durchaus plausibel anzunehmen, dass sich mit zunehmendem Alter aufgrund von Lernen und Erfahrung verschiedene Fähigkeiten entwickeln, sich die Intelligenz also zunehmend ausdifferenziert. In der Literatur findet man immer wieder die Aussage, dass sich in der Kindheit zunächst nur ein genereller Intelligenzfaktor und erst mit zunehmendem Lebensalter mehrere Faktoren nachweisen lassen (*Differenzierungshypothese*, vgl. z. B. Gardner & Clark, 1992; Sternberg, 1990), wobei sich diese Aussagen vor allem auf sehr frühe Arbeiten aus der Intelligenzforschung stützen (z. B. Garrett, 1946; Schiller, 1934). Neuere Untersuchungen sprechen jedoch dafür, dass ab dem Vorschulalter die Intelligenzstruktur von Kindern mit der von Erwachsenen vergleichbar ist (Carroll, 1993; Holling, Preckel & Vock, 2004). Dieses gilt zumindest für grundlegende Intelligenzfaktoren wie die Primärfaktoren nach Thurstone; Faktoren, die sich auf spezialisierte Lerninhalte beziehen, scheinen sich tatsächlich eher auszudifferenzieren (Carroll, 1993).

Wie stabil ist nun die Intelligenzentwicklung und ab wann erlauben Intelligenztestergebnisse Prognosen für die Zukunft? Die allgemeine Intelligenz erweist sich im Lebenslauf als äußerst stabiles Persönlichkeitsmerkmal. Die Stabilitätskoeffizienten liegen für viele Intelligenztests bei r_{tt} = .90 und höher (Amelang, Bartussek, Stemmler & Hagemann, 2006). Auch spezifischere Fähigkeiten scheinen relativ stabil zu sein (Schaie & Hertzog, 1986), obwohl hierzu deutlich weniger Untersuchungen vorliegen als zur allgemeinen Intelligenz. Jedoch wird die Aussage einer hohen Stabilität der Intelligenz dadurch relativiert, dass sie eher für Kinder ab dem Schulalter sowie für Jugendliche und Erwachsene zutrifft als für jüngere Kinder. Je früher die Intelligenz gemessen wird, desto geringer ist ihre Stabilität. Intelligenzmessungen im Kleinkindalter hängen nur schwach mit dem späteren IQ zusammen, was unter anderem daran liegt, dass bei Kleinkindern andere Fähigkeiten (vorwiegend Wahrnehmung und Motorik) als bei älteren Kindern getestet werden. Interessanterweise erlauben aber das Aktivitätsniveau und das Neugierverhalten von Säuglingen relativ gute Vorhersagen über die Intelligenzentwicklung von Kindern im Vorschulalter (Chen & Siegler, 2000). Ab circa drei Jahren nehmen die Stabilitätskoeffizienten deutlich zu (auf ca. r_{tt} = .70) und steigen im Jugendalter noch an (auf ca. r_{tt} = .90; Wilson, 1983, 1986). Intelligenzunterschiede im jungen Erwachsenenalter können bereits ab einem Alter von fünf Jahren relativ gut aus Intelligenztestergebnissen vorhergesagt werden.

Zu beachten ist jedoch, dass Stabilitätsschätzungen immer auf Gruppendaten basieren und damit nicht ohne weiteres auf Einzelpersonen übertragbar sind (Lövdén & Lindenberger, 2005). Individuelle IQ-Werte können großen Schwankungen unterliegen – insbesondere bei sehr jungen Kindern. Doch auch im Grundschulalter (und danach) variiert der IQ vieler Kinder noch um mehr als 20 Punkte (Schneider, Bullock & Sodian, 1998). Diese Schwankungen zeigen selten einen systematischen Verlauf und es ist kaum möglich vorherzusagen, welche Kinder betroffen sein werden. Bislang ist über individuelle Entwicklungsverläufe der Intelligenz weit weniger bekannt als über die Entwicklung interindividueller Differenzen.

1.3 Geschlechterunterschiede in der Intelligenz bei Kindern und Jugendlichen

Intelligenztests werden so konstruiert, dass Mädchen und Jungen im Mittel und über alle Testskalen hinweg gleich gut abschneiden, und es lassen sich in aller Regel keine Geschlechterunterschiede in der allgemeinen Intelligenz nachweisen (Jensen, 1998). Zwar erbrachten einige Studien Geschlechterunterschiede im IQ, jedoch waren hier die Unterschiede relativ gering und die Richtung der Unterschiede ist widersprüchlich (z. B. Held, Alderton, Foley & Segall, 1993; Lynn, 1994). Für den *verbalen Bereich* zeigten verschiedene Studien Geschlechterunterschiede zugunsten von Mädchen (z. B. Loehlin, 2000). Schon ab dem zweiten Lebensjahr sowie im Kindergartenalter schneiden Mädchen bei sprachlichen Tests deutlich besser ab als Jungen, verfügen über einen größeren Wortschatz, erreichen eher ein höheres sprachliches Niveau (z. B. Verwendung von Passivkonstruktionen) und machen weniger Fehler (Huttenlocher, Haight, Bryk, Seltzer & Lyons, 1991). Zumindest etwa bis zur achten Klasse bauen die Mädchen ihren Vorsprung einigen Studien zufolge noch weiter aus und sind den Jungen beispielsweise in Rechtschreibung, Zeichensetzung und Leseverständnis überlegen (z. B. Willingham & Cole, 1997). Andere Studien belegen hingegen lediglich Vorsprünge für Mädchen im Vorschulalter und für erwachsene Frauen, nicht jedoch für Mädchen im Schulalter (Hyde & Linn, 1988). Betrachtet man spezifische verbale Fähigkeiten wie Wortschatz, Analogien, Leseverständnis, so finden sich für die meisten Bereiche keine Unterschiede; deutliche Vorteile der weiblichen Probandinnen zeigen sich bei Aufgaben zum sprachlichen Ausdruck und beim Finden von Synonymen, während männliche Probanden Vorteile beim Lösen verbaler Analogien haben (Hines, 1990). Einige Studien deuten darauf hin, dass Jungen im Laufe der Entwicklung in ihren verbalen Fähigkeiten aufholen, denn im Erwachsenenalter können hier keine Geschlechterunterschiede mehr festgestellt werden (Halpern, 2000; Meinz & Salthouse, 1998). Jungen leiden etwa fünf- bis zehnmal häufiger als Mädchen unter ernsthaften Schwierigkeiten im verbalen Bereich (z. B. starke Leseschwierigkeiten, Legasthenie, Stottern; Halpern, 2000; Yairi & Ambrose, 1992).

Bei Aufgaben, die die *räumlichen Fähigkeiten* erfassen, schneiden Jungen im Mittel generell etwas besser ab als Mädchen. Bei Aufgaben, die eine mentale Rotation von Objekten im zwei- oder dreidimensionalen Raum erfordern, ist der Vorteil der Jungen deutlich ausgeprägt (Linn & Petersen, 1985; Masters & Sanders, 1993). Diese Unterschiede sind bereits spätestens im Alter von zehn Jahren nachweisbar (Linn & Petersen, 1986).

Mathematische Fähigkeiten unterscheiden sich im Kindesalter hingegen nicht zwischen den Geschlechtern (Hyde, Fennema & Lamon, 1990). Mit fortschreitender Entwicklung – ab etwa 15 Jahren – entwickeln Jungen einen leichten Vorsprung in ihren mathematischen Fähigkeiten, der sich im jungen Erwachsenenalter noch verstärkt: Bei den über 25-Jährigen unterscheiden sich die Mittelwerte von Frauen und Männern in mathematischen Aufgaben im Durchschnitt um circa eine halbe Standardabweichung (Halpern, 2000). Die deutlichsten Geschlechterunterschiede zeigen sich in den Extrembereichen der mathematischen Fähigkeiten: Studien mit amerikanischen Schulleistungstests berichten von einem Geschlechterverhältnis von 3:1 bei extrem hohen mathematischen Testleistungen zugunsten der Jungen (Lee & Olszewski-Kubilius, 2010). Auch im unteren Extrem, bei den mathematisch sehr niedrig Begabten, finden sich etwas mehr Jungen als Mädchen.

Zusammenfassend bleibt festzuhalten, dass es einzelne spezifische Bereiche kognitiver Fähigkeiten gibt, in denen Mädchen im Mittel etwas besser abschneiden, und andere, in denen Jungen etwas besser abschneiden. Die Unterschiede sind für die meisten Fähigkeitsbereiche jedoch sehr gering. Bei Tests, die solche Aufgaben beinhalten, von denen bekannt ist, dass das Geschlecht eine Rolle spielt (z. B. verbale Synonyme oder mentale Rotationen), sollte die Geschlechterfairness des gesamten Messinstruments nachgewiesen sein oder es sollten geschlechtsspezifische Normen angeboten werden.

2   Erfassung der Intelligenz bei Kindern und Jugendlichen

In diesem Abschnitt geht es um die Erfassung der Intelligenz bei Kindern und Jugendlichen vorwiegend mittels Testverfahren. Bevor diese jedoch im Detail vorgestellt werden, erfolgt eine kurze Darstellung eines alternativen Zugangs zum Intelligenzkonstrukt, nämlich dem über Selbstreportverfahren zur Erfassung typischer Denkgewohnheiten und -aktivitäten im Alltag.

2.1 Unterschiedliche Zugänge zur Erfassung der Intelligenz

Es ist unbestritten, dass die Intelligenz eines Kindes oder Jugendlichen auch in nicht leistungsbezogenen, alltäglichen Situationen eine Rolle spielt. Zum Beispiel gibt es hier deutliche positive Zusammenhänge zum Gesundheitsverhalten (Gottfredson & Deary, 2004). Dennoch wird Intelligenz zumeist in Situationen ressourcenintensiver Anstrengung (Wilhelm, Schulze, Schmiedek & Süß, 2003), also als maximales Verhalten erfasst. Was ist damit gemeint? In der Regel werden Testverfahren verwendet (zur Klassifizierung dieser Verfahren vgl. z. B. Preckel & Brüll, 2008), bei denen die Probanden unter standardisierten Bedingungen instruiert werden, ihr Bestes zu geben (z. B. so schnell und genau wie möglich zu arbeiten). Nun stellt sich jedoch die Frage, ob dieser Verhaltensausschnitt tatsächlich ausreicht, um sich ein Bild von der Intelligenz eines Menschen zu machen oder ob er nicht vielmehr für eine valide Diagnostik um die Information ergänzt werden müsste, wie sich eine Person typischerweise in ihrem Alltag in Bezug auf ihre Denkgewohnheiten verhält. Menschen unterscheiden sich in ihrem typischen intellektuellen Engagement (TIE; auch Intelligenz-als-typisches-Verhalten oder „need for cognition"; Ackerman, 1994; Cacioppo & Petty, 1982; Goff & Ackerman, 1992), also darin, als wie interessant sie intellektuell herausfordernde Aufgaben erleben, wie sehr sie intellektuell herausfordernde Situationen selbst aktiv aufsuchen oder wie stark ihr Bedürfnis nach einem tiefen Verständnis von Sachverhalten ist. Diese aktive Informationssuche und tiefere Informationsverarbeitung kann zu mehr und besser zugänglichen Informationen führen. Tatsächlich zeigen etliche Untersuchungen positive Zusammenhänge des TIE mit Leistungsmaßen und hier insbesondere Wissensmaßen (kristalline Intelligenz) und Schulnoten (Ackerman & Heggestadt, 1997; Cacioppo, Petty, Feinstein & Jarvis, 1996; Preckel, Holling & Vock, 2006; Wilhelm et al., 2003). Im Gegensatz zur Intelligenz-als-maximales-Verhalten wird das TIE bislang über Selbstreportverfahren (Fragebögen) erhoben (z. B. Cacioppo & Petty, 1982; Goff & Ackerman, 1992). Im Forschungskontext werden entsprechende Verfahren bereits im späteren Kindesalter eingesetzt (z. B. Bors, Vigneau & Lalande, 2006; Ginet & Py, 2000) und verschiedene Untersuchungen weisen inkrementelle Validität von TIE für die Vorhersage von akademischen Leistungen über klassische Intelligenzmaße hinaus nach (z. B. Chamorro-Premuzic, Furnham & Ackerman, 2006). In der Intelligenzdiagnostik in der Praxis spielt die Erfassung von TIE bisher jedoch so gut wie keine Rolle. Dies liegt wohl auch daran, dass – nach Wissen der Autorinnen – bislang für die hier interessierende Altersgruppe von Kindern und Jugendlichen keine normierten Verfahren zur Erfassung von TIE publiziert sind, die in der Einzelfalldiagnostik eine Einordnung individueller Ergebnisse in Relation zu einer für die Testperson repräsentativen Altersgruppe erlaubten.

2.2 Verfahren zur Erfassung der Intelligenz bei Kindern und Jugendlichen

Soll in einer Befragung von Kindern die Intelligenz ermittelt werden, so muss hierfür auf standardisierte und für die Altersgruppe geeignete Intelligenztests zurückgegriffen werden. Die verschiedenen, auf dem Markt befindlichen Testverfahren unterscheiden sich jedoch in mehrfacher Hinsicht deutlich voneinander: Auch wenn bei vielen Intelligenztests als Ergebnis ein Intelligenzquotient resultiert, weist dieser IQ-Wert je nach Testverfahren und zugrunde liegender Intelligenztheorie eine unterschiedliche Validität auf. Aufgrund der Komplexität und prinzipiellen Offenheit des Konstruktes Intelligenz für Weiterentwicklungen kann kein existierender Test sämtliche Facetten der Intelligenz erfassen. Auch würde die Einbeziehung jeder in der Forschung diskutierten Intelligenzdimensionen in ein einziges Verfahren zu extrem umfangreichen Testbatterien führen, die nicht mehr praktikabel wären. Daher messen einzelne Verfahren lediglich ausgewählte Fähigkeiten. Für eine umfassende Intelligenzdiagnostik ist es deshalb häufig sinnvoll, zwei oder mehr Intelligenztests mit jeweils unterschiedlichem Fokus zu kombinieren. Ergebnisse in verschiedenen Intelligenztests korrelieren, unter anderem aufgrund der unterschiedlichen gemessenen Intelligenzfacetten, im Allgemeinen nur relativ schwach miteinander. Die Zusammenhänge zwischen verschiedenen Intelligenztests fallen jedoch häufig selbst dann nur moderat aus, wenn sie auf die Erfassung desselben Konstruktes abzielen (z. B. Tests zur Erfassung der fluiden Intelligenz wie APM und CFT um $r = .50$; Heller, Kratzmeier & Lengfelder, 1998b). Kommen nun bei einer Testperson zwei unterschiedliche Intelligenztests zum Einsatz, so sind diskrepante Ergebnisse durchaus wahrscheinlich (Lohman, 2003; Lohman & Korb, 2006). Für eine sachlich begründete Testauswahl und korrekte Interpretation des Ergebnisses ist die Kenntnis der Konstruktvalidität des Verfahrens daher unerlässlich. Hilfreich ist zudem die Einordnung der Ergebnisse aus verschiedenen Testverfahren in ein integratives Intelligenzmodell wie zum Beispiel das BIS-Modell.

Inhaltlich zu unterscheiden sind ein- und mehrdimensionale Intelligenztests. Eindimensionale Tests liefern eine Fähigkeitsschätzung für einzelne Fähigkeiten, während mehrdimensionale Verfahren mehrere Fähigkeitsbereiche abdecken und sich damit auch zur Erstellung von Fähigkeitsprofilen eignen (zur Profilinterpretation vgl. Abschnitt 4 in diesem Kapitel). Zwar sind eindimensionale Verfahren sehr ökonomisch und dann sinnvoll einsetzbar, wenn es ausschließlich um die erfasste Fähigkeit geht (z. B. in Forschungskontexten). Für Aussagen über die Intelligenz einer bestimmten Person sind jedoch mehrdimensionale Verfahren vorzuziehen, da sie der Komplexität des Intelligenzkonstruktes eher gerecht werden.

Es gibt eine Vielzahl deutschsprachiger Intelligenztests für den in diesem Buch betrachteten Altersbereich. Einen guten Überblick über die meisten aktuellen Intelligenztests gibt das „Brickenkamp Handbuch psychologischer und pädagogischer Tests" von Brähler, Holling, Leutner und Petermann (2002); ausführlichere Beschreibungen verschiedener Intelligenztests für Kinder und Jugendliche finden sich auch bei Holling, Preckel und Vock (2004) sowie Heller (2000). Im Folgenden werden vier häufig bei Kindern und Jugendlichen eingesetzte Intelligenztestverfahren näher beschrieben. Es werden dabei zunächst zwei eindimensionale Papier-und-Bleistift-Tests dargestellt, die für Gruppentestungen geeignet sind und die vornehmlich die fluide Intelligenz erfassen (CFT 1 und CFT 20-R). Diese beiden Tests sind sehr ökonomisch durchzuführen, sie erfassen aber nur einen relativ schmalen Ausschnitt aus dem Spektrum der Intelligenz. Anschließend wird mit dem HAWIK-IV ein weit verbreitetes mehrdimensionales und komplexes Individualverfahren beschrieben, das sehr aufwendig in der Durchführung ist, aber detaillierte Informationen über verschiedene Aspekte der Intelligenz liefert. Schließlich wird mit dem BIS-HB ein mehrdimensionales Papier-und-Bleistift-Verfahren für Einzel- und Gruppenuntersuchungen an älteren Schulkindern und Jugendlichen vorgestellt, das seine besonderen Stärken zum einen in der differenzierten Erfassung verschiedener Intelligenzkomponenten und zum anderen in seiner theoretischen Fundierung hat. Tabelle 1 gibt zusätzlich einen Überblick über weitere Intelligenztests, die bei Kindern und Jugendlichen häufig eingesetzt werden und die aufgrund ihrer psychometrischen Qualität sowie theoretischen Fundierung prinzipiell für valide Messungen geeignet sind.

2.2.1 Grundintelligenztests (Culture Fair Tests): CFT 1 und CFT 20-R

Die *Culture Fair Tests* (CFT) erfassen im Wesentlichen die fluide Intelligenz im Sinne des Modells von Cattell (1971), das von zwei Intelligenzkomponenten ausgeht: einer tendenziell angeborenen Komponente (fluide Intelligenz) und einer im Wesentlichen durch Lernerfahrungen ausgebildeten Komponente (kristalline Intelligenz). Die Bezeichnung als „kulturfaire" Tests geht auf das Vorhaben Cattells zurück, mithilfe von sprachfreiem, möglichst kulturübergreifend verständlichem Material eine Intelligenzmessung anzustreben, die weitestgehend frei von soziokulturellen, erziehungsbedingten oder ethnischen Einflüssen sein sollte (dieses Ziel ist jedoch kaum zu erreichen; z. B. Lohman, 2005). Die deutschen Testautoren bezeichnen die in diesen Tests gemessene Fähigkeit auch als die „Grundintelligenz" einer Person. Der CFT 1 (Cattell, Weiß & Osterland, 1997) richtet sich an Kinder zwischen fünf und neun Jahren, der CFT 20-R (Weiß, 2008) kann bei Kindern ab acht Jahren und sechs Monaten sowie bei Erwachsenen eingesetzt werden. Die dritte und anspruchsvollste Variante, der CFT 3 (Cattell & Weiß, 1971), ist für Jugendliche ab 14 Jahren und Erwachsene konzipiert, kann aber derzeit nicht mehr empfohlen werden, da die Normen veraltet sind. Zusätzlich zur fluiden Intelligenz erfasst der CFT 1 die Wahrnehmungsgeschwindigkeit des Kindes und der CFT 20-R als Aspekte der kristallinen Intelligenz mithilfe zweier Zusatzmodule den Wortschatz und die Fähigkeit, Zahlenreihen logisch fortzusetzen.

CFT 1. Diese einfachste Version des CFT enthält fünf Untertests mit figuralen Aufgaben (Substitutionen, Labyrinthe, Klassifikationen, Ähnlichkeiten und Matrizen). Die ersten beiden Untertests werden unter Speed-Bedingungen (d. h. mit engen Zeitgrenzen, die eine sehr zügige Bearbeitung erfordern) durchgeführt und messen vor allem die Wahrnehmungsgeschwindigkeit, den Wahrnehmungsumfang, die visuelle Aufmerksamkeit sowie den visuomotorischen Entwicklungsstand. Die Untertests Klassifikationen, Ähnlichkeiten und Matrizen erfassen das beziehungsstiftende Denken sowie das Erkennen von Regeln und Gesetzmäßigkeiten; es handelt sich hierbei um Merkmale der fluiden oder der Grundintelligenz. Jeweils für die ersten beiden und die letzten drei Untertests können separate Normwerte berechnet werden, sodass der Test ein Maß für die Wahrnehmungsgeschwindigkeit und ein Maß für die fluide Intelligenz ergibt. Die Durchführungsdauer des Tests beträgt je nach Alter der Kinder zwischen etwa 25 und 50 Minuten.

Der CFT 1 wurde letztmals 1995 überarbeitet und an 1.200 Kindern zwischen 6;6 (zu lesen als: sechs Jahre und sechs Monate) und 9;5 Jahren neu normiert. Das Manual bietet Alters- und Klassennormen (Klassenstufen eins bis drei) an. Zwar ist der CFT 1 ausdrücklich auch für Vorschulkinder ab 5;3 Jahren konzipiert, jedoch liegen für diese Altersgruppe nur nichtrepräsentative und deutlich veraltete Normen (aus dem Jahr 1976) vor. Es ist daher nicht zu empfehlen, den Test bei Kindern unter 6;6 Jahren zu verwenden.

Die Ausführungen im Testmanual zur Durchführung und Auswertung sichern eine hohe Objektivität des Verfahrens. Die meisten Daten zur Überprüfung der Gütekriterien wurden bereits in der ersten Normierungsuntersuchung 1976 erhoben. Für die revidierte Fassung liegen nur unzureichende Analysen vor, die lediglich auf $N = 91$ Förder- und Sonderschülern basieren. In der Studie aus dem Jahr 1976 konnte dem Test eine gute Reliabilität (Split-Half-Reliabilität zwischen $r_{tt} = .90$ und $r_{tt} = .96$ für den Summenwert über die Untertests 3-5) bescheinigt werden. Aktuellere Daten hierzu fehlen jedoch, sodass unklar ist, ob diese Ergebnisse auch heute noch Gültigkeit besitzen. Die Retest-Reliabilität der revidierten Testfassung liegt bei $r_{tt} = .84$; diese wurde jedoch nur anhand einer kleinen und ausgelesenen Stichprobe von $N = 37$ Sonder- und Sprachheilschülern ermittelt, sodass die Übertragbarkeit dieses Befundes auf die Gesamtpopulation der Kinder im angezielten Alter fraglich ist. Die faktorielle Validität ist gegeben und belegt die Annahme zweier separater Fähigkeiten, die in den Untertests 1 und 2 sowie 3 bis 5 gemessen werden. Die Kriteriumsvalidität konnte über erwartungsgemäße Zusammenhänge mit dem HAWIK (relativ hoher Zusammenhang mit dem HAWIK-Gesamt-IQ, aber geringer Zusammenhang mit dem HAWIK-Verbalteil) sowie mit Schulnoten gezeigt werden.

Insgesamt ist der CFT 1 ein Testverfahren mit ansprechendem Testmaterial, das die Kinder zur Bearbeitung motiviert und das eine gute Augenscheinvalidität aufweist. Leider ist die im Manual dokumentierte Datenlage zu spärlich, um die psychometrische Qualität der aktuellen Version des Verfahrens sicher beurteilen zu können. Aktuellere Reliabilitäts- und Validitätsuntersuchungen auf der Basis größerer und (annähernd) repräsentativer Stichproben wären wünschenswert. Bedauerlich ist auch, dass bisher eine Neunormierung für Vorschulkinder versäumt wurde – zumal es gerade in diesem Altersbereich an hinreichend solide konstruierten Verfahren mangelt.

CFT 20-R. Der CFT 20-R besteht wie der CFT 1 ebenfalls aus figuralen Aufgaben. Diese sind in vier Untertests zusammengefasst (Reihenfortsetzen, Klassifikationen, Matrizen, topologische Schlussfolgerungen). Die Kurzform des Tests besteht aus der einmaligen Vorgabe dieser vier Untertests, bei der Langform werden dieselben Aufgabentypen in weiteren vier Untertests noch einmal wiederholt. Für jeden Untertest steht eine begrenzte Zeit (drei bis vier Minuten) zur Verfügung, wobei in der aktuellen Revision des CFT 20 im ersten Testteil zwischen der regulären Testzeit und einer Testzeitverlängerung (für jeden Untertest eine Minute länger) gewählt werden kann. Eine Testzeitverlängerung wird etwa für Probandinnen und Probanden mit Aufmerksamkeitsstörungen, einem geringen Instruktionsverständnis oder im Förder- bzw. Sonderschulbereich empfohlen. Die Durchführung der Langversion dauert damit inklusive Instruktionen zwischen 62 und 65 Minuten.

Die Objektivität des Verfahrens kann als gesichert angesehen werden. Auch die Reliabilität kann als hoch eingeschätzt werden, sie beträgt (nach Spearman-Brown) $r = .96$ für den Gesamtwert der Langversion (Testteil 1: $r = .92$, Testteil 2: $r = .91$). Die Analysen zur Prüfung der faktoriellen Validität ergaben eine (Varimax-rotierte) Drei-Faktor-Lösung mit einem Reasoning-Faktor (31 Prozent Varianzaufklärung), einem Faktor Schlussfolgerndes Denken (20 Prozent Varianzaufklärung) und einem Faktor Beziehungsstiftendes Denken (18 Prozent Varianzaufklärung). Die Validitätskoeffizienten liegen zwischen $r = .60$ und $r = .75$. Bei den Schulnoten finden sich die höchsten Zusammenhänge des Tests mit der Mathematiknote ($r = .49$). Die prognostische Validität wurde für den CFT 20-R nicht überprüft, es liegen jedoch Befunde für frühere Testversionen vor.

Zur Messung der kristallinen Intelligenz enthält der CFT 20-R die Zusatzmodule „Wortschatztest" und „Zahlenfolgentest". Das Grundmodul wurde in den Jahren 2003/2004 an $N = 4.300$ Kindern und Jugendlichen neu normiert und es liegen separate Alters- und Klassennormen für die Kurz- und die Langform vor (Die Erwachsenennormen wurden nicht neu erhoben, jedoch aufgrund der Daten von den Kindern und Jugendlichen angepasst.). Auch die Zusatzmodule wurden für die aktuellste Revision (Weiß, 2008) an $N > 2.700$ Schülerinnen und Schülern neu normiert und sind seit dieser Revision in einem Altersbereich von 8;5 bis 19 Jahren einsetzbar.

2.2.2 HAWIK-IV

Tests nach dem Konzept von David Wechsler sind weltweit die am häufigsten eingesetzten Individualverfahren zur Messung der Intelligenz (Kamphaus, Petoskey & Rowe, 2000; Kaufman & Lichtenberger, 2000; Sparrow & Davis, 2000). Auch in Deutschland ergaben Umfragen unter Psychologinnen und Psychologen wiederholt, dass die unterschiedlichen Versionen des HAWIK und des HAWIE (Hamburg-Wechsler-Intelligenztest für Kinder bzw. für Erwachsene) die am häufigsten eingesetzten Intelligenztests sind (Schorr, 1995; Steck, 1997). Die zentrale Rolle der Wechsler-Tests zeigt sich auch darin, dass sie – sicherlich vor allem aufgrund ihrer langen Tradition und der weiten Verbreitung in der Praxis – bei der Entwicklung neuer Testverfahren oft zur Validierung herangezogen werden und somit als Maßstab für andere Verfahren dienen (Roberts, Markham, Matthews & Zeidner, 2005).

Die aktuelle Revision der deutschen Version des Wechsler Tests für Kinder HAWIK-IV (*Hamburg-Wechsler-Intelligenztest für Kinder – IV*) von Petermann und Petermann (2007) basiert auf dem amerikanischen Original WISC-IV von David Wechsler (2003) und wurde in den Jahren 2005/2006 an $N = 1.650$ Kindern aus Deutschland, Österreich und der Schweiz normiert. Der HAWIK-IV ist ein Individualverfahren, das bei Kindern und Jugendlichen zwischen 6;0 und 16;11 Jahren eingesetzt werden kann. Der Test beinhaltet relativ umfangreiches Testmaterial und abwechslungsreiche Aufgabenstellungen; so müssen der Proband oder die Probandin etwa in manchen Untertests Fragen beantworten, in anderen vorgegebene Mosaike mithilfe von Würfeln nachlegen und in wieder anderen so schnell wie möglich auf einem Testbogen bestimmte Symbole anstreichen. Die Durchführung ist daher für den Testleiter auch deutlich anspruchsvoller und aufwendiger als die Anwendung von reinen Papier-und-Bleistift-Tests wie etwa CFT 1 oder CFT 20-R. Der Testleiter oder die Testleiterin muss nicht nur die Instruktionen geben, sondern in den meisten Untertests auch die konkrete Darbietung der einzelnen Testitems vornehmen (z. B. Fragenstellen im Untertest „Allgemeines Wissen" oder die mündliche Vorgabe von Zahlenfolgen im Untertest „Zahlennachsprechen"). Dabei ist es besonders wichtig (und deutlich schwieriger als bei reinen Papier-und-Bleistift-Tests) die standardisierte Vorgabe des Tests einzuhalten. Ein Vorteil der Aufgabengestaltung im HAWIK-IV ist, dass auch jüngere Kinder untersucht werden können, die von einem Multiple-Choice-Format noch überfordert wären und stärkere Motivierung benötigen.

Die Autoren des HAWIK-IV greifen viele Forschungsbefunde der letzten Jahrzehnte aus der Intelligenzforschung im Allgemeinen und zu den Wechsler-Skalen im Besonderen auf, sodass es sich bei der Neuauflage um eine umfassende Neugestaltung des Tests handelt. Eine wesentliche Konsequenz aus diesen Forschungsarbeiten ist der Wegfall der Zusammenfassung der Untertests in einen Handlungs- und einen Verbalteil. Während die Wechsler-Skalen traditionell auf einem eher pragmatischen, erfahrungsgeleiteten Intelligenzkonzept basierten und eine Anbindung an neuere Erkenntnisse der Intelligenzstrukturforschung bisher fehlte, erfolgte nun offenbar eine Orientierung am empirisch gesicherten, hierarchischen Cattell-Horn-Carroll-Modell der Intelligenz (CHC-Modell; vgl. z. B. Flanagan & Kaufman, 2004), auch wenn im Manual nicht explizit darauf Bezug genommen wird (Daseking, Petermann & Petermann, 2007). Das CHC-Modell integriert die einflussreichen Arbeiten von Cattell und Horn (1978; Horn, 1991) sowie von Carroll (1993) zur Intelligenzstruktur (Alfonso, Flanagan & Radwan, 2005) und beschreibt zehn breite Intelligenzfaktoren auf der obersten Hierarchieebene (fluide Intelligenz, quantitatives Denken, kristalline Intelligenz, Lese- und Schreibfähigkeit, Kurzzeitgedächtnis, visuelle Verarbeitung, auditive Verarbeitung, Langzeitspeicher und -abruf, Verarbeitungsgeschwindigkeit, Entscheidungsgeschwindigkeit/Reaktionszeit), die durch jeweils unterschiedlich viele, enger beschriebene Intelligenzfähigkeiten bestimmt sind. Um den Erkenntnissen der Intelligenzforschung weiter Rechnung zu tragen, wurden in der aktuellen Revision einzelne Untertests ausgetauscht bzw. erneuert. So wurde etwa auch ein neuer Untertest mit Matrizenaufgaben aufgenommen, um verstärkt die fluide Intelligenz zu erfassen. Eine weitere Neuerung besteht darin, dass in den einzelnen Untertests zusätzliche sehr leichte sowie sehr schwierige Aufgaben ergänzt wurden, um eine bessere Differenzierung zu gewährleisten und den in der Vorgängerversion für manche Probandengruppen auftretenden Boden- sowie Deckeneffekten entgegenzuwirken.

Mit dem HAWIK-IV kann zum einen die allgemeine Intelligenz ermittelt werden und zum anderen lassen sich die Ergebnisse aus den Untertests zu vier Skalen (Indizes) zusammenfassen, die das *Sprachverständnis*, das *wahrnehmungsgebundene logische Denken*, das *Arbeitsgedächtnis* und die *Verarbeitungsgeschwindigkeit* erfassen. Der Index für Sprachverständnis misst die sprachliche Begriffsbildung, das sprachliche Schlussfolgern und das erworbene Wissen. Mit dem Index „wahrnehmungsgebundenes logisches Denken" werden vor allem die fluiden Fähigkeiten und das logische Denken erfasst. Der Index „Arbeitsgedächtnis" misst neben dem Arbeitsgedächtnis insbesondere auch die Aufmerksamkeit, die Konzentration und das Kurzzeitgedächtnis (vgl. Vock, Hupbach & Mecklenbräuker in diesem Band). Schließlich erfasst die Skala „Verarbeitungsgeschwindigkeit" vorrangig die Geschwindigkeit mentaler Verarbeitung und die visuomotorische Koordination.

Es gibt mit dem HAWIK darüber hinaus eine lange Tradition, die bereits auf Wechsler (1958) zurückgeht, die Untertestprofile auf vielfältige Weise inhaltlich zu deuten und sie für die verschiedensten Diagnosen (z. B. psychische und psychiatrische Auffälligkeiten, emotionale und Lernstörungen) zu nutzen (z. B. Kaufman, 1994). Die inhaltliche Interpretation von Wechsler-Test-Profilen und die weit reichende diagnostische Verwertung von einzelnen Subtests ist verbreitete Praxis in der Klinischen und der Schulpsychologie (z. B. Alfonso, Oakland, LaRocca & Spanakos, 2000; Pfeiffer, Reddy, Kletzel, Schmelzer & Boyer, 2000). In den letzten Jahrzehnten wurden viele Forschungsaktivitäten darauf gerichtet, den diagnostischen Nutzen der verschiedensten HAWIK-Profile empirisch zu prüfen. Die Befundlage ist jedoch ernüchternd: Jahrzehntelange intensive Forschung zu Untertestprofilen und prototypischen Subtestdifferenzen konnten keine systematischen Zusammenhänge zu Lern- und Verhaltensstörungen oder Verhaltensauffälligkeiten belegen, sodass von einer Interpretation von HAWIK-Profilen in diesem Sinne abzuraten ist (für einen Überblick vgl. Watkins, Glutting & Youngstrom, 2005; vgl. Heller, 2000).

Die genauen Durchführungsrichtlinien im Manual sichern die Objektivität des HAWIK-IV. Für die Auswertung von freien Antworten stehen zwar detaillierte Listen mit gültigen Antworten zur Verfügung, hier bleibt jedoch ein gewisser Ermessensspielraum, der die Auswertungsobjektivität einschränken kann. Die recht hohen Split-Half-Reliabilitäten (bzw. bei Untertests mit Speed-Charakter: Retest-Reliabilität, $N = 103$) der Gesamtskala ($r = .97$) sowie der vier Indizes (zwischen $r = .87$ und $r = .94$) belegen, dass der HAWIK-IV zuverlässige Messungen erlaubt. Die faktorielle Validität des HAWIK-IV wurde mittels exploratorischer Faktorenanalysen untersucht und es zeigte sich eine Vier-Faktor-Lösung (den vier Indizes entsprechend) für die verschiedenen Altersgruppen. Die zur Modellüberprüfung adäquatere Methode der Strukturüberprüfung, die konfirmatorische Faktorenanalyse, wurde zwar mit Daten zum amerikanischen Original (WISC-IV) durchgeführt und bestätigte für die amerikanische Stichprobe die Vier-Faktor-Struktur. Eine solche Analyse inklusive einer Prüfung der Invarianz der Struktur für die verschiedenen Altersgruppen fehlt für den deutschen HAWIK-IV leider. Die Kriteriumsvalidität wurde anhand kleinerer klinischer Stichproben untersucht: Für Kinder mit einer in anderen Tests nachgewiesenen intellektuellen Hochbegabung (IQ ≥ 130; $N = 31$) konnten im Mittel höhere Testleistungen im HAWIK-IV gezeigt werden als für Kinder einer durchschnittlich begabten Kontrollgruppe; ebenso zeigten sich für Kinder mit einer Intelligenzminderung ($N = 24$) im Mittel signifikant schwächere HAWIK-IV-Leistungen als für Kinder der durchschnittlich begabten Kontrollgruppe. Diese Ergebnisse sind nicht überraschend und es wäre sehr hilfreich gewesen, wenn diese Untersuchungen durch die Angabe von Korrelationen zwischen dem HAWIK-IV und anderen Intelligenztests ergänzt worden wären – zumal im Manual nicht dokumentiert ist, anhand welcher Verfahren die Hoch- bzw. Minderbegabung in den Stichproben diagnostiziert worden war. Ein wichtiger Aspekt der Kriteriumsvalidierung – die Prüfung der Zusammenhänge mit konstruktnahen Testverfahren – steht daher für den HAWIK-IV noch aus. In einer Studie mit $N = 52$ Kindern mit einer Lese-Rechtschreibstörung fanden sich signifikant schlechtere Werte im Index Arbeitsgedächtnis als in der Kontrollgruppe. Schließlich zeigten sich in einer Gruppe von $N = 31$ Kindern mit ADHS-Diagnose im Mittel schlechtere Werte im Index Verarbeitungsgeschwindigkeit.

2.2.3 BIS-HB

Der *Berliner Intelligenzstruktur-Test für Jugendliche: Begabungs- und Hochbegabungsdiagnostik* (BIS-HB) von Jäger et al. (2006) kann bei Kindern und Jugendlichen zwischen 12;6 und 16;5 Jahren eingesetzt werden. Der BIS-HB basiert auf dem Berliner Intelligenz-Strukturmodell (BIS) von Jäger (1982) und erfasst die Fähigkeiten, die im BIS-Modell spezifiziert sind (vgl. Abschnitt 1.1). Damit deckt der BIS-HB ein relativ breites Spektrum verschiedener intellektueller Fähigkeiten ab und beinhaltet mit der Skala Einfallsreichtum auch Aspekte der Kreativität im Sinne des divergenten Denkens, welches in standardisierten Tests nur selten gemessen wird. Insgesamt besteht der BIS-HB aus 45 Aufgabentypen, die jeweils unterschiedlich viele einzelne Aufgaben enthalten. Grundprinzip des BIS-HB ist es, dass jeder Aufgabentyp zunächst sowohl für die Ermittlung einer operativen als auch einer inhaltsgebundenen Fähigkeit herangezogen wird und schließlich auch in den Wert für die allgemeine Intelligenz einfließt. So erbringt etwa die Aufgabe „Wege erinnern", in der man sich einen Weg, der in einen Stadtplan eingezeichnet ist, einprägen und kurz danach reproduzieren soll, zum einen Informationen über die Merkfähigkeit der Testperson und zum anderen Informationen über ihre figural-bildhafte Denkfähigkeit. Die Leistung in diesem Aufgabentyp fließt daher insgesamt in drei Skalenwerte ein: in die Merkfähigkeit, das figural-bildhafte Denken und die allgemeine Intelligenz.

Die Aufgaben sind auf drei Testhefte aufgeteilt, in denen die Aufgaben in einer sehr abwechslungsreichen Folge dargeboten werden, sodass direkt aufeinander folgende Aufgaben nie den gleichen Inhalts- oder Operationsbereich ansprechen. Die Durchführung des BIS-HB dauert insgesamt (inklusive der Instruktionen und Pausen) in etwa 170 Minuten. Soll eine Kurzform verwendet werden, so kann das zweite Testheft auch allein eingesetzt werden; dann können jedoch lediglich Kennwerte für die allgemeine Intelligenz und die Verarbeitungskapazität berechnet werden. Für die Kurzform sind ungefähr 60 Minuten zu veranschlagen.

Die Normdaten wurden im Jahr 2002 erhoben und basieren auf $N = 1.328$ Schülerinnen und Schülern aus Haupt- und Realschulen, Gymnasien sowie speziellen Schulen für intellektuell besonders begabte Schülerinnen und Schüler aus fünf Bundesländern. Durch den relativ hohen Anteil von intellektuell besonders begabten Probandinnen und Probanden in der Normierungsstichprobe kann der Test damit besonders gewinnbringend in der Hochbegabungsdiagnostik eingesetzt werden. Das Manual bietet Altersnormen (IQ-Werte) für alle Jugendlichen im Altersbereich des BIS-HB an sowie Prozentrangnormen für den Vergleich mit intellektuell besonders begabten Schülerinnen und Schülern spezieller Schulen für Hochbegabte. Generell sind Schülerinnen und Schüler von Gymnasien in den Normen jedoch leicht überrepräsentiert, was dazu führt, dass die Normen eher streng ausfallen und der BIS-HB die Fähigkeiten tendenziell etwas unterschätzt (Frenzel & Nett, 2008).

Eine hohe Objektivität des Verfahrens ist durch die komplette Standardisierung von Durchführung und Auswertung gesichert. Bei den Aufgaben zum Einfallsreichtum wird die Verwendung zweier unabhängig voneinander arbeitender Auswerter empfohlen, um auch hier die Objektivität zu gewährleisten. Die innere Konsistenz (Cronbachs Alpha) der einzelnen Skalen des BIS-HB liegt zwischen $r = .80$ und $.95$; die Split-Half-Reliabilitäten liegen zwischen $r = .79$ und $.92$. Auch die Retest-

Reliabilitäten der Skala (Intervall: sechs Monate; $N = 115$ Gymnasiasten) liegen mit $r_{tt} = .71$ bis .84 in einem guten Bereich. Die faktorielle Validität des BIS-HB konnte anhand konfirmatorischer Faktorenanalysen hinreichend belegt werden. Die Kriteriumsvalidität wurde im Hinblick auf Zusammenhänge mit Schulnoten, Referenztests und Selbsteinschätzungen geprüft. Erwartungsgemäß, den Vorhersagen des BIS-Modells entsprechend, ergaben sich die höchsten Zusammenhänge zwischen dem Gesamtnotenschnitt und der allgemeinen Intelligenz, zwischen Leistungen in mathematisch-naturwissenschaftlichen Fächern und der Verarbeitungskapazität sowie zwischen Leistungen in sprachlichen Fächern und sprachgebundenen Denkfähigkeiten. Die Zusammenhänge mit anderen Intelligenztests liegen in einem typischen Bereich und zeigen auch hier ein Befundmuster, das den Voraussagen des Modells entspricht (z. B. korreliert der CFT 20 am höchsten mit den BIS-HB-Skalen „Verarbeitungskapazität" und „figural-bildhaftes Denken").

Tabelle 1: Übersicht über häufig verwendete deutschsprachige Intelligenztests für Kinder und Jugendliche

Test, Autor(en)	Altersbereich	Struktur, Kurzbeschreibung	Normen, Testgüte
CPM Coloured Progressive Matrices Raven (1962a; deutsche Normen von Bulheller & Häcker, 2002)	3;9 bis 11;8 Jahre	Test erfasst über figurale Aufgaben, in denen jeweils ein Muster vervollständigt werden muss, sowie über klassische Matrizenaufgaben die fluide Intelligenz; einfachste Version der Raven's Progressive Matrices. *Testaufbau*: 36 Items, die in 3 Sets zu je 12 Items (mit je 6 Antwortalternativen) zusammengefasst sind. *Versionen*: Klassische Testheftversion (für Gruppentestungen geeignet) und „Board-Form", Parallelform vorhanden.	*Normen*: aus dem Jahr 2001; $N = 1.218$ deutsche und französische Kinder (Prozentränge in Halbjahresabständen); Gütekriterien wurden an Stichproben aus anderen Ländern überprüft. *Reliabilität*: gut (Split-Half: $r = .85$ bis .90; Retest nach 1 bis 2 Wochen: $r = .86$ bis .90). *Validität*: Konstruktvalidität fraglich (Faktorenanalysen ergaben 3 Faktoren, jedoch wird nur ein Gesamt-IQ berechnet).

Tabelle wird auf der nächsten Seite fortgesetzt

Fortsetzung von Tabelle 1: Übersicht über häufig verwendete deutschsprachige Intelligenztests für Kinder und Jugendliche

Test, Autor(en)	Altersbereich	Struktur, Kurzbeschreibung	Normen, Testgüte
SPM Standard Progressive Matrices Raven (1936; deutsche Normen von Heller et al., 1998a)	ab 6 Jahre	Test erfasst über figurale Aufgaben, in denen jeweils ein Muster vervollständigt werden muss, sowie über klassische Matrizenaufgaben die fluide Intelligenz; mittelschwere Version der Raven's Progressive Matrices. *Testaufbau*: 60 Items, die in 5 Sets A bis E zusammengefasst sind. Papier-und-Bleistift-Test, für Gruppentestungen geeignet. *Versionen*: klassische Testheft- und computergestützte Version.	*Normen*: aus dem Jahr 1996/97; $N = 2.134$ Schülerinnen und Schüler; $N = 141$ hörgeschädigte Kinder (Klassen 2 bis 9); $N = 156$ 14- bis 16-jährige Schülerinnen und Schüler einer Förderschule sowie Normen für Erwachsene. *Reliabilität*: gut (Split-Half in verschiedenen Studien: $r > .90$; Retest nach 1 Woche: $r = .90$, nach 1 Jahr $r = .80$). *Validität*: Kriteriumsvalidität durch Korrelationen mit Tests und Schulnoten belegt; bei Schulnoten höchste Zusammenhänge mit der Mathenote.
APM Advanced Progressive Matrices Raven (1962b; deutsche Normen von Heller et al., 1998b)	ab 12 Jahre	Erfasst über figurale Matrizenaufgaben die fluide Intelligenz; schwierigste Version der Raven's Progressive Matrices zur Testung von Personen mit überdurchschnittlichen Fähigkeiten. *Testaufbau*: 12 Übungsaufgaben (Set I) und 36 Testaufgaben mit aufsteigender Schwierigkeit (Set II). Papier-und-Bleistift-Test, für Gruppentestungen geeignet. *Versionen*: klassische Testheft- und computergestützte Version.	*Normen*: aus dem Jahr 1996/97; $N = 897$ Schülerinnen und Schüler; $N = 98$ hochbegabte Gymnasiasten; $N = 575$ Studierende bis > 40 Jahre; $N = 157$ über 60-Jährige. *Reliabilität*: gut (Split-Half in verschiedenen Studien: $r = .83$ bis $.87$; Retest nach 8 Wochen: $r = .76$ bis $.91$). *Validität*: Kriteriumsvalidität durch Korrelationen mit Tests und Schulnoten belegt; bei Schulnoten höchste Zusammenhänge mit der Mathenote.

Fortsetzung von Tabelle 1: Übersicht über häufig verwendete deutschsprachige Intelligenztests für Kinder und Jugendliche

Test, Autor(en)	Altersbereich	Struktur, Kurzbeschreibung	Normen, Testgüte
K-ABC Kaufman-Assessment-Battery for Children Melchers & Preuß (2001)	2;6 bis 12;5 Jahre	Materialreicher Individualtest, Intelligenzkonzept betont das Problemlösen und die Gewandtheit bei der Informationsverarbeitung, Unterscheidung zwischen sequentieller und simultaner Informationsverarbeitung. *Testaufbau*: 16 Untertests, wovon max. 13 durchgeführt werden; Ergebnisse werden zu vier Skalen zusammengefasst: „Skala einzelheitlichen Denkens" und „Skala ganzheitlichen Denkens" als Skalen intellektueller Fähigkeiten, sowie die „Fertigkeitenskala" und die „Sprachfreie Skala".	*Normen*: aus den Jahren 1986 bis 89; $N = 3.098$ Kinder aus Deutschland, der Schweiz, Österreich und Südtirol. *Reliabilität*: ausreichend bis gut (Split-Half): für die Untertests der Fähigkeitsskala im Mittel $r = .72$ bis .83, für die Untertests der Fertigkeitenskala $r = .81$ bis .87; Gesamtskalen: $r = .85$ bis .96. *Validität*: Faktorielle Validität durch konfirmatorische Faktorenanalysen belegt; Kriteriumsvalidität: mittlere bis hohe Zusammenhänge mit anderen Intelligenztests ($r = .50$ bis .86).
AID 2.2 Adaptives Intelligenzdiagnostikum Version 2.2 Kubinger (2009)	6 bis 15;11 Jahre	Adaptiver Individualtest (verzweigtes Testen); basiert pragmatisch auf intelligenztheoretischer Position, möglichst viele Fähigkeiten zu erfassen. *Testaufbau*: 11 Untertests (plus 3 Zusatztests); ermittelt werden können: kognitive Mindestfähigkeit, Schwankungsbreite der Untertestleistungen, Globalmaß IQ nach zwei Optionen; empfohlen: förderorientierte Interpretation des Untertestprofils. *Versionen*: Kurz- und Langform.	*Normen*: aus den Jahren 1995 bis 97, $N = 977$ Kinder aus Deutschland und Österreich; aus 2006/07, $N = 844$ Eichungskontrollen, $N = 355$ Eichung für Kinder und Jugendliche mit Muttersprache Türkisch; Konstruktion nach Probabilistischer Testtheorie. *Reliabilität*: konsistent, da Rasch-Modell-konform; Retest nach 4 Wochen $r_{tt} = .57$ bis 89. *Validität*: Konstruktvalidität über Faktorenanalysen belegt; diskriminante Validität für Vorgänger AID überwiegend belegt, z. T. nur geringe Korrelationen mit konstruktnahen Tests.

Tabelle wird auf der nächsten Seite fortgesetzt

Fortsetzung von Tabelle 1: Übersicht über häufig verwendete deutschsprachige Intelligenztests für Kinder und Jugendliche

Test, Autor(en)	Altersbereich	Struktur, Kurzbeschreibung	Normen, Testgüte
WPPSI-III Wechsler Preschool and Primary Scale of Intelligence - III deutsche Version herausgegeben von Petermann (2009)	3;0 bis 7;2 Jahre	Materialreicher Individualtest (Neunormierung HAWIWA-III; Ricken et al., 2007); Erfassung allgemeiner Intelligenz nach Wechsler als globale Fähigkeit, die sich in verschiedenen Bereichen zeigen kann. *Testaufbau*: 14 Untertests; Ergebnisdarstellung in vier Skalen: Verbalteil, Handlungsteil, Verarbeitungsgeschwindigkeit, Allgemeine Sprachskala; zudem Gesamt-IQ.	*Normen*: aus dem Jahr 2009; $N = 710$ Kinder. *Reliabilität*: Reliabilität der Skalen (Split-half) .87 bis .92, Reliabilität der Skala Verarbeitungsgeschwindigkeit für deutsche Stichprobe nicht bestimmt. *Validität*: Faktorielle Validität durch Faktorenanalysen belegt, Kriteriumsvalidität oder weitere Validitätsaspekte für deutsche Stichprobe nicht überprüft.
SON-R 2½-7 Snijders-Oomen Nichtverbaler Intelligenztest Tellegen, Laros & Petermann (2007)	2;6 bis 7;11 Jahre	Sprachfreier Individual-Intelligenztest zur Erfassung der allgemeinen bzw. fluiden Intelligenz (kein explizites Intelligenzmodell als Basis); z. T. Lerntestcharakter. *Testaufbau*: 6 Untertests (jeweils zwischen 14 und 17 Items), die zur „Denkskala" und zur „Handlungsskala" zusammengefasst werden.	*Normen*: aus dem Jahr 2005; $N = 1.027$ Kinder aus fünf Bundesländern. *Reliabilität*: gut (Konsistenz: $\alpha = .90$; Handlungsskala: $\alpha = .84$, Denkskala: $\alpha = .83$; Retest nach 1 Jahr: Gesamtskala $r_{tt} = .77$, Handlungsskala $r_{tt} = .73$, Denkskala $r_{tt} = .60$). *Validität*: Faktorielle und Kriteriumsvalidität sind belegt.
KFT 4-12+R Kognitiver Fähigkeitstest für 4. bis 12. Klassen, Revision Heller & Perleth (2000)	4. bis 12. Schuljahr	Dt. Version des „Cognitive Abilities Test" (Thorndike & Hagen, 1971); erfasst fluide Intelligenz. *Testaufbau*: 3 Testteile (verbal, quantitativ, nonverbal-figural) mit je 3 Untertests. Papier-und-Bleistift-Test, für Gruppentestungen geeignet. *Versionen*: Kurz- und Langform, Parallelform.	*Normen*: aus den Jahren 1995 bis 1997; $N = 6.765$ Kinder aus Bayern und Baden-Württemberg. *Reliabilität*: Testteile sehr gut, Untertests z. T. gut (interne Konsistenz); Retest nach 1 Jahr: $r = .83$ bis $.87$, nach 2 Jahren: $r = .83$. *Validität*: Faktorielle und Kriteriumsvalidität sind belegt.

3 Aktuelle Entwicklungen und Konstrukterweiterungen

Roberts et al. (2005) identifizieren fünf Bereiche, in denen sich die Zukunft der Intelligenztestung abspielen soll. Dieses sind: (1) Technologische Neuerungen: Computergestützte Diagnostik und hier spezifisch die Intelligenzdiagnostik über das Internet (vgl. hierzu z. B. den Bericht der American Psychological Association „Testing on the internet" http://www.apa.org/science/programs/testing/testing-on-the-internet.pdf) sowie weiterentwickelte oder neue statistische Verfahren wie Bayesianische Netzwerke oder latente semantische Analysen zur Auswertung von neuen Aufgabenformaten wie Essays, (2) verstärkte Erfassung mentaler Prozesse wie zum Beispiel Informationsverarbeitungsgeschwindigkeit oder auch höhere mentale Prozesse der Metakognition, Entscheidungsfindung oder Planung, (3) differenzierte Erfassung von *Facetten* der mentalen Informationsverarbeitungsgeschwindigkeit (mental speed), (4) Erweiterung bestehender Strukturmodelle um sensorische Fähigkeiten wie zum Beispiel olfaktorische oder taktile Fähigkeiten, (5) Entwicklung „neuer" Intelligenzkonstrukte wie zum Beispiel soziale oder emotionale Intelligenz (zu einer kritischen Bewertung der Benennung sozialer oder emotionaler Fähigkeiten als Intelligenzen und auch Gardners Theorie der multiplen Intelligenzen vgl. z. B. Austin & Saklofske, 2006; Weber & Westmeyer, 2001). In diesem Abschnitt werden wir auf einige dieser Aspekte näher eingehen, die uns für die Intelligenzdiagnostik im Kindes- und Jugendalter relevant erscheinen.

Computergestützte Intelligenzdiagnostik. Derzeit findet computergestützte Intelligenzdiagnostik im Kindesalter im deutschsprachigen Raum noch eher selten statt. Für einige der gebräuchlichen standardisierten Testverfahren für Kinder werden im Rahmen des „Hogrefe TestSystems" (http://www.hogrefe-testsystem.com) jedoch Testungen am Computer angeboten. Es handelt sich dabei unter anderem um den CFT 20R (inkl. Zusatzmodule), die *Münchner Hochbegabungstestbatterie* für die Primar- sowie für die Sekundarstufe (MHBT-P; Heller & Perleth, 2007a; MHBT-S; Heller & Perleth, 2007b) und das *Prüfsystem für Schul- und Bildungsberatung* für 4. bis 6. Klassen (PSB-R 4-6; Horn, 2002) und für 6. bis 13. Klassen (PSB-R 6-13; Horn, 2003). Computergestützte Testungen – entweder klassisch am Rechner des Testadministrators, auf dem das Programm installiert ist, oder aber über ein Intranet oder das Internet – bieten unbestreitbar einige Vorteile, insbesondere ist die standardisierte Testdurchführung und -auswertung hier optimiert und garantiert eine hohe Objektivität. Auch sind Computertestungen recht ökonomisch, da keine Verbrauchsmaterialien anfallen und die Ergebnisse automatisch ausgewertet werden. Eine entsprechende psychometrische Qualität der Aufgaben vorausgesetzt, lassen sich mithilfe von Computern auch adaptive Testungen realisieren, die eine Optimierung im Hinblick auf Messgenauigkeit und Bearbeitungszeit darstellen. Eine Voraussetzung für die Testgüte ist jedoch, dass die Testergebnisse nicht durch das Medium Computer beeinflusst werden, etwa durch Schwierigkeiten, die Testaufgaben auf dem Bildschirm gut erkennen zu können oder unterschiedliche Fähigkeiten und Erfahrungen der Testpersonen im Umgang mit dem Computer. Zudem muss sichergestellt sein, dass die am Computer gemessenen Leistungen auch dasselbe Konstrukt widerspiegeln wie die Leistungen, die in Papier-und-Bleistift-Tests ermittelt wurden (für einen Überblick über mögliche Einflussvariablen des Testmediums Computer vgl. Leeson, 2006). Den Handbüchern der oben genannten computergestützten Testverfahren ist nicht zu entnehmen, inwiefern die Äquivalenz der Papier-und-Bleistift-Version und der Computerversion überprüft wurde. Aus verschiedenen Studien ist jedoch bekannt, dass die Äquivalenz von zwar zeitbegrenzten, aber nicht unter Speedbedingungen durchgeführten Intelligenz- und Leistungstests (sogenannten *timed power tests*) in der Regel sehr hoch ist: Mead und Drasgow (1993) ermittelten in ihrer Metaanalyse eine Korrelation von $r = .97$ zwischen Papier-und-Bleistift-Tests und der jeweils zugehörigen Computerversion über 123 Einzelergebnisse (für Speed-Tests fiel die Korrelation mit $r = .72$ deutlich geringer aus). Diese Befunde und die inzwischen flächendeckende Ausstattung mit Computern sprechen dafür, dass sich die computergestützte Intelligenzdiagnostik in Zukunft stärker verbreiten wird und sich damit auch anspruchsvollere Formen der Testung, insbesondere das adaptive Testen, in der Praxis ausweiten werden.

Erfassung kognitiver Prozesse. Die überwiegende Anzahl verfügbarer Intelligenztests erfasst einzelne Teilbereiche der Intelligenz (Strukturdiagnostik) und erlaubt keine Aussagen über die diesen Teilfähigkeiten zugrunde liegenden kognitiven Prozesse. Informationen über solche Prozesse geben jedoch wertvolle diagnostische Hinweise, insbesondere auch für Interventionen. Eine in Zukunft verstärkte Entwicklung von prozessdiagnostischen Verfahren ist daher wahrscheinlich. Ein Beispiel für ein solches Verfahren ist das Naglieri-Das *Cognitive Assessment System* (CAS; Das & Naglieri, 1997). Dieses basiert auf der PASS-Theorie (Planning, Attention-Arousal, Simultaneous and Successive model of processing; Das, Kar & Parrila, 1996; Das, Kirby & Jarman, 1975). Die PASS-Theorie geht im Gegensatz zum *g*-Faktor-Modell oder zu hierarchischen Strukturmodellen der Intelligenz wie dem BIS davon aus, dass sich unsere Denkfähigkeiten aus separierbaren Teilsystemen zusammensetzen, das Gehirn also modularisiert aufgebaut ist. Die Existenz eines *g*-Faktors wird damit in Frage gestellt (Plucker, 2003). Die PASS-Theorie unterscheidet als solche kognitiven Prozesse: Planung, Aufmerksamkeit(-ssteuerung), simultane Informationsverarbeitung (z. B. beim Verstehen von Sprache) und sukzessive Informationsverarbeitung (z. B. beim Lesen und Schreiben). Das CAS erlaubt nun eine Diagnostik dieser vier kognitiven Prozesskomponenten und wird daher auch für die Diagnostik von Lernschwierigkeiten (z. B. Lese-Rechtschreibschwierigkeiten) oder ADHS bei Kindern und Jugendlichen zwischen 5 und 17 Jahren eingesetzt (eine für den deutschen Sprachraum normierte Version liegt bisher nicht vor). Im deutschen Sprachraum vertritt die K-ABC (vgl. Tab. 1 in diesem Beitrag) den Anspruch, verschiedene Prozesskomponenten zu erfassen; hierzu enthält der Test eine „Skala einzelheitlichen Denkens" und eine „Skala ganzheitlichen Denkens". Während mit der ersten Skala die sequentielle Informationsverarbeitung, nämlich der folgerichtige Umgang mit Reizen (z. B. Zahlen nachsprechen), untersucht werden soll, erfasst die zweite Skala die simultane Informationsverarbeitung, das heißt die gestalthafte räumliche Integration von Stimuli (z. B. Wiedererkennen von Gesichtern). Beide Skalen erfassen die Fähigkeit, mit neuen Problemen umzugehen, und lassen sich im Rahmen klassischer Intelligenztheorien auch als Ausdruck der fluiden Intelligenz interpretieren.

Ein weiterer Ansatz, der seit jüngster Zeit stärker verfolgt wird, bezieht Maße zur Arbeitsgedächtniskapazität in die Intelligenzmessung mit ein (vgl. auch Vock et al. in diesem Band). Zwar entstand die Forschung zum Arbeitsgedächtnis ursprünglich in der Gedächtnispsychologie, jedoch stellte man schon bald fest, dass sich in der Kapazität des Arbeitsgedächtnisses große individuelle Unterschiede zeigen, die außerordentlich gut geeignet sind, intelligente Leistungen unterschiedlicher Art vorherzusagen. Inzwischen wird angenommen, dass das Arbeitsgedächtnis an allen höheren kognitiven Leistungen wesentlich beteiligt ist. Einige Forscherinnen und Forscher gehen sogar so weit anzunehmen, dass es sich bei der Arbeitsgedächtniskapazität um die wesentliche Grundlage der allgemeinen Intelligenz handelt (z. B. Kyllonen, 1996; Kyllonen & Christal, 1990; Swanson, 1996). Dennoch sind sich die meisten Forschenden darüber einig, dass es sich trotz bemerkenswert hoher empirischer Zusammenhänge von üblicherweise $r > .80$ bei der Arbeitsgedächtniskapazität und der Intelligenz um zwei separate Konstrukte handelt (z. B. Ackerman, Beier & Boyle, 2005; Oberauer, Schulze, Wilhelm & Süß, 2005).

Arbeitsgedächtnisaufgaben erfordern stets eine simultane kurzzeitige Speicherung und Verarbeitung von Informationen. Klassische Aufgabentypen sind sogenannte komplexe Spannenaufgaben, zum Beispiel die „Zahlenspanne rückwärts", bei der eine vorgegebene Reihe von Ziffern in exakt umgekehrter Reihenfolge wiedergegeben werden soll. Dieser Aufgabentyp hat bereits vor längerer Zeit Einzug in verschiedene Intelligenztests gefunden (z. B. HAWIK), aber erst seit kurzem wird dieser Ansatz intensiver und konsequenter verfolgt. Aus der experimentellen und differentiellen Forschung liegen viele verschiedene, aufgrund ihrer schlichten Struktur auch für Kinder sehr gut geeignete Arbeitsgedächtnisaufgaben mit guter psychometrischer Qualität vor (Oberauer, Süß, Schulze, Wilhelm & Wittmann, 2000). Während in den USA und in Großbritannien bereits veröffentlichte Testverfahren zur Messung des Arbeitsgedächtnisses bei Kindern vorliegen (*Swanson Cognitive Processing Test*; S-CPT von Swanson, 1996; *Working Memory Test-Battery for Children*; WMTB-C von Pickering & Gathercole, 2001), existieren in Deutschland bislang nur erste erprobte Verfahren, die noch nicht veröffentlicht sind (Vock, 2005; Vock & Holling, 2008; Hasselhorn et al., 2003).

Lerntests. Intelligenztests erfassen kognitive Fähigkeiten, die zum Teil als angeborenes Potential und zum Teil als durch Erfahrung und Lernen entwickelte Fähigkeiten verstanden werden können. Damit bilden sie die komplexe Interaktion zwischen Lernfähigkeit und erhaltenen Lerngelegenheiten ab (Preckel & Brüll, 2008). Intellektuelle Lernfähigkeit und allgemeine Intelligenz korrelieren dementsprechend auch hoch miteinander (Salas & Cannon-Bowers, 2001), und es liegen bislang keine überzeugenden Belege für die Existenz einer von der Intelligenz unabhängigen intellektuellen Lernfähigkeit vor (Holling et al., 2004). Wenn also Intelligenz weitgehend als das Potential, Neues zu lernen verstanden wird, wirft dies noch einmal ein anderes Licht auf die Messung von Intelligenz: Sollte man dann nicht versuchen, die Lernfähigkeit direkt zu messen, anstatt sich ihr über punktuelle Leistungen in Intelligenztestaufgaben zu nähern?

Dieser Ansatz der direkten Messung von Lernprozessen in standardisierten Testverfahren wird im Lerntest-Konzept (Guthke, 1972; Guthke & Beckmann, 2001) verfolgt, das international auch als „dynamisches Testen" (z. B. Grigorenko & Sternberg, 1998) bezeichnet wird und seine Anfänge bereits in den 1960er Jahren hatte. Ausgangspunkt dieses Ansatzes ist die Kritik, dass klassische Tests lediglich eine Statusdiagnostik erlauben, Lernprozesse aber nicht direkt abgebildet werden können. Bei Lerntests bearbeiten die Probandinnen und Probanden in der Regel zunächst klassische Intelligenzaufgaben, erhalten dann aber ein Feedback zu ihrer Leistung und/oder Hinweise zum Vorgehen bei der Bearbeitung der Aufgaben bzw. zu sinnvollen Strategien, und können dieselbe Aufgabe dann noch einmal versuchen. Dabei wird beobachtet, inwieweit die Testperson von den Hilfestellungen profitiert (z. B. Beckmann, 2001). Mit diesem Vorgehen ist die Hoffnung verbunden, so späteren Lernerfolg noch besser vorhersagen zu können als mit den klassischen Leistungsmaßen. Dieser Ansatz ist jedoch nicht unumstritten, insbesondere ist etwa fraglich, ob Messwerte, die den Lernfortschritt während der Testung abbilden, tatsächlich eine bessere prognostische Validität aufweisen (Holling & Liepmann, 2003). Auch die Vertreter des Lerntestkonzepts räumen ein, dass die zusätzlichen Informationen, die durch Lerntests gewonnen werden können, in der Regel eher gering sind (Guthke & Beckmann, 2001). Eine weitere Schwierigkeit besteht darin, dass die Durchführungsobjektivität von Lerntests notwendigerweise – auch bei einer möglichst weitgehenden Standardisierung der Lernhilfen – durch die Anpassung an die individuelle Testperson beeinträchtigt ist.

Neben einzelnen Intelligenztests, die ein Lerntestkonzept implizit oder explizit integrieren (z. B. SON 2 ½ -7, Tellegen, Laros & Petermann, 2007; S-CPT, Swanson, 1996), wurden auch spezielle Lerntests entwickelt, zum Beispiel die *Adaptive Computergestützte Intelligenz-Lerntestbatterie* (ACIL; Guthke, Beckmann, Stein, Vahle & Rittner, 1995) für Schülerinnen und Schüler der Klassenstufen fünf bis neun und der *Leipziger Lerntest* „Begriffsanaloges Klassifizieren" (LLT; Guthke, Wolschke, Willmes & Huber, 1992) für Kinder im ersten Schuljahr.

Differenzierte Erfassung der mentalen Geschwindigkeit. Die meisten Intelligenzstrukturtests enthalten Skalen zur Erfassung der Geschwindigkeit, mit der Aufgaben bearbeitet bzw. Informationen verarbeitet werden. In der Regel werden hierfür sehr einfache kognitive Aufgaben oder Wahrnehmungsaufgaben verwendet, die alle Testpersonen korrekt bearbeiten könnten, wenn sie keine Zeitbegrenzung hätten (z. B. in Buchstabenreihen jedes „x" anstreichen). Allerdings bleibt hier unklar, welche Geschwindigkeitskomponente(n) erfasst werden, da sich hinter der Informationsverarbeitungsgeschwindigkeit (*mental speed*) eine ganze Familie von Konstrukten verbirgt, deren Konstellation noch weitestgehend unklar ist (Danthiir, Roberts, Schulze & Wilhelm, 2005). Unter anderem werden unterschieden: psychomotorische Geschwindigkeit, Inspektionszeit, Wahrnehmungsgeschwindigkeit, Antwortgeschwindigkeit (test taking speed), persönliches Tempo (etc.). Etliche Untersuchungen zeigen, dass Mental-speed-Maße positiv mit Intelligenz korrelieren (einen Überblick über Studien geben z. B. Ceci, 1990; Deary, 1995). Da die meisten Intelligenztests zudem Zeitvorgaben für die Aufgabenbearbeitung vergeben, wird das Gesamtergebnis vermutlich zu nicht unwesentlichen Teilen durch solche Geschwindigkeitsmaße beeinflusst (Wilhelm & Schulze, 2002). Manche Forscherinnen und Forscher interpretieren die positiven Korrelationen zwischen mental speed und Intelligenz als Beleg dafür, dass die Geschwindigkeit basaler neuronaler Prozesse bzw. die neuronale Effizienz Grundlage der Intelligenz ist (z. B. Vernon, 1987). Diese Interpretation ist jedoch durchaus angreifbar: Die positiven Korrelationen zwischen mental speed und Intelligenz könnten auch auf Drittvariablen wie Motivation, Antwortkriterien (Was ist wichtiger, Genauigkeit oder Geschwindigkeit?) oder Wahrnehmungs- und Aufmerksamkeitsstrategien zurückzuführen sein. Unklar ist zudem, ob hohe neuronale Effizienz die Entwicklung der Intelligenz begünstigt oder ob eine hohe Intelligenz umgekehrt zu erhöhter neuronaler Effizienz führt (Neisser et al., 1995). Die Klärung der Zusammenhänge zwischen mental speed und Intelligenz und auch die Klärung der Zusammenhänge zwischen verschiedenen Speed-Komponenten wird daher die Intelligenzforschung in Zukunft weiter beschäftigen.

4   Implikationen für die Praxis

In diesem Abschnitt geben wir – basierend auf Besonderheiten der Intelligenztestung im Kindes- und Jugendalter – einige Hinweise für die Praxis. Konkret wird es dabei um die Frage gehen, inwieweit ein Testleiter eine standardisierte Testinstruktion an die Bedürfnisse insbesondere kleiner Kinder anpassen darf, ob Einzeltestungen gegenüber Gruppentestungen vorzuziehen sind, welche Stereotype Intelligenztestergebnisse beeinflussen können und wann sich die Interpretation von Intelligenzprofilen lohnt.

Standardisierung versus individuelle Anpassung der Instruktion. Je jünger ein Kind ist, umso eher können Abweichungen von der standardisierten Testdurchführung erforderlich sein. Diese sollten jedoch stets so gering wie möglich gehalten sein. Optimalerweise wird der Rahmen zulässiger Anpassungen der Instruktionen und der Testdurchführung für sehr junge Kinder bereits im Manual des Tests beschrieben. Insbesondere kann es erforderlich sein, häufiger kurze Pausen einzulegen. Auch kann in Einzelfällen die Reihenfolge der Untertests verändert werden (z. B. kann bei sehr schüchternen Kindern mit nonverbalen Tests begonnen werden, bei denen sie z. B. nur auf Objekte zeigen oder Objekte anordnen müssen, nicht jedoch Fragen des Testleiters beantworten; Ford & Dahinten, 2005). Vorschulkinder benötigen häufig auch mehr und häufigere Zuwendung, zum Beispiel indem der Testleiter das Kind dafür lobt, wie gut es mitarbeitet und wie gut es sich anstrengt (dabei muss jedoch Feedback darüber, ob die gegebenen Antworten richtig oder falsch sind, vermieden werden). Viele praktische Hinweise für die Intelligenztestung bei sehr jungen Kindern geben Ford und Dahinten (2005) sowie Preston (2005).

Gruppen- versus Individualverfahren im Kindesalter. Als wichtiges Argument für die Verwendung von Individualverfahren im Kindesalter wird häufig angeführt, dass nur Einzeltestungen ausführliche Verhaltensbeobachtungen erlauben. Solche Beobachtungen mögen in der Tat sehr wertvoll sein, um die Messqualität der Testung zu sichern. So fällt in einer Einzeltestung eher auf, ob ein Kind zur Testbearbeitung motiviert ist, ob es die Instruktion richtig verstanden hat und ob es am Testtag in einer guten Verfassung ist. Auch Besonderheiten der Feinmotorik, der Aufmerksamkeit und des Arbeitsverhaltens können bei der Bearbeitung vieler Testverfahren beobachtet werden. Häufig überschätzt wird hingegen der Wert einer Verhaltensbeobachtung während der Testsitzung für die generelle Einschätzung von Verhaltenstendenzen und Verhaltensauffälligkeiten. Über verschiedene Studien hinweg zeigte sich für das auf einer Skala eingeschätzte Verhalten während der Testung und Verhaltensbeobachtungen in verschiedenen anderen Situationen im Mittel nur ein sehr geringer Zusammenhang ($r = .18$; Glutting, Youngstrom, Oakland & Watkins, 1996).

Tests, die Gruppentestungen erlauben, sind deutlich ökonomischer in der Durchführung. Jedoch lassen sie sich erst ab dem Schulalter sinnvoll in der Gruppe durchführen, da jüngere Kinder in aller Regel noch nicht dazu in der Lage sind, den Instruktionen eines Testleiters selbständig zu folgen und im Testheft stets die richtige Seite aufzublättern. Zudem benötigen jüngere Kinder regelmäßige Ermunterung, mit den Aufgaben weiterzumachen. Auch bei Grundschulkindern empfehlen sich zunächst nur eher kleine Testgruppen, erst bei älteren Schulkindern sind auch Testungen in größeren Gruppen (z. B. der ganzen Schulklasse) sinnvoll. Generell empfiehlt sich bei der Testung größerer Gruppen der Einsatz von zwei Testleitern, um die instruktionsgemäße Bearbeitung überwachen zu können, aber auch, um bei Verständnisschwierigkeiten oder Nachfragen der Probandinnen und Probanden entsprechend reagieren zu können.

Aktivierung von negativen oder positiven Stereotypen in der Testsituation. Bestimmte situationale Bedingungen können nachweisbare Effekte auf die Leistung in Intelligenztests haben. Besonders umfangreich untersucht wurde dies für die Wirkungen bestimmter sozialer Stereotype, also breit geteilter Vorannahmen, dass bestimmte Bevölkerungsgruppen in bestimmten Tests entweder besonders gut oder aber besonders schlecht abschneiden (z. B., dass Mädchen Aufgaben mit mathematischen Inhalten schlechter lösen können als Jungen). Wird nun in der Testsituation ein solches Stereotyp bei den getesteten Personen aktiviert, indem sie etwa zu Beginn der Testsitzung auf einem Fragebogen ihr Geschlecht angeben müssen, so beeinflusst dies messbar ihre Testleistungen. Die Gruppe, die sich mit einem negativ ausgeprägten Stereotyp konfrontiert sieht (z. B. Mädchen bei einem Test mit mathematischen Inhalten) wird im Mittel geringere Leistungen zeigen (Stereotype-Threat-Effekt; Steele & Aronson, 1995), während die Gruppe, die das positiv ausgeprägte Stereotyp auf sich bezieht (z. B. Jungen im gleichen Test), im Mittel eher eine gesteigerte Leistung erbringen wird (Stereotype-Lift-Effekt; z. B. Walton & Cohen, 2003). Andere Studien konnten zeigen, dass ein negatives Stereotyp jedoch auch zu einer größeren Sorgfalt und Achtsamkeit beim Bearbeiten von Testaufgaben führen kann, woraus unter Umständen ein Leistungsvorteil resultiert (Seibt & Förster, 2004). Für die Testpraxis ist hierbei relevant, dass existierende Stereotype hinsichtlich der Intelligenz bestimmter Bevölkerungsgruppen bei den getesteten Kindern und Jugendlichen möglichst nicht aktiviert werden. So kann es bei Gruppentestungen zum Beispiel sinnvoll sein, das Geschlecht und sämtliche demographische Daten anhand eines Fragebogens erst nach der Testbearbeitung abzufragen.

Besonderheiten der Profilinterpretation. Mehrdimensionale Intelligenztests ermöglichen prinzipiell die Erstellung von Intelligenzprofilen, in denen sich besondere Stärken und Schwächen in verschiedenen Intelligenzdimensionen zeigen können. Tests müssen jedoch zunächst verschiedene statistische Voraussetzungen erfüllen, damit Profile aus den Leistungen in verschiedenen Untertests auch sinnvoll interpretiert werden können und nicht irrtümlich reine Scheinprofile, die lediglich zufällige Leistungsschwankungen abbilden, inhaltlich gedeutet werden (Lienert & Raatz, 1994). Erstens müssen die Untertests hinreichend reliabel sein, und der gefundene Leistungsunterschied muss größer als der Messfehler der jeweiligen Untertests sein. Zweitens sollten die einzelnen Untertests valide sein und ein klar definierbares Konstrukt erfassen, damit eine inhaltliche Interpretation überhaupt möglich ist. Schließlich dürfen die betrachteten Untertests auch nicht zu hoch miteinander korrelieren, um eine hinreichende Reliabilität der Unterschiede zu gewährleisten. Wenn diese Kriterien erfüllt sind, lassen sich Testprofile inhaltlich im Sinne von individuellen kognitiven Stärken und Schwächen interpretieren und zum Beispiel für die weitere Förderung eines Kindes nutzen. Dieses gelingt insbesondere dann gut, wenn der Test explizit auf einem empirisch gut gesicherten, mehrdimensionalen Intelligenzmodell aufbaut, wie etwa der BIS-HB.

Wenn Testergebnisse jedoch konkret dafür verwendet werden sollen, den späteren Lern- und Schulerfolg eines Kindes möglichst gut vorherzusagen, ist es aus empirischer Sicht fraglich, ob sich eine ausführliche Analyse von Untertestdifferenzen tatsächlich lohnt. Häufig haben die Informationen, die Profilen entnommen werden können (Profilhöhe, Profilstreuung und Profilform; Cronbach & Gleser, 1953), keine oder nur eine geringe inkrementelle Validität im Hinblick auf Schulleistungen (z. B. Hale & Green, 1995; Thorndike, 1986). Die Kenntnis der allgemeinen Intelligenz reicht in den meisten Fällen also aus. Dieses spricht jedoch auch in diesen Anwendungsfällen (z. B. Schullaufbahnberatung) keinesfalls gegen die Nutzung mehrdimensionaler Tests: Sie erlauben durch ihre große Bandbreite an Aufgaben und Untertests, deren Leistungen dann in einem Wert für die allgemeine Intelligenz zusammengefasst werden, einen genaueren und zuverlässigeren Blick auf die allgemeine Intelligenz, als es Tests mit nur einem oder sehr wenigen unterschiedlichen Aufgabentypen leisten können. Mit mehrdimensionalen Tests wird die Intelligenz somit letztlich häufig reliabler und valider gemessen, daher sollte nicht auf die Verwendung von Maßen der allgemeinen Intelligenz aus ihnen verzichtet werden. Eine inhaltliche Interpretation der Untertestschwankungen lohnt jedoch in manchen praktischen Fällen auch, zum Beispiel wenn es um die Intelligenzdiagnostik im Bereich hoher Begabung geht. In diesem Begabungsbereich korrelieren insbesondere kognitive Fähigkeiten, welche hoch auf dem *g*-Faktor laden, schwächer miteinander als im Bereich durchschnittlicher Begabung; Begabungsschwerpunkte sind hier also wahrscheinlicher als ausgeglichene Begabungsprofile (Preckel, 2010) und sie erlauben zudem Vorhersagen von Leistungsdaten (z. B. Lohman, 2005).

5 Fazit

Für die Erfassung der Intelligenz bei Kindern und Jugendlichen sind Intelligenztests das Mittel der Wahl. Insbesondere für die Vorhersage von Schul- oder Ausbildungserfolg haben Intelligenztests relativ zu anderen psychologischen Einzelverfahren die höchste prognostische Validität (Maltby, Day & Macaskill, 2007). Mehrdimensionale Intelligenztests ermöglichen zudem eine Unterscheidung verschiedener Intelligenzfacetten (z. B. schlussfolgerndes Denken, verbales Gedächtnis etc.), was durch Beobachtungs- oder auch schulische Leistungsdaten kaum möglich ist. Intelligenztests können zudem für die Abschätzung oder Entdeckung von Fähigkeitspotentialen eingesetzt werden – auch wenn ein Kind zum Beispiel keine entsprechenden schulischen Leistungen zeigt.

Zu beachten ist jedoch, dass, wie die obigen Ausführungen zu Lerntests zeigen, Ergebnisse in Intelligenztests eher als kontextabhängige Leistungsdaten zu interpretieren sind, denn als Maße angeborener Fähigkeit. Testergebnisse stellen zudem immer eine Statusdiagnostik dar, machen also lediglich Aussagen über den aktuellen Leistungs- und Entwicklungsstand. Wie stabil und vorhersagekräftig ein Testergebnis ist, hängt dabei von der Güte des jeweils eingesetzten Verfahrens und der Größe der zeitlichen Distanz zum vorherzusagenden Kriterium ab. Hinzu kommt, dass die Vorhersagen umso unsicherer sind, je jünger ein Kind ist. Bei jedem Testeinsatz sollte klar sein, dass IQ-Testaufgaben lediglich einen Verhaltensausschnitt abbilden. Kein Test erfasst alle Facetten der Intelligenz und es gibt durchaus auch alternative Herangehensweisen an das Intelligenzkonstrukt wie zum Beispiel die Ausführungen zu TIE gezeigt haben.

Die Stärke der Intelligenztests ist sozusagen auch ihr Fluch. Seit den Anfängen der psychometrischen Intelligenztestung sind viele der Testaufgaben weitestgehend unverändert geblieben. Warum sollte man auch ändern, was so gut funktioniert? Allerdings gibt es, wie die Ausführungen in Abschnitt 3 dieses Kapitels gezeigt haben, durchaus Optimierungspotential (z. B. Prozessdiagnostik, Ausdifferenzierung der Konstrukte wie mental speed usw.). Der intelligente Einsatz von Intelligenztests bei der Testung von Kindern und Jugendlichen erfordert damit zuerst einmal einen informierten Diagnostiker, welcher zudem Testergebnisse um weitere diagnostische Informationen ergänzen kann (z. B. biographisch-anamnestische Angaben), um die auf der Grundlage von Testergebnissen gemachten Aussagen abzustützen. Intelligenztests an sich sind lediglich Methoden, welche fachgerecht in einen diagnostischen Prozess zur Beantwortung einer konkreten diagnostischen Frage eingebettet werden müssen.

Literatur

Ackerman, P. L. (1994). Intelligence, attention, and learning: Maximal and typical performance. In D. K. Detterman (Ed.), *Current topics in human intelligence: Theories of intelligence* (pp. 1-27). Norwood, NJ: Ablex.

Ackerman, P. L., Beier, M. E. & Boyle, M. O. (2005). Working memory and intelligence: The same or different constructs? *Psychological Bulletin, 131,* 30-60.

Ackerman, P. L. & Heggestad, E. D. (1997). Intelligence, personality, and interests: Evidence for overlapping traits. *Psychological Bulletin, 121,* 219-245.

Alfonso, V. C., Flanagan, D. P. & Radwan, S. (2005). The impact of the Cattell-Horn-Carroll-Theory on test development and interpretation of cognitive and academic abilities. In D. P. Flanagan & P. L. Harrison (Eds.), *Contemporary intellectual assessment. Theories, tests, and issues* (pp. 185-202). New York: Guilford.

Alfonso, V. C., Oakland, T. D., LaRocca, R. & Spanakos, A. (2000). The course on individual cognitive assessment. *School Psychology Review, 29,* 52-64.

Amelang, M., Bartussek, D., Stemmler, G. & Hagemann, D. (Hrsg.). (2006). *Differentielle Psychologie und Persönlichkeitsforschung* (6. vollst. überarb. Aufl.). Stuttgart: Kohlhammer.

Austin, E. J. & Saklofske, D. H. (2006). Viel zu viele Intelligenzen? Über die Gemeinsamkeiten und Unterschiede zwischen sozialer, praktischer und emotionaler Intelligenz. In R. Schulze, P. A. Freund & R. D. Roberts (Hrsg.), *Emotionale Intelligenz: Ein internationales Handbuch* (S. 117-137). Göttingen: Hogrefe.

Beckmann, J. F. (2001). *Zur Validierung des Konstrukts des intellektuellen Veränderungspotentials.* Berlin: logos.

Berg, C. A. (2000). Intellectual development in adulthood. In R. J. Sternberg (Ed.), *Handbook of intelligence* (pp. 117-137). Cambridge: Cambridge University Press.

Bors, D. A., Vigneau, F. & Lalande, A. (2006). Measuring the need for cognition: Item polarity, dimensionality, and the relation with ability. *Personality and Individual Differences, 40,* 819-828.

Brähler, E., Holling, H., Leutner, D. & Petermann, F. (2002). *Brickenkamp Handbuch psychologischer und pädagogischer Tests.* Göttingen: Hogrefe.

Brody, N. (2005). To g or not to g – that is the question. In O. Wilhelm & R. Engle (Eds.), *Handbook of understanding and measuring intelligence* (pp. 489-502). London: Sage.

Bulheller, S. & Häcker, H. (2002). *Coloured Progressive Matrices (CPM).* Frankfurt/Main: Swets.

Cacioppo, J. T. & Petty, R. E. (1982). The need for cognition. *Journal of Personality and Social Psychology, 42,* 116-131.

Cacioppo, J. T., Petty, R. E., Feinstein, J. A. & Jarvis, W. B. G. (1996). Dispositional differences in cognitive motivation: The life and times of individuals varying in need for cognition. *Psychological Bulletin, 119,* 197-253.

Carroll, J. B. (1993). *Human cognitive abilities: A survey of factor-analytic studies.* Cambridge: Cambridge University Press.

Cattell, R. B. (1971). *Abilities: Their structure, growth, and action.* New York: Houghton Mifflin.

Cattell, R. B. & Horn, J. L. (1978). A check on the theory of fluid and crystallized intelligence with description of new subtest designs. *Journal of Educational Measurement, 15,* 139-164.

Cattell, R. B. & Weiß, R. (1971). *Grundintelligenztest Skala 3 (CFT 3).* Braunschweig: Westermann.

Cattell, R. B., Weiß, R. H. & Osterland, J. (1997). *Grundintelligenztest Skala 1 (CFT 1).* Göttingen: Hogrefe.

Ceci, S. J. (1990). *On intelligence ... more or less: A bioecological treatise on intellectual development.* Englewood Cliffs, NJ: Prentice Hall.

Chamorro-Premuzic, T., Furnham, A. & Ackerman, P. L. (2006). Incremental validity of the Typical Intellectual Engagement Scale as predictor of different academic performance measures. *Journal of Personality Assessment, 87,* 261-268.

Chen, Z. & Siegler, R. S. (2000). Intellectual development in childhood. In R. J. Sternberg (Ed.), *Handbook of intelligence* (pp. 92-116). Cambridge: Cambridge University Press.

Cronbach, L. J. & Gleser, G. C. (1953). Assessing similarities between profiles. *Psychological Bulletin, 50,* 456-473.

Danthiir, V., Roberts, R., Schulze, R. & Wilhelm, O. (2005). Approaches to mental speed. In O. Wilhelm & R. Engle (Eds.), *Handbook of measuring and understandig intelligence* (pp. 27-46). London: Sage.

Das, J. P., Kar, B. C. & Parrila, R. K. (1996). *Cognitive planning.* Thousand Oaks, CA: Sage.

Das, J. P., Kirby, J. R. & Jarman, R. F. (1975). Simultaneous and successive syntheses: An alternative model for cognitive abilities. *Psychological Bulletin, 82,* 87-103.

Das, J. P. & Naglieri, J. A. (1997). *Naglieri-Das Cognitive Assessment System.* Chicago, IL: Riverside.

Daseking, M., Petermann, U. & Petermann, F. (2007). Intelligenzdiagnostik mit dem HAWIK IV. *Kindheit und Entwicklung, 16,* 250-259.

Deary, L. J. (1995). Auditory inspection time and intelligence: What is the causal direction? *Developmental Psychology, 31,* 237-250.

Flanagan, D. P. & Kaufman, A. S. (2004). *Essentials of WISC-IV assessment.* Hoboken, NJ: Wiley.

Ford, L. & Dahinten, V. S. (2005). Use of intelligence tests in the assessment of preschoolers. In D. P. Flanagan & P. L. Harrison (Eds.), *Contemporary intellectual assessment. Theories, tests, and issues* (pp. 487-503). New York: Guilford.

Frenzel, A. & Nett, U. (2008). Berliner Intelligenzstruktur-Test für Jugendliche: Begabungs- und Hochbegabungsdiagnostik (BIS-HB) [Testrezension]. *Diagnostica, 54,* 221-225.

Gardner, M. K. & Clark, E. (1992). Psychometrics and childhood. In R. J. Sternberg & C. A. Berg (Eds.), *Intellectual development* (pp. 16-43). Cambridge: Cambridge University Press.

Garrett, H. E. (1946). A developmental theory of intelligence. *American Psychologist, 1,* 372-378.

Ginet, A. & Py, J. (2000). Le besoin de cognition: une échelle française pour enfants et ses conséquences au plan sociocognitif. *L'Année Psychologique, 100,* 585-627.

Glutting, J. J., Youngstrom, E. A., Oakland, T. & Watkins, M. W. (1996). Situational specificity and generality of test behaviours for samples of normal and referred children. *School Psychology Review, 25,* 94-107.

Goff, M. & Ackerman, P. L. (1992). Personality-intelligence relations: Assessment of typical intellectual engagement. *Journal of Educational Psychology, 84,* 537-553.

Gottfredson, L. S. & Deary, I. J. (2004). Intelligence predicts health and longevity, but why? *Current Directions in Psychological Science, 13,* 1-4.

Guthke, J. (1972). *Zur Diagnostik der intellektuellen Lernfähigkeit.* Berlin: Deutscher Verlag der Wissenschaften.

Guthke, J. & Beckmann, J. F. (2001). Intelligenz als „Lernfähigkeit" – Lerntests als Alternative zum herkömmlichen Intelligenztest. In E. Stern & J. Guthke (Hrsg.), *Perspektiven der Intelligenzforschung* (S. 137-161). Lengerich: Pabst.

Guthke, J., Beckmann, J. F., Stein, H., Vahle, H. & Rittner, S. (1995). *Adaptive Computergestützte Intelligenz-Lerntestbatterie (ACIL).* Mödling: Schuhfried.

Guthke, J., Wolschke, P., Willmes, K. & Huber, W. (1992). Leipziger Lerntest – Diagnostisches Programm zum begriffsanalogen Klassifizieren (DP-BAK). *Heilpädagogische Forschung, 18,* 153-161.

Grigorenko, E. L. & Sternberg, R. J. (1998). Dynamic testing. *Psychological Bulletin, 124,* 75-111.

Hale, R. L. & Green, E. A. (1995). Intellectual evaluation. In L. A. Heiden & M. Hersen (Eds.), *Introduction to clinical psychology* (pp. 79-100). New York: Plenum.

Halpern, D. F. (2000). *Sex differences in cognitive abilities.* Mahwah, NJ: Erlbaum.

Hasselhorn, M., Grube, D., Mähler, C., Zoelch, C. Gaupp, N. & Schumann-Hengsteler, R. (2003). Differentialdiagnostik basaler Funktionen des Arbeitsgedächtnisses. In G. Ricken, A. Fritz & C. Hoffmann (Hrsg.), *Diagnose: Sonderpädagogischer Förderbedarf* (S. 277-291). Lengerich: Pabst.

Held, J. D., Alderton. D. E., Poley, P. P. & Segall. D. O. (1993). Arithmetic reasoning gender differences: Explanations found in the Armed Services Vocational Aptitude Battery (ASVAB). *Learning and Individual Differences, 5,* 171-186.

Heller, K. A. (2000). *Lehrbuch Begabungsdiagnostik in der Schul- und Erziehungsberatung* (2., vollst. überarbeitete Aufl.). Bern: Huber.

Heller, K. A., Kratzmeier, H. & Lengfelder, A. (1998a). *Matrizen Test Manual, Bd. 1. Ein Handbuch mit deutschen Normen zu den Standard Progressive Matrices.* Göttingen: Beltz Test.

Heller, K. A., Kratzmeier, H. & Lengfelder, A. (1998b). *Matrizen Test Manual, Bd. 2. Ein Handbuch mit deutschen Normen zu den Advanced Progressive Matrices.* Göttingen: Beltz Test.

Heller, K. A. & Perleth, C. (2000). *Kognitiver Fähigkeitstest für 4. bis 12. Klassen, Revision (KFT 4-12+R).* Göttingen: Beltz Test.

Heller, K. A. & Perleth, C. (2007a). *Münchner Hochbegabungstestbatterie für die Primarstufe (MHBT-P).* Göttingen: Hogrefe.

Heller, K. A. & Perleth, C. (2007b). *Münchner Hochbegabungstestbatterie für die Sekundarstufe (MHBT-S).* Göttingen: Hogrefe.

Hines, M. (1990). Gonadal hormones and human cognitive development. In J. Balthazart (Ed.), *Hormones, brains, and behaviors in vertebrates 1. Sexual differentiation neuroanatomical aspects, neurotransmitters, and neuropeptides.* Basel: Karger.

Hofstätter, P. R. (1957). *Psychologie.* Frankfurt/Main: Fischer-Lexikon.

Holling, H. & Liepmann, D. (2003). Personalentwicklung. In H. Schuler (Hrsg.), *Lehrbuch Organisationspsychologie* (3. Aufl., S. 345-383). Bern: Huber.

Holling, H., Preckel, F. & Vock, M. (2004). *Intelligenzdiagnostik.* Göttingen: Hogrefe.

Horn, J. L. (1991), Measurement of intellectual capabilities: A review of theory. In K. S. McGrew, J. K. Werder & R. W. Woodcock (Eds.), *WJ-R Technical Manual* (pp. 197-232). Chicago, IL: Riverside.

Horn, W. (2002). *Prüfsystem für Schul- und Bildungsberatung für 4. bis 6. Klassen – revidierte Fassung (PSB-R 4-6).* Göttingen: Hogrefe.

Horn, W. (2003). *Prüfsystem für Schul- und Bildungsberatung für 6. bis 13. Klassen – revidierte Fassung (PSB-R 6-13).* Göttingen: Hogrefe.

Huttenlocher, J., Haight, W., Bryk, A., Seltzer, M. & Lyons, T. (1991). Early vocabulary growth: Relation to language input and gender. *Developmental Psychology, 27,* 236-248.

Hyde, J. S., Fennema, E. & Lamon, S. J. (1990). Gender differences in mathematics performance: A meta-analysis. *Psychological Bulletin, 107,* 139-153.

Hyde, J. S. & Linn, M. C. (1988). Gender differences in verbal abilities: A meta-analysis. *Psychological Bulletin, 104,* 53-69.

Jäger, A. O. (1982). Mehrmodale Klassifikation von Intelligenzleistungen: Experimentell kontrollierte Weiterentwicklung eines deskriptiven Intelligenzstrukturmodells. *Diagnostica, 18,* 195-225.

Jäger, A. O. (1984). Intelligenzstrukturforschung: Konkurrierende Modelle, neue Entwicklungen, Perspektiven. *Psychologische Rundschau, 35,* 21-35.

Jäger, A. O., Holling, H., Preckel, F., Schulze, R., Vock, M., Süß, H.-M. & Beauducel, A. (2006). *Berliner Intelligenzstruktur-Test für Jugendliche: Begabungs- und Hochbegabungsdiagnostik* (BIS-HB). Göttingen: Hogrefe.

Jensen, A. R. (1998). *The g factor: The science of mental ability, human evolution, behavior and intelligence.* Westport, CT: Praeger.

Kamphaus, R. W., Petoskey, M. D. & Rowe, E. W. (2000). Current trends in psychological testing of children. *Professional Psychology: Research and Practice, 31,* 155-164.

Kaufman, A. S. (1994). *Intelligence testing with the WISC-III.* New York: Wiley.

Kaufman, A. S. & Lichtenberger, E. O. (2000). *Essentials of WISC-III and WPPSI-R assessment.* New York: Wiley.

Koke, L. C. & Vernon, P. A. (2003). The Sternberg Triarchic Abilities Test (STAT) as a measure of academic achievement and general intelligence. *Personality and Individual Differences, 35,* 1803-1807.

Kubinger, K. D. (2009). *Adaptives Intelligenz Diagnostikum 2 (AID-2, Version 2.2; 2., neu geeichte und überarb. Aufl. samt AID 2-Türkisch).* Göttingen: Beltz.

Kyllonen, P. C. (1996). Is working memory capacity Spearman´s g? In I. Dennis & P. Tapsfield (Eds.), *Human abilities: Their nature and measurement* (pp. 49-75). Mahwah, NJ: Erlbaum.

Kyllonen, P. C. & Christal, R. E. (1990). Reasoning ability is (little more than) working-memory capacity?! *Intelligence, 14,* 389-433.

Lee, S.-Y. & Olszewski-Kubilius, P. (Mai 2010). *Differences between gifted males and females on the off-level tests.* Vortrag auf dem Jahreskongress der American Educational Research Association (AERA), Denver, CO.

Leeson, H. V. (2006). The mode effect: A literature review of human and technological issues in computerized testing. *International Journal of Testing, 6,* 1-24.

Lienert, G. A. & Raatz, U. (1994). *Testaufbau und Testanalyse.* Weinheim: Beltz.

Linn, M. C. & Petersen, A. C. (1985). Emergence and characterization of sex differences in spatial ability: A meta-analysis. *Child Development, 56,* 1479-1498.

Linn, M. C. & Petersen, A. C. (1986). A meta-analysis of gender differences in spatial ability: Implications for mathematics and science achievement. In J. S. Hyde & M. C. Linn (Eds.), *The psychology of gender: Advances through meta-analysis* (pp. 67-101). Baltimore, MD: Johns Hopkins University Press.

Loehlin, J. C. (2000). Group differences in intelligence. In R. J. Sternberg (Ed.), *Handbook of intelligence* (pp. 176-196). Cambridge: Cambridge University Press.

Lövdén, M. & Lindenberger, U. (2005). Development of intellectual abilities in old age. In O. Wilhelm & R. Engle (Eds.), *Handbook of understanding and measuring intelligence* (pp. 203-221). London: Sage.

Lohman, D. F. (2003). *Tables of prediction efficiencies.* Retrieved August 28, 2008, from http://faculty.education.uiowa.edu/dlohman/pdf/tables_of_prediction_efficiencies.pdf

Lohman, D. F. (2005). The role of non-verbal ability tests in identifying academically gifted students: An aptitude perspective. *Gifted Child Quarterly, 49,* 111-138.

Lohman, D. F. & Korb K. (2006). Gifted today but not tomorrow? Longitudinal changes in ITBS and CogAT scores during elementary school. *Journal for the Education of the Gifted, 29,* 451-484.

Lynn, R. (1994). Sex differences in intelligence and brain size: A paradox resolved. *Personality and Individual Differences, 17,* 257-271.
Maltby, J., Day, L. & Macaskill, A. (2007). *Personality, individual differences, and intelligence.* Harlow: Pearson.
Masters, M. S. & Sanders, B. (1993). Is the gender difference in mental rotation disappearing? *Behavior Genetics, 23,* 337-341.
Mead, A. D. & Drasgow, F. (1993). Equivalence of computerized and paper-and-pencil cognitive ability tests: A meta-analysis. *Psychological Bulletin, 114,* 449-458.
Meinz, E. J. & Salthouse, T. A. (1998). Is age kinder to females than to males? *Psychonomic Bulletin & Review, 5,* 56-70.
Melchers, P. & Preuß, U. (2001). *Kaufman Assessment Battery for Children (K-ABC).* Frankfurt/Main: Swets.
Neisser, U., Bouchard, T. J., Brody, N., Ceci, S. J., Halpern, D. F., Loehlin, J. C., Perloff, R., Sternberg, R. J. & Urbina, S. (1995). *Intelligence: Knowns and Unknowns. Report of a Task Force established by the Board of Scientific Affairs of the American Psychological Association.* Retrieved March 28, 2008, from http://www.lrainc.com/swtaboo/taboos/apa_01.html
Oberauer, K., Schulze, R., Wilhelm, O. & Süß, H.-M. (2005). Working memory and intelligence – Their correlation and their relation: Comment on Ackerman, Beier, and Boyle (2005). *Psychological Bulletin, 131,* 61-65.
Oberauer, K., Süß, H.-M., Schulze, R., Wilhelm, O. & Wittmann, W. W. (2000). Working memory capacity – facets of a cognitive ability construct. *Personality and Individual Differences, 29,* 1017-1045.
Petermann, F. (Hrsg.) (2009). *Wechsler Preschool and Primary Scale of Intelligence-III von David Wechsler (WPPSI-III). Deutsche Version.* Unter Mitarbeit von M. Lipsius. Frankfurt: Pearson.
Petermann, F. & Petermann, U. (2007) *Hamburg-Wechsler-Intelligenztest für Kinder – IV (HAWIK-IV).* Bern: Huber.
Pfeiffer, S. I., Reddy, L. A., Kletzel, J. E., Schmelzer, E. R. & Boyer, L. M. (2000). The practitioner's view of IQ testing and profile analysis. *School Psychology Quarterly, 15,* 376-385.
Pickering, S. J. & Gathercole, S. E. (2001). *Working Memory Test Battery for Children (WMTB-C).* London: Psychological Corporation.
Plucker, J. A. (Ed.) (2003). *Human intelligence: Historical influences, current controversies, teaching resources.* Retrieved March 28, 2008, from http://www.indiana.edu/~intell
Preckel, F. (2010). Intelligenztests. In F. Preckel, W. Schneider & H. Holling (Hrsg.), *Diagnostik von Hochbegabung* (Jahrbuch der pädagogischen Diagnostik. Tests und Trends, S. 19-43). Göttingen: Hogrefe.
Preckel, F. & Brüll, M. (2008). *Intelligenztests.* München: Reinhardt.
Preckel, F., Holling, H. & Vock, M. (2006). Scholastic underachievement: Relationship with cognitive motivation, achievement motivation, and conscientiousness. *Psychology in the Schools, 43,* 401-411.
Preston, P. (2005). *Testing children. A practitioner's guide to the assessment of mental development in infants and young children.* Göttingen: Hogrefe.
Raven, J. C. (1936). *Standard Progressive Matrices, Sets A, B, C, D, E II.* London: Lewis.
Raven, J. C. (1962a). *Coloured Progressive Matrices, Set A, AB, B.* London: Lewis.
Raven, J. C. (1962b). *Advanced Progressive Matrices.* London: Lewis.
Ricken, G., Fritz, A., Schuck, K.-D. & Preuß, U. (2007). *Hannover-Wechsler-Intelligenztest für das Vorschulalter – III (HAWIVA-III).* Bern: Huber.

Roberts, R. D., Markham, P. M., Matthews, G. & Zeidner, M. (2005). Assessing intelligence: Past, present, and future. In O. Wilhelm & R. Engle (Eds.), *Handbook of understanding and measuring intelligence* (pp. 333-360). London: Sage.

Salas, E. & Cannon-Bowers, J. A. (2001). The sciences of training: A decade of progress. *Annual Review of Psychology, 52,* 471-499.

Schaie, K. W. & Hertzog, C. (1986). Toward a comprehensive model of adult intellectual development: Contributions of the Seattle Longitudinal Study. In R. J. Sternberg (Ed.), *Advances in the psychology of human intelligence* (Vol. 3, pp. 79-118). Hillsdale, NJ: Erlbaum.

Schiller, B. (1934). Verbal, numerical, and spatial abilities of young children. *Archives of Psychology, 24,* No. 161.

Schneider, W., Bullock, M. & Sodian, B. (1998). Die Entwicklung des Denkens und der Intelligenzunterschiede zwischen Kindern. In F. E. Weinert (Hrsg.), *Entwicklung im Kindesalter* (S. 53-74). Weinheim: Psychologie Verlags Union.

Schorr, A. (1995). Stand und Perspektiven diagnostischer Verfahren in der Praxis. Ergebnisse einer repräsentativen Befragung westdeutscher Psychologen. *Diagnostica, 41,* 3-20.

Seibt, B. & Förster, J. (2004). Stereotype threat and performance: How self-stereotypes influence processing by inducing regulatory foci. *Journal of Personality and Social Psychology, 87,* 38-56.

Sparrow, S. S. & Davis, S. M. (2000). Recent advances in the assessment of intelligence and cognition. *Journal of Child Psychology and Psychiatry, 41,* 117-131.

Steck, P. (1997). Psychologische Testverfahren in der Praxis. Ergebnisse einer Umfrage unter Testanwendern. *Diagnostica, 43,* 267-284.

Steele, C. M. & Aronson, J. (1995). Stereotype threat and the intellectual test performance of African Americans. *Journal of Personality and Social Psychology, 69,* 797-811.

Stern, W. (1950). *Allgemeine Psychologie auf personalistischer Grundlage.* Den Haag: Mouton.

Sternberg, R. J. (1985). *Beyond IQ: A triarchic theory of human intelligence.* New York: Cambridge University Press.

Sternberg, R. J. (1990). *Metaphors of mind.* Cambridge: Cambridge University Press.

Sternberg, R. J. (1993). *Sternberg Triarchic Abilities Test.* Unpublished research instrument available from author.

Sternberg, R. J. (2000). *Handbook of intelligence.* Cambrige: Cambridge University Press.

Süß, H.-M. (2003). Intelligenztheorien. In K. Kubinger & R. S. Jäger (Hrsg.), *Stichwörter der Psychologischen Diagnostik* (S. 217-224). Weinheim: Psychologie Verlags Union.

Swanson, H. L. (1996). *Swanson Cognitive Processing Test (S-CPT).* Austin, TX: pro-ed.

Tellegen, P. J., Laros, J. A. & Petermann, F. (2007). *SON-R 2 ½-7. Non-verbaler Intelligenztest.* Göttingen: Hogrefe.

Thorndike, R. L. (1986). The role of general ability in prediction. *Journal of Vocational Behavior, 29,* 332-339.

Thorndike, R. L. & Hagen, E. (1971). *Cognitive Abilities Test.* Boston, MA: Houghton-Mifflin.

Vernon, P. A. (1987). *Speed of information processing and intelligence.* Norwood, NJ: Ablex.

Vock, M. (2005). *Arbeitsgedächtniskapazität bei Kindern mit durchschnittlicher und hoher Intelligenz.* Dissertation, Universität Münster. Verfügbar unter urn:nbn:de:hbz:6-54699385752 [http://nbn-resolving.de/urn:nbn:de:hbz:6-54699385752]

Vock, M. & Holling, H. (2008). The measurement of visuo-spatial and verbal-numerical Working Memory: Development of IRT based scales. *Intelligence, 36,* 161-182.

Walton, G. M. & Cohen, G. L. (2003). Stereotype lift. *Journal of Experimental Social Psychology, 39,* 456-467.
Watkins, M. W., Glutting, J. J. & Youngstrom, E. A. (2005). Issues in subtest profile analysis. In D. P. Flanagan & P. L. Harrison (Eds.), *Contemporary intellectual assessment. Theories, tests, and issues* (pp. 251-268). New York: Guilford.
Weber, H. & Westmeyer, H. (2001). Die Inflation der Intelligenzen. In E. Stern & J. Guthke (Hrsg.), *Perspektiven der Intelligenzforschung* (S. 251-265). Lengerich: Pabst.
Wechsler, D. (1958). *The measurement and appraisal of adult intelligence.* Baltimore, MD: Williams & Wilkins.
Wechsler, D. (2003). *The Wechsler Intelligence Scale for Children – Fourth Edition (WISC-IV).* San Antonio, TX: Psychological Corporation.
Weiß, R. (2008). *Grundintelligenztest Skala 2 – Revision (CFT 20-R).* Göttingen: Hogrefe.
Wilhelm, O. & Schulze, R. (2002). The relation of speeded and unspeeded reasoning with mental speed. *Intelligence, 30,* 537-554.
Wilhelm, O., Schulze, R., Schmiedek, F. & Süß, H.-M. (2003). Interindividuelle Unterschiede im typischen intellektuellen Engagement. *Diagnostica, 49,* 49-60.
Willingham, W. W. & Cole, N. S. (1997). *Gender and fair assessment.* Mahwah, NJ: Erlbaum.
Wilson, R. S. (1983). The Louisville twin study: Developmental synchronies in behavior. *Child Development, 54,* 298-316.
Wilson, R. S. (1986). Continuity and change in cognitive ability profile. *Behavior Genetics 16,* 45-60.
Yairi, E. & Ambrose, N. (1992). Onset of stuttering in preschool children: Selected factors. *Journal of Speech and Hearing Research, 35,* 782-788.

Erfassung von Persönlichkeitseigenschaften bei Kindern und Jugendlichen

Andrea Mohr und Sabina Glaser

1 Einführung

Die Diagnostik von Persönlichkeitseigenschaften bei Kindern und Jugendlichen spielt in unterschiedlichen psychologischen und pädagogischen Anwendungskontexten eine wichtige Rolle. Im Zentrum dieses Beitrags steht die Frage, wie sich die Persönlichkeit bzw. Persönlichkeitseigenschaften von Kindern erfassen lassen und welche Verfahren hierzu geeignet sind. Dazu erfolgt zunächst eine Klärung zentraler Begriffe wie Persönlichkeit, Persönlichkeitseigenschaften und Temperament. Außerdem wird auf die Frage nach den grundlegenden Persönlichkeitsdimensionen zur Beschreibung von Personen eingegangen. Anschließend werden Überlegungen und zentrale Befunde zur Persönlichkeitsentwicklung dargestellt. Im zweiten Kapitel werden Fremd- und Selbstbeurteilungen als unterschiedliche Zugänge zur Erfassung von Persönlichkeitseigenschaften bei Kindern und Jugendlichen geschildert, und es werden die Vor- und Nachteile der verschiedenen Beurteilerperspektiven diskutiert. Anschließend werden konkrete Verfahren zur Erfassung von Persönlichkeitseigenschaften bei Kindern und Jugendlichen vorgestellt. Der erste Abschnitt beschäftigt sich mit mehrdimensionalen Persönlichkeitsfragebögen, der zweite Abschnitt geht auf Verfahren zur Erfassung einzelner Aspekte ein. Das dritte Kapitel verweist auf bisherige Forschungsdefizite im Bereich der Persönlichkeitsdiagnostik bei Kindern und Jugendlichen und stellt zwei neu entwickelte Verfahren vor: den *Fragebogen zu Stärken und Kompetenzen von Kindern* (SK-KID 3-6; Mohr & Glaser, in Vorbereitung) sowie das *Junior Temperament und Charakter Inventar* (JTCI; Goth & Schmeck, 2009). Den Abschluss bildet ein kurzes Fazit zu den dargestellten Verfahren.

1.1 Begriffsklärung: Persönlichkeit, Persönlichkeitseigenschaften, Temperament

Es gibt weder einen eindeutigen Konsens darüber, was die Persönlichkeit eines Menschen umfasst, noch was unter Persönlichkeitseigenschaften verstanden werden kann. Jedoch lassen sich einige Bestimmungsstücke in verschiedenen Definitionen immer wieder finden. Die Persönlichkeit eines Menschen kann als die Gesamtheit aller überdauernden individuellen Besonderheiten im Erleben und Verhalten definiert werden (Asendorpf, 2004). Somit verbirgt sich hinter dem Begriff „Persönlichkeit" ein sehr allgemeines Konstrukt und „stellt gleichsam die Summe der auf menschliches Erleben und Verhalten bezogenen Konstrukte, deren Wechselbeziehungen untereinander und Interaktionen mit organismischen, situativen und Außenvariablen dar" (Amelang, Bartussek, Stemmler & Hagemann, 2006, S. 47). Persönlichkeitseigenschaften können dementsprechend als zeitlich relativ überdauernde Merkmale im Erleben und Verhalten eines Menschen betrachtet werden, in denen er sich von anderen unterscheidet. Zwar liegen unterschiedliche Konzeptionen des Eigenschaftsbegriffes vor, doch entspricht die Konzeption von Eigenschaften bzw. *Traits* als relativ breite und zeitlich stabile Dispositionen zu bestimmten Verhaltensweisen, die konsistent in verschiedenen Situationen auftreten, der derzeit vorherrschenden Konzeption in der Persönlichkeitsforschung (Amelang et al., 2006).

In welcher Beziehung stehen der Persönlichkeits- und Temperamentsbegriff zueinander? Der Temperamentsbegriff hat in den letzten Jahren ohne Zweifel eine Renaissance erlebt (Angleitner & Spinath, 2005). In Anlehnung an Rothbart und Bates (2006) können Temperamentsmerkmale als früh in der Entwicklung auftretende und biologisch fundierte interindividuelle Unterschiede bezüglich Reaktivität bzw. Responsivität und Selbstregulation betrachtet werden, die sich in den Bereichen Affekt, Aktivität und Aufmerksamkeit zeigen. Rothbart und Bates argumentieren, dass das Temperament zwar den Kern der Persönlichkeit repräsentiert, die Persönlichkeit eines Menschen aber weitaus mehr umfasst und somit den übergeordneten Begriff darstellt. Als weitere Persönlichkeitsbereiche können neben dem *Temperament* und *Gestaltmerkmalen* im Sinne körperlicher Eigenschaften der Person auch *Fähigkeiten* wie Intelligenz oder Kreativität, *Handlungseigenschaften* wie zum Beispiel Bedürfnisse, Motive, Interessen, *Bewertungsdispositionen* wie Einstellungen oder Werthaltungen sowie *selbstbezogene Dispositionen* wie zum Beispiel das Selbstkonzept oder Selbstwertgefühl aufgeführt werden (Asendorpf, 2004). Dieses Kapitel konzentriert sich auf Persönlichkeitsmerkmale im engeren Sinne, das heißt auf Faktoren des emotionalen, motivationalen und sozialen Verhaltens, und klammert den Fähigkeits- und Leistungsbereich, der bereits von Preckel und Vock in diesem Band behandelt wurde, aus.

Ein zentraler Bereich der Persönlichkeitspsychologie widmet sich der Frage, welches die grundlegenden Dimensionen zur Beschreibung der menschlichen Persönlichkeit sind. Hinweise zur Beantwortung dieser Frage liefern unter anderem Ergebnisse der faktorenanalytischen Persönlichkeitsforschung zu Faktoren höherer Ordnung auf der Basis des „lexikalischen Ansatzes", wobei das gesamte Lexikon einer Sprache schrittweise zu einem überschaubaren Satz von Eigenschaftsbezeichnungen reduziert wird, die dann die Basis von Selbst- und Fremdbeurteilungen bilden (Asendorpf, 2004). Die Anzahl der in diesen Untersuchungen ermittelten Faktoren liegt häufig bei fünf Faktoren, die als „Big-Five" bezeichnet wurden. Kritisch ist allerdings, dass die Inhalte dieser Faktoren zwischen verschiedenen Autoren und Autorinnen und Untersuchungen nicht immer übereinstimmen, aber zwischen vier der fünf Faktoren lassen sich relativ hohe Übereinstimmungen feststellen (Bartussek, 1996). Dies gilt für „Extraversion/Surgency", „Agreeableness" (Verträglichkeit), „Conscientiousness" (Gewissenhaftigkeit) und „Emotional Stability" (Emotionale Stabilität) mit dem Gegenpol Neurotizismus. Im Unterschied dazu sind für den fünften Faktor deutlich heterogenere Inhalte und Benennungen zu finden, wie z. B. „Culture, Intellect" (kulturelle Interessen und Bildung) oder „Openess to Experience"

(Offenheit für Erfahrungen). Diese Ergebnisse sind überwiegend in Studien mit Erwachsenen gewonnen worden, doch finden sich auch Übereinstimmungen zu Untersuchungen mit Kindern und Jugendlichen unterschiedlichen Alters (Halverson, Kohnstamm & Martin, 1994). Martin, Wisenbaker und Huttunen (1994) kommen nach einem Überblick von faktorenanalytischen Studien, in denen Temperamentsmerkmale von Kindern und Jugendlichen beurteilt wurden, zu sieben Faktoren, wovon zwei weniger regelmäßig auftreten und sich auf biologisch-somatische Aspekte beziehen: zum einen „Rhythmicity" (Tagesschwankungen) und zum anderen „Threshold" (Empfindungsschwelle). Für die fünf am häufigsten ermittelten Faktoren wählen sie die Bezeichnungen: „Activity Level" (motorische Aktivität), „Negative Emotionality" (Anfälligkeit für Stress und negative Emotionen), „Task Persistence" (Ausdauer und Aufmerksamkeitsspanne), „Adaptability" (Angepasstheit und Selbstregulation)" und „Inhibition" (Zurückweichen vs. Zuwendung im Hinblick auf neuartige Reize). Diese Temperamentsfaktoren besitzen Ähnlichkeiten mit den Big Five. So weisen „Activity Level" und „Inhibition" Bezüge zur Extraversion auf, „Adaptability" und „Negative Emotionality" zeigen Verbindungen zur Verträglichkeit, „Task Persistence" weist Verbindungen zur Gewissenhaftigkeit und „Negative Emotionality" zum Neurotizismus auf (Martin et al., 1994).

1.2 Persönlichkeitsentwicklung

Lange Zeit wurde der Begriff der Persönlichkeit mit einem hohen Ausmaß an Unveränderlichkeit verknüpft, doch diese Sichtweise, die insbesondere in den 60er und 70er Jahren des letzten Jahrhunderts massive Kritik erfahren hat, kann als überholt gelten. Zwar setzt die Verwendung des Begriffs der Persönlichkeit eine zumindest kurz- bzw. mittelfristige Stabilität von Erlebens- und Verhaltenstendenzen voraus, doch schließt dies eine langfristige Veränderung nicht aus.

Doch wie stabil sind Persönlichkeitseigenschaften? Um diese Frage zu beantworten, muss beachtet werden, dass Veränderungen aus individueller Sicht aus zwei verschiedenen Komponenten zusammengesetzt sein können: Sie können auf alterstypische Entwicklungen und auf individuelle Besonderheiten zurückführbar sein (Asendorpf, 2004). Zwar ist im Zusammenhang mit der Diagnostik von Persönlichkeitseigenschaften bei Kindern und Jugendlichen auch der Entwicklungsaspekt von Bedeutung, doch wird Persönlichkeitsentwicklung in der Persönlichkeitsforschung meist als differentielle Veränderung verstanden und sieht von alterstypischen Veränderungen ab (Asendorpf, 2002). Im Fokus stehen dabei die individuellen Abweichungen vom Mittelwert der Bezugspopulation und nicht die mittleren Entwicklungstrends. Roberts und DelVecchio (2000) führten eine Metaanalyse zur differentiellen Merkmalsstabilität durch. Anhand von 152 Längsschnittstudien wurde die Stabilität von Persönlichkeitseigenschaften in verschiedenen Lebensphasen untersucht. Im Schnitt liefen die Studien über ein Zeitintervall von 6,7 Jahren. Das Alter der Versuchspersonen bei Studienbeginn lag zwischen 0 und 60 Jahren. Die Ergebnisse zeigen, dass sich die differentielle Stabilität im Bereich sozial-emotionaler Persönlichkeitsmerkmale bis zum Alter von 50 Jahren auf eine Test-Retest-Korrelation von $r = .75$ diskontinuierlich erhöht. Innerhalb der ersten drei Lebensjahre ist die Stabilität am niedrigsten ($r = .35$), nimmt dann aber in der Altersspanne zwischen drei und sechs Jahren deutlich zu ($r = .54$) und erreicht eine ähnliche Größenordnung wie zwischen 18 und 22 Jahren. Im Kindergartenalter wird also eine erste Stabilisierung von Persönlichkeitseigenschaften erreicht. Demgegenüber ist die Stabilität in der Altersspanne zwischen 6 und 18 Jahren leicht verringert ($r = .45$ bzw. $r = .47$).

Leider gibt es kaum Studien, die die Kontinuität von Eigenschaften zwischen der Kindheit und dem Jugend- bzw. Erwachsenalter untersucht haben. Eine der wenigen ist die Dunedin-Studie, in der eine Kohorte vom 3. bis zum 21. Lebensalter untersucht wurde (Caspi, 2000). Zwar zeigen sich bedeutsame Zusammenhänge zwischen der Einteilung in eine von drei Temperamentsgruppen im Alter von drei Jahren und Persönlichkeitseigenschaften im Alter von 21 Jahren, doch das Temperament der Dreijährigen klärt nur einen mäßigen Varianzanteil in der Persönlichkeit der jungen Erwachsenen auf.

2 Erfassung der Persönlichkeit von Kindern und Jugendlichen

2.1 Unterschiedliche Zugänge zur Erfassung von Persönlichkeitsmerkmalen im Kindes- und Jugendalter

Möchte man Persönlichkeitsmerkmale eines Kindes erfassen, so bieten sich mehrere Datenquellen an, die Cattell in einer Taxonomie für die Erfassung von Persönlichkeit im Erwachsenenalter bereits im Jahre 1957 zusammenfasste. Viele Autorinnen und Autoren beziehen sich auf diese Taxonomie, die im Laufe der Jahre weiterentwickelt und modifiziert wurde. So wird im Allgemeinen zwischen Daten der Lebensgeschichte (L-Daten), Fragebogendaten (Q-Daten) und objektiven Testdaten (T-Daten) unterschieden (Cattell, 1957). Da sowohl in der Grundlagenforschung als auch in der angewandten Psychologie die Persönlichkeitsdiagnostik meist unter Zuhilfenahme von Fragebögen erfolgt, sollen in dem vorliegenden Beitrag Fragebogendaten (Q-Daten) für die Erfassung der kindlichen Persönlichkeit im Mittelpunkt stehen. Fragebogendaten lassen sich sowohl durch Selbst- wie durch Fremdbeurteilungen erfassen, sodass im Folgenden auf deren Vor- und Nachteile eingegangen werden soll.

2.1.1 Selbstbeurteilung

Die Zielperson zu bitten, ihr eigenes Verhalten und ihre Persönlichkeitsmerkmale einzuschätzen, stellt eine Möglichkeit dar, um Persönlichkeitseigenschaften im Kindesalter zu erfassen. So existieren zwar Instrumente, in denen die Probanden und Probandinnen mittels offener Fragen untersucht werden, doch dominieren bei der Erfassung kindlicher Persönlichkeitseigenschaften diejenigen Verfahren, die Antwortalternativen in quantitativer Abstufung (z. B. „immer" – „nie") oder dichotome Antwortmöglichkeiten („ja" oder „nein") anbieten.

Für den Einsatz von Selbstbeurteilungsinstrumenten spricht die sowohl in den Grundlagendisziplinen als auch in der Persönlichkeitsdiagnostik vertretene Ansicht, dass die Zielperson auf ein „Expertenwissen" zurückgreift, wenn es um die Einschätzung eigenen Verhaltens geht. So kann man davon ausgehen, dass Kinder über einzigartige, von außen nicht sichtbare Informationen über sich selbst verfügen (z. B. Ängste, Wünsche, Fantasien) und sich selbst über verschiedene Situationen hinweg gut kennen. Ein zusätzlicher Vorteil von Selbstauskünften ist ihre Ökonomie.

Diesen Vorteilen sind Nachteile gegenüberzustellen, die in erster Linie mit der eingeschränkten Beurteilungskompetenz von Kindern zusammenhängen. Selbstbeurteilungen von Kindern sind abhängig vom jeweiligen Entwicklungsstand und somit vom Alter. Selbsteinsicht und Selbstverständnis unterliegen einem Reifungsprozess, müssen sich also erst im Laufe der Jahre entwickeln. Dabei spielt die Entwicklungsphase der mittleren Kindheit (acht bis elf Jahre) eine besondere Rolle. Während Kinder zwischen fünf und sieben Jahren sich selbst und vor allem ihre Fähigkeiten typischerweise überschätzen und sie über kein globales Selbstkonzept verfügen, beschreiben sich Kinder im Alter von acht bis elf Jahren mehr und mehr mittels Persönlichkeitseigenschaften (traits), zu denen sie ihre Erfahrungen und Verhaltensweisen kombinieren (Harter, 1999). Die kognitive und emotionale Entwicklung in der mittleren Kindheit führt ebenfalls dazu, dass Kinder auch solche Selbstrepräsentationen integrieren können, die gegensätzlich sind (z. B. klug und dumm; glücklich und traurig). Diese entwicklungsabhängigen Aspekte sollten bei der Sammlung von Selbstberichtsdaten im Kindesalter berücksichtigt werden.

Neben diesen für Kinder relevanten Einschränkungen können Selbstberichtsdaten insgesamt einer Tendenz zur sozialen Erwünschtheit und somit einer mehr oder weniger bewussten Verzerrung vonseiten der Probandinnen und Probanden unterliegen. Ebenso können Selbsteinschätzungen von Kindern – genauso wie diejenigen von Erwachsenen – von dem sogenannten „Fish-and-Water"-Effekt nach Kolar, Funder und Colvin (1996) beeinflusst sein. Die Autoren argumentieren, dass genauso wenig wie ein Fisch sich der Anwesenheit des Wassers bewusst ist, Personen sich möglicherweise nicht ihrer Persönlichkeitsmerkmale bewusst sind. Aus diesem Grund könnte es für sie nur schwer möglich sein, über diese Eigenschaften zu berichten. Sie schlagen deswegen vor, sich bei der Persönlichkeitsbeurteilung eher auf die Einschätzung durch dritte Personen (in diesem Fall Eltern, Lehrer und Lehrerinnen oder Erzieher und Erzieherinnen) zu verlassen, da für diese eine höhere prädiktive Validität für direkt beobachtetes Verhalten nachgewiesen werden konnte (Kolar et al., 1996).

2.1.2 Fremdbeurteilung

Angesichts der nur eingeschränkten prädiktiven Validität von Selbstbeurteilungsdaten und ihrer Abhängigkeit vom Entwicklungsstand des Kindes ist es eine naheliegende Alternative, kindliche Persönlichkeitseigenschaften durch Fremdbeurteilungen von Eltern, Erziehern und/oder Lehrern zu erfassen. Laut Funder (1997) bilden diese Informantendaten eine wichtige Grundlage für die Erfassung der Persönlichkeit von Kindern und sind auch deshalb von Vorteil, weil sie einen Bezug zum konkreten Lebensraum der Zielperson herstellen. Geht man davon aus, dass Persönlichkeitsmerkmale auf mehr oder weniger stabilen, situationskonsistenten Faktoren beruhen, so können Informanten, die die Zielperson gut kennen (z. B. die Eltern des Kindes), die Beurteilung von Persönlichkeitseigenschaften recht präzise vornehmen, da sie das Kind in vielen unterschiedlichen Situationen erleben. Mithilfe ihres gesunden Menschenverstandes sollten sie dann in der Lage sein, von dem Verhalten des Kindes in unterschiedlichen Situationen auf seine Persönlichkeit zu schließen (Funder, 1997). Informanten, die die Zielperson in weniger unterschiedlichen Situationen erleben (z. B. Erzieher und Lehrer), können jedoch auch wichtige Informationen liefern, da diese Beurteiler in der Regel einen Vergleichsmaßstab heranziehen und das Zielkind im Vergleich zu anderen Kindern desselben Alters beurteilen können.

Studien, die die Übereinstimmung zwischen unterschiedlichen Urteilen (Eltern vs. Erzieher bzw. Eltern vs. Lehrer) ein- und desselben Kindes fokussieren, beziehen sich in der Regel auf kindliche Verhaltensprobleme wie externalisierendes und/oder internalisierendes Problemverhalten. So ist ein durchwegs in der Literatur zu findender Befund, dass die Übereinstimmung zwischen Eltern- und Erzieher- bzw. Lehrerurteilen im Allgemeinen niedrig bis moderat ausfällt. Achenbach, McConaughy and Howell (1987) führten eine Metaanalyse über 119 Studien durch, um das Ausmaß der Konsistenz zwischen den Beurteilungen verschiedener Informanten hinsichtlich emotionaler und Verhaltensprobleme von 1½- bis 19-jährigen Kindern und Jugendlichen zu ermitteln. Die moderaten Korrelationen ($r = .28$) sollten nach Ansicht der Autoren nicht als Hinweis auf invalide oder unreliable Urteile aufgefasst werden. Ihres Erachtens deuten niedrige Korrelationen auf Verhaltensweisen hin, welche situations*variant* sind und sich in Abhängigkeit von den Interaktionen mit den jeweiligen Personen (Eltern, Erzieher, Lehrer, Arzt o. Ä.) verändern. Döpfner, Berner, Fleischmann und Schmidt (1993) interpretieren die nur moderaten Zusammenhänge dahingehend, dass ein Kind bestimmte Störungen (z. B. oppositionelles Trotzverhalten) unter Umständen nur in bestimmten Umgebungen (z. B. im Kindergarten) oder gegenüber bestimmten Personen (z. B. den Eltern) zeigt. Aufgrund dessen gelangen auch die Beurteiler, die ein Kind in verschiedenen Kontexten erleben, zu unterschiedlichen Einschätzungen. Aus diesem Grund sollten nach Ansicht Achenbachs et al. (1987) kindliche Probleme ebenso wie kindliche Kompetenzen mithilfe unterschiedlicher Informanten erfasst werden, die ein Kind in verschiedenen Situationen und Kontexten erleben. Divergierende Einschätzungen verschiedener Informanten sollten als Möglichkeit gesehen werden, um ein umfassenderes Bild über die Persönlichkeit eines Kindes und dessen Verhalten in verschiedenen Kontexten zu erhalten. Im Zusammenhang mit den verschiedenen Beurteilerperspektiven spielt auch die unterschiedliche emotionale Involviertheit der Beurteiler eine Rolle: Während Eltern ihr Kind „naturgegeben" mit einer höheren emotionalen Involviertheit und auch stärker vor dem Hintergrund ihrer eigenen Befindlichkeit und psychischen Belastung beurteilen, können Erzieher und Lehrer eher aus einer professionellen emotionalen Distanz heraus die Einschätzungen vornehmen.

2.2 Konkrete Verfahren zur Erfassung von Persönlichkeitsmerkmalen im Kindes- und Jugendalter

In diesem Abschnitt werden konkrete Verfahren zur Erfassung von Persönlichkeitseigenschaften bei Kindern und Jugendlichen vorgestellt. Ein notwendiges Kriterium für die Auswahl eines Verfahrens war, dass es veröffentlicht und immer noch zu beziehen ist und dass eine Normierung erfolgt ist. Die Darstellung der Verfahren ist in zwei Teile untergliedert. In 2.2.1 werden zunächst mehrdimensionale Persönlichkeitsfragebögen vorgestellt. Neben der ausführlichen Darstellung des *Persönlichkeitsfragebogens für Kinder* (PFK 9-14; Seitz & Rausche, 2004) werden weitere mehrdimensionale Persönlichkeitsverfahren in einem tabellarischen Überblick in Tabelle 1 dargestellt. In Abschnitt 2.2.2 werden schließlich Verfahren vorgestellt, anhand derer die Erfassung einzelner Persönlichkeitsaspekte möglich ist.

2.2.1 Mehrdimensionale Persönlichkeitsfragebögen

Im deutschen Sprachraum existieren verschiedene mehrdimensionale Persönlichkeitsfragebögen, die für das Kindes- und Jugendalter konzipiert sind. Tabelle 1 stellt diese Verfahren im Überblick dar. Die Mehrzahl dieser Verfahren wurde in den 70er und 80er Jahren entwickelt. Problematisch ist, dass die meisten dieser Verfahren seitdem nicht mehr überarbeitet wurden und daher über keine aktuellen Normen verfügen. Lediglich der PFK 9-14 ist für die vierte Auflage überarbeitet und neu normiert worden und soll daher ausführlicher dargestellt werden. Zwei weitere mehrdimensionale Verfahren werden als aktuelle Entwicklungen im dritten Abschnitt beschrieben.

Der PFK 9-14 zielt auf die Erfassung wichtiger Dimensionen der Persönlichkeit von Kindern im Alter zwischen 9 und 14 Jahren. Dabei sollen aus drei wichtigen „Äußerungs-Bereichen" (Seitz & Rausche, 2004, S. 20), nämlich dem Bereich der Verhaltensstile, dem der Motive und dem des Selbstbildes solche Persönlichkeitseigenschaften erfasst werden, die ausgehend von faktorenanalytischen Studien einen hohen Varianzaufklärungsanteil aufweisen und deren Struktur über verschiedene Subpopulationen der Gesamtpopulation 9- bis 14-jähriger Kinder Konstanz aufweist. Die Konstruktion des Verfahrens erfolgte ausgehend von der klassischen Testtheorie. Die Auswahl der Merkmale, für die Items formuliert wurden, orientierte sich an Darstellungen der Persönlichkeit als Aggregat mehrerer Einzeldimensionen, an Ergebnissen empirischer Forschungen über die Bedeutsamkeit bestimmter Persönlichkeitsmerkmale im Hinblick auf das Verhalten in bestimmten Situationen (wie z. B. schulische Leistungen, Schwierigkeiten in der Schule, Verhaltensauffälligkeiten) und an Erfahrungen und Beobachtungen aus der diagnostischen Praxis der Schul- und Erziehungsberatung über bedeutsame Persönlichkeitsmerkmale des Kindes. Der ursprüngliche Itempool umfasste 510 neu formulierte Items. Itemselektionen erfolgten durch faktorenanalytische Strukturierungen, Überprüfung der Konstanz der Faktorenstruktur bei verschiedenen Personenpopulationen und differentielle Itemanalysen bei verschiedenen Populationen und führten zu 180 Items in der aktuellen Auflage.

Das Verfahren gliedert sich in 15 Subskalen, die in Tabelle 1 aufgeführt sind. Neben den 15 Primärdimensionen kann auch nach Faktoren II. Ordnung ausgewertet werden, und zwar für eine Vier-Faktoren-Lösung (in der Auflage von 1992 wurden auch für die Drei- und Fünf-Faktoren-Lösungen Normtabellen zur Verfügung gestellt). Die vier Faktoren werden folgendermaßen interpretiert: F-IIO-1 Emotionalität; F-IIO-2 Derb-draufgängerische Ichdurchsetzung; F-IIO-3 Aktives Engagement; F-IIO-4 Selbstgenügsame Isolierung.

Die Ergebnisse zur Reliabilität der Skalen sind in Tabelle 1 aufgelistet. Das Verfahren besitzt inhaltlich-logische Gültigkeit. Seitz und Rausche (2004) berichten eine Fülle von Ergebnissen zur empirischen Validität. Für die Neunormierung des Verfahrens wurden die Fragebögen von 3749 Kindern berücksichtigt, die im Rahmen von Schuluntersuchungen zwischen 1995 und 1996 in Schulen aller deutschen Bundesländer durchgeführt wurden. Prozentrang- und *T*-Wert-Normen liegen vor für Kinder zwischen 9 und 14 Jahren (jeweils ein Altersjahrgang) sowie getrennte Werte für Jungen und Mädchen sowie für Schüler der verschiedenen Schultypen (Grundschule, Hauptschule, Realschule, Gymnasium).

2.2.2 *Verfahren zur Erfassung ausgewählter Persönlichkeitsmerkmale*

Neben den oben angeführten Instrumenten, die mehrere Dimensionen der Persönlichkeit erfassen, konzentrieren sich die im Folgenden dargestellten Verfahren auf Einzelaspekte. Dabei entstammen einige eher dem klinischen Bereich, aber auch sie erlauben die Diagnostik persönlichkeitsrelevanter Merkmale, weshalb sie hier dargestellt werden.

Sozialverhalten. Aspekte des Sozialverhaltens werden beispielsweise in dem *Sozialfragebogen für Schüler* (SFS 4-6; Petillon, 1984) erfasst, bei dem es sich um ein 116 Items umfassendes, normiertes Selbstbeurteilungsverfahren für Schülerinnen und Schüler der vierten bis sechsten Klasse handelt. Aus persönlichkeitspsychologischer Sicht sind hier insbesondere die Skalen „Soziale Angst bei Schülern", „Soziales Interesse bei Schülern" und „Kontaktbereitschaft bei Schülern" von Interesse. Drei weitere Skalen erfassen bisherige Interaktionserfahrungen mit Mitschülern und -schülerinnen sowie Lehrern und Lehrerinnen. Die Reliabilität der Skalen liegt zwischen .76 und .97, Angaben zur Konstruktvalidität liegen vor. Leider müssen die Normen als veraltet betrachtet werden. Zur Diagnostik von Aggressivität ist der *Erfassungsbogen für aggressives Verhalten in konkreten Situationen* (EAS; Petermann & Petermann, 2000) geeignet. Das für Kinder zwischen neun und zwölf Jahren normierte Verfahren umfasst 22 Items, die jeweils aus einer Situationsbeschreibung, einer bildlichen Darstellung und drei Reaktionsalternativen bestehen. Die Antwortalternativen geben eine sozial erwünschte, eine leicht und eine schwer aggressive Reaktion vor. Der EAS dient der Erfassung und Differenzierung von kind- und situationsspezifischen aggressiven Verhaltensweisen und erlaubt die Erstellung eines differenzierten individuellen Reaktionsprofils, das darstellt, gegen wen sich aggressives Verhalten richtet, wie und mit welchem Intensitätsgrad es sich äußert und in welchem Umweltbereich es auftritt.

Tabelle 1: Überblick über mehrdimensionale Persönlichkeitsverfahren

Test, Autor(en)	Merkmale	
Deutscher HSPQ Mehrdimensionaler Test der Persönlichkeitsstruktur und ihrer Störungen für 12- bis 18-Jährige Schumacher & Cattell (1977)	*Altersgruppe*	12 bis 18 Jahre
	Art des Verfahrens	Fragebogen zur Selbstbeurteilung; Einzel- oder Gruppentestung möglich.
	Skalen	(1) Schizothymie (Reserviertheit) vs. Affektothymie (Warmherzigkeit); (2) Niedrige vs. Hohe Intelligenz; (3) Ichschwäche vs. Ichstärke; (4) Phlegmatisches Temperament vs. Erregbarkeit; (5) Unterordnung vs. Dominanz; (6) Gefühlshemmung vs. Gefühlsüberschwänglichkeit; (7) Überich-Schwäche vs. Stärke; (8) Threctia (Soziale Zurückhaltung) vs. Parmia (Soziale Initiative); (9) Harria (Robustheit) vs. Premsia (Feinfühligkeit); (10) Zeppia (Vorliebe für Gruppenaktivitäten) vs. Coasthenia (grüblerischer Individualismus); (11) Ungestörter Gleichmut vs. Neigung zu Schuldgefühlen; (12) Gruppenabhängigkeit vs. Eigenständigkeit; (13) Niedrige vs. Starke Selbstkontrolle; (14) Niedrige vs. Hohe Antriebsspannung. Vier übergeordnete Skalen: Angst, Extraversion, Überich-Stärke, Individualität/unabhängige Zielstrebigkeit.
	Testlänge	142 Items; 14 Subskalen; 4 übergeordnete Skalen
	Testgüte	Retest-Reliabilität nach 9 bis 10 Monaten: Werte zwischen $r = .53$ und $.79$; Validitätsstudien liegen vor.
	Normen	Prozentrang- und Standardwertnormen (Normstichprobe $N = 2.686$); Alterskorrekturwerte werden angegeben, keine Geschlechtsdifferenzierung.

Tabelle wird auf der nächsten Seite fortgesetzt

Fortsetzung von Tabelle 1: Überblick über mehrdimensionale Persönlichkeitsverfahren

Test, Autor(en)	Merkmale	
PFK 9-14 Persönlichkeitsfragebogen für Kinder zwischen 9 und 14 Jahren Seitz & Rausche (2004)	*Altersgruppe*	9 bis 14 Jahre
	Art des Verfahrens	Fragebogen zur Selbstbeurteilung; liegt auch als Computerversion vor; Einzel- oder Gruppentestung möglich.

	Skalen	15 Primärskalen (je 12 Items):
		1. *Verhaltensstile (VS)*:
		   VS1 Emotionale Erregbarkeit;
		   VS2 Fehlende Willenskontrolle;
		   VS3 Extravertierte Aktivität;
		   VS4 Zurückhaltung und Scheu im Sozialkontakt.
		2. *Motive (Mo)*:
		   Mo1 Bedürfnis nach Ich-Durchsetzung, Aggression und Opposition;
		   Mo2 Bedürfnis nach Alleinsein und Selbstgenügsamkeit;
		   Mo3 Schulischer Ehrgeiz;
		   Mo4 Bereitschaft zu sozialem Engagement;
		   Mo5 Neigung zu Gehorsam und Abhängigkeit gegenüber Erwachsenen;
		   Mo6 Maskulinität der Einstellung.
		3. *Selbstbild-Aspekte (SB)*:
		   SB1 Selbsterleben von allgemeiner (existentieller) Angst;
		   SB2 Selbstüberzeugung;
		   SB3 Selbsterleben von Impulsivität;
		   SB4 Egozentrische Selbstgefälligkeit;
		   SB5 Selbsterleben von Unterlegenheit gegenüber anderen.
		Neben den 15 Primärdimensionen auch Auswertung nach Faktoren II. Ordnung (vgl. 2.2.1)

	Testlänge	180 Items; 15 Primärskalen, 4 Sekundärfaktoren
	Testgüte	Interne Konsistenz: für Primärskalen zwischen $\alpha = .63$ bis .80, für Sekundärfaktoren zwischen $\alpha = .80$ bis .92; Validitätsstudien liegen vor.
	Normen	T-Werte und Prozentränge für Primärdimensionen und Sekundärfaktoren für Gesamtstichprobe ($N = 3.749$) sowie getrennt nach Alter, Geschlecht und Schulart.

Fortsetzung von Tabelle 1: Überblick über mehrdimensionale Persönlichkeitsverfahren

Test, Autor(en)	Merkmale	
MPT-J Mehrdimensionaler Persönlichkeitstest für Jugendliche Schmidt (1981)	*Altersgruppe*	14 bis 18 Jahre
	Art des Verfahrens	Fragebogen zur Selbstbeurteilung; liegt auch als Computer-Version vor.
	Skalen	(1) Ich-Schwäche; (2) Soziale Erwünschtheit (3) Antriebsspannung; (4) Leistungsmotiviertheit; (5) Soziale Zurückhaltung; (6) Aggressivität; (7) Kontroll-Skala.
	Testlänge	105 Items; 7 Skalen
	Testgüte	Reliabilitätskoeffizienten nach Kuder-Richardson zwischen .41 und .86; Spearman-Brown zwischen .48 und .86; Validitätsstudien liegen vor.
	Normen	Geschlechtsdifferenzierende Prozentrang- und T-Werte; in Anwendung seit 1981.
HANES-KJ Hamburger Neurotizismus- und Extraversionsskalen für Kinder und Jugendliche Buggle & Baumgärtel (1975)	*Altersgruppe*	8 bis 17 Jahre
	Art des Verfahrens	Fragebogen zur Selbstbeurteilung; Einzel- oder Gruppentestung möglich.
	Skalen	Der Test besteht aus drei übergeordneten Skalen: Neurotizismus, Extraversion und Lügenskala; die Skalen Neurotizismus und Extraversion haben je drei Unterskalen.
	Testlänge	68 Items; 3 übergeordnete Skalen
	Testgüte	Reliabilitätskoeffizienten nach Kuder-Richardson zwischen .83 und .93; Retest-Reliabilität nach 3 Monaten: $r = .43$ bis .75; Validitätsstudien liegen vor.
	Normen	Alters- und geschlechtsdifferenzierende Normen (Prozentrang und Stanine-Werte). Normierung erfolgte anhand der Daten von 6.333 8- bis 17-Jährigen.

Tabelle wird auf der nächsten Seite fortgesetzt

Fortsetzung von Tabelle 1: Überblick über mehrdimensionale Persönlichkeitsverfahren

Test, Autor(en)	Merkmale	
HAPEF-K Hamburger Persönlichkeitsfragebogen für Kinder Wagner & Baumgärtel (1978)	*Altersgruppe*	9 bis 13 Jahre
	Art des Verfahrens	Fragebogen zur Selbstbeurteilung; liegt auch als Computer-Version vor; Einzel- oder Gruppentestung möglich.
	Skalen	Der Fragebogen besteht aus zwei Teilen, die jeweils drei Skalen bilden: Emotional bedingte Leistungsstörungen; Initiale Angst/Somatische Beschwerden; Aggression; Neurotizismus (zwei parallele Skalen in den zwei Teilen enthalten); Reaktion auf Misserfolg; Extraversion.
	Testlänge	129 Items; 6 Skalen
	Testgüte	Interne Konsistenz: zwischen α = .82 bis .90; Retest-Reliabilität nach 2 Jahren: zwischen r = .38 bis .52; Validitätsstudien liegen vor.
	Normen	Alters- und geschlechtsdifferenzierende Normen (C-Werte). Normierung: Daten von 3.168 9- bis 13-jährigen Schülern, 1971 bis 1973 in Hamburg und Braunschweig erhoben.

Ängstlichkeit. Verfahren, die verschiedene Aspekte von Ängstlichkeit bzw. Angstbereitschaft durch Selbsturteile erfassen, sind der *Angstfragebogen für Schüler* (AFS; Wieczerkowski, Nickel, Janowski, Fittkau & Rauer, 1975), der für das dritte bis zehnte Schuljahr normiert ist und Prüfungsangst, manifeste Angst, Schulunlust sowie soziale Erwünschtheit erfasst, sowie der *Kinder-Angst-Test II* (KAT II; Thurner & Tewes, 2000), der mithilfe von drei Fragebögen die Erfassung von dispositioneller Ängstlichkeit sowie von Zustandsängsten bei Kindern zwischen 9 und 15 Jahren erlaubt. Beide Verfahren können als objektiv und reliabel gelten, außerdem werden von den Autoren differenzierte Angaben zur Validität gemacht. Einschränkend muss aber auf die veralteten Normen des AFS hingewiesen werden. Der *Phobiefragebogen für Kinder und Jugendliche* (PHOKI; Döpfner, Schnabel, Goletz & Ollendick, 2006) sowie das *Sozialphobie und -angstinventar für Kinder* (SPAIK; Melfsen, Florin & Warnke, 2001) richten ihren Fokus auf die Diagnostik von Angststörungen im Kindes- und Jugendalter, sind aber auch aus persönlichkeitspsychologischer Sicht interessant. Der PHOKI ist zur Erfassung von Ängsten vor verschiedenen Situationen und Objekten bei 8- bis 18-Jährigen konzipiert. Demgegenüber erfasst der SPAIK ebenfalls mittels Selbsteinschätzung somatische, kognitive und Verhaltensaspekte der Sozialphobie im Kindes- und Jugendalter. Er besteht aus 26 Items zu verschiedenen sozialen Situationen und kann zwischen 8 und 16 Jahren eingesetzt werden.

Facetten des Selbst. Selbstkonzept und Aspekte des Selbstbildes können beispielsweise mithilfe der *Aussagenliste zum Selbstwertgefühl für Kinder und Jugendliche* (ALS; Schauder, 1991) und der *Frankfurter Selbstkonzeptskalen* (FSKN; Deusinger, 1986) erfasst werden. Die ALS ist für Kinder und Jugendliche zwischen 8 und 15 Jahren normiert und umfasst insgesamt 18 Selbstschilderungen, die auf fünf Stufen von „deutliches Nein, stimmt überhaupt nicht" bis „deutliches Ja, stimmt ganz genau" zu beantworten sind. Die Items sind inhaltlich analog für drei Verhaltensbereiche: Schule, Freizeit und Familie (Version F für Familienkinder) bzw. Heim (Version H für Heimkinder) zu beantworten. Die Retest-Reliabilität der Gesamtskala schwankt je nach Bereich und Version zwischen .74 und .88, die interne Konsistenz liegt zwischen .79 und .84. Untersuchungen zu Zusammenhängen zu anderen Konstrukten geben Hinweise auf die Validität des Verfahrens. Die FSKN bestehen aus 78 Items. Sie sind zehn unterschiedlichen Selbstkonzepten zugeordnet, die vier Bereichen des Selbst zugeteilt sind: dem Leistungsbereich, dem Bereich der allgemeinen Selbstwertschätzung, dem Bereich der Stimmung und Sensibilität und dem psychosozialen Bereich. Die über Skalenhalbierung und Konsistenzanalysen berechneten Reliabilitätsschätzungen können insgesamt als befriedigend angesehen werden. Zur Validität der FSKN liegen zahlreiche Ergebnisse über Korrelationen zu anderen Persönlichkeitsvariablen sowie Validierungsstudien mit verschiedenen klinischen Gruppen vor. Normen stehen für Kinder bzw. Jugendliche ab 13 Jahren zur Verfügung. Leider sind sowohl bei der ALS wie bei den FSKN die Normen nicht mehr aktuell.

Attributionen. Verfahren zur Erfassung von Attributionsstilen für Kinder und Jugendliche sind beispielsweise der *Attributionsstil-Fragebogen für Kinder und Jugendliche* (ASF-KJ; Stiensmeier-Pelster, Schürmann, Eckert & Pelster, 1994) sowie der *Fragebogen zur Kausalattribuierung in Leistungsstituationen 7-9* (FKL 7-9; Kessler, 1988). Der ASF-KJ misst mithilfe von acht leistungsthematischen und acht anschlussthematischen Situationsbeschreibungen die Attribuierungstendenz von 8- bis 16-Jährigen auf den Dimensionen Lokalität (internale vs. externale Attribuierung), Stabilität (stabile vs. globale Ursache) sowie Globalität (global vs. spezifisch). Die interne Konsistenz sowie die Retest-Reliabilität des Verfahrens können als zufriedenstellend betrachtet werden (im Durchschnitt $\alpha = .70$ sowie $r_{tt} = .60$). Studien zur Validität liegen ebenfalls vor. Die Normierung des Verfahrens erfolgte 1994 anhand dreier Stichproben mit insgesamt 1.577 Schülern und ist geschlechts- und schulformspezifisch. Der FKL 7-9 erfasst im Gegensatz zu dem vorher genannten Verfahren lediglich die Dimension der Lokalität in Leistungssituationen. Der Selbstbeurteilungsfragebogen besteht aus 24 Beschreibungen von leistungsthematischen Situationen und wendet sich an Schüler der Klassenstufen sieben bis neun. Für den objektiven, reliablen Fragebogen liegen Normen aus dem Jahr 1988 vor, die anhand der Daten von 4.064 Kindern erhoben wurden.

Leistungsmotivation. Aspekte der Leistungsmotivation können mittels des *Leistungsmotivationstests für Jugendliche* (LMT; Hermans, 1976) sowie den *Skalen zur Erfassung der Lern- und Leistungsmotivation* (SELLMO; Spinath, Stiensmeier-Pelster, Schöne & Dickhäuser, 2002) diagnostiziert werden. Das erstgenannte Verfahren umfasst insgesamt 81 Items, die vier Subskalen zugeordnet werden können (Leistungs-

und Erfolgsstreben, positive Erfolgsbesorgtheit, negative Erfolgsbesorgtheit, Streben nach sozial erwünschter Erscheinungsweise) und kann für Jugendliche im Alter von 12 bis 16 Jahren eingesetzt werden. Auch hier besteht das Problem veralteter Normen. Der neuere Fragebogen SELLMO erfasst anhand von 31 Items vier unterschiedliche Zielarten bei Schülern der Klassenstufen vier bis zehn sowie von Studierenden (Lernziele, Annäherungs-Leistungsziele, Vermeidungs-Leistungsziele, Tendenz zur Arbeitsvermeidung). Objektivität, Reliabilität und Validität sind gegeben, Prozentrangnormen und T-Werte liegen für Schüler der Klassenstufen vier bis sechs und sieben bis zehn vor.

Stress und Emotionsregulation. Ebenfalls relevante Aspekte der Persönlichkeit sind die Emotionsregulation sowie der Einsatz von Stressbewältigungsstrategien. Der *Fragebogen zur Erhebung der Emotionsregulation bei Kindern und Jugendlichen* (FEEL-KJ; Grob & Smolenski, 2005) erhebt 15 adaptive und maladaptive Emotionsregulationsstrategien für die Emotionen Angst, Wut und Trauer. Die internen Konsistenzen der 15 Strategie-Skalen liegen zwischen $\alpha = .69$ und $\alpha = .91$. Das an 800 Kindern und Jugendlichen zwischen 10 und 20 Jahren normierte Verfahren verfügt über ausreichend Studien zur Überprüfung der Konstruktvalidität. Der *computerunterstützte Selbstregulations- und Konzentrationstest für Kinder* (SRKT-K; Kuhl & Kraska, 1992) misst dagegen verschiedene Aspekte der Ablenkungs- und Versuchungsresistenz von Kindern der Klassenstufen eins bis vier und ermöglicht so neben der globalen Einschätzung der Selbstregulationseffizienz eine differenzierte Analyse von Distraktorwirkungen. Es liegen Normen getrennt nach Geschlecht und Schulklasse vor. Mit dem *Stressverarbeitungsfragebogen für Kinder und Jugendliche* (SVF-KJ; Hampel, Petermann & Dickow, 2001) wird anhand von 72 Items die habituelle Stressverarbeitung 8- bis 13-Jähriger erfasst. Die internen Konsistenzen wurden anhand der Normierungsstichprobe von $N = 1.123$ Kindern und Jugendlichen (8 bis 14 Jahre) berechnet und liegen zwischen $\alpha = .62$ und $\alpha = .89$.

Neben diesen Verfahren gibt es verschiedene Instrumente, die im klinischen Kontext eingesetzt werden und in erster Linie die Häufigkeit von Verhaltensauffälligkeiten und Symptomen erfassen. Einige dieser klinisch relevanten Aspekte können allerdings durchaus auf gängigen Persönlichkeitsdimensionen eingeordnet werden und im Grenzbereich zwischen klinischer Diagnostik und Persönlichkeitsdiagnostik von Interesse sein. Ein gängiges Beispiel für derartige Verfahren ist die *Child Behavior Checklist* (CBCL), die in verschiedenen Versionen für unterschiedliche Altersgruppen vorliegt und eine Einschätzung von Verhaltensauffälligkeiten von Kindern durch die Eltern erlaubt (Achenbach, 2000; Arbeitsgruppe Kinder-, Jugend- und Familiendiagnostik, 1998). Der Fragebogen enthält darüber hinaus drei Kompetenzskalen, die neben (sportlichen bzw. freizeitlichen) Aktivitäten und der Mitgliedschaft in Vereinen sowie der Anzahl an Freunden ggf. auch Leistungsschwierigkeiten in der Schule erfassen. Hierfür werden aber nur unbefriedigende interne Konsistenzen berichtet.

Der *Verhaltensbeurteilungsbogen für Vorschulkinder* (VBV 3-6; Döpfner et al., 1993) erfasst sowohl kindliche Störungen und Auffälligkeiten im Verhalten als auch Kompetenzen aus Sicht der Eltern sowie der Erzieher und kann anhand von nach Alter und Geschlecht getrennten Normen eingesetzt werden. Die Retest-Reliabilitäten liegen zwischen $r = .51$ und $r = .80$, Studien zur Konstruktvalidität liegen vor.

3 Aktuelle Entwicklungen

Betrachtet man die oben genannten, mehrdimensionalen Instrumente zur Erfassung der kindlichen Persönlichkeit, so muss man feststellen, dass die meisten der Instrumente eher ältere Kinder bzw. Jugendliche in den Fokus nehmen. Eine Altersspanne, die von den meisten Verfahren ausgeklammert wird, ist die Kindergarten- bzw. Vorschulzeit. Im Alter zwischen drei und sechs Jahren entwickeln Kinder zentrale Kompetenzen. Sie erwerben nicht nur ein größeres Ausmaß an Fähigkeiten, Fertigkeiten und Wissen, sondern durchlaufen auch qualitative Veränderungen im Denken und Handeln (Sroufe, Cooper & DeHart, 1996). Betrachtet man die Vielzahl relevanter Entwicklungsschritte, die Kinder in dieser Zeit vollziehen und die für ihre weitere Entwicklung von grundlegender Bedeutung sind, so sollte bei der Diagnostik der kindlichen Persönlichkeit diese Altersspanne nicht ausgespart bleiben. Dies gilt insbesondere, da die Metaanalyse von Roberts und DelVecchio (2000) zeigt, dass im Kindergartenalter eine erste Stabilisierung von Persönlichkeitseigenschaften erreicht wird.

Die meisten Instrumente, die überhaupt das Kindergarten- bzw. Vorschulalter in den Blickpunkt nehmen, erfassen vor allem Verhaltens- und emotionale Auffälligkeiten, so z. B. die CBCL (Achenbach, 2000; Arbeitsgruppe Kinder-, und Jugend- und Familiendiagnostik, 1998) oder der VBV 3-6 (Döpfner et al., 1993) und sind somit defizitorientiert. Eine solch einseitige Fokussierung auf Verhaltens- und emotionale Auffälligkeiten von Kindern verhindert, dass die für eine positiv verlaufende Entwicklung eines Kindes notwendigen Kompetenzen in den Blick genommen werden.

In Anbetracht dieser Forschungsdefizite haben die Autorinnen ein Verfahren entwickelt, das die ressourcenorientierte Erfassung von Persönlichkeitseigenschaften bei Kindern zwischen drei und sechs Jahren erlaubt (Mohr & Glaser, in Vorbereitung). Der *Fragebogen zu Stärken und Kompetenzen von Kindern* (SK-KID 3-6) liegt in zwei Versionen vor: einer Eltern- und einer Erzieher-Version. Es handelt sich um zwei parallele Versionen, die mit jeweils 67 Items acht verschiedene Bereiche erfassen. Tabelle 2 gibt einen Überblick über den Fragebogen.

Ein weiteres Verfahren, das das Kindergartenalter in den Blick nimmt, aber auch das Grundschul- und Jugendalter berücksichtigt, ist das *Junior Temperament und Charakter Inventar* (JTCI; Goth & Schmeck, 2009). Die für die unterschiedlichen Altersspannen getrennt vorliegenden Inventare ermöglichen die Erfassung der Persönlichkeit nach dem biopsychosozialen Persönlichkeitskonzept von Cloninger, Przybeck, Svrakic und Wetzel (1994). Dabei wird der Persönlichkeitsbereich „Temperament" durch vier eigenständige Skalen (Neugierverhalten, Schadensvermeidung, Belohnungsabhängigkeit und Beharrungsvermögen) erfasst, wohingegen der Persönlichkeitsbereich „Charakter" durch die Skalen Selbstlenkungsfähigkeit, Kooperativität und Selbsttranszendenz abgedeckt wird. Die zum Bereich „Temperament" zugehörigen Skalen beziehen sich auf Unterschiede im quasi-automatischen emotionalen Reaktionsstil, die Skalen des Bereiches „Charakter" dagegen auf Unterschiede in zentralen Selbstkonzepten, die Einstellungen, Werte und Ziele umfassen. Das JTCI für das Kindergarten- und Grundschulalter ist ein Fremdbeurteilungsinstrument, dasjenige für das Jugendalter dient hingegen der Selbstbeurteilung. Für die unterschiedlichen Inventare werden interne Konsistenzen zwischen $\alpha = .71$ und α = .88 und Retest-Reliabilitäten zwischen r_{tt} = .72 und r_{tt} = .87 angegeben, Validitätsstudien liegen vor. Für die Normierung wurden bisher Daten an 323 Kindergarten-, 277 Grundschul- und 432 jugendlichen Schulkindern einer Normalpopulation erhoben.

Tabelle 2: Überblick über den SK-KID 3-6

Altersgruppe	Art des Verfahrens	Testlänge und Skalen	Testgüte	Normen
3 bis 6 Jahre	Fragebogen zur Fremdbeurteilung durch Eltern oder Erzieher	8 Skalen (67 Items): 1. Soziale Kompetenz 2. Kontaktfreude 3. Explorationsfreude und Neugierde 4. Selbstvertrauen und Selbstbehauptung 5. Selbstkontrolle und Emotionsregulation 6. Ausdauer und Konzentrationsfähigkeit 7. Positive Affektivität 8. Emotionale Stabilität	Interne Konsistenzen der Elternversion zwischen α = .72 und α = .86; interne Konsistenzen der Erzieherversion zwischen α = .85 und α = .91; Validitätsstudien liegen vor	Alters- und geschlechtsdifferenzierende Normen (Prozentrang- und Stanine-Werte). Die Normierung erfolgte bundesweit im Jahr 2007 anhand der Einschätzungen von 680 Eltern und 436 Erzieherinnen.

4 Fazit

Es existiert eine ganze Reihe von Verfahren zur Einschätzung von Persönlichkeitsmerkmalen bei Kindern und Jugendlichen. Die Eignung eines bestimmten Verfahrens hängt immer auch von der diagnostischen Zielsetzung ab. Im Hinblick auf die hier dargestellten Verfahren für das Kindesalter ist allerdings problematisch, dass viele Instrumente veraltete Normen aufweisen und somit keinen Vergleich zur aktuellen Normalpopulation erlauben. Weiterhin ist festzuhalten, dass – trotz der Grenzen der Selbstbeurteilung im Kindesalter – Persönlichkeits- und Verhaltensmerkmale in erster Linie mittels Selbsteinschätzung erfasst werden. Fremdbeurteilungsinstrumente bilden die Ausnahme, obwohl Fremdurteile von Eltern und anderen Bezugspersonen wichtige Informationsquellen zur Einschätzung kindlicher Persönlichkeitsmerkmale darstellen.

Die Altersspanne zwischen drei und sechs Jahren wird bisher kaum in den Blick genommen, obwohl es Belege dafür gibt, dass die Persönlichkeit in dieser Lebensphase eine erste deutliche Stabilisierung erfährt. Die meisten Instrumente, die für diese Altersspanne entwickelt wurden, sind defizitorientiert und konzentrieren sich eher auf kindliche Verhaltensprobleme bzw. -auffälligkeiten. Persönlichkeitsmerkmale, die Stärken oder Kompetenzen darstellen, finden demgegenüber kaum Beachtung, auch wenn davon auszugehen ist, dass diese Eigenschaften eine enorme Bedeutung für eine positive Entwicklung von Kindern besitzen. Diese ressourcenorientierte Perspektive, wie sie zum Beispiel bei dem oben dargestellten SK-KID 3-6 eingenommen wird, sollte bei der zukünftigen Entwicklung von Persönlichkeitsfragebögen für Kinder und Jugendliche verstärkt Beachtung finden.

Literatur

Achenbach, T. M. (2000). *CBCL 1½-5. Child Behavior Checklist for Ages 1½-5.* Burlington, VT: University of Vermont, Research Center for Children, Youth and Families.

Achenbach, T. M., McConaughy, S. H. & Howell, C. T. (1987). Child/Adolescent Behavioral and Emotional Problems: Implications of Cross-Informant Correlations for Situational Specificity. *Psychological Bulletin, 101* (2), 213-232.

Amelang, M., Bartussek, D., Stemmler, G. & Hagemann, D. (2006). *Differentielle Psychologie und Persönlichkeitsforschung* (6. vollständig überarbeitete Aufl.). Stuttgart: Kohlhammer.

Arbeitsgruppe Kinder- und Jugend- und Familiendiagnostik (1998). *CBCL 4-18. Elternfragebogen über das Verhalten von Kindern und Jugendlichen: deutsche Bearbeitung der Child Behavior Checklist.* Köln: Autor.

Asendorpf, J. B. (2002). Die Persönlichkeit als Lawine: Wann und warum sich Persönlichkeitsunterschiede stabilisieren. In G. Jüttemann & H. Thomae (Hrsg.), *Persönlichkeit und Entwicklung* (S. 46-98). Weinheim: Beltz.

Asendorpf, J. B. (2004). *Psychologie der Persönlichkeit.* (3. überarbeitete und aktualisierte Aufl.). Berlin: Springer.

Bartussek, D. (1996). Faktorenanalytische Gesamtsysteme der Persönlichkeit. In M. Amelang (Hrsg.), *Enzyklopädie der Psychologie. Differentielle Psychologie und Persönlichkeitsforschung. Bd. 3: Temperaments- und Persönlichkeitsunterschiede* (S. 51-106). Göttingen: Hogrefe.

Buggle, F. & Baumgärtel, F. (1975). *HANES-KJ. Hamburger Neurotizismus- und Extraversionsskala für Kinder und Jugendliche* (2., verbesserte Aufl.). Göttingen: Hogrefe.

Caspi, A. (2000). The child is the father of the man: Personality continuities from childhood to adulthood. *Journal of Personality and Social Psychology, 78,* 158-172.

Cattell, R. B. (1957). *Personality and motivation structure and measurement.* Yonkers, NY: World Book.

Cloninger, C. R., Przybeck, T. R., Svrakic, D. M. & Wetzel, R. D. (1994). *The Temperament and Character Inventory (TCI): a guide to its development and use.* St. Louis, MO: Washington University Center for Psychobiology of Personality.

Deusinger, I.-M. (1986). *FSKN. Die Frankfurter Selbstkonzeptskalen.* Göttingen: Hogrefe.

Döpfner, M., Berner, W., Fleischmann, T. & Schmidt, M. H. (1993). *VBV 3-6. Verhaltensbeurteilungsbogen für Vorschulkinder.* Weinheim: Beltz Test.

Döpfner, M., Schnabel, M., Goletz, H. & Ollendick, T. H. (2006). *PHOKI. Phobiefragebogen für Kinder und Jugendliche.* Göttingen: Hogrefe.

Funder, D. C. (1997). *The personality puzzle.* New York: Norton.

Goth, K. & Schmeck, K. (2009). *JTCI. Das Junior Temperament und Charakter Inventar: Eine Inventarfamilie zur Erfassung der Persönlichkeit vom Kindergarten- bis zum Jugendalter nach Cloningers biopsychosozialem Persönlichkeitsmodell.* Göttingen: Hogrefe.

Grob, A. & Smolenski, C. (2005). *FEEL-KJ. Fragebogen zur Erhebung der Emotionsregulation bei Kindern und Jugendlichen.* Bern: Huber.

Halverson, C. F. Jr., Kohnstamm, G. A. & Martin, R. P. (Hrsg.). (1994). *The developing structure of temperament and personality from infancy to adulthood.* Hillsdale, NJ: Erlbaum.

Hampel, P., Petermann, F. & Dickow, B. (2001). *SVF-KJ. Stressverarbeitungsfragebogen für Kinder und Jugendliche.* Göttingen: Hogrefe.

Harter, S. (1999). *The construction of self: A developmental perspective.* New York: Guilford.

Hermans, H. J. M. (1976). *LMT. Leistungsmotivationstest für Jugendliche.* Amsterdam: Swets & Zeitlinger.

Kessler, M. (1988). *FKL 7-9. Fragebogen zur Kausalattribuierung in Leistungssituationen 7-9.* Weinheim: Beltz Test.

Kolar, D. W., Funder, D. C. & Colvin, C. R. (1996). Comparing the accuracy of personality judgements by the self and knowledgeable others. *Journal of Personality, 64,* 311-314.

Kuhl, J. & Kraska, K. (1992). *SRKT-K. Selbstregulations- und Konzentrationstest für Kinder.* Göttingen: Hogrefe.

Martin, R. P., Wisenbaker, J. & Huttunen, M. (1994). Review of factor analytic studies of temperament measures based on the Thomas-Chess Structural model: Implications for the Big Five. In C. F. Halverson, G. A. Kohnstamm & R. P. Martin (Eds.), *The developing structure of temperament and personality from infancy to adulthood* (pp. 157-172). Hillsdale, NJ: Erlbaum.

Melfsen, S., Florin, I. & Warnke, A. (2001). *SPAIK. Sozialphobie und -angstinventar für Kinder.* Göttingen: Hogrefe.

Mohr, A. & Glaser, S. (in Vorbereitung). *Der SK-KID 3-6. Fragebogen zu Stärken und Kompetenzen von Kindern.*

Petermann, F. & Petermann, U. (2000). *EAS. Erfassungsbogen für aggressives Verhalten in konkreten Situationen* (4. überarbeitete Aufl.). Göttingen: Hogrefe.

Petillon, H. (1984). *SFS 4-6. Sozialfragebogen für Schüler.* Weinheim: Beltz Test.

Roberts, B. W. & DelVecchio, W. F. (2000). The rank-order consistency of personality traits from childhood to old age: A quantitative review of longitudinal studies. *Psychological Bulletin, 126,* 3-25.

Rothbart, M. K. & Bates, J. E. (2006). Temperament. In R. M. Lerner, N. Eisenberg & W. Damon (Eds.), *Handbook of child psychology. Vol. 3: Social, emotional and personality development* (6th ed., pp. 99-166). Hoboken, NJ: Wiley.

Schauder, T. (1991). *ALS. Die Aussagen-Liste zum Selbstwertgefühl für Kinder und Jugendliche.* Weinheim: Beltz Test.

Schmidt, H. (1981). *MPT-J. Mehrdimensionaler Persönlichkeitstest für Jugendliche.* Braunschweig: Westermann.

Schumacher, G. & Cattell, R. B. (1977). *Deutscher HSPQ. Mehrdimensionaler Test der Persönlichkeitsstruktur und ihrer Störungen für Zwölf- bis Achtzehnjährige.* Bern: Huber.

Seitz, W. & Rausche, A. (2004). *PFK 9-14. Persönlichkeitsfragebogen für Kinder zwischen 9 und 14 Jahren* (4. überarbeitete und neu normierte Aufl.). Göttingen: Hogrefe.

Spinath, B., Stiensmeier-Pelster, J., Schöne, C. & Dickhäuser, O. (2002). *SELLMO. Skalen zur Erfassung der Lern- und Leistungsmotivation.* Göttingen: Hogrefe.

Sroufe, L. A., Cooper, R. G. & DeHart, G. B. (1996). *Child development – its nature and course* (3. Aufl.). New Baskerville: Mc Graw-Hill.

Stiensmeier-Pelster, J., Schürmann, M., Eckert, C. & Pelster, A. (1994). *ASF-KJ. Attributionsstil-Fragebogen für Kinder und Jugendliche.* Göttingen: Hogrefe.

Thurner, F. & Tewes, U. (2000). *Kinder-Angst-Test-II (KAT-II). Drei Fragebogen zur Erfassung der Ängstlichkeit und von Zustandsängsten bei Kindern ab 9 Jahren.* Göttingen: Hogrefe.

Wagner, H. & Baumgärtel, F. (1978). *HAPEF-K. Hamburger Persönlichkeitsfragebogen für Kinder.* Göttingen: Hogrefe.

Wieczerkowski, W., Nickel, H., Janowski, A., Fittkau, B. & Rauer, W. (1975). *AFS. Angstfragebogen für Schüler* (2., überarbeitete Aufl.). Braunschweig: Westermann.

Emotionale Intelligenz bei Kindern und Jugendlichen: Konzeptualisierungen und Möglichkeiten der Erfassung

Robert J. Jagers, Jeremy Burrus, Franzis Preckel und Richard D. Roberts[1]

1   Einführung

Seit nunmehr fast 20 Jahren befasst sich die Wissenschaft intensiv mit der Erfassung emotionaler Intelligenz und verwandter Konstrukte. Dieses Kapitel liefert eine kurze Übersicht der rasant anwachsenden Literatur zum Thema. Wie alle guten Darstellungen (und wir hoffen, die geneigte Leserschaft wird unsere Bemühungen in diese Richtung erkennen) nimmt aber auch dieses Kapitel eine besondere Wendung, denn das Hauptaugenmerk liegt auf Kindern und Jugendlichen und der Erfassung ihrer emotionalen Intelligenz – ein Thema, zu dem bislang erst wenige Forschungsergebnisse vorliegen.

Dies ist umso mehr zu bemängeln, als dass die Rolle von emotionaler Intelligenz bei Kindern und Jugendlichen zum Beispiel im erziehungswissenschaftlich-pädagogischen Kontext stark diskutiert wird. Neben der emotionalen Intelligenz sind auch die Konzepte der emotionalen Kompetenz und des sozial-emotionalen Lernens einige der „neuen" Trends in der Bildungslandschaft, die eine Ergänzung des traditionellen Curriculums durch stärkere Betonung sozialer und emotionaler Fähigkeiten fordern (vgl. Zeidner, Roberts & Matthews, 2002). Gefordert wird eine Erweiterung der traditionellen akademischen Schwerpunkte durch soziale und emotionale Entwicklung und Trainings. Letzten Endes ist schließlich jeglicher Lernprozess sozial und in Anbetracht der Tatsache, dass (schulisches) Lernen in vielerlei Hinsicht mit Beziehungen und sozialem Miteinander zu tun hat, sind emotionale Fertigkeiten für schulischen Erfolg und die Erreichung von Bildungszielen möglicherweise sogar unabdingbar (Elias et al., 2001). Ohne geeignete Methoden zur Erfassung emotionaler Intelligenz kann eine solche Diskussion jedoch nicht auf ein überzeugendes empirisches Fundament gestellt werden. Zudem stehen insbesondere Jugendliche einer Vielzahl emotionaler Herausforderungen gegenüber (vgl. zu diesem Aspekt auch Janke & Schlotter in diesem Band). Hierauf abzielende Interventionen zum Beispiel zur Emotionsregulation sind im Hinblick auf ihre Evaluation auf eine valide Erfassung der emotionalen Intelligenz Jugendlicher angewiesen.

Wie werden emotionale Intelligenz und damit verwandte Begriffe konzipiert? Zunächst skizzieren wir einige wichtige Ansätze, wobei wir insbesondere auf Ähnlichkeiten und Unterschiede zwischen den verschiedenen Modellen und auf die damit

---

[1] Aus dem Amerikanischen übersetzt von Tanja Gabriele Baudson.

verwandten Grundstrukturen eingehen; letztere stammen zum größten Teil aus der entwicklungspsychologischen Literatur zur emotionalen Kompetenz. Da wir der Auffassung sind, dass Intelligenz und Kompetenz unterschiedliche Konstrukte sind, verwenden wir die beiden Begriffe nicht synonym. Wenn wir uns im vorliegenden Kapitel dennoch entscheiden, sie nebeneinanderzustellen, geschieht dies deshalb, weil wir so die Freiheit haben, die aktuelle Literatur umfassender zu untersuchen und zu integrieren. Danach widmen wir uns kurz der Entwicklung emotionaler Intelligenz und ihren möglichen Konsequenzen für deren Erfassung. Konkrete Instrumente zur Erfassung emotionaler Intelligenz bei Kindern und Jugendlichen werden im Anschluss daran kritisch diskutiert und bewertet. Das Kapitel schließt mit einigen – unseres Erachtens fruchtbaren – Richtlinien für die Grundlagen- und angewandte Forschung im Bereich der emotionalen Intelligenz.

2 Modelle emotionaler Intelligenz und Kompetenz

Emotionale Intelligenz (EI) bzw. eng damit verwandte Konstrukte sind in der Psychologie seit langem ein Thema (Dewey, 1909; Wedeck, 1947; für neuere Literaturübersichten vgl. Landy, 2006 oder Mayer, Roberts & Barsade, 2008). Aktuell lassen sich in der sozial- und persönlichkeitspsychologischen Literatur mindestens zwei unterschiedliche Auffassungen emotionaler Intelligenz unterscheiden: gemischte Modelle und Fähigkeitsmodelle. Erstere siedeln EI innerhalb der Domäne sozialemotionaler Persönlichkeitsmerkmale an (daher auch Trait-EI) und umfassen häufig etliche diverse Persönlichkeitscharakteristika. Erfasst wird Trait-EI zumeist als typisches Verhalten über Selbstberichtsverfahren. Fähigkeitsmodelle hingegen verstehen unter EI einer Reihe emotionsbezogener mentaler Fähigkeiten, die in der Regel über Leistungstests als maximales Verhalten erfasst werden. Ein prominenter Vertreter gemischter Modelle ist das Modell von Bar-On (1997), in dem EI konzipiert ist als „eine Reihe nichtkognitiver Fähigkeiten, Kompetenzen und Fertigkeiten, die beeinflussen, wie gut man in der Lage ist, mit Anforderungen und Druck seitens der Umwelt zurechtzukommen" (S. 14; eigene Übersetzung). Das Modell beinhaltet fünf Kompetenzbereiche: intrapersonale Kompetenz, interpersonale Kompetenz, Stressmanagement, Anpassungsfähigkeit und allgemeine Stimmungslage. Jeder Bereich umfasst eine Anzahl von Fähigkeiten und Fertigkeiten. Der intrapersonale Bereich umfasst Selbstachtsamkeit und Selbstverwirklichung sowie emotionale Bewusstheit, Durchsetzungsfähigkeit und Unabhängigkeit. Einfühlungsvermögen, wechselseitig erfüllende Beziehungen und soziale Verantwortung werden unter den interpersonalen Bereich subsumiert. Stressmanagement bezieht sich auf Toleranz und Impulskontrolle, während Realitätsüberprüfung, Flexibilität und Problemlösen den Bereich der Anpassungsfähigkeit konstituieren. Die allgemeine Stimmungslage umfasst schließlich sowohl Optimismus als auch das Gefühl, glücklich zu sein.

Wichtigste Vertreter von Fähigkeitsmodellen der EI sind Mayer, Salovey und Kollegen. Sie fassen EI als eine Fähigkeit analog zu anderen anerkannten Intelligenzformen auf (vgl. Mayer, Caruso & Salovey, 1999, 2000, 2005; Mayer & Salovey, 1993, 1997; Mayer, Salovey & Caruso, 2000, 2004; Mayer, Salovey, Caruso &

Sitarenios, 2003). Das Modell von Mayer und Kollegen unterscheidet vier Basiskomponenten der EI: Identifikation von Emotionen, Assimilation von Emotionen in das Denken, Verständnis von Emotionen und Regulation von Emotionen bei sich selbst und bei anderen. Die Emotionswahrnehmung und -identifikation stellt dabei die grundlegende Stufe emotionaler Intelligenz dar: Sie beinhaltet Wahrnehmung, Einschätzung und Ausdruck von Emotionen (Mayer, Caruso et al., 2000). Die Assimilation von Emotionen (oder emotionale Bahnung) verweist auf die Nutzung von Emotionen mit dem Zweck, Gedanken und Handlungen zu erleichtern, und beinhaltet Diskrimination, Fokussierung der Aufmerksamkeit sowie Motivation (Mayer, Caruso et al., 2000). Nachdenken und logisches Schlussfolgern über bzw. Verständnis von Emotionen bezieht sich auf die Frage, was einem bestimmten emotionalen Ausdruck vorangeht bzw. welche Konsequenzen er nach sich ziehen kann. Die Emotionsregulation schließlich stellt die höchste Stufe emotionaler Fähigkeiten dar. Sie beinhaltet beispielsweise, wie man sich nach Stresssituationen beruhigt oder wie man Stress und (negative) Emotionen anderer reduzieren kann. Dieser Aspekt begünstigt die soziale Anpassung und erleichtert das Lösen sozialer Probleme.

In der Literatur werden aktuell zudem verschiedene Modelle emotionaler Kompetenz diskutiert. Der Begriff der Kompetenz wird in der Psychologie immer noch sehr heterogen und häufig ohne klare Abgrenzung zu verwandten Konstrukten wie Fähigkeit, Potential oder Eignung verwendet. Eine konzeptuelle Klärung des Kompetenzkonstruktes steht noch aus. Allgemein kann man in Anlehnung an Weinert (1999) Kompetenz als Voraussetzung für erfolgreiches Handeln definieren.

In der entwicklungspsychologischen Literatur hat sich ein umfangreiches Forschungsgebiet zu funktionalen Effekten der emotionalen Entwicklung herauskristallisiert, das sich mit der Frage befasst, welche Kontexte der Entfaltung adaptiver Kognitionen, Gefühle und Verhaltensweisen förderlich bzw. abträglich sind. Saarni (2007) beispielsweise schlägt vor, dass emotionale Kompetenz widerspiegelt, inwieweit sich insgesamt acht miteinander in Beziehung stehende Fähigkeiten im Kontext emotionsauslösender sozialer Vorgänge manifestieren (vgl. Tab. 1). Halberstadt, Denham und Dunsmore (2001) sprechen sich hingegen für ein Modell affektiver Sozialkompetenz aus, das sowohl das Senden als auch das Empfangen affektiver (emotionaler) Botschaften sowie das Erleben von Affekten (Emotionen) umfasst (vgl. Tab. 1). Vertreter des sozialen und emotionalen Lernens (SEL; vgl. etwa Weissberg, Kumpfer & Seligman, 2003; Zins, Payton, Weissberg & O'Brien, 2007; Zins, Weissberg, Wang & Walberg, 2004) schlagen eine Grundstruktur personenzentrierter Kompetenzen vor (vgl. Tab. 1).

Zusammenfassend lässt sich sagen, dass einige Forschende emotionale Intelligenz als eine Art Intelligenz auffassen. Breiter angelegte Konzeptionen emotionaler Intelligenz und Kompetenz jedoch schließen darüber hinaus sowohl (spezifische) Fähigkeiten als auch Eigenschaften wie Persönlichkeitsmerkmale und motivationale Charakteristika ein, die dazu beitragen, dass eine Person ihre emotionale Intelligenz auch im praktischen Leben nutzbringend umsetzen kann. In dieser Hinsicht gehen wir mit Halberstadt et al. (2007) konform, die postulieren, dass emotionale Intelligenz und damit verbundene Kompetenzen sowohl strukturelle als auch funktionale und prozessuale Komponenten einschließen. Innerhalb dieses Bereichs der Literatur liegt ein besonderes Augenmerk auf Emotionen, ihrer Regulation und auf den

Zusammenhängen (zeitlich, kulturell, beziehungsbezogen etc.), in denen sie auftreten. Eine solche Konzeption erscheint vereinbar mit dem von Mayer, Salovey und Kollegen vorgeschlagenen Modell emotionaler Intelligenz bei Erwachsenen. Diese Überschneidung impliziert, dass die jeweiligen Ansätze bei aller Verschiedenheit doch mit einer gemeinsamen Schnittmenge psychologischer Phänomene befasst sind; ein integrativer Rahmen und einander ergänzende Forschungsbemühungen wären somit für alle Beteiligten von Nutzen. Tabelle 1 zeigt einige Gemeinsamkeiten und Unterschiede der verschiedenen Modelle.

Tabelle 1: Dimensionen emotionaler Intelligenz und Kompetenz in verschiedenen Konzeptualisierungen (nach Halberstat et al., 2001)

	Mayer & Salovey (1997)	**Saarni (1999)**	**Halberstat et al. (2001)**	**Weissberg et al. (2003)**
Konstrukt	Emotionale Intelligenz	Emotionale Kompetenz	Affektive soziale Kompetenz	Sozial-emotionale Kompetenz
Schlüsseldimensionen	- Identifikation von Emotionen - Assimilation von Emotionen in das Denken - Verständnis von Emotionen - Regulation von Emotionen bei sich selbst und bei anderen	- Bewusstheit eigener Emotionen - Bewusstheit der Emotionen anderer - Verwendung emotionaler Sprache - Fähigkeit zu Empathie und mitfühlender Betroffenheit - Bewusstheit emotionaler Unterschiede - erfolgreiche Anwendung selbstregulatorischer Strategien bei der Bewältigung aversiver Emotionen - Bewusstheit emotionaler Vorgänge in Beziehungen - Gespür für emotionale Kontrolle (emotionale Wirkungskraft)	Senden, Empfangen, Erleben von Emotionen, wobei jede Komponente enthält: - Bewusstheit - Identifikation - Sozialer Kontext - Management und Regulation	- Selbsterkenntnis - Soziale Bewusstheit - Verantwortungsvolles Treffen von Entscheidungen - Selbstregulation - Beziehungsregulation

3 Die Entwicklung emotionaler Intelligenz

Gemäß des Investmentmodells (vgl. Abb. 1) hängt die Entwicklung emotionaler Intelligenz von drei qualitativ unterschiedlichen, sich wechselseitig beeinflussenden Prozessen ab, nämlich genetischen, sozialen und kulturellen Einflüssen (vgl. Zeidner, Matthews & Roberts, 2009; Zeidner, Matthews, Roberts & MacCann, 2003). Je älter ein Kind wird, desto differenzierter kann es seine Emotionen verarbeiten, da die Anpassung immer weniger durch biologisch basierte Temperamentsfaktoren als vielmehr durch selbstgesteuerte Emotionsregulation, die ihrerseits vom sozialen Lernen abhängt, gesteuert wird (vgl. hierzu auch Janke & Schlotter in diesem Band). Abbildung 1 zeigt eine schematische Darstellung des Investmentmodells, die gleichzeitig als organisatorische Richtlinie für die sich anschließende Diskussion dienen soll.

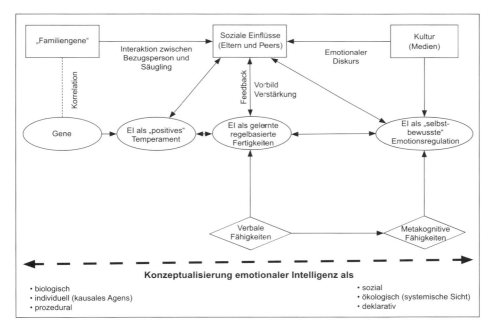

Abbildung 1: Ein Investmentmodell der Entwicklung emotionaler Intelligenz (EI; nach Zeidner et al., 2009)

Man nimmt an, dass biologisch basierte Temperamentseigenschaften (z. B. Emotionalität, Geselligkeit) die Grundlage und den Unterbau für nachfolgendes Lernen und die begleitende emotionale Entwicklung bilden (zur Entwicklung und Erfassung des Temperaments bei Kindern und Jugendlichen vgl. Janke & Schlotter in diesem Band). Jüngere Forschungsergebnisse legen nahe, dass bestimmte Temperamentseigenschaften möglicherweise die Entwicklung zentraler Aspekte der emotionalen Intelligenz beeinflussen (Halberstadt et al., 2001). Insbesondere zwei Temperamentseigenschaften scheinen die emotionale Selbstregulation maßgeblich zu bedingen. Die erste Eigenschaft, *emotionale Intensität* (d. h. Latenzzeit, Reizschwelle und Anstiegszeit von Emotionen), kann die Reaktivität des Kindes auf Stress steigern (oder abschwächen). Die zweite Eigenschaft, *Aufmerksamkeitsprozesse* (darunter fallen die willentliche Einleitung oder Hemmung von Handlungen), kann dazu beitragen, dass das Kind Stress leichter bewältigt.

Das Temperament beeinflusst nicht nur Aufmerksamkeitsprozesse und Intensität des emotionalen Erlebens, sondern auch, welche Strategien zur Emotionsregulation genutzt werden. Das stressanfällige Temperament (negative Affektivität) kann in angstauslösenden Situationen einen Regulationsstil begünstigen, der verschiedentlich als klammernd, weinerlich, widerspenstig oder wütend beschrieben worden ist (Kochanska & Coy, 2002). Ängstlichkeit und die Fähigkeit, dominante Reaktionen zugunsten der Situation angemessener Verhaltensweisen zu unterdrücken (im englischen Sprachgebrauch als *effortful control* bezeichnet) sagen bei Kindern im Alter zwischen 14 und 45 Monaten vorher, inwieweit sie Aufforderungen ihrer Mutter nachkommen. Diese Folgsamkeit gilt als frühe Form der Selbstregulation, da das Kind sein Verhalten an die Anforderungen der Eltern (oder der Gesellschaft) anpassen muss.

Kleine Kinder lernen zunächst, die eigenen Basisemotionen zu verstehen und hervorzurufen und erweitern dann diese Erkenntnisse, um die Emotionen anderer zu verstehen. Im Laufe des zweiten Lebensjahres benennen Kleinkinder zunehmend Gefühle und Befindlichkeiten (Dunn, Bretherton & Munn, 1987). In der frühen Kindheit erweitern sich die mit den Basisemotionen (z. B. Trauer, Freude) gegebenen Möglichkeiten, sodass auf das Selbst bezogene Emotionen entstehen können (z. B. Scham, Schuld; Saarni, Mumme & Campos, 1998; vgl. hierzu auch Janke & Schlotter in diesem Band). Die sich entwickelnde Selbstregulation unterstützt das Kind beim Erwerb von Strategien, die ihm erlauben, solche Emotionen auf ein ihm angenehmes Niveau zu bringen und ihm so ermöglichen, seine Ziele zu erreichen und emotionale Schwierigkeiten zu vermeiden (Thompson, 1994). Fortschritte in der Sprachentwicklung sowie in der Entwicklung mentaler Repräsentationen tragen zu diesem Prozess bei (Dunn, Bretherton & Munn, 1987).

Kinder im Schulalter beginnen allmählich zu begreifen, dass sie mehr als eine Emotion gleichzeitig empfinden können (Pons, Lawson, Harris & de Rosnay, 2003), was ihnen hilft zu verstehen, dass das, was eine Person ausdrückt, nicht notwendigerweise ihre wahren Gefühle widerspiegelt (Saarni, 1999; zu Darbietungsregeln und Ausdrucksmaskierung vgl. auch Janke & Schlotter in diesem Band). Solche Verhaltensregeln, welche Emotionen gezeigt werden dürfen, stellen kulturell angemessene Reaktionen auf gegebene emotionale Situationen dar, die unabhängig von den tatsächlichen Empfindungen einer Person sind (Saarni, 1999; Underwood, 1997). Sie setzen voraus, dass Kinder die gesellschaftlich akzeptierten Normen, wann und wie man Gefühle ausdrückt, sowohl kennen als auch übernehmen (Gnepp & Hess, 1986). Diese Fertigkeiten sind ein wichtiger Bestandteil des emotionalen Ausdrucks und der Emotionsregulation. Selbstregulation geht einher mit Anzeichen positiver Entwicklung im Jugendalter (Fürsorglichkeit, Verbundenheit, Charakter, Zuversicht, Kompetenz) und geringerem internalisierenden und externalisierenden Problemverhalten (Gestsdottir & Lerner, 2007).

Familie und Schule sind zentrale Entwicklungskontexte der emotionalen Intelligenz von Kindern und Jugendlichen. Aus Platzgründen kann an dieser Stelle jedoch nicht weiter hierauf eingegangen werden (zum Entwicklungskontext Familie vgl. z. B. Denham, 1998 oder O'Neil & Parke, 2000; zum Entwicklungskontext Schule vgl. z. B. Brand et al., 2003; Felner et al., 2007; Roeser et al., 2000; Zeidner et al., 2009).

Mögliche Konsequenzen der Befunde zur Entwicklung emotionaler Intelligenz für deren Erfassung. Gegenwärtig ist unser Verständnis der Entwicklung emotionaler Intelligenz noch auf erste Ansätze beschränkt. Dennoch legen Forschungsergebnisse die Existenz systematischer individueller Unterschiede auf verschiedenen Ebenen des emotionalen Funktionierens nahe, welche sich ganz allgemein als Aspekte emotionaler Intelligenz beschreiben lassen. Vermutlich sind diese Komponenten durch das Zusammenwirken von biologischen, Sozialisations- und Umweltprozessen beeinflusst. Mit adäquaten Erfassungsmethoden könnten diese Prozesse wirkungsvoller beschrieben werden und zur Entwicklung theoriebasierter Interventionen beitragen.

Nach dem Investmentmodell (vgl. Abb. 1) spiegelt sich emotionale Intelligenz in der Schaffung und Bereitstellung emotional unterstützender Umgebungen wieder. Hohe emotionale Intelligenz kann daher in Verbindung gebracht werden mit dem Erfahren sozial unterstützender Umgebungen und dem Wunsch, selbst einen Beitrag dazu zu leisten (z. B. durch konstruktive Beziehungen mit Eltern, Gleichaltrigen und Lehrern). Emotionaler „Analphabetismus" hingegen trägt zur Schaffung emotional destruktiver Beziehungen bei (z. B. indem man sich Feinde macht oder falsche Vorbilder aussucht). Emotionale Intelligenz von Kindern, Bezugspersonen und/oder Schulpersonal kann durch direktes Training sozial und emotional kompetenter Interaktionsmuster gesteigert werden.

Eine Grundannahme des Investmentmodells lautet, dass jede Person über ein umfassendes Repertoire an emotionalen Reaktionen verfügt. Diese reichen von implizierter Emotionsmodulation (Temperament) über einfache regelbasierte Fertigkeiten bis hin zu komplexeren und expliziteren Kompetenzen, die auf Einsicht und metakognitiven Fähigkeiten beruhen. Dieses Modell postuliert, dass ein so vielfältiges und reichhaltiges Repertoire emotionaler Reaktionen über einen längeren Zeitraum erworben wird und biologische, informatorische und metakognitive Emotionsaspekte einschließt, die ihrerseits, zumindest teilweise, von Temperament, Sozialisation und selbstregulatorischen Persönlichkeitsprozessen abhängen. Ein solches Modell legt nahe, dass eine valide Messung emotionaler Intelligenz versuchen sollte, alle diese Komponenten zu erfassen.

Das Investmentmodell zeigt aber auch, warum individuelle Unterschiede bezüglich der emotionalen Kompetenz durch verschiedene Ursachen zustandekommen können, die ihrerseits nur schwach zusammenhängen. Mit fortschreitender Entwicklung wird die Spannbreite emotionsregulierender Mechanismen immer vielfältiger und differenzierter. Beispielsweise beschreiben Derryberry et al. (2003), wie primitive behaviorale Strategien der Emotionsregulation, unterstützt durch subkortikale Motivationssysteme, mit zunehmendem Alter immer stärker durch kognitive Mechanismen unterstützt werden, die es dem Kind erlauben, seine Handlungen zu planen und zu antizipieren. In der späteren Kindheit werden Vorbilder, Verstärkung und

Gespräche über Emotionen (gemeinsam mit den biologischen Voraussetzungen) immer wichtiger für die übergeordneten Aspekte emotionaler Intelligenz. Auch hier zeigt sich insofern die wechselseitige Beziehung zwischen den Prozessen, als die Reaktionen des Kindes auf emotionale Unterweisungen die Gefühle und Verhaltensweisen von Eltern, Gleichaltrigen und Lehrkräften beeinflussen (und von diesen beeinflusst werden), was die Entwicklung sowohl fördern als auch verzögern kann. Mit zunehmendem Alter des Kindes wird der elterliche Einfluss immer indirekter, während andere Personen, vor allem Gleichaltrige und Lehrkräfte, eine immer wichtigere Rolle spielen. Das Gleiche gilt für die Bedeutung der Kultur.

Oft wird angenommen, dass Wissen über Emotionen (gemäß der Definition von Izard, 2001) einen direkten adaptiven Nutzen mit sich bringt. Bislang gibt es allerdings kaum empirische Nachweise für eine solche Kausalbeziehung, und wir nehmen an, dass diese Beziehung durch Kontextfaktoren moduliert wird. Eine zweite, sich daran anschließende Frage ist, ob vordergründig erwünschte Eigenschaften tatsächlich auch adaptiv sind. Persönlichkeitseigenschaften von Kindern und Erwachsenen bringen in Abhängigkeit vom jeweiligen Kontext sowohl Nutzen als auch Kosten mit sich, wie es das kognitiv-adaptive Modell spezifiziert (Zeidner et al., 2009). Möglicherweise ist der Fall bei der emotionalen Intelligenz im Kindesalter ähnlich uneindeutig, was bedeuten würde, dass die Dimensionen emotionaler Intelligenz sowohl protektive als auch Risikofaktoren darstellen können. Die Tatsache, dass emotionale Entwicklung sowohl transaktional als auch multidimensional konzipiert werden muss, legt eine differenzierte Forschungsagenda nahe. Die effektive Erfassung von Konstrukten der emotionalen Intelligenz ist dabei unbedingt zu beachten.

4 Erfassung emotionaler Intelligenz bei Kindern und Jugendlichen

Tendenziell bleibt die Konstruktion von Instrumenten zur Erfassung emotionaler Intelligenz bei Kindern und Jugendlichen hinter denjenigen Forschungs- und Entwicklungsbemühungen zurück, die sich ausschließlich auf Erwachsene beziehen. In der jüngeren Vergangenheit gab es zwar einige Versuche, emotionale Intelligenz (und verwandte Konstrukte) bei Kindern und Jugendlichen zu messen, wobei die Altersspanne vom Vorschulalter bis zu 18 Jahren reicht; viele von ihnen stellen allerdings lediglich Ableitungen der Erwachsenenversionen der jeweiligen Verfahren dar.

In den folgenden Abschnitten werden wir auf einige Kriterien eingehen, die unserer Ansicht nach (insbesondere im Sinne guter wissenschaftlicher Praxis) für jedes neue Messinstrument erfüllt sein sollten. Zunächst stellen wir vier Quellen für empirische Validitätsnachweise vor, die bei der Gestaltung von Instrumenten zur Erfassung emotionaler Intelligenz berücksichtigt werden sollten.

Der nächste Abschnitt widmet sich der Vorstellung der international bekanntesten Messinstrumente und stellt einige Neuentwicklungen aus dem deutschen Sprachraum vor. Dabei gehen wir zunächst auf diejenigen Verfahren ein, die emotionale Intelligenz als Persönlichkeitsmerkmal konzipieren. Die im darauf folgenden Teil vorgestellten Instrumente hingegen basieren auf Modellen, die emotionale Intelligenz als

Fähigkeit bzw. in Analogie zu anderen Intelligenzformen sehen. Der letzte Teil der Übersicht befasst sich mit Verfahren, die weniger emotionale Intelligenz im engeren Sinne als vielmehr damit verwandte Konstrukte erfassen.

Vier Kriterien zum Nachweis der Validität. Bei der Entwicklung valider Maße emotionaler Intelligenz bei Kindern und Jugendlichen sollten vier Kriterien berücksichtigt werden (Orchard, MacCann, Matthews, Zeidner & Roberts, 2009). Erstens: Konzipiert man emotionale Intelligenz als eine Art *Intelligenz*, sollten Maße emotionaler Intelligenz einen Zusammenhang zu anderen etablierten Intelligenzmaßen aufweisen. Zweitens sollten Maße der emotionalen Intelligenz stärker mit solchen Maßen korrelieren, die ebenfalls emotionale Intelligenz erfassen, als mit allgemeinen Intelligenzmaßen. Drittens sollten Maße emotionaler Intelligenz mit Variablen zusammenhängen, die mit Emotionen generell in Verbindung stehen. Will man beispielsweise zeigen, dass die Fähigkeit, Emotionen zu identifizieren und zum eigenen Nutzen einzusetzen, einen Teilaspekt emotionaler Intelligenz darstellt, so sollte die gemessene emotionale Intelligenz auch mit daraus resultierenden Variablen wie der Fähigkeit zu angemessener Stressbewältigung zusammenhängen. Viertens sollte unter der Annahme, dass emotionale Intelligenz eine Art Intelligenz darstellt, die erfasste emotionale Intelligenz allenfalls in dem Ausmaß mit Persönlichkeitsvariablen zusammenhängen, wie auch herkömmliche Intelligenzmaße mit der Persönlichkeit korrelieren (.30 oder darunter; Ackerman & Heggestad, 1997). Die Beachtung dieser Richtlinien wird zur Stützung der Sichtweise beitragen, dass emotionale Intelligenz eine eigenständige Fähigkeit darstellt, die es durchaus wert ist, auch über herkömmliche Intelligenz- und Persönlichkeitsmaße hinaus erfasst zu werden.

Abschließend sprechen wir uns als allgemeine Empfehlung zur Konstruktion von Messinstrumenten emotionaler Intelligenz für Kinder und Jugendliche dafür aus, Selbstauskünfte zu vermeiden, wo immer dies möglich ist. Erstens zeigen Befunde aus der Sozialpsychologie, dass Menschen bei solchen Einschätzungen eher ungenau sind, sowohl hinsichtlich ihrer Fähigkeiten und Persönlichkeitseigenschaften als auch in Bezug auf die Vorhersage ihres eigenen Verhaltens (vgl. Dunning, Heath & Suls, 2004 für eine Übersicht). Ab welchem Alter zudem Kinder ihr Befinden reliabel einschätzen können, ist bisher noch nicht ausreichend erforscht (vgl. dazu auch Janke & Schlotter sowie Mohr & Glaser in diesem Band). Ein zweiter Grund, Selbstauskünfte möglichst zu vermeiden, hängt damit zusammen, was man überhaupt unter emotionaler Intelligenz versteht. Definiert man sie als Fähigkeit oder eine Art Intelligenz, sollte sie als maximales Verhalten in Leistungssituationen bzw. über Leistungstests erfasst werden (Roberts, Zeidner & Matthews, 2001). Denn Menschen fällt es unabhängig von ihrem Alter schwer, ihr Intelligenzniveau zuverlässig einzuschätzen. Eine Metaanalyse von Mabe und West (1982) zeigt, dass selbsteingeschätzte und psychometrisch erfasst Intelligenz nur zu $r = .31$ korrelieren.

4.1 Die Erfassung emotionaler Intelligenz als Persönlichkeitsmerkmal

Es gibt eine Reihe von Verfahren, die mit dem Ziel konstruiert wurden, emotionale Intelligenz als Persönlichkeitsmerkmal oder Ensemble nichtkognitiver Eigenschaften zu messen. Diese Einschätzmethoden bestehen üblicherweise aus Selbstberichten, wie man sie auch aus Persönlichkeitstests kennt: Kinder und Jugendliche sollen angeben, inwieweit sie einem Item mit Bezug zur emotionalen Intelligenz zustimmen, beispielsweise „Ich kann meine Gefühle unter Kontrolle halten" (Bar-On & Parker, 2000). Das vielleicht verbreitetste Messinstrument dieser Art ist das *Emotional Quotient Inventory: Youth Version* (EQ-i: YV; Bar-On & Parker, 2000; vgl. hierzu auch Abschnitt 2). Es zielt darauf ab, emotionale Intelligenz bei Kindern und Jugendlichen im Alter zwischen 7 und 18 Jahren zu messen, und besteht aus insgesamt 60 Aussagen. Das Instrument erfasst vier Faktoren: „Intrapersonale Aspekte", „Interpersonale Aspekte", „Umgang mit Stress" und „Anpassungsfähigkeit". Darüber hinaus liefert die Skala noch einen fünften Wert, „Allgemeine Gestimmtheit", der sich allerdings nur in der Erwachsenenversion des EQ-i nachweisen ließ, nicht jedoch als eigener Faktor in der Fassung für Kinder und Jugendliche auftauchte (eine kürzere Version des EQ-i: YV schließt den Wert „Allgemeine Gestimmtheit" entsprechend nicht mit ein). Die interne Konsistenz des EQ-i: YV ist mit Werten zwischen .72 und .90 (Cronbachs α) zufriedenstellend; außerdem liegen einige Hinweise auf die Validität des Verfahrens vor. So fanden Parker et al. (2004) bei einer Stichprobe von Oberstufenschülern positive Korrelationen zwischen der emotionalen Intelligenz insgesamt und den Noten. Die erfolgreichsten Schüler wiesen darüber hinaus höhere Werte auf den Dimensionen „Interpersonale Aspekte", „Anpassungsfähigkeit" und „Umgang mit Stress" auf als weniger erfolgreiche. Nachfolgende Untersuchungen konnten außerdem zeigen, dass Mädchen im Vergleich zu Jungen eine höhere emotionale Intelligenz zeigen (erfasst mit dem EQ-i: YV; Harrod & Sheer, 2005).

In enger Beziehung zu Bar-Ons Konzept steht der Ansatz von Petrides und Furnham (vgl. etwa 2000, 2001, 2003), die die Ansicht vertreten, dass sich emotionale Intelligenz untergliedern lässt in einen Persönlichkeitsaspekt *(Trait-EI)* und einen Fähigkeitsaspekt *(Ability-EI)*. Ihrer Auffassung nach sollte eher der Persönlichkeitsaspekt gemessen werden, da es aufgrund der Subjektivität emotionalen Erlebens schwierig ist, den Fähigkeitsaspekt der emotionalen Intelligenz objektiv zu bewerten. Um emotionale Intelligenz als Persönlichkeitseigenschaft bei Kindern und Jugendlichen messen zu können, haben die Autoren drei Varianten ihres *Trait Emotional Intelligence Questionnaire* entwickelt: die Langversion für Jugendliche (*Adolescent Full Form*; TEIQue-AFF), die Kurzversion für Jugendliche (*Adolescent Short Form*; TEIQue-ASF) und eine Fassung für Kinder (*Child Form*; TEIQue-CF). Es handelt sich dabei jeweils um Selbstberichtsmaße, bei denen die Kinder und Jugendlichen auf einer fünfstufigen Skala einschätzen, inwieweit die Aussagen auf sie zutreffen (z. B. „Wenn ich traurig bin, versuche ich trotzdem, ein fröhliches Gesicht zu machen"). Die Formen für Jugendliche erfassen insgesamt 15 Aspekte der globalen emotionalen Intelligenz als Persönlichkeitsmerkmal und können im Alter zwischen 13 und 17 Jahren angewandt werden. Die Skalen sind insgesamt reliabel. Konstatiert wird zudem, dass die globale emotionale Intelligenz mit ausgeprägterem Kooperations- und Führungsverhalten sowie mit geringerer Aggression und Dependenz zusammenhängt (Petrides, Sangareau, Furnham & Fredrickson, 2006). Die Kinderversion ist geeignet für Kinder zwischen acht und zwölf Jahren und erfasst neun Aspekte emotionaler Intelligenz. Das Verfahren ist insgesamt reliabel, und höhere emotionale Intelligenz korreliert mit weniger negativen und mehr positiven Verhaltensweisen (Petrides et al., 2006).

Ein drittes, erst kürzlich entwickeltes Selbsteinschätzungsinstrument zur Erfassung emotionaler Intelligenz als Persönlichkeitsmerkmal bei Jugendlichen ist der *Adolescent Swinburne University Emotional Intelligence Test* (Adolescent SUEIT; Downey, Mountstephen, Lloyd & Stough, 2008; Luebbers, Downey & Stough, 2007). Der Adolescent SUEIT besteht aus 57 Items, auf denen die Jugendlichen einschätzen sollen, wie sie typischerweise handeln, denken oder fühlen, und erfasst vier Faktoren emotionaler Intelligenz: (1) Emotionsverständnis und -analyse, (2) Emotionswahrnehmung und -ausdruck, (3) Emotionsmanagement und -kontrolle und (4) Beeinflussung von Kognitionen durch Emotionen. Der Adolescent SUEIT ist intern konsistent und kann bereits bei Jugendlichen im Alter von 13 Jahren angewandt werden (Luebbers, Downey & Stough, 2007). Erste Hinweise auf die Validität des Verfahrens liefern empirische Untersuchungen, die signifikante Korrelationen zwischen dem Gesamtscore emotionaler Intelligenz und dem Notendurchschnitt zeigen konnten ($r = .15$); darüber hinaus sind die leistungsstärksten Schülerinnen und Schüler auch die emotional intelligentesten (Downey, Mountstephen, Lloyd & Stough, 2008). Nach unserer Recherche (Stand Februar 2009) sind aktuell keine deutschsprachigen Verfahren zur Erfassung emotionaler Intelligenz als Persönlichkeitsmerkmal bei Kindern und Jugendlichen publiziert.

Emotionale Intelligenz als Persönlichkeitsmerkmal: Messinstrumente im Überblick. Das EQ-i: YV, die verschiedenen Varianten des TEIQue und der Adolescent SUEIT sind allesamt Selbsteinschätzungsinstrumente mit den bereits oben erwähnten Problemen. Darüber hinaus korrelieren solche Selbstberichtsformate oft substantiell mit gängigen Persönlichkeitsinventaren. Dadurch wird aber das vierte der oben angeführten Validitätskriterien verletzt, welches postuliert, dass Maße der emotionalen Intelligenz nicht dasselbe erfassen sollten wie Persönlichkeitsmaße. So weisen die Erwachsenenformen des EQ-i und des TEIQue hoch positive Korrelationen mit Extraversion (EQ-i: $r = .46$ bis $.53$, TEIQue: $r = .68$) und hoch negative Korrelationen mit Neurotizismus auf (EQ-i: $r = -.62$ bis $-.72$, TEIQue: $r = -.70$; vgl. Roberts, Schulze & MacCann, 2008 für eine Übersicht). Überdies konnten für die Erwachsenenversionen keine Korrelationen mit vorhandenen Intelligenzmaßen nachgewiesen werden, wodurch das erste der obigen Validitätskriterien verletzt ist. Interessanterweise liegen bislang keine empirischen Studien zu jüngeren Stichproben vor, in denen Daten sowohl zu Intelligenz als auch zu Persönlichkeitsmerkmalen erhoben worden wären; eine Replikation der Befunde wäre höchst wahrscheinlich in Anbetracht der Tatsache, dass die Items der Kinder- und Jugendversionen denen der Erwachsenenfassungen inhaltlich sehr ähnlich sind. Wäre dies nicht der Fall, stünden die Konstrukteure der Verfahren vor der großen Herausforderung, eine solche Diskrepanz zu erklären.

Fasst man emotionale Intelligenz eher als eine Art Persönlichkeitseigenschaft denn als eine Form der Intelligenz auf, legt dies zwingend zwei Fragen nahe. Erstens: Weisen diese Maße, wenn sie hoch mit Persönlichkeitseigenschaften korrelieren, eine inkrementelle Validität über herkömmliche Persönlichkeitsmaße hinaus auf? Unterlässt man es nämlich, den Einfluss der Persönlichkeit zu kontrollieren, stellen sich die Beziehungen zu Variablen wie dem Notendurchschnitt in der Tat schon weit weniger beeindruckend dar (Zeidner et al., 2009). Zweitens: Wenn diese Maße nicht mit anderen Intelligenzmaßen korrelieren, ist es dann überhaupt angemessen, das Konstrukt, das sie zu erfassen vorgeben, als emotionale „Intelligenz" zu bezeichnen?

4.2 Die Erfassung emotionaler Intelligenz als Fähigkeit

Der zweite Typus diagnostischer Verfahren wurde vor dem theoretischen Hintergrund von emotionaler Intelligenz als Fähigkeitskonstrukt konstruiert. In diesem Kontext gehen einige Ansätze davon aus, dass EI eine vergleichbare Art Intelligenz ist wie fluide (g_f) oder kristalline Intelligenz (g_c). Andere fassen den Fähigkeitsbegriff weiter bzw. sprechen von Kompetenz (zur Diskussion des Kompetenzbegriffs vgl. Abschnitt 1). Über ihre Intelligenz oder auch Kompetenz können Menschen keine zuverlässigen Selbsteinschätzungen abgeben. Unserer Meinung nach sollte emotionale Intelligenz (oder Kompetenz) auch nicht durch solche Methoden erfasst werden (vgl. Mayer et al., 2008; Roberts, Schulze & MacCann, 2008), sondern vielmehr dadurch, dass man Menschen eine Menge an Problemen lösen lässt, die einen Indikator ihrer zugrunde liegenden Fähigkeit(en) darstellen. Bislang gibt es noch sehr wenige Messinstrumente, die versuchen, emotionale Intelligenz oder Kompetenz auf diese Art und Weise zu erfassen; drei davon stellen wir im Folgenden vor.

Eines dieser Verfahren ist der *Mayer-Salovey-Caruso Emotional Intelligence Test – Youth Version* (MSCEIT-YV), der auf dem früheren, für Erwachsene entwickelten *Mayer-Salovey-Caruso Emotional Intelligence Test* (MSCEIT) basiert (Mayer, Caruso & Salovey, 2005). Wie auch die Erwachsenenversion erfasst der MSCEIT-YV vier Dimensionen emotionaler Intelligenz (vgl. Tab. 1; Identifikation, Assimilation in das Denken, Verstehen und Regulation). Der Test umfasst 180 Items (die Kurzfassung 97); diese erlauben eine Einschätzung der Fähigkeiten hinsichtlich der vier Dimensionen über eine Reihe von Aufgaben, die die Person bearbeiten muss. Im Einzelnen wird die *Wahrnehmung* von Emotionen über Porträtphotographien erfasst, bei denen die Testperson die gezeigte Emotion identifizieren muss; die *Nutzung* von Emotionen, indem die Person Emotionsbezeichnungen mit physischen Empfindungen vergleicht; das *Verständnis* von Emotionen durch die Identifikation von Definitionen sowie Ursachen von Emotionen, und der *Umgang* mit Emotionen, indem die Person eine Situation bewertet und einschätzt, wie geeignet verschiedene Reaktionen sind, um bei einer anderen Person bestimmte Gefühle hervorzurufen.

Der MSCEIT-YV wird von erfahrenen Auswertern interpretiert, die die beste Antwort für jedes Item bestimmen und diejenige der Testperson entsprechend mit „richtig" oder „falsch" bewerten. Letztlich ergeben sich dadurch sieben Kennwerte: ein Wert für jede der vier Dimensionen emotionaler Intelligenz, zwei Bereichswerte (Erfahrung = Wahrnehmung und Nutzung, Strategie = Verständnis und Umgang) und ein Gesamtwert. Jede der Skalen ist hinreichend reliabel (α = .70 bis .84), wobei der strategische Bereich eine etwas niedrigere Zuverlässigkeit aufweist (α = .62 bis .64). Der Test richtet sich an Kinder und Jugendliche zwischen 11 und 17 Jahren; erste empirische Ergebnisse deuten darauf hin, dass Mädchen in allen Bereichen der emotionalen Intelligenz besser abschneiden als Jungen, mit Ausnahme der Tests, die die Wahrnehmung von Emotionen mit einschließen (Rivers, Brackett & Salovey, 2008).

Weitere erste Validitätsnachweise zeigen, dass die im MSCEIT-YV erreichten Werte mit einer ganzen Reihe wichtiger schulischer und sozialer Variablen zusammenhängen (Rivers, Brackett, Reyes & Salovey, 2008). Rivers, Brackett, Reyes et al. (2008) fanden hohe Korrelationen zwischen dem Gesamtscore und dem Notendurchschnitt ($r = .53$), ein Befund, der sich auch in einer Nachfolgestudie replizieren ließ ($r = .57$). Die Zusammenhänge mit den Noten (die in Anbetracht der Unzuverlässigkeit sowohl des Prädiktors als auch des Kriteriums extrem hoch ausfallen) können auf ein Problem hindeuten, das vereinzelt schon im Zusammenhang mit der Erwachsenenversion geäußert wurde: dass es sich dabei schlicht um ein stellvertretendes Maß der kognitiven Intelligenz mit einer benutzerfreundlicheren Bezeichnung handelt. Die Tatsache, dass die Forschung es bisher bei den (bislang noch spärlichen) Studien mit Kindern versäumt hat, Persönlichkeit und Intelligenz als Kovariaten mit einzubeziehen, trägt auch nicht dazu bei, diesen Verdacht auszuräumen.

Ein zweiter Typus der objektiven Erfassung emotionaler Intelligenz basiert auf der Methode der Situationsbeurteilung (*Situational Judgment Test*, SJT). Dieses Verfahren beinhaltet Szenarien mit entsprechenden Rahmenhandlungen, die aus kritischen Ereignissen abgeleitet wurden und die so geschrieben sind, dass inhaltliche Validität gewährleistet ist. Ein Beispiel findet sich in Kasten 1. Hinweise auf die Validität dieser Methode für die Erfassung emotionaler Intelligenz bei Jugendlichen geben zwei Untersuchungen ($N = 700$, Roberts, MacCann & Fogarty, 2008), die drei Ziele verfolgten: (a) ein System von Messverfahren zu entwickeln, das den Umgang mit und das Verständnis von Emotionen erfasst, (b) empirische Nachweise für die Zuverlässigkeit der Verfahren sowie für eine theoretisch vertretbare Faktorenstruktur zu liefern, und (c) zusätzlich die Validität der Instrumente durch Untersuchungen der Beziehungen zwischen SJT-Resultaten und Alter, Ethnie, Geschlecht, Schulleistungen, Persönlichkeit und anderen Emotionsmaßen zu belegen.

Kasten 1: Beispielitem aus dem Situational Judgment Test mit Feedback (vgl. z. B. Roberts, MacCann, Matthews & Zeidner, in press).

Scenario

You and James are good friends and sometimes help each other with homework. After you help James on a difficult project, the teacher is very critical of this work. James blames you for his bad grade. What would you do in this situation?

(a) Tell him in an angry tone that from now on he has to do his own homework.
(b) Apologize to him politely and ask that he apologize to you also.
(c) Tell him "I am happy to help, but you are responsible for what you turn in". *
(d) Don't talk to him.

> **Feedback**
>
> If the student chooses (a), the feedback may be as follows:
> *You may want to rethink your choice in this situation. Working together on homework might not be the best thing for your friendship but you do not want this incident to hurt your friendship. Try reconsidering his feelings and answer again.*
>
> If the student chooses (b), the feedback may be as follows:
> *That is a good choice. You like James and don't want to let this incident aversely affect your friendship. You know you did not do anything wrong and politely ask him to apologize also. Behaving in this way shows that you should not feel guilty about James's bad grade.*
>
> If the student answers choice (c), the feedback may be as follows:
> *Very good choice, you are being patient with James and understanding of his frustration. Also you are reminding him that he is ultimately responsible for his work and that you are only trying to help. Behaving in this way shows that you should not feel guilty about James's bad grade.*
>
> If the student chooses (d), the feedback may be as follows:
> *You may want to rethink your choice in this situation. Not talking to James can be a sign that you no longer want to be friends with James. Try reconsidering his feelings and answer again.*

Anmerkung: Die beste Antwort ist mit einem Stern markiert (vgl. S. 165)

Explor4torische und konfirmatorische Faktorenanalysen unterstützen die Annahme der zugrunde liegenden Faktorenstruktur des SJT. Die nachgewiesenen Zusammenhänge zwischen emotionaler Intelligenz und Intelligenz, Persönlichkeit (insbesondere Verträglichkeit), anderen Emotionsmaßen und Ergebnisvariablen wie Schulnoten belegen die Konstruktvalidität. Bemerkenswert ist, dass die Korrelationen zwischen Intelligenz und SJT zwar hoch ausfallen, aber nicht so hoch, dass das Konstrukt komplett überflüssig wäre. Dieser vielversprechende Ansatz könnte durch den Einsatz multimedialer Technologien noch an ökologischer Validität gewinnen. Wir haben deshalb begonnen, videobasierte Verfahren zur Erfassung der emotionalen Intelligenz zu implementieren, die wiederum auch die Sprachlastigkeit der Tests verringern. Kasten 1 enthält ein Beispiel einer Rückmeldung für Schüler, die ein geplantes umfassendes Paket aus diagnostischen Daten und Hinweisen auf Interventionsmöglichkeiten mit einschließen könnte.

Ein deutschsprachiger Test, der ebenfalls auf Situationsbeurteilung basiert, ist der szenariobasierte *Performanztest emotionaler Kompetenzen bei Jugendlichen* (TEK-J) von Freudenthaler und Neubauer (2008), entwickelt als Adaptation der Erwachsenenversion (TEK; Freudenthaler, Fink & Neubauer, 2006). Mit dem TEK-J soll erfasst werden, wie adäquat Jugendliche sich in emotionsgeladenen Interaktionen verhalten können bzw. Emotionen bei sich selbst als auch bei anderen effektiv regulieren und positiv beeinflussen können. Jedes der 28 Items besteht aus einer emotionalen Situationsbeschreibung (z. B. „Ein guter Freund ist bedrückt, weil sich der Gesundheitszustand seiner Mutter zusehends verschlimmert.") und vier vorgegebenen Verhaltensalternativen (z. B. „Ich nehme ihm Arbeit ab und ermuntere ihn, viel Zeit mit der Mutter zu verbringen."), von denen jene auszuwählen ist, die dem eigenen Verhalten in der jeweiligen Situation am ehesten entspricht. Die Testpersonen werden also dazu instruiert, Angaben über ihr typisches Verhalten zu machen. Die Richtigkeit der Antworten wird nach einem Experten-Konsens-Kriterium (zehn Psychologen und Psychotherapeuten) bestimmt.

Der TEK-J wurde im Rahmen mehrerer Teilstudien von insgesamt 571 Schülern (309 Gymnasiasten und 262 Hauptschülern) im Alter von 13 bis 14 Jahren bearbeitet. Die Items bilden eine eindimensionale Skala „emotionale Kompetenz", welche eine interne Konsistenz von $\alpha = .76$ und eine Retest-Reliabilität von $r_{tt} = .74$ (Retest nach vier Wochen) aufweist. Mädchen erreichten höhere Werte als Jungen, Gymnasiasten höhere Werte als Hauptschüler. Es ergaben sich allerdings keine Zusammenhänge mit kognitiven Fähigkeiten. Mittlere Zusammenhänge finden sich mit den Big Five (positiv mit Verträglichkeit, Gewissenhaftigkeit, Extraversion; negativ mit Neurotizismus; kein Zusammenhang zu Offenheit) und schwache Zusammenhänge mit Schulnoten (bessere Noten bei höherer emotionaler Kompetenz). Zudem zeigten sich erwartungskonforme Zusammenhänge mit psychosozialen Merkmalen und Verhaltensweisen (positive Korrelationen mit sozialer Unterstützung, negative Korrelationen mit depressiver Befindlichkeit, Ärgererleben, Rauchen oder Alkoholkonsum). Die TEK-J-Kompetenzwerte korrelieren negativ mit mehreren Aspekten von Gewalt (eigenes gewalttätiges Verhalten, Opfererfahrungen, insgesamte Verstrickung in gewalttätige Handlungen). Nach Kontrolle von Geschlecht, Persönlichkeit (Big Five) und kognitiven Intelligenzmaßen wiesen die TEK-J-Werte inkrementelle Validität für die Vorhersage aller drei Gewaltaspekte auf (Freudenthaler & Neubauer, 2008).

Emotionale Intelligenz als Fähigkeitskonstrukt: Messinstrumente im Überblick. Sowohl der MSCEIT-YV als auch die neuen Situationsbeurteilungsmethoden sind eher problembasierte als Selbstberichtsverfahren, sodass die Ergebnisse weitaus weniger von der Selbsteinsicht des Probanden abhängen als Maße, welche die emotionale Intelligenz als Persönlichkeitsmerkmal oder Ensemble nicht kognitiver Fähigkeiten erfassen. Hinzu kommen eher moderate bis niedrige Korrelationen mit klassischen Persönlichkeitsmaßen. Der TEK-J zum Beispiel weist zwar signifikante Zusammenhänge mit sozialer Verträglichkeit ($r = .45$), Gewissenhaftigkeit ($r = .31$) und Extraversion ($r = .25$) auf; diese sind jedoch deutlich geringer als die der Selbstberichtsmaße. Auch die meisten Faktoren der Erwachsenenversion des MSCEIT korrelieren nicht allzu hoch mit der Persönlichkeit: Lediglich der Teil zum Umgang mit Emotionen weist niedrige Korrelationen zur Verträglichkeit ($r = .27$) und zur Offenheit für neue Erfahrungen auf ($r = .18$). Außerdem konnten für den MSCEIT und den SJT einige Zusammenhänge mit vorhandenen Intelligenzmaßen ermittelt werden, nicht jedoch für den TEK-J. Was den MSCEIT-YV betrifft, steht ein Urteil noch aus, da bislang noch keine vergleichbaren Validierungsstudien vorliegen und die Auswertung sich von derjenigen der Erwachsenenversion deutlich unterscheidet (z. B. werden die Punktzahlen in der Kinderversion ausschließlich durch Expertenurteile bestimmt, während bei der Erwachsenenversion ein Konsensusscoring Anwendung findet).

Aufgaben, bei denen Jugendliche eine Reihe von Problemen lösen sollen, machen vermutlich mehr Spaß und involvieren die Teilnehmenden auch stärker als ein Fragebogen, in dem sie lediglich die eigenen Gefühle und Verhaltensweisen berichten. Unserer Auffassung nach liegt darin einer der größten Vorteile der Situationsbeurteilungsmethoden. Insgesamt scheinen diese Einschätzmethoden die von uns vorgeschlagenen Kriterien zudem eher zu erfüllen als Verfahren, die emotionale Intelligenz über Selbstberichte erfassen.

4.3 Die Erfassung von mit emotionaler Intelligenz verwandten Konstrukten

Es gibt einige Verfahren für Kinder und Jugendliche, die mit emotionaler Intelligenz verwandte Konstrukte erfassen. Aufgrund der gebotenen Kürze werden wir in diesem Beitrag nicht alle vorhandenen Verfahren besprechen, sondern uns auf einige beschränken. Allgemein messen diese Verfahren entweder verschiedene Aspekte emotionalen Wissens oder der Emotionsregulation bzw. den Umgang mit Emotionen.

Emotionales Wissen. Emotionales Wissen wird üblicherweise beschrieben als die Fähigkeit, Gesichtsausdrücke und situations- oder verhaltensbezogene emotionale Hinweisreize korrekt zu erkennen und zu benennen (Izard, 2001). Das wohl meistverwendete Instrument zur Erfassung emotionalen Wissens bei Kindern und Jugendlichen ist das *Assessment of Children's Emotional Skills* (ACES), das drei Aspekte emotionalen Wissens erfasst: Gesichtsausdrücke, soziale Situationen und Sozialverhalten. Es kann schon mit Kindern im Grundschulalter angewandt werden (Schultz & Izard, 1998). Bei „Gesichtsausdrücke" werden den Probanden Porträtaufnahmen von Kindern gezeigt und sie müssen identifizieren, was das Kind auf dem Bild gerade empfindet. Bei „Soziale Situationen" und „Sozialverhalten" werden Vignetten prototypischer emotionaler Situationen dargeboten, bei denen die Kinder die dargestellte Emotion herausfinden müssen. Die Skala ACES ist hinreichend reliabel und empirische Untersuchungen konnten zeigen, dass emotionales Wissen positiv mit Sozialverhalten zusammenhängt (Trentacosta, Izard, Mostow & Fine, 2006). Emotionales Wissen sagt auch spätere schulische Kompetenz vorher (Trentacosta & Izard, 2007).

Ein weiteres Verfahren zur Erfassung des Emotionswissens bei Kindern und Jugendlichen ist der *Test of Emotion Comprehension* (TEC; Pons, Harris & Rosnay, 2004), welcher auch in einer deutschen Version, der *Skala zur Erfassung des Emotionswissens* (Janke, 2008), vorliegt. Da dieses Verfahren bereits im Kapitel von Janke und Schlotter in diesem Band vorgestellt wird, gehen wir hier nicht weiter darauf ein.

Emotionsregulation. Emotionsregulation bezeichnet die Fähigkeit des Kindes, seine emotionale Erregung zu kontrollieren, um alltägliche Situationen bewältigen zu können (Shields & Cicchetti, 1997; Walden, Harris & Catron, 2003). Diese Fähigkeit kann dazu beitragen, Anzahl und Dauer der negativen Erfahrungen eines Kindes zu reduzieren, und hängt somit mit der Fähigkeit des Kindes zusammen, sich an neue soziale Situationen anzupassen (Shields & Cicchetti, 1997; Walden, Harris & Catron, 2003). Verschiedene Verfahren unterschiedlicher Aufmachung sind entwickelt worden, um Emotionsregulation bei Kindern und Jugendlichen zu erfassen.

Ein auf Selbsteinschätzung basierendes Instrument zur Messung der Emotionsregulation ist der *How I Feel* (HIF), der emotionale Erregung sowie Emotionsregulation bei Kindern im Grundschulalter erfasst (Walden, Harris & Catron, 2003). Das Verfahren besteht aus 30 Items, die drei Faktoren erfassen sollen: Positive Emotion, negative Emotion und Emotionsregulation. Die Kinder schätzen auf einer Skala von 1 („trifft gar nicht auf mich zu") bis 5 („trifft voll auf mich zu") ein, inwieweit jedes Item, bezogen auf die letzten drei Monate, für sie zutrifft. Ein Beispielitem für die Skala „Positive Emotion" lautet etwa „Ich war sehr oft fröhlich", ein Item zur negativen Emotion „Ich war sehr oft traurig", und ein Beispielitem zur Emotionsregulation lautet „Ich hatte im Griff, wie oft ich wütend war". Der HIF weist annehmbare Reliabilität auf; Nachweise zur diskriminanten Validität liegen ebenfalls vor (Walden, Harris & Catron, 2003). Insbesondere korreliert die Skala „Positive Emotion" positiv mit bestehenden Maßen positiver Emotion, aber negativ mit vorhandenen Maßen negativer Emotion; das umgekehrte Muster zeigt sich für die Skala „Negative Emotion". Die Skala „Emotionsregulation" korreliert überdies positiv mit vorhandenen Bewältigungsmaßen. Bislang mangelt es jedoch an Untersuchungen, die die prädiktive Validität dieser Skala im Hinblick auf andere interessante Variablen im Schulkontext belegen (z. B. Kim, Walden, Harris, Karras & Catron, 2006).

Ein deutschsprachiges Verfahren, welches ebenfalls auf Selbsteinschätzungen basiert, ist der *Fragebogen zur Erhebung der Emotionsregulation bei Kindern und Jugendlichen* (FEEL-KJ) von Grob und Smolenski (2005). Der FEEL-KJ wurde an 780 Kindern und Jugendlichen zwischen 10 und 20 Jahren normiert. Mit dem FEEL-KJ können insgesamt 15 Strategien der Emotionsregulation für die Emotionen Angst, Wut und Trauer erhoben werden. Die Probanden beurteilen auf einer fünfstufigen Skala (von „fast nie" bis „fast immer"), wie häufig sie beim Erleben einer Emotion die in den Items beschriebenen Reaktionen zeigen. Die Autoren des FEEL-KJ gehen davon aus, dass sich Emotionsregulationsstrategien zu einem gewissen Grad situationsübergreifend hinsichtlich ihrer Adaptivität bzw. Maladaptivität klassifizieren lassen. Als adaptive Strategien gelten: Problemorientiertes Handeln, Zerstreuung, Stimmung anheben, Akzeptieren, Vergessen, Umbewerten und Kognitives Problemlösen. Als maladaptive Strategien gelten: Aufgeben, Aggressives Verhalten, Rückzug, Selbstabwertung und Perseveration. Als zusätzliche Strategien, die keiner der zwei Sekundärskalen (adaptive vs. maladaptive Strategien) zugeordnet sind, werden erfasst: Ausdruck, Soziale Unterstützung und Emotionskontrolle. Die 15 Strategie-Skalen und die Sekundärskalen weisen gute Realiabilitätskennwerte (interne Konsistenz sowie Retest) auf. Faktorenanalysen über die zwölf den Sekundärskalen zugeordneten Skalen bestätigen sowohl bei emotionsübergreifender als auch bei emotionsspezifischer Betrachtung die Zwei-Faktoren-Struktur. Die Sekundärskalen zeigen erwartungskonforme Zusammenhänge mit subjektivem Wohlbefinden, Angstempfinden und Ärgererleben. Untersuchungen zur differentiellen Validität des FEEL-KJ (Vergleich von Kindern aus klinischen Stichproben mit der Normgruppe) zeigten zum Teil etwas höhere Werte der klinischen Gruppen auf den maladaptiven Skalen. Ein konsistentes Muster ergab sich allerdings nicht. Da der FEEL-KJ auch adaptive Emotionsregulationsstrategien erfasst, eignet er sich neben der klinischen Diagnostik auch für die Erstellung von Ressourcenprofilen.

Ein Verfahren zur Erfassung kontextspezifischer Emotionsregulationsstile wurde von Knollmann (2006) publiziert. Der *Fragebogen zur Emotionsregulation im Lernkontext Mathematik* (FERL-M) erfasst mit vier Skalen funktionale versus dysfunktionale Regulationsstile bei positiven und negativen Lernemotionen im Lernkontext Mathematik. Den Probanden werden vier emotional ambivalente, im Lernkontext Mathematik alltägliche Situationen vorgelegt. Diese Situationen werden zunächst vom Probanden emotional bewertet (Antwortmöglichkeiten: Ärger, Enttäuschung, Angst, Freude). Anschließend werden die Emotionsregulationsstrategien erfasst. Entwickelt und validiert wurde der FERL-M an insgesamt 361 Schülerinnen und Schülern der Klassen fünf bis sieben. Der Fragebogen wurde bislang nicht normiert.

Die *Skalen zum Erleben von Emotionen* (SEE) von Behr und Becker (2004) zielen auf die Erfassung des individuellen Gefühlserlebens, die Bewertung und Regulation von Gefühlen. Sie erfassen unter anderem auch die aus dem Konzept emotionaler Intelligenz nach Salovey und Mayer (1990) abgeleiteten Fähigkeiten zur Emotionsregulation und Selbstkontrolle. Die SEE basieren auf Selbsteinschätzungen und können mit Jugendlichen ab 14 Jahren eingesetzt werden. Die Probanden geben auf einer fünfstufigen Skala (von „stimmt gar nicht" bis „stimmt völlig") den Grad ihrer Zustimmung zu Aussagesätzen über spezifische Qualitäten des Emotionserlebens an (z. B. „Ich kenne schon Möglichkeiten, wie ich meinen Gefühlszustand steuern kann."). Die Skalen weisen gute bis ausreichende Reliabilitätskennwerte (interne Konsistenz sowie Retest) auf. Hinweise auf die Validität der SEE liegen aus zahlreichen Studien vor. Die Skalen Erleben von Emotionsregulation und Selbstkontrolle korrelieren negativ mit Neurotizismus, Depression oder Angst und positiv mit Lebenszufriedenheit, Selbstwertschätzung, Einschätzung eigener Leistungsfähigkeit oder Klarheit über Emotionen. Es liegen unterschiedliche Normen für die SEE vor (z. B. Normalbevölkerung $N = 579$; Männer vs. Frauen jeweils über/unter 30 Jahre $N = 146$ bis 462).

Zwei Fremdberichtsmaße der Selbstregulation wurden von Shields und Cicchetti (1997) entwickelt. Die *Emotion Regulation Checklist* (ERC) besteht aus 24 Items und kann von Beratern, Lehrkräften oder Eltern ausgefüllt werden. Sie misst zwei Faktoren: Affektive Labilität/Negativität und Emotionsregulation. Ein Beispielitem für den Faktor „Affektive Labilität/Negativität" lautet „Zeigt extreme Stimmungsschwankungen", ein Beispielitem für die Erfassung der Emotionsregulation ist „Ist einfühlsam anderen gegenüber". Für jedes der 24 Items schätzen die Beurteiler auf einer Skala von 1 bis 4 ein, inwieweit das Kind die genannten Verhaltensweisen zeigt. Beide Skalen sind reliabel (α zwischen .83 und .96) und korrelieren mit Faktoren wie Autonomie, Egoresilienz und Aufmerksamkeit im Unterricht (Shields & Cicchetti, 1997; Trentacosta & Izard, 2007).

Ein zweites, ebenfalls von Shields und Cicchetti (1997) entwickeltes Instrument ist der *Emotional Regulation Q-Sort*. Wie der Name bereits nahelegt, bedient sich das Verfahren der Q-Sort-Methodik, bei der den Beurteilern (etwa Lehrkräften oder Eltern) eine Reihe von Aussagen auf Kärtchen dargeboten wird (z. B. „Bricht unter Stress völlig zusammen."). Diese beurteilen dann das Kind, indem sie jede dieser Aussagen in einen Stapel auf einem Kontinuum zwischen „extrem typisch" bis „extrem untypisch" einsortieren. Der *Emotional Regulation Q-Sort* besteht aus insgesamt zehn solcher Aussagen, von denen die Hälfte negativ gepolt ist (z. B. „Wird schnell wütend."). Das Verfahren ist nachgewiesenermaßen reliabel und differenziert gut zwischen Kindern mit funktionaler und dysfunktionaler Emotionsregulation sowie zwischen misshandelten und nicht misshandelten Kindern (Shields & Cicchetti, 1997).

Mit emotionaler Intelligenz verwandte Konstrukte: Messinstrumente im Überblick. Bislang liegen erst wenige Daten vor, auf deren Grundlage man die Verfahren evaluieren könnte, die der emotionalen Intelligenz nahestehende Konstrukte bei Kindern und Jugendlichen erfassen. Einige dieser Instrumente weisen in der Tat die wünschenswerte Eigenschaft auf, Selbsteinschätzungen zu vermeiden. Beispielsweise verwendet das ACES, das emotionales Wissen erfasst, Bilder von Gesichtern sowie emotionsbezogene Szenarien, um Konstrukte zu messen, die mit emotionaler Intelligenz verwandt sind. Diese Methode hat darüber hinaus wohl den Vorteil, für Kinder und Jugendliche recht ansprechend und interessant zu sein. Ferner verwenden sowohl die ERC als auch der *Emotional Regulation Q-Sort*, die beide Emotionsregulation erfassen, ein Fremdberichtsformat, das eine Einschätzung der kindlichen Fähigkeit zur Emotionsregulation durch Lehrkräfte, Beratende und Eltern erlaubt. Andere Verfahren zur Messung der Emotionsregulation wie der HIF, die SEE oder der FEEL-KJ bedienen sich allerdings des Selbstberichts. Positiv ist für alle diese Instrumente anzumerken, dass sie nachgewiesenermaßen mit emotionsbezogenen Variablen zusammenhängen. Es wäre sicher lohnenswert, Einschätzverfahren zur emotionalen Intelligenz wie den MSCEIT-YV zusammen mit diesen augenscheinlich verwandten Konstrukten im Rahmen einer Studie zu untersuchen.

4.4 Fazit

Auch wenn sich in der Forschung allmählich ein Konsens abzeichnet, welche Dimensionen die zentralen Aspekte emotionaler Intelligenz darstellen, so herrscht doch weitaus weniger Einigkeit bezüglich der Frage nach ihrer Erfassung. Dafür gibt es einige Gründe: Zunächst einmal sind zahlreiche Messverfahren zur Erfassung emotionaler Intelligenz bei Kindern und Jugendlichen lediglich reduzierte Fassungen der vorhandenen Erwachsenenversionen. Da selbst bezüglich erwachsener Probanden noch keineswegs klar ist, wie sich emotionale Intelligenz valide erfassen lässt, überrascht es nicht, dass die Forschung bislang noch keinen Konsens zur Messung emotionaler Intelligenz bei Kindern und Jugendlichen erzielt hat. Darüber hinaus stellt die Erfassung emotionaler Intelligenz bei Kindern und Jugendlichen noch immer ein relativ neues Unterfangen dar; entsprechend befinden sich viele Erfassungsinstrumente noch im Entwicklungs- und Erprobungsstadium. Unserer Ansicht nach könnte größere Einigkeit erreicht werden, wenn die von uns vorgeschlagenen allgemeinen Richtlinien bei der Konstruktion und Validierung neuer Messinstrumente Berücksichtigung fänden. Sorgfältigere Validierungsstudien, die auch geeignete Kovariaten in ihr Design einschließen, sind in dieser Hinsicht ein zentrales Anliegen.

5 Schlussfolgerungen

Dieser Übersichtsartikel schlägt verschiedene einander überlappende Modelle emotionaler Intelligenz und verwandter Konzepte vor, die von weiterer kritischer Untersuchung und Integration profitieren könnten. Eine Untersuchung der entsprechenden Messverfahren zeigt, dass weitere Validierungsstudien erforderlich sind, die sich nicht mehr ausschließlich auf Selbstberichtsdaten stützen. Solche Forschungsansätze müssen Kontextfaktoren mit den Einschätzungen von Kindern und Jugendlichen in Verbindung bringen. Ein wichtiger Punkt dabei ist, dass sich die dritte Schicht des Investmentmodells der emotionalen Intelligenz (vgl. Abb. 1) auf die Entwicklung einsichtsbasierter Selbstregulation von Emotionen bezieht. Eine sich ihrer selbst bewusste, strategische Regulation emotionaler Verhaltensweisen bildet sich heraus, wenn sie im Kontakt mit Sozialisationsagenten in der Umgebung (hauptsächlich Eltern und anderen Erziehungsberechtigten) Förderung erfährt. Ebenso wichtig ist, dass das Kind bzw. der oder die Jugendliche mit einer Vielzahl weiterer näherer Sozialisationsagenten wie Gleichaltrigen oder Lehrpersonen in Berührung kommt. Sowohl das Temperament, in Verbindung mit der kognitiven und sprachlichen Entwicklung, als auch regelbasierte Kompetenzen können einen modulierenden Einfluss auf das Erlernen strategischer und einsichtsbasierter regulierender Verhaltensweisen ausüben.

Das Investmentmodell (vgl. Abb. 1) sagt voraus, dass Unterstützung oder Gespräche über Emotionen den direktesten Aspekt emotionaler Sozialisation darstellen und zur Entwicklung strategischer Emotionsregulation beitragen. Eine solche Unterstützung beinhaltet insbesondere die folgenden Komponenten: (a) verbale Erklärungen komplexer Emotionen, (b) Lenkung der kindlichen Aufmerksamkeit auf saliente emotionale Reize, (c) Aufzeigen von Beziehungen zwischen beobachteten Ereignissen und den emotionalen Konsequenzen, die sie nach sich ziehen, (d) Unterstützung des Kindes beim Begreifen und Bewältigen seiner Reaktionen, und (e) Untergliedern sozialer Interaktionen in für das Kind handhabbare emotionale Komponenten.

Ein besonderes Augenmerk galt und gilt der Anwendung spezifischer Trainingsprogramme, die Schülerinnen und Schüler explizit über diejenigen Kompetenzen unterrichten, die für Erfolg im familiären und schulischen Kontext notwendig und erwünscht sind (Zins et al., 2007). Viele dieser Programme beinhalten sowohl Lernpläne für den Unterricht, die die Kompetenzentwicklung der Lernenden fördern, als auch Trainings für Lehrkräfte, Bezugspersonen und andere Interessierte. Allgemein zeigt die Forschung, dass gut umgesetzte Programme die Kompetenzen aller Beteiligten verbessern können (vgl. Elias et al., 2007). Der dringlichste Bedarf besteht jedoch an psychometrisch vernünftigen und ökologisch validen Instrumenten zur Erfassung emotionaler Intelligenz, um solche Bemühungen überhaupt erst durch solide Grundlagen- und Anwendungsforschung untermauern zu können.

Literatur

Ackerman, P. L. & Heggestad, E. D. (1997). Intelligence, personality, and interests: Evidence for overlapping traits. *Psychological Bulletin, 121,* 219-245.

Bar-On, R. (1997). *The Bar-On Emotional Quotient Inventory (EQ-i): A test of emotional intelligence.* Toronto: Multi-Health Systems.

Bar-On, R. & Parker, J. D. A. (2000). *Bar-On Emotional Inventory: Youth Version.* Toronto: Multi-Health Systems.

Behr, M. & Becker, M. (2004). *Skalen zum Erleben von Emotionen (SEE).* Göttingen: Hogrefe.

Brand, S., Felner, R., Shuim, M., Seitsinger, A. & Dumas, T. (2003). Middle school improvement and reform: Development and validation of a school-level assessment of climate, cultural pluralism and school safety. *Journal of Educational Psychology, 95,* 570-588.

Denham, S. A. (1998). *Emotional development in young children.* New York: Guilford.

Derryberry, D., Reed, M. A. & Pilkenton-Taylor, C. (2003). Temperament and coping: Advantages of an individual perspective. *Development and Psychopathology, 15,* 1049-1066.

Dewey, J. (1909). *Moral principles in education.* New York: Houghton Mifflin.

Downey, L. A., Mountstephen, J., Lloyd, J., Hansen, K. & Stough, C. (2008). Emotional intelligence and scholastic achievement in Australian adolescents. *Australian Journal of Psychology, 60,* 10-17.

Dunn, J., Bretherton, I. & Munn, P. (1987). Conversations about feeling states between mothers and their young children. *Developmental Psychology, 23,* 132-139.

Dunning, D., Heath, C. & Suls, J. (2004). Flawed self-assessment: Implications for health, education, and the workplace. *Psychological Science in the Public Interest, 5,* 69-106.

Elias, M. J., Hunter, L. & Kress, J. S. (2001). Emotional intelligence and education. In J. Ciarrochi, J. P. Forgas & J. D. Mayer (Eds.), *Emotional intelligence in everyday life* (pp. 133-149). Philadelphia, PA: Psychology Press.

Elias, M. J., Patrikakou, E. N. & Weissberg, R. P. (2007). A competence-based framework for parent-school-community partnerships in secondary school. *School Psychology International, 28,* 540-554.

Felner, R. D., Seitsinger, A. N., Brand, S., Burns, A. & Bolton, N. (2007). Creating small learning communities: Lessons from the Project on High-Performing Learning Communities about "what works" in creating productive, developmentally enhancing, learning contexts. *Educational Psychologist, 42,* 209-221.

Freudenthaler, H. H., Fink, A. & Neubauer, A. C. (2006). Emotional abilities and cortical activation during emotional information processing. *Personality and Individual Differences, 41,* 685-695.

Freudenthaler, H. H. & Neubauer, A. C. (2008). Die Messung emotionaler Kompetenzen: Ein Fähigkeitstest ohne Leistungsinstruktion. In W. Sarges & D. Scheffer (Hrsg.), *Innovative Ansätze für die Eignungsdiagnostik* (S. 77-86). Göttingen: Hogrefe.

Gestsdottir, S. & Lerner, R. M. (2007) Intentional self-regulation and positive youth development in early adolescence: Findings from the 4-H study of positive youth development. *Developmental Psychology, 43,* 508-521.

Gnepp, J. & Hess, D. L. (1986). Children's understanding of verbal and facial display rules. *Developmental Psychology, 22,* 103-108.

Grob, A. & Smolenski, C. (2005). *Fragebogen zur Erhebung der Emotionsregulation bei Kindern und Jugendlichen (FEEL-KJ).* Bern: Huber.

Halberstadt, A. G., Denham, S. A. & Dunsmore, J. C. (2001). Affective social competence. *Social Development, 10,* 79-119.

Halberstadt, A. G. & Parker, A. E. (2007). Function, structure and process as independent dimensions in research on emotions. *Clinical Psychology: Science and Practice, 14,* 402-406.

Harrod, N. R. & Sheer, S. D. (2005). An exploration of adolescent emotional intelligence in relation to demographic characteristics. *Adolescence, 40,* 503-512.

Izard, C. E. (2001). Emotional intelligence or adaptive emotions? *Emotion, 1,* 249-257.

Janke, B. (2008). Emotionswissen und Soziale Kompetenz. *Zeitschrift für empirische Pädagogik, 22,* 127-144.

Kim, G., Walden, T., Harris, V., Karrass, J. & Catron, T. (2006). Positive emotion, negative emotion, and emotion control in the externalizing problems of school aged children. *Child Psychiatry and Human Development, 37,* 221-239.

Knollmann, M. (2006). Kontextspezifische Emotionsregulationsstile: Entwicklung eines Fragebogens zur Emotionsregulation im Lernkontext „Mathematik". *Zeitschrift für Pädagogische Psychologie, 20,* 113-123.

Kochanska, G. & Coy, K. C. (2002). Child emotionality and maternal responsiveness as predictors of reunion behaviors in the Strange Situation: Links mediated and unmediated by separation distress. *Child Development, 73,* 228-240.

Landy, F. J. (2006). The long, frustrating, and fruitless search for social intelligence: A cautionary tale. In K. R. Murphy (Ed.), *A critique of emotional intelligence* (pp. 81-124). Mahwah, NJ: Erlbaum.

Luebbers, S., Downey, L. A. & Stough, C. (2007). The development of an adolescent measure of EI. *Personality and Individual Differences, 42,* 999-1009.

Mabe, P. & West, S. (1982). Validity of self-evaluation of ability: A review and meta-analysis. *Journal of Applied Psychology, 67,* 280-296.

Mayer, J. D., Caruso, D. R. & Salovey, P. (1999). Emotional intelligence meets traditional standards for an intelligence. *Intelligence, 27,* 267-298.

Mayer, J. D., Caruso, D. R. & Salovey, P. (2000). Selecting a measure of emotional intelligence: The case for ability scales. In R. Bar-On & J. D. A. Parker (Eds.), *The handbook of emotional intelligence: Theory, development, assessment, and application at home, school, and in the workplace* (pp. 320-342). San Francisco, CA: Jossey-Bass.

Mayer, J. D., Caruso, D. R. & Salovey, P. (2005). *The Mayer-Salovey-Caruso Emotional Intelligence Test-Youth Version (MSCEIT-YV), Research Version.* Toronto: Multi Health Systems.

Mayer, J., Roberts, R. D. & Barsade, S. G. (2008). Human abilities: Emotional intelligence. *Annual Review of Psychology, 59,* 507-536.

Mayer, J. D. & Salovey, P. (1993). The intelligence of emotional intelligence. *Intelligence, 17,* 433-442.

Mayer, J. D. & Salovey, P. (1997). What is emotional intelligence? In P. Salovey & D. J. Sluyter (Eds.), *Emotional development and emotional intelligence: Educational implications* (pp. 3-31). New York: Basic Books.

Mayer, J. D., Salovey, P. & Caruso, D. R. (2000). Emotional intelligence as zeitgeist, as personality, and as a mental ability. In R. Bar-On & J. D. A. Parker (Eds.), *The handbook of emotional intelligence* (pp. 92-117). San Francisco, CA: Jossey-Bass.

Mayer, J. D., Salovey, P. & Caruso, D. R. (2004a). Emotional intelligence: Theory, findings, and implications. *Psychological Inquiry, 15,* 197-215.

Mayer, J. D., Salovey, P. & Caruso, D. R. (2004b). Emotional intelligence: New ability or eclectic traits? *American Psychologist, 63,* 503-517.

Mayer, J. D., Salovey, P., Caruso, D. R. & Sitarenios, G. (2003). Measuring emotional intelligence with the MSCEIT V2.0. *Emotion, 3*, 97-105.

O'Neil, R. & Parke, R. D. (2000). Family-peer relationships: The role of emotion regulation, cognitive understanding, and attentional processes as mediating processes. In K. A. Kerns, J. M. Contreras & A. M. Neal-Barnett (Eds.), *Family and peers: Linking two social worlds* (pp. 195-225). New York: Praeger.

Orchard, B., MacCann, C., Schulze, R. Matthews, G., Zeidner, M. & Roberts, R. D. (2009). New directions and alternative approaches to the measurement of emotional intelligence. In C. Stough, D. Saklofske & J. D. A. Parker (Eds.), *Assessing Emotional Intelligence* (pp. 321-344). New York: Springer.

Parker, J. D. A., Creque, R. E., Barnhart, D. L., Harris Irons, J., Majeski, S. A., Wood, L. M., Bond, B. J. & Hogan, M. J. (2004). Academic achievement in high school: Does emotional intelligence matter? *Personality and Individual Differences, 37*, 1321-1330.

Petrides, K. V. & Furnham, A. (2000). On the dimensional structure of emotional intelligence. *Personality and Individual Differences, 29*, 313-320.

Petrides, K. V. & Furnham, A. (2001). Trait emotional intelligence: Psychometric investigation with reference to established trait taxonomies. *European Journal of Personality, 15*, 425-448.

Petrides, K. V. & Furnham, A. (2003). Trait emotional intelligence: Behavioural validation in two studies of emotion recognition and reactivity to mood induction. *European Journal of Personality, 17*, 39-57.

Petrides, K. V., Sangareau, Y., Furnham, A. & Fredrickson, N. (2006). Trait emotional intelligence and children's peer relations at school. *Social Development, 15*, 537-547.

Pons, F., Harris, P., & Rosnay, M. (2004). Emotion comprehension between 3 and 11 years: Developmental periods and hierarchical organization. *European Journal of Developmental Psychology, 1*, 127-152.

Pons, F., Lawson, J., Harris, P. L. & de Rosnay, M. (2003). Individual differences in children's emotion understanding: Effects of age and language. *Scandinavian Journal of Psychology, 44*, 347-353.

Rivers, S. E., Brackett, M. A., Reyes, M. & Salovey, P. (April, 2008). *Emotional skills in early adolescence: Relationships to academic and social functioning.* Paper presented at the 2008 Annual Meeting of the American Educational Research Association. New York: Crowne Plaza.

Rivers, S. E., Brackett, M. A. & Salovey, P. (2008). Measuring emotional intelligence as a mental ability in adults and children. In G. Boyle, G. Matthews & D. Saklofske (Eds.), *The Sage handbook of personality theory and assessment* (pp. 440-460). New York: Sage.

Roberts, R. D., MacCann, C., Matthews, G., & Zeidner, M. (in press). Emotional intelligence: Towards a consensus of models and measures. *Social & Personality Psychology Compass*.

Roberts, R. D., MacCann, C. & Fogarty, G. (2008). *Situational Judgment Tests of Emotional Intelligence for Youths and Adolescents: Theory, Research, and Future Directions.* Manuscript in preparation.

Roberts, R. D., Schulze, R. & MacCann, C. (2008). The measurement of emotional intelligence: A decade of progress? In G. Boyle, G. Matthews & D. Saklofske (Eds.), *The Sage handbook of personality theory and assessment* (pp. 461-482). New York: Sage.

Roberts, R. D., Zeidner, M. & Matthews, G. (2001). Does emotional intelligence meet traditional standards for an intelligence? Some new data and conclusions. *Emotion, 1*, 196-231.

Roeser, R. W., Eccles, J. S. & Sameroff, A. J. (2000). School as a context of early adolescents' academic and social-emotional development: A summary of research findings. *The Elementary School Journal, 100,* 443-471.

Saarni, C. (1997). Emotional competence and self-regulation in childhood. In P. Salovey & D. J. Sluyer (Eds.), *Emotional development and emotional intelligence: Educational implications* (pp. 35-66). New York: Basic Books.

Saarni, C. (1999). *The development of emotional competence.* New York: Guilford.

Saarni, C. (2007). The development of emotional competence: Pathways for helping children to become emotionally intelligent. In R. Bar-On, J. G. Maree & M. J. Elias (Eds.), *Educating people to be emotionally intelligent* (pp. 15-36). Westport, CN: Praeger.

Saarni, C., Mumme, D. & Campos, J. (1998). Emotional development: Action, communication, and understanding. In W. Damon (Ed.), *Handbook of child psychology* (5th ed., pp. 237-309). New York: Wiley.

Salovey, P. & Mayer, J. D. (1990). Emotional Intelligence. *Imagination, Cognition and Personality, 9,* 185-211.

Schultz, D. & Izard, C. E. (1998). *Assessment of Children's Emotion Skills (ACES).* Newark, DE: University of Delaware.

Shields, A. & Cicchetti, D. (1997). Emotion regulation among school-age children: The development and validation of a new criterion Q-sort scale. *Developmental Psychology, 33,* 906-916.

Thompson, R. A. (1994). Emotional regulation: A theme in search of definition. *Monographs for the Society for Research in Child Development (The Development of Emotional Regulation: Biological and Behavioral Considerations), 59,* 23-52.

Trentacosta, C. J. & Izard, C. E. (2007). Kindergarten children's emotion competence as a predictor of their academic competence in first grade. *Emotion, 7,* 77-88.

Trentacosta, C. J., Izard, C. E., Mostow, A. J. & Fine, S. E. (2006). Children's emotional competence in early elementary school. *Social Psychology Quarterly, 21,* 148-170.

Trentacosta, C. J., Izard, C. E., Mostow, A. J. & Fine, S. E. (2007). Kindergarten children's emotion competence as a predictor of their academic competence in first grade. *Emotion, 7,* 77-86.

Underwood, M. K. (1997). Top ten pressing questions about the development of emotional regulation. *Motivation and Emotion, 21,* 127–146.

Walden T. A., Harris V. S. & Catron T. F. (2003). How I Feel: A self-report measure of emotional arousal and regulation for children. *Psychological Assessment, 15,* 399-412.

Wedeck, J. (1947). The relationship between personality and "psychological ability". *British Journal of Psychology, 37,* 133-151.

Weinert, F. E. (1999). Konzepte der Kompetenz. Paris: OECD.

Weissberg, R. P., Kumpfer, K. & Seligman, M. E. P. (2003). Prevention that works for children and youth: An introduction. *American Psychologist, 58,* 425-432.

Zeidner, M., Matthews, G. & Roberts, R. D. (2009). *What we know about emotional intelligence: How it affects learning, work, relationships, and our mental health.* Cambridge, MA: MIT Press.

Zeidner, M., Matthews, G., Roberts, R. D. & MacCann, C. (2003). Development of emotional intelligence: Towards a multi-level investment model. *Human Development, 46,* 69-96.

Zeidner, M., Roberts, R. D. & Matthews, G. (2002). Can emotional intelligence be schooled? A critical review. *Educational Psychologist, 37,* 215-231.

Zins, J. E., Weissberg, R. P., Wang, M. C. & Walberg, H. J. (2004). *Building academic success on social and emotional learning: What does the research say?* New York: Teachers College Press.

Erfassung von Interessen

Eberhard Todt

1 Einführung

Bereits im 20. Jahrhundert gab es umfangreiche Veröffentlichungen zur Erfassung von Interessen, vor allem aus den USA (Fryer, 1931; Strong, 1943; Kuder, 1970; vgl. Todt, 1978). Die Bedeutung der Erfassung der Interessen von Kindern und Jugendlichen geht u. a. aus folgenden – empirisch begründbaren – Thesen zur Bedeutung der Interessen im Rahmen der Ontogenese hervor (Todt, 1984):

- Interessen sind wichtige Bedingungen für eine optimale Anpassung an schulische Lernsituationen. Sie sind „Gegenspieler" von Langeweile und Angst und deren unerfreulichen Begleiterscheinungen.
- Interessen sind wichtige Bestandteile für schulbezogene Entscheidungen (Kurswahlen).
- Interessen sind wichtige Bedingungen für berufsbezogene Entscheidungen (Berufswahlen).
- Interessen haben eine Basis in grundlegenden Bedürfnissen. Sie können daher zum Teil als Instrumente der Bedürfnisbefriedigung in vorgegebenen und aufgesuchten Umwelten betrachtet werden.
- Interessen sind die sensibelsten Indizes des geschlechtsbezogenen Selbstbildes Jugendlicher. Sie sind eng mit der Entwicklung der geschlechtsbezogenen Identität von Kindern und Jugendlichen verbunden.
- Interessen sind relativ sensible Indizes des fähigkeitsbezogenen Selbstkonzepts Jugendlicher. Ihre Entwicklung dürfte daher eine Beziehung haben zu den Erfahrungen, die Kinder und Jugendliche bei der Entwicklung und Erprobung ihrer kognitiven und sozialen Fähigkeiten machen. Ausgeprägte, breite und relativ stabile Interessen haben für Jugendliche offensichtlich einen hohen kognitiv-affektiven Anpassungswert.

Allerdings muss zugegeben werden, dass die Entwicklung von Interessenerfassungs-Methoden, die in der Praxis – bei 5- bis 15-Jährigen – einsetzbar wären, der dargestellten Bedeutung der Interessen noch keineswegs entspricht. Die Methoden der Erfassung von Interessen sind international vor allem an der Berufsberatung von Jugendlichen und Erwachsenen orientiert. Für 5- bis 15-Jährige existieren im Wesentlichen nur in Projekten ad hoc entwickelte spezielle Interessenerfassungs-Methoden.

Im Folgenden wird zunächst auf den Begriff des Interesses und auf die Entwicklung von Interessen eingegangen. Anschließend werden die Möglichkeiten der Erfassung von Interessen thematisiert. In diesem Zusammenhang werden auch die

Ansprüche erörtert, die an Gütekriterien von Interessenfragebögen gestellt werden können. Es werden dann zwei Beispiele von publizierten (Berufs-)Interessenfragebögen dargestellt. Den Abschluss bildet die Thematisierung aktueller Entwicklungen bei der Erfassung von Interessen im Rahmen spezieller Forschungsprojekte.

1.1 Begriffsklärung: Interesse und Interessiertheit

Für den Begriff des Interesses gibt es keine allgemein akzeptierte Definition. In ihrem Fachwörterbuch psychologischer und psychoanalytischer Begriffe unterscheiden English und English (1958, S. 271) folgende Bedeutungsaspekte des Begriffs:
- Interessen sind wichtige Bedingungen für eine optimale Anpassung an schulische Lernsituationen. Sie sind „Gegenspieler" von Langeweile und Angst und deren unerfreulichen Begleiterscheinungen.
- Tendenz zur selektiven Aufmerksamkeit (Aufmerksamkeitseinstellung) einem Gegenstand gegenüber.
- Eine Tendenz, sich bei einer Tätigkeit allein um der mit ihrer Ausführung verbundenen Befriedigung willen zu engagieren.
- Ein Streben, die Merkmale eines Gegenstandes vollständig zu explorieren (→ Neugier).
- Ein Gefühl, dass ein Objekt oder Ereignis für einen selbst von Bedeutung ist.
- Ein Gefühl, ohne das Lernen nicht möglich sein soll.
- Ein angenehmes Gefühl, das eine Tätigkeit begleitet, die ungehindert ihr Ziel erreicht

Interessen kann man als Instrumente (in ihrer Funktion als Tendenz bzw. Disposition) und als Effekte (als Zustand der Interessiertheit) der Bedürfnisbefriedigung betrachten (Cattell, 1965; Todt, 1978, 2004). Diese Komplexität des Konstrukts Interesse – besonders die Aspekte „Tendenz" (Disposition, Strukturaspekt) und „Gefühl" (Zustand, Prozessaspekt) – ist in den folgenden Definitionen abgebildet.

Kasten 1: Definitionen des Interesses (nach Todt, 1990, S. 225 f.)

> Es wird unterschieden zwischen allgemeinen Interessen, spezifischen Interessen und Interessiertheit.
>
> - *Allgemeine Interessen* werden definiert als:
>   „Verhaltens- oder Handlungstendenzen (Dispositionen), die relativ überdauernd und relativ verallgemeinert sind. Sie sind auf verschiedene Gegenstands-, Tätigkeits- oder Erlebnisbereiche gerichtet (die wiederum gut mit den in unserer Kultur unterschiedenen Berufsbereichen beschrieben werden können); sie sind wohlstrukturiert und relativ unabhängig von konkreter Erfahrung entstanden. In ihrer Entwicklung stehen sie in enger Wechselwirkung zur kognitiven Entwicklung und zur Entwicklung des Selbstbildes. Allgemeine Interessen umfassen kognitive, affektive und konative Komponenten."

- *Spezifische Interessen* werden definiert als:
  „Verhaltens- oder Handlungstendenzen (Dispositionen), die relativ spezifisch sind. Sie sind auf spezifische Gegenstände, Tätigkeiten oder Erlebnisse innerhalb bevorzugter allgemeiner Interessenbereiche bezogen; sie sind in ihrer Entwicklung abhängig von konkreten Anregungen bzw. Gelegenheiten und wiederholten befriedigenden Handlungsausführungen. Ihre Manifestationswahrscheinlichkeit (in konkreten interessierenden Handlungen) ist größer als die allgemeiner Interessen. Spezifische Interessen umfassen kognitive, affektive und konative Komponenten."

- *Interessiertheit* wird definiert als:
  „Positive emotionale Befindlichkeit (Zustand), als Gegensatz von Langeweile und Abneigung. Interessiertheit ist subjektiv weiterhin gekennzeichnet durch das Gefühl der Sympathie, der Aufmerksamkeit, des Verstehens, des sinnvollen Tätigseins, des Dazulernens."

Es gibt natürlich auch andere Definitionen von Interesse (Todt, 1978, S. 12). Manche Unterschiede in den Definitionen kommen allerdings durch die Verwendungen anderer Begriffe (z. B. persönliche Interessen statt spezifische Interessen, „situational interest" statt Interessiertheit) und durch andere Schwerpunktsetzung (z. B. Interesse als spezifische Beziehung zwischen einer Person und einem Gegenstand) u. a. zustande (Prenzel, 1988; Krapp & Kasten, 1984; Hidi & Berndorff, 1998).

1.2   Entwicklungsmodelle des Interesses

Ein Modell, das der Definition der Interessen von Todt (1990) am ehesten entspricht, ist in Abbildung 1 dargestellt.

In diesem Modell wird zwischen dem Zustand der Interessiertheit, überdauernden spezifischen Interessen und überdauernden allgemeinen, das heißt generalisierten Interessen unterschieden. Diese Unterscheidung macht deshalb Sinn, weil für die Entstehung von Interessiertheit, spezifischen bzw. allgemeinen Interessen unterschiedliche Bedingungen bedeutsam zu sein scheinen. Diese drei Arten von Interessen können im Bereich der Schule, der Freizeit und des Berufs bzw. der Berufswahl entstehen bzw. bedeutsam werden. Die Inhalte bzw. Tätigkeitsbereiche, in denen Interessen entstehen und wirksam werden können, können sehr vielfältig sein. Hier sind nur die in Interessenfragebögen häufiger thematisierten Tätigkeitsbereiche bzw. Inhalte aufgeführt worden. Wie alle Modelle stellt auch dieses Modell nur eine Approximation dar. In der Realität sind die Zellen des Kubus nicht so unabhängig voneinander wie das die Zeichnung nahezulegen scheint.

Eine Integration verschiedener Detailtheorien der Entwicklung der Interessen führte Todt (1990) zu den im Folgenden dargestellten Entwicklungsmodellen.

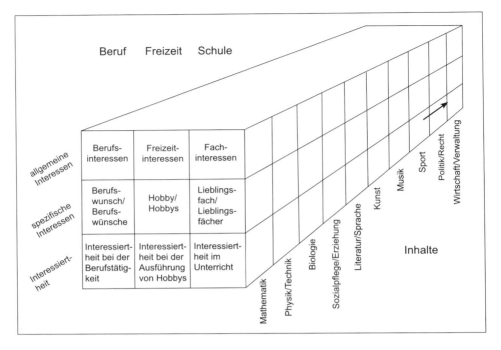

Abbildung 1: Modell der Interessen (Todt, 1993)

1.2.1 Allgemeine Interessen

Als allgemeinere Orientierungen, die es dem Individuum erleichtern in Situationen, in denen ihm relativ wenig konkrete Erfahrungen zur Verfügung stehen, Entscheidungen zu treffen (Schulfachwahlen, Ausbildungswahlen, Berufswahlen), die nach Möglichkeit bedürfnisbefriedigend sind, scheinen allgemeine Interessen (erfasst mit Interessenfragebögen) einen beträchtlichen Anpassungs- bzw. Problembewältigungswert zu haben. Allgemeine Interessen sind auf Klassen von Objekten oder Tätigkeiten bezogen (z. B. auf Sport, Technik). Sie werden vom Individuum eher deduzierend benutzt, um einzelne Tätigkeiten (z. B. Tennisspielen) bzw. Objekte (z. B. Tenniszeitschriften) zu bewerten. Allgemeine Interessen wirken daher offensichtlich eher als Filter (bezüglich der Klassen von Tätigkeiten, auf die man sich einlassen kann bzw. von Objekten, mit denen man sich beschäftigen kann bzw. die man ignorieren oder meiden sollte). Das schließt nicht aus, dass bei diesen allgemeinen Orientierungen auch (Lern-)Erfahrungen eine Rolle spielen können.

Wie entwickeln sich diese allgemeinen Interessen (die meist mit Hilfe von Berufsinteressenfragebögen erfasst werden)? Am anschaulichsten ist es wohl, wenn man die Entwicklungslogik dieser Interessen durch fiktive Fragen wie im Modell der Entwicklung allgemeiner Interessen (Todt, 1990; vgl. Abb. 2) darstellt.

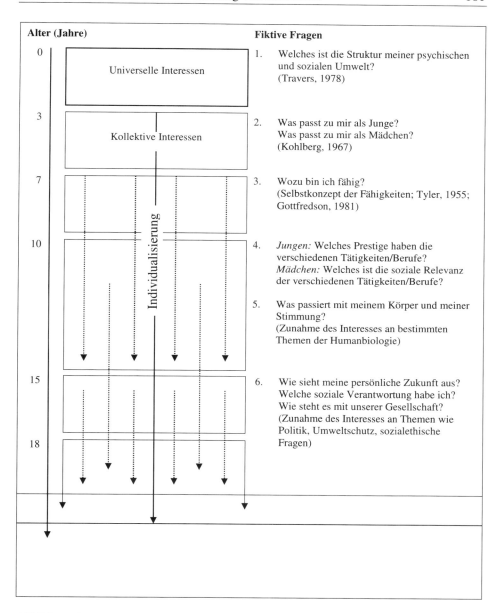

Abbildung 2: Modell der Entwicklung allgemeiner Interessen (Todt, 1990)

Die wichtigsten Aussagen dieses Entwicklungsmodells sind:

- Allgemeine Interessen entwickeln sich nicht aus dem Nichts heraus, sondern durch Ausblendung bestimmter Interessenbereiche aus bereits vorhandenem Interesse (Neugier, Explorationsbereitschaft). Der Säugling, das Kleinkind ist zunächst an allem Möglichen interessiert – vor allem an der Strukturierung seiner physischen und seiner sozialen Umwelt (Travers, 1978). Aber dieses universelle Interesse nimmt allmählich zugunsten zunehmend differenzierter (sich individualisierender) Interessenstrukturen ab. Es entwickelt sich also Desinteresse und Abneigung. Solche Differenzierungsmodelle vertreten u. a. Roe und Siegelmann (1964) und Gati (1979).
- Schon relativ früh, in der Zeit zwischen zwei und sieben Jahren (z. T. schon früher) tritt eine erste interindividuelle Differenzierung der (Spiel-)Interessen ein. Durch diese Differenzierung werden weniger Individuen als Gruppen von Individuen (nämlich Jungen bzw. Mädchen) charakterisiert. Daher spricht Todt hier von kollektiven Interessen. Wie bereits Travers (1978) hervorhebt, hat diese Entwicklung der Differenzierung bzw. Strukturierung der Umwelt sowie der eigenen Einordnung in diese Strukturierung viel zu tun mit der von Piaget postulierten kognitiven Entwicklung des Kindes.
- Orientiert an Piaget stellte Kohlberg (1967) folgende Theorie der Entwicklung der Geschlechtsidentität und des Geschlechtsrollenverhaltens auf:
    - Die Selbstkategorisierung des Kindes als Junge oder Mädchen, das heißt der Erwerb der Geschlechtsidentität ist der grundlegende Organisator der Einstellung gegenüber Geschlechtsrollen.
    - Das kognitive Urteil (ich bin ein Junge bzw. ein Mädchen) kristallisiert sich im Alter zwischen zwei und sieben Jahren zur Konzeption einer konstanten Geschlechtsidentität.
    - Solche grundlegenden Selbstkategorisierungen determinieren grundlegende Bewertungen. Positive bzw. negative Bewertungen von „männlichen" bzw. „weiblichen" Tätigkeiten entwickeln sich aus dem Bedürfnis heraus, Dinge zu bewerten, die konsistent sind mit dem eigenen Selbst.
- Das Modell der Entwicklung allgemeiner Interessen impliziert noch weitere Differenzierungen, die auf der Geschlechtsstereotypisierung aufbauen: Im Grundschulalter dient die Konfrontation mit der Erfahrung eigener Kompetenzen und Inkompetenzen der weiteren Differenzierung: Wer pflegt schon weiter Interessen in Bereichen, in denen permanent eigene Inkompetenz erlebt (oder von anderen attribuiert) wird? Ab etwa zehn Jahren (oder aber auch schon früher) spielt bei Jungen das soziale Prestige, bei Mädchen eher die soziale Bedeutung von Tätigkeitsbereichen eine Rolle bei der Interessendifferenzierung (Todt, 1981; Gati, 1979; Löwe, 1992; Todt, 2004; Todt & Götz, 1998). Die Pubertät lenkt das Interesse auf Fragen der Humanbiologie, die zunehmende soziale Reife in der zweiten Hälfte der zweiten Lebensdekade lenkt die Aufmerksamkeit auf soziale und gesellschaftliche Fragestellungen. Diese letzten beiden Stadien der Entwicklung allgemeiner Interessen scheinen eher von Anreizen der biologischen Entwicklung als von Ausblendungsvorgängen gesteuert zu sein.

1.2.2 Spezifische Interessen

Interessen gegenüber spezifischen Objekten oder Tätigkeiten (bzw. individuelle oder persönliche Interessen; Krapp, 1992) entwickeln sich – zwar meist im Rahmen der Orientierungen der allgemeinen Interessen – ganz anders. Ihre Entwicklung erfolgt über Lernprozesse, nicht über Ausblendungsvorgänge. Am Anfang stehen im Allgemeinen Anregungen durch zufällige Erfahrungen (u. U. durch die Suche nach bedürfnisbefriedigenden Tätigkeiten) oder länger dauernde Handlungszwänge (Allport, 1949: funktionelle Autonomie von Motiven). Probeweise durchgeführte Betätigungen können positive Folgen haben (Spaß, Stolz, Minderung der Langeweile, Prestigegewinn o. Ä.). Sie werden dann wiederholt ausgeübt. Wenn sie auch dann positive Folgen haben, wenn sie mit den allgemeinen Interessen kompatibel sind, wenn genügend Zeit, Geld und Gelegenheit zur Ausübung der Tätigkeit zur Verfügung steht, dann kann sich ein spezifisches Interesse (Disposition) aufbauen, das zum gezielten Aufsuchen der speziellen Tätigkeit führen kann. Dieser Lernvorgang folgt dann auch allgemeinen Lerngesetzmäßigkeiten (z. B. Generalisierung, Diskriminierung). Eine graphische Darstellung eines Modells der Entwicklung spezifischer Interessen (Todt, 1990) liefert Abbildung 3.

1.2.3 Interessiertheit

Interessiertheit (bzw. „situational interest"; Hidi & Berndorff, 1998) als Zustand – etwa im Unterricht in der Schule – ist offensichtlich mit einer ganzen Anzahl pädagogisch wünschenswerter Befindlichkeiten bzw. Aktivitäten verbunden: mit positiver Befindlichkeit, Aufmerksamkeit bzw. Konzentration, aktiver Teilnahme am Unterricht, Lernerleichterung, Erkenntnisgewinn, regelmäßigem Besuch des Unterrichts u. a. m.

Unabhängig vom Alter, vom Geschlecht und auch vom Inhalt vieler verschiedener Fächer scheinen bestimmte Unterrichtsbedingungen universelle und andere Unterrichtsbedingungen spezielle Bedeutung für den Zustand der Interessiertheit von Schülern und Studierenden zu haben (Todt, 1990). Solche universell bedeutsamen Bedingungen sind u. a., dass der Lehrer/Dozent gerechte Noten gibt, dass der Lehrer/Dozent den Stoff gut erklärt, dass der Lehrer/Dozent Geduld hat, wenn jemand etwas nicht verstanden hat, dass der Unterricht abwechslungsreich gestaltet wird, dass der Lehrer/Dozent bereitwillig auf Fragen eingeht.

Bereits bestehendes allgemeines bzw. spezifisches Interesse am Unterrichtsfach bzw. Thema kann eine Rolle spielen, muss es aber nicht. Analoge bedeutsame Bedingungen für den Zustand der Interessiertheit existieren auch für den Freizeitbereich und für den Berufsbereich.

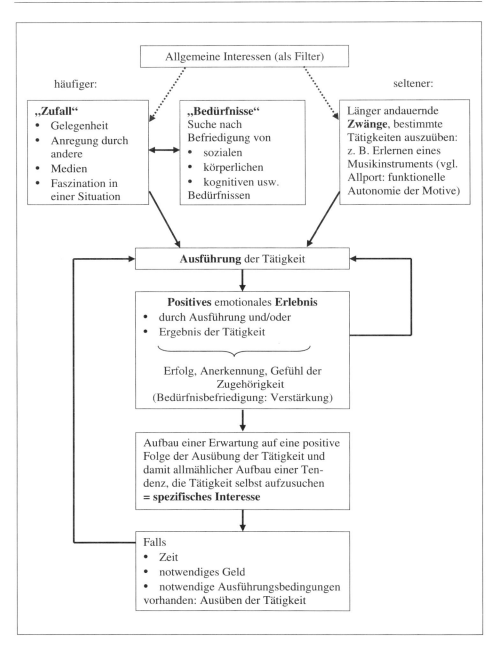

Abbildung 3: Modell der Entwicklung spezifischer Interessen (Todt, 1990)

Das Vorbild für dieses Modell lieferte u. a. Barak (1981).

Ein Modell bedeutsamer Bedingungen (und Folgen) des Zustands der Interessiertheit ist in Abbildung 4 dargestellt:

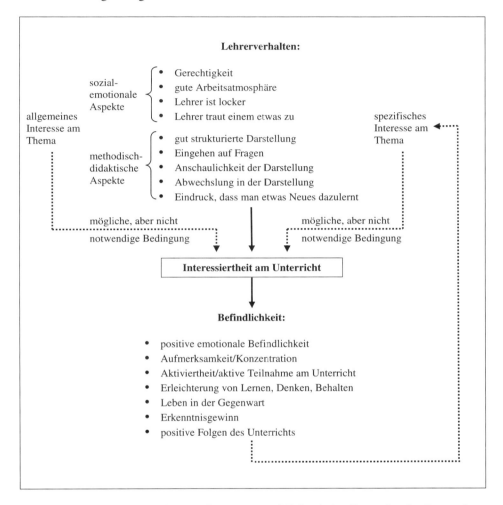

Abbildung 4: Modell wichtiger Bedingungen (und Folgen) des Zustandes der Interessiertheit im Unterricht (Todt, 1993)

Zur Entwicklung der Interessen wurden auch andere Modelle veröffentlicht (Todt, 1990; Krapp, 2002), deren Darstellung den Rahmen dieses Beitrages aber sprengen würde.

Zur Erfassung der Häufigkeit des Erlebens der wichtigen Bedingungen der Interessiertheit (am Unterricht) kann ein Fragebogen dienen (Beispiel: Physikunterricht, vgl. Todt, 1993), in dem für mehrere Aussagen dazu Stellung genommen wird, wie häufig sie auf den Unterricht zutreffen. Beispielitems sind:
1. Der Lehrer (die Lehrerin) erklärte den Stoff … gut.
2. Der Lehrer (die Lehrerin) gab … gerechte Noten.
3. Der Unterricht wurde … abwechslungsreich gestaltet.
4. Ich hatte im Unterricht … Gelegenheit, mich aktiv zu beteiligen, selbst etwas zu tun.

Die Antworten werden auf einer fünfstufigen Skala von „sehr oft" bis „nie" angegeben.

Multiple Korrelationen zwischen Antworten auf solche Items einerseits und dem Schülerurteil über die Interessantheit des betreffenden Fachunterrichts lagen bei (unveröffentlichten) Untersuchungen bei .70.

Der Fragebogen ist ab Jahrgangsstufe 7 ohne Schwierigkeiten einsetzbar. Analoge Fragebögen (und damit Variationen des Modells der Interessiertheit) kann man auch für den Bereich der Freizeitaktivitäten und der in Aussicht genommenen Berufswahlen erstellen und erproben.

2   Erfassung des Konstruktes Interesse

Sieht man einmal davon ab, dass sich manche Autoren mit der Frage befassen, ob nicht die Registrierung eines speziellen Berufswunsches, eines bestimmten Hobbys, eines Lieblingsfaches als Interessenindex im Rahmen eines Beratungsgesprächs am ökonomischsten und völlig ausreichend sei, liegen – besonders in den USA – umfangreiche Ergebnisse von Fragebogenuntersuchungen vor, die nahe legen, dass Einfachheit der Erfassung nicht unbedingt das alleinige und das wichtigste Kriterium der Erfassung von Interessen sein sollte (Bergmann, 1994).

2.1   Objektive Indizes des Interesses

Da Interessenfragebögen bezüglich ihres Diagnoseziels leicht durchschaubar (und damit im Ergebnis manipulierbar) sind, suchte man immer wieder nach „objektiven" Interessenindizes, nach Manifestationen von Interessen, von denen aus man auf Interessen schließen kann – ohne dass die Probanden das Ergebnis verfälschen können.

Cattell zählte schon 1950 mehr als 20 solcher objektiver Interessenindizes auf (Todt, 1978; S. 32). Solche Indizes waren u. a.: Geld, das für bestimmte Dinge ausgegeben wurde, Zeit, die für bestimmte Tätigkeiten aufgewendet wurde, unmittelbares Behalten bestimmter Dinge, Informiertheit über bestimmte Fakten, hautgalvanische Reaktionen auf bestimmte dargebotene Reize, usw. Aber solche Indizes korrelierten sehr gering untereinander und < .30 mit (nicht manipulierten) Angaben zum Interesse bzw. mit Fragebogenergebnissen.

Proyer (2006) hat in jüngster Zeit erneut die Möglichkeit der Erfassung von Interessen mittels objektiver Indizes untersucht. Er entwickelte acht Tests (IAcO), die z. T. den Vorbildern von Cattell entsprachen, und benutzte als subjektiven Interessenindex den *Allgemeinen Interessen-Struktur-Test* (AIST-R; Bergmann & Eder, 2004). Obwohl der Autor z. T. höhere Interkorrelationen zwischen den objektiven Interessenindizes und auch z. T. höhere Korrelationen mit subjektiven Interessenindizes fand, kommt er doch zu dem Schluss: „Somit kann festgehalten werden, dass sich für IAcO das in der Literatur beschriebene Bild von keinen oder geringen Zusammenhängen zwischen objektiven Tests und Verfahren zur Selbstbeschreibung wieder findet." (S. 231). Proyer erhofft positivere Ergebnisse weiterer Entwicklungsarbeiten.

Derzeit sind postulierte objektive Interessenindizes somit keine realistische Option für die Diagnose von Interessen. Lehrer neigen dazu, auf Interessiertheit zu schließen, wenn sie sehen, dass Schüler weiterführende und Verständnisfragen stellen, aktiv und konzentriert mitarbeiten, bei neuen Aufgabenstellungen engagiert sind, zuhören, präzise arbeiten, eigene Ideen einbringen, sich um Lösungen bemühen.

Aus solchen Interessiertheit zugeordneten Verhaltensweisen kann man einen Fragebogen entwickeln. Werden die Items eines solchen Fragebogens von Lehrern nach der Beobachtungshäufigkeit für jeden Schüler einer Klasse skaliert, kann man zu einem Fremdurteil über die Interessiertheit der Schüler einer Klasse kommen, das natürlich empirisch weiter analysiert werden müsste.

2.2 Subjektive Indizes des Interesses (Interessenfragebögen)

Seit den imponierenden Entwicklungsarbeiten zur Diagnose von (Berufs-)Interessen, die Strong (1943) in der ersten Hälfte des letzten Jahrhunderts durchführte und die über mehrere Revisionen seines Fragebogens und der Dokumentation einer ungeheuren Fülle von Daten bis heute weitergeführt wurden, wurde eine große Anzahl von Berufsinteressenfragebögen in den USA entwickelt, von denen die Fragebögen von Kuder und Holland wohl die bekanntesten sind. Sie dienten neben den Weiterentwicklungen des *Strong Vocational Interest Blank* (SVIB) auch als Vorbilder für Fragebogenentwicklungen im deutschsprachigen Raum. Nur auf diese wird eingegangen. Auf zwei neuere Fragebogenentwicklungen wird im Folgenden ausführlicher eingegangen. Über weitere deutschsprachige Interessenfragebögen kann man sich im Handbuch von Brickenkamp (Brähler et al., 2002) informieren.

2.2.1 *Berufsinteressenfragebögen*

Im Mittelpunkt der internationalen Interessenforschung stehen bis heute Berufsinteressenfragebögen, die vor allem in den Jahrgängen ab 14 bzw. 15 Jahre Einsatz finden. Solche Fragebögen sind in der Regel sorgfältig empirisch analysiert. Ihre Gütekriterien werden in den Handanweisungen dargestellt. Die Interessenrichtungen, die sie zu erfassen erlauben, wurden u. a. von Lederle-Schenk (1972) für den deutschen Sprachgebrauch umfassend dargestellt. Die in Tabelle 1 referierten und zwei weitere Berufsinteressenfragebögen erlauben es, folgende Interessenrichtungen in Form von Interessenprofilen darzustellen.

Tabelle 1: Übersicht von Interessenrichtungen, die in verschiedenen Fragebögen erfasst werden

B-I-T bzw. B-I-T II (Berufs-Interessen-Test; Irle & Allehoff, 1955/1988)	DIT (Differentieller Interessen-Test; Todt, 1967)	GIS (Generelle Interessen-Skala; Brickenkamp, 1990)	AIST-R (Allgemeiner Interessen-Struktur-Test-Revision; Bergmann & Eder, 1991/2004)
- Technisches Handwerk		- Architektur	- realistic (praktisch-technische Interessen): R
- Gestaltendes Handwerk	- Kunst - (Musik)	- Kunst - (Musik)	- artistic (künstlerisch-sprachliche Interessen): A
- Technische & naturwissenschaftliche Berufe	- Technik & (exakte) Naturwissenschaft	- Naturwissenschaft	- investigative (intellektuell-forschende Interessen): I
- Ernährungshandwerk		- Ernährung	
- Land- und forstwissenschaftliche Berufe	- Biologie	- Biologie - Natur-/Landwirtschaft	
- Kaufmännische Berufe	- Politik & Wirtschaft	- Politik - Handel	- enterprising (unternehmerische Interessen): E
- Verwaltende Berufe	- Verwaltung & Wirtschaft		- conventional (Konventionelle Interessen): C
- Literarische & geisteswissenschaftliche Berufe	- Literatur & Sprache	- Literatur	- (artistic): A
- Sozialpflege & Erziehung	- Sozialpflege & Erziehung	- Erziehung	- social (soziale Interessen): S
	- Mathematik		
	- Sport	- Sport	
	- Unterhaltung	- Unterhaltung	
		- Kommunikationstechnologie	
		- Mode	
		- Medizin	

Gütekriterien von Berufsinteressenfragebögen. Die im Folgenden dargestellten Anforderungen, die von Berufsinteressenfragebögen erfüllt werden, können auch von Interessenfragebögen gefordert werden, die für den Schul- und für den Freizeitbereich entwickelt werden.
- Objektivität: Durchführungs- und Auswertungsobjektivität ist bei jedem sorgfältig konstruierten Interessenfragebogen gegeben (für alle Probanden verbindliche schriftliche Anweisung, Auswertungsschablonen bzw. Auswertungssoftware bei PC-gestützter Durchführung).
- Gültigkeit: Die inhaltliche (logische) Gültigkeit (Faktorenstruktur der Interkorrelationen der Itemantworten) der Interessenfragebögen ist im Allgemeinen sehr hoch. Auch die konvergente (hohe Korrelationen mit inhaltlich vergleichbaren Skalenwerten anderer Interessenfragebögen) und die diskriminative Gültigkeit (niedrige Korrelationen mit Skalenwerten von Tests bzw. Fragebögen, die andere Konstrukte erfassen) sind im Allgemeinen recht eindrucksvoll. Ausnahmen stellen Korrelationen mit Bedürfnisskalen dar (Thorndike et al., 1968; Todt, 1978). Solche Zusammenhänge sind aber theoretisch zu erwarten (Interessen als Instrumente der Bedürfnisbefriedigung). Indizes der kriterienbezogenen (prognostischen) Gültigkeit sind im Allgemeinen relativ niedrig (< .30; Schiefele, Krapp & Schreyer, 1993).
- Zuverlässigkeit (Reliabilität): Die zu erwartenden Indizes der inneren Konsistenz sind im Allgemeinen sehr hoch (> .85). Auch hohe Paralleltest-Zuverlässigkeiten und Test-Retest-Reliabilitäten sind relativ leicht zu erreichen.
- Normen: Im Allgemeinen werden bei Berufsinteressenfragebögen Normen für Jugendliche (ab etwa 14 Jahren) und für Erwachsene erstellt. Auf altersspezifische Normen wird im Allgemeinen verzichtet, weil bisher keine systematischen Alterstrends der Interessenreaktionen beobachtet wurden (vgl. dagegen Todt, 1999; Todt, 2004).

Meistens aber werden getrennte Normen für beide Geschlechter erstellt, da die beiden Geschlechter deutlich unterschiedliche mittlere Antworten bei den verschiedenen Interessenskalen zeigen (vgl. dagegen Bergmann, 2003).

Manchmal wird der Verdacht geäußert, Normen von Interessenfragebögen veralteten relativ rasch, weil sich die Aktualität, das heißt die gesellschaftliche Bedeutung, mancher Tätigkeiten bzw. Objekte recht rasch wandeln kann. Solche Veränderungen öffentlicher Wertschätzungen sind möglich (z. B. „In einem Atomkraftwerk mitarbeiten"), aber eher marginal. Sie dürften die Brauchbarkeit von Normen über einen größeren Zeitraum nicht wesentlich beeinträchtigen.

Eine amerikanische Autorin (Hansen, 1996) untersuchte diese Frage für die Zeit zwischen 1930 und 1980. Sie verglich dabei die Mittelwerte der dem Fragebogen von Holland vergleichbaren Auswertung des *Strong Vocational Interest Blank* (SVIB). Das in Tabelle 2 dargestellte Ergebnis ist eindrucksvoll. Bei analogen Analysen mit dem *Differentiellen Interessen-Test* (DIT) über den Zeitraum 1967 bis 1983 fanden wir sehr ähnliche Ergebnisse. Die Folgerung der Autorin: „These data emphasize the stability of interests ... even over extended periods of time ... social changes seem not to have had a dramatic effect on the interests of women" (S. 150).

Tabelle 2: Stabilität mittlerer Interessenwerte bei Frauen über 50 Jahre hinweg

Skala	Untersuchungsjahr			
	1930	1960	1970	1980
Realistic	47	47	47	48
Investigative	51	48	49	50
Artistic	53	53	53	53
Social	51	50	51	49
Enterprising	48	50	49	51
Conventional	51	50	51	49

Für die Altersstufen 5 bis 15 Jahre kenne ich keine publizierten Fragebögen vergleichbarer Güte. Es gibt aber eine größere Zahl von Fragebögen, die in Forschungsprojekten eingesetzt wurden, die aber nicht zu Diagnoseinstrumenten weiterentwickelt bzw. die u. U. weiterentwickelt, aber nicht publiziert wurden. Sie sind inhaltlich breiter angelegt als die unten dargestellten schulfachbezogenen Fragebögen.

Ein Beispiel für einen Interessenfragebogen (*Differentieller Interessen-Test für Kinder*, DIT-K; Todt, 1987), der ab Jahrgangsstufe 4 (9-/10-Jährige) in Gruppenuntersuchungen eingesetzt werden kann, verwendete Pruisken (2005) bei ihrer Untersuchung Hochbegabter. Dieser Fragebogen war zunächst von Todt entwickelt worden und bezog sich auf folgende Interessenrichtungen: Technik, Natur, Umwelt, Zeichnen/Malen, Musik, Mathematik, Geschichte, Fremdsprachen, Lesen. Je Skala waren sechs Tätigkeiten danach zu beurteilen, wie interessant sie für das jeweilige Kind waren. Die Homogenitätsindizes der Skalen ($\alpha = .87$ bis $.94$) entsprachen den von publizierten Interessenfragebögen geforderten. Pruisken erweiterte den Fragebogen, der auch noch verschiedene Motivationsfacetten erfassen sollte (Ausdauer, Neugier, Anspruchsniveau, Zutrauen, Erfahrung, Selbständigkeit, Informationsvertiefung), um Schulfach- und Freizeitinteressen. Dieser Fragebogen kann mit den in Pruiskens Buch dargestellten Informationen rekonstruiert und beurteilt werden.

Im Rahmen ihrer Diskussion hat sich Zoe Daniels (2008) ausführlich auch mit Fragen der Erfassung von Interessen beschäftigt. Ihre Untersuchungen bezogen sich auf Jugendliche der 7. bis 10. Jahrgangsstufe (12- bis 16-Jährige). Sie bezog sich dabei auf Erhebungen im Rahmen des Projektes „Bildungsverläufe und psychosoziale Entwicklung im Jugendalter (BIJU)" des Max Planck-Instituts für Bildungsforschung in Berlin. Die Interessenrichtungen, auf die sich die Befragungen bezogen, waren Biologie, Mathematik, Physik, Englisch und Deutsch.

Da die verwendeten Interessenskalen nicht so leicht für eigene Untersuchungen rekonstruiert werden können, soll unten modellhaft die Konzeption eines Interessenfragebogens dargestellt werden, die Häussler im Rahmen eines umfangreichen Projektes des Instituts für die Pädagogik der Naturwissenschaften/IPN in Kiel entwickelt hat. Als Modell kann die Konzeption auch für die Entwicklung von Fragebögen für andere Inhaltsvergleiche dienen (z. B. für den Bereich Chemie; Gräber, 1998).

2.2.2 Freizeitinteressenfragebögen

Manche der Berufsinteressenfragebögen enthalten auch Items bzw. Skalen, die sich primär auf Freizeitaktivitäten beziehen (z. B. der DIT von Todt, 1967, die Skalen „Unterhaltung", „Sport", „Mode"). Natürlich können ausgeprägte Interessen in diesen Bereichen auch als Grundlagen für Berufsberatung und Berufswahlen dienen.

Als Ausgangspunkt für die Entwicklung eines Fragebogens zur Erfassung der Freizeitinteressen von 9- bis 15-Jährigen kann man die bei Untersuchungen zum hessischen Kinderbarometer (Hessenstiftung, 2006) herangezogenen Lieblingsfreizeitangebote dieser Altersgruppe nutzen. Diese sind: sich treffen, Schwimmbad, Fernsehen, Rad fahren, Fußball, Musik/Kassette hören, draußen/im Garten spielen, Computer spielen, Lesen, Kino, Bummeln/Einkaufen, Inlineskaten/Skateboard, Musik machen, Basketball, Spielplatz, Reiten. Veröffentlichte und empirisch analysierte Freizeitinteressenfragebögen für diese Altersgruppe sind m. E. nicht auf dem Markt.

Für Personen ab 14 Jahren, für die Hollands bzw. Bergmann und Eders *Allgemeiner Interessen-Struktur-Test* (AIST-R) konzipiert wurde, hat Stangl (1991) einen analog konzipierten *Freizeit-Interessen-Test* (FIT) veröffentlicht.

2.2.3 Schulfachbezogene Interessenfragebögen

Tabelle 3: Konzeption des Fragebogens zum Interesse an Physik (Hoffmann, Häussler & Lehrke, 1998)

A. Themengebiete	- vom Licht - von Tönen und Klängen - von der Bewegung und wie man Kraft sparen kann - wie sich Wärme ausbreitet und wie man mit Wärme etwas in Bewegung setzen kann - von der Elektrizität und vom Magnetismus - von der Elektronik - wie die Welt im Kleinen aufgebaut ist - Radioaktivität

B. Kontexte	- Physik als erlebbares Phänomen
	- Physik im Alltag
	- Physik und Beruf
	  - techn. Handwerk, Industrie, Forschung
	  - Kunsthandwerk, Medizin, Beratung
	- Physik als Wissenschaft
	  - qualitativ
	  - quantitativ
	- Physik als Gesellschaft
	- Kontexte

C. Tätigkeiten	- rezeptive Ebene - praktische konstruktive Ebene - theoretisch-konstruktive Ebene - bewertende Ebene

Häussler ging bei der Konstruktion seines Fragebogens zum Interesse an Physik einerseits von Ergebnissen der Delphi-Studie des Instituts für die Pädagogik der Naturwissenschaften (Kiel) und andererseits von unseren Ergebnissen der Kontextabhängigkeit von Physikinteressen aus (Todt & Händel, 1988). Die Konzeption des Fragebogens für Schüler der Sekundarstufe I ist in Tabelle 3 dargestellt.

Jeder Themenbereich (z. B. „vom Licht/Optik") wurde zunächst durch einen leicht verständlichen Text (ohne Fachbegriffe) von einer Seitenlänge dargestellt. Es folgten elf Items zu dem Themenbereich, bei denen die drei Aspekte (Thema, Kontext, Tätigkeit) systematisch variiert wurden. Beispiele für so formulierte Items sind:
1. Mehr darüber erfahren, wie ein Fernrohr, ein Mikroskop oder ein Photoapparat funktioniert.
2. Mehr darüber erfahren, wie Farben am Himmel zustande kommen (Himmelsblau, Abendrot, Regenbogen).

Das Interesse kann jeweils auf einer fünfstufigen Skala von „sehr groß" bis „sehr gering" angegeben werden.

3 Publizierte Verfahren zur Erfassung von (Berufs-)Interessen

Im Folgenden werden zwei Berufsinteressenfragebögen ausführlicher dargestellt.

3.1 Allgemeiner Interessen-Struktur-Test (AIST-R)

Orientiert an der Theorie Hollands (1997) und seiner in den USA weit verbreiteten Methode der Erfassung beruflicher Orientierungen (Holland, 1997) entwickelten Bergmann und Eder (2005) den *Allgemeinen Interessen-Struktur-Test* (AIST-R) als Adaptation der Methode für den deutschsprachigen Raum. Es handelt sich um die Revision einer früheren Entwicklung der Autoren. Hollands Annahmen waren u. a.:
- In unserer westlichen Kultur existieren sechs grundlegende Persönlichkeitsorientierungen. Diese bezeichnete er als praktisch-technisch, künstlerisch-sprachlich, intellektuell-forschend, unternehmerisch, konventionell und sozial.
- Diesen sechs Persönlichkeitsorientierungen entsprechen sechs Umwelttypen, die für die Entwicklung der individuellen Orientierungen mitverantwortlich sind.
- Diese sechs Umwelttypen sind gekennzeichnet durch die Persönlichkeitstypen, die sich dort vor allem aufhalten und sich dort verwirklichen können.
- Das Verhalten einer Person wird durch die Wechselwirkung zwischen ihrer Persönlichkeitsorientierung und der von ihr aufgesuchten Umweltstruktur bestimmt.
- Die Übereinstimmung von Persönlichkeits- und Umweltstruktur bezeichnet Holland als Kongruenz.
- Das Niveau der Differenziertheit entnimmt Holland der Klarheit des Persönlichkeits- bzw. Umweltprofils.
- Als Konsistenz bezeichnet Holland bestimmte Merkmale der inneren Struktur eines Persönlichkeits- bzw. Umweltmusters.

Diesen Annahmen entsprechend entwickelte Holland einen Fragebogen zur Erfassung der sechs Persönlichkeitsorientierungen und einen Fragebogen, mit dessen Hilfe die subjektive Bedeutung einer entsprechenden Umweltstruktur erfasst wird. Bergmann und Eder (2004) schufen entsprechende deutschsprachige Analoga (AIST-R und *Umwelt-Struktur-Test*; UST-R).

Zentral für den Ansatz von Holland ist sein Hexagonal-(Sechseck-)Modell, das u. a. der Bestimmung der drei zuletzt genannten diagnostischen Indizes dient (vgl. Abb. 7).

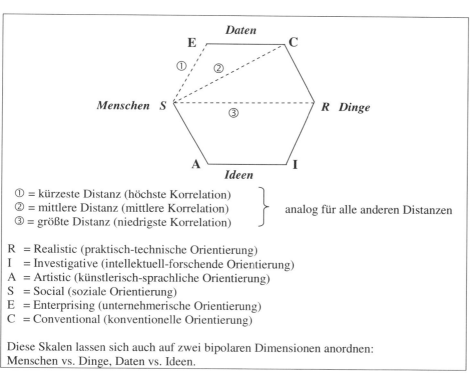

Abbildung 7: Hexagonal-Modell von Holland (1997): Darstellung der Beziehungen zwischen den sechs postulierten Persönlichkeitsorientierungen

Die Interkorrelationen zwischen den an den sechs Ecken angegebenen Berufsorientierungen zeigen u. a.,
- dass nebeneinander liegende Skalen (z. B. RI, ES, RC) höher miteinander korrelieren als weiter auseinander liegende (z. B. RA, CS) oder gegenüber liegende (z. B. AC, IE),
- dass man solche Interkorrelationen auch für die subjektive Bedeutsamkeit der sechs Umweltdimensionen erstellen kann und dass man die Ähnlichkeit des Persönlichkeits- und des Umwelttyps bestimmen kann (Kongruenz),

- dass man im Einzelfall nach der Bildung einer Rangfolge der Standardwerte der verschiedenen Skalenwerte einer Person das Ausmaß der Konsistenz (Nähe der zwei dominanten Skalen in dem Hexagon) einer Interessenstruktur ermitteln kann,
- dass man nach dem Vergleich der größten und der kleinsten Differenz zweier Skalenwerte in der Rangreihe einen Index der Differenziertheit bestimmen kann.

Diese Indizes dienen – außer einer Profildarstellung der sechs standardisierten Skalenwerte des Fragebogens – der Interpretation des individuellen Testergebnisses: Aber auch die Zuordnung der drei ranghöchsten Standardwerte (als Typenindex) zu einer Liste von durch Experten typisierten Berufen dient als Grundlage der Interpretation bzw. der Beratung von Individuen.

Einige weitere Angaben zu den Fragebögen AIST-R und UST-R:

- Je Skala wurden zehn Items formuliert (für AIST-R und UST-R analoge Items). Die Anzahl der Items der Fragebögen beträgt demnach je 60 Items. Durchführungsdauer 10 bis 15 Minuten (ohne Zeitbegrenzung).
- Je Item stehen fünf Antwortalternativen zur Verfügung:
    - AIST-R: „Das interessiert mich sehr; das tue ich sehr gerne" (5) bis „Das interessiert mich nicht; das tue ich nicht gerne" (1)
    - UST-R: „sehr wichig" (5) bis „nicht wichtig" (1)
- Normen (Standardwerte) für Schüler ab 14 Jahren (ohne Trennung nach Altersgruppen): Geschlechtsspezifische Normen und Normen ohne Trennung nach Geschlechtern.
- Gütekriterien:
    - Logische (inhaltliche) Gültigkeit: Ergebnisse der Faktorenanalyse (Sechs-Faktorenlösung): Iteminterkorrelationen und Skalenwerte als Markierungsvariablen.
    - Konvergente Gültigkeit: Korrelationen mit anderen Berufsinteressentests (B-I-T II, DIT, GIS u. a.) in der erwarteten Höhe (> .50).
    - Konvergente und diskriminative Gültigkeit mit verschiedenen Persönlichkeitsfragebögen (z. B. Extraversion, Offenheit, Verträglichkeit, Gewissenhaftigkeit, Neurotizismus).
    - Gültigkeitsangaben zu den Indizes für Kongruenz, Konsistenz und Differenziertheit.

3.2 Generelle Interessen-Skala (GIS)

Brickenkamp konzipierte einen Interessenfragebogen, mit dem er u. a. folgende Ziele verband (*Generelle-Interessen-Skala*, GIS; Brickenkamp, 1990):
- Es sollte ein Verfahren mit wenig Zeit-, Arbeits- und Materialaufwand sein.
- Das Verfahren sollte es erlauben, ein möglichst breites, zeitgemäßes Spektrum von Interessenrichtungen zu erfassen.
- Interessen sollten unipolar erfasst werden (hohes Interesse bis kein Interesse).

- Bei der Erfassung der Interessen sollte der Aspekt der Intensität der Interessen (und nicht der Breite des Interesses innerhalb einer Interessendimension) im Vordergrund stehen.
- Als Modellvorstellung für die Erfassung von Verhaltensmodalitäten, die Intensität von Interessen indizieren, wurden Aspekte der Entwicklung und Realisierung der Interessen gewählt. Die Annahmen waren, dass sich der Entwicklungs- und Realisierungsprozess von Interessen in drei Schritten vollzieht, die aufeinander aufbauen und sich ergänzen:
  - erhöhte Aufnahmebereitschaft für Reize bzw. Informationen aus bestimmten Interessengebieten (rezeptives Verhalten),
  - Wunsch, einige der in diesen Bereichen beobachteten Tätigkeiten nachzuahmen bzw. auszuüben (reproduktives Verhalten),
  - Streben nach Umgestaltung, Kreativität in den bevorzugten Interessengebieten (kreatives Verhalten).
- Die einzelnen Tätigkeiten (Items) sollten allgemeinverständlich (auch für Hauptschüler zugänglich) und relativ allgemein formuliert werden, damit die Probanden mehrere spezifische Tätigkeiten darunter subsumieren können.
- Die Normen sollten bevölkerungsrepräsentativ, geschlechtsspezifisch und schulspezifisch sein.

Einige weitere Angaben zur GIS (Version 1990):

- Je Skala wurden drei Items formuliert – entsprechend der oben dargestellten Intensitätskonzeption: (Bei 16 Skalen: 48 Items), z. B.
  - Musik hören (z. B. zu Hause oder im Konzert) = rezeptiv
  - Singen oder ein Musikinstrument spielen = reproduktiv
  - Musik komponieren = kreativ
- Je Item stehen folgende Antwortalternativen zur Verfügung:
  kein Interesse 0 – 1 – 2 – 3 – 4 – 5 hohes Interesse
- Die erfassten 16 Interessenrichtungen sind: Musik, Kunst, Architektur, Literatur, Politik, Handel, Erziehung, Medizin, Kommunikationstechnik, Naturwissenschaft, Biologie, Natur/Landwirtschaft, Ernährung, Mode, Sport, Unterhaltung.
- Normen (Prozentrangnormen und T-Werte) liegen vor für die einzelnen Skalenwerte und die Summe über alle 16 Skalenwerte (getrennt) für Hauptschüler und Hauptschülerinnen der achten bis zehnten Jahrgangsstufe, (getrennt) für Realschüler und Realschülerinnen der neunten und zehnten Jahrgangsstufe, (getrennt) für Gymnasiasten und Gymnasiastinnen der 10. bis 13. Jahrgangsstufe.
- Gütekriterien:
  - Durchführungs- und Auswertungsobjektivität sind gegeben.
  - Zuverlässigkeit: Innere Konsistenz .48 bis .95. Wiederholungsstabilität .66 bis .94 (Intervall: zwei Monate).
- Gültigkeit: logische (inhaltliche) Gültigkeit: Ergebnisse von Faktorenanalysen auf Item- und auf Skalenebene. Konvergente Gültigkeit: Korrelationen mit anderen Interessenfragebögen (BIT-II, DIT) in der erwarteten Höhe (> .50).

- Der Fragebogen (GIS) ist auch (jeweils berechnet über die entsprechenden Items der 16 Interessenrichtungen) nach den Skalen Rezeptivität, Reproduktivität und Kreativität auswertbar.
- Für Jugendliche ist die Anrede in der Fragebogenanweisung in Form von „du, dir", in der Anweisung für Erwachsene ist die Anrede „Sie, Ihnen".

4 Aktuelle Entwicklungen

Bei der Konstruktion von normierten Diagnostika für die Erfassung von Interessen im Bereich von Freizeit, Schule und Beruf sind so gut wie keine Trends zu beobachten. Nur die computergestützte Darbietung und Auswertung vorliegender Fragebögen könnte man als Trend bezeichnen. Hier ist zu erwarten, dass diese Fragebögen in absehbarer Zeit bei der Darbietung über Computer durch attraktive Bild- oder Film-Animationen bereichert werden.

Entwicklungen zeigen sich aber im Bereich der Interessenforschung. Hier werden für spezielle Fragestellungen spezielle Erhebungsmethoden (in der Regel Fragebögen) entwickelt. Beispiele für solche Fragestellungen sind:
- Interessen hochbegabter Kinder und Jugendlicher (Pruisken, 2005),
- Leseinteressen (Schiefele, 1996),
- Kontextabhängigkeit der Interessen (Todt & Händel, 1988; Häussler, 1985 u. a.)
- Beziehungen von Interessen und anderen Indizes intrinsischer Motivation (Deci, 1998),
- Interesse an Mathematik (Birkner-Ahsbahs, 2005),
- Interesse an Chemie (Gräber, 1998).

Insgesamt muss man aber feststellen, dass das Interesse an der Diagnostik von Interessen und an der Erforschung der Interessen – gerade im Bereich der Altersgruppe 5 bis 15 Jahre – recht begrenzt ist.

Literatur

Abel, J. & Tarnai, C. (Hrsg.) (2004). Interesse und Sozialisation [Themenheft]. *Empirische Pädagogik, 18* (4).
Alehoff, W. (1984). *Berufswahl und berufliche Interessen*. Göttingen: Hogrefe.
Allport, G. W. (1949). *Persönlichkeit*. Stuttgart: Klett.
Barak, A. (1981). Vocational interests: A cognitive view. *Journal of Vocational Behavior, 19*, 1-14.
Barnett, R. C. (1975). Sex differences and age trends in occupational preference and occupational prestige. *Journal of Counseling Psychology, 22*, 35-38.
Bellebaum, A. (1990). *Langeweile*. Opladen: Westdeutscher Verlag.
Bergmann, C. (1994). Gemessene versus artikulierte Interessen als Prädiktoren der Berufs- bzw. Studienfachwahl und Anpassung im Studium. *Zeitschrift für Arbeits- und Organisationspsychologie 38*, 142-151.

Bergmann, C. (2003). Berufliche Interessentests – Wider die Anwendung geschlechtsspezifischer Normen. *Zeitschrift für Personalpsychologie 2* (2), 66-77.
Bergmann, C. & Eder, F. (1991). *Allgemeiner Interessen-Struktur-Test/Umwelt-Struktur-Test (AIST/UST)*. Weinheim: Beltz Test.
Bergmann, C. & Eder, F. (2004). *Allgemeiner Interessen-Struktur-Test (AIST-R) mit Umwelt-Struktur-Test (UST-R) – Revision*. Göttingen: Beltz Test.
Birkner-Ahsbahs, A. (1996). *Mathematikinteresse*. Hildesheim: Franzbecker.
Birkner-Ahsbahs, A. (2005). *Mathematikinteresse zwischen Subjekt und Situation*. Hildesheim: Franzbecker.
Birnstengel, U. (1989). *Die Interessen von Hauptschülern des achten bis zehnten Schuljahres*. Bad Heilbrunn/Obb.: J. Klinkhardt.
Brähler, E., Holling, H., Leutner, D. & Petermann, F. (2002). *Brickenkamp Handbuch psychologischer und pädagogischer Tests. Band 1* (3. Aufl.). Göttingen: Hogrefe.
Brickenkamp, R. (1990). *Die Generelle Interessen-Skala (GIS)*. Göttingen: Hogrefe.
Buse, L. (1996). Differentielle Psychologie der Interessen. In Amelang, M. (Hrsg.), *Temperament und Persönlichkeitsunterschiede* (Enzyklopädie der Psychologie, Serie Differentielle Psychologie und Persönlichkeitsforschung, Bd 3, S. 441-475). Göttingen: Hogrefe.
Cattell, R. B. et al. (1950). The objective measurement of dynamic traits. *Educational and Psychological Measurement, 10,* 224-248.
Daniel, Z. (2008). *Entwicklung schulischer Interessen im Jugendalter*. Münster: Waxmann.
Deci, E. (1998). The Relation of Interest to Motivation and Human Needs – The Self-Determination Theory Viewpoint. In Hoffmann, L., Krapp, A., Renninger, K. A. & Baumert, J. (Eds.), *Interest and Learning* (pp. 146-162). Kiel: IPN.
Egloff, E. (1998). *Berufswahltagebuch*. Buchs: Lehrmittelverlag des Kantons Aargau.
Finke, E. (1998). *Interesse an Humanbiologie und Umweltschutz in der Sekundarstufe I*. Hamburg: Kovac.
Fryer, D. (1931). *Measurement of interests in relation to human adjustment*. New York: Holt & Co.
Gati, I. (1979). A hierarchical model for the structure of vocational interests. *Journal of Vocational Behavior, 15,* 90-106.
Gottfredson, L. S. (1981). Circumscription and compromise: A developmental theory of occupational aspirations. *Journal of Counseling Psychology 28,* 545-579.
Gräber, W. (1998). Schooling for Lifelong Attention to Chemistry Issues: The Role of Interest and Achievement. In Hoffmann, L., Krapp, A., Renninger, K.A. & Baumert, J. (Eds.), *Interest and Learning* (pp. 290-300). Kiel: IPN.
Grosse, S. & Todt, E. (1972). *Die Beziehungen zwischen Interessen, Bedürfnissen und Einstellungen*. Gießen: Universität, FB Psychologie (zit. nach Todt, 1978).
Hansen, Jo-Ida C. (1996). Changing Interests of Women: Myth or Reality? *Applied Psychology: An International Review 37* (2), 133-150.
Häussler, P. (1985). A questionnaire for measuring three different, curricular components of pupils interest in physics: Topic, context and action. In Lehrke, M., Hoffmann, L. & Gardner, P. L. (Eds.), *Interests in science and technology education* (pp. 81-87). Kiel: IPN.
Hessenstiftung (2006). *Hessisches Kinderbarometer 2006*. Verfügbar unter: http://www.hessenstiftung.de [15. August 2009]
Hidi, S. & Berndorff, D. (1998). Situational interest and learning. In Hoffmann, L., Krapp, A., Renninger, K.A. & Baumert, J. (Eds.), *Interest and learning* (pp. 74-90). Kiel: IPN.
Hoffmann, L., Häussler, P. & Lehrke, M. (1998). *Die IPN-Interessenstudie Physik*. Kiel: IPN.

Holland, J. L. (1997). *Making vocational choices. A theory of vocational personalities and work environments* (3rd ed.). Odessa, FL: Psychological Assessment Resources.
Irle, M. & Allehoff, W. (1955/1988). *Berufs-Interessen-Test II (B-I-T II)*. Göttingen: Hogrefe. (2. Auflage erschienen 1988).
Kohlberg, L. (1967). A cognitive-developmental analysis of children's sexrole concepts and attitudes. In E. E. Maccoby (Ed.), *The development of sex differences* (pp. 82-173). London: Tavistock.
Krapp, A. (1992). Konzepte und Forschungsansätze zur Analyse des Zusammenhangs von Interesse, Lernen und Leistung. In Krapp, A. & Prenzel, M. (Hrsg.), *Interesse, Lernen, Leistung* (S. 9-52). Münster: Aschendorff.
Krapp, A. (2002). Structural and dynamic aspects of interest development: theoretical considerations from an ontogenetic perspective. *Learning and Instruction 12,* 383-409.
Krapp, A. (2006). Interesse. In D. Rost (Hrsg.), *Handwörterbuch Pädagogische Psychologie* (3. Aufl., S. 280-290). Weinheim: Beltz.
Krapp, A. & Kasten, H. (1984). *Das Interessengenese-Projekt – Erfahrungen und Befunde. Abschlussbericht eines DFG-Projektes*. München: Universität München.
Krapp, A. & Prenzel, M. (Hrsg.). (1992). *Interesse, Lernen, Leistung. Neuere Ansätze einer pädagogisch-psychologischen Interessenforschung*. Münster: Aschendorff.
Kuder, F. (1970). Some principles of interest measurement. *Educational and Psychological Measurement 30,* 205-226.
Lederle-Schenk, U. (1972). *Die Entwicklung der Interessen bei männlichen berufstätigen Jugendlichen und Schülern*. Dissertation. Köln: Universität Köln.
Lind, G. (1978). *Die Rolle von Fachinteressen bei der Entscheidung für Ausbildung und Beruf*. Projekt Hochschulsozialisation, Arbeitsunterlage 52. Konstanz: Universität Konstanz.
Löwe, B. (1992). *Biologieunterricht und Schülerinteresse an Biologie*. Weinheim: Deutscher Studien-Verlag.
Prenzel, M. (1988). *Die Wirkungsweise von Interesse*. Opladen: Westdeutscher Verlag.
Proyer, R. T. (2006). *Entwicklung objektiver Persönlichkeitstests zur Erfassung des Interesses an beruflichen Tätigkeiten* (Psychologie, Band 52). Landau: Verlag Empirische Pädagogik.
Pruisken, C. (2005). *Interessen und Hobbys hochbegabter Grundschulkinder*. Münster: Waxmann.
Roe, A. & Siegelmann, N. (1964). *The origin of interests. American Personnel and Guidance Inquiry Study No. 1*. Washington, DC: APGA.
Rubinstein, S. (1966). Die Interessen. In H. Thomae (Hrsg.), *Die Motivation menschlichen Handelns* (S. 136-144). Köln: Kiepenheuer & Witsch.
Schiefele, U. (1996). *Motivation und Lernen mit Texten*. Göttingen: Hogrefe.
Schiefele, U., Krapp, A. & Schreyer, I. (1993). Metaanalyse des Zusammenhangs von Interesse und schulischer Leistung. *Zeitschrift für Entwicklungspsychologie und Pädagogische Psychologie, 25,* 120-148.
Stangl, W. (1991). Der Freizeit-Interessen-Test (FIT). *Zeitschrift für Differentielle und Diagnostische Psychologie, 12* (4), 231-244.
Strong, E. K, Jr. (1943). *Vocational Interest of Men and Women*. Stanford, CA: Stanford University Press.
Thorndike, E. L. (1912). *The permanence of interests and their relation to abilities*. Popular Science Monthly, *81,* 449-456.
Thorndike, E. L. (1917). Early interests: Their permanence and relation to abilities. *School and Society, 5,* 178-179.

Thorndike, R. M., Weiss, D. J. & Dawis, R. V. (1968). Canonical correlation of vocational interests and vocational needs. *Journal of Counseling Psychology, 15,* 101-106.

Todt, E. (1965). *Untersuchungen über die Beziehungen zwischen Intelligenz-, Interessen- und Schulleistungsvariablen.* Dissertation. Gießen: Universität Gießen.

Todt, E. (1967). *Differentieller Interessen-Test (DIT).* Bern: Huber.

Todt, E. (1978). *Das Interesse.* Bern: Huber.

Todt, E. (1984). Selbstkonzept und Selbstkonzeptänderung als Mittler bei der Bewältigung von Anforderungen in der Adoleszenz. In E. Olbrich & E. Todt, (Hrsg.), *Probleme des Jugendalters – Neuere Sichtweisen* (S. 159-177). Berlin: Springer.

Todt, E. (1987). *Differentieller Interessentest für Kinder (DIT-K).* Unveröffentlichtes Manuskript. Gießen: Fachbereich Psychologie der Justus-Liebig-Universität.

Todt, E. (1988). Erfassung von Interessen gegenüber Physik und Technik. In I. Oomen-Welke & C. von Rhöneck (Hrsg.), *Schüler: Persönlichkeit und Lernverhalten. Methoden des Messens und Deutens in der fachdidaktischen Unterrichtsforschung* (S. 58-84). Tübingen: Narr.

Todt, E. (1990). Entwicklung des Interesses. In H. Hetzer, E. Todt, I. Seiffge-Krenke & R. Arbinger (Hrsg.), *Angewandte Entwicklungspsychologie des Kindes- und Jugendalters* (S. 213-264). Heidelberg: Quelle & Meyer.

Todt, E. (1993). Schülerempfehlungen für einen interessanten Physikunterricht. *Naturwissenschaften im Unterricht Physik, 4* (18), S. 37-40.

Todt, E. (September 1999). *Entwicklung der Interessen in der zweiten Lebensdekade.* 14. Tagung Entwicklungspsychologie, Fribourg (Schweiz).

Todt, E. (2004). Interesse als Motor und Folge der Sozialisation. *Empirische Pädagogik, 18* (4), 382-409.

Todt, E. & Händel, B. (1988). Kontextabhängigkeit von Physikinteressen. *Der mathematische und naturwissenschaftliche Unterricht, 41,* 137-140.

Todt, E. & Götz, C. (1998). Interesse von Jugendlichen an der Gentechnologie. *Zeitschrift für Didaktik der Naturwissenschaften, 4* (1), 3-11.

Todt, E., Drewes, R. & Heils, S. (1994). The development of interests during adolscence: Social context, individual differences, and individual significance. In R. K. Silbereisen & E. Todt (Eds.), *Adolescence in context* (pp. 82-95). Berlin: Springer.

Todt, E., Preis, K. & Prange, S. (1995). *Abitur – und dann? Entscheidung und Orientierung.* Frankfurt/Main: FAZ.

Travers, R. M. W. (1978). *Children's interests.* Unpublished manuscript. Kalamazoo, MI: Western Michigan University.

Tyler, L. E. (1955). The development of „vocational interests". I. The organization of likes and dislikes in ten-year-old children. *Journal of Genetic Psychology, 86,* 33-41.

Weible, K. & Bethäuser, H. (1986). *Testverfahren für Interessen. Beruf – Schule (TIBS1).* Weinheim: Beltz.

Werner, R. R. & Plaikner, I. (1976). Empirische Ergebnisse zur Bedeutung von Berufseinstellungen und Interessen im Studien- und Berufswahlprozeß. In H. Giesen (Hrsg.), *Pilotstudie über die Beobachtung und Analyse von Bildungslebensläufen* (4. Bericht, S. 101-121). Frankfurt/Main: DIPF.

Gedächtnis

Miriam Vock, Almut Hupbach und Silvia Mecklenbräuker

1 Einleitung

Um Fragen, beispielsweise nach einem Ereignis bei Befragungen im forensischen Kontext oder nach Problemen in der Familie, beantworten zu können, müssen zuvor gespeicherte Informationen aus dem Gedächtnis abgerufen werden. Bei Befragungen von Kindern und Jugendlichen spielt das Gedächtnis dementsprechend eine zentrale Rolle. Eine Gedächtnisdiagnostik erfolgt in diesem Alter – wie auch bei Erwachsenen – primär zur Entdeckung von Gedächtnisstörungen, die auf Hirnschädigungen hinweisen, aber auch in der Bildungsberatung sowie in der Forschung.

In diesem Kapitel geht es nach einer kurzen Begriffsklärung und einem kurzen Überblick über für die Diagnostik relevante Befunde zur Gedächtnisentwicklung (vgl. auch Lockl & Schneider in diesem Band) um Möglichkeiten und Besonderheiten der Erfassung diverser Gedächtniskomponenten im Kindes- und Jugendalter.

1.1 Begriffsklärung: Gedächtnis und verschiedene Gedächtniskomponenten

In der Gedächtnispsychologie besteht mittlerweile Konsens, dass es kein einheitliches, monolithisches Gedächtnis gibt, sondern verschiedene Gedächtniskomponenten bzw. -aspekte zu unterscheiden sind. Generell erscheint eine Unterteilung nach Zeit und Inhalt sinnvoll, wobei zusätzlich verschiedene Verarbeitungsprozesse zu differenzieren sind (vgl. z. B. Eysenck & Keane, 2005, Kap. 6 & 7). Die Untersuchung zeitlicher Aspekte des Gedächtnisses hat zur Unterscheidung teilweise interagierender Subsysteme (Module) mit unterschiedlicher Speicherungsdauer und -kapazität geführt (Atkinson & Shiffrin, 1968). Unterschieden werden ein Kurzzeitgedächtnis mit zeitlich begrenzter Verfügbarkeit der Informationen sowie begrenzter Kapazität und ein Langzeitgedächtnis mit extrem langer Speicherdauer und unbegrenzter Kapazität. Aus den Modellvorstellungen eines Kurzzeitgedächtnisses entwickelten sich später ergänzend Modelle eines Arbeitsgedächtnisses, das als aktiver, informationsverarbeitender Speicher konzipiert wurde (z. B. Baddeley, 2001; Baddeley & Hitch, 1974), wohingegen das Kurzzeitgedächtnis als ein passiver Speicher ohne Möglichkeit der Verarbeitung von Informationen verstanden wird. Ausgangspunkt für Modellentwicklungen zum Arbeitsgedächtnis war die Frage, welche Funktionen das Kurzzeit- oder Arbeitsgedächtnis für die Informationsverarbeitung hat. Hierzu wurde beispielsweise vermutet, dass ein solches System für das Verstehen von Sprache wichtig ist, da die einzelnen Wörter eines Satzes gespeichert und gleichzeitig so verarbeitet werden müssen, dass ein Sinn entsteht (vgl. auch Weinert in diesem Band).

Unter dem Aspekt der Gedächtnisinhalte sind verschiedene Differenzierungen des Langzeitgedächtnisses vorgeschlagen worden, unter anderem die weithin akzeptierte zwischen deklarativ und nondeklarativ (Squire, 1992). Das deklarative Gedächtnis speichert Fakten und Ereignisse, das nondeklarative enthält mehrere Subkategorien, unter anderem das prozedurale Gedächtnis, das sich auf das Lernen motorischer und kognitiver Fertigkeiten (z. B. Fahrrad fahren, Lesen) bezieht. Während neuropsychologische Befunde für die Trennung von deklarativ und nondeklarativ sprechen, ist strittig, ob die von einigen Autorinnen und Autoren postulierten Subsysteme des deklarativen und nondeklarativen Gedächtnisses tatsächlich unabhängig voneinander sind (vgl. Eysenck & Keane, 2005, Kap. 7). Tulving (1972) unterscheidet beim deklarativen Gedächtnis das semantische vom episodischen Gedächtnis. Das episodische Gedächtnis bezieht sich auf die Speicherung und den Abruf spezifischer Ereignisse und Episoden, die sich an einem bestimmten Ort zu einer bestimmten Zeit ereignet haben (z. B. die Erinnerung an den letzten Geburtstag oder an die im Gedächtnisexperiment zu behaltende Wortliste), während das semantische Gedächtnis kontextunabhängiges Wissen enthält (wie Sprachkenntnisse oder Wissen über das Gedächtnis). Die beiden Gedächtnissysteme wirken aber in der Regel zusammen. Um zum Beispiel eine episodische Gedächtnisrepräsentation der Ereignisse beim letzten Geburtstag zu bilden, müssen Informationen über hierfür relevante Konzepte (wie Geschenke, Geburtstagstorte) aus dem semantischen Gedächtnis abgerufen werden.

1.2 Gedächtnisentwicklung

Auch Befunde zur Gedächtnisentwicklung sprechen dafür, dass es sich beim Gedächtnis um eine Menge multipler, eher unabhängiger bereichsspezifischer Fähigkeiten handelt (vgl. z. B. Bjorklund, 2005; Schneider & Büttner, 2002). Kurtz-Costes, Schneider und Rupp (1995) zum Beispiel untersuchten fünf-, sieben- und neunjährige Kinder mit zwölf sehr verschiedenen Gedächtnisaufgaben (schulbezogene Aufgaben wie Textgedächtnis, Laboraufgaben wie Wortlisten erinnern und Alltagsaufgaben wie das Erinnern einer Geburtstagsparty). Die Korrelationen zwischen den verschiedenen Aufgaben fielen für alle Altersgruppen eher gering aus. Schneider und Weinert (1995) berichten ähnliche Ergebnisse aus einer Längsschnittstudie, der *Münchener Longitudinalstudie zur Genese individueller Kompetenzen* (LOGIK), in der unter anderem die Leistungen in verschiedenen verbalen Gedächtnisaufgaben bei den jeweils gleichen Kindern im Alter von vier, sechs, acht und zehn Jahren erhoben wurden. Geringe Interkorrelationen verschiedener Gedächtnisaufgaben konnten auch im Erwachsenenalter beobachtet werden. Beispielsweise zeigten sich in einer Studie von Knopf, Körkel, Schneider und Weinert (1988) mit Dritt-, Fünft- und Siebtklässlern sowie zwei Gruppen älterer Erwachsener (50 bis 63 und 64 bis 84 Jahre) geringe Interaufgabenkorrelationen (r_s = .01 bis .34) und keine alterskorrelierte Zunahme in der Konsistenz.

Im hier betrachteten Altersbereich zwischen 5 und 15 Jahren entwickeln sich die verschiedenen Gedächtniskomponenten sehr stark. Auf der Basis aktueller Studien lässt sich zusammenfassend sagen, dass sich insbesondere das sprachliche Gedächtnis deutlich steigert (Schneider & Büttner, 2002), für andere Gedächtniskomponenten (z. B. das visuell-räumliche Gedächtnis) sind die Leistungszuwächse jedoch zum Teil geringer (Schumann-Hengsteler, 1995). Als wichtige zusammenwirkende Determinanten der Gedächtnisentwicklung werden eine wachsende Arbeitsgedächtniskapazität sowie die zunehmende Nutzung von Gedächtnisstrategien und das Wissen über das Gedächtnis (Metagedächtnis) sowie das bereichsspezifische (Vor-)Wissen angesehen (vgl. z. B. Bjorklund, 2005; Schneider & Büttner, 2002). Für die Testung junger Kinder bedeutet dies, dass jüngere Kinder generell weniger Informationen behalten können und darüber hinaus möglicherweise nicht alles, an das sie sich erinnern, auch verbalisieren können.

Neben der Frage „Welche Gedächtnisaspekte sind bei der Diagnostik zu berücksichtigen?" besteht eine weitere wichtige Frage darin, wie stabil Gedächtnisleistungen im Kindes- und Jugendalter über die Zeit sind. In der LOGIK-Studie konnten für alle Aufgaben niedrige bis moderate Stabilitäten (Retest-Korrelationen) für Zeiträume von etwa zwei Jahren beobachtet werden, mit besonders niedrigen Stabilitäten für Strategiemaße (Ordnen nach Oberbegriffen; vgl. Abschnitt 2.2.3). Die Ergebnisse einer neueren Längsschnittstudie (Krajewski, Kron & Schneider, 2004) bestätigen tendenziell niedrige Stabilitäten für Strategiemaße auch für kürzere Zeitabstände (erste Messung am Ende der Kindergartenzeit, zweite Messung ein halbes Jahr später; Reproduktion 1 und 2 $r_{tt} = .30$; Sortierwerte $r_{tt} = .26$) sowie die Ergebnisse höherer Langzeitstabilitäten für andere Gedächtnisaspekte (z. B. für das Kurzzeitgedächtnismaß „Nachsprechen von Kunstwörtern": $r_{tt} = .67$; für das allgemeine Metagedächtnis und Textgedächtnis Werte zwischen $r_{tt} = .40$ und $r_{tt} = .70$). Nach diesen Befunden sind Aufgaben, bei deren Lösung man vom Einsatz von Gedächtnisstrategien profitiert, sehr gut für die Gedächtnisforschung geeignet, aber zur stabilen Erfassung interindividueller Unterschiede erst ab einem Alter zu empfehlen, in dem der Strategieerwerb abgeschlossen ist. Wann dies der Fall ist, lässt sich leider nicht definitiv sagen. Während die meisten Kinder Wiederholungs- und Organisationsstrategien (vgl. Abschnitt 2.2.3) im mittleren bis späten Kindesalter (ca. zehn bis zwölf Jahre) erwerben, setzen selbst viele Jugendliche und Erwachsene kompliziertere Enkodierstrategien nicht spontan ein (vgl. Schneider & Büttner, 2002).

Die Stabilität von Arbeitsgedächtnisleistungen im Kindesalter wurde nur in wenigen Fällen bestimmt und die berichteten Werte beziehen sich eher auf kurze Intervalle, die mehrere Wochen umfassen; Wiederholungsmessungen nach längeren Zeiträumen (mehrere Monate bis zu einem halben Jahr) finden sich in der Literatur nur selten, zum Beispiel bei Krajewski et al. (2004) und bei Beckmann, Kuhn und Holling (2007). Die Stabilitätskoeffizienten aus verschiedenen Studien streuen breit und fallen je nach verwendetem Aufgabentyp unterschiedlich aus. Während die Retest-Reliabilität des Star Counting Tests (ein Test zur Erfassung des Arbeitsgedächtnisses mit starker Aufmerksamkeitskomponente, vgl. Abschnitt 2.2.2) mit $r_{tt} = .77$ ($N = 82$, Intervall: drei Wochen) als ausreichend zu betrachten ist, berichten Pickering und Gathercole (2001) für viele Subtests der *Working Memory Test Battery for Children* (WMTB-C, vgl. Abschnitt 2.2.2) recht geringe Retest-Reliabilitäten (Intervall: zwei Wochen; $N = 50$ Kinder der ersten und zweiten Klasse; Werte zwischen $r_{tt} = .45$ und $r_{tt} = .81$; für 49 Kinder der fünften und sechsten Klassen Werte zwischen $r_{tt} = .38$ und $r_{tt} = .82$.). Für das Arbeitsgedächtnismaß „Zahlenspanne rückwärts" wurden ebenfalls wiederholt eher niedrige Retest-Reliabilitäten berichtet (z. B. r_{tt} = .58 für jüngere und r_{tt} = .71 für ältere Kinder nach zwei Wochen, Pickering & Gathercole, 2001; r_{tt} = .33 nach einem halben Jahr, Krajewski et al., 2004; r_{tt} = .74 nach vier Wochen und r_{tt} = .53 nach einem Jahr; Kubinger & Wurst, 2000). Beckmann et al. (2007) fanden jedoch für verschiedene Aufgabentypen, unter anderem die „Rechenspanne" (ähnlich wie die „Lesespanne", jedoch erfordert sie anstelle des Lesens von Sätzen das Lösen einfacher Gleichungen), bei N = 70 Schülerinnen und Schülern noch als ausreichend zu bewertende Koeffizienten von r_{tt} > .70.

Gemessene Arbeitsgedächtnisleistungen schwanken somit bei vielen Messinstrumenten bereits innerhalb kurzer Zeitintervalle stark. Die Tagesform scheint hier also einen recht starken Einfluss auf die Testleistung zu haben. Für die Diagnostik ist es daher wichtig, vor allem auf solche Aufgabentypen zurückzugreifen, für die relativ hohe Stabilitäten dokumentiert sind.

2 Erfassung von Gedächtnisfähigkeiten im Kindes- und Jugendalter

2.1 Unterschiedliche Zugänge zur Erfassung

Unterschieden werden kann grob zwischen objektiven und eher selten verwendeten subjektiven Verfahren wie Selbst- und Fremdbeurteilungen von Gedächtnisfähigkeiten mittels Fragebögen oder Skalen. Selbstbeurteilungsverfahren sind bei jüngeren Kindern wenig geeignet, da sie an sich bereits Gedächtnisfähigkeiten voraussetzen und jüngere Kinder zudem zu deutlichen Überschätzungen neigen (vgl. Schneider & Büttner, 2002). In einigen Studien wurden Selbstbeurteilungsverfahren Eltern oder Betreuungspersonen in modifizierter Form zur Fremdbeurteilung gegeben, zum Beispiel zur Beurteilung prospektiver und retrospektiver Gedächtnisfehler im Alltag von zwei- bis sechsjährigen Kindern (Kliegel & Jäger, 2007). Während sich in der Studie von Kliegel und Jäger (2007) gute Übereinstimmungen mit den Leistungen der Kinder zeigten, lassen Ergebnisse anderer Studien Zweifel daran aufkommen, dass Eltern die Gedächtnisfähigkeiten ihrer Kinder korrekt beurteilen können. Korrelationen zwischen Elternurteilen und gemessenen Gedächtnisleistungen von fünf bis zwölf Jahre alten Kindern fielen mit Werten überwiegend zwischen r = .005 und r = .19 gering aus (Waschbusch, Daleiden & Drabman, 2000).

Sowohl in der Forschung als auch in der angewandten Diagnostik dominieren objektive Verfahren. In der Forschung sind neben typischen Laboraufgaben wie dem Erinnern von Itemlisten auch eher schulbezogene Aufgaben wie das Erinnern von Texten und – gerade in neuerer Zeit – auch vermehrt alltagsrelevante Aufgaben wie das Erinnern von Ereignissen verwendet worden. Gedächtnistests, die den psychometrischen Gütekriterien genügen, werden zur Leistungsdiagnostik eingesetzt (z. B. in der Bildungsberatung), in der klinisch-psychologischen Diagnostik und sehr häufig in der neuropsychologischen Diagnostik zur Bestimmung von Gedächtnisstörungen, die auf Hirnschädigungen hinweisen, aber auch in der Gedächtnisforschung.

Allerdings können selbst umfangreiche Gedächtnistestbatterien der Vielzahl verschiedener Gedächtnisaspekte kaum gerecht werden. Des Weiteren werden in Tests in der Regel Lerninstruktionen erteilt (sog. intentionales Lernen), während im Alltag die meisten Informationen – wenn man einmal von der Schule absieht – beiläufig (ohne Absicht, inzidentell) eingeprägt und oft auch ohne Absicht genutzt werden. Ebenso wie Intelligenztests (vgl. Preckel & Vock in diesem Band) erfassen Gedächtnistests somit maximales, nicht aber typisches Verhalten.

2.2 Verfahren zur Erfassung von Gedächtnisfähigkeiten im Kindes- und Jugendalter

Wir wollen uns im Folgenden angesichts der Vielzahl verschiedener Gedächtnisaspekte auf solche beschränken, die uns im Kontext der Befragung von Kindern und Jugendlichen im Alter von 5 bis 15 Jahren als besonders relevant erscheinen. Im Abschnitt 2.2 werden, der zeitabhängigen Klassifikation von Gedächtnis folgend, zunächst Verfahren zur Erfassung des Kurzzeitgedächtnisses (2.2.1) und danach solche zur Erfassung des Arbeitsgedächtnisses (2.2.2) vorgestellt. Beim Langzeitgedächtnis liegt der Schwerpunkt auf verbalen episodischen Gedächtnisleistungen (2.2.3), da im Kontext von Befragungen zumeist nach Erinnerungen gefragt wird, die zu einem bestimmten Zeitpunkt und an einem bestimmten Ort stattgefunden haben. Da das im semantischen Gedächtnis gespeicherte Wissen üblicherweise in Subtests von mehrdimensionalen Intelligenztests (vgl. Preckel & Vock in diesem Band) oder auch in Sprachtests (vgl. Weinert in diesem Band) erfasst wird, soll beim semantischen Gedächtnis nur auf Verfahren zur Erfassung des Wissens über das Gedächtnis eingegangen werden (2.2.4). Dieses Wissen steht in engem Zusammenhang mit dem Einsatz von Gedächtnisstrategien und Gedächtnisleistungen.

Zu beachten ist, dass sich die Begriffsverwendung in der Gedächtnisforschung und in der Diagnostik zum Teil unterscheidet, insbesondere was den Begriff „Kurzzeitgedächtnis" betrifft. In der Gedächtnisforschung wird „Kurzzeitgedächtnis" synonym mit „Kurzzeitspeicher" verwendet, also einem Speicher mit sehr begrenzter Dauer von ca. 15 bis 30 Sekunden, während in der Diagnostik wie auch in der Alltagssprache häufig Aufgaben, die eher kurzfristige episodische Langzeitgedächtnisleistungen mit Behaltensintervallen bis zu 20 bis 30 Minuten prüfen, als Kurzzeitgedächtnisaufgaben bezeichnet werden. Eine Liste von 20 Wörtern nach einer kurzen Ablenkaufgabe frei zu reproduzieren, wäre also in der Gedächtnisforschung eine typische Aufgabe zum episodischen Langzeitgedächtnis, in der Diagnostik häufig eine zum Kurzzeitgedächtnis, manchmal auch zum Arbeitsgedächtnis.

Da es nur wenige veröffentlichte, standardisierte Gedächtnistests mit deutschen Normdaten gibt, sollen auch im angloamerikanischen Sprachraum breit verwendete, gut normierte Verfahren sowie in der Forschung eingesetzte Gedächtnisaufgaben erwähnt werden. Neben publizierten Verfahren werden auch einige zunächst für Forschungskontexte entwickelte Skalen und Instrumente vorgestellt. Dies hilft zum einen, die relevanten Konstrukte und Möglichkeiten ihrer Erfassung besser zu verdeutlichen, zum anderen geben diese noch nicht publizierten Verfahren einen Eindruck über potentielle zukünftige Entwicklungen in der Gedächtnisdiagnostik bei Kindern.

Viele Intelligenztests (vgl. Preckel & Vock in diesem Band; z. B. K-ABC, HAWIK-IV, BIS-HB) für Kinder und Jugendliche sowie einige Einschulungstests (z. B. *Mannheimer Schuleingangsdiagnostikum*, Jäger et al., 1994) enthalten auch Subtests, die Gedächtnisfähigkeiten prüfen. In einigen Einschulungstests sind zudem Aufgabengruppen enthalten, die zwar Gedächtnisaspekte erfassen, aber die nur dann normorientiert interpretiert werden können, wenn sie gemeinsam mit anderen Aufgabengruppen (die andere Konstrukte messen) zu Skalen zusammengefasst werden (z. B. *Göppinger Sprachfreier Schuleignungstest,* Kleiner, Poerschke & Lehmann, 1998), oder es werden gar keine standardisierten Werte für die Interpretation angeboten (z. B. *Diagnostische Einschätzskalen zur Beurteilung des Entwicklungsstandes und der Schulfähigkeit*, Barth, 2005). Problematisch dabei ist, dass auch aus detaillierten Testhandbüchern häufig kaum Informationen darüber zu entnehmen sind, welche Gedächtnisaspekte diese Subtests genau messen sollen (Süss-Burghart & Rupp, 2000) und dass Bezüge zu in der Gedächtnisforschung diskutierten theoretischen Ansätzen in der Regel fehlen.

2.2.1 Kurzzeitgedächtnis

In der Gedächtnisforschung wird das Kurzzeitgedächtnis als ein Kurzzeitspeicher verstanden, in dem Informationen für eine sehr begrenzte Dauer (ca. 15 bis 30 Sekunden) gespeichert werden. Ein klassischer Aufgabentyp zur Diagnostik der Kapazität des Kurzzeitgedächtnisses ist die sogenannte „Gedächtnisspanne". In solchen Spannenaufgaben soll eine Liste von Items (z. B. Zahlen oder Wörter) eingeprägt und anschließend in der richtigen Reihenfolge wiedergegeben werden. Die Gedächtnisspanne entspricht der Anzahl von Items, die das Kind gerade noch gut beherrscht. Diese Spanne wächst im Laufe der kindlichen Entwicklung – während sich beispielsweise vierjährige Kinder im Mittel etwa vier Ziffern einprägen können, gelingt Zwölfjährigen das Einprägen von sechs bis sieben Ziffern.

Für unsere Zielgruppe gibt es im deutschen Sprachraum aktuell kein veröffentlichtes und standardisiertes Verfahren. Gedächtnisspannenaufgaben – oft Zahlen nachsprechen vorwärts – finden sich allerdings als Subtests in standardisierten, deutschsprachigen Intelligenztests (z. B. HAWIK-IV, AID-2). Ein englischsprachiges Testverfahren für Vor- und Grundschulkinder ist der *Children's Test of Nonword Repetition* (CNRep, Gathercole & Baddeley, 1996). Der CNRep erfasst das auditorische Kurzzeitgedächtnis und kann eingesetzt werden, um bereits in den ersten Schuljahren solche Kinder zu identifizieren, die ein erhöhtes Risiko für eine verzögerte Sprachentwicklung oder Störungen beim Lesen- und Schreibenlernen aufweisen. Im CNRep werden dem Kind 40 zwei- bis fünfsilbige englische Phantasiewörter (z. B. „dopelate", „woolgalamic") auditiv von einem Tonträger vorgegeben, die das Kind gleich im Anschluss an jede Wortpräsentation nachsprechen soll. Ausgewertet wird ein Gesamtscore, der mit Normwerten aus der Standardisierungsstichprobe ($N = 612$ Kinder aus England) verglichen werden kann. Retest-Reliabilität, interne Konsistenz und Validität sind in hinreichendem Maße belegt; insbesondere konnten empirische Studien zeigen, dass Kinder mit Störungen der Sprachentwicklung oder mit Schwierigkeiten beim Lesenlernen im CNRep schlecht abschneiden und verstärkt beim Nachsprechen von Phantasiewörtern mit mehreren Silben Schwierigkeiten haben.

2.2.2 Arbeitsgedächtnis

Das Arbeitsgedächtnis ist ein System für die kurzzeitige simultane Speicherung und Verarbeitung von Informationen. Es handelt sich um einen aktiven Kurzzeitspeicher, der die gespeicherten Informationen gleichzeitig weiterverarbeiten kann. Das Arbeitsgedächtnis spielt eine zentrale Rolle in der Informationsverarbeitung, wie in zahlreichen experimentellen Studien gezeigt werden konnte (z. B. Baddeley, 1986). In Studien zu individuellen Unterschieden fanden sich bedeutsame Zusammenhänge zwischen der Arbeitsgedächtniskapazität und vielen kognitiven Fähigkeiten wie der Lesefähigkeit (z. B. Daneman & Merikle, 1996), der Rechenfähigkeit (z. B. Turner & Engle, 1989), der Verarbeitungskapazität (engl. Reasoning; z. B. Kyllonen & Christal, 1990) und dem Problemlösen (z. B. Demetriou, Christou, Spanoudis & Platsidou, 2002). Es zeigte sich, dass Arbeitsgedächtnisaufgaben sehr viel besser dazu geeignet sind, kognitive Leistungen vorherzusagen als Kurzzeitgedächtnisaufgaben (z. B. Jensen & Figueroa, 1975), sodass sie inzwischen sogar direkt zur Messung der kognitiven Fähigkeiten von Kindern genutzt werden (z. B. Swanson, 1996; Vock, 2005).

Mittlerweile existieren viele Variationen von psychologischen Modellen des Arbeitsgedächtnisses (für einen Überblick vgl. Miyake & Shah, 1999). Dennoch besteht ein weitgehender Konsens hinsichtlich der Operationalisierung des Arbeitsgedächtnisses, wenn individuelle Unterschiede im Fokus stehen: Das Arbeitsgedächtnis wird genutzt, wenn eine Aufgabe eine gleichzeitige Verarbeitung und Speicherung von Informationen erfordert. Weiter wird angenommen, dass die Kapazität, diese Operationen auszuführen, begrenzt ist (z. B. Tuholski, Engle & Baylis, 2001). Dabei wird unter „Speicherung" das Behalten neuer Informationen verstanden, die kurz zuvor für einige Sekunden präsentiert wurden. „Verarbeitung" bezieht sich auf die Manipulation oder Transformation von Informationen (Oberauer, 2005). Es kann dabei entweder die Verarbeitung der zuvor gespeicherten oder anderer Informationen erforderlich sein. Solche Aufgaben werden als „komplexe Spannenaufgaben" bezeichnet (in Abgrenzung zu „einfachen Spannenaufgaben", die keine simultane Verarbeitung der Informationen verlangen). Komplexe Spannenaufgaben werden meist dazu verwendet, andere kognitive Leistungen vorherzusagen (z. B. Leseverstehen, Reasoning).

Typische Laboraufgaben zur Erfassung des Arbeitsgedächtnisses. Bei der Untersuchung individueller Unterschiede werden in der Regel komplexe Spannenaufgaben eingesetzt, wobei vor allem verbales und numerisches, zunehmend auch räumliches Aufgabenmaterial verwendet wird. Zwar werden bestimmte Aufgabentypen häufig und von verschiedenen Forschergruppen regelmäßig eingesetzt (z. B. Varianten der Lesespannen-Aufgabe, vgl. unten), es gibt bisher jedoch keine „Standardtests" für die Erfassung der Leistungsfähigkeit des Arbeitsgedächtnisses (Schweizer & Moosbrugger, 2000). Als Beispiel wird im Folgenden mit der Lesespanne (Reading Span) ein prototypischer und häufig verwendeter Aufgabentyp vorgestellt.

Dieser von Daneman und Carpenter (1980) entwickelte Aufgabentyp ist die am häufigsten eingesetzte Arbeitsgedächtnisaufgabe zur Erfassung individueller Unterschiede (Oberauer, Süß, Schulze, Wilhelm & Wittmann, 2000). Daneman und Carpenter führten zunächst folgende Version durch: Der Proband liest nacheinander einzelne auf Karten präsentierte Sätze im eigenen Tempo laut vor. Sobald der Satz gelesen ist, wird die nächste Karte vorgelegt. Gleichzeitig während des Lesens soll der Proband sich das letzte Wort jedes Satzes merken. Nach mehreren Sätzen sind die jeweils letzten Wörter der Sätze mündlich in der richtigen Reihenfolge wiederzugeben. Die Schwierigkeit der Aufgaben wird variiert über die Anzahl der enthaltenen Sätze (zwei bis sechs Sätze); von jeder Schwierigkeitsstufe werden drei Aufgaben vorgelegt. Die Arbeitsgedächtnisspanne entspricht der maximalen Anzahl von richtig gemerkten letzten Wörtern, dabei müssen mindestens zwei der drei Aufgaben einer Schwierigkeitsstufe korrekt beantwortet werden. Die Karten mit den Sätzen werden so lange dargeboten, wie der Proband zum Lesen benötigt (ca. fünf Sekunden), und sie folgen ohne Pause direkt aufeinander. Auf diese Weise sollen aktive Strategien wie ein bewusstes Wiederholen der Wörter verhindert werden. Daneman und Carpenter verwendeten zusätzlich eine auditive Variante der Aufgabe (Listening Span), bei der jeweils zu entscheiden ist, ob der präsentierte Satz wahr oder falsch ist. Damit soll sichergestellt werden, dass die Probanden sich nicht nur auf das jeweils letzte Wort konzentrieren. Zu Vergleichszwecken konstruierten Daneman und Carpenter zusätzlich eine parallele Variante, bei denen die Probanden die Sätze leise lesen und dann entscheiden sollen, ob der Satz wahr oder falsch ist. Die verschiedenen Versionen der Lesespannen-Aufgabe werden heute noch eingesetzt. Einige Studien verwendeten in der Folge computergestützte Aufgabenversionen (z. B. Engle, Cantor & Carullo, 1992; Oberauer et al., 2000). Die auditive Variante wird heute bei jüngeren Kindern eingesetzt, bei denen noch nicht von einer ausreichenden Lesefähigkeit ausgegangen werden kann (z. B. Gathercole & Pickering, 2000). In vielen Studien konnte sich die Lesespanne psychometrisch als gutes Maß für das Arbeitsgedächtnis bewähren (z. B. Oberauer, Süß, Wilhelm & Wittmann, 2003).

Die meisten Arbeitsgedächtnisaufgaben sind ähnlich aufgebaut: Die Verarbeitungs- und Speicheranforderungen wechseln sich innerhalb der Aufgabe ab, dabei erfolgt typischerweise zuerst die Verarbeitungsanforderung. Die einzelnen Operationen sind in der Regel relativ einfach gehalten, sodass alle Probanden sie bei separater Darbietung im Prinzip richtig ausführen könnten. Bei einigen Aufgabentypen wird dieselbe Information verarbeitet und gespeichert, bei anderen Aufgabentypen handelt es sich um unterschiedliche Informationen. Eine umfassende Zusammenstellung verschiedener Aufgabentypen zur Messung der Arbeitsgedächtniskapazität findet sich bei Oberauer et al. (2000).

Standardisierte Tests zur Erfassung der Arbeitsgedächtniskapazität. Es gibt international nur wenige standardisierte, normierte und veröffentlichte Verfahren, die eine Individualdiagnostik bei Kindern und Jugendlichen auf der Basis von Arbeitsgedächtnisaufgaben ermöglichen. Die existierenden Tests basieren auf unterschiedlichen theoretischen Modellvorstellungen des Arbeitsgedächtnisses und streben über die Erfassung der Arbeitsgedächtniskapazität Aussagen zu etwas unterschiedlichen Fähigkeitsbereichen an (vgl. Tab. 1). Während etwa der S-CPT explizit die allgemeine Intelligenz erfassen will, zielt der SCT eher auf die Messung der Aufmerksamkeit. Die WMTB-C hingegen erfasst das Arbeitsgedächtnis entsprechend Baddeleys klassischem Mehr-Komponenten-Modell. Allen drei Tests ist jedoch gemein, dass sie teilweise oder ausschließlich solche Aufgaben enthalten, die zur Messung des Arbeitsgedächtnisses im Sinne der simultanen Speicherung und Transformation von Informationen verwendet werden. Die am Computer dargebotenen verbal-numerischen und figuralen Arbeitsgedächtnisskalen von Vock (2005; Vock & Holling, 2008) für Kinder zwischen 8 und 13 Jahren streben die Messung des Arbeitsgedächtnisses mit klassischen Aufgabentypen an, die die simultane Verarbeitung und Speicherung einfacher Informationen erfordern. Dabei sind die Aufgaben so konstruiert, dass sie auch im hohen Fähigkeitsbereich noch gut zwischen Personen differenzieren und sich daher auch für die Hochbegabungsdiagnostik eignen.

In der aktuellen Fassung des Hamburg-Wechsler-Intelligenztests für Kinder (HAWIK IV, Petermann & Petermann, 2007; für eine genauere Beschreibung vgl. Preckel & Vock in diesem Band) sind drei Untertests enthalten, deren Werte sich zu einem „Arbeitsgedächtnis-Index" verrechnen lassen. Die drei Untertests – Zahlen nachsprechen, Buchstaben-Zahlen-Folgen und Rechnerisches Denken – erfordern jedoch auch vielfältige andere kognitive Aspekte als das Arbeitsgedächtnis (vgl. Daseking, Petermann & Petermann, 2007; Petermann & Petermann, 2007). Der Untertest „Zahlen nachsprechen" etwa beinhaltet sowohl die Anforderung, Zahlen in der Originalreihenfolge nachzusprechen („vorwärts") als auch die Anforderung, Zahlen in der umgekehrten Reihenfolge („rückwärts") nachzusprechen. Während die Vorwärts-Variante vor allem das Kurzzeitgedächtnis misst, erfasst die Rückwärts-Variante das Arbeitsgedächtnis (Vock, 2005). Der Untertest „Rechnerisches Denken" beansprucht nicht nur das Arbeitsgedächtnis, sondern erfordert vor allem auch Rechenfähigkeit sowie das Kurz- und Langzeitgedächtnis. Es handelt sich bei dem Arbeitsgedächtnis-Index somit keinesfalls um ein reines Maß für das Arbeitsgedächtnis.

Tabelle 1: Übersicht über standardisierte Testverfahren, die (primär) das Arbeitsgedächtnis erfassen

Test, Autor(en)	Altersbereich	Struktur, Kurzbeschreibung	Normen, Testgüte
WMTB-C Working Memory Test Battery for Children Pickering & Gathercole (2001)	4;7 bis 15;9 Jahre	Englischsprachiger Individualtest zur Erfassung des Arbeitsgedächtnisses im Sinne des Modells von Baddeley; erfasst werden die Phonologische Schleife (PhS; 4 verbale und numerische KZG-Aufgaben), der Visuell-räumliche Skizzenblock (VRS; 2 visuelle KZG-Aufgaben) und die Zentrale Exekutive (ZE; 3 verbale und numerische komplexe Spannenaufgaben).	*Normen*: Stichprobe von $N = 729$ Pbn (zwischen 59 und 179 Pbn pro Jahrgang). *Reliabilität*: Stabilität der meisten Untertests gering. *Validität*: faktorielle Validität fraglich; mittlere Korrelationen der ZE mit verschiedenen Leistungstests ($r = .49$ bis $.61$ bei 7- bis 8-Jährigen); PhS nur inkrementell valide im Hinblick auf den Wortschatz.

Tabelle wird auf der nächsten Seite fortgesetzt

Fortsetzung von Tabelle 1: Übersicht über standardisierte Testverfahren, die (primär) das Arbeitsgedächtnis erfassen

Test, Autor(en)	Altersbereich	Struktur, Kurzbeschreibung	Normen, Testgüte
S-CPT Swanson Cognitive Processing Test Swanson (1996)	4;5 bis 78;6 Jahre	Englischsprachiger Individualtest zur Erfassung des intellektuellen Potentials (insbesondere Spearmans *g*); 11 Untertests mit verbalen (auditiven) sowie nicht verbalen Spannenaufgaben (zusätzliche Unterteilung nach retrospektivem und prospektivem Gedächtnis, da Beziehungen zum LZG betont werden). Verschiedene Scores pro Skala, u. a. „Initial Score" (Leistung ohne Hilfestellung) und einen „Gain Score" (Leistung nach Hilfestellung).	*Normen*: Repräsentative Stichprobe mit $N = 1.611$ Pbn in den USA und Kanada (1987 bis 1994). *Reliabilität*: interne Konsistenz über alle Skalen und Scores gut ($\alpha = .96$); keine Angaben zur Stabilität. *Validität*: recht hohe Korrelationen zwischen Initial-Score und verschiedenen Intelligenztests (z. B. K-ABC: $r = .82$ bis 84, $N = 41$; Raven-Test: $r = .64$, $N = 30$); nur geringe Zusammenhänge für die anderen S-CPT-Scores.
Arbeitsgedächtnisskalen Vock (2005); Vock & Holling (2008)	8;6 bis 13;0 Jahre	Deutschsprachiger Gruppentest zur Messung des Arbeitsgedächtnisses und Abschätzung des intellektuellen Potentials; eine verbal-numerische Skala (4 Arbeitsgedächtnisaufgaben) und eine figurale Skala (2 Arbeitsgedächtnisaufgaben), Darbietung der Aufgaben und z. T. Eingaben der Antworten am PC.	*Normen*: $N = 374$ Kinder der Klassen 3 bis 6. Raschskaliert. *Reliabilität*: gute interne Konsistenz (verbal-numerische Skala: $\alpha = .88$, figurale Skala: $\alpha = .82$), keine Angaben zur Stabilität. *Validität*: faktorielle Validität belegt, mittlere Korrelationen mit Schulleistungen und Intelligenztests.
SCT Star Counting Test de Jong & Das-Smaal (1990, 1995)	9-Jährige	Sprachfreier Gruppentest zur Diagnose von Aufmerksamkeitsdefiziten bei Kindern; 44 Aufgaben, die ein abwechselndes Vorwärts- und Rückwärtszählen von Sternchen erfordern.	*Normen*: $N = 2.222$ niederländische Kinder. Raschskaliert. *Reliabilität* (interne Konsistenz): $\alpha = .83$ bis $.88$ ($N = 82$ bis 727); keine Angaben zur Stabilität. *Validität*: Korrelationen in mittlerer Höhe mit Intelligenz- und Schulleistungen.

Anmerkung: KZG = Kurzzeitgedächtnis; LZG = Langzeitgedächtnis

2.2.3 Episodisches Langzeitgedächtnis

Das episodische Langzeitgedächtnis umfasst Gedächtnisleistungen für Ereignisse, die an einem bestimmten Ort und zu einer bestimmten Zeit aufgetreten sind, zum Beispiel die Erinnerung an das letzte Weihnachtsfest oder an die im Gedächtnisexperiment präsentierten Informationen. Aufgaben zur Erfassung des episodischen Langzeitgedächtnisses können ohne Anspruch auf Vollständigkeit nach folgenden Dimensionen unterteilt werden: Länge des Behaltensintervalls (eher kurz- vs. längerfristige episodische Behaltensleistungen); Reproduktions- vs. Rekognitionsaufgaben; retrospektive (etwas Vergangenes erinnern) vs. prospektive Gedächtnisaufgaben (etwas für die Zukunft geplantes zu erinnern, z. B. eine Verabredung einzuhalten); Gedächtnis für den Inhalt (was ist passiert) vs. den Kontext/die Quelle (wer, wann, an welchem Ort ist das Ereignis passiert); Komplexität des Lernmaterials: Wortlisten, Handlungen, Texte, (Lebens-)Ereignisse. Da standardisierte Gedächtnistests in der Regel überwiegend aus typischen Laboraufgaben bestehen, sollen diese im Folgenden zunächst kurz beschrieben werden. Danach soll auf standardisierte Tests eingegangen werden und anschließend auf in der Forschung eingesetzte Aufgaben zur Erfassung solcher Gedächtnisaspekte (strategische Aspekte, Textgedächtnis, Gedächtnis für Ereignisse, prospektives Gedächtnis), die in standardisierten Tests kaum oder gar nicht berücksichtigt sind.

Typische Laboraufgaben zur Erfassung des episodischen Langzeitgedächtnisses. In einer typischen Laboraufgabe werden in der Lernphase Listen von Items (z. B. Wörter, Bilder/Strichzeichnungen, Wort- oder Bildpaare) präsentiert, deren Anzahl die unmittelbare Gedächtnisspanne übersteigt (in der Regel mindestens das Doppelte der mittleren Gedächtnisspanne für die jeweilige Altersgruppe). Bei einem freien Reproduktionstest sollen dann nach einer kurzen (meist ein bis fünf Minuten) Ablenkaufgabe zur Ausschaltung von Kurzzeitgedächtniseffekten möglichst viele Items ohne zu raten in beliebiger Reihenfolge reproduziert werden, während bei einem Cued Recall Test Erinnerungshilfen (Cues) gegeben werden, zum Beispiel Oberbegriffe bei kategorisierbaren Listen oder Fragen zu einem zuvor präsentierten Text. Bei Rekognitionsaufgaben ist das Behaltensintervall länger und/oder die Itemanzahl höher, um Deckeneffekte zu vermeiden. Präsentiert werden die alten Items aus der Lernphase sowie ähnliche neue Items, sogenannte Distraktoren. Bei Bildern sollen dann beispielsweise die alten Items aus allen Items herausgesucht werden, oder es werden jeweils ein altes Item und ein oder auch mehrere Distraktoren simultan präsentiert (Forced oder Multiple Choice), oder – das häufigste Vorgehen – es wird jeweils nur ein Item präsentiert, das als „alt" oder „neu" zu beurteilen ist. Bei diesem Vorgehen wird häufig Snodgrass und Corwin (1988) folgend als Wiedererkennensmaß die Treffer-Rate (alte Items werden korrekt als „alt" beurteilt) minus der Falschen-Alarm-Rate (Distraktoren werden als „alt" beurteilt) berechnet. Bei jüngeren Kindern ergibt sich hier allerdings das Problem, dass einige Kinder zu extremen Antworttendenzen neigen, das heißt immer mit „alt" bzw. – seltener – immer mit „neu" antworten.

Bei Aufgaben zum Quellengedächtnis (vgl. z. B. Lindsay, Johnson & Kwon, 1991) werden Items in der Lernphase von verschiedenen Quellen präsentiert, zum Beispiel von zwei Sprecherinnen bzw. Sprechern (zwei externe Quellen), oder einige Items werden von den Probanden bzw. Probandinnen selbst generiert (interne Quelle), andere präsentiert (externe Quelle). Beim Rekognitionstest soll dann bei den als „alt" beurteilten Items zusätzlich angegeben werden, aus welcher Quelle sie stammen. Als Maß für die korrekte Quellenattribution gilt der Anteil der korrekt als „alt" bezeichneten Items, die der korrekten Quelle zugeschrieben wurden.

Standardisierte Tests zur Erfassung des episodischen Langzeitgedächtnisses. Es gibt eine Reihe veröffentlichter, standardisierter Gedächtnistests, die aber zumeist nicht ausschließlich das episodische Gedächtnis erfassen und die häufig nicht für den deutschen Sprachraum normiert sind. Außerdem werden die meisten Tests primär in der klinisch-psychologischen und neuropsychologischen Diagnostik eingesetzt und differenzieren daher vor allem im unteren Leistungsbereich. Tabelle 2 gibt einen Überblick über deutschsprachige Tests und Tabelle 3 über im angloamerikanischen Sprachraum gängige Tests. Bei dem in Tabelle 3 aufgeführten *Test of Memory and Learning* (TOMAL) und dem *Wide Range Assessment of Memory and Learning*-Test (WRAML) handelt es sich um umfangreiche und recht gut abgesicherte Testbatterien für den Altersbereich von 5 bis 19 bzw. 5 bis 17 Jahren, die – wie übrigens auch der *California Verbal Learning Test – Children's Version* (CVLT-C) – ausführlich von Miller, Bigler und Adams (2003) beschrieben werden. Für beide Tests gibt es mittlerweile neuere, auch für Erwachsene geeignete Versionen (TOMAL-2 und WRAML-2). Exemplarisch soll im Folgenden der deutschsprachige *Verbale Lern- und Merkfähigkeitstest* etwas ausführlicher dargestellt werden (vgl. auch Tab. 2).

Der *Verbale Lern- und Merkfähigkeitstest* (VLMT; Helmstädter, Lendt & Lux, 2001) ist eine deutsche Adaptation des *Auditory Verbal Learning Test* (AVLT) von Rey (1964). Es handelt sich um ein Wortlistenlernparadigma, das ab einem Alter von sechs Jahren sowohl als klinisch neuropsychologisches als auch als reines leistungsdiagnostisches Verfahren einsetzbar ist und das vor allem im unteren Leistungsbereich differenziert. Der VLMT besteht aus einer Lern- und einer Interferenzliste aus jeweils 15 unverbundenen Wörtern sowie einer Wiedererkennensliste aus allen Wörtern der Lern- und Interferenzliste sowie 20 weiteren Distraktoren. Er wird als Einzeltest mit auditiver Darbietung durchgeführt (Vorlesen der Wörter). Für die Lernliste gibt es fünf Lerndurchgänge mit jeweils anschließender freier Reproduktion und weiteren freien Reproduktionstests nach Interferenz sowie nach einer zeitlichen Verzögerung von 30 Minuten, nach der zum Abschluss auch noch ein Wiedererkennenstest durchgeführt wird. Erfasst werden unter anderem die folgenden Kennwerte: die sogenannte Supraspanne (Reproduktionsleistung nach dem ersten Lerndurchgang), die Lernleistung (Leistung nach dem fünften Lerndurchgang), die Gesamtlernleistung (Summe richtiger Reproduktionen über alle fünf Lerndurchgänge), die Abrufleistung der Lernliste nach Interferenz und nach zeitlicher Verzögerung, der Verlust nach Interferenz und nach zeitlicher Verzögerung, die Wiedererkennensleistung.

Die Normen (Prozentränge sowie für einige Kennwerte T-Werte) für Kinder und Jugendliche werden nach nur zwei Altersgruppen getrennt angegeben: 6- bis 9-Jährige ($N = 113$) sowie 10- bis 14-Jährige ($N = 124$), wobei das N für einige

Parameter deutlich niedriger liegt. Sie basieren zum Teil auf einer Studie von Schweisthal (1997), der eine kleine ($N = 134$) und nicht repräsentative Stichprobe von Kindern im Alter von 7 bis 15 Jahren untersuchte. Die Mittelwerte und Standardabweichungen dieser Studie stimmen allerdings sehr gut mit denen einer australischen Studie (Forrester & Geffen, 1991) mit dem AVLT überein. Für die meisten Parameter zeigten sich Altersunterschiede, und eine Faktorenanalyse belegte die relative Unabhängigkeit der VLMT Maße von den ebenfalls erhobenen Intelligenzmaßen (divergente Validität). Sie ergab unter anderem einen Lern- und Gedächtnisfaktor (substantielle Ladungen der Variablen Gesamtlernleistung, der sogenannten Supraspanne, der Abrufleistung der Lernliste nach Interferenz), einen Faktor „Retroaktive Interferenz" (substantielle Ladung der Variablen Verlust nach Interferenz) und einen Faktor, der durch die Intelligenzmaße repräsentiert wurde. Des Weiteren wiesen in einer Studie von Günther, Herpertz-Dahlmann und Konrad (2005) an einer kleinen Stichprobe von 33 Probandinnen und Probanden im Alter von 8 bis 17 Jahren, in der nach sechs Wochen eine Parallelversion eingesetzt wurde, vier von sechs erfassten Kennwerten ausreichende bis zufriedenstellende Retest-Paralleltest-Reliabilitäten auf (zwischen $r = .59$ und $r = .71$): Gesamtlernleistung, Supraspanne, Reproduktion nach Interferenz und nach zeitlicher Verzögerung. Als nicht reliabel erwiesen sich die Lernleistung und das Wiedererkennen (Deckeneffekt). Für die klinische Validität sprechen spezifische Gedächtnisbeeinträchtigungen depressiver Kinder und Jugendlicher (7 bis 16 Jahre) im Vergleich zu nicht depressiven Gleichaltrigen, ein Befund, für den Günther, Holtkamp, Jolles, Herpertz-Dahlmann und Konrad (2004) neurobiologische Erklärungen anführen.

Strategische Aspekte. Interindividuelle Unterschiede im Einsatz von Strategien lassen sich mit verschiedenen Aufgaben untersuchen. Häufig wurden semantische Kategorisierungsstrategien mittels semantischer Organisationsaufgaben (Sort Recall) untersucht, in denen Kindern semantisch kategorisierbares Material mit der Aufforderung präsentiert wird, sich die Items einzuprägen. Zusätzlich erhalten sie die unspezifische Instruktion, dass sie alles tun können, was sie für das Einprägen der Items als hilfreich erachten. Beispielsweise werden Bildkärtchen präsentiert, auf denen Exemplare verschiedener Kategorien dargestellt sind (z. B. verschiedene Möbelstücke, Kleidungsstücke). Strategisches Verhalten wird durch Sortieren der Kärtchen nach Kategorienzugehörigkeit indiziert. Nach einem Behaltensintervall sollen möglichst viele Items frei reproduziert werden. Das Ausmaß der semantischen Organisation während der Enkodierung und während des Abrufs wird über Kategorisierungsindizes ermittelt (z. B. Ratio-of-Repetition-Index, RR-Index; Cohen, Sakoda & Bousfield, 1954).

Die Bedeutung semantischer Organisationsstrategien für Gedächtnisleistungen zeigt sich in substantiellen Zusammenhängen zwischen Kategorisierungsindizes und freien Reproduktionsleistungen (z. B. in der LOGIK-Studie $r = .60$ für die Kategorisierung beim Input und $r = .70$ für die beim Output bei Zehnjährigen; Weinert & Schneider, 1993). Des Weiteren korreliert der alterskorrelierte Anstieg der Kategorisierungsindizes mit entsprechenden Verbesserungen in den freien Reproduktionsleistungen.

Tabelle 2: Übersicht über standardisierte deutschsprachige Tests, die (primär) das episodische LZG erfassen

Test, Autor(en)	Altersbereich	Struktur, Kurzbeschreibung	Normen, Testgüte
BASIC-MLT Battery for Assessment in Children – Merk- und Lernfähigkeitstest für 6- bis 16-Jährige Lepach & Petermann (2008)	6 bis 16;11 Jahre	Klinisch- und neuropsychologische Diagnostik: bei Verdacht auf Lern- und Merkstörungen; Kernbatterie aus 8 Untertests zum KZG und LZG; 6 Zusatztests, u. a. Alltagssituationen und Geschichten merken; Gesamtwert (Merkquotient) sowie 5 Subskalenwerte: Aufmerksamkeit und Konzentration, Visuelles Lernen, Auditives Lernen, Visuelles Merken, Auditives Merken. Dauer: Kernbatterie 60 Min., optionale Untertests 25 Min.	*Normen*: 405 Kinder in Deutschland und der Schweiz. *Reliabilität*: mittlere interne Konsistenz ($\alpha = .78$ bis .86). *Validität*: Unterschiede Normstichprobe und klinische Vergleichsstichprobe.
LMT Lern- und Merkfähigkeitstest Seyfried (1990)	ab 12;6 Jahre und Erwachsene	Klinisch- und pädagogisch-psychologische Diagnostik; Lern- und Gedächtnisforschung; verschiedene Materialien (Text, geometrische Formen, kategorisierbare Wörter und Bilder) in Lernheften präsentiert, dann Testphase (Fragen zum Text, Wiedererkennen, Reproduzieren) in Lernabfolge. Dauer: 30 bis 40 Min.	*Normen*: nach Alter und Schulbildung; repräsentative österreichische Stichprobe. *Reliabilität*: mittel (Splithalf, Retest, Paralleltest um $r = .80$). *Validität*: Angaben zur Konstruktvalidität (konvergente Validität).
VLMT Verbaler Lern- und Merkfähigkeitstest Helmstaedter, Lendt & Lux (2001)	ab 6 Jahre und Erwachsene	Deutsche Adaptation des Auditory Verbal Learning Tests (AVLT); klinisch-neuropsychologisches und leistungsdiagnostisches Verfahren; Wortlistenlernparadigma: eine Wortliste aus unverbundenen Wörtern ist mehrfach zu lernen und zu reproduzieren, u. a. nach einer Interferenzliste und nach ca. 30 Min. Verzögerung; verschiedene Kennwerte. Dauer: 50 bis 55 Min. incl. Verzögerung.	*Normen*: für Kinder und Jugendliche für 2 Altersgruppen (6 bis 9 und 10 bis 14 Jahre); kleine, nicht repräsentative Stichproben. *Reliabilität*: Retest-Paralleltest für die meisten Kennwerte ausreichend ($r = .59$ bis .71). *Validität*: VLMT Maße relativ unabhängig von Intelligenzmaßen; Studien zur klinischen Validität.

Anmerkung: KZG = Kurzzeitgedächtnis; LZG = Langzeitgedächtnis

Tabelle 3: Übersicht über standardisierte englischsprachige Tests, die (primär) das episodische LZG erfassen

Test, Autor(en)	Altersbereich	Struktur, Kurzbeschreibung	Normen, Testgüte
CVLT-C California Verbal Learning Test – Children's Version Delis, Kramer, Kaplan & Ober (1994)	5 bis 16 Jahre	Wie der VLMT bzw. der AVLT (zeitliche Verzögerung: 20 Min.), aber mit kategorisierbaren Wörtern, sodass Organisationsmaße erhoben werden können. Dauer: 50 Min. incl. Verzögerung.	*Normen*: repräsentative Stichprobe amerikanischer Kinder; 3 Altersgruppen: 5 bis 8, 9 bis 12, 13 bis 16 Jahre. *Reliabilität*: Konsistenz über Lern-/Testdurchgänge gut (.84 bis .91). Retest z. T. nicht ausreichend (r_{tt} = .38 bis .90). Anmerkung: u. E. nicht überraschend, semantische Organisationsstrategien relevant.
CMS Children's Memory Scale Cohen (1997)	5 bis 16 Jahre	Kerntest: 2 nonverbale (Gesichter, Punkteanordnungen), 2 auditiv-verbale (Geschichten, Wortpaare) Subtests; Informationen sofort und nach ca. 30 Min. reproduzieren und/oder wiedererkennen; nonverbaler und verbaler Index, allgemeiner Gedächtnisindex. Dauer: 30 Min. (Zusatztests: 10 bis 15 Min.).	*Normen*: repräsentative Stichprobe amerikanischer Kinder (1000 Kinder in 10 Altersgruppen). *Reliabilität*: Split-half mittel für Untertests und Indizes (r = .76 bis .91). Retest z. T. nicht ausreichend. *Validität*: Studien zur klinischen Validität.
NEPSY Developmental Neuropsychological Assessment Korkman, Kirk & Kemp (1998)	3 bis 12 Jahre	6 Bereiche, 1 Bereich Lernen und Gedächtnis mit verschiedenen Untertests: Unmittelbares Erinnern von Sätzen, unmittelbares und verzögertes Erinnern von Gesichtern, Listenlernen, Gedächtnis für Geschichten. Dauer (Gesamttest aller Bereiche): 90 Min. für Vorschulalter, 2 bis 3 Stunden für Schulalter; davon: 30 Min. für Gedächtnisteil, bei einigen Subtests Erfassung nach 30 Min. Intervall.	*Normen*: repräsentative Stichprobe amerikanischer Kinder. *Reliabilität*: (Split-half, Retest) der Gedächtnisuntertests mittel (r = .76 bis .91), des Gesamtscores Gedächtnis für 5- bis 12-Jährige ebenfalls (r = .87).

Tabelle wird auf der nächsten Seite fortgesetzt

Fortsetzung von Tabelle 3: Übersicht über standardisierte englischsprachige Tests, die (primär) das episodische LZG erfassen

Test, Autor(en)	Altersbereich	Struktur, Kurzbeschreibung	Normen, Testgüte
TOMAL Test of Memory and Learning Reynolds & Bigler (1994) **TOMAL-2** Reynolds & Voress (2006)	5 bis 19 Jahre 5 bis 59 Jahre	TOMAL-2: Kernbatterie aus 8 Subtests, verbale (z. B. Textgedächtnis, aber auch Zahlen vorwärts, d. h. KZG-Aufgabe) und nonverbale (z. B. Gesichter wieder erkennen) sowie 6 Zusatztests (u. a. Buchstaben vorwärts, Zahlen rückwärts, Buchstaben rückwärts, also KZG/AG-Maße) und 2 verzögerte verbale Reproduktionsaufgaben; Indizes für verbales, nonverbales und Gesamtgedächtnis sowie Zusatzindizes, u. a. verzögerte verbale Reproduktion und sequentielles Gedächtnis (KZG) Dauer: Kernbatterie 30 Min. plus Zusatztests 60 Min.	*Normen*: repräsentative amerikanische Stichprobe. *Reliabilität*: hohe interne Konsistenz für Subtests und Indizes (meist α > .90); Retest mittel (die meisten r_{tt} > .80). *Validität*: für TOMAL Angaben zur Konstruktvalidität (konvergente Validität): Korrelation mit Intelligenz- und Leistungsmaßen um r = .80; Studien zur klinischen Validität.
WRAML Wide Range Assessment of Memory and Learning Sheslow & Adams (1990) **WRAML-2** Sheslow & Adams (2003)	5 bis 17 Jahre 5 bis 90 Jahre	WRAML-2: Kernbatterie aus 2 verbalen (Textgedächtnis; AVLT ähnlich), 2 visuellen und 2 Aufmerksamkeits-/Konzentrationsuntertests; 3 Bereichsindizes (verbal, visuell, Aufmerksamkeit/Konzentration) und ein allgemeiner Gedächtnisindex; Zusatzuntertests und Indizes, u. a. AG, verzögertes Gedächtnis und Rekognition Dauer: < 60 Min.; Kurzform: 10 bis 15 Min.	*Normen*: repräsentative amerikanische Stichprobe. *Reliabilität*: hohe interne Konsistenz für den allgemeinen Gedächtnisindex (α = .93) und die 3 Bereichsindizes (α = .86 bis .92). *Validität*: für WRAML Angaben zur Konstruktvalidität (konvergente Validität: Korrelation mit Leistungstests); Studien zur klinischen Validität.

Anmerkung: KZG = Kurzzeitgedächtnis; AG= Arbeitsgedächtnis; LZG = Langzeitgedächtnis

Textgedächtnis. Subtests zum Textgedächtnis finden sich auch in umfangreicheren Gedächtnistests (wie CMS oder TOMAL; vgl. Tabelle 3), genügen allerdings häufig nicht den psychometrischen Gütekriterien. In der Forschung sind eine Vielzahl von Texten verwendet worden, die sich in Abhängigkeit von der untersuchten Fragestellung im Einfluss der Wissensbasis unterscheiden. Bei einem Text über Fußball ist beispielsweise das bereichsspezifische Vorwissen von erheblicher Bedeutung, wie

Experten-Novizen-Vergleiche zeigen (z. B. Schneider, Körkel & Weinert, 1989) und bei einem Text über eine Geburtstagsfeier das entsprechende Skriptwissen. Die Texte sollen möglichst genau nacherzählt werden (Reproduktion), Aussagen oder Bilder sollen wiedererkannt werden, oder es werden Fragen gestellt. Häufig wird auch die Reproduktionsstruktur analysiert, das heißt die Übereinstimmung der Sequenz der Ereignisse im Text und in der Reproduktion (zu den in der LOGIK Studie verwendeten Texten, vgl. Knopf, 1999).

Zur Erfassung des Textgedächtnisses unbeeinflusst vom Vorwissen eignet sich für jüngere Kinder (von etwa vier bis neun Jahren) der auch in der Forschung (z. B. Krajewski et al., 2004) eingesetzte Subtest *Textgedächtnis* aus dem *Heidelberger Sprachentwicklungstest* (HSET) von Grimm und Schöler (1991; zum HSET vgl. auch Weinert in diesem Band). Eine Geschichte, die nicht den Alltagserfahrungen von Kindern entspricht (es handelt sich um eine etwas veränderte Fassung eines alten indianischen Märchens) wird zwei Mal vorgelesen und ist nach einem Behaltensintervall von ca. 25 Minuten nachzuerzählen. Die Auswertung der Reproduktionen erfolgt nach Sinneinheiten. Der Subtest weist eine hohe Auswertungsobjektivität und Reliabilität auf (Cronbachs $\alpha = .95$). Vorläufige Altersnormen in Form von *T*-Werten und Prozenträngen liegen vor.

Autobiographisches Gedächtnis und Gedächtnis für Ereignisse. Für diese beiden, dem Alltagsgedächtnis zugehörenden Aspekte, existieren unseres Wissens keine standardisierten Tests. Das autobiographische Gedächtnis ist der Teil des episodischen Gedächtnisses, in dem die Ereignisse des eigenen Lebens repräsentiert sind (vgl. Eysenck & Keane, 2005, S. 263). In der LOGIK Studie wurde dieser Aspekt ebenfalls erfasst, indem die Kinder nach Details eines ihrer vorherigen Besuche des psychologischen Instituts gefragt wurden (z. B. nach einigen der bearbeiteten Aufgaben, einem Mikrophon, Spielzeug), wobei das Behaltensintervall zwischen einigen Monaten bis zu einem Jahr variierte. Dieses Vorgehen weist den großen Vorteil der Kontrolle über die stattgefundenen Ereignisse auf. Eingesetzt wurden je nach Alter ein freier Reproduktionstest (ab etwa neun Jahren) oder ein Cued Recall Test (für jüngere Kinder), das heißt ein anhand eines Fragebogens gelenktes Interview, sowie Wiedererkennenstests. Auf das Gedächtnis für Ereignisse, ein für die Zeugenaussageforschung sehr wichtiger Aspekt, soll hier nicht weiter eingegangen werden, da er in diesem Band sowohl von Lockl und Schneider wie auch von Roebers behandelt wird.

Prospektives Gedächtnis. Das prospektive Gedächtnis – das Erinnern zuvor geplanter Handlungen und Ereignisse – ist im Kindesalter bislang nur wenig untersucht worden, obwohl es im Alltag eine erhebliche Rolle spielt. Martin und Kliegel (2003) verwendeten für Vorschul- und Grundschulkinder das *Heidelberger Exekutivdiagnostikum* (HEXE). HEXE ist ein Computerspiel, in dem Kinder die Durchführung vier verschiedener Aufgabenarten (Bilder- und Rechenaufgaben) planen und später auch selbstständig ausführen müssen. Die prospektive Gedächtnisleistung besteht darin, sich nach einer Zeitverzögerung daran zu erinnern, selbstinitiiert zwischen den vier verschiedenen Aufgabentypen zu wechseln, um das Ziel zu erreichen, mindestens eine Einzelaufgabe aus allen vier Bereichen zu bearbeiten. Vor Aufgabenbeginn werden die Kinder zunächst nach ihrem Plan gefragt, wie und in welcher Reihenfolge sie die Aufgaben bearbeiten wollen (*Planung der prospektiven Mehrfachaufgabe*). Es folgt eine ca. 20-minütige Retentionsphase, in der andere unabhängige Aufgaben bearbeitet werden. In dieser Phase werden die Kinder nach einiger Zeit nochmals nach ihrem Plan zur Bearbeitung der anstehenden Computeraufgaben gefragt (*Retrospektives Gedächtnis für die Mehrfachaufgabe*). Nach der Bearbeitung der Ablenkungsaufgaben beginnt die Bearbeitung der geplanten Computeraufgaben (*Selbstständige Ausführung der prospektiven Mehrfachaufgabe*). Diese Phase dauert ca. zwei Minuten. Die prospektive Gedächtnisleistung wird als die Anzahl selbstinitiierter Wechsel zwischen den Computeraufgaben erfasst. Kliegel und Jäger (2007) entwickelten eine einfachere Nichtcomputeraufgabe für Kinder zwischen zwei und sechs Jahren, für die eine recht gute Übereinstimmung zwischen der in einem Fragebogen erfassten Einschätzung der prospektiven und retrospektiven Gedächtnisleistungen der Kinder durch die Eltern/Erziehenden und den Leistungen der Kinder beobachtet werden konnte.

2.2.4 Metagedächtnis

Während kein Konsens darüber besteht, was alles unter dem Begriff „Metagedächtnis" subsumiert werden soll, und eine Vielzahl alternativer Klassifikationen metakognitiver Aspekte vorgeschlagen worden ist, ist die Einteilung in die beiden weitgehend unabhängigen Komponenten eines deklarativen und prozeduralen Metagedächtnisses allgemein akzeptiert (vgl. z. B. Schneider & Büttner, 2002; Schlagmüller, Visé & Schneider, 2001). Das deklarative Metagedächtnis bezieht sich dabei auf das verfügbare, verbalisierbare Wissen um Gedächtnisvorgänge. Es umfasst Wissen über die Effekte von Personenvariablen (z. B. Alter), Aufgabenvariablen (z. B. Lernlistenlänge), Strategievariablen sowie deren Interaktion auf Gedächtnisleistungen. Das prozedurale Metagedächtnis bezieht sich auf exekutive Prozesse während gerade ablaufender Gedächtnisaktivitäten wie die Planung der Bearbeitung einer Aufgabe, die Überwachung des Lernens sowie die Ergebnisprüfung (zu einem Modell des prozeduralen Metagedächtnisses vgl. Nelson & Narens, 1994). Indikatoren des prozeduralen Metagedächtnisses werden in der Regel im Zusammenhang mit gerade ablaufenden Gedächtnisaktivitäten („online") registriert. Da die verwendeten Verfahren häufig eher ein situatives (Effekte von Kontextvariablen wie der Instruktion, des Frageformats beim Gedächtnis für Ereignisse: irreführend vs. nicht lenkend oder der Bekanntheit der Aufgabe) und zum Teil, insbesondere bei Leistungsprognosen, auch motivationsabhängiges metakognitives Verhalten erfassen als überdauernde metamemoriale Kompetenzen, wollen wir im Folgenden nicht auf diese Verfahren eingehen (für Überblicke und weitere Differenzierungen vgl. Schneider, 1989, 1999). Einige Verfahren werden auch von Lockl und Schneider in diesem Band beschrieben.

Zur Erfassung des deklarativen Metagedächtnisses wurden bislang vor allem Fragebögen und Explorationen (z. B. die bekannte Studie von Kreutzer, Leonard & Flavell, 1975, die genauer von Lockl & Schneider in diesem Band beschrieben wird) eingesetzt, wobei reliable Messinstrumente im angloamerikanischen wie im deutschen Sprachraum noch weitgehend fehlen. Selbst umfangreiche, methodisch sorgfältig konstruierte Fragebögen bzw. Skalen genügen meist nicht den psychometrischen Gütekriterien (für einen kurzen Überblick vgl. Schlagmüller et al., 2001). So erwies sich beispielsweise der von Hasselhorn (1994) für den deutschen Sprachraum adaptierte Gruppentest von Belmont und Borkowski (1988), der für Sechs- bis Zwölfjährige gedacht ist, in einer Untersuchung an Zweit- und Viertklässlern als intern völlig inkonsistent.

Als weitgehend reliabel und valide erwiesen hat sich die *Würzburger Testbatterie zum deklarativen Metagedächtnis* von Schlagmüller et al. (2001), ein Gruppentest von etwa 35 bis 45 Minuten Dauer für Kinder ab Mitte der zweiten bis zur sechsten Klasse. Die Subskala *Allgemeines Metagedächtnis* enthält Fragen zu Personen- und Aufgabenvariablen, zur Interaktion von Gedächtnisvariablen (Alter, Lernzeit und Itemanzahl) sowie zu Strategievariablen. Die Subskala *Textverarbeitungsbezogenes Metagedächtnis* erfasst ebenfalls Personen-, Aufgaben- und Strategiewissen, hier jedoch bezogen auf Textlernen und -verständnis. Die Skala *Semantische Kategorisierungsstrategien* (*Strategiespezifisches Metagedächtnis*) schließlich besteht aus Fragen zum Wissen über Organisationsstrategien. Beispielsweise soll die Schwierigkeit dreier zu lernender Wortlisten, die sich in ihrer Kategorisierbarkeit unterscheiden, beurteilt werden. In einer Studie an 620 Grundschulkindern zeigte sich – verglichen mit vorhergehenden Skalen – eine verbesserte Reliabilität. Für die interne Konsistenz ergaben sich mit Ausnahme des *Allgemeinen Metagedächtnisses* ($\alpha = .48$) befriedigende Werte für die Gesamtskala ($\alpha = .77$) sowie die Subskalen *Textverarbeitungsbezogenes* ($\alpha = .65$) und *Strategiespezifisches Metagedächtnis* ($\alpha = .75$). Angesichts des langen Intervalls von vier Monaten konnten für die Gesamtskala auch gute Werte für die Retest-Reliabilität ($r_{tt} = .71$) beobachtet werden sowie befriedigende bis akzeptable Werte für das *Strategiespezifische* und *Textverarbeitungsbezogene Metagedächtnis* ($r_{tt} = .60$ und $.54$). Des Weiteren konnte – auch wenn die Befunde der von Schlagmüller et al. (2001) berichteten Validierungsstudien nicht ganz einheitlich ausfallen – gezeigt werden, dass sich über die erhöhte Reliabilität auch Verbesserungen der korrelativen Beziehung zwischen Metagedächtnis einerseits und Gedächtnisverhalten (Strategieeinsatz) sowie Gedächtnis- und Verständnisleistungen andererseits nachweisen lassen. So lagen die beobachteten Korrelationen in einigen Studien höher als der in Metaanalysen ermittelte Zusammenhang von $r = .41$ (Schneider, 1989). Dabei wirkte sich die erhöhte Reliabilität insbesondere dann positiv aus, wenn die Daten weiter aggregiert und im Rahmen von Strukturgleichungsmodellen analysiert wurden. Zur Erfassung des Metagedächtnisses von Jugendlichen (siebte bis zwölfte Klasse) im Bereich der Textverarbeitung wurde von Schlagmüller und Schneider (2007) ein Test entwickelt, der Lesekompetenz und Textverständnis bedeutsam vorhersagen kann.

3 Aktuelle Entwicklungen und Konstrukterweiterungen

Seit Beginn der modernen Forschung zur Gedächtnisentwicklung Mitte der 1960er Jahre haben sich die zentralen Fragen geändert (vgl. Bjorklund, 2004). Am Anfang lag ein Schwerpunkt auf strategischen Gedächtnisleistungen, üblicherweise untersucht mit Listen von Wörtern oder Bildern. Innerhalb dieser Forschungstradition interessierte insbesondere auch der Einfluss des Metagedächtnisses auf Gedächtnisleistungen. Seit den späten 1980ern verschob sich das Interesse von strategischen und metastrategischen Aspekten (obwohl nicht völlig aufgegeben) auf das Gedächtnis für Ereignisse, das autobiographische Gedächtnis und das Augenzeugengedächtnis. Andere Themen riefen ein relativ konstantes Interesse hervor (z. B. das Arbeitsgedächtnis) oder entwickelten sich als Resultat technischer Innovationen (z. B. die neurologische/hirnphysiologische Basis der Gedächtnisentwicklung). Diese Entwicklungen spiegeln sich natürlich in den in der Forschung verwendeten Aufgaben. So werden zunehmend komplexere und auch alltagsrelevantere Inhalte verwendet, und auch die Entwicklung prospektiver Gedächtnisleistungen wird untersucht. Nicht nur beim Augenzeugengedächtnis interessiert zudem nicht mehr nur, wie viel erinnert wird (quantitätsorientierter Ansatz), sondern auch, ob das, was erinnert wird, korrekt ist oder ob es sich um eine falsche Erinnerung handelt (genauigkeitsorientierter Ansatz; vgl. hierzu Koriat, Goldsmith & Pansky, 2000). Wir haben den Eindruck, dass diese Entwicklungen in der Forschung zur Gedächtnisentwicklung von der Diagnostik bislang kaum aufgegriffen worden sind, was nicht wundert, weil in der Diagnostik häufig Bezüge zu Theorien und Befunden der Gedächtnisforschung fehlen.

Auch andere Bereiche des Gedächtnisses wurden in der Diagnostik bisher eher vernachlässigt, obwohl sie durchaus ein hohes diagnostisches Potential aufweisen. So werden etwa erst in jüngerer Zeit Bemühungen unternommen, die vielfältigen und in der differentiellen und experimentellen Forschung gut untersuchten Arbeitsgedächtnisaufgaben auch für die Individualdiagnostik fruchtbar zu machen. Wie weiter oben dargelegt, gibt es erste vielversprechende Ansätze, es mangelt aber noch an veröffentlichten standardisierten Verfahren im deutschsprachigen Raum. Auch sind noch weitere Untersuchungen zur Stabilität der Messungen erforderlich, insbesondere mit solchen Designs, die eine Trennung von Konstruktstabilität und Aufgabenreliabilität erlauben (vgl. Beckmann et al., 2007).

Eine Entwicklung der letzten Jahre zeigt sich in der zunehmenden Verwendung computergestützter Gedächtnisdiagnostik bei Kindern und Jugendlichen. Computerprogramme erlauben zum einen die Realisierung komplexerer Aufgabenstellungen, ein Beispiel hierfür ist das *Heidelberger Exekutivdiagnostikum* (HEXE) von Martin und Kliegel (2003, vgl. Abschnitt 2.2.3). Zum anderen können die vorgesehenen Zeiten (z. B. für die Vorgabe von einzuprägendem Material) am Computer besser kontrolliert werden als bei der Testung durch eine Testleiterin bzw. einen Testleiter. Besondere Relevanz hat die computergestützte Diagnostik bei der Erfassung der Arbeitsgedächtniskapazität, da hier die exakte Einhaltung der vorgesehenen Zeiten für die Präsentation der einzelnen Stimuli (z. B. der Sätze in der Lesespannen-Aufgabe) besonders wichtig ist. In vielen Bereichen der Gedächtnisdiagnostik trägt der Einsatz von Computern somit zu einer Erhöhung der Testgüte bei. Werden klassische Papier-und-Bleistift-Tests jedoch auf den Computer übertragen, so muss stets die Äquivalenz beider Versionen überprüft werden, sodass sichergestellt ist, dass mit beiden Methoden dasselbe Konstrukt gemessen wird.

4 Implikationen für die Praxis

Dieses Kapitel hat gezeigt, dass viele der in der Gedächtnisforschung diskutierten Gedächtniskomponenten anhand von objektiven Testverfahren bei Kindern und Jugendlichen erfasst werden können. Während für einige Komponenten auch standardisierte und veröffentlichte Testverfahren zur Verfügung stehen (z. B. für das episodische Langzeitgedächtnis), dominieren bei anderen experimentelle und Laboraufgaben (z. B. für das Kurzzeit- und Arbeitsgedächtnis), die in der Regel nicht von einem Testverlag veröffentlicht sind (ein deutschsprachiger standardisierter Test zur Erfassung des Arbeitsgedächtnisses ist jedoch in Vorbereitung; für eine Beschreibung des Konzepts vgl. Hasselhorn et al., 2003). Zusätzlich finden sich Gedächtnisskalen in verschiedenen Intelligenz- und Einschulungstests, die zumeist eine Abschätzung des episodischen Langzeitgedächtnisses erlauben; hier ist jedoch genaues Augenmerk darauf zu richten, welchen Gedächtnisaspekt die Skalen genau erfassen – aus den Testmanualen geht das in der Regel nicht hinreichend hervor.

Es zeigt sich zudem, dass die standardisierten und veröffentlichten Testverfahren nur einige der vielen verschiedenen Gedächtnisaspekte erfassen. Die Tests fokussieren meistens auf kurzfristige episodische Langzeitgedächtnisleistungen (die Behaltensintervalle sind selten länger als 20 bis 30 Minuten), lassen jedoch auch hier einige Aspekte außen vor. So wird zum Beispiel das Alltagsgedächtnis in der Regel nicht berücksichtigt. Je nach Kontext bietet es sich daher an, zugeschnitten auf die eigene Fragestellung, selbst eine Testbatterie zusammenzustellen (vgl. z. B. Süss-Burghart & Rupp, 2000). Die englischsprachigen Testverfahren, über die wir in diesem Kapitel auch berichtet haben, können als Anregung für Neu- und Weiterentwicklungen von Tests im deutschen Sprachraum dienen. Außerdem werden übersetzte Versionen durchaus auch ohne deutsche Normdaten im deutschen Sprachraum eingesetzt (vgl. Süss-Burghart & Rupp, 2000). Hier stellt sich dann die Frage, inwieweit sich deutsche Kinder und Jugendliche von englischen oder amerikanischen unterscheiden.

In der Praxis der Gedächtnisdiagnostik sind Geschlechterunterschiede eher zu vernachlässigen, da sich die Geschlechter in Gedächtnistests meist nicht bedeutsam voneinander unterscheiden. Wenn solche Unterschiede auftreten, so findet man kleine Unterschiede zugunsten von Mädchen bei verbalen Tests und zugunsten von Jungen bei räumlichen Gedächtnisaufgaben (z. B. Helmstaedter, Lendt & Lux, 2001; Lowe, Mayfield & Reynolds, 2003; Seyfried, 1990); diese Befundlage ist tendenziell mit der zur Intelligenz vergleichbar (vgl. Preckel & Vock in diesem Band).

Weiterhin sind bei der Gedächtnisdiagnostik in der Praxis folgende Besonderheiten bei der Testung im Kindes- und Jugendalter zu berücksichtigen: Vorwissen kann bei Gedächtnistests einen deutlichen Einfluss auf die Testleistungen haben, insbesondere bei komplexeren Materialien. Ebenso sind Effekte des gezielten Einsatzes von Enkodier- und Abrufstrategien zu berücksichtigen. Da sich diese Strategien erst im Laufe der Kindheit entwickeln, ist eine stabile Erfassung interindividueller Unterschiede bei jüngeren Kindern nicht möglich. Nach Befunden aus der LOGIK-Studie vollzog sich für die große Mehrheit der Stichprobe (ca. 80 Prozent) der Strategieerwerb im Sinne eines Alles-oder-Nichts-Vorgangs, das heißt von nichtstrategischem Verhalten zu nahezu perfekten semantischen Kategorisierungsstrategien. Der Erwerb dieser Strategien erfolgte bei unterschiedlichen Kindern zu unterschiedlichen Zeitpunkten. Weiterhin ist bei der Testung von jüngeren Kindern zu berücksichtigen, dass sie bei Aufgaben, bei denen es auf ein Wiedererkennen von Informationen ankommt, häufig zum Zustimmen neigen – auch wenn die Information zuvor nicht präsentiert wurde. Und bei freien Reproduktionsaufgaben berichten sie häufig nicht alles, was sie wissen.

Auch ist bei der Testung im Vorschul- und frühen Grundschulalter darauf zu achten, dass die Instruktionen von den Kindern tatsächlich richtig verstanden werden. Dass dies sehr schwierig sein kann, wird beispielsweise daran deutlich, dass Hasselhorn (1994) bei der Adaptation des *Gruppen-Metagedächtnistests* von Belmont und Borkowski (1988) auf zwei von fünf Subtests verzichten musste, weil trotz verschiedener Durchführungsvarianten kein befriedigendes Instruktionsverständnis erzielt werden konnte. Gerade bei jüngeren Kindern sind wegen der noch relativ geringen Arbeitsgedächtniskapazität möglichst kurze Instruktionen wichtig. Damit ein ausreichendes Aufgaben- und Instruktionsverständnis sichergestellt werden kann, müssen die Aufgaben vorab unbedingt geübt werden. Während dies in der Forschung übliche Praxis ist, verzichten die meisten diagnostischen Tests auf eine solche Übungsphase. In den computergestützten Arbeitsgedächtnisskalen von Vock (2005) werden in der Übungsphase so lange sehr einfache Aufgaben wiederholt vorgegeben, bis der Proband bzw. die Probandin jede dieser Aufgaben einmal richtig gelöst hat. Auch bei Gruppenuntersuchungen lässt sich so ein hinreichendes Aufgaben- und Instruktionsverständnis bei allen Probanden und Probandinnen sicherstellen.

Literatur

Atkinson, R. C. & Shiffrin, R. M. (1968). Human memory: A proposed system and its control processes. In K. W. Spence & J. W. Spence (Eds.), *The psychology of learning and motivation,* (Vol. 2, pp. 89-195). New York: Academic.

Baddeley, A. D. (1986). *Working memory.* Oxford: Clarendon.

Baddeley, A. D. (2001). Is working memory still working? *American Psychologist, 56,* 851-864.

Baddeley, A. D. & Hitch, G. (1974). Working memory. In G. A. Bower (Ed.), *Recent advances in learning and motivation* (pp. 47-90). New York: Academic.

Barth, K. (2005). *Diagnostische Einschätzskalen zur Beurteilung des Entwicklungsstands und der Schulfähigkeit (DES).* München: Reinhardt.

Beckmann, B., Kuhn, J.-T. & Holling, H. (2007). Reliability of verbal-numerical working memory tasks. *Personality and Individual Differences, 43,* 703-714.

Belmont, J. M. & Borkowski, J. G. (1988). A group-administered test of children's metamemory. *Bulletin of the Psychonomic Society, 26,* 206-208.

Bishop, D. V. M., North, T. & Dolan, C. (1996). Nonword repetition as a behavioural marker for inherited language impairment: Evidence from a twin study. *Journal of Child Psychology and Psychiatry, 37,* 391-403.

Bjorklund, D. F. (2004). Introduction – Special issue: Memory development in the new millennium. *Developmental Review, 24,* 343-346.

Bjorklund, D. F. (2005). *Children's thinking: Cognitive development and individual differences* (4th ed.). Belmont, CA: Wadsworth/Thomson Learning.

Cohen, B. H., Sakoda, J. M. & Bousfield, W. A. (1954). *The statistical analysis of the incidence of clustering in recall of randomly arranged associates* (Tech. Rep. No. 10). Connecticut: University of Connecticut, Contract NONR631(00), Office of Naval Research, (NTIS No.PB-117 628).

Cohen, M. (1997). *Children's Memory Scale Manual*. San Antonio, TX: The Psychological Corporation.

Daneman, M. & Carpenter, P. (1980). Individual differences in working memory and reading. *Journal of Verbal Learning and Verbal Behavior, 19,* 450-466.

Daneman, M. & Merikle, Ph. M. (1996). Working memory and language comprehension: A meta-analysis. *Psychonomic Bulletin & Review, 3,* 422-433.

Daseking, M., Petermann, U. & Petermann, F. (2007). Intelligenzdiagnostik mit dem HAWIK IV. *Kindheit und Entwicklung, 16,* 250-259.

de Jong, P. F. & Das-Smaal, E. A. (1990). The Star Counting Test: An attention test for children. *Personality and Individual Differences, 11,* 597-604.

de Jong, P. F. & Das-Smaal, E. A. (1995). Attention and intelligence: The validity of the star counting test. *Journal of Educational Psychology, 87,* 80-92.

Delis, D. C., Kramer, J. H., Kaplan, E. & Ober, B. A. (1994). *California Verbal Learning Test – Children's Version.* San Antonio, TX: The Psychological Corporation.

Demetriou, A., Christou, C., Spanoudis, G. & Platsidou, M. (2002). *The development of mental processing: Efficiency, working memory, and thinking.* Oxford: Blackwell.

Engle, R. W., Cantor, J. & Carullo, J. J. (1992). Individual differences in working memory and comprehension: A test of four hypotheses. *Journal of Experimental Psychology: Learning, Memory, and Cognition, 18,* 972-992.

Eysenck, M. W. & Keane, M. T. (2005). *Cognitive psychology: A student's handbook* (5th ed.). Hove: Psychology Press.

Forrester, G. & Geffen, G. (1991). Performance measures of 7-15 year-old children on the Auditory Verbal Learning Test. *The Clinical Neuropsychologist, 5,* 345-359.

Gathercole, S. & Baddeley, A. (1996). *Children's Test of Nonword Repetition (CNRep).* London: Harcourt.

Gathercole, S. E. & Pickering, S. J. (2000a). Assessment of working memory in six- and seven-year-old children. *Journal of Educational Psychology, 92* (2), 377-390.

Grimm, H. & Schöler, H. (1991). *Heidelberger Sprachentwicklungstest (HSET)* (2. Aufl.). Göttingen: Hogrefe.

Günther, T., Herpertz-Dahlmann, B. & Konrad, K. (2005). Reliabilität von Aufmerksamkeits- und verbalen Gedächtnistests bei gesunden Kindern und Jugendlichen – Implikationen für die klinische Praxis. *Zeitschrift für Kinder- und Jugendpsychiatrie und Psychotherapie, 33,* 169-179.

Günther, T., Holtkamp, K., Jolles, J., Herpertz-Dahlmann, B. & Konrad, K. (2004). Verbal memory and aspects of attentional control in children and adolescents with anxiety disorders or depressive disorders. *Journal of Affective Disorders, 82,* 265-269.

Hasselhorn, M. (1994). Zur Erfassung von Metagedächtnisaspekten bei Grundschulkindern. *Zeitschrift für Entwicklungspsychologie und Pädagogische Psychologie, 26,* 71-78.

Hasselhorn, M., Grube, D., Mähler, C., Zoelch, C. Gaupp, N. & Schumann-Hengsteler, R. (2003). Differentialdiagnostik basaler Funktionen des Arbeitsgedächtnisses. In G. Ricken, A. Fritz & Hoffmann, C. (Hrsg.), *Diagnose: Sonderpädagogischer Förderbedarf* (S. 277-291). Lengerich: Pabst.

Helmstaedter, C., Lendt, M. & Lux, S. (2001). *Verbaler Lern- und Merkfähigkeitstest (VLMT).* Göttingen: Beltz Test.

Jäger, R. S., Beetz, E., Erler, R. & Walter, R. (1994). *Mannheimer Schuleingangsdiagnostikum (MSD).* Göttingen: Hogrefe.

Jensen, A. R. & Figueroa, R. A. (1975). Forward and backward digit span interaction with race and IQ: Predictions from Jensen's theory. *Journal of Educational Psychology, 67*, 882-893.

Kleiner, A., Poerschke, J. & Lehmann, R. H. (1998). *Göppinger Sprachfreier Schuleignungstest*. Göttingen: Beltz Test.

Kliegel, M. & Jäger, T. (2007). The effects of age and cue-action reminders on event-based prospective memory performance in preschoolers. *Cognitive Development, 22*, 33-46.

Knopf, M., Körkel, J., Schneider, W. & Weinert, F. E. (1988). Human memory as a faculty versus human memory as a set of specific abilities: Evidence from a life-span approach. In F. E. Weinert & M. Perlmutter (Eds.), *Memory development: Universal changes and individual differences* (pp. 331-352). Hillsdale, NJ: Erlbaum.

Knopf, M. (1999). The development of text memory in children. In F. E. Weinert & W. Schneider (Eds.), *Individual development from 3 to 12: Findings from the Munich Longitudinal Study* (pp. 106-122). Cambridge: Cambridge University Press.

Koriat, A., Goldsmith, M. & Pansky, A. (2000). Toward a psychology of memory accuracy. *Annual Review of Psychology, 51*, 481-537.

Korkman, M., Kirk, U. & Kemp, S. (1998). *NEPSY: A Developmental Neuropsychological Assessment Manual*. San Antonio, TX: The Psychological Corporation.

Krajewski, K., Kron, V. & Schneider, W. (2004). Entwicklungsveränderungen des strategischen Gedächtnisses beim Übergang vom Kindergarten in die Grundschule. *Zeitschrift für Entwicklungspsychologie und Pädagogische Psychologie, 36*, 47-58.

Kreutzer, M. A., Leonard, C. & Flavell, J. H. (1975). An interview study of children's knowledge about memory. *Monographs of the Society for Research in Child Development, 40* (1, Serial No. 159).

Kubinger, K. D. & Wurst, E. (2000). *Adaptives Intelligenz Diagnostikum 2 (AID 2)*. Göttingen: Beltz Test.

Kurtz-Costes, B., Schneider, W. & Rupp, S. (1995). Is there evidence for intraindividual consistency in performance across memory tasks? New evidence on an old question. In F. E. Weinert & W. Schneider (Eds.), *Memory performance and competencies: Issues in growth and development* (pp. 245-262). Hillsdale, NJ: Erlbaum.

Kyllonen, P. C. & Christal, R. E. (1990). Reasoning ability is (little more than) working-memory capacity?! *Intelligence, 14*, 389-433.

Lepach, A. C. & Petermann, F. (2008). *Battery for Assessment in Children – Merk- und Lernfähigkeitstest für 6- bis 16-Jährige (BASIC–MLT)*. Bern: Huber.

Lindsay, D. S., Johnson, M. K. & Kwon, P. (1991). Developmental changes in memory source monitoring. *Journal of Experimental Child Psychology, 52*, 297-318.

Lowe, P. A., Mayfield, J. W. & Reynolds, C. R. (2003). Gender differences in memory test performance among children and adolescents. *Archives of Clinical Neuropsychology, 18*, 865-878.

Martin, M. & Kliegel, M. (2003). Die Entwicklung komplexer prospektiver Gedächtnisleistungen im Kindesalter. *Zeitschrift für Entwicklungspsychologie und Pädagogische Psychologie, 35*, 75-82.

Miller, M., Bigler, E. D. & Adams, W. V. (2003). Comprehensive assessment of child and adolescent memory: The wide range assessment of memory and learning, the test of memory and learning, and the California verbal learning test–children's version. In C. R. Reynolds & R. W. Kamphaus (Eds.), *Handbook of psychological & educational assessment of children: Intelligence, aptitude, and achievement* (2nd ed.). New York: Guilford.

Miyake, A. & Shah, P. (1999). *Models of working memory. Mechanisms of active maintenance and executive control*. Cambridge: Cambridge University Press.

Nelson, T. O. & Narens, L. (1994). Why investigate metacognition? In J. Metcalfe & A. P. Shimamura (Eds.), *Metacognition: Knowing about knowing* (pp. 1-25). Cambridge: Cambridge University Press.

Oberauer, K. (2005). The measurement of working memory capacity. In O. Wilhelm & R. W. Engle (Eds.), *Handbook of understanding and measuring Intelligence* (pp. 393-407). Thousand Oaks, CA: Sage.

Oberauer, K., Süß, H.-M., Schulze, R., Wilhelm, O. & Wittmann, W. W. (2000). Working memory capacity – facets of a cognitive ability construct. *Personality and Individual Differences, 29,* 1017-1045.

Oberauer, K., Süß, H.-M., Wilhelm, O. & Wittmann, W. (2003). The multiple faces of working memory: Storage, processing, supervision, and coordination. *Intelligence, 31,* 167-193.

Petermann, F. & Petermann, U. (Hrsg.). (2007). *Hamburg-Wechsler Intelligenztest für Kinder – IV.* Bern: Huber.

Pickering, S. J. & Gathercole, S. E. (2001). *Working Memory Test Battery for Children (WMTB-C).* London: Psychological Corporation.

Rey, A. (1964). Example mémorisation d'une série de 15 mots en 5 répétitions. In A. Rey (Ed.), *L'examen clinique en psychologie* (pp. 141-193). Paris: Presses Universitaires de France.

Reynolds, C. R. & Bigler, E. D. (1994). *Test of Memory and Learning.* Austin, TX: Pro-Ed.

Reynolds, C. R. & Voress, J. K. (2006). *Test of Memory and Learning, 2nd ed. (TOMAL-2).* Austin, TX: Pro-Ed.

Schlagmüller, M. & Schneider, W. (2007). *WLST 7-12. Würzburger Lesestrategie-Wissenstest für die Klassen 7-12.* Göttingen: Beltz Test.

Schlagmüller, M., Visé, M. & Schneider, W. (2001). Zur Erfassung des Gedächtniswissens bei Grundschulkindern: Konstruktionsprinzipien und empirische Bewährung der Würzburger Testbatterie zum deklarativen Metagedächtnis. *Zeitschrift für Entwicklungspsychologie und Pädagogische Psychologie, 33,* 91-102.

Schneider, W. (1989). *Zur Entwicklung des Metagedächtnisses bei Kindern.* Stuttgart: Huber.

Schneider, W. (1999). The development of metamemory knowledge in children. In D. Gopher & A. Koriat (Eds.), *Attention and performance XVIII: Cognitive regulation of performance – interaction of theory and application* (pp. 487-514). Cambridge, MA: MIT Press.

Schneider, W. & Büttner, G. (2002). Entwicklung des Gedächtnisses. In R. Oerter & L. Montada (Hrsg.), *Entwicklungspsychologie* (5. Aufl., S. 495-516). Weinheim: Psychologie Verlags Union.

Schneider, W., Körkel, J. & Weinert, F. E. (1989). Domain-specific knowledge and memory performance: A comparison of high- and low-aptitude children. *Journal of Educational Psychology, 81,* 306-312.

Schneider, W. & Weinert, F. E. (1995). Memory development during early and middle childhood: Findings from the Munich Longitudinal Study (LOGIC). In F. E. Weinert & W. Schneider (Eds.), *Memory performance and competencies: Issues in growth and development.* Hillsdale, NJ: Erlbaum.

Schumann-Hengsteler, R. (1995). *Die Entwicklung des visuell-räumlichen Gedächtnisses.* Göttingen: Hogrefe.

Schweisthal, B. (1997). Die Leistungen von 7- bis 15-jährigen Kindern im Verbalen Lern- und Merkfähigkeits-Test (VLMT). *Zeitschrift für Neuropsychologie, 8,* 129-136.

Schweizer, K. & Moosbrugger, H. (2000). Das Arbeitsgedächtnis als Schnittstelle zwischen quantitativen und qualitativen Leistungen. In K. Schweizer (Hrsg.), *Intelligenz und Kognition. Die kognitiv-biologische Perspektive der Intelligenz* (S. 105-124). Landau: Verlag Empirische Pädagogik.

Seyfried, H. (1990). *Lern- und Merkfähigkeitstest (LMT)*. Wien: Ketterl.

Sheslow, D. & Adams, W. (1990). *Wide Range Assessment of Memory and Learning (WRAML)*. Wilmington, DE: Jastak Associates.

Sheslow, D. & Adams, W. (2003). *Wide Range Assessment of Memory and Learning, 2nd ed. (WRAML-2)*. San Antonio, TX: Pearson Education.

Snodgrass, J. G. & Corwin, J. (1988). Pragmatics of measuring recognition memory: Applications to dementia and amnesia. *Journal of Experimental Psychology: General, 117*, 34-50.

Squire, L. R. (1992). Declarative and nondeclarative memory: Multiple brain systems supporting learning and memory. *Journal of Cognitive Neuroscience, 4*, 232-243.

Süss-Burghart, H. & Rupp, S. (2000). Gedächtnistests für Kinder im Vergleich – Zusammenstellung einer Gedächtnistestbatterie. *Ergotherapie, 1*, 80-88.

Swanson, H. L. (1996). *Swanson Cognitive Processing Test (S-CPT)*. Austin, Texas: Pro-Ed.

Tuholski, S. W., Engle, R. W. & Baylis, G. C. (2001). Individual differences in working memory capacity and enumeration. *Memory & Cognition, 29*, 484-492.

Tulving, E. (1972). Episodic and semantic memory. In E. Tulving & W. Donaldson (Eds.), *Organisation of memory* (pp. 381-403). London: Academic.

Turner, M. L. & Engle, R. W. (1989). Is working memory capacity task dependent? *Journal of Memory and Language, 28*, 127-154.

Vock, M. (2005). *Arbeitsgedächtniskapazität bei Kindern mit durchschnittlicher und hoher Intelligenz*. Dissertation. Universität Münster. Verfügbar unter: http://nbn-resolving.de/urn:nbn:de:hbz:6-54699385752.

Vock, M. & Holling, H. (2008). The measurement of visuo-spatial and verbal-numerical Working Memory: Development of IRT based scales. *Intelligence, 36*, 161-182.

Waschbusch, D. A., Daleiden, E. & Drabman, R. S. (2000). Are parents accurate reporters of their child's cognitive abilities? *Journal of Psychopathology and Behavioral Assessment, 22*, 61-77.

Weinert, F. E. & Schneider, W. (Eds.). (1993). *LOGIC-Report No. 10: Results of wave seven*. Munich: Max-Planck-Institute for Psychological Research.

Erfassung sprachlicher Fähigkeiten

Sabine Weinert

1 Einführung

Der Erwerb der Fähigkeit, Sprache zu verstehen und diese produktiv und kommunikativ angemessen zu nutzen, gehört zu den zentralen humanspezifischen Entwicklungsbereichen. Mit Blick auf die Befragung von Kindern ist das Wissen um deren jeweils verfügbare rezeptive und produktive Sprachfähigkeiten von großer Bedeutung. Dies gilt schon für die Befragungssituation selbst: Ist das Kind in der Lage, die Wörter, Satzstrukturen, textuellen Strukturen usw. angemessen zu verarbeiten und in der intendierten Weise zu verstehen? Verfügt es über die sprachlichen Fähigkeiten, sein Wissen, Denken, Fühlen etc. sprachlich auszudrücken? Darüber hinaus erweisen sich Sprache/Sprachstand der Kinder aber nicht nur als wichtig für die Befragungssituation selbst, sondern sind bedeutsam für die Entwicklung insgesamt. Mit dem Erwerb von Sprache wird ein ausgesprochen effizientes und bedeutsames Repräsentationssystem und Kommunikationsmittel verfügbar, das die Codierung und Vermittlung auch sehr komplexer Inhalte und Relationen ermöglicht. Entsprechend begünstigt Sprache den Erwerb höchst unterschiedlicher inhaltlicher, formaler und problemlösebezogener kognitiver, metakognitiver und sozial-kultureller Wissensbestände. Zugleich erleichtert sie vielfältige aufmerksamkeits- und gedächtnisbezogene Aufgaben; selbst die Lösung sogenannter nonverbaler Problemlöseaufgaben kann durch die Verwendung innerer Sprache und sprachlicher Selbststeuerung erleichtert werden. Sprache erweist sich somit als bedeutsam sowohl für den sozialen Austausch und Wissenserwerb als auch für das individuelle Denken und die Steuerung psychischen Geschehens (Weinert, 2000a, 2006a, 2007a). Die Aneignung sprachlich-kommunikativer Kompetenzen gilt entsprechend als eine zentrale Voraussetzung für eine erfolgreiche Teilhabe des Individuums am gesellschaftlichen, kulturellen und politischen Leben. Nicht zuletzt in den Diskussionen um die international-vergleichenden Schulleistungsuntersuchungen wurden Differenzen in der gesellschaftlichen Mehrheits- und Unterrichtssprache als wichtiger Faktor zur Erklärung der insbesondere auch in Deutschland beobachtbaren sozialen Disparitäten im Bildungssystem angesehen (vgl. z. B. Baumert, Watermann & Schümer, 2003; Stanat, 2006).

1.1 Begriffsklärung/Gegenstandsbereich

Trotz unterschiedlicher Konzeptualisierungen des Konstrukts Sprachkompetenz ist relativ unstrittig, dass Sprache und sprachliche Kompetenzen sowohl aus primär sprachstruktureller als auch aus primär kommunikativ-funktionaler Perspektive betrachtet werden können. Diese analytische Trennbarkeit bedeutet nicht, wie manchmal missverstanden, dass für die konkrete Erwerbs- und Kommunikationssituation eine entsprechende Trennung angenommen würde. Hier sind Funktion und Struktur der Sprache nicht voneinander zu trennen, sondern bedingen sich wechselseitig und machen gemeinsam die Sprache/Sprachkompetenz aus (vgl. Ehlich, 2005; Weinert & Grimm, 2008).

Komponentenmodelle. Zur Beschreibung von Sprache und Sprachkompetenzen haben sich sowohl aus linguistischer als auch aus sprachpsychologischer Sicht sogenannte Sprachkomponentenmodelle bewährt, die auch in der Sprachdiagnostik einen nachhaltigen Niederschlag gefunden haben. Individuelle sprachliche Entwicklungs- und Leistungsprofile können sich sehr deutlich in Abhängigkeit davon unterscheiden, ob bzw. in welchem Ausmaß eine Aufgabe zur Erfassung rezeptiver und/oder produktiver Sprachfähigkeiten und -fertigkeiten (a) phonologisch-prosodische und damit auf die Laut- und Klangstruktur bezogene Sprachaspekte oder aber (b) morphologische sowie (c) satzstrukturelle und/oder (d) lexikalische und satzsemantische oder gar (e) textsemantische und textstrukturelle sowie pragmatisch-diskursorientierte Aspekte berücksichtigt oder tangiert (vgl. Tab. 1).

Tabelle 1: Sprachkomponenten

Sprachkomponente	Einige charakteristische Aspekte
Rhythmisch-prosodische Komponente	Rhythmische Gliederung, Betonungen, Dehnungen, Intonationskontur
Phonologische Komponente	System bedeutungsunterscheidender Lautkategorien (Phoneme) und deren phonotaktische Kombinationsregeln
Morphologische Komponente	Wortbildung aus bedeutungstragenden Einheiten (Morphemen) einschließlich obligatorischer Markierungen
Syntaktische Komponente	Wortordnung und die dahinter stehenden formalen Kategorien und (hierarchischen) Satzstrukturen
Lexikalisch-semantische Komponente	Bedeutungsstruktur des Wortschatzes und Aspekte der Satzbedeutung
Pragmatische Komponente	Regeln der Sprachverwendung einschließlich Sprechakten, diskurs- und textbezogenen Aspekten

Darüber hinaus sind Sprach*gebrauch* (i. S. impliziten Sprachwissens) und (bewusste) *Reflexion* über Sprache (i. S. metasprachlicher Bewusstheit) zu trennen. Dass eine analytische Unterscheidung entsprechender Sprachkomponenten psychologisch sinnvoll ist, zeigt sich unter anderem daran, dass (a) bei unterschiedlichen primären und sekundären Störungen der Sprachentwicklung sowie bei Aphasien jeweils andere Sprachkomponenten beeinträchtigt sind (z. B. Grimm, 2003a; Tager-Flusberg, 1994;

Weinert, 2000a, 2006b). Außerdem sind (b) die einzelnen Komponenten zumindest teilweise mit unterschiedlichen Aspekten jeweils anderer kognitiver Entwicklungsbereiche verbunden (Weinert, 2003) und werden (c) oftmals auch durch unterschiedliche Umweltanregungen gefördert (Weinert & Lockl, 2008). Aus entwicklungspsychologischer Sicht ermöglichen Komponentenmodelle (d) die Rekonstruktion der Genese sprachlicher Kompetenzen, die durch entwicklungstypische Beziehungen *zwischen verschiedenen* Komponenten gekennzeichnet ist (vgl. ausführlich Weinert, 2007b). Schließlich haben sich Komponentenmodelle (e) auch aus der Sicht der Vorhersage sowie aus der Perspektive des Zweitspracherwerbs bewährt. Vor dem Hintergrund unterschiedlicher Sprachkomponenten wird zum Beispiel deutlich, dass der frühe Leseerwerb durch *andere* sprachliche Komponenten vorhergesagt wird als das spätere verstehende Lesen: So steht die phonologische Bewusstheit, das heißt die Fähigkeit, über die Lautstruktur der Sprache zu reflektieren, in enger Beziehung zu Leistungen beim Lese*einstieg* im Sinne des Erwerbs elementarer Dekodierfähigkeiten; für das spätere verstehende Lesen erweisen sich dagegen grammatische Kompetenzen als vergleichsweise bessere Prädiktoren (u. a. Grimm, 2003a; Schneider, 2004). Forschungsarbeiten zum Zweitspracherwerb belegen zudem *alterstypische Unterschiede* beim Erwerb der jeweiligen Sprachkomponenten; so stagniert („fossiliert") bei erwachsenen Zweitsprachlernenden der Erwerb phonologischer und grammatischer Fähigkeiten – im Unterschied zu lexikalisch-semantischen Kompetenzen – in der Regel vergleichsweise früh, sodass sich gerade in den formal-sprachlichen Bereichen eine langfristige Überlegenheit von zweitsprachlernenden Kindern gegenüber erwachsenen Lernenden nachweisen lässt (zusammenfassend Weinert, 2004a).

Funktionale Kompetenzmodelle. Während Komponentenmodelle analytisch verschiedene Aspekte der rezeptiven und/oder produktiven Sprachfähig- und -fertigkeiten berücksichtigen (lautstrukturelle, wortschatzbezogene, wortbildungs- und satzstrukturelle, textuelle und sprachnutzungsbezogene Aspekte sprachlicher Kompetenzen), werden aus kommunikativ-pragmatischer und pädagogisch-bildungsbezogener Sicht oftmals vor allem die integrativen funktionalen Sprachfähigkeiten in den Vordergrund gestellt. In der Regel wird dabei zwischen produktiven und rezeptiven, auditiven und schriftsprachlichen Sprachkompetenzen im Sinne der Lesekompetenz, des Hörverstehens, des Schreibens und des kommunikativen oder interaktiven Sprechens unterschieden (vgl. auch Jude & Klieme, 2007). Gefragt wird beispielsweise, inwieweit Lesende/Hörende in der Lage sind, (geschriebene) Texte zu nutzen, das heißt, deren Inhalte zu verstehen und sie für eigene Zwecke zu verwenden. Unter Lesekompetenz wird dabei zum Beispiel die Fähigkeit verstanden, über verschiedene geschriebene Texte, Textsorten und Leseanforderungen hinweg eine kohärente (propositionale und situationale) Repräsentation des Gelesenen aufzubauen. Lesekompetenz stellt damit (ebenso wie Hörverstehen, Schreib- und Kommunikative Kompetenz) ein komplexes Fähigkeitsgefüge dar, das auf unterschiedlichen Teilprozessen beruht. Modellvorstellungen (z. B. zur Lesekompetenz) unterscheiden sich unter anderem danach, ob sie eher (lesespezifische) hierarchieniedrige oder hierarchiehöhere schlussfolgernde Prozesse (Inferenzen) in den Mittelpunkt stellen, die für die Herstellung lokaler und globaler Kohärenz und die Bildung von Situationsmodellen notwendig sind (vgl. Artelt et al., 2005; Richter & Christmann, 2002).

1.2 Erwerb sprachlicher Kompetenzen

Kinder sind auf den Spracherwerb vorbereitet. Frühzeitig sind sie mit Fähigkeiten, Fertigkeiten und Sensitivitäten ausgestattet, die es ihnen ermöglichen, auf der Grundlage eines kommunikativen Sprachangebots die für die jeweilige Umgebungssprache typischen lautlichen, lexikalisch-semantischen, morphosyntaktischen und pragmatisch-diskursiven Strukturen sowie deren kommunikative Nutzung zu erwerben. Die damit einhergehenden Erwerbsprozesse erweisen sich aus wissenschaftlicher Sicht als in höchstem Maße komplex und sind – trotz vieler vorliegender Erkenntnisse – erst in Teilen verstanden (vgl. ausführlich Weinert, 2006a). Sprachdiagnostische und sprachfördernde Aufgaben stellen daher eine erhebliche Herausforderung dar. Hervorzuheben ist insbesondere, dass die Aneignung bzw. der Erwerb einer Sprache nach heutigem Erkenntnisstand keine einfache und geradlinige Annäherung an die Erwachsenen- bzw. Zielsprache darstellt. Vielmehr bilden Erst- und auch Zweitsprachlernende Zwischengrammatiken und Lernervarietäten aus, die vielfach an der Oberfläche zu (erwerbstypischen) Fehlern führen, die – teilweise nach anfänglich korrektem Gebrauch – Entwicklungsfortschritte kennzeichnen können, etwa wenn Kinder Regelmäßigkeiten entdecken und in einer Zwischenphase übergeneralisieren, wie zum Beispiel die Regeln der Vergangenheits- oder Pluralbildung (Fehler wie „gehte", „gegeht", „Tellers", „Männers" usw.; Karmiloff-Smith, 1992; Weinert & Grimm, 2008).

Die meisten Kinder erwerben bereits im ersten Lebensjahr ein komplexes Wissen über die phonologisch-prosodische Struktur ihrer Muttersprache oder sogar mehrerer Sprachen (d. h. über deren Sprachrhythmik und Sprachmelodie sowie über charakteristische Lautkategorien und deren Kombinationsregeln; vgl. z. B. Hennon, Hirsh-Pasek & Golinkoff, 2000; Weinert, 2006a). Im Alter von ca. 10 bis 14 Monaten beginnen sie erste Wörter produktiv zu nutzen und bilden zwischen zweieinhalb und vier Jahren typischerweise die grundlegenden syntaktischen Strukturprinzipien der Satzbildung und – im Falle flektierender Sprachen – die morphologischen Paradigmen der Wortbildung aus (Weissenborn, 2000). Dies geschieht nicht kontextfrei; vielmehr wachsen Kinder zugleich in die Kultur ihrer Lebenswelt hinein und erwerben die pragmatischen und diskursiven Prinzipien der sprachlichen Kommunikation einschließlich der Gesprächssteuerung sowie der Diskurs- und Textverarbeitung und erlangen zudem zunehmend metasprachliche Bewusstheit (vgl. z. B. Ehlich, 2005). Mit vier bis fünf Jahren treten bei den grammatischen Kompetenzen zunehmend komplexe Satzformen (Relativsätze, Temporalsätze usw.) sowie verbindende Wörter (bevor, nachdem, als, falls, seit, aber, obwohl usw.) hinzu. Morphophonologisch komplexe Wörter werden hinsichtlich ihrer Bestandteile analysiert (Derivationsmorphologie, Prä- und Suffixe) und Hintergrundbedeutungen abgeleitet, derer sich auch kompetente erwachsene Sprecherinnen und Sprecher oftmals nicht bewusst sind (z. B. Regeln der Vorsilbenverwendung; ein Überblick findet sich bei Weinert, 2006a). Diskursiv und pragmatisch setzen nun beispielsweise erste Erzählformen ein, die sich von einfachen, mehr oder weniger unverbundenen *script*-artigen Mitteilungen über die Produktion linearer zu zunehmend strukturierten Erzählungen im Schulalter entwickeln (Berman & Slobin, 1994; Boueke et al., 1995).[1] Die Leistungen der Kinder unterscheiden sich allerdings stets in Abhängigkeit vom Untersuchungsdesign (Becker, 2005; Hausendorf & Quasthoff, 2005; Karmiloff-Smith, 1986) sowie in Abhängigkeit davon, ob sie rezeptiv oder produktiv erfasst werden. Rezeptiv ist die Verarbeitung und behaltensbezogene Nutzung hierarchischer Zusammenhangsstrukturen (z. B. Geschichtenstruktur) schon im frühen Kindergartenalter nachweisbar, variiert aber zunächst in Abhängigkeit von der hierarchischen Komplexität des Textes und der Explizitheit, mit der die Zusammenhänge im Text formuliert sind (z. B. Wimmer, 1982). Produktiv-diskursiv nehmen im späten Kindergartenalter auch Begründungen und Argumentationen zu (Antos, 1985; Klein, 1985; Lindner, 1983; Völzing, 1981). Dabei lernen die Kinder mit zunehmendem Alter sowohl mehr sprachliche Handlungsmuster kennen als auch bereits bekannte, äußerlich angeeignete Muster in ihrer Funktionalität zunehmend zu durchdringen. Die sichere Beherrschung von alltäglichen Handlungsmustern wird oftmals als eine der Bedingungen für die Befähigung zum Umgang mit institutionell geforderten Varianten dieser Muster angesehen, zum Beispiel der *Lehrerfrage* oder dem *Aufgabe-Stellen/Aufgabe-Lösen*, wie sie auch im Kindergarten in einfachen Lehr-Lern-Diskursen sozialer Art gefordert sind (vgl. Weinert & Redder, 2007).

Übergang in die Schule. Obgleich zentrale Aspekte der Sprache im Vorschulalter erworben werden (vgl. Weissenborn, 2000), finden im Schulalter wichtige Reorganisationen im Sprachsystem und seiner kommunikativen Nutzung statt; so werden unter anderem die diskursiven und pragmatischen Kompetenzen ausgebaut sowie die literalen Fähigkeiten und Fertigkeiten systematisch (gesteuert) aufgebaut – mit Konsequenzen für die Sprachbewusstheit (z. B. Bialystok, 2001; Cummins, 2000; Karmiloff-Smith, 1986).

Im Rahmen der morphologisch-syntaktischen Komponente wird, wenngleich nicht notwendigerweise bewusst, die Plurifunktionalität von grammatischen Formen erkannt. Im Bereich des Lexikons werden zunehmend komplexe Wörter erworben, in denen lexikalisches, morphophonologisches und semantisch-syntaktisches Wissen zusammenwirken (vgl. Menyuk, 2000). Beeinflusst durch den fachspezifischen Lehr-Lern-Diskurs in der Schule und durch den Leseerwerb entwickelt sich die bewusste Reflexion über Wortbedeutungen, wie sie beispielsweise im Kontext von Wortdefinitionen bzw. Begriffsbestimmungen erfasst wird, sowie die Fähigkeit, zwei- bzw. mehrdeutige Wörter als solche zu verstehen und zu nutzen („Bank" als etwas, worauf man sitzen kann und als Geldinstitut oder „Wurzel" als Pflanzenteil, Gemüse oder mathematische Größe; vgl. Maier, 2006; Menyuk, 2000; Osburg, 2002). Auch Konnotationen (Verständnis der Beziehungen von Bedeutungen wie „süßer Zucker" – „süßes Kind") und bildhafte, metaphorische Sprache („sie ist schön wie eine Rose") werden zugänglich (vgl. Menyuk, 2000). Schließlich werden vor allem auch syntak-

---

[1] Die Darstellung insbesondere zum Erwerb pragmatischer und diskursiver Fähigkeiten orientiert sich an einem gemeinsam mit A. Redder verfassten unveröffentlichten Manuskript zu Meilensteinen des Spracherwerbs als Hintergrund und Basis für die Etablierung eines Forschungsprogramms zur wissenschaftlichen Grundlegung der Sprachdiagnostik/Sprachförderung an Schulen und Kindergärten (Weinert & Redder, 2007).

tisch komplexe Satzstrukturen gefestigt, die jedoch bis in die Pubertät hinein auszubauen sind (Feilke, 2001; Rothweiler, 2006). In diesem Zusammenhang wird betont, dass im Schulalter, teilweise auch schon im Vorschulalter, der Erwerb sogenannter akademischer bildungsbezogener Sprachkompetenzen von besonderer Bedeutung ist. Gogolin (2003) spricht in diesem Zusammenhang von der „Sprache der Schule", die sie – verglichen mit der Alltagssprache – als situationsentbunden, vergleichsweise mehr mit symbolischen und kohärenzbildenden Redemitteln arbeitend und als zunehmend schriftsprachähnlicher charakterisiert. In ähnlicher Weise hebt Cummins (1979, 1981, 2002) in seiner Unterscheidung zwischen „Basic Interpersonal Communication Skills" (BICS) und „Cognitive/Academic Language Proficiency" (CALP) vor allem die situative soziale Einbettung und die kognitive Komplexität der Sprache als zentrale Unterscheidungsmerkmale hervor. Während die Verfügbarkeit von BICS in sozial eingebetteten Alltagssituationen ausreichend ist, da man auf paralinguistische Verweise (Mimik, Gestik, Intonation, situative Bezüge) zurückgreifen kann, ist die akademische Sprache kognitiv anspruchsvoller, formal komplexer und vergleichsweise unabhängig vom unmittelbaren Kommunikationszusammenhang (vgl. Snow, 1999). Bezogen auf die fokussierte Ausdrucksstruktur bzw. den Äußerungsakt versteht Ehlich (1995, 1999) das Phänomen der akademischen Sprache als schulische Vorform der alltäglichen Wissenschaftssprache, die scheinbar alltagssprachlich und unterminologisch ist und gerade deshalb oftmals nicht Gegenstand des Fachunterrichts wird und an unerwarteten Stellen Schwierigkeiten bereiten kann (z. B. Formulierungen wie „X kommt von Y", „ X erweist sich als ein Y", „aufzeigen"; vgl. Graefen, 1997, 1999 zum Erwerb solcher Ausdrücke durch ausländische Studierende). In einer Reihe von Arbeiten werden – unter vergleichender Perspektive mit der sogenannten Fachsprachlichkeit – verschiedene morphologisch-syntaktische und semantische Elemente beschrieben, die in der Schule von Klasse zu Klasse zunehmen, aber auch bereits im Kindergarten beobachtbar sind (Luchtenberg, 1989, 1992). Während alltagssprachliche Formulierungen (vgl. Leisen, 1999, 2005) an die Erfahrungswelt der Kinder anknüpfen, als kontextabhängig gelten und Elemente der mündlichen Kommunikation enthalten, geraten im engeren fachsprachlichen Sinne jene Anforderungen, die der Fachwortschatz sowie spezielle Komposita, Derivate und Abstrakta an die Kinder stellen, ebenso in den Blick wie die klassischen grammatischen Strukturen wie etwa verallgemeinerte Passiv- und unpersönliche Konstruktionen (vgl. u. a. Roelcke, 1999; vgl. auch Biber, 1995; Cummins, 1981; Gogolin, 2003). Unabhängig davon, wie die Unterschiede zwischen außerschulischem und schulischem sprachlichen Handeln im Einzelnen konzeptualisiert werden, wird übereinstimmend die Bedeutung akademischer Sprache bzw. alltäglicher unterrichtlicher Fachkommunikation für das schulische Lernen hervorgehoben und zugleich angenommen, dass Kinder aus bildungsferneren Elternhäusern und vor allem Kinder mit Migrationshintergrund besondere Schwierigkeiten beim Erwerb bzw. beim Umgang mit diesen sprachlichen Handlungsformen und den hiermit verbundenen sprachstrukturellen Fähigkeiten, Fertigkeiten und Anforderungen aufweisen (vgl. u. a. Baker, 1997; Daller & Grotjahn, 1999; Eckhardt, 2008; Knapp, 1999; Zydatiß, 2000, 2002).

Hier muss allerdings ergänzt werden, dass abweichend von manch universalistischer Spracherwerbsauffassung inzwischen eine Reihe von Studien zeigt, dass sich soziale Disparitäten nicht nur beim Erwerb akademischer Sprache bzw. unterrichtlicher Fachkommunikation zeigen; Kinder aus bildungsfernen Elternhäusern und Kinder mit Migrationshintergrund weisen vielmehr häufig auch beim frühen Erwerb grundlegender Sprachfähigkeiten Einschränkungen auf, wie zum Beispiel neuere Befunde der Bamberger Forschergruppe „Bildungsprozesse, Kompetenzentwicklung und Selektionsentscheidungen im Vor- und Grundschulalter" (BiKS) nachdrücklich belegen (u. a. Dubowy, Ebert, Maurice & Weinert, 2008). Bei Befragungen sollte daher die Verfügbarkeit der jeweils benötigten Sprachkompetenzen geprüft werden.

Der Übergang in die Schule bringt darüber hinaus vor allem im Bereich der diskursiven und pragmatischen Fähigkeiten deutliche Veränderungen und Fortschritte in der Sprachaneignung mit sich. Ein zentraler Schritt betrifft die Aneignung schulspezifischer sprachlicher Handlungsmuster, z. B. Lehrerfrage/Schülerantwort, Aufgabe-Stellen/Aufgabe-Lösen, Begründen, Erklären. Die Anforderung an die Kinder besteht darin, diese Handlungsmuster in ihrer institutionellen Funktionsweise zu verstehen; so ist beispielsweise die Lehrerfrage von der alltäglichen Frage zwar abgeleitet, jedoch besteht bei der Lehrerfrage kein echtes Wissensdefizit seitens des Fragenden; vielmehr will er eine bei den Schülern antizipierte Wissenslücke taktisch durch fragende Aktivierung ihres eigenen Vorwissens produktiv und weitgehend selbsttätig schließen lassen. Ähnlich ist es beim Aufgabe-Stellen und Aufgabe-Lösen der Fall, das vom alltäglichen Problemlösen abgeleitet und in spezifischer Weise für die Zwecke der schulischen Wissensvermittlung genutzt wird (im Überblick Trautmann & Reich, 2007). Bezogen auf den Bereich diskursiver Fähigkeiten und Fertigkeiten ist die Aneignung von Diskursarten und von Wissen über Diskursarten bedeutsam. Neben der aus dem vorschulischen Alltag bereits bekannten, für die Zwecke des Unterrichts aber funktionalisierten Diskursart mündliche Erzählung (Fienemann & Kügelgen, 2003) werden für die Kinder immer neue, schulspezifische Diskursarten relevant – so zum Beispiel die Beschreibung, der Bericht, die Darstellung, die Erörterung –, zunächst in ihren mündlichen, später in ihren schriftlichen Formen (Becker-Mrotzek, 1997; Berman & Verhoeven, 2002). Über den Auf- und Ausbau von Wissen über diese Diskursarten ist bislang allerdings nur wenig bekannt.

2 Erfassung sprachlicher Fähigkeiten und Fertigkeiten

Wiewohl die Mehrzahl der Kinder im Grundsatz gute Sprachlernende sind (Weinert, 2006a), belegen die Befunde aus Sprachstandserhebungen, dass die sprachlichen Kompetenzen vieler Kinder und Jugendlicher (mit und ohne Migrationshintergrund) oft sowohl strukturell als auch funktional deutlich eingeschränkt sind. Zudem ist kein anderer Entwicklungsbereich so häufig gestört wie der sprachliche (z. B. Grimm, 2003a; Weinert, 2005). Um den Sprachstand möglichst exakt bestimmen zu können, sind diagnostische Verfahren notwendig, die das individuelle sprachliche Aneignungsprofil erfassen. Dabei sind – je nach genauer Zielsetzung – jeweils unterschiedliche Anforderungen an die jeweiligen Erhebungsverfahren zu stellen, – etwa an ein Screening zur Identifizierung von Personen in bestimmten Leistungsbereichen (z. B. zur Feststellung von Risikokindern) oder an eine Sprachstandsmessung zur Feststellung eines (gruppenbezogenen oder individuellen) Ist-Zustands oder Leistungsprofils, an ein Verfahren zur individuellen Prozess-, Entwicklungs- oder Förderdiagnostik, an eine Messung von Veränderungen zur Evaluation von Förderungen usw. Erhebungen von Sprachständen sind dabei nicht mit der Diagnose von Störungen der Sprachentwicklung gleichzusetzen.

Die *Diagnose von Sprachentwicklungsstörungen* ist ein hypothesengeleiteter Prozess, der weit mehr erfordert als nur eine sehr gute Kenntnis vorliegender Messinstrumente zur Erfassung der Sprachentwicklung bzw. des Sprachstandes. Vor dem Hintergrund fundierten Wissens über Bedingungen und Mechanismen des typisch verlaufenden und des gestörten Spracherwerbs sind zum einen die speziellen Aufgabenanforderungen psychologisch zutreffend einzuschätzen und zu analysieren und zum anderen gezielt weitere diagnostische Instrumente einzusetzen. Hervorzuheben ist in diesem Zusammenhang, dass selbst bei primären spezifischen Spracherwerbsstörungen, die weder auf sensorische (z. B. Höreinschränkungen) oder allgemeinkognitive (geistige Retardierung), noch auf deutliche neurologische Schädigungen (Aphasien), pervasive Entwicklungsstörungen (z. B. autistische Entwicklungsstörung) oder aber schwere Vernachlässigung zurückgehen, sowohl das sprachliche als auch das kognitive Entwicklungsprofil intra- und interindividuell heterogen ist (vgl. u. a. Weinert, 2005). Hier ist stets eine genaue Differenzialdiagnostik erforderlich. So ist zu prüfen, ob und gegebenenfalls auf welche anderen Primärursachen eine Sprachentwicklungsstörung zurückgeht und – im Falle einer primären spezifischen Störung der Sprachentwicklung – welche kognitiven Verarbeitungsprobleme und gegebenenfalls sozial-emotionalen Folgeprobleme diese Kinder trotz alterstypischer allgemeiner nonverbaler Intelligenztestleistungen aufweisen, die ihnen den Erwerb der Sprache besonders schwer machen.

2.1 Unterschiedliche Zugänge zur Erfassung sprachlicher Fähigkeiten, Fertigkeiten und Wissensbestände

Zur Messung sprachlicher Fähigkeiten, Fertigkeiten und Wissensbestände werden in der Regel sowohl Verfahren zur Erfassung sprachproduktiver als auch rezeptiver Kompetenzen herangezogen. Während in vielen Verfahren einzelne Sprachkomponenten im Vordergrund stehen (z. B. Messung von Fähigkeiten der Lautunterscheidung und Lautbildung; Erhebung von Indikatoren des Umfangs und/oder der Bedeutungsstruktur des aktiven oder passiven Wortschatzes; Erfassung morphologischer Regelbildung sowie von Produktion, Verstehen und reproduktiver Nutzung grammatischer Strukturformen; Testung von Aspekten der metasprachlichen Bewusstheit), zielen andere Zugänge auf die Messung funktionaler, integrativer Sprachkompetenzen im Sinne des Hörverstehens, der Lesekompetenz, der Textproduktion sowie der kommunikativen Nutzung von Sprache.

Vorliegende Verfahren unterscheiden sich darüber hinaus darin, inwieweit sie explizit auf einer Sprach- oder Spracherwerbstheorie fußen und ob bzw. inwieweit sie speziell auf Forschungsbefunde zu (unterschiedlichen) Störungsbildern und/oder auf Kinder mit Migrationshintergrund und speziell den Erwerb des Deutschen als Zweitsprache Bezug nehmen. Schließlich variieren vorliegende Verfahren deutlich im Hinblick auf die Frage, inwieweit sie die erforderlichen Gütekriterien der Objektivität,

Reliabilität und Validität erfüllen bzw. inwieweit diese überhaupt überprüft wurden und welche Normierungen vorliegen. Dabei ist vor allem auch bedeutsam, inwieweit die einzelnen Items eines Tests/Subtests nach Kriterien konstruiert und zusammengestellt sind, die aus Sicht der Sprachentwicklung sinnvoll erscheinen. So kann ein Item mehr oder weniger schwer oder leicht sein, weil es spezielle Anforderungen an die grammatischen Kompetenzen eines Kindes stellt (komplexe Satzstruktur) oder weil es mehr oder weniger gebräuchliche Wörter enthält (Auftretenshäufigkeit in der Kindersprache, Bildhaftigkeit usw.) oder weil es besondere Anforderungen an die Merkfähigkeit (besonders lange Sätze) oder sogar an alle drei Komponenten stellt. Bei Testitems, die in Form von Wahlaufgaben gestellt werden, ist die Aussagekraft in besonderer Weise von den jeweiligen Wahlmöglichkeiten abhängig. Insbesondere ist jeweils zu fragen, ob sich die spezifische Itemzusammenstellung und die schwierigkeitsgenerierenden Prinzipien in sinnvoller Weise an Schritten der Sprachaneignung orientieren und für diese repräsentativ sind (z. B. im Hinblick auf die erfragten Wörter, getesteten Strukturen usw.).

Je nach Alter und Sprachstand der Kinder und Zielsetzung des Verfahrens werden die individuell zu lösenden Sprachaufgaben mündlich oder schriftlich und in Einzeltestsituationen oder in einer Gruppensituation (z. B. im Klassenverband) vorgegeben.

2.2 Konkrete Verfahren/Aufgabenstellungen zur Erfassung sprachlicher Fähigkeiten, Fertigkeiten und Wissensbestände

Es liegt eine Reihe von Zusammenstellungen vor, die konkrete Verfahren einschließlich ihrer Grenzen darstellen (vgl. z. B. Ehlich, 2005; Fried, 2004; Weinert, Doil & Frevert, 2008). Fried (2004) beispielsweise gibt in ihrer Expertise zu Sprachstandserhebungen für Kindergartenkinder und Schulanfänger einen kritischen Überblick über (a) Verfahren der Sprachstandserfassung im Rahmen gesundheitspolitischer Maßnahmen, (b) Verfahren im Rahmen von bildungspolitischen Maßnahmen sowie (c) Verfahren für pädagogisch-psychologische Zwecke. Zu (a) zählen beispielsweise Screeningverfahren zur Identifizierung von Risikokindern für die Ausbildung von Sprach- und Schriftspracherwerbsproblemen (u. a. HASE, Brunner & Schöler, 2002; SSV, Grimm, 2003b). Unter (b) fallen zum Beispiel Verfahren für Kinder mit Migrationshintergrund/Deutsch als Zweitsprache (u. a. CITO, Konak, Duindam & Kamphuis, 2005; SFD, Hobusch, Lutz & Wiest, 2002; Fit in Deutsch, Niedersächsisches Kultusministerium, 2003; Bärenstark, Pochert et al., 2002; HAVAS, Reich & Roth, 2003). Zu (c) zählen unter anderem allgemeine Sprachtests (z. B. HSET, Grimm & Schöler, 1978/1991; SETK 3-5, Grimm, 2001; KISTE, Häuser, Kasielke & Schneidereiter, 1994) sowie spezielle Sprachtests (z. B. AWST 3-6, Kiese & Kozielski, 1996; BISC, Jansen, Mannhaupt, Marx & Skowronek, 2002). Zudem wird auf verschiedene förderdiagnostische Verfahren eingegangen. Weitere aktuelle Zusammenstellungen mit Beschreibungen und Kommentierungen finden sich zum Beispiel in Ehlich (2005), Schöler (2003) sowie in Weinert et al. (2008). Dabei wird teilweise auch auf Tests zur Prüfung sprachlicher Leistungen im Rahmen allgemeiner Entwicklungs- und Intelligenztests (u. a. Weinert et al., 2008) sowie in Schulleistungstests (vgl. u. a. Lukesch, 1998; Schöler, 2003) eingegangen.

Im Folgenden sollen zunächst vor allem typische Aufgabenstellungen zur Erfassung (verschiedener) sprachlicher Fähigkeiten, Fertigkeiten und Wissensbestände beschrieben werden. In Tabelle 2 und 3 sind ergänzend und exemplarisch einige Verfahren mit den dort erfassten Bereichen zusammengestellt.[2]

1. *Erfassung lexikalischer Fähigkeiten und Fertigkeiten.* Der Wortschatz repräsentiert eine zentrale Sprachkomponente und ist zugleich ein Indikator der kultur- und bildungsabhängigen Wissensbestände und Fertigkeiten, wie sie im Kontext der kristallinen Intelligenz bzw. der intellektuellen Pragmatik im Sinne von Baltes, Lindenberger und Staudinger (1998) beschrieben wurden. In einigen großen internationalen Panelstudien wird daher der rezeptive Wortschatz der Kinder als zentraler, manchmal sogar als alleiniger Indikator der vor dem Hintergrund individueller Grundfähigkeiten (z. B. Arbeitsgedächtniskapazität, Geschwindigkeitsvariablen) und Umweltanregungen kumulativ erworbenen geistigen Fähigkeiten erhoben [vgl. z. B. den Head Start Family and Child Experiences Survey – FACES (USA)[3], den National Longitudinal Survey of Children and Youth – NLSCY (Kanada; u. a. Lipps & Yiptong-Avila, 1999)[4], die British Cohort Study – BCS70 (z. B. Bynner, 2004) oder die European Child Care and Education (ECCE)-Study (z. B. European Child Care and Education (ECCE)-Study Group, 1997)]. Faktorenanalytische Studien zeigen, dass sich der Faktor g_c für kristalline Intelligenz besonders gut durch den passiven Wortschatz kennzeichnen lässt (vgl. Kail & Pellegrino, 1988). Zugleich berichten zum Beispiel Dunn und Dunn (2007), dass der passive Wortschatz gemessen über den PPVT-4 für fünf- bis achtjährige und für neun- bis zwölfjährige Kinder korrelative Zusammenhänge zwischen .68 und .75 mit den produktiven und rezeptiven Sprachfähigkeiten der Kinder allgemein aufweist (zusammenfassend Weinert, Doil & Frevert, 2007).

Vorliegende Aufgaben/Testverfahren unterscheiden sich unter anderem darin, auf welche Aspekte lexikalischen Wissens zentriert wird und inwieweit hierbei über den Wortschatz hinaus vor allem auch das konzeptuelle Wissen sowie verfügbare analytische Fähigkeiten mitgeprüft werden sowie, ob die Breite oder Tiefe des Wortschatzes im Vordergrund steht (vgl. Tab. 4). Zu betonen ist dabei, dass bei einer Bewertung der einzelnen Verfahren (die an dieser Stelle nicht im Vordergrund steht) neben der Aufgabenstellung vor allem die begründete Auswahl und Repräsentativität der Items zentral ist, die bei vielen Verfahren nur sehr eingeschränkt, wenn überhaupt, gegeben ist.

---

[2] Im Rahmen des vorliegenden Beitrags können Aufgabenstellungen und Verfahren nur exemplarisch besprochen werden. Ziel ist es daher weder, einzelne Verfahren ausführlich kritisch zu würdigen, noch einen vollständigen Überblick über vorliegende Verfahren zu geben (vgl. hierzu die oben genannten aktuellen Zusammenstellungen). Auf Untertests zur Messung sprachlicher Kompetenzen im Rahmen von Entwicklungs-, Intelligenz- und Schulleistungstests wird nicht speziell eingegangen.
[3] http://www.acf.hhs.gov/programs/opre/hs/faces/
[4] http://www.statcan.ca/english/sdds/4450.htm

Tabelle 2: Sprachliche Kompetenzen – einige Verfahren und die dort erhobenen Bereiche[5] (markiert durch ein Kreuz; vgl. auch Tab. 3)

Test, Autor(en)	Alters- bereich	Wortschatz			Satz- ver- ständ- nis	Satz- pro- duk- tion	Mor- pho- logie	Satz- gedächt- nis	Integra- tive Fähig- keiten	Meta- sprach- liches Wissen	Pragma- tische Fähig- keiten
		rezep- tiv	pro- duktiv	rez./ prod.							
HSET Heidelberger Sprachent- wicklungstest Grimm & Schöler (1978/1991)	> 4 bis 9 Jahre	X		X	X	X	X	X	X	X	X
SETK 3-5[6] Sprachentwicklungstest für drei- bis fünfjährige Kinder Grimm (2001)	3;0 bis 5;11 Jahre				X	X	X	X			
KISTE Kindersprachtest für das Vorschulalter Häuser et al. (1994)	3;0 bis 6;11 Jahre		X		X	X				X	
MSVK Marburger Sprachver- ständnistest für Kinder Elben & Lohaus (2000)	5;0 Jah- re bis Erst- klässler	X			X				X		X

Tabelle wird auf der nächsten Seite fortgesetzt

Fortsetzung von Tabelle 2: Sprachliche Kompetenzen – einige Verfahren und die dort erhobenen Bereiche[5] (vgl. auch Tab. 3)

Test, Autor(en)	Alters-bereich	Wortschatz			Satz-ver-ständ-nis	Satz-pro-duk-tion	Mor-pho-logie	Satz-gedächt-nis	Integra-tive Fähig-keiten	Meta-sprach-liches Wissen	Pragma-tische Fähig-keiten
		rezep-tiv	pro-duktiv	rez./prod.							
TROG-D Test zur Überprüfung des Grammatikverständ-nisses Fox (2006)	3;0 bis 10;11 Jahre				X						
Teddy-TEST Friedrich (1998)	3;0 bis > 6;3 J.					X					
AWST-R Aktiver Wortschatztest für drei bis fünfjährige Kinder – Revision Kiese-Himmel (2005)	3;0 bis 5;5 Jahre		X								
WET Wiener Entwicklungstest Kastner-Koller & Deimann (1998/2002)	3;0 bis 5;11 Jahre			X	X						

---

[5] Diese Zusammenstellung ist lediglich exemplarisch (vier Tests, die verschiedene Komponenten prüfen; drei, die einzelne Komponenten/ Aspekte prüfen; ein Entwicklungstest; Gütekriterien vgl. Tab. 3); im Text wird auf weitere Verfahren (auch für ältere Kinder) verwiesen.
[6] Der SETK 3-5 erfasst zudem sprachrelevante Kompetenzen im Bereich des auditiven Arbeitsgedächtnisses (Pseudowortreproduktion ab 3;0 bis 5;11 Jahren, Wortspanne ab 4;0 bis 5;11 Jahren); nicht alle Subtests der zusammengestellten Verfahren, die die in der Tabelle aufgeführten Kompetenzen erfassen, sind über den gesamten Altersbereich, für der der jeweilige Gesamttests ausgewiesen ist, einsetzbar.

Tabelle 3: Gütekriterien und Bewertung einzelner Verfahren zur Erfassung sprachlicher Fähigkeiten[7] (vgl. auch Tab. 2)

Test, Autor(en)	Gütekriterien[7]	Bewertung[7]
HSET Heidelberger Sprachentwicklungstest Grimm & Schöler (1978/1991)	*Objektivität*: Standardisiertes Verfahren. Überprüfte Auswertungsobjektivität (> .90). *Reliabilität*: Konsistenzschätzungen (.74 bis .95 für die Untertests, .98 für den Gesamttest). *Validität*: Altersdifferente Testleistungen, Untersuchungen und typische Testprofile verschiedener klinischer Gruppen (Lernbehinderung, Legasthenie, Hörschädigungen, Sprachstörungen). Mittlere Korrelationen mit Intelligenzmaßen. *Normen*: $N = 791$. Vorläufige Subtestnormen für acht Altersgruppen (< 4 bis 9;11 Jahre) in Jahresschritten für den Gesamttest und für alle Subtests.	In seinem Bereich anerkanntes und sehr brauchbares Verfahren. *Anmerkung*: das Verfahren und insbesondere die Normierung sind schon vergleichsweise alt; im unteren Altersbereich differenzieren viele Untertests nur begrenzt.
SETK 3-5 Sprachentwicklungstest für drei- bis fünfjährige Kinder Grimm (2001)	*Objektivität*: Standardisiertes Verfahren. Für den Untertest ESR Interrater-Reliabilität .90. *Reliabilität*: Konsistenzschätzungen (.62 bis .89 für die Untertests). *Validität*: Extremgruppenvergleiche liegen vor (sprachgestörte vs. sprachunauffällige Kinder, Kinder mit niedrigem vs. normalem Geburtsgewicht). Forschungskonforme Ergebnisse u. a. zum Einfluss von Geschwisterstand, Geburtsgewicht und Bildungsstand der Mutter. Kaum signifikante Korrelationen mit nonverbalen Intelligenzmaßen. *Normen*: $N = 495$ Kinder, Normen für fünf Altersgruppen in Halbjahresschritten für die Subtests. Ein Gesamttestwert wird nicht gebildet.	Empfehlenswerter Test basierend auf langjähriger Forschungsarbeit: übersichtliches Manual, ansprechendes Material; theoretischer Hintergrund erläutert, Auswahl der Untertests begründet. Zufriedenstellende Reliabilitäten; Validitätsstudien; Testkonstruktion sehr knapp beschrieben; diskriminante Validität an kleinen Stichproben belegt; Studien zur konvergenten Validität fehlen.

Tabelle wird auf der nächsten Seite fortgesetzt

Fortsetzung von Tabelle 3: Gütekriterien und Bewertung einzelner Verfahren zur Erfassung sprachlicher Fähigkeiten[7] (vgl. auch Tab. 2)

Test, Autor(en)	Gütekriterien[7]	Bewertung[7]
KISTE Kindersprachtest für das Vorschulalter Häuser et al. (1994)	*Objektivität*: Standardisiertes Verfahren. Keine Angaben zur Durchführungsobjektivität. *Reliabilität*: Konsistenzschätzungen (.72 bis .90 für die Untertests), Retest (ein bis zwei Wochen) .52 bis .91. *Validität*: Bis auf wenige Ausnahmen gute Differenzierung von Alters- und Leistungsgruppen (sprachgestört vs. nicht sprachgestört). Externe Validitätskennwerte (Zusammenhänge mit Urteilsdaten, Testkriterien). Einige signifikante Korrelationen mit Intelligenztestwerten. Überprüfung der faktoriellen Validität liegt vor. *Normen*: $N = 543$ Kinder, Normwerte für vier Altersgruppen in Jahresschritten für den Gesamttest, für die beiden Hauptskalen und für jeden Subtest.	Verfahren ermöglicht differenzierte Aussage über sprachproduktive und sprachverarbeitende Fähigkeiten von Vorschulkindern. Befriedigende Reliabilitäten. Umfangreiche Studien, die die Validität des Verfahrens bestätigen. Detaillierte Profilanalysen möglich. Schwer durchschaubare Beschreibung der Testkonstruktion. Fehlende Literaturangaben. Eichstichprobe aus Ex-DDR, bisher einzige Überprüfung an BRD-Kindern ergab signifikante Unterschiede in zahlreichen Untertests.
MSVK Marburger Sprachverständnistest für Kinder Elben & Lohaus (2000)	*Objektivität*: Standardisiertes Verfahren. Für die Interpretation ergeben sich Spielräume. *Reliabilität*: Konsistenzschätzungen (.51 bis .89 Untertests, .89 Gesamttest). Retest nach zwei Wochen: .45 bis .81 für Untertests, .81 für Gesamttest. Nach drei Monaten: .35 bis .88 für Untertests, .68 für Gesamttest. *Validität*: Angaben zur faktoriellen Validität liegen vor; externe Validitätskennwerte (Zusammenhänge mit Urteilsdaten, Testwerten), Differenzierung von Alters- und Leistungsgruppen. Durchgängig signifikante Zusammenhänge mit allgemeinen und nonverbalen Intelligenztestwerten. *Normen*: $N = 1.045$ Kinder, Alters- und geschlechtsgetrennte Normwerte in zwei Altersgruppen (Kindergartenkinder ab 5;0 Jahren und Erstklässler).	Ökonomisches Verfahren zur Erfassung des Sprachverständnisses (Durchführung als Gruppentest möglich). Gute Differenzierung zwischen Kindern mit rezeptiver, expressiver und ohne Sprachstörung. Unbefriedigende Messgenauigkeit für drei der sechs Untertests. Teilweise höhere Korrelationen mit nonverbaler Testintelligenz als mit anderen Sprachtests.

Fortsetzung von Tabelle 3: Gütekriterien und Bewertung einzelner Verfahren zur Erfassung sprachlicher Fähigkeiten[7] (vgl. auch Tab. 2)

Test, Autor(en)	Gütekriterien[7]	Bewertung[7]
TROG-D Test zur Überprüfung des Grammatikverständnisses Fox (2006)	*Objektivität*: Standardisiertes Verfahren. *Reliabilität*: Konsistenzschätzungen .90, Testhalbierung .91. *Validität*: Alterskorrelierter Leistungsanstieg (.82), Differenzierung von Leistungsgruppen (sprachauffällig vs. sprachunauffällig, monolinguale vs. bilinguale Kinder). Externe Validitätskennwerte (.72 mit Subtest „Verstehen von Sätzen" des SETK 3-5). *Normen*: N = 870 Kinder, Normwerte in Jahresschritten.	Test relativ neu, daher noch kaum besprochen; deutsche Adaptierung des Tests for Reception of Grammar von Bishop (1983/1989).
Teddy-TEST Friedrich (1998)	*Objektivität*: Durchführungsobjektivität bei geringer Motivation des Kindes und ungünstiger Kind-Testleiter-Beziehung nicht gewährleistet. *Reliabilität*: Reliabilitätskoeffizienten für Testhalbierung und interne Konsistenz: .79 bis .97. Retest nach vier Wochen: .79 für freies Erzählen, .91 für Elizitierung. Interraterreliabilität nicht untersucht. *Validität*: Der Test differenziert zwischen Alters- und Leistungsgruppen (sprachauffällig vs. sprachunauffällig). Signifikanter Zusammenhang zwischen Leistungen beim Teddy-Test mit etwa drei Jahren und intellektueller Leistungsfähigkeit im Alter von 5 bis 6 Jahren. *Normen*: Ursprüngliche Eichstichprobe N = 914 Kinder. Normen (Halbjahresschritte) für unauffällige Kinder von 3;0 bis 6;3 Jahren in acht Altersgruppen. Zudem Normtabellen für entwicklungsretardierte Kinder (N = 59) und für zwei Altersgruppen sprachentwicklungsgestörter Kinder (N = 70 bzw. 74).	Verfahren ermöglicht eine normative Einschätzung der Sprachentwicklung i. S. der Verfügbarkeit semantischer Relationen. Förderprogramm wird von der Autorin in Aussicht gestellt. Kindgerechtes Material. Keine Befunde zur Interraterreliabilität. Wenig Information zur Repräsentativität der Stichprobe und zu den Normierungszeitpunkten. Die hohen Korrelationen der Testergebnisse mit den kognitiven Fähigkeiten der Kinder sind diskussionswürdig.

Tabelle wird auf der nächsten Seite fortgesetzt

Fortsetzung von Tabelle 3: Gütekriterien und Bewertung einzelner Verfahren zur Erfassung sprachlicher Fähigkeiten[7] (vgl. auch Tab. 2)

Test, Autor(en)	Gütekriterien[7]	Bewertung[7]
AWST-R Aktiver Wortschatztest für 3- bis 5jährige Kinder – Revision Kiese-Himmel (2005)	*Objektivität*: Testdurchführung und Auswertung sind standardisiert. *Reliabilität*: .86 für Testhalbierung (Spearman-Brown), .86 Konsistenzschätzung, .87 für Retest nach 10 bis 14 Tagen. *Validität*: Augenscheinvalidität, alterskorrelierte Testleistungen, Angaben zu externen Validitätskennwerten (Zusammenhang von .41 mit Einschätzurteil, von .58 bis .78 mit Testkriterien), multipler Validitätskoeffizient .78. Extremgruppenvergleiche (monolingual vs. bilingual, sprachentwicklungsgestört vs. sprachunauffällig) ergaben signifikante Unterschiede. *Normen*: N = 551 Kinder. Normwerte in Halbjahresschritten.	Zahlreiche Verbesserungen und Aktualisierungen der Vorgängerversion. Darstellung der Items in Farbphotos. Überprüfung der Erkennbarkeit der Photos gegenüber realen Gegenständen/Handlungen wäre wünschenswert; ergänzende qualitative Auswertung möglich, aber Auswertungs- und Interpretationsobjektivität wären zu prüfen.
WET Wiener Entwicklungstest Kastner-Koller & Deimann (überarbeitete und neu normierte Auflage 2002)	*Objektivität*: Standardisiertes Verfahren. Klare Instruktionen sowie Richtlinien für die Auswertung. *Reliabilität*: Konsistenzschätzungen (Wörter erklären .82, Puppenspiel .78), Testhalbierung (Wörter erklären .81, Puppenspiel .82). *Validität*: Differenzierung von Alters- und Leistungsgruppen (niedriges Geburtsgewicht, Downsyndrom, Autismus). Externe Validitätskennwerte (Wörter erklären korreliert .42 mit dem Wortschatztest der K-ABC). Faktorenanalysen (Untertests laden auf verschiedenen Faktoren). *Normen*: Normstichprobe von 274 österreichischen und 971 deutschen Kindern im Alter von 3 bis 6 Jahren. Normen in Halbjahresschritten.	Keine Bewertungen, die sich speziell auf diese beiden Untertests beziehen. Als Gesamtverfahren sehr positiv zu bewertendes Breitband-Entwicklungsdiagnostikum.

---

[7] Für eine ausführliche Beschreibung und Bewertung der einzelnen Verfahren vgl. die Angaben in der Datenbank „PSYNDEXplus Tests".

Tabelle 4: Beispiele für die Erfassung lexikalischer Fähigkeiten und Fertigkeiten

rezeptiv	**referentielle Bedeutung**	Bildauswahlverfahren: Zu einem vorgesprochenen Wort soll das entsprechende Bild markiert/ausgewählt werden, z. B.: „Wo ist hier die Geige?", „Zeige/Mache ein Kreuz auf die Geige." (vgl. MSVK, UT Passiver Wortschatz; PPVT).
	Synonyme, Antonyme, Oberbegriffe	Ein bedeutungsähnliches Wort ist auszuwählen, z. B. zu „lauschen" – aus: kaufen, tauschen, schwatzen, horchen, hauchen; zu „Verdruss" – aus Ärger, Freude, Müdigkeit, Langeweile; zu „rinnen" – ausfließen, laufen, raufen, nachdenken (vgl. CFT-20; WST 5-6; WSU 4-6). Das Gegenteil eines gegebenen Wortes ist auszuwählen. Ein Oberbegriff ist aus Wahlmöglichkeiten auszuwählen, z. B. zu „Kachel – Tapete" aus: Viereck, Verzierung, Befestigung, Wandverkleidung (vgl. WSU 4-6).
	Extension von Ober- und Unterbegriffen	Auf einer Bildreihe mit z. B. fünf dargestellten Objekten (Schmetterling, Schlange, Blatt, Eichhörnchen, Schaf) sollen die Bilder markiert werden, die zu dem vorgegebenen Wort (Ober- oder Unterbegriff) gehören, z. B.: „Wo sind hier die Tiere?", „Macht ein Kreuz auf alle Tiere." (MSVK, UT Wortbedeutung). Zu einem vorgegebenen Oberbegriff (z. B. Tiere, Fahrzeuge) müssen aus zahlreichen Photographien die jeweils passenden Bilder (z. B. Hund, Pferd usw.) ausgewählt werden (vgl. HSET, UT Begriffsklassifikation).
produktiv	**Bildbenennung**	Vorgabe von Objekt- oder Tätigkeits-Bildern verbunden mit der Frage: „Was ist das?" (bei Objekten); „Was macht die/der?" (bei Tätigkeiten; vgl. AWST-R; K-ABC, UT Wortschatz).
	schneller Abruf	Schneller Abruf aus dem Langzeitgedächtnis: Schnelles Benennen von Farben unter verschiedenen Randbedingungen (vgl. BISC).
rezeptiv-produktiv	**Wortfeld/ Wortflüssigkeit und Wissen**	Fragen der Art wie: „Was kann man alles essen?", „Was machen die Kinder alles im Kindergarten?", „Was für Kleidungsstücke kennst du?" (vgl. KISTE, UT Aktiver Wortschatztest); „Wie viele Sachen zum Essen fallen dir ein?" (vgl. VMLR).
	Begriffsanalyse	Zu jeweils drei vorgegebenen Wörtern muss ein viertes aus dem passenden Bedeutungsfeld generiert werden, z. B.: Löwe, Tiger, Elefant → Giraffe (HSET, UT Wortfindung).
	Wortdefinition, Wissen	Beispiel: „Ich sage dir ein Wort und du sagst mir, was du darüber weißt: Bilderbuch."; mögliche Lösungen: lesen, Bilder anschauen, hat viele Seiten etc. (WET, UT Wörter erklären).

Anmerkung: UT = Untertest

Der *aktive/produktive Wortschatz* wird vor allem über Bildbenennungen gemessen (vgl. AWST-R, Kiese-Himmel, 2005; Wortschatztest der K-ABC, Melchers & Preuss, 1991/2006). Ergänzend kann die Abruf- bzw. Zugriffsgeschwindigkeit für bekannte Wörter durch das schnelle Benennen einer Serie hoch vertrauter bildlich dargestellter Dinge oder Farben erfasst werden (z. B. BISC, Jansen et al., 2002).

Messungen des *rezeptiven Wortschatzes* beziehen sich insbesondere auf die Aspekte Referenz, Extension oder Intension von Wörtern. Im ersten Fall sollen die Kinder zu einzeln vorgegebenen Wörtern ein jeweils zugehöriges Bild (den Referenten) aus mehreren möglichen Bildern auswählen (vgl. Untertest *Passiver Wortschatz* des MSVK, Elben & Lohaus, 2000; PPVT-4, Dunn & Dunn, 2007). Anstelle der Zuordnung zu einem bildlich dargestellten Referenzobjekt oder -szenario wird im Schulalter oftmals auch die Zuordnung/Auswahl eines (schriftlich vorgegebenen) bedeutungsähnlichen Wortes, des Gegenteils oder eines Oberbegriffs verlangt, um das Wortverständnis sowie Aspekte der Wortschatzstruktur zu testen (z. B. WSU 4-6, Raatz & Schwarz, 1974, nach Schöler, 2003; Wortschatztest des CFT-20, Weiß, 1998/2006, vgl. auch Tab. 4). Im Hinblick auf Wortextensionen wird vor allem das sprachbezogene Wissen über Ober- und Unterkategorien erfasst, indem die Kinder aus vorgelegten Bildern alle diejenigen auswählen sollen, auf die sich ein vorgegebener Begriff bezieht (z. B. MSVK-Untertest *Wortbedeutung*, Elben & Lohaus, 2000; HSET-Untertest *Begriffsklassifikation*, Grimm & Schöler, 1978/1991). Hier werden speziell auch sprachrelevante konzeptuell-wissensbezogene Fähigkeiten und Fertigkeiten der Kinder miterfasst.

Letzteres gilt besonders ausgeprägt für solche Aufgaben, die sowohl *rezeptive als auch produktive* lexikalische Fähigkeiten und Fertigkeiten erfassen (vgl. Tab. 4), indem etwa (a) Wissensfragen gestellt werden, deren Beantwortung die Aufzählung von Nomina und Verben sowie die Kenntnis von Oberbegriffen erfordert (z. B. Was kann man alles im Supermarkt kaufen? vgl. KISTE-Untertest *Aktiver Wortschatztest*, Häuser et al., 1994) oder indem (b) Wortgruppen vorgegeben werden, zu denen ein zugehöriges weiteres Wort zu generieren ist (vgl. Untertest *Wortfindung* des HSET, Grimm & Schöler, 1978/1991) oder (c) die Wortintension über Wortdefinitionen erfragt wird (vgl. Untertest *Wörter erklären* des WET, Kastner-Koller & Deimann, 1998). Letzteres stellt gleichzeitig hohe Ansprüche an das inhaltliche Wissen und Verständnis der Kinder sowie an ihre produktiven Sprachfähigkeiten.

2. Erfassung der Satzverarbeitung, speziell des Verständnisses grammatischer Strukturformen und semantischer Relationen. Sprachkompetenzen erschöpfen sich nicht im Wortschatz. Als Herzstück des Spracherwerbs wird vielfach der Grammatikerwerb angesehen. Damit rückt der Satz, als Spielfeld der Grammatik, und speziell die Satzverarbeitung und die Satzproduktion in das Zentrum der Aufmerksamkeit. Grammatische Kompetenzen erweisen sich zugleich als besonders prädiktiv für das spätere verstehende Lesen (vgl. oben).

Um Fähigkeiten der Satzverarbeitung zu erfassen, werden speziell zwei Messvarianten eingesetzt: Vorgegebene Sätze sind entweder mit Spielfiguren auszuagieren oder ihnen ist aus einer Anzahl von Wahlbildern dasjenige zuzuordnen, das dem jeweiligen Satz entspricht. In der Regel wird sichergestellt, dass die verwendeten Wörter bekannt sind. Im Fall von Wahlaufgaben können durch geeignete Distraktoren

(Wahlbilder) gezielt semantische, syntaktische oder morphologische Aspekte des Verstehens grammatischer Strukturformen getestet werden (vgl. TROG-D, Fox, 2006; Untertest *Satzverständnis* des MSVK, Elben & Lohaus, 2000; Untertest *Verstehen von* Sätzen des SETK 3-5, Grimm, 2001; vgl. Tab. 5). Eine hiervon etwas abweichende Variante findet sich im KISTE-Untertest *Semantisch-syntaktischer Test* (Häuser et al., 1994), bei dem ebenfalls ein Satz vorgegeben wird und das Kind die bildlich dargestellten Konstituenten des Satzes (Subjekt, Objekt etc.) in die syntaktisch richtige Reihenfolge legen muss. Satz- oder Instruktionsverständnis werden zudem (vgl. oben) über das *Ausagieren des Satzinhaltes* mit Spielfiguren bzw. das Ausführen der jeweiligen Instruktion getestet (vgl. Untertest *Verstehen von Sätzen* im SETK 3-5, Grimm, 2001; Untertest *Verstehen grammatischer Strukturformen* im HSET, Grimm & Schöler, 1978/1991; Untertest *Puppenspiel* des WET, Kastner-Koller & Deimann, 1998). Durch geschickte Itemzusammenstellungen können dabei gezielt verschiedene Sprachverarbeitungsstrategien, die Kinder nutzen, wenn sie die entsprechende Satzstruktur noch nicht (vollständig) erworben haben, überprüft werden (Grimm & Schöler, 1985).

3. *Erfassung von Fähigkeiten und Fertigkeiten im Bereich der Satzproduktion.* Die Erfassung produktiver grammatischer Fähigkeiten und Fertigkeiten erfolgt sowohl über testdiagnostische Verfahren (vgl. Tab. 5) als auch mittels Spontansprachanalysen auf der Basis größerer authentischer Sprachstichproben. Die für die Analyse von Spontansprachproben entwickelte Profilanalyse (z. B. Clahsen, 1986; Clahsen & Hansen, 1991) zielt beispielsweise darauf ab, den expressiven morphosyntaktischen Entwicklungsstand eines Kindes anhand der Analyse zentraler Phänomene, die sich wissenschaftlich begründet verschiedenen Spracherwerbsphasen zuordnen lassen, zu beurteilen. Als Maßstab dient nicht die Erwachsenensprache, sondern die jeweilige Übergangsgrammatik. Allerdings sind Spontansprachdaten oftmals mehrdeutig und enthalten lediglich – mehr oder weniger repräsentative – Untermengen der erforderlichen Daten, sodass vor allem auch verschiedene Elizitierungstechniken genutzt werden (vgl. McDaniel, McKee & Smith Cairns, 1996). Diese werden auch in normierten Testverfahren eingesetzt, die zugleich nach wissenschaftlichen Testgütekriterien konstruiert sind. Hier ist zu unterscheiden zwischen Aufgaben, in denen speziell die Fähigkeit des Kindes, Bedeutungsrelationen zu versprachlichen, im Vordergrund steht und Testaufgaben, für deren Lösung neben semantischem Wissen vor allem morphosyntaktische Kompetenzen zentral sind.

Vorgegeben werden z. B. bildlich dargestellte Szenarien, die gezielt bestimmte semantische Relationen abbilden. Die Kinder sollen die Bildszenen sprachlich beschreiben (vgl. Tab. 5). Zu beachten ist dabei, dass der Standardisierungsgrad dieser Aufgaben stark variieren kann (vgl. Untertest *Enkodierung semantischer Relationen,* SETK 3-5, Grimm, 2001; TEDDY-Test, Friedrich, 1998; auch als Untertest in KISTE, Häuser et al., 1994). Die Satzbildung im engen Sinne wird auch geprüft, indem z. B. eine Reihe von zwei oder drei Wörtern vorgegeben wird, aus denen jeweils ein semantisch und/oder grammatisch korrekter Satz gebildet werden soll (vgl. Untertest *Satzbildung* im HSET, Grimm & Schöler, 1978/1991; KISTE, Häuser et al., 1994). Bei der Interpretation ist zu beachten, dass die Auswertung hinsichtlich der erforderlichen morphologischen und semantischen Korrektheit variieren kann. Entsprechende Untertests können zudem je nach Alter und Sprachstand unterschiedliche Aspekte messen: Während z. B. das Bilden von Sätzen bei jüngeren im Sprachstand noch wenig fortgeschrittenen Kindern syntaktische Fähigkeiten erfasst (Vorgabe: arbeiten – Garten → Mutter arbeitet im Garten), werden bei älteren Kindern zusätzlich auch semantische Fähigkeiten (Versprachlichung komplexer Zusammenhänge) erfasst (Vorgabe: Sonne – kalt → In der Nacht ist es kalt, weil die Sonne nicht scheint).

Tabelle 5: Beispiele für Aufgaben zur Erfassung grammatischer Fähigkeiten und Fertigkeiten

Satzverständnis	**Bildauswahl**	SETK 3-5, UT Verstehen von Sätzen: Bei dreijährigen Kindern: Zu einem vorgesprochenen Satz muss aus vier Wahlmöglichkeiten das entsprechende Bild gezeigt werden, z. B.: „Zeige mir das Bild: Der Junge küsst das Mädchen." (Distraktoren: Das Mädchen küsst den Jungen, das Mädchen berührt den Jungen, der Junge berührt das Mädchen).
		TROG-D: je Strukturgruppe (21 Gruppen) vier Items; je Item muss aus vier Bildern das zu einem Satz passende Bild ausgewählt werden, z. B.: „Den braunen Hund jagt das Pferd"; Auswahlbilder: brauner Hund jagt weißes Pferd, weißes Pferd jagt braunen Hund; braunes Pferd läuft hinter weißem Hund, weißer Hund läuft hinter braunem Pferd.
		MSVK, UT Satzverständnis: Vorgelegte Bildreihe mit drei Bildern (Mädchen trägt Jungen, Junge und Mädchen gehen hintereinander her, Junge trägt Mädchen). Instruktion: „Welches Bild zeigt hier: Der Junge trägt das Mädchen?"
	Manipulation	SETK 3-5, UT Verstehen von Sätzen: Bei drei- bis fünfjährigen Kindern: Verbale Instruktionen müssen mit vorgegebenem Material in Handlung umgesetzt werden, z. B.: „Leg den blauen Stift unter den Sack."
		HSET, UT Verstehen grammatischer Strukturformen: Ausagieren sprachlicher Vorgaben mit Holzfiguren/Puppen. Vorgabe, z. B.: „Das Pferd stößt den Elefanten an", „die Mutter erlaubt, dass das Mädchen sich hinlegt" (ebenso WET, UT Puppenspiel).
	(Zu-)Ordnungsaufgabe	KISTE, UT Semantisch-Syntaktischer Test: Bildkarten aufreihen. Eine Tafel mit drei Feldern sowie für jedes Item jeweils drei Bildkarten werden in vorgegebener Reihenfolge vorgelegt, z. B.: Wiege – Teddy – Baby. Dem Kind wird erklärt, dass es in das erste Feld „den legen soll, der etwas macht", in das Mittelfeld „den Gegenstand, mit dem etwas gemacht wird" und in das dritte Feld den, „an dem oder mit dem etwas gemacht wird". Dann wird ein Satz vorgesprochen, z. B.: „Mit der Wiege schaukelt der Teddy das Baby."

Fortsetzung von Tabelle 5: Beispiele für Aufgaben zur Erfassung grammatischer Fähigkeiten und Fertigkeiten

Satzproduktion	**Bildbeschreibung**	Vorgelegt werden Testbilder mit der Frage: „Was siehst du auf diesem Bild?" Die spontane Antwort des Kindes wird protokolliert. Es gibt keine Nachfragen (SETK 3-5, UT Enkodierung Semantischer Relationen; Teddy-Test – unspezifische Aktivierung). Teddy-Test – standardisierte Befragung: zu Bildvorlagen werden standardisierte Fragen nach fünf verschiedenen zwischenbegrifflichen semantischen Relationen gestellt (z. B.: „Was macht der Teddy?", „Wo sitzt der Teddy?", etc.).
	Satzbildung	HSET, UT Satzbildung: Es werden zwei oder drei Wörter vorgegeben, z. B.: „Mutter – arbeiten – Garten." Es soll ein Satz gebildet werden, in dem diese drei Wörter vorkommen, z. B.: „Die Mutter arbeitet im Garten." Bewertet wird, ob ein sinnvoller und syntaktisch korrekter (2 Punkte) oder syntaktisch nicht ganz korrekter Satz (1 Punkt) gebildet wurde. KISTE, UT Satzbildungstest: Aus vorgegebenen Wortpaaren sind inhaltlich vollständige und grammatisch akzeptable Sätze zu bilden, z. B.: „Auto – Straße" → „Das Auto fährt auf der Straße" oder „Das Auto ist auf der Straße".
reproduktive Nutzung von Strukturformen	**Satzreproduktion**	Überprüft werden soll, wie gut es gelingt, erworbene grammatische Strukturen für die Reproduktion von Sätzen zu nutzen. HSET, UT Imitation grammatischer Strukturformen: Vorgegebene semantisch sinnvolle, grammatisch korrekte Sätze sollen reproduziert werden. Die Satzlänge überschreitet die Gedächtnisspanne, z. B.: „Der Teppich wird von dem Vater ausgeklopft." Die Wiedergabe wird nur dann als korrekt bewertet (2 Punkte), wenn der Satz vollständig richtig reproduziert wurde. Entwicklungstypische grammatische Fehler werden mit einem Punkt bewertet. Bei fehlendem grammatischem Wissen wird somit kein Punkt erzielt. SETK 3-5, UT Satzgedächtnis: Semantisch sinnvolle und grammatisch korrekte Sätze sollen ebenso reproduziert werden wie semantisch sinnlose, aber grammatisch korrekte Sätze, z. B.: „Die graue Maus wird von der Katze gejagt", „der Kindergarten wird von den roten Bären geschüttelt". In die Auswertung geht die Anzahl reproduzierter Wörter ein; bei eingeschränktem grammatischen Wissen und nicht vollständiger Wiedergabe werden damit vor allem auch Kurzzeitgedächtnisleistungen miterfasst.

Anmerkung: UT = Untertest

4. *Erfassung von Sprachverarbeitung und reproduktiver Regelnutzung über die Satzreproduktion.* Aufschlussreiche Hinweise auf die morphosyntaktischen Fähigkeiten eines Kindes sind oft über die Methode der Satzreproduktion zu erhalten. Diese erfordert das unmittelbare Nachsprechen von Sätzen unterschiedlicher (formaler) Komplexität bzw. inhaltlicher Plausibilität. Die Satzlänge überschreitet die Gedächtnisspanne der Kinder, die somit bei der Satzverarbeitung und der Wiedergabe auf ihr sprachbezogenes Wissen zurückgreifen müssen (vgl. auch Grimm & Weinert, 1990; Weinert, 1996). Hier geht es somit darum zu prüfen, wie gut grammatische (und/oder lexikalisch-semantische sowie satzprosodische) Kenntnisse genutzt werden können, um vorgesprochene Sätze mehr oder weniger korrekt zu reproduzieren (vgl. z. B. Untertest *Imitation grammatischer Strukturformen* im HSET, Grimm & Schöler, 1978/1991; Untertest *Satzgedächtnis* im SETK 3-5, Grimm, 2001; vgl. Tab. 5).

Dabei reflektiert das Nachsprechen semantisch sinnvoller Sätze sowohl Weltwissen als auch grammatische Fähigkeiten. Das Nachsprechen semantisch sinnloser, aber grammatisch korrekter Sätze weist speziell auf das grammatische Regelwissen der Kinder hin. Die Nutzung satzprosodischer Merkmale ist in beiden Fällen relevant und bereitet spezifisch-sprachgestörten Kindern im Vergleich zu Kindern ohne spezifische Sprachlernprobleme besondere Schwierigkeiten (vgl. Weinert, 1996, 2000b, 2005). Zu beachten sind dabei die teilweise unterschiedlichen Auswertungsrichtlinien (vollständig richtige Satzreproduktion oder Anzahl korrekt wiedergegebener Wörter), die – bei schwächeren grammatischen Fähigkeiten und nicht perfekter Reproduktion – in unterschiedlichem Maße nicht nur grammatische Kompetenzen, sondern auch Arbeitsgedächtnisleistungen reflektieren (vgl. Tab. 5).

Entsprechende Aufgaben wurden in zahlreichen Studien mit typisch entwickelten sowie mit sprachgestörten Kindern evaluiert und im Rahmen von Einschulungsuntersuchungen an größeren Stichproben erprobt [vgl. Grimm & Weinert, 1990; Weinert 1996 sowie die Einschulungsstudien unter Einsatz des *Heidelberger Auditiven Screenings in der Einschulungsuntersuchung* (HASE) von Brunner & Schöler, 2002].

5. *Erfassung morphologischer Regelkenntnisse.* Morphologisches Regelwissen, das allerdings keineswegs bewusst sein muss, wird überwiegend über Varianten des sogenannten Berko-Tests (Berko, 1958) überprüft. Aufgabe der Kinder ist es, – bildlich unterstützt – bei realen Wörtern oder Kunstwörtern morphologische Markierungen vorzunehmen, indem sie beispielsweise aus einem Singular einen Plural bilden sollen (vgl. Tab. 6). Fiktive, mit Kunstwörtern benannte Objekte werden dabei eingesetzt, um zwischen Regelwissen und eventuell auswendig gelernten Formen unterscheiden zu können (vgl. Untertest *Morphologische Regelbildung* des SETK 3-5, Grimm, 2001; Untertest *Plural-Singular Bildung* des HSET, Grimm & Schöler, 1978/1991). Dabei können Subtests, die einzig die Pluralbildung verlangen, verglichen mit solchen, die auch Singularbildungen vorsehen, zu unterschiedlichen Kompetenzeinschätzungen führen, da die Singularbildung lediglich das Weglassen von Endungen erfordert, sodass die Leistungen der Kinder leicht überschätzt werden. Weitere Beispiele für die Erfassung des morphologischen Regelwissens gibt Tabelle 6.

Tabelle 6: Beispiele für die Erfassung morphologischen Regelwissens

Plural-Singular-Bildung	SETK 3-5, UT Morphologische Regelbildung: Anhand zweigeteilter Bildkarten wird die Fähigkeit zur Pluralmarkierung geprüft. Bei dreijährigen Kindern werden reale Gegenstände und Wörter, bei Vier- bis Fünfjährigen zusätzlich fiktive Gegenstände und Kunstwörter vorgegeben, z. B.: „Hier ist ein Auto… Hier sind zwei...?", „Hier ist eine Ribane… Hier sind zwei...?" HSET, UT Plural-Singular-Bildung: Neben realen Wörtern werden vorwiegend Kunstwörter vorgegeben, z. B.: „Schau mal, hier ist ein Auto. Hier sind schon mehr. Hier sind zwei...?", „Schau mal, hier sind viele Plabeln. Jetzt gehen diese zwei Plabeln weg, dann ist da nur noch eine...?" (Die Singularbildung erfolgt oft durch Weglassung der Markierung; da Kinder oftmals Endungen weglassen, ist dies nicht eindeutig als Regelkenntnis interpretierbar).
Bildung von Ableitungsmorphemen	HSET, UT Bildung von Ableitungsmorphemen: Überprüft wird hier die Fähigkeit, ausgehend von einem Stammwort (reales Wort oder Kunstwort) regelhafte Ableitungen vorzunehmen. Vorgegeben werden Bilder, auf denen ein Mensch etwas tut und es wird gesagt, was dieser Mensch tut. Gefragt wird, wie man einen Menschen nennt, der so etwas tut, z. B.: „Der Mann backt." Antwort: „Bäcker". Mit weiteren Bildern wird abgeleitet: Bäckerin, Bäckerei, Brötchen; „Der Mann wuckt." Antwort: „Wucker" (analog: Wuckerin, Wuckerei, Wuckchen).
Adjektivableitungen	HSET, UT Adjektivableitung: Unter teilweiser Verwendung von Kunstwörtern wird die Fähigkeit überprüft, auf einer Dimension wahrgenommene Unterschiede sprachlich regelhaft auszudrücken, z. B.: Vorgelegt wird ein Bild mit Kleidern. Es wird auf den Schmutz auf den Kleidern hingewiesen. Elizitiert werden die Formen schmutzig, schmutziger, am schmutzigsten oder etwa tackelig, tackerliger, am tackeligsten, im Fall eines Kunstwortes.
Wortstämme	Erkennen von Wortstämmen: Unter drei klangähnlichen Wörtern soll dasjenige herausgefunden werden, das nicht zur selben Wortfamilie wie die anderen zwei Wörter gehört (z. B. laufen, Läufer, Leute; vgl. HVS).

Anmerkung: UT = Untertest

6. *Erfassung metasprachlicher Kompetenzen und Wissensbestände.* Die Fähigkeit zur Reflexion über semantisches wie auch über sprachstrukturelles Wissen wird in der Regel über Urteilsaufgaben (richtig/falsch Urteile) sowie über Korrekturaufgaben getestet. Dem Kind werden semantisch und/oder syntaktisch inkonsistente Sätze vorgegeben, deren Inkonsistenzen es erkennen und gegebenenfalls korrigieren soll (vgl. Untertest *Korrektur semantisch inkonsistenter Sätze* des HSET, Grimm & Schöler, 1978/1991; Untertest *Erkennen semantischer und grammatikalischer Inkonsistenzen*, KISTE, Häuser et al., 1994). Urteils- und Korrekturaufgaben können auf der Basis impliziten, nicht bewussten Wissens über (grammatische) Regelmäßigkeiten erfolgen. Explizites metasprachliches (Regel-)Wissen sowie die Fähigkeit zur expliziten Reflexion über implizites sprachliches Regelwissen drücken sich in Urteilsbegründungen, Korrekturerklärungen oder in direkten Abfragen von Regeln aus.

Tabelle 7: Beispiele für die Erfassung metasprachlicher Kompetenzen

Phonologische Bewusstheit im weiteren Sinne	**Reimaufgaben**	Urteilsaufgaben: Wortpaare müssen daraufhin beurteilt werden, ob sie sich reimen (z. B. Weg – Steg, Bauch – Traum, Alibamm – Läusekamm, Buch – Tuch, Miste – Schinde; vgl. z. B. BISC, HVS). Auswahlaufgaben: Vier Bildkarten; drei der sprachlichen Benennungen reimen sich; diese drei soll das Kind auswählen. VMLR: Ein Wort wird vorgegeben; aus vier Bildkarten ist diejenige auszuwählen, deren sprachliche Benennung sich mit dem vorgegebenen Wort reimt (vgl. z. B. ARS). Urteilsaufgaben erweisen sich als vergleichsweise weniger kompliziert und deutlicher auf das Merkmal „Reim" zentriert; Auswahlaufgaben stellen zudem Ansprüche an das Lexikon und das Arbeitsgedächtnis und sind komplizierter zu instruieren.
	Wörter in Silben gliedern	Aufgabe der Kinder ist es, zwei- bis drei- (BISC) oder zwei- bis viersilbige Wörter (HVS, ARS) mittels Silbenklatschen zu zerlegen (z. B. Autobahn, Teddybär, laufen). Beim ARS wird dies durch Bildkarten unterstützt.
Phonemische Bewusstheit im engeren Sinne	**Anlauterkennung (Analyse)**	Urteilsaufgaben: Vergleichen und Heraushören eines isoliert vorgesprochenen Lautes [z. B.: „Hörst du ein u in Uhu?"; BISC, (VMLR)]. Benennaufgaben: Erkennen und Benennen des Anlautes eines Wortes (vgl. HVS). Auswahlaufgaben: vier Bildkarten; drei der zugehörigen Wörter beginnen mit dem gleichen Anlaut, eines nicht. Erstere sollen ausgewählt werden (ARS).
	Zusammenziehen von Lauten (Synthese)	Bildkarte mit vier Bildern (z. B. Zange, Pinsel, Zebra, Schlange); eines der Wörter wird getrennt vorgesprochen (per CD, z. B. /ts/-/ange/). Aufgabe des Kindes: Erkennen des richtigen Wortes, auf der Bildkarte zeigen und benennen (vgl. BISC).
	Phonemdifferenzierung	Urteilsaufgabe zur Feindiskrimination klangähnlicher Laute anhand von Minimalwortpaaren (z. B. Wade – Wabe, Seide – Seite, Kragen – tragen); es werden reale Wörter und Kunstwörter verwendet; Aufgabe: vorgegebene Wort- bzw. Silbenpaare als gleich/ungleich bewerten (vgl. HVS, VMLR).

Fortsetzung von Tabelle 7: Beispiele für die Erfassung metasprachlicher Kompetenzen

Metasprachliche Bewusstheit: Satzstruktur, Satzbedeutung	Korrektur (semantisch)	Vorgegeben werden grammatisch korrekte, semantisch widersinnige Sätze, die zu korrigieren sind, z. B.: „Das Essen schmeckt unfreundlich" (vgl. HSET, UT Korrektur semantisch inkonsistenter Sätze).
	Erkennen/ Korrektur (semantisch, grammatikalisch)	Den Kindern werden semantisch inkonsistente (z. B.: „Es tropft Steine"), grammatisch inkonsistente (z. B.: „Nun geht der Kind schlafen") und semantisch und grammatisch korrekte Sätze vorgegeben. Sie werden gefragt, ob diese Sätze richtig seien und sollen sie gegebenenfalls korrigieren (vgl. KISTE, UT Erkennen semantischer und grammatikalischer Inkonsistenzen).

Anmerkung: UT = Untertest

Insbesondere mit Blick auf den Lesebeginn interessieren zudem Maße der phonologischen Bewusstheit im weiten Sinne, die sich als prädiktiv für den grundlegenden Leseerwerb und als förderbar erwiesen haben (vgl. Schneider, 2004) und oftmals über Reimaufgaben und Aufgaben zur Silbengliederung erfasst werden; je nach Verfahren verlangen die gestellten Aufgaben allerdings teilweise noch zusätzliche Fähigkeiten und Fertigkeiten (vgl. Tab. 7). Die phonemische Bewusstheit im engeren Sinne entsteht vor allem auch in Folge des Leseerwerbs und wird mittels Aufgaben zur Lautsegmentierung (Erkennen und Identifizieren von Anlauten oder einzelnen anderen Lauten in Wörtern) und zur Lautsynthese, das heißt dem Zusammenziehen von nicht rhythmischen Wortsegmenten, gemessen.

7. Verschiedene Sprachstands- und Sprachentwicklungstests erfassen zudem *sprachrelevante Gedächtnisfähigkeiten*, da in zahlreichen Studien eine enge Beziehung zwischen dem phonologischen Arbeitsgedächtnis für Nichtwörter und der Sprachentwicklung, speziell dem Wortschatzerwerb, sowie späteren schulischen Leistungen gefunden wurde (z. B. Gathercole, 1995; Gathercole & Baddeley, 1993a, b). Dabei werden Nichtwörter unterschiedlicher Länge und Ähnlichkeit oder Unähnlichkeit zu (deutschen bzw. im englischen Sprachraum englischen) Wörtern vorgegeben. Diese müssen nach einmaliger Vorgabe korrekt reproduziert werden (vgl. Untertest *Phonologisches Arbeitsgedächtnis für Nichtwörter* im SETK 3-5, Grimm, 2001; *Mottierprobe* des *Zürcher Lesetests* ZLT, Linder & Grissemann, 1981/2000). Zu beachten ist dabei, dass selbst wortunähnliche Pseudowörter oft Regelmäßigkeiten der phonologisch-prosodischen Struktur einer bestimmten Sprache aufgreifen und damit entsprechende Wiedergabeleistungen keine reinen Indikatoren der Gedächtniskapazität darstellen, sondern zugleich sprachspezifisches phonologisch-prosodisches Vorwissen mittesten. Aus entwicklungspsychologischer Sicht wurde zudem gezeigt, dass die Entwicklungsrelationen zwischen dem Wortschatzerwerb einerseits und der Pseudowortreproduktion (als Indikator des phonologischen Arbeitsgedächtnisses) andererseits entwicklungstypischen Veränderungen unterliegen. Während zunächst die Leistungen bei der Wiedergabe von Pseudowörtern prädiktiv für den Wortschatzzuwachs

sind, erweist sich bei typisch entwickelten Kindern ab ca. fünf Jahren vor allem der verfügbare Wortschatz als guter Prädiktor weiterer Leistungsveränderung im phonologischen Arbeitsgedächtnis (Gathercole & Baddeley, 1993a; vgl. Weinert, 2004b).

8. Zur *Erfassung der pragmatischen und diskursiven Fähigkeiten* von Kindern und Jugendlichen liegen nur relativ wenige Verfahren vor, die den klassischen Testgütekriterien genügen (vgl. auch Ehlich, 2005). Im HSET (Grimm & Schöler, 1978/1991) werden sie gemessen, indem (a) Bilder vorgelegt werden, auf denen emotional interpretierbare Gesichtsausdrücke abgebildet sind, denen sprachliche Äußerungen zuzuordnen sind, die sich auch in ihrem emotionalen Gehalt unterscheiden (rezeptiver Aspekt; vgl. Untertest *In-Beziehung-Setzen von verbaler und nonverbaler Information*). (b) In anderen Aufgaben sollen gleichbleibende Personen unter Berücksichtigung ihrer Beziehung zu anderen Personen variabel benannt oder es sollen ihnen Sätze in den Mund gelegt werden (produktiver Aspekt; vgl. Untertests *Benennungsflexibilität* und *Enkodierung und Rekodierung semantischer Intentionen* des HSET, Grimm & Schöler, 1978/1991). Eine weitere Erfassungsmethode besteht darin, (c) sprachliche Äußerungen in diversen sozialen Situationen richtig zuzuordnen (vgl. Untertests *personenbezogene bzw. situationsbezogene Sprachzuordnung* des MSVK, Elben & Lohaus, 2000). Komplexere pragmatische und diskursive Fähigkeiten und Fertigkeiten werden kaum erfasst oder höchstens über freie oder quasi natürliche Beobachtungsverfahren, die aber „mit erheblichem zeitlichem und organisatorischem Aufwand verbunden sind. Auch die Auswertung erweist sich als schwierig. Vergleichbare Daten sind kaum zu erzielen" (Bredel, 2005, S. 101). Objektivität, Reliabilität und Validität der Beobachtungsdaten bleiben oft unklar.

9. *Erfassung integrativer Sprachfähigkeiten.* Aus integrativer Sicht sind besonders das Verständnis mündlicher oder schriftlicher Texte sowie die mündliche oder schriftliche Textproduktion und Reproduktion bedeutsam. Erfasst wird unter anderem das Textgedächtnis, das durch eine Nacherzählungsaufgabe und/oder die Beantwortung von offenen oder geschlossenen Fragen zu einem vorgegebenen Text operationalisiert werden kann (vgl. Untertest *Textgedächtnis* des HSET, Grimm & Schöler, 1978/1991; Wimmer, 1982). Untertests zum Instruktionsverständnis verlangen das Ausführen von Handlungen anhand vorgegebener Instruktionen unterschiedlicher Komplexität (vgl. Untertest *Instruktionsverständnis* des MSVK, Elben & Lohaus, 2000; KNUSPEL-L, Marx, 1998). Das komplexe Text- und Instruktionsverständnis ist eine wichtige Voraussetzung für die Bewältigung verbal vorgegebener Leistungsanforderungen und stellt damit eine für das schulische und außerschulische Lernen besonders wichtige Fähigkeit dar.

Die Übergänge zwischen Tests zur Erfassung des Satzverständnisses (vgl. Unterpunkt 2) und solchen zur Messung des Instruktionsverständnisses sind fließend. Während beim Satzverständnis in der Regel gezielt bestimmte syntaktische Konstruktionen oder spezielle Präpositionen getestet werden, stehen beim Instruktionsverständnis sowohl lexikalische als auch grammatische und gedächtnisbezogene Fähigkeiten und deren Umsetzung in Handlungen gleichermaßen im Vordergrund (vgl. z. B. die Untertests *Hörverstehen* sowie *Verstehen schriftlich gestellter Fragen und Aufforderungen* des KNUSPEL-L, Marx, 1998). Tests, die das komplexe Hörverstehen und speziell auch Aspekte der rezeptiven und/oder produktiven akademischen bildungssprachbezogenen Sprachkompetenzen (vgl. oben) erfassen, sind bislang nur unzureichend verfügbar.

Integrative (schriftsprachliche) Sprachfähigkeiten werden natürlich auch in Lesetests und Schreibproben erfasst, auf die hier nicht ausführlich eingegangen werden kann (vgl. Baumann, 2003; Hasselhorn, Schneider & Marx, 2000; vgl. auch Beck & Klieme, 2007). Bezogen auf Lesetests ist unter anderem zwischen der Erfassung elementarer Lesefertigkeiten, dem Leseverständnis und der Verständnisüberwachung zu unterscheiden. Elementare Lesefertigkeiten im Sinne der Lesegeschwindigkeit werden unter anderem erfasst, indem – mit zeitlicher Begrenzung – zu schriftlich vorgegebenen Wörtern aus jeweils vier Wahlbildern das zugehörige auszuwählen ist (WLLP, Küspert & Schneider, 1998) oder indem umgekehrt zu einem gegebenen Bild (z. B. eines Fahrrads) das entsprechende geschriebene Wort aus vier Wahlmöglichkeiten zuzuordnen ist (z. B. aus Auto, Flugzeug, Fahrrad, Pferd; vgl. ELFE 1-6, Lenhard & Schneider, 2006). Im SLS 1-4 (Mayringer & Wimmer, 2003) sind – zeitbegrenzt – einfache schriftlich vorgegebene Sätze als richtig oder falsch zu beurteilen („Tee kann man trinken", „Erdbeeren sind ganz blau"). Das grundlegende Leseverständnis oberhalb der Wort- und Satzebene (vgl. hierzu auch ELFE 1-6, Lenhard & Schneider, 2006) wird oftmals über Kurztexte aus wenigen Sätzen gemessen, zu denen geschlossene Fragen gestellt werden, die entweder isolierte Informationsentnahme oder das Herstellen anaphorischer Bezüge zwischen Aussagen sowie über den Text hinausgehende Schlussfolgerungen erfordern (vgl. auch HAMLET 3-4, Lehmann, Peek & Poerschke, 2006). Mit Blick auf das funktionale Leseverständnis können beispielsweise Anforderungen, wie *Informationen ermitteln*, *Textbezogenes Interpretieren* und *Reflektieren und Bewerten* unterschieden und entsprechende Kompetenzen erfasst werden (vgl. PISA-Studie, Baumert et al., 2001). Schließlich wird die Verständnisüberwachung (prozedurale Metakognition) zum Beispiel über die Entdeckung von Widersprüchen im Text gemessen (vgl. Markman, 1981), eine Fähigkeit, die vergleichsweise spät erworben wird und auch Jugendlichen oftmals noch Schwierigkeiten bereitet. Zur globalen Erfassung sprachlicher Leistungen werden zudem sogenannte C-Tests („cloze procedure"; vgl. z. B. Grotjahn, 2002) eingesetzt. Hier werden zufällig oder systematisch eine bestimmte Anzahl von Wörtern oder Wortteilen aus einem Text gestrichen und müssen von den Testpersonen selbst eingesetzt werden (vgl. z. B. CT-D4, Raatz & Klein-Braley, 1992). Um die Lücken schließen zu können, müssen Wortschatz-, Grammatik- und textuelles Wissen miteinander verschränkt angewendet werden (vgl. auch Harsch & Schröder, 2007).

3 Fazit, aktuelle Entwicklungen und Folgerungen für die Praxis

Abschließend und zusammenfassend ist nochmals die besondere Bedeutung hervorzuheben, die sprachlichen Kompetenzen für vorschulisches und schulisches, aber auch für außerschulisches Lernen, für das individuelle Denken und Problemlösen einschließlich der Selbststeuerung psychischen Geschehens sowie für soziale Interaktionen, Kommunikation und gesellschaftliche Teilhabe zukommt. Sprache beeinflusst – ontogenetisch – die Entwicklung wie auch – aktualgenetisch – konkrete Leistungen, ohne sie jedoch zu determinieren. In Befragungen ist sie zentrales Mittel, sodass hier die sprachlichen Fähigkeiten und Fertigkeiten von Kindern stets in Rechnung zu stellen sind und ein genaues Verständnis der jeweiligen sprachlichen Anforderungen und der hierauf bezogenen kindlichen Sprachfähigkeiten und -fertigkeiten von grundlegender Bedeutung für die Möglichkeiten und Grenzen von Befragungen von Kindern und Jugendlichen ist. Phonologisch-prosodische, lexikalisch-semantische und morphologisch-syntaktische Fähigkeiten, Fertigkeiten und Wissensbestände wie auch pragmatische, diskursive und literale Kompetenzen wirken zusammen und konstituieren die sprachliche Kompetenz und kommunikative Handlungsfähigkeit des Einzelnen. Besonders hervorzuheben ist, dass diese nicht zuletzt auch bei der Bearbeitung vieler anderer Entwicklungs-, Leistungs- und Persönlichkeitstests gefordert ist, ohne dass hierauf ausdrücklich hingewiesen wird. Vor diesem Hintergrund sind die Diagnose und Förderung sprachlicher Kompetenzen von besonderer Bedeutung und stellen zugleich eine besondere Herausforderung dar.

Obgleich – wie auch der vorliegende Beitrag zeigt – eine Reihe von Verfahren zur Verfügung steht, besteht nach wie vor dringlicher Entwicklungsbedarf, wie in verschiedenen Expertisen und Überblicksbeiträgen (Ehlich, 2005; Fried, 2004; Reich, 2003) aufgezeigt wurde. Weinert und Redder (2007) stellen zusammenfassend fest:

- Viele Messverfahren konzentrieren sich auf die Phase vor der Einschulung; bezogen auf die weitere sprachliche Entwicklung der Kinder und Jugendlichen im Schulalter – und insbesondere im Hinblick auf die Erfordernisse der Schule – liegen bislang kaum hochwertige Verfahren vor.
- In den meisten Sprachstandserhebungsverfahren wird die besondere Situation mehrsprachiger Kinder und Jugendlicher nicht gezielt berücksichtigt; eine Überprüfung der Aussagefähigkeit entsprechender Verfahren für den bi- oder multilingualen Spracherwerb, den Fremd- oder Zweitspracherwerb fehlt in der Regel.
- Die bestehenden Erhebungsinstrumente erfassen in erster Linie bestimmte, vergleichsweise leicht abprüfbare Ausschnitte sprachlicher Kompetenzen, die der phonologischen, lexikalisch-semantischen und morphologisch-syntaktischen Sprachkomponente zuzuordnen sind. Im Bereich der literalen Kompetenzen einschließlich des Lesens stehen vor allem Tests zur Überprüfung von (Recht-)Schreibfähigkeiten, von elementarer Dekodierfähigkeit sowie von grundlegendem Leseverständnis bei Kindern im Schulalter zur Verfügung. Komplexere und damit weniger leicht abprüfbare Kompetenzen im Bereich der genannten Fähigkeiten und Fertigkeiten geraten demgegenüber aus dem Blick.
- Pragmatische und diskursive Fähigkeiten einschließlich des satzübergreifenden komplexeren Hörverständnisses werden bisher allenfalls am Rande einbezogen und überwiegend nicht systematisch erfasst.

Vor diesem Hintergrund werden derzeit in verschiedenen Arbeitsgruppen Verfahren entwickelt, die diese Lücken schließen sollen (vgl. auch Förderinitiative des BMBF im Bereich Sprachdiagnostik/Sprachförderung).[8]

---

[8] Förderung der empirischen Bildungsforschung im Bereich Sprachdiagnostik/Sprachförderung http://www.bmbf.de/foerderungen/12342.php

Sprachkompetenz ist ein komplexes Konstrukt, das – je nach Fragestellung und Zielsetzung – eher komponentenbezogen oder im Sinne einer funktional-integrativen Fähigkeit gemessen werden kann. Produktive und rezeptive Fähigkeiten und Fertigkeiten sind dabei keineswegs identisch und sollten mit Hilfe von objektiven, reliablen und validen Instrumenten, die sich an Erkenntnissen der Spracherwerbsforschung orientieren, erfasst werden. Welches Testverfahren oder welche Kombination von Tests/Subtests im Einzelfall im Sinne eines Screenings, einer Sprachstandsfeststellung oder einer Förderdiagnostik herangezogen wird, hängt von der jeweiligen Fragestellung/Zielsetzung/dem Problembereich ab. Insbesondere wenn es um die Diagnostik von Sprachstörungen geht, sind fundierte Kenntnisse des normalen und des gestörten Spracherwerbs sowie der kindlichen Entwicklung insgesamt ebenso unverzichtbar wie eine gute testdiagnostische Ausbildung.

Literatur

Antos, G. (1985). Mit „weil" Begründen lernen. Zur Ontogenese argumentativer Strukturen im natürlichen L2-Erwerb. In S. Kutsch & I. Desgranges, I. (Hrsg.), *Zweitsprache Deutsch – ungesteuerter Erwerb* (S. 273-320). Tübingen: Niemeyer.

Artelt, C., McElvany, N., Christmann, N., Richter, T. Groeben, N., Köster, J., Schneider, W., Stanat, P., Ostermeier, C., Schiefele, U., Valtin, R. & Ring, K. (2005). *Förderung von Lesekompetenz – Eine Expertise*. Berlin: Bundesministerium für Bildung und Forschung (BMBF).

Baker, C. (1997). Street and school language. *The Bilingual Family Newsletter, 14* (2), 1-2,7.

Baltes, P. B., Lindenberger, U. & Staudinger, U. M. (1998). Life-Span theory in developmental psychology. In W. Damon (Ed.), *Handbook of child psychology* (pp. 1029-1143). New York: Wiley.

Bargmann, R. & Hylla, E. (1968). *Wortschatztest (WST 5-6)*. Weinheim: Beltz.

Baumann, M. (2003). Lesetests. In U. Bredel, H. Günther, P. Klotz, J. Ossner & G. Siebert-Ott (Hrsg.), *Didaktik der deutschen Sprache* (Bd. 2, S. 869-882). Paderborn: Schöningh.

Baumert, J., Klieme, E., Neubrand, M., Prenzel, M., Schiefele, U., Schneider, W., Stanat, P., Tillmann, K.-J. & Weiß, M. (Hrsg.). (2001). *PISA 2000: Basiskompetenzen von Schülerinnen und Schülern im internationalen Vergleich*. Opladen: Leske + Budrich.

Baumert, J., Watermann, R. & Schümer, G. (2003). Disparitäten der Bildungsbeteiligung und des Kompetenzerwerbs: Ein institutionelles und individuelles Mediationsmodell. *Zeitschrift für Erziehungswissenschaft, 6*, 46-72.

Becker, T. (2005). *Kinder lernen erzählen. Zur Entwicklung der narrativen Fähigkeiten von Kindern unter Berücksichtigung der Erzählform*. Baltmannsweiler: Schneider Verlag Hohengehren.

Becker-Mrotzek, M. (1997). *Schreibentwicklung und Textproduktion. Der Erwerb der Schreibfertigkeit am Beispiel der Bedienungsanleitung*. Opladen: Westdeutscher Verlag.

Beck, B. & Klieme, E. (Hrsg.). (2007). *Sprachliche Kompetenzen: Konzepte und Messung (DESI-Studie)*. Weinheim: Beltz.

Berko, J. (1958). The child's learning of English morphology. *Word, 14*, 150-177.

Berman, R. & Slobin, D. I. (1994). *Relating events in narrative: A crosslinguistic development study*. Hillsdale, NJ: Erlbaum.

Berman, R. & Verhoeven, L. (2002). Cross-linguistic perspectives on the development of text-production abilities: Speech and writing. *Written Language & Literacy (special issue)*, 5 (1), 1-43.

Bialystok, E. (2001). *Bilingualism in development: Language, literacy, and cognition*. Cambridge: Cambridge University Press.

Biber, D. (1995). *Dimensions of register variation: A cross-linguistic comparison*. Cambridge: Cambridge University Press.

Bishop, D. (1983/1989). *Test for Reception of Grammar (TROG)*. Abingdon: Thomas Leach.

Boueke, D., Schülein, F., Büscher, H., Terhorst, E.-M. & Wolf, D. (1995). *Wie Kinder erzählen. Untersuchungen zur Erzähltheorie und zur Entwicklung narrativer Fähigkeiten*. München: Fink.

Bredel, U. (2005). Sprachstandsmessung – Eine verlassene Landschaft. In K. Ehlich (Koordinator), *Anforderungen an Verfahren der regelmäßigen Sprachstandsfeststellung als Grundlage für die frühe und individuelle Förderung von Kindern mit und ohne Migrationshintergrund* (Reihe Bildungsreform, Band 11, S. 78-119). Berlin: BMBF.

Brunner, M., Pfeiffer, B., Schlüter, K., Steller, F., Möhring, L., Heinrich, I. & Pröschel, U. (2001). *Heidelberger Vorschulscreening zur auditiv-kinästhetischen Wahrnehmung und Sprachverarbeitung (HVS)*. Wertingen: Westra.

Brunner, M. & Schöler, H. (2002). *Heidelberger Auditives Screening in der Einschulungsuntersuchung (HASE)*. Wertingen: Westra.

Bynner, J. (2004). Participation and progression: use of British Cohort Study data in illuminating the role of basic skills and other factors. *Nuffield Review of 14-19 Education and Training, Working Paper 9*.

Clahsen, H. (1986). *Die Profilanalyse: Ein linguistisches Verfahren für die Sprachdiagnose im Vorschulalter*. Berlin: Marhold.

Clahsen, H. & Hansen, D. (1991). *COPROF. Ein linguistisches Untersuchungsverfahren für die sprachdiagnostische Praxis*. Köln: Focus.

Cummins, J. (1979). Cognitive/academic language proficiency, linguistic interdependence, the optimum age question and some other matters. *Working Papers on Bilingualism, 19*, 198-205.

Cummins, J. (1981). The role of primary language. Development in promoting educational success for language minority students. In California State Department of Education (Ed.), *Schooling and language minority students. A theoretical framework* (pp. 3-49). Los Angeles: National Dissemination and Assessment Center.

Cummins, J. (2000). *Language, power, and pedagogy: Bilingual children in the crossfire*. Clevedon: Multilingual Matters.

Cummins, J. (2002). BICS and CALP. In M. Byram (Ed.), *Encyclopedia of language and teaching* (pp. 76-79). London: Routledge.

Daller, H. & Grotjahn, R. (1999). The language proficiency of turkish returnees from Germany: An empirical investigation of academic and everyday language profiency. *Language, Culture and Curiculum 12*, 156-172.

Dubowy, M., Ebert, S., Maurice, J. von & Weinert, S. (2008). Sprachlich-kognitive Kompetenzen beim Eintritt in den Kindergarten: Ein Vergleich von Kindern mit und ohne Migrationshintergrund. *Zeitschrift für Entwicklungspsychologie und Pädagogische Psychologie, 40*, 124-134.

Dunn, L. M & Dunn, L. M (2007). *Peabody Picture Vocabulary Test. Fourth Edition (PPVT-4)*. Upper Saddle River, NJ: Pearson.

Eckhardt, A. G. (2008). *Sprache als Barriere für den schulischen Erfolg. Potentielle Schwierigkeiten beim Erwerb schulbezogener Sprache für Kinder mit Migrationshintergrund*. Münster: Waxmann.

Ehlich, K. (1995). Die Lehre der deutschen Wissenschaftssprache: sprachliche Strukturen, didaktische Desiderate. In H. L. Kretzenbacher & H. Weinrich (Hrsg.), *Linguistik der Wissenschaftssprache* (S. 325-351). Berlin: de Gruyter.

Ehlich, K. (1999). Alltägliche Wissenschaftssprache. *Informationen Deutsch als Fremdsprache 26*, 3-24.

Ehlich, K. (Koordinator). (2005). *Anforderungen an Verfahren der regelmäßigen Sprachstandsfeststellung als Grundlage für die frühe und individuelle Förderung von Kindern mit und ohne Migrationshintergrund* (Reihe Bildungsreform, Band 11). Berlin: BMBF.

Elben, C. E. & Lohaus, A. (2000). *Marburger Sprachverständnistest für Kinder (MSVK)*. Göttingen: Hogrefe.

European Child Care and Education (ECCE)-Study Group (1997). European Child Care and Education Study. *Cross national analyses of the quality and effects of early childhood programmes on children's development*. Berlin: Freie Universität Berlin, Fachbereich Erziehungswissenschaft, Psychologie und Sportwissenschaft, Institut für Sozial- und Kleinkindpädagogik.

Feilke, H. (2001). Grammatikalisierung und Textualisierung – „Konjunktionen" im Schriftspracherwerb. In H. Feilke, K.-P. Kappest & C. Knobloch (Hrsg.), *Grammatikalisierung, Spracherwerb und Schriftlichkeit* (S. 107-126). Tübingen: Niemeyer.

Fienemann, J. & Kügelgen, R. v. (2003). Formen mündlicher Kommunikation in Lehr- und Lernprozessen. In U. Bredel, H., Günther, P., Klotz, J., Ossner & G. Siebert-Ott (Hrsg.), *Didaktik der deutschen Sprache. Ein Handbuch* (Bd. 1, S. 133-147). Paderborn: Schöningh.

Fox, A. (2006). *Test zur Überprüfung des Grammatikverständnisses (TROG-D)*. Idstein: Schulz-Kirchner.

Fried, L. (2004). *Expertise zu Sprachstandserhebungen für Kindergartenkinder und Schulanfänger. Eine kritische Betrachtung*. München: DJI. Verfügbar unter: http://cgi.dji.de/bibs/271_2232_ExpertiseFried.pdf [15.August 2009]

Friedrich, G. (1998). *TEDDY-TEST. Verbale Verfügbarkeit zwischenbegrifflicher semantischer Relationen*. Göttingen: Hogrefe.

Gathercole, S. E. (1995). Is nonword repetition a test of memory or long-term knowledge? It all depends on the nonwords. *Memory and Cognition, 23*, 83-94.

Gathercole, S. E. & Baddeley, A. D. (1993a). *Working memory and language*. Hove: Erlbaum.

Gathercole, S. E. & Baddeley, A. D. (1993b). Phonological working memory: A critical building block for reading development and vocabulary acquisition? *European Journal of Psychology of Education, 8*, 259-272.

Gogolin, I. (2003). Chancen und Risiken nach PISA – über die Bildungsbeteiligung von Migrantenkindern und Reformvorschläge. In G. Auernheimer (Hrsg.), *Schieflagen im Bildungssystem. Die Benachteiligung der Migrantenkinder* (Vol. 16, S. 33-50). Opladen: Leske + Budrich.

Graefen, G. (1997). Wissenschaftssprache – ein Thema für den Deutsch-als-Fremdsprache-Unterricht? *Materialien Deutsch als Fremdsprache, 43*, 31-44.

Graefen, G. (1999). Wie formuliert man wissenschaftlich? *Materialien Deutsch als Fremdsprache, 52*, 222-239.

Grimm, H. (2001). *Sprachentwicklungstest für drei- bis fünfjährige Kinder (SETK 3-5)*. Göttingen: Hogrefe.

Grimm, H. (2003a). *Störungen der Sprachentwicklung: Grundlagen-Ursachen-Diagnose-Intervention-Prävention* (2., überarbeitete Auflage). Göttingen: Hogrefe.

Grimm, H. (2003b). *Sprachscreening für das Vorschulalter (SSV). Kurzform des SETK 3-5*. Göttingen. Hogrefe.

Grimm, H. & Schöler, H. (1978/1991). *Heidelberger Sprachentwicklungstest (HSET)*. Göttingen: Hogrefe.
Grimm, H. & Schöler, H. (1985). *Sprachentwicklungsdiagnostik: Was leistet der Heidelberger Sprachentwicklungstest?* Göttingen: Hogrefe.
Grimm, H. & Weinert, S. (1990). Syntaktische Sprachkompetenz: Ein einheitliches Konstrukt? *Sprache & Kognition, 9,* 72-81.
Grotjahn, R. (2002). Konstruktion und Einsatz von C-Tests: Ein Leitfaden für die Praxis. In R. Grotjahn (Hrsg.), *Der C-Test. Theoretische Grundlagen und praktische Anwendungen* (Band 4, S. 211-225). Bochum: AKS.
Harsch, C. & Schröder, K. (2007). Textrekonstruktion: C-Test. In B. Beck & E. Klieme (Hrsg.), *Sprachliche Kompetenzen: Konzepte und Messung (DESI-Studie)* (S. 212-225). Weinheim: Beltz.
Hasselhorn, M., Schneider, W. & Marx, H. (Hrsg.). (2000). *Diagnostik von Lese- und Rechtschreibschwierigkeiten.* Göttingen: Hogrefe.
Häuser D., Kasielke, E. & Scheidereiter, U. (1994). *Kindersprachtest für das Vorschulalter (KISTE).* Weinheim: Beltz Test.
Hausendorf, H. & Quasthoff, U. M. (2005). *Sprachentwicklung und Interaktion. Eine linguistische Studie zum Erwerb von Diskursfähigkeiten.* Radolfzell: Verlag für Gesprächsforschung.
Hennon, E., Hirsh-Pasek, K. & Golinkoff, R. M. (2000). Die besondere Reise vom Fötus zum spracherwerbenden Kind. In H. Grimm (Hrsg.), *Sprachentwicklung* (Enzyklopädie der Psychologie, Serie Sprache, Bd. 3, S. 41-90). Göttingen: Hogrefe.
Hobusch, A., Lutz, N. & Wiest, U. (2006). *Sprachstandsüberprüfung und Förderdiagnostik für Ausländer- und Aussiedlerkinder (SFD)* (2. Aufl.) Horneburg: Persen
Jansen, H., Mannhaupt, G., Marx, H. & Skowronek, H. (2002). *Bielefelder Screening zur Früherkennung von Lese-Rechtschreibschwierigkeiten (BISC).* Göttingen: Hogrefe.
Jude, N. & Klieme, E. (2007). Definitionen sprachlicher Kompetenz – ein Differenzierungsansatz. In B. Beck & E. Klieme (Hrsg.), *Sprachliche Kompetenzen. Konzepte und Messung. DESI-Studie* (S. 9-22). Weinheim: Beltz.
Kail, R. & Pellegrino, J. W. (1988). *Menschliche Intelligenz.* Heidelberg: Spektrum.
Karmiloff-Smith, A. (1986). Some fundamental aspects of language development after age 5. In P. Fletcher & M. Garman (Eds.), *Language acquisition. Studies in first language development* (pp. 455-474). Cambridge: Cambridge University Press.
Karmiloff-Smith, A. (1992). *Beyond modularity: A developmental perspective on cognitive science.* Cambridge, MA: MIT Press.
Kastner-Koller, U. & Deimann, P. (1998/2002). *Wiener Entwicklungstest (WET)* (2., überarbeitete Aufl.). Göttingen: Hogrefe.
Kiese-Himmel, C. (2005). *Aktiver Wortschatztest für 3- bis 5-jährige Kinder – Revision (AWST-R.).* Göttingen: Beltz Test.
Kiese, C. & Kozielski, P.-M. (1996). *Aktiver Wortschatztest für 3-6-jährige Kinder AWST 3-6.* Göttingen: Beltz Test.
Klein, J. (1985). Vorstufen der Fähigkeit zu BEGRÜNDEN bei knapp 2-jährigen Kindern. In J. Kopperschmidt & H. Schanze (Hrsg.), *Argumente-Argumentation. Interdisziplinäre Problemzugänge* (S. 261-272). München: Fink.
Knapp, W. (1999). Verdeckte Sprachschwierigkeiten. *Grundschule, 5,* 30-33.
Köhn, C. & Voss, K. (2001). *Modellgeleiteter Vorschultest der multimodalen Lese- und Rechtschreibvoraussetzungen (VMLR).* University Zuyd, Faculty of Speech and Language Pathology: Unveröffentlichte Diplomarbeit.
Konak, Ö., Duindam, T. & Kamphuis, F. (2005). *CITO-SPRACHTEST. Wissenschaftlicher Bericht.* Verfügbar unter: http://www.cito.nl/de_index.htm [15. August 2009].

Küspert, P. & Schneider, W. (1998). *Würzburger Leise Leseprobe (WLLP)*. Göttingen: Hogrefe.
Lehmann, R. H., Peek, R. & Poerschke, J. (2006). *Hamburger Lesetest für 3. bis 4. Klassen (HAMLET 3-4)*. Göttingen: Beltz Test.
Leisen, J. (Hrsg.). (1999). *Methoden Handbuch Deutschsprachiger Fachunterricht*. Bonn: Vacus.
Leisen, J. (2005). Muss ich jetzt auch noch Sprache unterrichten? Sprache und Physikunterricht. *Unterricht Physik, 3*, 4-9.
Lenhard, W. & Schneider, W. (2006). *ELFE 1-6. Ein Leseverständnistest für Erst- bis Sechstklässler*. Göttingen: Beltz Test.
Linder, M. & Grissemann, H. (1981/2000). *Zürcher Lesetest (ZLT)* (6. Aufl.). Bern: Huber.
Lindner, K. (1983). *Sprachliches Handeln bei Vorschulkindern. Linguistische Studien zur Organisation von Interaktion*. Tübingen: Niemeyer.
Lipps, G. & Yiptong-Avila, J. (1999). From home to school: How Canadian children cope. *Education Quarterly Review, 6*, 51-57.
Luchtenberg, S. (1989). Überlegungen zur Bedeutung der Fachsprache für Migrantenkinder in Vorschule und Schule. Möglichkeiten und Schwierigkeiten. Fachsprache. *Internationale Zeitschrift für Fachsprachenforschung, -didaktik und -terminologie, 11*, 153-171.
Luchtenberg, S. (1992). Fachsprache im Unterricht mit Aussiedlern. In E. Glumpler & U. Sandfuchs (Hrsg.), *Mit Aussiedlerkindern lernen* (S. 147-160). Braunschweig: Westermann.
Lukesch, H. (1998). *Einführung in die pädagogisch-psychologische Diagnostik*. Regensburg: Roderer.
Maier, H. (2006). Mathematikunterricht und Sprache. Kann Sprache mathematisches Lernen fördern? *Grundschule, 4*, 15-17.
Markman, E. M. (1981). Comprehension monitoring. In W. P. Dickson (Ed.), *Children's oral communication skills* (pp. 61-84). New York: Academic Press.
Martschinke, S., Kammermeyer, G., King, M. & Forster, M. (2005). *Diagnose und Förderung im Schriftspracherwerb. Anlaute hören, Reime finden, Silben klatschen (ARS). Erhebungsverfahren zur phonologischen Bewusstheit für Vorschulkinder und Schulanfänger*. Donauwörth: Auer.
Marx, H. (1998). *Knuspels Leseaufgaben (KNUSPEL-L)*. Göttingen: Hogrefe.
Mayringer, H. & Wimmer, H. (2003). *Salzburger Lese-Screening für die Klassenstufen 1-4 (SLS 1-4)*. Bern: Huber.
McDaniel, D., McKee, C. & Smith Cairns, H. (Eds.). (1996). *Methods for assessing children's syntax*. Cambridge, MA: MIT Press.
Melchers, P. & Preuß, U. (1991/2006). *Kaufman-Assessment Battery for Children (K-ABC)*. Amsterdam: Swets & Zeitlinger.
Menyuk, P. (2000). Wichtige Aspekte der lexikalischen und semantischen Entwicklung. In H. Grimm (Hrsg.), *Sprachentwicklung* (Enzyklopädie der Psychologie, Serie Sprache, Bd. 3, S. 171-192). Göttingen: Hogrefe.
Niedersächsisches Kultusministerium (2003). *FIT IN DEUTSCH. Feststellung des Sprachstands 10 Monate vor der Einschulung*. Hannover: Niedersächsisches Kultusministerium.
Osburg, C. (2002.) *Begriffliches Wissen am Schulanfang. Schulalltag konstruktivistisch analysiert*. Freiburg/Br.: Fillibach.
Pochert, A. et al. (2002). *Bärenstark. Berliner Sprachstandserhebung und Materialien zur Sprachförderung für Kinder in der Vorschul- und Schuleingangsphase*. Berlin: Senatsverwaltung für Schule, Jugend und Sport.
Raatz, U. & Klein-Braley, C. (1992). *Der Schulleistungstest Deutsch für vierte Klassen (CT-D4)*. Weinheim: Beltz Test.

Raatz, U. & Schwarz, E. (1974). *Wortschatzuntersuchung für 4.-6. Klassen (WSU 4-6)*. Weinheim: Beltz Test.

Reich, H. (2003). Tests und Sprachstandsmessungen bei Schülern und Schülerinnen, die Deutsch nicht als Muttersprache haben. In U. Bredel, H. Günther, P. Klotz, J. Ossner & G. Siebert-Ott (Hrsg.), *Didaktik der deutschen Sprache* (Bd. 2, S. 914 - 923). Paderborn: Schöningh.

Reich, H. & Roth, H.-J. (2003). *Hamburger Verfahren zur Analyse des Sprachstandes bei 5-Jährigen (HAVAS)*. Landau: Universität Koblenz-Landau, Institut für Interkulturelle Bildung (mimeo).

Richter, T. & Christmann, U. (2002). Lesekompetenz: Prozessebenen und interindividuelle Unterschiede. In N. Groeben & U. Christmann (Hrsg.), *Lesekompetenz: Bedingungen, Dimensionen, Funktionen* (S. 25-58). Weinheim: Juventa.

Roelcke, T. (1999). *Fachsprachen*. Berlin: Schmidt.

Rothweiler, M. (2006). The acquisition of V2 and subordinate clauses in early successive acquisition of German. In C. Lleó (Ed.), *Interfaces in multilingualism. Acquisition and representation* (pp. 91-113). Amsterdam: Benjamins.

Schneider, W. (2004). Frühe Entwicklung und Lesekompetenz: Zur Relevanz vorschulischer Sprachkompetenzen. In U. Schiefele, C. Artelt, W. Schneider & P. Stanat (Hrsg.), *Entwicklung, Struktur und Förderung von Lesekompetenz: Vertiefende Analysen im Rahmen von PISA 2000* (S. 13-36). Wiesbaden: VS Verlag für Sozialwissenschaften.

Schöler, H. (2003). Sprachleistungsmessungen. In U. Bredel, H. Günther, P. Klotz, J. Ossner & G. Siebert-Ott (Hrsg.), *Didaktik der deutschen Sprache* (Bd. 2, S. 899-913). Paderborn: Schöningh.

Snow, C. E. (1999). Facilitating language development promotes literacy learning. In L. Eldering, & P. Leseman (Eds.), *Early education and culture* (pp. 141-162). New York: Falmer.

Stanat, P. (2006). Schulleistungen von Jugendlichen mit Migrationshintergrund: Die Rolle der Zusammensetzung der Schülerschaft. In J. Baumert, P. Stanat & R. Watermann (Hrsg.), *Herkunftsbedingte Disparitäten im Bildungswesen: Differenzielle Bildungsprozesse und Probleme der Verteilungsgerechtigkeit* (S. 189-219). Wiesbaden: VS Verlag für Sozialwissenschaften.

Tager-Flusberg, H. (Ed.). (1994). *Constraints on language acquisition: Studies of atypical children*. Hillsdale, NJ: Erlbaum.

Trautmann, C. & Reich, H. H. (2007). Pragmatische Basisqualifikationen I und II. In K. Ehlich et al. (Hrsg.), *Projekt „Altersspezifische Sprachaneignung" PROSA. Referenzrahmen*. Berlin: BMBF (im Druck).

Völzing, P.-L. (1981). *Kinder argumentieren. Die Ontogenese argumentativer Fähigkeiten*. Paderborn: Schöningh.

Weinert, S. (1996). Prosodie-Gedächtnis-Geschwindigkeit: Eine vergleichende Studie zu Sprachverarbeitungsdefiziten dysphasisch-sprachgestörter Kinder. *Sprache und Kognition, 15*, 46-69.

Weinert, S. (2000a). Beziehungen zwischen Sprach- und Denkentwicklung. In H. Grimm (Hrsg.), *Sprachentwicklung* (Enzyklopädie der Psychologie, Serie Sprache, Bd. 3, S. 311-361). Göttingen: Hogrefe.

Weinert, S. (2000b). Sprach- und Gedächtnisprobleme dysphasisch-sprachgestörter Kinder: Sind rhythmisch-prosodische Defizite eine Ursache? In K. Müller & G. Aschersleben (Hrsg.), *Rhythmus. Ein interdisziplinäres Handbuch* (S. 255-283). Bern: Huber.

Weinert, S. (2003). Entwicklung von Sprache und Denken. In W. Schneider & M. Knopf (Hrsg.), *Entwicklung, Lehren und Lernen* (S. 93-108). Göttingen: Hogrefe.

Weinert, S. (2004a). Fremdsprachenerwerb in der Langzeitperspektive: Sind Kinder die besseren Sprachlerner? In G. Faust, M. Götz, H. Hacker & H. Roßbach (Hrsg.), *Anschlussfähige Bildungsprozesse im Elementar- und Primarbereich* (S. 119-138). Bad Heilbrunn: Klinkhardt.

Weinert, S. (2004b). Wortschatzerwerb und kognitive Entwicklung. *Sprache, Stimme, Gehör, 28*, 20-28.

Weinert, S. (2005). Umschriebene Entwicklungsstörungen der Sprache. In P. F. Schlottke, R. K. Silbereisen, S. Schneider & G. W. Lauth (Hrsg.), *Störungen im Kindes- und Jugendalter – Grundlagen und Störungen im Entwicklungsverlauf* (Enzyklopädie der Psychologie, Serie Sprache, Bd. 3, S. 483-543). Göttingen: Hogrefe.

Weinert, S. (2006a). Sprachentwicklung. In W. Schneider & B. Sodian (Hrsg.), *Kognitive Entwicklung* (Enzyklopädie der Psychologie, Serie Entwicklungspsychologie, Bd.2, S. 609-719). Göttingen: Hogrefe.

Weinert, S. (2006b). Sprachstörungen. In J. Funke & P. A. Frensch (Hrsg.), *Handbuch der Allgemeinen Psychologie – Kognition* (S. 665-673). Göttingen: Hogrefe.

Weinert, S. (2007a). Wie Sprache das Wissen und Denken beeinflusst. In A. A. Bucher, K. Lauermann & A. M. Kalcher (Hrsg.), *Sprache leben. Kommunizieren & Verstehen* (S. 23-49). Wien: G&G.

Weinert, S. (2007b). Kompetenzentwicklung und Kompetenzstruktur im Vorschulalter. In M. Prenzel, I. Gogolin & H.-H. Krüger (Hrsg.), *Kompetenzdiagnostik. Zeitschrift für Erziehungswissenschaft, Sonderheft 8* (S. 89-106). Wiesbaden: VS Verlag für Sozialwissenschaften.

Weinert, S. & Grimm, H. (2008). Sprachentwicklung. In R. Oerter & L. Montada (Hrsg.), *Entwicklungspsychologie* (S. 502-534). Weinheim: Beltz.

Weinert, S. & Lockl, K. (2008). Sprachförderung. In F. Petermann & W. Schneider (Hrsg.), *Angewandte Entwicklungspsychologie* (Enzyklopädie der Psychologie, Serie Entwicklungspsychologie, Bd.7, S. 91-134). Göttingen: Hogrefe.

Weinert, S. & Redder, A. (2007). *Meilensteine des Spracherwerbs als Hintergrund und Basis für die Etablierung eines Forschungsprogramms zur wissenschaftlichen Grundlegung der Sprachdiagnostik/Sprachförderung an Schulen und Kindergärten*. Unveröffentlichtes Manuskript, Bamberg/Hamburg.

Weinert, S., Doil, H. & Frevert, S. (2007). Kognitiv-sprachliche Kompetenzen. In S. Weinert (Koordination), J. B. Asendorpf, A. Beelmann, H. Doil, S. Frevert, M. Hasselhorn & A. Lohaus, *Expertise zur Erfassung von psychologischen Personmerkmalen bei Kindern im Alter von fünf Jahren im Rahmen des SOEP* (DIW: Data Documentation 20; S. 9-29). Berlin: Deutsches Institut für Wirtschaftsforschung. Verfügbar unter: http://www.diw.de/documents/publikationen/73/60002/diw_datadoc_2007-020.pdf [15.August 2009].

Weinert, S., Doil, H. & Frevert, S. (2008). Kompetenzmessungen im Vorschulalter: Eine Analyse vorliegender Verfahren. In H.-G. Rossbach & S. Weinert (Hrsg.), *Kindliche Kompetenzen im Elementarbereich: Förderbarkeit, Bedeutung, Messung* (S. 89-209). Berlin: Bundesministerium für Bildung und Forschung. Verfügbar unter: http://www.bmbf.de/pub/bildungsforschung_band_vierundzwanzig.pdf [15.August 2009].

Weiß, R. H. (1998/2006). *Grundintelligenzskala 2 Revision (CFT 20-R)* (1. Aufl.). Göttingen: Hogrefe.

Weissenborn, J. (2000). Der Erwerb von Morphologie und Syntax. In H. Grimm (Hrsg.), *Sprachentwicklung* (Enzyklopädie der Psychologie, Serie Sprache, Bd. 3, S. 141-169). Göttingen: Hogrefe.

Wimmer, H. (1982). *Zur Entwicklung des Verstehens von Erzählungen*. Bern: Huber.

Zydatiß, W. (2000). *Bilingualer Unterricht in der Grundschule. Entwurf eines Spracherwerbskonzepts für zweisprachige Immersionsprogramme*. Ismaning: Hueber.

Zydatiß, W. (2002). „Wasser ist Leben!" – Integriertes Sach- und Sprachlernen im Fach Deutsch als Zweitsprache der Berliner Grundschule. In C. Finkbeiner (Hrsg.), *Bilingualität und Mehrsprachigkeit* (S. 59-70). Hannover: Schroedel.

Teil 3

Anwendungskontexte der Befragung von Kindern und Jugendlichen

Befragung von Kindern im forensischen Kontext

Claudia M. Roebers

1 Einführung

Experimentelle, empirische Arbeiten über die Gedächtnisfähigkeiten von Kindern konnten wiederholt und überzeugend dokumentieren, dass sich Kinder ab einem Alter von ungefähr drei Jahren über kürzere, aber auch über lange Zeiträume hinweg an selbsterlebte oder beobachtete Ereignisse erinnern können. Mit Hilfe von geeigneten Fragen, Photos oder auf das Ereignis bezogenen Gegenständen gelingt es Kindern durchaus, sich korrekt an vergangene Zoobesuche, Arztkonsultationen, Museumsausflüge oder Unfälle mit nachfolgender Krankenhausbehandlung zu erinnern (für einen Überblick vgl. Peterson, 2002).

Die Bewertung solcher episodischer oder autobiographischer Gedächtnisleistungen von Kindern in einem forensischen Kontext stellt eine der schwierigsten und komplexesten Aufgaben für Fachpersonen dar. Die kritischen Aspekte der Bewertung dieser Gedächtnisleistungen von Kindern sind deren Exaktheit, deren Grad der Ausführlichkeit und deren Konsistenz zu unterschiedlichen Zeitpunkten und nicht der sprachliche, kommunikative, selbstdarstellerische oder Unterhaltungswert der Erzählung (Conway & Pleydell-Pearce, 2000). Genau wie bei Zeugenaussagen von Erwachsenen ist auch bei kindlichen Aussagen die *Genauigkeit* der Angaben das wichtigste Kriterium. Hiermit ist der Grad der Übereinstimmung zwischen dem Originalereignis und der kindlichen Erinnerung gemeint. Während in kontrollierten empirischen Studien die Genauigkeit von Gedächtnisleistungen exakt bestimmt werden kann, stellt sich in der forensischen Praxis nicht selten das Problem, dass eine oder mehrere (verschiedene!) Zeugenaussagen die einzigen Quellen von Informationen sind und somit nicht genau festgestellt werden kann, ob und in welchem Ausmaß der Bericht mit dem tatsächlichen Geschehen übereinstimmt.

Die empirische Forschung hat deshalb – beginnend in den 90er Jahren – zahlreiche Studien realisiert, in welchen die Genauigkeit von Gedächtnisleistungen in Abhängigkeit des Alters, des Vergessenszeitraums, der Befragungstechnik und vielen anderen Faktoren untersucht wurde. In einem weiteren Forschungsansatz wurden die Einbußen in der Genauigkeit aufgrund von inadäquaten Befragungsmethoden, zu langen Vergessensintervallen, vorhandenem stereotypen Vorwissen oder anderen Faktoren dokumentiert (Roebers & Schneider, 2006). Das intensive Forschungsinteresse bezüglich der Genauigkeit von kindlichen Aussagen muss vor dem Hintergrund gesehen und verstanden werden, dass – im schlimmsten Fall – ein einziges, vom Zeugen falsch wiedergegebenes Detail vor Gericht dafür entscheidend sein kann, ob es zu einer Verurteilung oder zu einem Freispruch kommt. Nicht selten hat sich auch das Interesse der Medien auf kindliche Zeugenaussagen konzentriert, in denen die fehlerbehaftete Schilderung eines Kindes zur irrtümlichen Verurteilung eines Unschuldigen geführt hatte. In der Folge solcher Verfahren wurden deshalb vermehrt öffentliche Stimmen laut, welche die Verwendbarkeit von kindlichen Zeugenaussagen vor Gericht ganz grundlegend in Frage stellten (Poole & Lamb, 1998).

An der zweiten Stelle bei der Beurteilung der Brauchbarkeit einer kindlichen Zeugenaussage steht der Grad der *Detailliertheit*. Zu allgemeine und zu knapp ausgefallene Berichte über forensisch relevante Inhalte sind für Ermittlungen, Verfahren und Strafbemessungen nicht brauchbar. In Bezug auf die Fähigkeit, einen freien Bericht über ein Ereignis abzugeben, ohne auf Fragen, Hinweise oder andere Hilfsmittel zurückgreifen zu müssen („Erzähle mir alles, an das du dich erinnern kannst! Alles ist wichtig, lasse nichts weg!"), hat die Grundlagenforschung zur episodischen und autobiographischen Gedächtnisentwicklung wiederholt aufgezeigt, dass Kinder nur sehr spärliche Berichte abgeben. Aus genau diesem Grund, der fehlenden Detailliertheit der von Kindern abgegebenen Berichte, aber auch aufgrund der oft fehlenden zeitlichen Ordnung oder der fehlenden Kontexteinbettung, werden Kindern – noch mehr als Erwachsenen – vermehrt konkrete Fragen zum Vorgang gestellt. Spezifische Fragen zu solchen Details – so wird im weiteren Verlauf dieses Kapitels noch genauer dargestellt werden – beeinträchtigen aber die Genauigkeit der Angaben von Kindern erheblich. Bei offenen, spezifischen Fragen zu einem Ereignis kann bei Grundschulkindern nur von einer 60-prozentigen Wahrscheinlichkeit für eine richtige Antwort ausgegangen werden. Bei spezifischen Fragen, die eine Antwort nahe legen oder sogar suggerieren (Ja/Nein-Fragen, irreführende Fragen), liegt der Erwartungswert für eine korrekte Antwort bei Kindern unter sieben Jahren sogar meist deutlich unter dem Zufallsniveau von 50 Prozent (weitere Details vgl. unten). Diese Befunde stellen die Ausgangsbasis für die Bewertung gängiger Befragungstechniken und die Entwicklung von neuen, kindgerechteren Interviewmethoden dar.

Neben der Qualität der Aussage (Genauigkeit) und der Menge an Information (Detailliertheit), ist die *Konsistenz* von Augenzeugenberichten der dritte entscheidende Aspekt. Praktikerinnen und Praktiker gingen lange davon aus, dass bei Kindern ebenso wie bei Erwachsenen eine glaubwürdige Zeugenaussage, die mehrfach abgegeben wird, über die Zeit stabil und konsistent bleiben muss. Veränderungen, Auslassungen und neu hinzukommende Details in den Aussagen wurden als Hinweis für mangelnde Glaubwürdigkeit angesehen. In der Grundlagenforschung zu autobiographischen Erinnerungen von Kindern zeigte sich aber das Gegenteil: Konsistente autobiographische Berichte von jungen Kindern sind eher die Ausnahme als die Regel. Arbeiten von Robyn Fivush beispielsweise haben wiederholt gezeigt, dass bei Vorschul- und Grundschulkindern typischerweise nur 10 bis 25 Prozent der wiedergegebenen Information bereits in einem früheren Interview berichtet wurde. Der größte Anteil der Erinnerungsleistungen bestand aus zuvor noch nie erwähnten Details, die sich in 90 Prozent der Fälle aber als richtig erwiesen (Fivush & Hamond, 1990; Fivush & Shukat, 1995). Diese Inkonsistenz wird mit Entwicklungsveränderungen in der Wissensbasis, den sprachlichen Fähigkeiten, den zur Verfügung gestellten Abrufhinweisen (z. B. Fragen) und selbstgenerierten Suchstrategien während des Erinnerns erklärt.

Aufgrund dieser empirischen Befunde und der Notwendigkeit, vorherzusehen, was ein Zeuge oder eine Zeugin in der entscheidenden Befragung aussagen wird, ergibt sich für die forensische Praxis ein kaum zu lösendes Dilemma. Mit dem Ziel, dieses Problem der mangelnden Konsistenz bei Mehrfachbefragungen zu umgehen, wurden Anpassungen der Strafprozessordnungen vorgenommen, die es ermöglichen, eine auf Video aufgezeichnete Befragung eines Kindes zu einem forensisch relevanten Ereignis im Verlauf des Prozesses verwenden zu können. Weil wiederholte Befragungen von Kindern aber auch zu widersprüchlichen Antworten auf spezifische Fragen führen können (vgl. unten) und eine unnötige Stressbelastung für Kinder darstellen (Page & Precey, 2002), versucht man seit einigen Jahren in vielen Ländern dieser Welt, Mehrfachinterviews von Kindern als Zeugen zu vermeiden (Poole & Lamb, 1998; Whitcomb, 1992).

1.1 Bestehende Befragungspraxis

Es gibt einige wenige Studien, die sich mit Aussagen von Kindern aus realen forensischen Fällen beschäftigten und diese im Hinblick auf die Genauigkeit, die Detailliertheit und die Interviewpraxis der befragenden Personen systematisch analysierten. Die Ergebnisse solcher Studien zeichnen jedoch ein konsistentes Bild, das aus entwicklungspsychologischer Sicht als alarmierend bezeichnet werden muss.

Zunächst ist festzustellen, dass Kinder nicht selten als Zeugen und Zeuginnen in Prozesse involviert sind. Flin, Bull, Boon und Knox (1990) stellten in einer epidemiologischen Studie fest, dass in einem Zeitraum von 18 Monaten 1.800 unter 16-jährige Kinder vor Gerichten im Raum Glasgow, Schottland, ausgesagt hatten. Dabei waren die Kinder in 75 Prozent der Fälle in der Rolle als Beobachtende einer Straftat verhört worden, in 25 Prozent waren sie Opferzeugen und -zeuginnen. Zwischen dem Ereignis und der ersten Befragung der Kinder verzeichnete man in dieser Erhebung ein mittleres Intervall von 6,5 Monaten mit einer Streubreite von 30 bis 718 Tagen, was angesichts bekannter Vergessensprozesse bei Kindern bedenklich ist (Jones & Pipe, 2002). Die Wichtigkeit der Berücksichtigung sozialer Einflussfaktoren in der bestehenden Befragungspraxis wird auch durch diese Studie deutlich, in der gezeigt wurde, dass Kinder in 56 Prozent der Fälle gegen ihnen bekannte Personen aussagen mussten, in neun Prozent der Fälle sogar gegen Verwandte (Flin et al., 1990).

Im Hinblick auf das Gesprächsverhalten der vernehmenden Polizistinnen bzw. Polizisten und/oder Sozialarbeiterinnen bzw. Sozialarbeiter zeigen Felduntersuchungen weitere Probleme auf. Aldrigde und Cameron (1999) analysierten die Videoaufzeichnungen von realen forensischen Interviews mit 19 Kindern (17 davon waren Mädchen) in Fällen von Verdacht auf sexuellen Missbrauch. Nur vier der beteiligten Polizisten bzw. Polizistinnen und nur ein Sozialarbeiter bzw. eine Sozialarbeiterin stellte sich den Kindern explizit und namentlich vor. Ebenfalls wurden wenige Bemühungen unternommen, eine positive, vertrauensvolle Atmosphäre zu schaffen (vgl. Abschnitt 3.1. Interviewleitfäden). Auch Davies, Westcott und Horan (2000) berichten über nur kurze „Aufwärmphasen" vor dem eigentlichen Interview, die aber im Allgemeinen in Interviewleitfäden als erster Einstieg in die Befragung von Kindern vorgesehen sind (Poole & Lamb, 1998).

Dieses Bild setzt sich bei den verwendeten Interviewtechniken fort: In nur elf Fällen (60 Prozent) gab man den Kindern die Möglichkeit zu einem freien Bericht, welcher aber bereits nach ca. einer Minute durch eine der interviewenden Personen beendet wurde (die Interviews dauerten im Mittel aber 45 Min.; Aldridge & Cameron, 1999). Davies und Wilson (1997) berichten diesbezüglich Vergleichbares. In ihrer Feldstudie gaben nur 28 Prozent der professionellen Interviewenden den Kindern die Möglichkeit zum freien Bericht und in weiteren 43 Prozent wurde weniger als zwei Minuten Zeit dafür eingeräumt. Die Auswertungen ergaben weiter, dass die Interviewenden die Kinder nur selten dazu motivierten, über ein Detail oder einen Aspekt noch ausführlicher zu berichten (sog. „Einladungen"). Auswertungen von forensischen Interviews in den USA, die das National Institute for Child Health and Development (NICHD; Lamb, Orbach, Sternberg, Esplin & Hershkowitz, 2002) vorgenommen hat, ergaben, dass in 80 Prozent der Fälle geschlossene Fragen gestellt werden, unabhängig vom Alter des interviewten Kindes, des Deliktes und der beruflichen Ausbildung der Interviewenden. Weniger als sechs Prozent der Äußerungen der Interviewenden konnten in dieser Studie als „Einladungen" zu weiteren Ausführungen klassifiziert werden; wenn sie aber eingesetzt wurden, führten Einladungen zu drei- bis viermal längeren verbalen Beschreibungen seitens der befragten Kinder. Aldrigde and Cameron (1999) fanden 77 Prozent geschlossene und nur 23 Prozent offene Fragen, und von diesen geschlossenen Fragen erwies sich der größte Anteil als spezifisch oder lenkend. Und schließlich ergaben auch inhaltliche Analysen der Fragen, die Kindern in konkreten Befragungssituationen gestellt wurden, dass diese in ca. 40 Prozent der Fälle Wörter enthielten, die den Kindern unbekannt waren. Zahlreiche empirische Arbeiten haben die starke Tendenz von Kindern belegt, auch Fragen zu beantworten, die sie nicht oder nicht ganz verstehen, und sogar Fragen zu beantworten, die objektiv keinen Sinn machen (z. B. „Was essen Bücher gern?"; für einen Überblick vgl. Waterman, Blades & Spencer, 2002). Vor diesem Hintergrund ist es problematisch, wenn geschulte Interviewende in einer Befragung ihre Sprache und Wortwahl nicht an den Entwicklungsstand des zu interviewenden Kindes anpassen.

2 Besonderheiten und Probleme bei forensischen Interviews mit Kindern

Einige Befunde der hier skizzierten Feldstudien aufgreifend, werden in den folgenden Abschnitten experimentelle Untersuchungen erörtert, die die Besonderheiten von forensischen Interviews mit Kindern berücksichtigen (lange Vergessensintervalle, Beeinflussung durch den Interviewenden, inadäquate Befragungstechniken, weitere soziale Einflussquellen u. a.) und die ein differenziertes Bild bezüglich der Folgen für die resultierende Aussage liefern. Dabei wird auch wiederholt die Frage nach altersbedingten Unterschieden dieser Einflussfaktoren aufgeworfen und zu beantworten versucht, da zahlreiche Studien altersspezifische Auswirkungen von Einflüssen auf die Gedächtnisleistungen von Kindern nachgewiesen haben (z. B. Baker-Ward, Gordon, Ornstein, Larus & Clubb, 1993; Davies et al., 2000; Peterson, 2002).

2.1 Lange Vergessenszeiträume

Die Frage nach dem Einfluss von langen Vergessens- bzw. Abfrageintervallen auf die Behaltensleistungen von Kindern ist aufgrund der forensischen Praxis berechtigt, kann aber anhand von kontrollierten Studien nicht so einfach beantwortet werden. In Laborstudien, in denen die Gedächtnisleistungen und die Vergessensprozesse von Kindern unterschiedlichen Alters anhand von präsentierten Wortlisten untersucht wurden, erwiesen sich lange Zeitabstände zwischen Einspeicherung und Abruf der Information bei jüngeren Kindern im Vergleich zu älteren Kindern und Erwachsenen als problematischer im Hinblick auf die Menge der erinnerten Wörter (Brainerd, Reyna, Howe & Kingma, 1990). Untersuchungen, die das Gedächtnis von Kindern für komplexe und persönlich bedeutsame Ereignisse über einen längeren Zeitraum untersuchten, kamen zu einer insgesamt positiveren Bewertung der langfristigen Behaltensleistungen von Kindern. Obwohl sich in freien Berichten und den Antworten auf offene Fragen zu einem inszenierten Arztbesuch oder einem besonderen Familien- bzw. Klassenausflug durchaus Vergessensprozesse dokumentieren lassen, so scheint die Erinnerungsfähigkeit auch von jungen Kindern in diesem Bereich recht gut zu sein (Fivush & Shukat, 1995; Hudson & Fivush, 1991; Salmon & Pipe, 2000).

In Petersons (1999; Peterson & Whalen, 2001) Längsschnittstudie zum langfristigen Behalten von autobiographischen Ereignissen, an der 96 Kinder im Alter von 2 bis 13 Jahren teilnahmen, die wegen einer Verletzung (Platzwunden, Prellungen, Verstauchungen, einfache Knochenbrüche) in Folge eines Unfalls ins Krankenhaus zur ambulanten Behandlung kamen, ergaben sich Hinweise auf altersspezifische Vergessensraten über einen Zeitraum von zwei bzw. fünf Jahren hinweg. Kinder, die zum Zeitpunkt der Verletzung mindestens drei Jahre alt waren, erinnerten nach fünf Jahren immerhin noch durchschnittlich 80 Prozent der zentralen Ereignisse im Zusammenhang mit ihrem Unfall. Kinder, die zum Zeitpunkt der Krankenhausbehandlung aber jünger als drei Jahre waren, konnten dagegen im Mittel nur noch 50 Prozent der relevanten Information wiedergeben. Verschiedene Autorinnen und Autoren machen die dramatischen Veränderungen in kognitiven Strukturen und den sprachlichen Kompetenzen dafür verantwortlich (Fivush & Schwarzmueller, 1998; Peterson & Whalen, 2001).

Neben diesen altersspezifischen Vergessensprozessen in Bezug auf die Menge an erinnerter Information weisen verschiedene Studien auch darauf hin, dass jüngere Kinder über lange Zeiträume hinweg überproportionale Einbußen in der Genauigkeit ihrer Angaben zu verzeichnen haben, was im forensischen Kontext besonders bedeutsam ist. Poole und White (1991, 1993) ließen Kinder und Erwachsene zu einem gestellten Streit zwischen dem Versuchsleiter bzw. der Versuchsleiterin und einer unbekannten Person befragen. Während die Angaben der verschiedenen Altersgruppen im Interview nach einer Woche keine Unterschiede in der Genauigkeit aufwiesen (ca. sieben Prozent falsche Angaben), stieg dieser Fehleranteil in der nächsten Befragung nach zwei Jahren bei Kindern auf 20 Prozent, gegenüber gleich bleibenden sieben Prozent falschen Angaben bei den Erwachsenen. Ein ähnliches Befundmuster berichten Goodman, Hirschman, Hepps und Rudy (1991), die drei- bis siebenjährige Kinder direkt und ein Jahr nach einer Impfung befragten. Die Menge an erinnerten Einzelheiten dieses potentiell stressvollen Erlebnisses war im Interview nach einem

Jahr gesunken, gleichzeitig blieb die Fehlerrate in etwa gleich. Die daraus resultierende Genauigkeit (relativer Anteil von richtig erinnerter Information, hier Fehleranteil) der Gedächtnisleistung nahm also bedeutsam ab (ein Prozent vs. zehn Prozent Fehler).

Weniger klar ist das Bild, wenn kürzere, bis zu sechsmonatige Zeiträume und altersspezifische Raten von Vergessensprozessen untersucht werden. Generell scheinen die Vergessensraten von jüngeren und älteren Kindern ähnlicher zu sein, wenn das Vergessensintervall kleiner als ein halbes Jahr ist (Baker-Ward et al., 1993; Ornstein, Gordon & Larus, 1992). Zusammenfassend lässt sich sagen, dass lange Zeitintervalle zwischen einem Ereignis und der Befragung einer detaillierten und akkuraten Gedächtnisleistung abträglich sind. Sehr junge Kinder scheinen trotz ihrer guten verbal-kommunikativen Fähigkeiten, wenn sie sich an ein vergangenes selbstbezogenes Erlebnis erinnern, durch lange Behaltensintervalle überproportional stark beeinträchtigt zu werden.

2.2 Unbekannte Vorwissenseffekte

Nicht selten werden Kinder als Zeugen bzw. Zeuginnen oder als Opferzeugen bzw. Opferzeuginnen über Tathergänge befragt, die nicht einmal, sondern wiederholt stattgefunden haben. Sich wiederholende Ereignisse führen im Gedächtnis zur Bildung einer umschriebenen Wissensbasis, die jederzeit aktivierbar ist. Sowohl in der Allgemeinen Psychologie wie auch in der Entwicklungspsychologie sind zahlreiche Befunde publiziert worden, die den Einfluss von Vorwissen auf langfristige Gedächtnisleistungen belegen (vgl. auch Lockl & Schneider in diesem Band). Insbesondere bei langen Vergessenszeiträumen tendieren sowohl Kinder wie auch Erwachsene dazu, entstandene Erinnerungslücken mit diesen in sogenannten „Skripts" angelegten, verallgemeinerten Wissensstrukturen zu schließen (Ornstein & Greenhoot, 2000). Beziehen sich solche Erinnerungslücken auf Einzelheiten, die tatsächlich vorgekommen sind und die gleichzeitig als typisches Element in einer solchen Gedächtnisrepräsentation abgespeichert sind, dann kann vorhandenes Wissen die Gedächtnisleistungen tatsächlich verbessern (Ricci & Beal, 1998).

Mittels einer inszenierten Vorsorgeuntersuchung beim Kinderarzt konnten Ornstein et al. (1998) aber auch negative Effekte von Vorwissen auf die Gedächtnisleistung nachweisen. Auch wenn die teilnehmenden vier bzw. sechs Jahren alten Kinder im Interview nach drei Monaten die typischen Untersuchungsbestandteile (z. B. Abhören der Brust, Kontrolle der Gehörgänge) besser erinnerten als die unerwarteten (z. B. Messung des Kopfumfanges, Säuberung des Nabels), was belegt, dass sie von ihrem Vorwissen über Arztbesuche profitieren konnten, „erinnerten" sie fälschlicherweise aber auch überzufällig viele eigentlich typische Untersuchungen, die in diesem speziellen Fall aber ausgelassen worden waren. Diese Art der „Gedächtnis-Einschleichungen" (engl. *intrusions*) waren interessanterweise bei älteren Kindern häufiger als bei jüngeren (weil die älteren über mehr Vorwissen verfügen) und nahmen mit länger werdendem Vergessensintervall zu (weil die Gedächtnisspuren des Originalereignisses verblassen; Ornstein et al., 1998).

Die in der empirischen Forschung wohl am meisten beachtete Studie zu Vorwissenseffekten bei Kindern auf ihre Zeugenaussagefähigkeiten ist die von Leichtman und Ceci (1995) publizierte „Sam-Stone"-Untersuchung. Bei Kindern im Alter zwischen drei und sechs Jahren wurde systematisch Wissen über diesen „Sam Stone" angelegt, entweder vor, nach, oder vor *und* nach seinem kurzen Besuch in den entsprechenden Kindergartenklassen. Während sich „Sam Stone" bei diesem kurzen Besuch im Kindergarten lediglich umschaute, suggerierten die Beschreibungen und Befragungen der Versuchsleiterin den Kindern, „Sam Stone" sei zwar recht nett aber sehr ungeschickt, weshalb ihm regelmäßig Missgeschicke (z. B. Eiscreme verschütten, Bücher kaputt machen) passierten.

Die Auswertungen der entscheidenden Interviews am Ende der Untersuchung ergaben, dass 46 Prozent der Drei- bis Vierjährigen und 30 Prozent der Fünf- bis Sechsjährigen, die sowohl stereotype als auch irreführende Informationen über Sam Stone bekommen hatten, spontan falsche Angaben über sein Verhalten anlässlich seines Besuches im Kindergarten machten, die mit den Stereotypien und den Suggestionen übereinstimmten (auf spezifisches Nachfragen hin waren es sogar 75 Prozent der jüngeren und ca. 50 Prozent der älteren Kinder). Diejenigen Kinder, die entweder nur dem stereotypen Vorwissen oder nur den irreführende Interviews ausgesetzt worden waren, bejahten häufig bei konkretem Nachfragen, dass „Sam Stone" eine der vorgegebenen „Übeltaten" begangen habe (20 bis 40 Prozent der Fünf- bis Sechsjährigen; 35 bis 55 Prozent der Drei- bis Vierjährigen). In der Kontrollgruppe dagegen kamen gar keine falschen Anschuldigungen vor.

Vorhandenes Wissen kann aber auch durch weitere Erlebnisse, durch Gespräche, Befragungen und anderes umstrukturiert oder uminterpretiert werden. Greenhoot (2000) belegte in ihrer Studie eindrucksvoll, dass bereits vorhandenes, zweideutiges Wissen über eine Person so verändert werden kann, dass die teilnehmenden Kinder später deren ursprüngliches Verhalten entweder als prosozial oder als antisozial deuteten und entsprechend ihre verbalen Berichte über deren Verhalten in positive oder negative Richtung anpassten (vgl. auch Elischberger, 2005, für vergleichbare Vorwissenseffekte).

Vor allem bei Kindern, deren Wissensbestände noch stärkeren und kontinuierlicheren Veränderungen unterliegen als diejenigen von Erwachsenen, muss von starken Wissenseinflüssen vor und nach dem fraglichen Ereignis auf die spätere Gedächtnisleistung ausgegangen werden. Für tatsächliche Fälle von kindlichen Zeugenaussagen stellt sich oft das Problem, dass weder vorher verfügbares noch später hinzu gekommenes Wissen exakt festgestellt werden kann. Die Abschätzung von Wissenseinflüssen wird noch zusätzlich dadurch erschwert, dass dieses Wissen absichtlich aber auch unabsichtlich beim betreffenden Kind angelegt worden sein kann und sich oft den forensisch tätigen Fachpersonen nicht erschließt. Die dargestellten Studien belegen in diesem Zusammenhang eindrucksvoll, wie sich bereits bestehende Vorwissensbestände oder auch nachträglich erworbenes Wissen über ein Ereignis insbesondere bei jüngeren Kindern negativ auf die Genauigkeit der Gedächtnisleistung auswirken können.

2.3 Inadäquate Befragungstechniken

Befragungsmethoden, die nicht kindgerecht sind, stellen das größte Problem in Bezug auf die Verwendbarkeit von kindlichen Zeugenaussagen dar. In den folgenden Abschnitten sollen deshalb die wesentlichsten Aspekte und die aus forensischer Sicht resultierenden Probleme (mangelnde Genauigkeit und Inkonsistenz der Antworten) dieser Befragungsmethoden erörtert werden.

2.3.1 Fragetyp

Wenn auch in der Literatur keine Einigkeit über die Bezeichnungen der einzelnen Fragetypen herrscht, so werden diese dennoch meist anhand der Prozesse klassifiziert, die durch diese Fragen im Langzeitgedächtnis ausgelöst werden. Die Aufforderung zu einem *freien Bericht* – die sogenannte freie Wiedergabe – ist dadurch charakterisiert, dass sie dem Individuum keine konkreten Abrufhilfen für relevante Information liefert. Hier ist die betreffende Person aufgefordert, selbstständig und gezielt die richtigen Bereiche des Netzwerkes im Gedächtnis zu aktivieren und die bewusst werdenden Erinnerungen in Worte zu fassen. Auch wenn diese Aufgabe für Kinder eine große Herausforderung darstellt, so belegen zahlreiche Studien, dass die Genauigkeit der resultierenden Berichte ca. 90 Prozent nach kurzen und typischerweise immer noch über 80 Prozent bei längeren Vergessensintervallen beträgt (Bruck, Melnyk & Ceci, 2000). Die Menge der berichteten Information variiert bei diesem Fragetyp stark über verschiedene Altersgruppen hinweg, die Genauigkeit weist aber oft keine Altersunterschiede auf. Abbildung 1 illustriert exemplarisch das typische Ergebnismuster bei einer freien Wiedergabe für den Altersbereich zwischen sechs und zehn Jahren im Vergleich zu Erwachsenen.

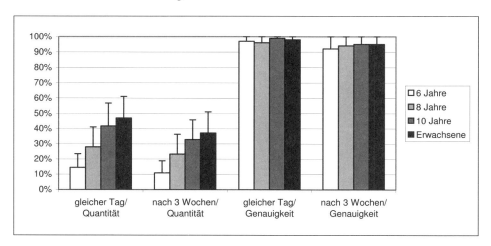

Abbildung 1: Mittlere Prozentwerte von richtig erinnerten Einzelheiten zu einem Film (Quantität) im freien Bericht sowie mittlere Genauigkeitswerte der freien Wiedergaben in Abhängigkeit vom Alter und dem Vergessensintervall; adaptiert nach Roebers und Elischberger (2002); Fehlerbalken repräsentieren die Standardabweichung

In dieser Studie wurde 284 Kindern und Erwachsenen ein Videofilm über einen Bandenkonflikt gezeigt. Sowohl am gleichen Tag wie auch drei Wochen später wurden die Teilnehmenden zu Beginn der Befragung aufgefordert, einen freien Bericht abzugeben. In der Abbildung wird ersichtlich, dass große Altersunterschiede in der Menge an frei und richtig wiedergegebener Information bestehen (linker Teil der Abbildung). Des Weiteren nahm die Menge an korrekt berichteter Information über einen Zeitraum von drei Wochen in allen Altersgruppen bedeutsam ab. Betrachtet man die Genauigkeit dieser freien Berichte (rechter Teil der Abbildung), so werden die hohe Genauigkeit und die fehlenden Altersunterschiede in der Genauigkeit deutlich. Nach drei Wochen nimmt zwar die Genauigkeit der Angaben ab, die mittleren Genauigkeitswerte liegen aber immer noch über 90 Prozent. Die Ergebnisse dieser Studie repräsentieren ein typisches Befundmuster für diese Altersgruppen und Vergessenszeiträume. Bei extrem langen Intervallen zwischen Erleben und Befragen und bei noch jüngeren Kindern muss allerdings mit stärkeren Genauigkeitseinbußen gerechnet werden. Werden Kinder ab sechs Jahren ohne vorherige Beeinflussung zu einem beobachteten oder erlebten Ereignis mittels einer Aufforderung zu einem freien Bericht motiviert, so kann eine nahezu fehlerfreie Gedächtnisleistung unabhängig vom Alter erwartet werden. Es ist deshalb sinnvoll, dass in Richtlinien zur Befragung von Kindern im forensischen Kontext immer der freie Bericht als Anfang eines Interviews empfohlen wird (Poole & Lamb, 1998).

Als *offene oder auch spezifische, nicht lenkende Fragen* werden in der Fachliteratur solche Fragen bezeichnet, die die Aufmerksamkeit des Befragten auf ein spezifisches Detail zu lenken versuchen, ohne aber eine konkrete Antwort nahe zu legen. Wie eingangs bereits angedeutet, ist die Verwendung dieser Fragen in forensischen Interviews nötig, um einen ausreichenden Grad der Detailliertheit der Aussage zu erreichen. Offene Fragen, in der englischsprachigen Literatur auch manchmal als wh-Fragen bezeichnet (where? who? why? when? what?), können Abrufprozesse im Langzeitgedächtnis strukturieren, ohne sie zu beeinflussen. In zahlreichen Studien konnte für diesen Fragetyp eine substantielle Zunahme an korrekt erinnerter Information im Vergleich zum freien Bericht nachgewiesen werden (Baker-Ward et al., 1993).

Gleichzeitig jedoch steigt bei der Verwendung von offenen Fragen zu einem Ereignis auch die Zahl der Fehler deutlich an, was gegenüber den freien Berichten zu einer deutlichen Abnahme der Genauigkeit der Gedächtnisleistung führt. Roebers und Schneider (2000) befragten Teilnehmende im Alter von sechs, acht und zehn Jahren sowie Erwachsene zu einem Videofilm. Drei Wochen nach der Einspeicherung des Zielereignisses erreichten die Sechsjährigen mit ihren Antworten auf offene, unverzerrte Fragen („wh-Fragen") eine mittlere Genauigkeit von nur 55 Prozent und die Achtjährigen von 74 Prozent, während die Zehnjährigen und die Erwachsenen im Mittel Genauigkeitswerte von 80 Prozent erzielten.

Empirische Studien, in denen zur Erfassung der episodischen Gedächtnisleistung von Kindern verschiedenen Alters dieser offene Fragetyp eingesetzt wurde, haben darüber hinaus Hinweise auf altersspezifische Effekte in der Effizienz dieses Fragetyps ergeben. Offene Fragen scheinen bei älteren Kindern ein effizienteres Befragungsmittel darzustellen als bei jüngeren, die nicht selten Schwierigkeiten haben, die relevante Information präzise abzurufen (Davies et al., 2000). So konnten beispielsweise die Sechsjährigen in der Studie von Roebers und Schneider (2000) nur 55 Prozent der offenen, zentralen Fragen zum Ereignis richtig beantworten, während Acht- und Zehnjährigen dies in ca. 90 Prozent der zentralen Fragen gelang. Für eine zusammenfassende Bewertung der Tauglichkeit offener Fragen in forensischen Interviews muss festgehalten werden, dass sich solche Fragen oft nicht vermeiden lassen. Sie erlauben, ohne direkte Beeinflussung nach wichtigen oder notwendigen Details zu fragen und sie führen auch zu einem Anstieg an erinnerter Information. Interviewende müssen sich aber gleichzeitig bewusst sein, dass diese Fragen ein nicht zu unterschätzendes Fehlerpotential mit sich bringen. Somit sollten die Antworten von Kindern auf diesen Fragetyp in mehrfacher Hinsicht kritisch hinterfragt werden.

Schließlich sind an dieser Stelle *geschlossene, Ja/Nein-Fragen bzw. lenkende Fragen* zu nennen. Auch wenn über die korrekte Bezeichnung dieses Fragetyps in der Forschungsliteratur keine Einigkeit besteht, so kann festgehalten werden, dass damit immer solche Fragen gemeint sind, die eine „Ja"-„Nein", oder Ein-Wort-Antwort erlauben. Irreführende Fragen, also geschlossene Fragen, die eine falsche Antwort nahe legen, gehören auch zu dieser Gruppe. Aus kognitionspsychologischer Sicht ist diesen Fragen gemeinsam, dass sie weniger gezielte Abrufprozesse aus dem Langzeitgedächtnis aktivieren als vielmehr einen Abgleich von extern gelieferter mit abgespeicherter Information initiieren. Wie epidemiologische Untersuchungen zur bestehenden Befragungspraxis gezeigt haben, ist dieser Fragetyp mit seinen Facetten in der Praxis häufig anzutreffen (vgl. oben), obwohl eine kaum zu überschauende Anzahl von Studien konsistent gezeigt hat, dass solche Fragen im forensischen Kontext insbesondere bei der Befragung von Kindern nicht verwendet werden sollten. Kinder im Alter unter zehn Jahren tendieren dazu, Antworten, welche ihnen von Interviewenden nahegelegt werden, zuzustimmen, ohne diese zuerst mit ihrer eigenen Erinnerung zu vergleichen. Die Wahrscheinlichkeit, auf eine Ja/Nein-Frage oder eine lenkende Frage von einem Kind unter acht Jahren eine richtige Antwort zu erhalten, dürfte über alle Studien hinweg kaum über der Ratewahrscheinlichkeit von 50 Prozent liegen (für Überblicksartikel vgl. Bruck & Ceci, 1999; Poole & Lamb, 1998; Roebers & Schneider, 2006). Neben diesem wichtigen, allgemeinen Befund, dass diese Frageform im forensischen Kontext aus Gründen der geringen Genauigkeit der Antworten insbesondere bei Kindern nicht verwendet werden sollte, kann das kindliche Antwortverhalten dennoch noch etwas differenzierter betrachtet werden.

Abbildung 2 zeigt Altersunterschiede in der Tendenz von befragten Personen, auf eine lenkende Frage eine „Ja"-Antwort zu geben und damit der Suggestion zu folgen. In dieser Studie wurden Kinder verschiedener Altersgruppen und Erwachsene über ein Ereignis befragt, das sie drei Wochen zuvor beobachtet hatten. In die Auswertungen flossen dabei nur solche lenkenden Fragen ein, die eine falsche Antwort suggerierten, Fragen also, die von den Teilnehmenden nur mit „ja" oder „nein" beantwortet werden mussten, wobei „nein" die richtige Antwort darstellte. Die Abbildung zeigt, dass über alle lenkenden Fragen hinweg (weiße Balken) Sechsjährige häufiger fälschlicherweise mit „ja" antworteten, also der vorgeschlagenen falschen Antwort zustimmten, als dass sie der Suggestion widerstehen konnten. Bei den älteren Kindern hingegen gelang dies immerhin schon besser, hier lagen die richtigen Antworten über dem Zufallsniveau von 50 Prozent.

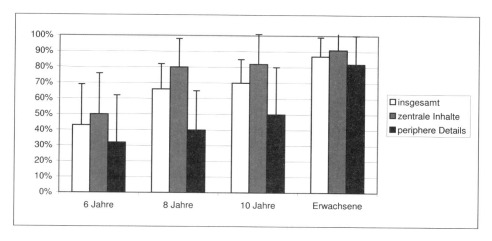

Abbildung 2: Mittlere Genauigkeitswerte der Antworten auf falsch-lenkende (irreführende) Fragen zu einem beobachteten Ereignis in Abhängigkeit vom Alter und der gefragten Information; adaptiert nach Roebers und Schneider (2000); Fehlerbalken repräsentieren die Standardabweichung

Diese spezielle Form der Suggestibilität wird neben dem Alter jedoch auch von weiteren Faktoren beeinflusst. Die Abbildung lässt erkennen, dass zustimmende Antworten auf falsch-lenkende Fragen in allen Altersgruppen dann weniger wahrscheinlich sind, wenn die Fragen auf zentrale Inhalte des Geschehens abzielen (graue Balken) im Vergleich zu nebensächlichen Details (schwarze Balken). Besonders frappierend ist jedoch der auch in anderen Studien häufig replizierte Befund der überproportional hohen Suggestibilität von Kindern im Vergleich zu Erwachsenen bei peripheren Details. Kindern scheint bei mangelnden eigenen Erinnerungen an das fragliche Detail eine Strategie zu fehlen, mit dieser Situation umzugehen. Während die Beantwortungsgenauigkeit dieser Fragen bei Erwachsenen hoch bleibt, weil sie falsche Antworten durch „ich weiß es nicht mehr" Antworten umgehen, folgen Kinder oft der falschen Suggestion (vgl. auch Brady, Poole, Warren & Jones, 1999).

Neben diesen direkten, negativen Effekten von lenkenden Fragen auf die Genauigkeit von Kinderaussagen können irreführende Fragen (oder auch Fehler enthaltende Berichte über ein Geschehen) in späteren Befragungen zu Gedächtniskontaminationen führen (Roebers & Schneider, 2006). Dabei scheint es unerheblich zu sein, ob die befragte Person der falschen oder zusätzlichen Information ursprünglich zugestimmt oder sie korrekterweise abgelehnt hat (Ayers & Reder, 1998). Wie andere Informationen auch, können falsche oder zusätzliche Informationen im Gedächtnis abgespeichert und in der Folge bei Abrufprozessen aktiviert werden. Experimentelle Studien haben die Frage untersucht, ob, wenn ja, unter welchen Umständen und wieso falsche oder zusätzliche Informationen die Genauigkeit der Gedächtnisleistungen bei Kindern stärker beeinflussen als bei Erwachsenen. In Bezug auf die Frage, ob die Folgen der Beeinflussung bei jungen Kindern stärker und langfristiger sind als bei älteren Kindern und Erwachsenen, finden sich in der Literatur inkonsistente Ergebnisse (Ackil & Zaragoza, 1995; Ceci, Ross & Toglia, 1987).

Für die auftretenden Gedächtniskontaminationen können zweifelsohne verschiedene metakognitive Prozesse verantwortlich gemacht werden. Hierzu gehören die sogenannten Quellenüberwachungsfähigkeiten, metakognitive Überwachungsprozesse, aufgrund welcher die erinnerte Information einer Quelle zugeordnet werden kann. Die Fähigkeit, die Quelle von Informationen korrekt zuzuordnen, ist dann von besonderer Relevanz, wenn Informationen aus verschiedenen Quellen zu ein und demselben Ereignis eingespeichert wurden, wie es beispielsweise bei Erinnerungen an eine eigene Beobachtung und an eine spätere Befragung über diese Beobachtung der Fall ist. Ein dramatischer, altersbedingter Zuwachs in diesen Quellenüberwachungsfähigkeiten – insbesondere bei längeren Zeitintervallen – zwischen fünf und zehn Jahren ist wiederholt nachgewiesen worden (für einen Überblick vgl. Roberts, 2000).

2.3.2 Unsinnige und nicht beantwortbare Fragen

Insbesondere wenn im forensischen Kontext Aussagen von Kindern die einzige Möglichkeit bieten, Informationen über fragliche Geschehnisse zu erhalten, kann es passieren, dass interviewende Fachpersonen ohne Absicht Fragen stellen, die die Kinder auf der Basis des Erlebten, Beobachteten oder ihres allgemeinen Wissens gar nicht beantworten können. Wenn beispielsweise nach entlastenden Hinweisen für eine Person gesucht wird, kommt es vor, dass kindlichen Augenzeugen und Augenzeuginnen nicht beantwortbare oder unverständliche Fragen gestellt werden.

Im Kontext von empirischen Arbeiten zum Kommunikationsverhalten von Kindern konnte in einigen wenigen Studien gezeigt werden, dass sowohl nicht beantwortbare als auch unsinnige Fragen („Ist Milch größer als Gras?") von Kindern im Alter von unter sieben Jahren mit einer Wahrscheinlichkeit von ca. 75 Prozent freimütig beantwortet werden (Pratt, 1990; hier sei zu erwähnen, dass auch 25 Prozent der Erwachsenen diese Fragen ohne weitere Bemerkungen „beantworteten"!). Waterman, Blades und Spencer (2000, 2002) haben an diese Studien angeknüpft und eine Serie von Experimenten zu unsinnigen Fragen („Was essen Ziegelsteine?"; „Ist ein Springer wütender als ein Baum?") durchgeführt. Diese Untersuchungen, an welchen fünf bis acht Jahre alte Kinder teilnahmen, dokumentierten für die unsinnigen Fragen, dass bei einem geschlossenen Frageformat, das heißt bei Ja/Nein-Fragen, bei Alternativ-Fragen und bei lenkenden Fragen die Anteile an unangemessenen Antworten bei 90 Prozent lagen. Das bedeutet, dass Kinder in diesem Alter nahezu jede dieser Fragen irgendwie beantwortet haben. Wurden die unsinnigen Fragen aber in einem offenen Frageformat gestellt oder sollten die Kinder ihre „Nein"-Antwort auf die geschlossenen Fragen erläutern, so gaben bis zu über 80 Prozent der Fünf- bis Achtjährigen keine Antwort oder erklärten, dass diese Fragen so nicht gestellt werden könnten, weil sie unsinnig seien. Die „Nein"-Antworten der Kinder dürfen also offensichtlich nicht als Antwort auf die gestellte Frage interpretiert werden, sondern bedeuteten für die Kinder lediglich, dass man diese Frage nicht beantworten kann. Gerade die Erkenntnisse, die aus diesen Studien aufgrund der Erläuterungen der Kinder gewonnen wurden, erscheinen für forensische Befragungspraktiken von besonderer Relevanz. Interviewende sollten nicht zögern, sich die Antwort eines Vor- oder Grundschulkindes auf eine schwierige Frage erläutern zu lassen, um eine richtige Interpretation der Antwort im Sinne des Kindes gewährleisten zu können.

Häufiger als unsinnige oder für das Kind unverständliche Fragen treten sicherlich Fragen auf, die eine Augenzeugin bzw. ein Augenzeuge auf der Basis des Erlebten oder Beobachteten nicht beantworten kann (z. B. weil gewisse Details aus der Perspektive der Zeugin bzw. des Zeugen nicht sichtbar waren oder weil der/die Interviewende implizit Details oder Geschehnisse annimmt oder absichtlich und fälschlicherweise suggeriert). Systematische Arbeiten zur Tendenz von Kindern (und Erwachsenen), solche Fragen trotzdem zu beantworten, statt mit einer „Ich-weiß-nicht"-Antwort die Beantwortung zu umgehen, haben deutliche Altersunterschiede zwischen fünf- und zehnjährigen Kindern ergeben. Die Unterschiede fallen am prägnantesten aus, wenn die Fragen in einem geschlossenen Frageformat gestellt werden und/oder wenn der Interviewende vorgibt, die Antworten auf alle Fragen selber zu kennen (Waterman, Blades & Spencer, 2001, 2004). Es scheint demnach so zu sein, dass Kinder dann am bereitwilligsten eine Antwort geben, wenn sie glauben, dass eine Antwort von ihnen erwartet wird.

Weiter stehen auch die sogenannten metakognitiven Überwachungs- und Kontrollfähigkeiten nachweislich mit konfabulierten Antworten auf nicht beantwortbare Fragen in Zusammenhang (Nelson & Narens, 1990). Als empirisches Maß für Überwachungsprozesse während des Erinnerns werden üblicherweise Sicherheitsurteile erhoben, bei denen angegeben wird, wie sicher man ist, dass die gerade gegebene Antwort auch richtig ist (vgl. auch Lockl & Schneider in diesem Band). Hier kann für den Altersbereich Grundschule von einer kontinuierlichen Abnahme der Sicherheit für falsche Antworten auf nicht-beantwortbare Fragen ausgegangen werden (Roebers, von der Linden & Howie, 2007). Zwar fallen die Sicherheitsurteile der Kinder unter zehn Jahren immer noch höher aus als bei Erwachsenen, ab einem Alter von circa acht Jahren wird aber systematisch eine geringere Sicherheit für Antworten angegeben, die objektiv falsch sind, als für Antworten, die richtig sind.

Ein Indikator für metakognitive Kontrollprozesse bei nicht beantwortbaren Fragen ist längeres Zögern mit einer Antwort aufgrund von intensiven Suchprozessen oder auch „Ich-weiß-nicht"-Antworten, mit denen eine konkrete Antwort umgangen werden kann. In diesem Bereich zeigt die Forschung, dass wenn Kinder für richtiges Antworten von der interviewenden Person mit einem Goldtaler belohnt werden („Weiß-nicht"-Antworten wurden *nicht* belohnt!), die angemessenen „Ich-weiß-nicht"-Antworten im Vergleich zu einer Kontrollgruppe ohne Belohnung bedeutsam zunehmen (Roebers & Fernandez, 2002). Dabei scheinen die positiven Effekte von solch expliziten und transparenten Interviewanforderungen bei lenkenden Fragen noch ausgeprägter zu sein als bei offenen Fragen, bei denen Kinder eine geringere Antwortverpflichtung verspüren.

Zusammenfassend kann festgehalten werden, dass unverständliche, unsinnige und nicht beantwortbare Fragen in forensischen Interviews ein großes Problem darstellen, weil durch solche Fragen die Genauigkeit der Aussagen stark abnimmt. Verantwortlich für das unangemessene Antwortverhalten bei solchen Fragen bei Kindern unter acht Jahren sind in erster Linie Befragungsbedingungen, in welchen die Kinder eine Antwortverpflichtung verspüren oder die Interviewanforderungen in Bezug auf Genauigkeit, Detailliertheit etc. nicht bzw. nicht richtig wahrnehmen (Howie & Dowd, 1996) und weniger grundlegende Defizite in metakognitiven Überwachungs- und Kontrollprozessen.

Für forensische Befragungen lassen sich aufgrund dieser Befunde eindeutige Empfehlungen ableiten: Die Absicht der interviewenden Person, ihr Nichtwissen sowie die Bedeutung der Richtigkeit von Antworten müssen dem Kind transparent gemacht werden.

2.3.3 Fragewiederholungen

In einigen von den Medien stark beachteten Fällen von Verdacht auf sexuellen Missbrauch, in denen die Aussagen kindlicher Opferzeugen und Opferzeuginnen die einzigen Indizien für die Geschehnisse waren, ergaben Rekonstruktionen der Befragungen, dass einige Kinder über 10 oder sogar über 20 Mal von einem Erwachsenen über die fraglichen Ereignisse interviewt worden waren. Kontrollierte empirische Studien zu den Auswirkungen von Mehrfachbefragungen bei Kindern unterscheiden einerseits zwischen Fragewiederholungen innerhalb eines Interviews und andererseits zwischen mehreren mit zeitlichem Abstand stattfindenden Interviews. Fragewiederholungen innerhalb eines Interviews oder auch konkreteres Nachfragen zum gleichen Detail bringen bei Kindern – nicht aber bei Erwachsenen – die Gefahr mit sich, dass die ursprünglich gegebene Antwort vom Kind verändert wird. Jüngere Kinder änderten in einer Studie von Roebers, Rieber und Schneider (1995) in ca. 50 Prozent der Nachfragen ihre Antwort, während acht- und zehnjährige dies nur noch in 20 bis 30 Prozent der Nachfragen taten. Solche Antwortwechsel sind dann seltener, wenn die zugrundeliegende Gedächtnisrepräsentation solide ist (Cassel, Roebers & Bjorklund, 1996; Warren, Hulse-Trotter & Tubbs, 1991) und wenn die Interviewsituation und ihre Anforderungen den Kindern explizit erklärt werden (Howie, Sheehan, Mojarrad & Wrzesinska, 2004).

Mehrfachbefragungen ohne Beeinflussung, die zeitlich voneinander getrennt sind, können durchaus positive Effekte auf die resultierende Gedächtnisleistung haben. Dabei scheint es so zu sein, dass ein Interview, das möglichst zeitnah an dem Geschehen stattfindet, gegen allzu starke Vergessensprozesse immunisiert (Baker-Ward et al., 1993; Ornstein et al., 2006), zu mehr richtigen Antworten auf offene Fragen führt (Goodman, Bottoms, Schwartz-Kenney & Rudy, 1991) und sogar eine Verbesserung der freien Berichterstattung bewirkt (Gee & Pipe, 1995). Demgegenüber stehen allerdings die zahlreichen Befunde zur Verschlechterung der Genauigkeit einer Gedächtnisleistung durch Befragungen, in welchen durch die interviewende Person absichtlich oder unabsichtlich falsche oder zusätzliche Informationen hinzugefügt wurden. In realen Fällen von Mehrfachbefragungen eines Kindes durch eine oder mehrere Personen stellt sich für die Bewertung der Aussagen oft zusätzlich das Problem, dass weder der genaue Zeitpunkt der unterschiedlichen Befragungen noch der genaue Ablauf und Wortlaut bekannt oder rekonstruierbar sind, was leider nicht selten zu einer mangelnden forensischen Brauchbarkeit der Berichte von jungen Kindern geführt hat.

2.4 Nichtberücksichtigung von natürlichen sozialen Einflussfaktoren

In einigen der bisher erörterten Studien ergaben sich Hinweise darauf, dass Kinder sehr wohl sensitiv sind für Situationsmerkmale und dass die von ihnen wahrgenommenen Interviewanforderungen sich durchaus in ihrem Antwortverhalten niederschlagen. Im Folgenden sollen einige ausgewählte, sogenannte natürliche, soziale Einflussfaktoren und ihre Auswirkungen auf die Qualität von kindlichen Gedächtnisleistungen betrachtet werden. Für Kinder, insbesondere für jüngere Kinder, macht es beispielsweise einen Unterschied, ob die Person, die sie befragt, ihnen gut bekannt ist oder nicht. Jackson und Crockenberg (1998) und auch Goodman, Sharma, Thomas und Considine (1995) kontrastierten die Antworten von Kindern auf suggestive Fragen, die von der eigenen Mutter oder von einer unbekannten Person gestellt worden waren. Kinder waren besser in der Lage, falschen Suggestionen zu widerstehen, wenn die Fragen von der Mutter gestellt worden waren, was mit der größeren Vertrautheit und Sicherheit in der Interviewsituation erklärt wurde (vgl. auch Quas, Wallin, Papini, Lench & Scullin, 2005, für Effekte von sozialer Unterstützung).

Neben der Vertrautheit mit der interviewenden Person selber spielen aber auch die Vorinformationen und die subjektiven Überzeugungen der Interviewerin bzw. des Interviewers eine wichtige Rolle. Insbesondere dann, wenn Kinder unverständliche oder sich scheinbar widersprechende Antworten geben und die interviewende Person über falsche Vorannahmen verfügt, lassen sich negative Effekte auf die Genauigkeit der Aussagen der Kinder nachweisen (Bruck & Ceci, 1999; Thompson, Clarke-Stewart & Lepore, 1997). Poole und Lamb (1998) weisen in diesem Kontext auf das Problem hin, dass Interviewende es nicht selten versäumen, Fragen zu stellen, deren Ziel die Falsifizierung ihrer eigenen Annahmen ist. Interviewende würden somit zu häufig nach Hinweisen suchen, die ihren eigenen Überzeugungen entsprechen.

Überraschenderweise gibt es bislang nur relativ wenig empirische Forschung zu sogenannten natürlichen Einflussquellen, zum Beispiel zum Einfluss anderer Personen, die angeblich entweder vorher befragt wurden und deren „Antworten" der befragten Person bekannt sind, oder die zeitgleich mit der Zielperson befragt werden und somit ihr Antwortverhalten den Antworten der eigentlichen Zielperson anpassen können. Der Mangel an Forschung in diesem Bereich ist umso verwunderlicher, als in vielen sozialpsychologischen Studien der Zusammenhang zwischen sozialen Einflüssen und konformem Antwortverhalten nachgewiesen werden konnte. Experimentelle Untersuchungen an Erwachsenen mit solchen sozialpsychologischen Paradigmen belegen eindeutig und konsistent, dass sowohl das Antwortverhalten wie auch die längerfristige Behaltensleistung in einem Interview durch das Verhalten von weiteren anwesenden Personen beeinflusst werden kann. Lässt man Personen, die ein Geschehen beobachten beispielsweise über die Vorkommnisse gemeinsam diskutieren oder legt man den Teilnehmenden an einem Versuch Antwortprotokolle von anderen Personen vor, so verändern sich das Antwortverhalten und die später abgegebenen Berichte bedeutsam und gleichen sich den Aussagen der anderen Personen an (Gabbert, Memon & Allan, 2003; Walther et al., 2002).

Werden Kinder in Anwesenheit einer Verbündeten der interviewenden Person zu einem beobachteten Ereignis befragt, wobei ihnen die zweite erwachsene Person als weitere Teilnehmende vorgestellt wird, so lassen sich massive Effekte sowohl auf das unmittelbare Antwortverhalten der Kinder als auch längerfristige Effekte (im Sinne von Gedächtniskontaminationen) nachweisen, wenn der bzw. die Verbündete die Fragen jeweils *vor* dem Kind beantwortete. Die Auswirkungen einer solchen natürlichen Einflussquelle scheinen dabei bei Kindern im Alter bis zu acht Jahren deutlicher zu sein als bei Zehnjährigen. Dies trifft sowohl auf unmittelbares als auch auf späteres Antwortverhalten zu, welches durch den sozialen Druck, der von einer verbündeten Person im Interview ausgeht, bedeutsam verändert wird (Roebers, Schwarz & Neumann, 2005; Schwarz, Roebers & Schneider, 2004). Auch wenn in realen Fällen selten eine solche offensichtliche und massive soziale Beeinflussung vorkommt wie in den genannten Studien, so wurde damit doch die Anfälligkeit der Berichte von Kindern gegenüber jeder sozialen Einflussnahme eindrucksvoll belegt.

Weitere, wenig beachtete soziale Einflussquellen sind, wie oben bereits angedeutet, auch mitgehörte Gespräche und daraus resultierende Gerüchte, die zwischen Kindern kursieren. Gabrielle Principe konnte in einer Serie von Experimenten überzeugend dokumentieren, wie sich Gerüchte über falsche Ereignisse in Gruppen von Kindern ausbreiten und wie die tatsächlichen Geschehnisse mit dem Gerücht in Einklang gebracht bzw. vermischt werden (Principe & Ceci, 2002; Principe, Kanaya, Ceci & Singh, 2006; Principe, Tinguely & Dobkowski, 2007). In ihren Untersuchungen sehen Kinder im Kindergarten eine Zaubervorführung, in der unter anderem ein Kaninchen hervorgezaubert wird, das aber dann vor den Augen der Zuschauenden in einen Käfig gesetzt wird, wo es dann auch bleibt. Hören Kinder dann – wie zufällig – eine Unterhaltung zwischen Erwachsenen, aus der hervorzugehen scheint, dass das Kaninchen entwischt sei, beinhalten die Antworten in den Interviews und sogar die freien Berichte vieler Kinder eine Woche später Erzählungen über ausführliche Rettungsaktionen mit persönlicher Involviertheit, weitere Komplikationen im Zusammenhang mit dem Entwischen des Kaninchens und vieles andere mehr. Diese Befunde über die Verbreitung von falschen Informationen durch mitgehörte Konversationen und durch Gespräche unter Gleichaltrigen sollten dazu führen, dass im forensischen Kontext auch solche Informationen berücksichtigt werden. Nur allzu oft haben Interviewende aber keine oder keine verlässlichen Angaben darüber, wer im Beisein des Kindes mit welcher Absicht über die Vorkommnisse gesprochen bzw. mit wem das Kind die Ereignisse diskutiert hat.

2.5 Probleme der Vorhersagbarkeit

Während sich die Forschung in den frühen Jahren mehrheitlich mit den Altersunterschieden und Einflussfaktoren in Bezug auf die Ereigniserinnerungen und die Suggestibilität von Kindern beschäftigte, rückte in den letzten Jahren vermehrt die differentielle Perspektive in den Vordergrund des Fachinteresses. In fast allen dieser Arbeiten wurden große interindividuelle Unterschiede sowohl in den Erinnerungsleistungen als auch im Ausmaß der Suggestibilität dokumentiert. Nicht nur über verschiedene Altersgruppen hinweg, sondern auch innerhalb altershomogener Stichproben unterscheiden sich Kinder stark in ihren Gedächtnisfähigkeiten und in ihrer Fähigkeit, Beeinflussungen zu widerstehen.

In tatsächlichen Fällen, in welchen Kinder vor Gericht aussagen müssen, ist es den involvierten Fachleuten ein großes Anliegen, vorhersagen zu können, wie verlässlich die Aussage eines bestimmten Kindes eingestuft werden kann. Bruck und Melnyk (2004) haben eine Zusammenstellung und Analyse von 69 empirischen Studien zur Bedeutung von individuellen Unterschieden in der Erinnerungsleistung und in Suggestibilitätsindikatoren publiziert. In der Gruppe der kognitiven Voraussetzungen, zum Beispiel der Intelligenz und der Sprachentwicklung, wurden moderate Zusammenhänge mit den Suggestibilitätsmaßen gefunden, aber auch die Fähigkeit zur dualen Repräsentation (z. B. Schein und Sein Unterscheidung; Verständnis falschen Glaubens) sowie inhibitorische (hemmende), verhaltensplanerische Fähigkeiten (d. h. sogenannte exekutive Funktionen) sind mit Zeugenaussagefähigkeiten assoziiert (Quas & Schaaf, 2002; Roberts & Powell, 2005; Roebers & Schneider, 2005; Scullin & Bonner, 2006; Welch-Ross, Diecidue & Miller, 1997).

Im Bereich der sozial-emotionalen Voraussetzungen scheinen das Selbstkonzept des Kindes und die Bindungsqualität zur Mutter schwache aber mitunter bedeutsame Zusammenhänge mit dem Antwortverhalten in forensischen Interviews aufzuweisen. Wichtig ist in diesem Zusammenhang aber, auf die Tatsache hinzuweisen, dass die gefundenen Effekte eher gering sind, sodass weit mehr Unterschiede zwischen den Kindern unaufgeklärt bestehen bleiben als aufgeklärt werden können und dass es je nach Kind auch große Unterschiede in der Güte der Vorhersagbarkeit der Gedächtnisleistung und der Suggestibilität gibt (Roebers & Schneider, 2002). Insgesamt kommen deshalb auch Bruck und Melnyk (2004) zu dem Schluss, dass aufgrund des aktuellen Forschungsstandes eine Vorhersage der Güte einer Zeugenaussage auf der Basis verschiedenster Hintergrundvariablen und Charakteristika eines Kindes bislang noch *nicht möglich* ist.

3   Kindgerechte Interviewmethoden – Leitlinien für die Praxis

Die bisherigen Erörterungen in diesem Kapitel haben sich auf die negativen Einflüsse auf die Erinnerungsleistung und das Antwortverhalten von Kindern während forensischer Befragungen konzentriert. Die Kenntnis von Störvariablen und deren systematische Vermeidung sind aber keine Garantie dafür, dass ein junges Kind ein erlebtes oder beobachtetes Ereignis freimütig, detailliert und korrekt wiedergibt. In den folgenden Abschnitten sollen deshalb Interviewleitfäden und einzelne, spezielle „Interview-Werkzeuge", die von Fachleuten entwickelt wurden und für forensische Interviews mit Kindern empfohlen werden, vorgestellt und bewertet werden.

3.1   Interviewleitfäden

Die Literatur zu Befragungstechniken wurde lange Zeit vom Kognitiven Interview dominiert. Es handelt sich hierbei um ein Kompendium von Interviewtechniken, die auf empirischen Befunden aus der kognitiven Psychologie aufbauen und deren Einsatz im Sinne eines Leitfadens zu einem standardisierten Vorgehen bei polizeilichen

Ermittlungen und Befragungen führen sollte (Fisher & Geiselman, 1992). Neben der Berücksichtigung kognitionspsychologischer Gesetzmäßigkeiten zur Steigerung der Gedächtnisleistung haben aber auch Aspekte der sozialen Interaktion und der Kommunikationstheorie Eingang in diese Interviewtechnik gefunden.

Ein zentrales Element des Kognitiven Interviews ist die Wiederherstellung des Ereigniskontextes mit dem Ziel, assoziierte Merkmale, die mit dem Ereignis zusammenhingen, zu aktivieren und dadurch die Erinnerungsleistung zu steigern (Tulving & Thompson, 1973). Dieses Vergegenwärtigen der ursprünglichen Situation kann zum einen dadurch geschehen, dass ein Interview an demselben Ort durchgeführt wird, an dem das fragliche Ereignis stattgefunden hat. Empirische Untersuchungen mit Kindern, in welchen der Ort des Interviews systematisch variiert wurde, konnten tatsächlich Belege für eine gedächtnisfördernde Wirkung dieser Herstellung des physikalischen Kontextes erbringen (Pipe, Gee, Wilson & Egerton, 1999; Priestley, Roberts & Pipe, 1999). Zum anderen – und so sieht es das Kognitive Interview vor – kann über verbale Instruktionen versucht werden, die Besonderheiten der ursprünglichen Situation mental zu rekonstruieren, indem die zu interviewende Person angewiesen wird, sich die physikalischen und psychologischen Einzelheiten beim Erleben noch einmal zu vergegenwärtigen (Fisher & McCauley, 1995). Nicht nur Erwachsene, sondern auch Kinder ab einem Alter von sechs Jahren haben sich als fähig zur mentalen Wiederherstellung des Kontextes erwiesen, was sich in einer verbesserten Gedächtnisleistung gegenüber der Leistung in herkömmlichen Interviews niederschlägt (Dietze & Thomson, 1993; Köhnken, Milne, Memon & Bull, 1999; Saywitz & Geiselman, 1998).

Das Kognitive Interview sieht darüber hinaus vor, dass die interviewte Person das Geschehen aus unterschiedlichen Perspektiven und in umgekehrter Reihenfolge berichtet. Diese Interviewmethoden haben sich bei Kindern aber nicht selten als ineffektiv, problematisch oder zu anspruchsvoll erwiesen (Milne & Bull, 2002), und sie werden von Polizeibeamten bzw. -beamtinnen und anderen professionellen Interviewenden auch nicht konsequent eingesetzt (Poole & Lamb, 1998). In Bezug auf die Kommunikationsregeln in forensischen Interviews wird im Manual des Kognitiven Interviews vorgeschlagen, die befragte Person kontinuierlich verbal und nonverbal zu verstärken, sowie ihn oder sie zu motivieren und anzuleiten, während der Befragung eine aktive Rolle einzunehmen. Die zeitliche Struktur des Kognitiven Interviews umfasst fünf sukzessive aufeinander aufbauende Stufen. An den Anfang sollte das gegenseitige Bekannt- und Vertrautmachen gestellt werden, gefolgt von der Aufforderung zum freien Bericht, der durch offene Fragen anschließend komplettiert werden kann. Bevor das Interview zu einem expliziten Abschluss gebracht wird, sieht dieser Interviewleitfaden eine Rückschau der beteiligten Personen vor, in welcher gewisse Antworten noch einmal geklärt und Angaben eventuell korrigiert oder vervollständigt werden können (Fisher & Geiselman, 1992).

Empirische Evaluationen des Kognitiven Interviews und/oder seiner Teilkomponenten sind in großer Anzahl realisiert worden. Die Ergebnisse variieren – bedingt durch methodische Unterschiede in den Studien – stark. Dennoch kann zusammenfassend konstatiert werden, dass das Kognitive Interview ein Interviewleitfaden ist, der für Praktiker und Praktikerinnen durchaus zum Einsatz empfohlen werden kann, da er meist zu besseren Erinnerungsleistungen führt als unstrukturierte Interviews und nur eine geringe Gefahr von negativen Einflüssen in sich birgt. Es sollte in diesem Zusammenhang aber trotzdem noch einmal auf die wiederholt gefundene Zunahme von falschen Aussagen hingewiesen werden, die aufgrund der gleichzeitigen Zunahme an richtigen Angaben allerdings meist keine Einbußen in der Genauigkeit mit sich brachte (Köhnken et al., 1999; Poole & Lamb, 1998).

Das Kognitive Interview, die damit gemachten Erfahrungen und die Probleme bei der Befragung von Kindern im forensischen Kontext führten in der Folge zur Entwicklung weiterer Interviewleitfäden. So hat beispielweise unter der Federführung von John Yuille (1989) in Kanada das sogenannte schrittweise Interview *(The Step-Wise Interview)* Eingang in die forensische Praxis gefunden. Auch das National Institut for Child Health and Human Development hat einen eigenen Interviewleitfaden herausgegeben und evaluiert *(The NICHD Protocol*; Poole & Lamb, 1998) und in England wurde das *Memorandum of Good Practice* unter wissenschaftlicher Begleitung von Graham Davies (Davies & Wilson, 1997; Davies, Wilson, Mitchell & Milsom, 1996) publiziert und für polizeiliche Befragungen eingeführt. Auch wenn diese Interviewleitfäden in einigen Aspekten Unterschiede im Vorgehen und in den Empfehlungen aufweisen, so überwiegen doch die Gemeinsamkeiten zwischen ihnen.

All diesen Wegleitungen für forensische Befragungen von Kindern ist gemeinsam, dass sie umschriebene Interviewphasen vorsehen, die in einer festgelegten Reihenfolge durchlaufen werden sollen. Zu Beginn steht jeweils eine „Aufwärmphase", in der sich interviewende Person und Kind bekannt machen, eine positive, vertrauensvolle Atmosphäre hergestellt wird und noch nicht über die forensisch relevanten Geschehnisse gesprochen werden soll. In den nächsten ein bis zwei Phasen des Interviews werden die verbalen Fähigkeiten des Kindes eruiert, in dem es aufgefordert wird, von einem positiven Erlebnis in der jüngeren Vergangenheit zu berichten. Während der Erzählung wird das Kind von der interviewenden Person kontinuierlich verbal und nonverbal positiv verstärkt. Des Weiteren werden dem Kind vor der kritischen Befragung auch die Kommunikationsregeln und die Wichtigkeit der Genauigkeit seiner Aussage erklärt. Die Vorbereitung auf das Interview schließt auch die Erläuterung von Wahrheit und Unwahrheit/Lüge (Wagland & Bussey, 2005) und die Möglichkeit mit „ich weiß nicht" oder „ich bin nicht sicher" zu antworten mit ein.

Erst wenn die interviewende Person den Eindruck hat, dass diese Grundvoraussetzungen für die eigentliche Befragung beim Kind gegeben sind, leitet sie zum fraglichen Ereignis über. In jedem Fall stellt die Aufforderung zur freien Wiedergabe den ersten Schritt dar; kontinuierliche positive Verstärkung des Kindes und das Einräumen von ausreichend viel Zeit sind in dieser Phase essentielle Bestandteile des Interviewerverhaltens. Schließt das Kind seinen Bericht ab, werden im nächsten Schritt die vom Kind genannten Einzelheiten vom Interviewenden aufgegriffen, verbunden mit der Einladung, noch mehr darüber zu berichten. Auch in dieser Interviewphase ist es wichtig, dem Kind genügend Zeit zu geben, nach weiteren Details im Gedächtnis zu suchen und auf Äußerungen des Kindes positiv zu reagieren (Lamb et al., 2003).

Wenn es nötig ist, vom Kind weitere Details zu erfahren, können nach Abschluss der freien Berichtsphase fokussierte, nicht lenkende Fragen gestellt werden. In der Praxis haben sich solche direkten Fragen meist als notwendig erwiesen. Die vorhandenen Interviewleitfäden sehen solche Fragen explizit vor, immer aber unter der

Voraussetzung, dass in den Fragen keine Suggestionen enthalten sind und dass die Antworten der Kinder mit Vorsicht behandelt werden. Nach Abschluss der spezifischen Befragung des Kindes sehen die Empfehlungen für die Praxis einen expliziten Abschluss des Interviews vor. In dieser letzten Phase sollen etwaige emotionale Reaktionen des Kindes aufgefangen und mit dem Kind verarbeitet werden, indem zum Beispiel über ein neutrales Ereignis gesprochen wird und indem die interviewende Person die Gefühle des Kindes ernst nimmt und für legitim erklärt. Weiter wird empfohlen, mit dem Kind über das weitere Vorgehen zu sprechen und ihm die nächsten Schritte im Verfahren zu erklären.

Es wurden zahlreiche empirische Evaluationen solcher Interviewleitfäden publiziert, deren Vergleichbarkeit aufgrund methodischer Unterschiede jedoch wie bereits erwähnt gering ist. Auf der einen Seite sind experimentelle Studien zu finden und zu nennen, in welchen diese Interviewleitfäden im Vergleich zu mehr oder weniger unstrukturierten Interviews eingesetzt wurden, um die Erinnerungsleistung und deren Genauigkeit für ein zuvor präsentiertes Ereignis festzustellen. Solche Studien finden konsistent, dass strukturierte Interviews mit umschriebenen Phasen und konkreten Verhaltensregeln die Anzahl der von den interviewenden Personen gestellten geschlossenen und lenkenden Fragen bedeutsam zu reduzieren vermögen (Goodman & Melinder, 2007; Lamb, Orbach, Hershkowitz, Esplin & Horowitz, 2007). Erläuterungen über die Erwartungen der Interviewerin bzw. des Interviewers, das Beachten der Kommunikationsregeln und die Herstellung einer vertrauensvollen Atmosphäre beeinflussen das Gesprächsverhalten der interviewten Kinder nachweislich positiv (Poole & Lamb, 1998; Roberts, Lamb & Sternberg, 2004).

Im Gegensatz zu Laborstudien sind die methodischen Herausforderungen, Feldstudien zu realisieren, in denen es um reale Verdachtsfälle, beispielsweise mit Verdacht auf sexuellen Missbrauch an Kindern geht, deutlich größer. In solchen Untersuchungen steht die Frage der diagnostischen Genauigkeit im Vordergrund, also die Frage, ob mithilfe solcher Interviewleitfaden tatsächlich stattgefundene Übergriffe auf das Kind häufiger offen gelegt werden können als unter Anwendung herkömmlicher Befragungsmethoden und ob gleichzeitig seltener falsche Anschuldigungen gemacht werden. In Bezug auf diese Fragen steckt die systematische Forschung noch in den Anfängen; deshalb können bestehende Interviewleitfäden zur Zeit noch nicht abschließend bewertet werden.

3.2 Interview-Werkzeuge

Obwohl die Fortschritte in der Befragung von Kindern im forensischen Kontext durch die Entwicklung und Evaluation von Interviewleitfäden unbestritten sind, besteht nach wie vor großer Bedarf an wissenschaftlich evaluierten Interviewelementen, die im Rahmen von Interviewleitfäden als ergänzende Werkzeuge flexibel eingesetzt werden können (Poole & Lamb, 1998).

Ein solches Interviewelement ist der *Einsatz von konkreten Objekten*, welche bei dem kritischen Ereignis zugegen oder involviert waren. In einer Untersuchung von Kindergartenkindern und Grundschülern, die eine inszenierte Untersuchung eines Teddybären beim Arzt erlebt hatten, wurden in den Interviews beispielsweise die tatsächlichen Arztinstrumente und Spielzeugvarianten dieser Werkzeuge eingesetzt. Sowohl die echten als auch die Spielzeugobjekte erhöhten die Anzahl an richtig erinnerten Details gegenüber einer Kontrollgruppe in beiden Altersgruppen in vergleichbarem Ausmaß. Die Effektivität dieser „Interview-Werkzeuge" war auch im zweiten Interview nach einem Jahr noch erkennbar, wobei die echten Objekte die Wiedergabeleistung stärker erhöhten als die Spielzeuge (Salmon, Bidrose & Pipe, 1995; Salmon & Pipe, 1997). Auch das Vorlegen von *Photos* vom Ort des Geschehens kann bei Kindern die Erinnerungsleistung nachweislich steigern (Aschermann, Dannenberg & Schulz, 1999). Allerdings lieferten die genannten Studien zu Objekten und Photos auch Belege für den überaus unerwünschten Nebeneffekt, dass auch eine Zunahme von falschen Angaben zu verbuchen war (Pipe, Gee & Wilson, 1993). Zusammen mit der fraglichen Praktikabilität im Einsatz von Interview-Werkzeugen in konkreten Fällen, in denen die interviewende Person die Details des Geschehens und/oder den Ort gar nicht kennt, muss der Einsatz von Photos und Objekten – wenn überhaupt – mit großer Vorsicht und Skepsis geschehen.

Zeichnungen, die Kinder während einer Befragung über ein Ereignis anfertigen und der interviewenden Person gegenüber erläutern und kommentieren dürfen, sind in Untersuchungen widersprüchlich evaluiert worden. Im Vergleich zu involvierten Objekten scheinen Zeichnungen weniger effektiv zu sein in der Verbesserung der Gedächtnisleistung der Kinder und darüber hinaus auch die Gefahr einer Zunahme falscher Angaben in sich zu bergen (Salmon, Roncolato & Gleitzman, 2003). Auf der anderen Seite können Kinder ihren Aufmerksamkeitsfokus auf die Zeichnung hin und weg von der unbekannten interviewenden Person lenken, was unter Umständen positive Effekte auf das Kommunikationsverhalten und die Sprechfreude der Kinder mit sich bringen kann (Bruck, Melnyk & Ceci, 2000).

In diesem Zusammenhang ist sicher auch die Diskussion über das Für und Wider des Einsatzes von anatomischen Puppen in Fällen von Verdacht auf sexuellen Missbrauch zu nennen. Solche Puppen, deren primäre und sekundäre Geschlechtsorgane gegenüber den restlichen Körperteilen deutlich hervorgehoben sind, werden in begründeten Verdachtsfällen während Befragungen eingesetzt, um dem Kind über sprachliche und emotionale Hemmnisse hinweg zu helfen und forensisch relevante Informationen über die Einzelheiten von Übergriffen zu erhalten. Empirische Studien zur Wirkung dieser anatomisch detaillierten Puppen haben wiederholt einen bedeutsamen Anstieg von falschen Angaben dokumentiert, während ihr Einsatz gegenüber professionell geführten Interviews keinen substantiellen Anstieg an korrekt wiedergegebenen Details erbrachte (Lamb, Hershkowitz, Sternberg, Boat & Everson, 1996; Pipe et al., 2007). Vor allem jüngere Kinder scheinen beim Gebrauch von anatomischen Puppen durch deren „Aufforderungscharakter" stärker negativ beeinflusst zu werden als ältere Kinder (DeLoache & Marzolf, 1995; Thierry, Lamb, Orbach & Pipe, 2005). Aus diesem Grund ist der Einsatz anatomischer Puppen in den vorhandenen Interviewleitfäden auch nicht explizit vorgesehen.

Da es sich bei kindlichen Zeugenaussagen um autobiographische Erinnerungen handelt, und da auch unabhängig vom verwendeten Interviewleitfaden die freien Berichte von Kindern oft sehr knapp ausfallen, haben Saywitz und Snyder (1996) in Anlehnung an das Modell von Fivush (1993) zur Entwicklung von autobiographischen Berichten die sogenannte *„Narrative Elaboration Technique"* entwickelt.

Fivush (1993) stellt autobiographische Erinnerungen in einen kulturellen Kontext, in dem Erlebnisschilderungen von Kindern verstanden und evaluiert werden müssen. Über Eltern-Kind-Konversationen, über die Art und Weise, wie Eltern ihren Kindern Fragen zu Ereignissen stellen, werden den Kindern immer auch kulturspezifische Konventionen vermittelt, beispielsweise darüber, wie eine Geschichte erzählt oder wie ein Ereignis geschildert werden sollte (Nelson & Fivush, 2004). Diese Konventionen beinhalten eine gewisse kanonische Struktur, deren Einhaltung der uninformierten zuhörenden Person ein besseres Verständnis der Abläufe ermöglicht. Dazu gehört es auch, zu Beginn einer Erzählung die beteiligten Personen aufzuführen und den Ort des Geschehens zu umreißen, um danach die Kette von Ereignissen in chronologischer Reihenfolge wiederzugeben. Dies mündet dann in den Höhepunkt der Geschehnisse sowie deren Auflösung und endet schließlich in einer nach kulturellen Konventionen gestalteten Bewertung der Ereignisse (Fivush & Wang, 2005).

Abbildung 3: Die vier eingesetzten Bildkarten für die Narrative Elaborationstechnik, nach Roebers und Elischberger (2002)

Die autobiographischen Berichte von Kindern fallen nach Fivush und Nelson (2004) in jungen Jahren deshalb so knapp aus, weil Kinder zuerst lernen müssen, ihre Berichte in eine solche kanonische Form zu fassen. Ist diese Erzählstruktur einmal erworben, können Kinder diese Elemente als Abruf- und Strukturierungshilfen nutzen, was zu besser verständlichen Berichten führt. Gleichzeitig ermöglichen Entwicklungsprozesse im episodischen Erinnern, dass weniger auf die Skript-konforme Information fokussiert wird, sondern mit steigendem Alter auch zunehmend die spezifischen, ungewöhnlichen und unerwarteten Aspekte eines Ereignisses besser erinnert und öfter wiedergegeben werden.

Saywitz und Snyder (1996) haben vor dem Hintergrund dieser Erkenntnisse ihre Narrative Elaborationstechnik als Interview-Werkzeug entwickelt, bei dem anhand von schematischen Zeichnungen versucht wird, die freien Berichte in eine kanonische Struktur zu bringen. Abbildung 3 zeigt Bildkarten, die von Roebers und Elischberger (2002) entwickelt und in eigenen Forschungsarbeiten verwendet wurden, und anhand derer Kinder ihre freie Wiedergabe strukturieren können. Sowohl die Wirksamkeit als auch mögliche unerwünschte Nebeneffekte dieses Interviewelementes wurden von der Arbeitsgruppe um Karen Saywitz (Saywitz & Snyder, 1996; Saywitz, Snyder & Lamphear, 1996) sowohl für beobachtete wie für selbst erlebte Ereignisse untersucht. Bevor es zur kritischen Befragung unter Einsatz der Bildkarten kam, wurden Grundschüler im Erzählen von Geschichten instruiert und die Verwendung der kanonischen Struktur und der Bildkarten als Hinweise geübt. Die Ergebnisse belegen einheitlich, dass diese Interviewtechnik zu einem Anstieg an berichteter Information während der freien Wiedergabe führt und gleichzeitig keine Erhöhung der Fehlerraten nach sich zieht (vgl. auch Brown & Pipe, 2003a, 2003b). Auch für Vorschulkinder wurde der Einsatz der Bildkarten inzwischen systematisch untersucht, wobei das Training verkürzt und unmittelbar vor der eigentlichen Befragung durchgeführt wurde. Es konnten auch in dieser Altergruppe mit der Narrativen Elaborationstechnik substantielle, positive Effekte auf die Schilderungen erzielt werden (Bowen & Howie, 2002).

Werden die Bildkarten ohne vorheriges Training, sondern einfach nur mit Instruktionen als Strukturierungshilfe eingesetzt, ist zwar eine Zunahme in den freien Berichten durchaus zu erwarten, bei einem nicht unerheblichen Anteil von Vorschul- und jungen Grundschulkindern muss aber auch damit gerechnet werden, dass es unter solch suboptimalen Bedingungen zu Problemen mit der Abstraktionsfähigkeit kommt, und es für die Kinder eine große Herausforderung ist, die Transferleistung weg von den Bildkarten auf das tatsächliche, zur Diskussion stehende Geschehen zu vollziehen (Roebers & Elischberger, 2002). Eine vorbereitende Sitzung, in der den Kindern das Ziel der Bildkarten erläutert und der Einsatz mit ihnen eingeübt wird, scheint sich demnach zu bewähren (Roebers & Beuscher, 2004). Wichtig ist zu betonen, dass in keiner der bislang publizierten Studien zur Narrativen Elaborationstechnik bedeutsame Anstiege von falschen Berichten verzeichnet werden mussten; im schlechtesten Fall wiederholen die interviewten Kinder Informationen, die sie bereits genannt hatten noch einmal (für die genauen Instruktionen und Details zur Evaluation vgl. Roebers, 2006). Somit scheinen die Bildkarten ein durchaus praxistaugliches Interview-Werkzeug in forensischen Befragungen mit Kindern darzustellen, welches in bestehende Interviewleitfäden integriert werden kann und welches kaum die Gefahr von Kontaminationen mit sich bringt, die sich durch falsche Angaben in den freien Berichten äußern würden.

Zusammenfassend ist in Bezug auf die Neuentwicklungen im Bereich Interviewleitfäden und zusätzliche Interviewelemente kritisch anzumerken, dass auch wenn der Einsatz dieser Befragungsmethoden gegenüber unstrukturierten Interviews sowohl zu einem Anstieg an richtig genannter Information als auch zu gleichbleibend niedrigen Fehlerraten führt, der absolute Gewinn an Information dennoch gering bleibt. Eine Zunahme von 30 Prozent bis 50 Prozent in den freien Berichten entspricht bei einer durchschnittlichen Anzahl von insgesamt fünf bis sechs genannten Details eines beobachteten Ereignisses lediglich einer Zunahme von ein bis drei weiteren Details. Aufgrund ihrer geringen Detailliertheit können die Aussagen vieler minderjähriger Zeuginnen und Zeugen vor Gericht deshalb oft trotzdem nicht verwendet werden. Das insgesamt durchaus positive Bild, das durch die systematische Evaluation von Interviewleitfäden und Interviewelementen gewonnen wurde, sollte vor diesem Hintergrund als Erfolg versprechender Anfang gewertet werden.

4 Fazit und Ausblick

Die empirische Forschung hat in den letzten beiden Jahrzehnten eine Fülle von wichtigen Befunden über die Faktoren und Wirkmechanismen aufgedeckt, welche für die Frage der Brauchbarkeit der Aussagen von Kindern entscheidend sind. So wurden Bedingungen identifiziert, durch welche die Qualität der Aussagen ernsthaft und dauerhaft eingeschränkt wird. Diese Kenntnis erlaubt es Fachleuten in der Praxis, solche negativen Einflüsse systematisch zu vermeiden und dadurch die durchaus vorhandenen Fähigkeiten von Kindern, sich über lange Zeiträume hinweg an persönlich erlebte oder beobachtete Ereignisse zu erinnern und von diesen mit einer hohen Genauigkeit zu berichten, optimal zu nutzen. Aber nicht nur die Vermeidung negativer Einflüsse, sondern auch der Einsatz von unterstützenden Maßnahmen, wie sie beispielsweise Interviewleitfäden darstellen, tragen zur Qualität der Berichte von Kindern während einer forensischen Befragung bei. Mit der Publikation von Interviewleitfäden ist jedoch bei weitem noch nicht sicher gestellt, dass diese auch in der Praxis systematisch und flächendeckend eingesetzt werden. Sowohl in der Ausbildung als auch in der kontinuierlichen Weiterbildung von Polizisten und Polizistinnen, Sozialarbeitern und Sozialarbeiterinnen, Richtern und Richterinnen, Anwälten und Anwältinnen und anderen forensisch tätigen Personen besteht in diesem Bereich großer Nachholbedarf. Einige wenige Studien, die die Effektivität von Weiterbildungsmaßnahmen im Bereich der forensischen Befragung von Kindern systematisch untersucht haben, ergaben ein eher entmutigendes Bild. Praktiker und Praktikerinnen mit einigen Jahren Berufserfahrung profitieren nicht in jedem Fall von gut konzipierten, kurzfristigen Weiterbildungsmaßnahmen (Aldridge & Cameron, 1999). Nur über einige Wochen andauernde, engmaschige und intensive Fortbildungen (inklusive Videoaufzeichnungen, deren Analyse und Feedback) können zu einer zwar geringen aber positiven Veränderung in der Befragungspraxis beitragen (Warren et al., 1999). Längerfristige Effekte solcher Seminare und Kurse sind nur dann wahrscheinlich, wenn die betreffenden Personen auch nach Abschluss kontinuierlich Supervision erhalten (Lamb, Sternberg, Orbach, Esplin & Mitchell, 2002).

Gleichzeitig sind neuere innovative Untersuchungen zu begrüßen, die das Verhalten einer interviewenden Person in Abhängigkeit der Charakteristika des befragten Kindes untersuchen. Es konnte beispielsweise gezeigt werden, dass die Wahl der Befragungsmethode durch Merkmale des Kindes direkt und indirekt beeinflusst wird (Gilstrap & Papierno, 2004). In solchen Untersuchungen wird also eine im Vergleich zu früheren Studien umgekehrte Perspektive eingenommen, in der davon ausgegangen wird, dass die Persönlichkeitsmerkmale sowie das verbale und nonverbale Verhalten des Kindes in der Befragungssituation bestimmte Fragetechniken seitens der interviewenden Person provozieren. Die Auswertung relativ unstrukturierter Interviews hat dabei ergeben, dass individuelle Merkmale der befragten Kinder wie beispielsweise die Ausprägung von Schüchternheit oder sozialer Kompetenz einen Einfluss auf das Frageverhalten der interviewenden Person haben (Gilstrap & Papierno, 2004). Außerdem scheinen die Antworten von Kindern am besten durch eigene, frühere Antworten und weniger gut durch das Frageformat der erwachsenen interviewenden Person vorhersagbar zu sein (Gilstrap & Ceci, 2005).

Zukünftige Forschung wird zum einen dem weiterhin bestehenden Bedarf an praxistauglichen Befragungsmethoden und ihrer Implementierung Beachtung schenken. Dabei wird auch die Frage zu beantworten sein, warum es Kinder gibt, die trotz kindgerechter Befragungstechniken in einem Interview beispielsweise sexuelle Übergriffe, von denen die interviewende Person weiß, dass sie stattgefunden haben, nicht erwähnen (Pipe, Lamb, Orbach & Cederborg, 2007). In Bezug auf diesen wichtigen Aspekt gestaltet sich eine empirische Zugangsweise aus ethischen und praktischen Gründen äußerst schwierig, gleichzeitig werden aber fundierte Erkenntnisse dringend gebraucht (Lamb et al., 2007). Daneben setzt sich zunehmend die Erkenntnis durch, dass bestehende Befragungsmethoden für Personen mit besonderen Bedürfnissen (sehr junge Kinder, Kinder und Erwachsene mit intellektuellen Defiziten und/oder psychischen Problemen) nicht optimal geeignet sind (Nathanson, Crank, Saywitz & Ruegg, 2007). Nicht zuletzt deshalb, weil gerade die genannten Personengruppen ein erhöhtes Risiko haben, Opfer von Misshandlungen zu werden, besteht auch hier dringender Forschungsbedarf (Sullivan & Knutson, 2000).

Abschließend soll konstatiert werden, dass die empirische Forschung zu forensischen Befragungen von Kindern einen wertvollen Beitrag für die Praxis geleistet hat. Zum richtigen Zeitpunkt von geschulten und erfahrenen Fachpersonen erhoben, können die Berichte von Kindern über beobachtete oder erlebte Ereignisse durchaus forensisch verwertet werden.

Literatur

Ackil, J. K. & Zaragoza, M. S. (1995). Developmental differences in eyewitness suggestibility and memory for source. *Journal of Experimental Child Psychology, 60,* 57-83.
Aldridge, J. & Cameron, S. (1999). Interviewing child witnesses: Questioning techniques and the role of training. *Applied Developmental Science, 3,* 136-147.
Aschermann, E., Dannenberg, U. & Schulz, A.-P. (1999). Photographs as retrieval cues for children. *Applied Cognitive Psychology, 12,* 55-66.

Ayers, M. S. & Reder, L. M. (1998). A theoretical review of the misinformation effect: Predictions from an activation-based memory model. *Psychonomic Bulletin & Review, 5,* 1-21.

Baker-Ward, L., Gordon, B. N., Ornstein, P. A., Larus, D. M. & Clubb. (1993). Young children's long-term retention of a pediatric examination. *Child Development, 64,* 1519-1533.

Bowen, C. J. & Howie, P. M. (2002). Context and cue cards in young children's testimony: A comparison of brief narrative elaboration and context reinstatement. *Journal of Applied Psychology, 87,* 1077-1085.

Brady, M. S., Poole, D. A., Warren, A. R. & Jones, H. R. (1999). Young children's responses to yes-no questions: Patterns and problems. *Applied Developmental Science, 3,* 47-57.

Brainerd, C. J., Reyna, V. F., Howe, M. L. & Kingma, J. (1990). The development of forgetting and reminiscence. *Monographs of the Society for Research in Child Development, 55,* 1-93.

Brown, D. & Pipe, M.-E. (2003a). Individual differences in children's event memory reports and the narrative elaboration technique. *Journal of Applied Psychology, 88,* 195-206.

Brown, D. & Pipe, M.-E. (2003b). Variations on a technique: Enhancing children's recall using narrative elaboration training. *Applied Cognitive Psychology, 17,* 377-399.

Bruck, M. & Ceci, S. J. (1999). The suggestibility of children's memory. *Annual Review of Psychology, 50,* 419-439.

Bruck, M. & Melnyk, L. (2004). Individual differences in children's suggestibility: A review and synthesis. *Applied Cognitive Psychology, 18,* 947-996.

Bruck, M., Melnyk, L. & Ceci, S. J. (2000). Draw it again Sam: The effect of drawing on children's suggestibility and source monitoring ability. *Journal of Experimental Child Psychology, 77,* 169-196.

Cassel, W. S., Roebers, C. M. & Bjorklund, D. F. (1996). Developmental patterns of eyewitness responses to repeated and increasingly suggestive questions. *Journal of Experimental Child Psychology, 61,* 116-133.

Ceci, S. J., Ross, D. F. & Toglia, M. P. (1987). Suggestibility of children's memory: Psycholegal implications. *Journal of Experimental Psychology: General, 116,* 38-49.

Conway, M. A. & Pleydell-Pearce, C. W. (2000). The construction of autobiographical memories in the self-memory system. *Psychological Review, 107,* 261-288.

Davies, G. & Wilson, C. (1997). Implementation of the memorandum: An overview. In H. Westcott & J. Jones (Eds.), *Perspectives of the memorandum: Policy, practice and research in investigative interviewing* (pp. 1-12). Aldershot: Arena.

Davies, G., Wilson, C., Mitchell, R. & Milsom, J. (1996). *Videotaping children's evidence: an evaluation.* London: Home Office.

Davies, G. M. & Westcott, H. L. (1999). *Interviewing children under the Memorandum of Good Practice: A research review.* London: Home Office.

Davies, G. M., Westcott, H. L. & Horan, N. (2000). The impact of questioning style on the content of investigative interviews with suspected child sexual abuse victims. *Psychology, Crime & Law, 6,* 81-97.

DeLoache, J. S. & Marzolf, D. P. (1995). The use of dolls to interview young children: Issues of symbolic representation. *Journal of Experimental Child Psychology, 60,* 155-173.

Dietze, P. M. & Thomson, D. M. (1993). Mental reinstatement of context: A technique for interviewing child witnesses. *Applied Cognitive Psychology, 7,* 97-108.

Elischberger, H. B. (2005). The effects of prior knowledge on children's memory and suggestibility. *Journal of Experimental Child Psychology, 92,* 247-275.

Fisher, R. P. & Geiselman, R. E. (1992). *Memory-enhancing techniques for investigative interviewing: The Cognitive Interview.* Springfield, IL: Thomas.

Fisher, R. P. & McCauley, M. R. (1995). Improving eyewitness testimony with the cognitive interview. In M. S. Zaragoza, J. R. Graham, G. C. N. Hall, R. Hirschman & Y. S. Ben-Porath (Eds.), *Memory and testimony in the child witness* (Vol. 1, pp. 141-159). Thousand Oaks, CA: Sage.

Fivush, R. (1993). Developmental perspectives on autobiographical recall. In G. S. Goodman & B. L. Bottoms (Eds.), *Child victims, child witnesses: Understanding and improving testimony* (pp. 1-24). New York: Guilford.

Fivush, R. & Hamond, N. R. (1990). Autobiographical memory across the preschool years: Toward reconceptualizing childhood amnesia. In R. Fivush & J. A. Hudson (Eds.), *Knowing and remembering in young children* (pp. 223-248). New York: Cambridge University Press.

Fivush, R. & Nelson, K. (2004). Culture and language in the emergence of autobiographical memory. *Psychological Science, 15,* 573-577.

Fivush, R. & Schwarzmueller, A. (1998). Children remember childhood: Implications for childhood amnesia. *Applied Cognitive Psychology, 12,* 455-473.

Fivush, R. & Shukat, J. R. (1995). Content, consistency, and coherence of early autobiographical recall. In M. S. Zaragoza & J. R. Graham (Eds.), *Memory and testimony in the child witness* (pp. 5-23). Thousand Oaks, CA: Sage Publications.

Fivush, R. & Wang, Q. (2005). Emotion talk in mother-child conversations of the shared past: The effects of culture, gender, and event valence. *Journal of Cognition and Development, 6,* 489-506.

Flin, R., Bull, R., Boon, J. &. Knox, A. (1990). *Child witnesses in criminal prosecutions.* Edinburgh: Scottish Home and Health Department.

Gabbert, F., Memon, A. & Allan, K. (2003). Memory conformity: Can eyewitnesses influence each other's memories for an event? *Applied Cognitive Psychology, 17,* 533-543.

Gee, S. & Pipe, M.-E. (1995). Helping children to remember: The influence of object cues on children's accounts of a real event. *Developmental Psychology, 31,* 746-758.

Gilstrap, L. L. & Ceci, S. J. (2005). Reconceptualizing children's suggestibility: Bidirectional and temporal properties. *Child Development, 76,* 40-53.

Gilstrap, L. L. & Papierno, P. B. (2004). Is the cart pushing the horse? The effects of child characteristics on children's and adults' interview behaviours. *Applied Cognitive Psychology, 18,* 1059-1078.

Goodman, G. S., Bottoms, B. L., Schwartz-Kenney, B. M. & Rudy, L. (1991). Children's testimony about stressful event: Improving children's reports. *Journal of Narrative and Life History, 1,* 69-99.

Goodman, G. S., Hirschman, J. E., Hepps, D. & Rudy, L. (1991). Children's memory for stressful events. *Merrill-Palmer Quarterly, 37,* 109-157.

Goodman, G. S. & Melinder, A. (2007). Child witness research and forensic interviews of young children: A review. *Legal and Criminological Psychology, 12,* 1-19.

Goodman, G. S., Sharma, A., Thomas, S. F. & Considine, M. G. (1995). Mother knows best: Effects of relationship status and interviewer bias on children's memory. *Journal of Experimental Child Psychology, 60,* 195-228.

Greenhoot, A. F. (2000). Remembering and understanding: The effects of changes in underlying knowledge on children's recollections. *Child Development, 71,* 1309-1328.

Howie, P., Sheehan, M., Mojarrad, T. & Wrzesinska, M. (2004). "Undesirable" and "desirable" shifts in children's responses to repeated questions: Age differences in the effect of providing a rationale for repetition. *Applied Cognitive Psychology, 18,* 1161-1180.

Howie, P. M. & Dowd, H. J. (1996). Self-esteem and the perceived obligation to respond: Effects on children's testimony. *Legal and Criminological Psychology, 1,* 197-209.

Hudson, J. A. & Fivush, R. (1991). As time goes by: Sixth graders remember a kindergarten experience. *Applied Cognitive Psychology, 5,* 347-360.

Jackson, S. & Crockenberg, S. (1998). A comparison of suggestibility in 4-year-old girls in response to parental or stranger misinformation. *Journal of Applied Developmental Psychology, 19,* 527-542.

Jones, C. H. & Pipe, M.-E. (2002). How quickly do children forget events? A systematic study of children's event reports as a function of delay. *Applied Cognitive Psychology, 16,* 755-768.

Köhnken, G., Milne, R., Memon, A. & Bull, R. (1999). The cognitive interview: A meta-analysis. *Psychology, Crime & Law, 5,* 3-27.

Lamb, M. E., Hershkowitz, I., Sternberg, K. J., Boat, B. & Everson, M. D. (1996). Investigative interviews of alleged sexual abuse victims with and without anatomical dolls. *Child Abuse and Neglect, 20,* 1251-1259.

Lamb, M. E., Orbach, Y., Hershkowitz, I., Esplin, P. W. & Horowitz, D. (2007). A structured forensic interview protocol improves the quality and informativeness of investigative interviews with children: A review of research using the NICHD Investigative Interview Protocol. *Child Abuse and Neglect, 31,* 1201-1231.

Lamb, M. E., Orbach, Y., Sternberg, K. J., Esplin, P. W. & Hershkowitz, I. (2002). The effects of forensic interview practices on the quality of information provided by alleged victims of child abuse. In H. L. Westcott, G. M. Davies & R. H. C. Bull (Eds.), *Children's testimony: A handbook of psychological research and forensic practice* (pp. 131-145). Chichester: Wiley.

Lamb, M. E., Sternberg, K. J., Orbach, Y., Esplin, P. W. & Mitchell, R. (2002). Is ongoing feedback necessary to maintain the quality of investigative interviews with allegedly abused children? *Applied Developmental Science, 6,* 35-41.

Lamb, M. E., Sternberg, K. J., Orbach, Y., Esplin, P. W., Steward, H. & Mitchell, S. (2003). Age differences in young children's responses to open-ended invitations in the course of forensic interviews. *Journal of Consulting and Clinical Psychology, 71,* 926-934.

Leichtman, M. D. & Ceci, S. J. (1995). The effects of stereotypes and suggestions on preschoolers' reports. *Developmental Psychology, 31,* 568-578.

Milne, R. & Bull, R. (2002). Back to basics: A componential analysis of the original cognitive interview mnemonics with three age groups. *Applied Cognitive Psychology, 16,* 743-753.

Nathanson, R., Crank, J. N., Saywitz, K. J. & Ruegg, E. (2007). Enhancing the oral narratives of children with learning disabilities. *Reading and Writing Quarterly, 23,* 315-331.

Nelson, K. & Fivush, R. (2004). The emergence of autobiographical memory: A social cultural developmental theory. *Psychological Review, 111,* 486-511.

Nelson, T. O. & Narens, L. (1990). A theoretical framework and new findings. In G. Bower (Ed.), *The psychology of learning and motivation: Advances in research and theory* (Vol. 26, pp. 125-141). New York: Academic.

Ornstein, P. A., Baker-Ward, L., Gordon, B. N., Pelphrey, K. A., Tyler, C. S. & Gramzow, E. (2006). The influence of prior knowledge and repeated questioning on children's long-term retention of the details of a pediatric examination. *Developmental Psychology, 42,* 332-344.

Ornstein, P. A. & Greenhoot, A. (2000). Remembering the distant past. In D. F. Bjorklund (Ed.), *False-Memory Creation in Children and Adults: Theory, Research, and Implications* (pp. 203- 237). Mahwah, NJ: Erlbaum.

Ornstein, P. A., Gordon, B. N. & Larus, D. M. (1992). Children's memory for a personally experienced event: Implications for testimony. *Applied Cognitive Psychology, 6*, 49-60.

Ornstein, P. A., Merrit, K. A., Baker-Ward, L., Furtado, E., Gordon, B. N. & Principe, G. (1998). Children's knowledge, expectation, and long-term retention. *Applied Cognitive Psychology, 12*, 387-405.

Page, M. & Precey, G. (2002). Child protection concerns when questioning children. In H. Westcott, G. M. Davies & R. H. C. Bull (Eds.), *Children's Testimony* (pp. 37-49). Chichester: Wiley.

Peterson, C. (1999). Children's memory for medical emergencies: 2 years later. *Developmental Psychology, 35*, 1493-1506.

Peterson, C. (2002). Children's long-term memory for autobiographical events. *Developmental Review, 22*, 370-402.

Peterson, C. & Whalen, N. (2001). Five years later: Children's memory for medical emergencies. *Applied Cognitive Psychology, 15*, 7-24.

Pipe, M.-E., Gee, S. & Wilson, C. (1993). Cues, props, and context: Do they facilitate children's events reports? In G. S. Goodman & B. L. Bottoms (Eds.), *Child victims, child witnesses: Understanding and improving testimony* (pp. 25-45). New York: Guilford.

Pipe, M.-E., Gee, S., Wilson, J. C. & Egerton, J. M. (1999). Children's recall 1 or 2 years after an event. *Developmental Psychology, 35*, 781-789.

Pipe, M.-E., Lamb, M. E., Orbach, Y., Sternberg, K. J., Steward, H. & Esplin, P. W. (2007). Factors associated with nondisclosure of suspected abuse during forensic interviews. In M.-E. Pipe, M. E. Lamb, Y. Orbach & A.-C. Cederborg (Eds.), *Child Sexual Abuse* (pp. 77-96). Mawah, NJ: Erlbaum.

Pipe, M.-E., Lamb, M. E., Orbach, Y. & Cederborg (E2007). *Child Sexual Abuse*. Mahwah, NJ: Erlbaum.

Poole, D. A. & Lamb, M. E. (1998). *Investigative interviews of children: A guide for helping professionals*. Washington, DC: American Psychological Association.

Poole, D. A. & White, L. T. (1991). Effects of question repetition on the eyewitness testimony of children and adults. *Developmental Psychology, 27*, 975-986.

Poole, D. A. & White, L. T. (1993). Two years later: Effects of question repetition and retention interval on the eyewitness testimony of children and adults. *Developmental Psychology, 29*, 844-853.

Pratt, C. (1990). On asking children – and adults – bizarre questions. *First Language, 10*, 167-175.

Priestley, G., Roberts, S. & Pipe, M.-E. (1999). Returning to the scene: Reminders and context reinstatement enhance children's recall. *Developmental Psychology, 35*, 1006-1019.

Principe, G. F. & Ceci, S. J. (2002). "I saw it with my own ears": The effects of peer conversations on preschoolers' reports of nonexperienced events. *Journal of Experimental Child Psychology, 83*, 1-25.

Principe, G. F., Kanaya, T., Ceci, S. J. & Singh, M. (2006). How rumours can engender false memories in preschoolers. *Psychological Science, 17*, 243-248.

Principe, G. F., Tinguely, A. & Dobkowski, N. (2007). Mixing memories: The effects of rumors that conflict with children's experiences. *Journal of Experimental Child Psychology, 98*, 1-19.

Quas, J. A. & Schaaf, J. M. (2002). Children's memories of experienced and nonexperienced events following repeated interviews. *Journal of Experimental Child Psychology, 83*, 304-338.

Quas, J. A., Wallin, A. R., Papini, S., Lench, H. & Scullin, M. H. (2005). Suggestibility, social support, and memory for a novel experience in young children. *Journal of Experimental Child Psychology, 91*, 315-341.

Ricci, C. M. & Beal, C. R. (1998). Child witnesses: Effect of event knowledge on memory and suggestibility. *Journal of Applied Developmental Psychology, 19,* 305-317.

Roberts, K. P. (2000). An overview of theory and research on children's source monitoring. In K. P. Roberts & M. Blades (Eds.), *Children's Source Monitoring* (pp. 11-57). Mahwah, NJ: Erlbaum.

Roberts, K. P., Lamb, M. E. & Sternberg, K. J. (2004). The effects of rapport-building style on children's reports of a staged event. *Applied Cognitive Psychology, 18,* 189-202.

Roberts, K. P. & Powell, M. B. (2005). The relation between inhibitory control and children's eyewitness memory. *Applied Cognitive Psychology, 19,* 1003-1018.

Roebers, C. M. (2006). Kinder als Zeugen: Die Bildkärtchen-Methode als Interviewelement in forensischen Kontexten. In: M. Hermanutz & S. Litzcke (Hrsg.), *Vernehmung in Theorie und Praxis: Wahrheit – Irrtum – Lüge* (S. 197-211). Stuttgart: Boorberg.

Roebers, C. M. & Beuscher, E. (2004). Wirkungen eines Bildkärtchentrainings für Grundschulkinder zur Verbesserung ihrer Ereignisberichte. *Praxis der Kinderpsychologie und Kinderpsychiatrie, 53,* 707-721.

Roebers, C. M. & Elischberger, H. B. (2002). Autobiographische Erinnerung bei jungen Kindern: Möglichkeiten und Grenzen bei der Verbesserung ihrer freien Berichte. *Zeitschrift für Entwicklungspsychologie und Pädagogische Psychologie, 34,* 2-10.

Roebers, C. M. & Fernandez, O. (2002). The effects of accuracy motivation on children's and adults' event recall, suggestibility, and their answers to unanswerable questions. *Journal of Cognition and Development, 3,* 415-443.

Roebers, C. M., Rieber, F. & Schneider, W. (1995). Zeugenaussagen und Suggestibilität als Funktion der Erinnerungsgenauigkeit: Eine entwicklungspsychologische Studie. *Zeitschrift für Entwicklungspsychologie und Pädagogische Psychologie, 27,* 210-225.

Roebers, C. M. & Schneider, W. (2000). The impact of misleading questions on eyewitness memory in children and adults. *Applied Cognitive Psychology, 14,* 509-526.

Roebers, C. M. & Schneider, W. (2002). Stability and consistency of children's event recall. *Cognitive Development, 17,* 1085-1103.

Roebers, C. M. & Schneider, W. (2005). The strategic regulation of children's memory performance and suggestibility. *Journal of Experimental Child Psychology, 91,* 24-44.

Roebers, C. M. & Schneider, W. (2006). Die Entwicklung des autobiographischen Gedächtnisses, des Augenzeugengedächtnisses und der Suggestibilität. In W. Schneider & B. Sodian (Hrsg.), *Kognitive Entwicklung* (Enzyklopädie der Psychologie, Serie Entwicklungspsychologie, Bd. 2, S. 327-375). Göttingen: Hogrefe.

Roebers, C. M., Schwarz, S. & Neumann, R. (2005). Social influence and children's event recall and suggestibility. *European Journal of Developmental Psychology, 2,* 47-69.

Roebers, C. M., von der Linden, N. & Howie, P. (2007). Favourable and unfavourable conditions for children's confidence judgments. *British Journal of Developmental Psychology, 25,* 109-134.

Salmon, K., Bidrose, S. & Pipe, M.-E. (1995). Providing props to facilitate children's event reports: A comparison of toys and real items. *Journal of Experimental Child Psychology, 60,* 174-194.

Salmon, K. & Pipe, M.-E. (1997). Props and children's event reports: The impact of a 1-year delay. *Journal of Experimental Child Psychology, 65,* 261-292.

Salmon, K. & Pipe, M.-E. (2000). Recalling an event one year later: The impact of props, drawing and a prior interview. *Applied Cognitive Psychology, 14,* 99-120.

Salmon, K., Roncolato, W. & Gleitzman, M. (2003). Children's reports of emotionally laden events: Adapting the interview to the child. *Applied Cognitive Psychology, 17,* 65-79.

Saywitz, K. & Snyder, L. (1996). Narrative elaboration: Test of a new procedure for interviewing children. *Journal of Consulting and Clinical Psychology, 64,* 1347-1357.

Saywitz, K., Snyder, L. & Lamphear, V. (1996). Helping children tell what happened: A follow-up study of the narrative elaboration procedure. *Child Maltreatment, 1,* 200-212.

Saywitz, K. J. & Geiselman, R. E. (1998). Interviewing the child witness: Maximizing completeness and minimizing error. In S. J. Lynn & K. M. McConkey (Eds.), *Truth in memory* (pp. 190-223). New York: Guilford.

Schwarz, S., Roebers, C. M. & Schneider, W. (2004). Entwicklungsveränderungen in Konformität und in kognitiven Folgen sozialer Beeinflussung. *Zeitschrift für Entwicklungspsychologie und Pädagogische Psychologie, 36,* 173-181.

Scullin, M. H. & Bonner, K. (2006). Theory of mind, inhibitory control, and preschool-age children's suggestibility in different interviewing contexts. *Journal of Experimental Child Psychology, 93,* 120-138.

Sullivan, P. M. & Knutson, J. F. (2000). Maltreatment and disabilities: A population-based epidemiological study. *Child Abuse and Neglect, 24,* 1257-1273.

Thierry, K. L., Lamb, M. E., Orbach, Y. & Pipe, M.-E. (2005). Developmental differences in the function and use of anatomical dolls during interviews with alleged sexual abuse victims. *Journal of Consulting and Clinical Psychology, 73,* 1125-1134.

Thompson, W. C., Clarke-Stewart, K. A. & Lepore, S. J. (1997). What did the janitor do? Suggestive interviewing and the accuracy of children's accounts. *Law and Human Behavior, 21,* 405-426.

Tulving, E. & Thomson, D. M. (1973). Encoding specificity and retrieval processes in episodic memory. *Psychological Review, 80,* 352-373.

Wagland, P. & Bussey, K. (2005). Factors that faciliate and undermine children's beliefs about truth telling. *Law and Human Behavior, 29,* 639-655.

Walther, E., Bless, H., Strack, F., Rackstraw, P., Wagner, D. & Werth, L. (2002). Conformity effects in memory as a function of group size, dissenters and uncertainty. *Applied Cognitive Psychology, 16,* 793-810.

Warren, A., Hulse-Trotter, K. & Tubbs, E. C. (1991). Inducing resistance to suggestibility in children. *Law and Human Behavior, 15,* 273-285.

Warren, A. R., Woodall, C. E., Thomas, M., Nunno, M., Keeney, J. M., Larson, S. M., et al. (1999). Assessing the effectiveness of a training program for interviewing child witnesses. *Applied Cognitive Psychology, 3,* 128-135.

Waterman, A., Blades, M. & Spencer, C. (2002). How and why do children respond to nonsensical questions? In H. L. Westcott, G. M. Davies & R. H. C. Bull (Eds.), *Children's Testimony* (pp. 147-159). Chichester: Wiley.

Waterman, A. H., Blades, M. & Spencer, C. (2000). Do children try to answer nonsensical questions? *British Journal of Developmental Psychology, 18,* 211-225.

Waterman, A. H., Blades, M. & Spencer, C. (2001). Interviewing children and adults: The effect of question format on the tendency to speculate. *Applied Cognitive Psychology, 15,* 521-531.

Waterman, A. H., Blades, M. & Spencer, C. (2004). Indicating when you do not know the answer: The effect of question format and interviewer knowledge on childrens' "don't know" responses. *British Journal of Developmental Psychology, 22,* 335-348.

Welch-Ross, M. K., Diecidue, K. & Miller, S.A. (1997). Young children's understanding of conflicting mental representation predicts suggestibility. *Developmental Psychology, 33,* 43-53.

Whitcomb, D. (1992). Legal reforms on behalf of child witnesses: Recent developments in the American courts. In R. Flin & H. Dent (Eds.), *Children as witnesses* (pp. 151-165). Oxford: Wiley.

Yuille, J. C. (1989). *Credibility assessment.* Dordrecht: Kluwer.

Umfrageforschung mit Kindern und Jugendlichen

Nadine Diersch und Eva Walther

1   Einführung

Die Befragung ist eine Datenerhebungsmethode, bei der durch mündliche oder schriftliche Antworten Informationen von Personen über einen Befragungsgegenstand gewonnen werden (Weis & Steinmetz, 2002). Diese Selbstauskünfte sind die am häufigsten verwendeten Datenquellen in psychologischen Untersuchungen (Schwarz, 1999). Schätzungsweise 90 Prozent aller Daten werden in den empirischen Sozialwissenschaften mit Hilfe dieser Methode gewonnen (Bortz & Döring, 1995). Am bekanntesten sind die Umfrageforschung, Meinungsforschung oder Demoskopie. Diese beziehen sich auf die Anwendung statistisch-methodischer Verfahren zur Analyse von Zahlen und Daten, die durch Befragungen erworben werden, um Aussagen über die öffentliche Meinung zu treffen, die beispielsweise der Markt-, Medien- und Marketingforschung dienen (Schubert & Klein, 2006). Die Altersgruppe der Kinder und Jugendlichen zwischen 5 und 15 Jahren hat dabei inzwischen einen hohen Stellenwert erlangt, was unter anderem groß angelegte Fragebogenstudien wie die „KidsVerbraucherAnalyse" oder die „Shell-Jugendstudie" demonstrieren (Heinzel, 2000). Das Alter der Befragten sinkt außerdem zunehmend, da Kinder immer mehr als selbstständige und eigenverantwortliche Individuen bzw. Konsumenten betrachtet werden, deren eigene Meinung von hoher Bedeutung ist (Zinnecker, 1999). Zudem besitzt diese Altergruppe einen nicht unerheblichen Teil des Volksvermögens.

Doch was sagen uns die aus Befragungen gewonnenen Ergebnisse? Mit welcher Sicherheit erfasst die Befragung die tatsächliche Ausprägung eines Merkmals, bildet also den wahren Wert ab? Eine Schlüsselfrage ist, ob der Teilnehmer einer Studie die gestellten Fragen so interpretiert, wie sie vom Fragenbogenkonstrukteur intendiert wurden. Auf welche Art und Weise beeinflusst folglich eine gestellte Frage die Antwort des Befragten?

Ein Ansatz zur Verwendung von Sprache in einer Kommunikationssituation geht davon aus, dass sich die Befragten auf bestimmte Annahmen verlassen, die maßgebend für die Konversation im alltäglichen Leben sind, um die Bedeutung einer Frage zu erschließen (Schwarz, 1999). Diese Annahmen wurden von Grice (1975) ausführlich beschrieben. Grice (1975) postuliert, dass jede Konversation einem Kooperationsprinzip folgt, das sich in der Form von vier Maximen äußert, von denen der Hörer in einem rationalen Gespräch automatisch annimmt, dass sie befolgt werden. Das übergeordnete Kooperationsprinzip besagt, dass Gesprächsbeiträge so gestaltet werden, dass sie dem anerkannten Zweck dienen, den eine Person gerade zusammen mit ihren Kommunikationspartnern verfolgt. Diesem Prinzip sind die folgenden vier, teilweise überlappenden, Maximen untergeordnet: Nach der *Maxime der Quantität* sollte ein Beitrag zur Konversation je nach Absicht des Informationsaustauschs so informativ, wie es für den Zweck des Gesprächs nötig ist, gehalten werden. Die *Maxime der Qualität* legt fest, dass der Beitrag zur Konversation wahr sein muss und niemals etwas gesagt werden sollte, von dem man annimmt, dass es falsch ist oder wofür man keine konkreten Beweise besitzt. Nach der *Maxime der Relation* sollte jeglicher Beitrag außerdem relevant für die Konversation sein. Die *Maxime der Modalität* sagt schließlich aus, dass Mehrdeutigkeiten und Unklarheiten vermieden werden sollten, um die Beiträge kurz und bündig zu halten, ohne abzuschweifen.

Die Gesprächsteilnehmer können jedoch die Maximen auf mehrere Arten verfehlen und somit eine Konversation beeinträchtigen. Es kann beispielsweise bewusst oder unbewusst gegen eine Maxime verstoßen werden oder die Verwendung einer Maxime führt zum Verstoß gegen eine andere. Diese Missachtungen müssen die rationale Kommunikation allerdings nicht zwangsläufig stören. Entscheidend ist vielmehr, dass die Gesprächspartner einander die Befolgung der Maximen unterstellen. Zusammenfassend impliziert dies, dass unvollständige oder unklare Beiträge unter Berücksichtigung dieser Maximen ergänzt werden.

Allerdings unterscheidet sich eine Umfrage in einigen Merkmalen deutlich von natürlichen Konversationssituationen des Alltags. Der wesentliche Unterschied besteht in der standardisierten Form der Interaktion (Strack, 1994). Verglichen mit einer natürlichen Konversation handelt es sich bei standardisierten Befragungen um einen deutlich verarmten Kommunikationskontext. Die Fragen sind allen Befragten in der gleichen Art und Weise vorgegeben und ihre Antworten werden zumindest in der geschlossenen Frageform in einem identischen Antwortformat abgegeben. Bei unerwarteten Verständnisschwierigkeiten seitens der Befragten ist eine Hilfestellung zum Gelingen der Kommunikation nicht möglich, wenn die Objektivität gewahrt werden soll. Der Befragte ist bei der Interpretation der Frage allein auf die Hinweisreize angewiesen, die ihm im Kontext der Befragungssituation zur Verfügung stehen (Strack, 1994). Diese Hinweisreize, wie etwa vorangegangene Fragen oder Antwortskalen, können allerdings zu Fehlinterpretationen führen. Eine weitere, daraus resultierende Grundannahme der Umfrageforschung ist, dass Antworten nicht einfach aus dem Gedächtnis abgerufen werden können, sondern konstruiert werden müssen (Anderson, 1996; Felser, 2001; Schwarz, 1999). Dies impliziert, dass jede Information, die bei diesem Konstruktionsprozess verfügbar ist, den Prozess selbst beeinflussen kann, unabhängig davon, ob die Information relevant ist oder nicht. Vorangegangene Fragen können beispielsweise Informationen aktivieren („primen"), die die Antwort auf eine nachfolgende Frage verzerren können, was eine Antwort zur Folge hat, die der tatsächlichen Einstellung zu dem erfragten Thema nicht entspricht.

Die Konstruktionsannahme scheint für viele Einstellungen und Meinungen, die in der Umfrageforschung abgefragt werden, zu gelten. In den folgenden Abschnitten werden mögliche Fehlerquellen und Einflussvariablen auf die Beantwortung einer schriftlichen Umfrage bei Erwachsenen näher betrachtet und Besonderheiten bei der Befragung von besonders jungen Studienteilnehmern diskutiert. Eine empirische Studie, die den Einfluss ausgewählter Faktoren auf die Antworten von Kindern und Jugendlichen in einer Befragung betrachtete, wird vorgestellt.

1.1 Probleme der Umfrageforschung

Wie bereits angedeutet, unterliegen Selbstauskünfte über Verhalten und Einstellungen Fehlerquellen, welche die Antworten erheblich beeinträchtigen können. Dass die Antwort eines Befragten von dem zu messenden „wahren Wert" abweicht, kann auf verschiedene Ursachen zurückgehen (Strack, 1994). Zum einen können bestimmte Merkmale des Befragten eine Fehlerquelle darstellen, die Einfluss auf die Wahrnehmung und das Urteil haben und zu mehr oder weniger bewussten Antwortverfälschungen führen. Beispielsweise können die Tendenz, sich sozial erwünscht zu verhalten, oder andere Selbstdarstellungstendenzen zu beträchtlichen Verzerrungen der Antworten führen. In den westlichen Industrienationen haben sich die sozialen Verhaltensnormen in den letzten Jahrzehnten stark geändert. So ist es nicht mehr angemessen, rassistische oder sexistische Äußerungen vorzunehmen oder solchen Äußerungen zuzustimmen, was aber nicht bedeuten muss, dass die zugrunde liegenden Einstellungen ebenfalls nicht mehr existieren (De Houwer, 2003). Zweitens kann auch die Befragungssituation, wie der dabei bestehende Zeitdruck oder die Art der Befragung, einen Einfluss auf die Antworten der Teilnehmer haben. So vermag die Anwesenheit eines Interviewers etwa die Bereitschaft zu sozial erwünschten Antworten im Vergleich zu einer anonymen schriftlichen Befragung noch verstärken.

Eine dritte Fehlerquelle schließlich kann die Frage selbst sein. Um bei der Formulierung der Fragen diese Möglichkeit zu reduzieren, wurden verschiedene Checklisten entwickelt, die vor einem Einsatz der Fragebögen in der Praxis zur Überprüfung herangezogen werden sollten (Bortz & Döring, 1995). Sie beinhalten Prüfkriterien, die zum Beispiel eine einfache und eindeutige Formulierung der Fragen, das Vermeiden von Fremdwörtern, Suggestivfragen und doppelten Verneinungen berücksichtigen. Trotz dieser Hilfsmittel kam eine große Anzahl von empirischen Studien zu dem Ergebnis, dass selbst geringe Veränderungen in der Fragestellung, im Fragenformat oder im Fragenkontext zu schwerwiegenden Veränderungen der Resultate führen können (Schuman, 1992; Schwarz, 1999; Schwarz & Bohner, 2001; Schwarz & Hippler, 1995; Schwarz & Oyserman, 2001; Tourangeau & Rasinski, 1988). Im Folgenden werden einige dieser Einflussvariablen detailliert betrachtet.

1.2 Die bestehende Befragungspraxis: Besonderheiten und Probleme

Selbstauskünfte bieten im Gegensatz zu vielen anderen Methoden wesentliche Vorteile, wie etwa eine hohe Strukturiertheit, standardisierte Daten, vergleichsweise niedrige Kosten und die Möglichkeit, einen Einblick in die innere Gedankenwelt der befragten Personen zu erhalten. Soziologische Forschung, Markt- und Meinungsforschung, Evaluationsforschung und viele andere Fachrichtungen verwenden vorrangig diese Methode, um Aussagen über das Verhalten und die Denkweise der untersuchten Personen zu treffen und zum Beispiel Prognosen für die Zukunft zu stellen. Die Forschung muss sich dabei darauf verlassen, dass die gegebenen Antworten die Gedanken, Gefühle und das Verhalten der Befragten wahrheitsgemäß widerspiegeln. Selbstauskünfte unterliegen jedoch verschiedenen Fehlerquellen, welche die Antworten erheblich verzerren können (Strack, 1994). So können sich beträchtliche Unterschiede in den Antworten ergeben, je nachdem, ob eine Frage offen oder geschlossen gestellt wird oder je nachdem, welche Antwortmöglichkeiten vorliegen. Auch die Reihenfolge der Fragen kann die Antworten über die persönlichen Einstellungen erheblich beeinflussen.

Die Forschung zu derartigen Einflussfaktoren bei Befragungen konzentrierte sich allerdings bisher vorrangig auf erwachsene Personen und hat Kinder und Jugendliche dabei weithin vernachlässigt.

2 Methoden der Umfrageforschung

2.1 Merkmale der Frage als Fehlerquelle bei der Beantwortung eines Fragebogens

Im Folgenden werden ausgewählte Einflussfaktoren bei der Umfrageforschung mit Erwachsenen, die sich auf das Format und den Kontext der Fragen beziehen, näher betrachtet. Es wird zudem herausgearbeitet, ob und in welcher Weise sich die erwähnten Einflüsse auch bei Umfragen mit Kindern und Jugendlichen auf deren Antwortverhalten bzw. Selbstauskünfte auswirken.

2.1.1 Formale Aspekte eines Fragebogens – freie und vorgegebene Antwortmöglichkeiten

Laut Bradburn (1983) ist die Frage, ob vorgegebene Antwortalternativen die Qualität der Antworten beeinflussen, eines der am intensivsten diskutierten Themen der Umfrageforschung. Es ergeben sich zum Teil enorme Unterschiede in den Antworten, je nachdem, ob geschlossene oder offene Fragen gestellt werden (Schwarz, 1999; Schwarz & Oyserman, 2001). Wird den Befragten die offene Frage „Was haben Sie heute gemacht?" gestellt, ist es eher unwahrscheinlich, dass sie Dinge angeben, die dem Forscher bereits bekannt sind wie „Ich habe an einer Umfrage teilgenommen", oder die sie als selbstverständlich ansehen wie „Ich habe etwas gegessen". Die Befragten sind laut den Konversationsmaximen (in dem Fall der Maxime der Quantität) bestrebt, Redundanz zu vermeiden. Wird ihnen jedoch die Frage mit verschiedenen Alternativen, die die oben aufgeführten Aktivitäten mit einschließen, vorgegeben, werden die meisten Befragten diese auch mit angeben. Auf der anderen Seite schließt eine geschlossene Fragestellung die Möglichkeit aus, dass auch Dinge angegeben werden, die nicht in der Liste aufgeführt sind (Schwarz, 1999).

Eine Fragebogenstudie von Schumann und Presser (1981) zu den Werten und Einstellungen von Eltern bezüglich der Erziehung ihrer Kinder bestätigte diese Annahmen. Wenn die Eltern gefragt wurden, was sie für die wichtigste Sache halten, die ihre Kinder auf das Leben und die Zukunft vorbereitet, gaben 61,5 Prozent der Befragten „selbstständiges und unabhängiges Denken" an, wenn es als eine Antwortalternative in einer Liste von Möglichkeiten angeboten wurde. Allerdings gaben nur 4,6 Prozent eine Antwort, die in diese Kategorie eingeordnet werden konnte, wenn die Frage offen gestellt wurde. Man würde als Forscher folglich vollkommen verschiedene Schlüsse ziehen, je nachdem wie die Frage gestellt wurde. Strack (1994) zitierte ähnliche Ergebnisse einer Studie von Schumann und Scott (1987), in der bei der Frage nach den wichtigsten Ereignissen der letzten 50 Jahre die Erfindung des Computers nur dann sehr häufig mit angegeben wurde, wenn diese als eine Antwortmöglichkeit mit vorgegeben war.

Die beiden Methoden, das freie Erinnern und die Einschätzung von Vorgaben, führen folglich zu unterschiedlichen Ergebnissen. Es scheint, dass die dabei zugrunde liegenden kognitiven Prozesse verschieden sind, sodass beispielsweise eine Sache spontan zwar nicht als wichtig benannt, bei Nachfragen die Wichtigkeit aber erkannt wird (Felser, 2001). Die Befragten nennen außerdem beim freien Erinnern meist weniger Informationen als beim unterstützten Erinnern, bei dem Hinweisreize zur Erleichterung des Abrufes vorgegeben werden. Diese Tatsache gilt als Argument für die These, dass die Inhalte des Langzeitgedächtnisses nicht gelöscht werden, sondern dass das Problem beim Zugriff auf die Informationen liegt (vgl. z. B. Anderson, 1996). Beim freien Erinnern werden im ersten Schritt Informationen abgerufen und im zweiten Schritt wird entschieden, welche dieser Informationen wichtig sind oder nicht. Beim Wiedererkennen entfällt der erste Schritt, da die Informationen bereits vorliegen, was mehr Antworten zur Folge hat. Weiterhin kann es vorkommen, dass auch andere Inhalte wiedererkannt als frei erinnert werden (Felser, 2001). Neben dem tatsächlichen Erinnern spielen dabei auch Konstruktionsprozesse eine wichtige Rolle (vgl. Anderson, 1996). Wenn Informationen aus der Vergangenheit genutzt werden sollen, aber keine Erinnerung vorliegt, wird häufig etwas genannt, was für plausibel gehalten wird (Felser, 2001).

Aufgrund dieser Ergebnisse und der schnelleren Auswertung bzw. höheren Objektivität werden in der Praxis zumeist geschlossene Fragen bevorzugt (Bortz & Döring, 1995). Offene Fragestellungen könnten dagegen die Methode der Wahl sein, wenn die spontanen Angaben der Befragten interessieren oder wenn zunächst valide Kategorien für eine geschlossene Fragestellung gesucht werden (Strack, 1994).

2.1.2 Frequenz der Antwortskalen bei Verhaltensauskünften

Weitere Einflussfaktoren auf die Antworten in einem Fragebogen sind die Frequenz der Antwortskalen bzw. die Bandbreite der Antwortmöglichkeiten und die damit verbundenen Referenzzeiträume (Schwarz & Bohner, 2001; Schwarz & Oyserman, 2001). In einer Untersuchung von Schwarz, Strack, Müller und Chassein (1988) wurden die Befragten beispielsweise gefragt, wie oft sie in letzter Zeit gereizt waren. Doch was ist mit „gereizt" gemeint? Ist der Forscher an den Reaktionen auf alltägliche kleine Ärgernisse interessiert oder geht es um länger andauernde, tiefere Gefühle der Missstimmung? Um die Bedeutung der Frage zu identifizieren, orientierten sich die Teilnehmer an den vorgegebenen Antwortalternativen. Demnach gingen sie bei einer niedrigen Frequenz der Antwortalternativen wie etwa von „weniger als einmal im Jahr" bis „mehr als einmal alle drei Monate" aller Wahrscheinlichkeit nach davon aus, dass der Forscher eher an selteneren und stärkeren Episoden von Ärger und Gereiztheit interessiert sei, als an den alltäglichen Stimmungsschwankungen. Die Befragten interpretierten die Frage anders, je nachdem, wie die Antwortskala formuliert war, was sich in dementsprechend unterschiedlichen Ergebnissen niederschlug.

Um zu einer Einschätzung ihres Verhaltens zu kommen, dienen den Befragten demzufolge die Antwortalternativen und deren Frequenz als Informationsquelle. Die Skala wird als Referenz genommen, an der ersichtlich ist, was im gegebenen Augenblick als „viel" oder „wenig" zu gelten hat (Felser, 2001). Die vorgegebene Antwortskala schränkt den Interpretationsspielraum ein und reduziert so Mehrdeutigkeiten, was für die Interpretation der Frage seitens der Befragten entscheidend ist (Strack, 1994). Die Probanden gehen davon aus, dass eine Skala konstruiert wurde, die die Verbreitung eines Verhaltens in der Gesellschaft abbildet und deren mittlere Werte demzufolge auch das übliche bzw. durchschnittliche Verhalten anzeigen (Felser, 2001; Schwarz & Oyserman, 2001). Diese implizite Annahme führt zu deutlich höheren Schätzungen auf Skalen, die hohe Verhaltensfrequenzen vorgeben, als bei Niedrigfrequenzskalen (Schwarz, 1999).

Entsprechende Effekte zeigten Schwarz, Hippler, Deutsch und Strack (1985) bei der Frage nach dem täglichen Fernsehkonsum. Als Antwortmöglichkeiten wurden den Befragten zwei verschiedene Skalen präsentiert. Nur 16,2 Prozent der Befragten gaben einen Fernsehkonsum von mehr als 2,5 Stunden pro Tag an, wenn sie eine Skala mit niedrigen Antwortfrequenzen erhielten, die sechs Antwortmöglichkeiten von „Bis zu einer halben Stunde" bis „Mehr als 2,5 Stunden" umfasste. In der zweiten Untersuchungsbedingung unter Vorlage einer Hochfrequenzskala, die von „Bis zu 2,5 Stunden" bis „Mehr als 4,5 Stunden" reichte, kreuzten hingegen 37,5 Prozent der Befragten einen derartigen Wert an. Ähnlich deutliche Effekte zeigten sich auch bei anderen Themengebieten. Beispielsweise befragte Felser (2001) in einer Studie 108 Versuchspersonen, wie hoch die Gebühren sind, die sie jährlich an ihr Kreditinstitut zahlen. Reichte die vorgegebene Skala von 50 DM bis 230 DM, gaben 11,4 Prozent einen Wert über 100 DM an. In einer zweiten Untersuchungsbedingung mit einer Skala von 20 DM bis 180 DM bestätigten nur 6,3 Prozent der Teilnehmer, einen Wert über 100 DM zu zahlen. Die Antworten verteilten sich nahezu gleich auf die Vorgaben der unterschiedlichen Skalen. Die Befragten erklärten unter Vorlage der Skala mit den höheren Beträgen im Durchschnitt 75,90 DM an Gebühren zu zahlen, während die andere Gruppe laut Aussage im Schnitt nur 45,50 DM zahlte.

Bei Auskünften über das eigene Verhalten wird im idealen Fall erwartet, dass der Befragte das erfragte Verhalten richtig identifiziert, sich an relevante Episoden erinnert, diese in den vorgegebenen Referenzzeitraum einordnet und sie dann in einen numerischen Wert umwandelt (Schwarz & Oyserman, 2001). Leider folgen die Befragten im seltensten Fall diesem Schema, wie die beschriebenen Studien zeigten. Oft haben sie nur eine unzureichende Repräsentation ihres Verhaltens im episodischen Gedächtnis verfügbar. Ihre Antworten basieren eher auf Bruchstücken von Erinnerungen und der Anwendung von Heuristiken, um die Frequenz ihres Verhaltens zu schätzen (Schwarz, 1999). Weiterhin kamen viele Studien zu dem Ergebnis, dass die Häufigkeit relativ seltener Verhaltensweisen überschätzt und dagegen die Zahl häufig auftretender Verhaltensweisen unterschätzt wird (Schwarz & Oyserman, 2001). Die Frequenz der Skalen kann außerdem dazu führen, dass die Befragten zögern, Häufigkeiten anzugeben, die im Kontext der Skala extrem erscheinen (Schwarz & Bienias, 1990). Man kann jedoch davon ausgehen, dass dieser Einfluss der Antwortalternativen umso geringer wird, je besser das Verhalten oder die Einstellung im Gedächtnis repräsentiert ist (Schwarz & Bienias, 1990).

Um die Erinnerung an relevante Episoden des erfragten Verhaltens zu erleichtern, gibt es verschiedene Möglichkeiten. Laut Schwarz und Oyserman (2001) ist es zum einen hilfreich, sich auf kurze und relativ aktuelle Referenzzeiträume zu beziehen, da die Erinnerungen mit der Zeit immer schwächer werden. Des Weiteren sollten komplexe Bereiche in mehrere spezifische aufgeteilt werden, wenn es sich um unregelmäßige und gut erinnerbare Verhaltensweisen wie etwa bestimmte Freizeitaktivitäten (z. B. ein Picknick) handelt. Auch die zur Verfügung gestellte Zeit bei der Beantwortung des Fragebogens und die Motivation der Befragten können sich positiv auswirken. Je weniger Zeitdruck vorherrscht und je höher der Anreiz oder die Motivation der Probanden bei der Beantwortung ist, desto höher ist die Wahrscheinlichkeit, dass entsprechende kognitive Anstrengung in die Aufgabe investiert wird. In bestimmten Fällen, wie bei komplexen oder sensiblen Themen, bei denen die soziale Erwünschtheit einen Einfluss haben kann, ist außerdem die offene Formulierung von Fragen vorteilhaft, um einen Einfluss der Antwortalternativen bei der Beantwortung zu vermeiden.

2.1.3 Kontexteffekte bei Auskünften über persönliche Einstellungen

Einstellungen regeln die Bereitschaft, auf den Gegenstand der Einstellung mit Zu- oder Abneigung zu reagieren (Felser, 2001). Sie haben eine Wissens- und eine Bewertungskomponente. Da man sie nicht direkt beobachten kann, ist man bei ihrer Erforschung abhängig von den Selbstauskünften der befragten Personen oder indirekten Messmethoden. In der Einstellungsforschung haben allerdings viele Faktoren, zum Beispiel der Kontext der Fragen, einen nicht zu unterschätzenden Einfluss auf die Beantwortung eines Fragebogens, da Einstellungen nicht selten ad hoc konstruiert werden (Felser, 2001; Schwarz, 1999; Schwarz & Bohner, 2001; Tourangeau, 1992). Verschiedene Studien kamen zu dem Ergebnis, dass vorangehende Fragen die Antworten auf nachfolgende Fragen beeinflussen können (Bishop, 1987; Schwarz, 1999; Schwarz & Bohner, 2001; Schwarz & Hippler, 1995; Strack, 1992; Tourangeau, Rasinski, Bradburn & D'Andrade, 1989). Das heißt, dass Frage A unter Umständen anders beantwortet wird, wenn sie vor Frage B gestellt wird, verglichen mit dem Fall, dass die Reihenfolge der Fragen vertauscht wird. Laut Schuman und Presser (1981) treten diese Reihenfolgeeffekte zum einen bei Fragen auf, die zwei spezielle Aspekte eines Themenbereiches ansprechen („part-part relation"), sowie zwischen Fragen, bei denen eine Frage einen speziellen Aspekt des Inhalts der anderen Frage darstellt („part-whole relation"). Die Beantwortung von speziellen Fragen zu einem Thema aktiviert Informationen, die bei der allgemeinen Einschätzung des Themas bedeutsam werden und die Antwort entsprechend beeinflussen können (Strack, 1994). Zumindest bei schriftlichen Befragungen können Fragen die Beantwortung anderer Fragen beeinflussen, selbst unabhängig davon, ob sie vor oder nach ihnen gestellt werden, da es den Befragten in dem Fall möglich ist, im Fragebogen jederzeit vor oder zurück zu gehen (Schwarz & Hippler, 1995).

Es stellt sich demnach bei Auskünften über persönliche Einstellungen zunächst die Frage, ob bereits eine Meinung zu dem erfragten Thema besteht. Ist dies der Fall, erfolgt ein Abruf der relevanten Gedanken aus dem Gedächtnis, um ein Urteil abzugeben, das relativ kontextunabhängig sein dürfte. Besteht dagegen kein gefestigtes

Urteil, wird dieses aus den temporär verfügbaren Informationen konstruiert. So kann beispielsweise die zuerst gestellte Frage zu einem „Priming-Effekt" führen, der sich auf die folgenden Fragen auswirkt (Tourangeau & Rasinski, 1988). Durch die Darbietung von bestimmten Informationen in einer früheren Frage erhöht sich somit die Wahrscheinlichkeit, dass der gleiche oder ein ähnlicher Inhalt später kognitiv leichter verfügbar ist (Strack, 1994).

Eine Studie von Schwarz, Strack und Mai (1991) illustrierte diese Vorgänge deutlich. In der ersten Untersuchungsbedingung wurden die Testpersonen zunächst gefragt, wie zufrieden sie mit ihrem Leben insgesamt sind, und anschließend, wie zufrieden sie in ihrer Ehe sind. In diesem Fall korrelierten die Antworten auf die zwei Fragen mit $r = .32$. In der zweiten Bedingung wurden die beiden Fragen in umgekehrter Reihenfolge präsentiert und es ergab sich eine Korrelation von $r = .67$. Diese Ergebnisse zeigen, dass die Frage nach der Zufriedenheit in der Ehe relevante Gedanken hervorrief, die auch die Repräsentation der Gesamtzufriedenheit mit dem Leben formten. In einer dritten Bedingung wurden die Fragen mit der Aussage eingeleitet, dass nun zwei Fragen folgen, die sich mit dem Wohlbefinden der Teilnehmer befassen, genauer gesagt eine Frage über ihre Ehe und eine über ihr Leben insgesamt. In dieser Bedingung fiel die Korrelation der Antworten auf $r = .18$. Die Befragten hatten demnach die Gedanken über ihre Ehe von weiteren Überlegungen in Bezug auf die zweite Frage ausgeschlossen, um Redundanz zu vermeiden. Auch Felser (2001) demonstrierte diese Effekte in einer Untersuchung. Den Befragten wurden die Fragen „Wie gut erfüllen Ihrer Meinung nach deutsche Banken ihre Funktion als Dienstleister?" und „Wie gut erfüllt Ihrer Meinung nach Ihre Bank ihre Funktion als Dienstleister?" zur Bewertung vorgelegt. Wenn die allgemeine Frage der spezifischen voranging, korrelierten die Antworten mit $r = .69$. Die Korrelation sank auf $r = .44$, wenn die Reihenfolge der zwei Fragen umgekehrt wurde.

Andere Studien konnten dagegen keinen eindeutigen Einfluss der Variation der Fragenreihenfolge auf die Antworten der Befragten nachweisen (Strack, 1994). Aus dem Grund ist eine Generalisierung dieser Effekte schwierig. Wie Kontexteffekte zum Tragen kommen, hängt nicht nur von der Beziehung zwischen Kontextinformationen und der Art der Entscheidung ab, welche Einstellung etwa abgefragt wird, sondern auch von der Reihenfolge der Fragen und der Einhaltung allgemeiner Kommunikationsregeln.

2.1.4 Einfluss von Wissens- und Verhaltensauskünften

Ein weiterer interessanter Effekt zeigte sich bei Untersuchungen zu der Wirkung von Fragen, die Wissen und tatsächliches Verhalten in einem Themenbereich abfragen (Martin & Harlow, 1992). Informationen über eigenes Verhalten oder Wissen, die der Versuchsperson durch vorangegangene Fragen präsent werden, können als Grundlage für folgende Einstellungsurteile dienen (Strack, 1994). Wie zu anderen Einflussvariablen dargestellt, gilt auch bei dieser Art von Informationen, dass deren Verfügbarkeit zum Zeitpunkt der Urteilsbildung einen wichtigen Einfluss auf die Beantwortung darstellt. Bestimmte Fragen zu konkreten Kenntnissen und Verhaltensweisen der Befragten werden in Fragebögen oft zur Vorkategorisierung verwendet, um bestimmte Untergruppen von Befragten zu bilden, da sich die Befragten in

Bereichen wie zum Beispiel Politik oftmals in ihrer Fähigkeit unterscheiden, diese zu beantworten (Martin & Harlow, 1992). Des Weiteren ist die Fähigkeit, eine Frage zu beantworten, die sich auf konkrete Fakten bezieht [z. B. „Erinnern Sie sich an etwas Bestimmtes, was Ihre Landesregierung in letzter Zeit für Ihr Land und für die Bewohner dieses Landes getan hat? (Wenn ja: Was war das?)"], ein besserer Indikator über das Wissen einer Person als die Selbsteinschätzung des Wissensstandes (z. B. „Wie viel wissen Sie über die Politik Ihres Landes?").

Es zeigte sich in verschiedenen Situationen, dass die Befragten ein deutlich geringeres Interesse an Politik angaben, wenn sie vorher eine auf das Thema bezogene Wissensfrage mit „nein" beantwortet hatten (Bishop, 1987). Vermutlich kategorisierten sich die Befragten als nicht sehr bewandert auf diesem Gebiet, wenn sie vorher eine entsprechende Frage nicht beantworten konnten. Die Selbstwahrnehmung über den eigenen Informations- bzw. Wissensstand wird durch die Beantwortung der Frage beeinflusst und führt zu einer Verschiebung der Aufmerksamkeit (Martin & Harlow, 1992). Kann eine derartige Frage erfolgreich beantwortet werden, konzentrieren sich die Befragten eher auf Sachverhalte, die sich auf das Thema der Fragestellung beziehen. Im umgekehrten Fall, nach einem Misserfolg bei der Beantwortung, werden sie sich dagegen eher auf Sachverhalte konzentrieren, die in keiner Beziehung zu dem betreffenden Thema stehen. Der Erfolg oder Misserfolg bei der Beantwortung einer Wissensfrage entscheidet folglich darüber, ob sich die befragten Personen entweder weiter mit dem Thema beschäftigen oder nicht (Martin & Harlow, 1992). Erfolg oder Misserfolg bezieht sich in diesem Kontext auf die Fähigkeit eine Antwort zu geben, unabhängig davon, ob sie tatsächlich wahr ist. Entscheidend ist, dass der Befragte annimmt, die richtige Antwort geben zu können.

Eine Untersuchung von Bishop, Oldendick und Tuchfarber (1983) bestätigte, dass Befragte, die zwei sehr schwierige Wissensfragen über Politik beantworten sollten, ihr eigenes Interesse an Politik geringer einschätzten als die Befragten, die diese Fragen zuvor nicht beantworten mussten. Die Ergebnisse zeigten, dass die Probanden aus ihrer Fähigkeit, die Wissensfragen zu beantworten, Schlüsse zogen, die sie dann als Grundlage für die Beantwortung weiterer Fragen heranzogen.

Eine Studie von Schwarz, Bless, Strack, Klumpp, Rittenauer-Schatka und Simonis (1991) demonstrierte einen ähnlichen Einfluss von Fragen, die konkretes Verhalten ermittelten, auf nachfolgende Fragen. Die Versuchspersonen sollten entweder sechs oder zwölf Beispiele für ihr eigenes selbstbewusstes bzw. nicht selbstbewusstes Verhalten nennen. Es wurde so geprüft, ob die Schwierigkeit bei der Nennung eigenen Verhaltens als Information für die Selbsteinschätzung herangezogen wird und diese entsprechend beeinflusst. Da es schwieriger ist, zwölf Verhaltensbeispiele zu nennen als sechs, ist bei der anschließenden Selbsteinschätzung ein vergleichbar niedrigerer Wert bei dieser Gruppe zu erwarten. Tatsächlich schätzten sich die Befragten als selbstbewusster ein, die nur sechs Verhaltensbeispiele angeben sollten.

Diese Unterschiede im Denken der erfolgreichen und weniger erfolgreichen Studienteilnehmer können demzufolge zu beachtlichen Differenzen ihrer Antworten in Fragebögen führen. Derartige Kontextreize können die Motivation, sich kognitiv bei der Beantwortung anzustrengen, bedeutend verändern. Im Zweifelsfall ist anzuraten, die Fragen zu konkretem Verhalten oder Wissen erst nach den Einstellungsfragen im Fragebogen zu platzieren, um mögliche Einflüsse ausschließen zu können.

2.2 Einfluss der Fragebogenmerkmale auf das Antwortverhalten verschiedener Alterskohorten

Da, wie oben beschrieben, das Beantworten einer Frage ein kognitiv aufwendiger Prozess ist, lässt sich ableiten, dass alterskorrelierte Veränderungen in den kognitiven Fähigkeiten die Beantwortung eines Fragebogens beeinflussen können. So stellte sich beispielsweise heraus, dass Reihenfolgeeffekte bezüglich der Antwortalternativen bei älteren Menschen durch den altersbedingten Gedächtnisabbau stärker zum Tragen kommen als bei Jüngeren (Schwarz, 2003). Reihenfolgeeffekte, die sich auf die Fragen an sich beziehen, scheinen dagegen mit zunehmendem Alter der Befragten an Einfluss zu verlieren. Außerdem unterscheiden sich Altersgruppen dahingehend, wie viel Aufmerksamkeit sie auf bestimmte Verhaltensweisen und Erfahrungen richten (Schwarz, 2003). So werden zum Beispiel gesundheitliche Aspekte mit steigendem Alter immer wichtiger. Über die Einflüsse all dieser Effekte auf die Antworten von jungen Altersgruppen ist dagegen noch vergleichsweise wenig bekannt, was weitere Untersuchungen auf diesem Gebiet notwendig macht. Im folgenden Abschnitt wird der gegenwärtige Stand der Umfrageforschung im Hinblick auf junge Zielgruppen diskutiert.

2.2.1 Datenerhebung bei Kindern und Jugendlichen

Empirische Verfahren zur Einstellungsmessung sind immer dann unverzichtbar, wenn subjektive Einstellungen, Werte und Ziele erfasst werden sollen, die Außenstehenden nicht oder nur schwer zugänglich sind. In der Kindheits- und Jugendforschung zeichnet sich ein steigendes Interesse an den persönlichen Werten und Einstellungen ab, die Selbstauskünfte auch in diesem Forschungsbereich weiterhin unentbehrlich machen (Reynolds, 1993; Walper & Tippelt, 2002). Heinzel (2000) stellte bei der Analyse von Forschungsbeiträgen zum Thema Kindheit fest, dass in der Praxis Befragungen und Interviews sowie standardisierte Methoden den Vorzug erhalten und dass insgesamt quantitative Vorgehensweisen verbreiteter sind als qualitative Verfahren. Das Alter der Kinder, die zu ihren Meinungen und Einstellungen zu politischen, gesellschaftlichen und privaten Themen befragt werden, sinkt in letzter Zeit außerdem zunehmend. Während Mitte des 20. Jahrhunderts Umfragen erst bei 18- bis 21-Jährigen begannen, da man den Befragten erst ab diesem Alter eine eigene Meinungs- und Einstellungsbildung zu öffentlichen Fragen zugestand, sind die befragten Altersgruppen mittlerweile auf Zehn- bis Zwölfjährige und noch Jüngere gesunken (Zinnecker, 1999). Groß angelegte und regelmäßig durchgeführte Fragebogenstudien wie zum Beispiel die „KidsVerbraucherAnalyse" oder die „Shell-Jugendstudie" gewinnen zunehmend an Bedeutung innerhalb der Kindheits- und Jugendforschung, aber auch in der Marketingforschung, um die Sicht der Kinder und Jugendlichen, ihre Wünsche, ihren Lebenskontext und ihr Weltverständnis repräsentativ zu ermitteln. Dies zeigt, dass Kinder immer mehr als selbstständig entscheidende Mitglieder der Gesellschaft betrachtet werden und in öffentliche Meinungsbildungsprozesse einbezogen werden (Zinnecker, 1999). Allerdings stellt sich dabei das Problem der Vergleichbarkeit von Messungen: Werden die gestellten Fragen von den verschiedenen Altersgruppen gleichermaßen interpretiert? Um dementsprechende

Fragestellungen zweckmäßig zu operationalisieren, müssen altersspezifischen Besonderheiten beachtet und durch formal unterschiedliche Testverfahren entsprechend umgesetzt werden.

2.2.2 Besonderheiten der Kindheitsforschung

Vor allem in der Kindheitsforschung stellen sich spezifische Probleme wie der Einfluss des Erziehungsstils und der Überzeugungen der Eltern, kindtypische Ausdrucksformen sowie der Fokus auf Erwachsene von Forschung und Forschenden (Heinzel, 2000). Erste Voraussetzung zur Erhebung von Daten durch Fragebögen ist die Fähigkeit zum Lesen und Schreiben, die in westlichen Gesellschaften etwa mit einem Alter von sieben Jahren angenommen werden kann (Reynolds, 1993). Kinder haben, entsprechend ihrem kognitiven Entwicklungstand, eine unterschiedliche Wahrnehmung und ein unterschiedliches Verständnis von Zeit und Zeiträumen sowie von geographischen Entfernungen (Kränzl-Nagl & Wilk, 2000; Yule, 1993). Kinder sind erst mit zunehmenden Alter, etwa mit dem Eintritt in die Schule, in der Lage zu beurteilen, was nah oder fern ist und lernen Geschwindigkeiten einzuschätzen oder haben ein Verständnis für die Vergangenheit und die Zukunft. Da sie sich in kurzen Zeitabschnitten sowohl in ihren kognitiven als auch körperlichen Eigenschaften stark verändern und überdies eine große Heterogenität bei der Entwicklung aufweisen, führt dies bei standardisierten Befragungen mit Kindern oft zu Komplikationen mit den klassischen Gütekriterien. Eine möglichst konkrete Formulierung der Fragen und Antwortvorgaben und die Anpassung an den spezifischen kindlichen Ausdruck sind bei der Entwicklung eines Fragebogens deshalb äußerst wichtig.

Eine Studie zum Thema Gütekriterien befragte 112 Kinder zwischen sechs und zwölf Jahren in einem diagnostischen Interview, verglich deren Aussagen mit Berichten der Eltern und erhob die Retest-Reliabilität nach einem Intervall von ein bis drei Wochen (Fallon Jr. & Schwab-Stone, 1994). Das Interview bestand aus dem *Diagnostic Interview Schedule for Children-Revised* (DISC-R; Schaffer, Fisher & Lucas, 2004), jeweils in der Kinder- und Erwachsenenversion und anderen Messungen zu Krankheitssymptomen, Familien- und Schulsituation. Es zeigte sich, dass sich die Retest-Reliabilität mit steigendem Alter von .31 auf .47 erhöhte, aber dennoch niedriger als die durchschnittlichen Reliabilitätswerte der Eltern war. Außerdem antworteten die Kinder reliabler bei Fragen nach beobachtbarem Verhalten, dagegen weniger reliabel bei Fragen mit unspezifischen Zeitangaben, bei Fragen nach Reflexionen ihrer eigenen Gedanken und Vergleichen mit anderen. Die Satzlänge von bis zu 40 Wörtern übte keinen wesentlichen Einfluss auf die Reliabilität der Aussagen aus.

Weiterhin neigen Kinder noch mehr als Erwachsene dazu, Antworten zu geben, die ihren eigenen Wünschen entsprechen oder die sie als sozial erwünscht interpretieren (Kränzl-Nagl & Wilk, 2000; Reynolds, 1993). Beispielsweise ist es möglich, dass Kinder aufgrund der hohen Bedeutung von Familie und Eltern darauf bedacht sind, ihre Familie nach dem Bild der „Idealfamilie" erscheinen zu lassen. Aufgrund dieser Tatsache ist es besonders wichtig, suggestive Fragen zu vermeiden. Kinder sind in manchen Fällen beeinflussbarer als Erwachsene, zum Beispiel wenn sie Informationen von Autoritäten erhalten (Warren & Lane, 1995). Lipski (2000) kam bei dem

Thema Verlässlichkeit von Kindesaussagen zu dem Ergebnis, dass bei Fragen nach Lebensbereichen, die außerhalb der Erfahrungen der Kinder liegen (z. B. Beruf der Eltern), häufiger mit falschen Antworten gerechnet werden muss als bei Aussagen über persönliche Erfahrungsbereiche wie etwa Freizeitbeschäftigungen, bei denen der Prozentsatz falscher Aussagen eher gering ist.

Selbst verhältnismäßig junge Kinder zwischen vier und fünf Jahren sind in der Lage, Ereignisse aus ihrem Leben wiederzugeben, die ein bis zwei Jahre zurückliegen (Fivush & Shukat, 1995). Sie können durchaus kohärente und detaillierte Angaben über Ereignisse in ihrer Vergangenheit machen. Jedoch sind diese Aussagen oft inkonsistent über verschiedene Befragungszeitpunkte hinweg. Gründe dafür könnten zum einen anders formulierte Fragen bei den Nachfolgeuntersuchungen sein oder bei gleicher Fragestellung zu jedem Erhebungszeitpunkt, dass das Gedächtnis der Kinder dieser Altersgruppe noch nicht ausreichend gut organisiert ist bzw. es ihnen noch schwer fällt, ihre Erinnerungen in Worte zu fassen (Fivush & Shukat, 1995).

Speziell bei dem Einsatz von Ratingskalen in schriftlichen Befragungen stellte sich heraus, dass bei der Festlegung der Stufenanzahl das Alter der Versuchsteilnehmer und die Komplexität des einzuschätzenden Merkmals eine wichtige Rolle spielen. Lohaus (1989) bemerkte dazu, dass bei niedriger Komplexität des Themas alle Altersgruppen auch höhere Stufenanzahlen bewältigen können, während jedoch bei steigender Komplexität jüngere Altersgruppen eher überfordert sind.

Bei Befragungen von Jugendlichen kann dagegen von einem Kognitions- und Fähigkeitsniveau ausgegangen werden, das bei Selbstauskünften stabilere Resultate als bei Kindern zur Folge hat. Jugendliche werden generell als kompetent angesehen, die Anforderungen der Messungen von Selbstauskünften zu erfüllen (Reynolds, 1993). Eine Ausnahme dabei scheinen Aussagen über Problemverhalten wie Substanzmissbrauch oder sensible Themen wie Sexualverhalten zu sein, die durch Sorgen um die Selbstdarstellung und Ängste, dass die Antworten nicht anonym behandelt werden, verzerrt werden können (Johnson & Richter, 2004). Es ist demnach davon auszugehen, dass Jugendliche bei den meisten Themen ähnlich reliabel und valide wie Erwachsene antworten.

Da es jedoch bei diesen Altersgruppen bisher kaum Forschung zu den unter Abschnitt 2.1 betrachteten Einflussvariablen gibt, sind bis zu diesem Zeitpunkt bestenfalls Hypothesen über die Auswirkungen von Verzerrungseffekten auf die Antworten von Kindern und Jugendlichen in einer schriftlichen Befragung möglich. Es ist allerdings naheliegend, dass sich die Effekte, wie etwa der Einfluss der vorgegebenen Antwortalternativen oder des Fragenkontextes, bei diesen jungen Altersgruppen ähnlich in den Antworten manifestieren werden wie bei älteren Kohorten, denn auch junge Studienteilnehmer sind bereits sensitiv gegenüber allgemeinen Kommunikationsregeln und beispielsweise bestrebt, Redundanz zu vermeiden (Poole & White, 1995). Dies lässt entsprechende Unterschiede bei den Antworten auf offene bzw. geschlossene Fragen erwarten. Des Weiteren passen sie sich ähnlich wie andere Altersgruppen der im Fragebogen verwendeten Ausdrucksweise an (Poole & White, 1995). Somit werden sich junge Befragte gleichermaßen an den inhaltlichen und formalen Aspekten, wie zum Beispiel der präsentierten Frequenz der Antwortskala des Fragebogens orientieren, um zu einer Einschätzung des eigenen Verhaltens oder der persönlichen Einstellung zu gelangen.

Eine wichtige Frage, die es zu klären gilt, ist das genaue Ausmaß und die Art und Weise, mit denen sich diese Effekte in den Selbstauskünften verschiedener Altersgruppen aufgrund des unterschiedlichen kognitiven Entwicklungsstandes zeigen. Es besteht den bisherigen Überlegungen zufolge Grund zu der Annahme, dass sich Verzerrungseffekte stärker auf das Antwortverhalten von Kindern als auf das von Jugendlichen auswirken. Die beschriebenen Untersuchungen zeigen, dass Kinder bei bestimmten Themen weniger reliabel antworten als Jugendliche oder Erwachsene und dementsprechend inkonsistente Angaben entstehen können (Lohaus, 1989). Sie haben teilweise Schwierigkeiten beim Ausdruck ihrer Gefühle bzw. Einstellungen und neigen verstärkt dazu, Antworten zu geben, die sie als sozial erwünscht deuten (Kränzl-Nagl & Wilk, 2000; Reynolds, 1993). Kinder befinden sich mitten im Prozess der Entwicklung einer eigenen Persönlichkeit, die sich beispielsweise durch gefestigte Meinungen und Einstellungen darstellt. Sie sind daher aller Wahrscheinlichkeit nach beeinflussbarer als Jugendliche oder Erwachsene und orientieren sich verstärkt an den Hinweisen, die ihnen die Umgebung bereitstellt, um zu einer Aussage zu kommen. Diese Tendenzen und Unsicherheiten könnten dazu führen, dass sich die aufgeführten Effekte bei Selbstauskünften umso mehr zeigen, je jünger die Befragten sind.

Darüber hinaus ist die Stärke dieser Effekte zweifellos auch abhängig von dem Thema der Befragung. Kinder antworten sicherer und reliabler bei Fragen nach beobachtbarem Verhalten und zu persönlichen Erfahrungsbereichen, wozu etwa Freizeitbeschäftigungen zählen dürften (Fallon Jr. & Schwab-Stone, 1994; Lipski, 2000). Es ist daher davon auszugehen, dass bei einem Thema wie Sport die Einflüsse der Fragenformulierung geringer ausfallen müssten als bei einem komplexeren Thema wie Umweltschutz, bei dem aller Wahrscheinlichkeit nach mehr Unsicherheiten bestehen und die soziale Erwünschtheit verstärkt zum Tragen kommt.

Um diese Hypothesen zu überprüfen, führten Diersch und Walther (2006) eine Studie mit 188 Schülerinnen und Schülern eines deutschen Gymnasiums durch. Eine Altersgruppe waren 104 Schüler der sechsten und siebten Klasse im Alter von 11 bis 13 Jahren. Eine zweite Altersgruppe bestand aus 84 Schülern der elften und zwölften Klasse im Alter von 16 bis 18 Jahren. Innerhalb eines Fragebogens wurde die Art der Antwortmöglichkeiten (frei vs. vorgegeben), die Frequenz der Antwortskalen (hoch- vs. niedrigfrequent), die Reihenfolge von Fragen (spezielle Frage vor allgemeiner Frage vs. allgemeine Frage vor spezieller Frage) und die Darbietung von Fragen, die tatsächliches Verhalten erfragen (vor vs. nach Einstellungsitems) systematisch variiert. Die Schwerpunktthemen des Fragebogens bezogen sich auf das Verhalten und die Einstellungen der Befragten in den Bereichen Sport und Umweltschutz.

Die Ergebnisse bestätigten, dass auch die Antworten junger Untersuchungsteilnehmer abhängig von dem verwendeten Fragenformat und Kontext sind. Entgegen den Erwartungen zeigten sich die Einflüsse jedoch nicht in allen Fällen umso deutlicher, je jünger die Befragten waren. Bei einigen der getesteten Einflussvariablen, wie der Vorgabe einer offenen oder geschlossenen Fragestellung, der Verwendung verschiedener Antwortskalenfrequenzen und der unterschiedlichen Platzierung von Fragen, die tatsächliches Verhalten abfragten, war der Effekt zwar in der jungen Altersgruppe stärker vorhanden, allerdings meist nur tendenziell und vorwiegend in dem Teil des Fragebogens, der sich auf das Thema Umwelt und Umweltschutz bezog.

In diesem Themenbereich wurde beispielsweise die Frage „Beteiligst du dich aktiv am Umweltschutz?", wenn ja: „Wie machst du das?" in einer Version offen und in der anderen Version geschlossen mit zwölf Antwortmöglichkeiten wie zum Beispiel „Ich trenne meinen Müll" oder „Ich bin Mitglied in einer Umweltschutzgruppe/-organisation (NABU, BUND)" präsentiert. Bei geschlossener Fragestellung mit zwölf Antwortmöglichkeiten wurden, wie im Vorfeld postuliert, signifikant mehr Antworten gegeben als bei offener Fragestellung. So wurde etwa die Antwort „Ich fahre bestimmte Strecken mit dem Fahrrad der Umwelt zuliebe" von 47,1 Prozent der Befragten mit angegeben, wenn es als Antwortalternative präsentiert wurde, dagegen nur von 2,7 Prozent der Studienteilnehmer bei der offenen Fragestellung. Darüber hinaus waren die Unterschiede der Antworten in Abhängigkeit von der Fragestellung bei der jungen Gruppe wesentlich größer als bei den älteren Befragten. Außerdem gaben die älteren Befragten bei offener Fragestellung mehr Antworten als die jungen Befragten, während sie bei geschlossener Fragestellung weniger Aussagen trafen als die andere Gruppe. Offenbar fiel es vor allem den jungen Befragten schwer, sich bei freier Antwortwahl an relevante Verhaltensweisen zu erinnern. Im Gegensatz dazu machten sie wesentlich mehr Aussagen, wenn verschiedene Antwortmöglichkeiten vorgegeben waren, was auf eine stärkere Kontextorientierung hindeutete.

Bei der Frage „Informierst du dich zu Themen über unsere Umwelt und wie man sie schützen kann?", wenn ja: „Wie oft informierst du dich?" im Umweltteil wurden in den zwei Fragebogenfassungen zwei verschiedene Antwortskalen vorgegeben. Zum einen war dies eine Hochfrequenzskala mit fünf Antwortalternativen von „mehrmals täglich" bis „weniger als einmal pro Woche" und zum anderen eine Niedrigfrequenzskala, die von „mehrmals wöchentlich" bis „weniger als einmal pro Monat" reichte. Im Einklang mit bisherigen Studien kam es unter Vorgabe einer hochfrequenten Skala zu deutlich höheren Schätzungen der Verhaltenshäufigkeit als unter einer niedrigfrequenten Skala. 53,4 Prozent der Testteilnehmer gaben in der ersten Skala an, sich zum Thema Umweltschutz mindestens einmal pro Woche zu informieren. Wurde den Befragten dagegen die zweite Skala präsentiert, kamen nur 27,1 Prozent zu einem äquivalenten Urteil. Auch in diesem Fall zeigten sich die erwähnten Unterschiede, wie erwartet, in der jungen Gruppe deutlicher als bei den älteren Befragten. Insbesondere bei dem Thema Umwelt schien somit nur eine unzureichende Repräsentation des eigenen Verhaltens im Gedächtnis verfügbar zu sein, sodass die Antworten eher auf der Anwendung von Heuristiken und Konstruktionsprozessen basierten. Ferner nutzten die Befragten vorwiegend mittlere Skalenwerte und vermieden die Angabe von Extremwerten, was die Annahmen von Schwarz und Bienias (1990) bestätigte.

Um den Einfluss der Reihenfolge der Fragen auf die Antworten zu überprüfen, wurde die Reihenfolge von Items variiert, die sich auf allgemeine Einstellungen beziehen, mit Items, die Teilaspekte des Themas erfassen sollten. Ein Beispiel für ein derartiges Itempaar sind die zwei Aussagen „Ich kann mir gut vorstellen, an Projekten zu dem Thema Umweltschutz (z. B. Wettbewerbe oder freiwillige Aktionen) teilzunehmen", was einen Teilaspekt des Themas darstellte, und „Umweltschutz ist für mich ein bedeutendes Thema", was sich auf die persönliche Sicht im Gesamten bezog. Es wurde angenommen, dass die Beantwortung einer Frage, die einen Teilaspekt eines Themas betrifft, die Antwort auf eine folgende allgemeine Frage zu dem Thema beeinflusst, da die speziellen Inhalte nach Schwarz (1999) als Urteilsgrundlage zur Beantwortung der zweiten Frage dienen. Infolgedessen müsste es in dem Fall zu deutlich höheren Zusammenhängen zwischen den Antworten auf die Fragen kommen als bei umgekehrter Reihenfolge der Fragen. Entgegen den Erwartungen waren die Korrelationen bei allen vier Itempaaren im Umweltteil des Fragebogens dann höher, wenn die allgemeine Aussage zuerst präsentiert wurde. Des Weiteren variierten die Richtung der Zusammenhänge sowie die Stärke des Unterschiedes zwischen den Werten von Itempaar zu Itempaar. Einige der Aussagen in beiden Themenbereichen bezogen sich jedoch mehr auf Verhaltensabsichten oder das Verhalten als auf eine Einstellung zu diesem Thema. Außerdem betrafen vor allem die allgemeinen Aussagen, wie zum Beispiel „Jeder hat in seiner Umgebung unbedingt auf den Schutz der Umwelt zu achten", häufig Meinungen über das Verhalten der Bevölkerung statt Ansichten über die eigene Person. Vermutlich hatte dies auch einen nicht unwesentlichen Einfluss auf die Ergebnisse. Dennoch sprachen die Resultate dafür, dass die Präsentation von Informationen durch eine frühere Frage die Wahrscheinlichkeit erhöhte, dass diese Inhalte später kognitiv leichter verfügbar waren und die Antworten beeinflussten. Laut Schwarz (1999) wird, wenn kein gefestigtes Urteil über ein Thema besteht, dieses aus den temporär verfügbaren Informationen konstruiert. Rückschlüsse aus dem Kontext der Fragen gewinnen somit eine substantielle Bedeutung, um das im Fragebogen geforderte Urteil zu fällen. Vor allem die junge Altersgruppe orientierte sich dabei an den allgemeinen Aussagen, um ein Urteil über ihr persönliches Verhalten und Interesse in diesem Themenbereich zu fällen. Unabhängig von der verwendeten Reihenfolge waren es ebenso die jungen Befragten, die insgesamt wesentlich positivere Urteile fällten. Wahrscheinlich ist, dass dieser Effekt auf die Tendenz, sozial akzeptierte Antworten zu geben, zurückzuführen war.

Die Auswirkungen von Fragen, die tatsächliches Verhalten in einem Bereich erfragen, wurden geprüft, indem sie in einer Fragebogenversion vor die zu bewertenden Aussagen über die persönlichen Einstellungen und Interessen gestellt wurden und in der anderen Version erst hinter diese. Bei Verneinung der Fragen zum eigenen Verhalten dürfte es zu weniger positiven Urteilen über die persönliche Einstellung kommen als nach erfolgreicher Beantwortung der Fragen bzw. wenn diese erst im Anschluss präsentiert werden. Im Umweltteil bezog sich dies auf die zwei Fragen „Informierst du dich zu Themen über unsere Umwelt und wie man sie schützen kann?: ja oder nein, wenn ja: Wie machst du das bzw. woher erhältst du die Infos?" und „Beteiligst du dich aktiv am Umweltschutz?: ja oder nein, wenn ja: Wie machst du das?". Die Auswertung bestätigte einen signifikanten Unterschied in der vorhergesagten Richtung. Die Mittelwerte der Gruppen, die die Fragen bejahten oder erst am Ende des Fragebogens erhielten, unterschieden sich kaum, während die Befragten, die die Fragen im Vorfeld verneinten, die folgenden Aussagen deutlich negativer bewerteten. Der Erfolg oder Misserfolg bei der Beantwortung der Fragen determinierte die Befragten dazu, sich mit dem Thema entweder weiter auseinanderzusetzen oder sich davon abzuwenden. Dies zeigte im Einklang mit den Annahmen von Strack (1994), dass Informationen über das eigene Verhalten, die der Versuchsperson durch vorangegangene Fragen präsent wurden, als Grundlage für folgende Einstellungsurteile dienten. Der Einfluss der Verhaltensauskünfte auf Einstellungsurteile wurde wiederum in der jungen Altersgruppe etwas deutlicher bestätigt als innerhalb der älteren Befragtengruppe.

Die Analyse der Ergebnisse im Sportteil zeigte dagegen weniger deutliche Unterschiede als im Umweltteil des Fragebogens. Die Beantwortung der Fragen erfolgte in dem Fall wesentlich unabhängiger von der Art der Fragestellung. Ob die untersuchten Einflüsse zum Tragen kommen, scheint daher eher abhängig vom Thema der Befragung zu sein bzw. den Erfahrungen, die damit bestehen. Bestehen konkrete Erfahrungen auf dem Gebiet, wovon bei dem Thema Sport bei den meisten Befragten auszugehen ist, kommen die Konstruktionsprozesse weniger zum Ausdruck. Außerdem scheint die Erinnerung leichter zu fallen, wenn es sich um regelmäßige und oft ausgeübte Tätigkeiten handelt, wie beispielsweise die Ausübung von Sportarten in einem Verein.

3 Kindgerechte Befragungstechniken: Leitlinien für die Praxis

Kinder und Jugendliche werden immer häufiger in Meinungsumfragen befragt, da man annimmt, dass sie in der Lage sind, über ihre Meinungen und Einstellungen Auskunft zu geben. Unterliegen jedoch schon die Aussagen Erwachsener vielen Verzerrungen, scheint dies bei jüngeren Probanden noch stärker der Fall zu sein, wie die Untersuchung von Diersch und Walther (2006) belegen konnte. Vor allem zu eher abstrakten, erfahrungsfernen Themen wie Umweltschutz schienen junge Untersuchungsteilnehmer wenig gefestigte Einstellungen und konkrete Erfahrungen zu haben, was zu einer stärkeren Orientierung am Kontext des Fragebogens führte. Auch die Ergebnisse des Reihenfolgeeffektes legten eine stärkere Kontextabhängigkeit der jüngeren Befragten nahe, obwohl der Einfluss sich nicht wie erwartet zeigte. So orientierte sich vor allem die junge Gruppe im Alter von 11 bis 13 Jahren an den allgemeinen Aussagen, um ein Urteil über ihr persönliches Verhalten abzugeben. Das Resultat legt den Schluss nahe, dass bei fehlenden Einstellungen über ein Thema diese aus dem Kontext konstruiert werden, wenn ein derartiges Urteil durch den Fragebogen gefordert wird. Unter Umständen könnte eine „Ich-weiß-nicht"-Ausweichkategorie bei den Aussagen über Einstellungen und Ansichten hier helfen. Die zunehmende Bedeutung junger Untersuchungsteilnehmer in schriftlichen Befragungen zeigt, dass das entsprechende Wissen und die Einstellungen über ein Themengebiet oft als selbstverständlich vorausgesetzt werden. Dass dies nicht zwangsläufig der Fall sein muss, demonstrierten die Ergebnisse von Diersch und Walther (2006).

Des Weiteren ergab sich eine Vielzahl von Hinweisen darauf, dass insbesondere in der jüngeren Altersgruppe bei fehlenden stabilen Einstellungen über ein Thema die Tendenz zu sozial erwünschten Antworten verstärkt zum Ausdruck kam. Die jüngeren Probanden orientierten sich beispielsweise an den vorgegebenen Antwortalternativen oder an den allgemein formulierten Aussagen, um Antworten zu geben, die im Kontext der Befragung als akzeptabel erschienen. Dies unterstützte die bereits erwähnten Annahmen von Kränzl-Nagl und Wilk (2000) sowie Reynolds (1993). Kinder sind demzufolge zum Teil beeinflussbarer als Erwachsene. Warren und Lane

(1995) stellten fest, dass dies beispielsweise der Fall ist, wenn sie Informationen von Autoritäten erhalten. Somit wird allein die Teilnahme an einer wissenschaftlichen Befragung und die Betonung der Wichtigkeit dieser Studie bei ihnen verstärkt die Motivation hervorgerufen haben, diese Aufgabe entsprechend gut zu bewältigen und ein positives Bild abzugeben.

Allerdings kann bei jungen Befragten nicht zwangsläufig von einer stärkeren Kontextorientierung oder einem schlechteren Erinnerungsvermögen ausgegangen werden. Dies korrespondiert mit den Annahmen von Lipski (2000), dass vor allem bei Fragen nach Lebensbereichen, die außerhalb der Erfahrungen von Kindern liegen, mit verzerrten Antworten gerechnet werden muss. Bestehen direkte Erfahrungen auf einem Gebiet, sind auch jüngere Untersuchungsteilnehmer in der Lage, konsistente und detaillierte Antworten zu geben, die weniger durch den Kontext oder etwa die Tendenz, sozial erwünscht zu antworten, verfälscht sind. Unterstützt wird die These über den Einfluss der Erfahrung auf die Antworten, außerdem durch die Ergebnisse der Studie von Diersch und Walther (2006) zur Reliabilitätsanalyse in den beiden Themenbereichen. So antworteten die jungen Befragten im Umweltteil des Fragebogens wesentlich weniger reliabel als die zweite Altersgruppe.

Eine Studie von Fallon Jr. und Schwab-Stone (1994) belegte ebenfalls, dass die Antworten von Kindern größtenteils weniger reliabel als die von Erwachsenen sind. Es zeigte sich in dieser Untersuchung, dass junge Probanden bei Fragen nach beobachtbarem Verhalten reliabler antworteten, dagegen weniger reliabel bei Fragen mit unspezifischen Zeitangaben oder bei Reflexionen ihrer eigenen Gedanken. Auch Fivush und Shukat (1995) stellten fest, dass die Aussagen von jungen Untersuchungsteilnehmern oft inkonsistent über verschiedene Befragungszeitpunkte hinweg sind. Dies wurde unter anderem darauf zurückgeführt, dass ihr Gedächtnis noch nicht ausreichend gut organisiert ist und dass ihnen das Formulieren der Erinnerungen Schwierigkeiten bereitet. Zwar ergaben sich in der Untersuchung von Diersch und Walther (2006) ebenfalls Hinweise darauf, dass den jüngeren Befragten beispielsweise im offenen Fragenformat das freie Erinnern schwerer fiel, die Ergebnisse aus dem Sportteil deuteten allerdings darauf hin, dass dies nicht immer der Fall sein muss. Andere Ursachen schienen daher den Resultaten zu Grunde zu liegen. Außerdem waren in der Untersuchung von Fivush und Shukat (1995) die Befragten mit einem Alter von vier bis fünf Jahren im Vergleich dazu deutlich jünger. Laut Kränzl-Nagl und Wilk (2000) kann ab einem Alter von elf Jahren von einem ausreichenden Entwicklungsniveau hinsichtlich kognitiver Fähigkeiten ausgegangen werden, sodass standardisierte Befragungen ohne größere Schwierigkeiten durchführbar sind.

Ob Antworten in einer schriftlichen Befragung aus dem Kontext heraus konstruiert werden, ist somit abhängig vom Thema der Befragung und den Kenntnissen darüber. Bestehen konkrete Erfahrungen auf einem Gebiet, ist von entsprechend weniger verfälschten Antworten auch bei jüngeren Befragten auszugehen. Bereits Bickart (1992) stellte in ihren Untersuchungen fest, dass der Einfluss des Kontextes vor allem bei Novizen auftritt. Sind dagegen Erfahrungen vorhanden, sind auch mehr relevante Informationen im Gedächtnis verfügbar, sodass ein relativ kontextunabhängiges Urteil abgegeben wird. Zum Teil werden diese Einflüsse dann auch bewusst aus dem Urteil herausgefiltert. Der Schluss liegt nahe, dass die Einflüsse des Fragenformats und des Fragenkontextes bei jungen Befragten meist stärker zum Ausdruck kommen, da sie auf vielen Themengebieten noch Novizen sind und das Wissen erst gesammelt werden muss, um relativ stabile Einstellungen auszubilden. Sie befinden sich im Prozess der Entwicklung, sodass nicht in jedem Fall mit gefestigten Meinungen und Einstellungen gerechnet werden darf. Dies sollte bei Befragungen mit dieser Altersgruppe unbedingt beachtet werden, um falsche Schlüsse aus dem Untersuchungsergebnis zu vermeiden.

Aufgrund der Besonderheiten bei der Befragung von Kindern ist darauf zu achten, dass sie weder in sprachlich-kognitiver noch in motivational-affektiver Weise überfordert werden, um zu einem optimalen Ergebnis zu kommen (Kränzl-Nagl & Wilk, 2000; Yule, 1993). Eine angemessene kindgerechte Ausdrucksweise mit einfachen, kurzen und verständlichen Satzkonstruktionen bzw. Frage- und Antwortformulierungen ist unerlässlich (Saywitz, 1995). Wichtig ist etwa das Vermeiden von suggestiven Fragen und stattdessen die Verwendung von neutralen Fragen, um bestehende Unsicherheiten und Überforderung zu reduzieren. In der Kindheitsforschung spielen Pilotstudien, die zum Beispiel die im Kontext der Befragung optimale Frageformulierung untersuchen, eine wichtige Rolle, da sie dem erwachsenen Forscher wichtige Anhaltspunkte über die Denkweise und das Fragenverständnis von Kindern geben.

Eine Alternative zur direkten Befragung, die die beschriebenen Einflüsse auf die Antworten umgeht, ist beispielsweise die indirekte Messung von Einstellungen. Projektive Tests sind etwa eine Methode, bei denen die Befragten spontane Assoziationen zu mehrdeutigen Vorgaben abgeben sollen – ihr entscheidender Nachteil jedoch die mangelnde Testgüte. Auch experimentelle Verfahren, die Pupillenreaktionen, Hautwiderstand und Reaktionszeiten bei Zeigen bestimmter Stimuli erfassen, können zur Einstellungsmessung herangezogen werden. Diese Verfahren sind allerdings erfahrungsgemäß sehr kostenintensiv und aufwendig (Felser, 2001).

Eine weitere Möglichkeit, Einstellungen zu ermitteln, ist die Messung mittels indirekter Verfahren, die Reaktionszeiten erfassen und so über die Art und Weise des Verhaltens der Befragten Einstellungen und Stereotype ableiten, wie der Implizite Assoziationstest (Implicit Association Test; IAT), der emotionale Stroop Test oder die affektive Priming-Aufgabe (Affective Priming Task; Houwer, 2003). Diese indirekten Tests erlauben oft eine bessere Vorhersage bestimmter Verhaltensweisen und sind weniger leicht zu verfälschen. Der Implizite Assoziationstest ist beispielsweise eine reaktionszeitbasierte Methode zur Einstellungsmessung, die sowohl online als auch im Labor durchgeführt werden kann, um die Einstellung zu bestimmten Bereichen zu messen (Greenwald, McGhee & Schwartz, 1998). Laut Autoren ist der IAT in der Lage, automatische und unbewusste Einstellungen zu messen, die auf andere Weise nicht erfassbar sind, wobei er von Urteilsverzerrungen unbeeinflusst bleibt (Greenwald, McGhee & Schwartz, 1998). Mit dem IAT ist es demnach möglich, Einstellungen zu erfassen, die bei expliziter Erhebungsmethode wie der direkten Befragung zu eher invaliden Ergebnissen führen würden. Dies kann etwa der Fall sein, wenn die Befragten Auskünfte über interne Zustände geben, zu denen sie keinen Zugang haben oder wenn sie einen guten Eindruck über sich vermitteln wollen. Demgegenüber sind die IAT-Messungen nicht reaktiv.

Allerdings ist umstritten, was genau diese indirekten Tests messen und wozu sie eingesetzt werden können (Gawronski, 2002). Des Weiteren besteht auch bei diesen Verfahren die Wahrscheinlichkeit, dass Kontexteffekte, wenn auch vermutlich in anderer Form, einen Einfluss auf die Antworten haben könnten. Häufig ist es sinnvoll, die Methode der Beobachtung, der Selbstbeurteilung und der indirekten Maße zu kombinieren, da sie unterschiedliche Informationen liefern. Wenn alle drei Datenarten in dieselbe Richtung weisen, erhöht sich die Validität. Welche Methode schließlich die beste Wahl darstellt, hängt von dem jeweiligen Zweck der Studie, von den Ressourcen der Forscher, der vorliegenden Situation und dem Inhalt der interessierenden Themen ab, was sorgfältig im Vorfeld der Untersuchung abzuwägen ist. Obwohl der Fokus dieses Kapitels auf der schriftlichen Befragung von Kindern und Jugendlichen liegt, lassen sich viele Einflussmechanismen (z. B. der Einfluss vorheriger Fragen) auch auf die mündliche Befragung übertragen. Allerdings gibt es bisher keine Forschungsarbeiten, die solche Ergebnisse im Bereich der Umfrageforschung mit Kindern dokumentieren, obwohl sich die mündliche Befragung insbesondere bei kleineren Kindern anbietet und qualitative Analysemethoden in Deutschland eine gewisse Renaissance feiern (Mayring, 2002).

4 Fazit und Ausblick

Bisher gibt es sehr wenige Untersuchungen, die sich im Kontext der Umfrageforschung mit der speziellen Gruppe von Kindern und Jugendlichen befassen. Die Ergebnisse von Diersch und Walther (2006) konnten jedoch zeigen, dass die Beantwortung von Fragen – ähnlich wie bei der Befragung von Erwachsenen – auch bei jüngeren Probanden abhängig von der Fragenformulierung und dem Fragenkontext ist. So wurden beispielsweise bei geschlossener Fragestellung deutlich mehr und andere Antworten gegeben als im offenen Antwortformat. Außerdem waren die Verzerrungen abhängig von der Repräsentation der Information im Gedächtnis. Bezogen sich die Frageninhalte auf eigene (häufige) Erfahrungen, ergaben sich deutlich geringere Verzerrungen als in eher abstrakten Wissensdomänen. Dieser Effekt sank mit dem Alter der Befragten. Zudem zeigte sich in vielen Fällen, dass vor allem die jungen Untersuchungsteilnehmer, unabhängig von den Inhalten, den Aussagen deutlich stärker und positiver zustimmten als die befragte ältere Gruppe.

Generelle Aussagen und Ratschläge zum Vermeiden oder Minimieren von Einflüssen, die durch die Art der Fragestellung und des Fragenkontextes entstehen und die Ergebnisse verzerren können, sind allerdings im Hinblick auf Kinder und Jugendliche bislang kaum möglich, denn diese Altersgruppen wurden noch zu wenig untersucht. Das Formulieren von allgemeingültigen Richtlinien stellt sich aufgrund der Komplexität der dabei ablaufenden Prozesse selbst bei Erwachsenen schon als sehr schwierig dar. Weitere Untersuchungen auf diesem Gebiet sind daher dringend erforderlich, vor allem unter dem Aspekt der zunehmenden Bedeutung von Selbstauskünften in der Kindheits- und Jugendforschung.

Literatur

Anderson, J. R. (1996). *Kognitive Psychologie* (2. Aufl.). Heidelberg: Spektrum.

Bickart, B. A. (1992). Question-order effects and brand evaluations: The moderating role of consumer knowledge. In N. Schwarz & S. Sudman (Eds.), *Context effects in social and psychological research* (pp. 63-80). New York: Springer.

Bishop, G. F. (1987). Context effects on self-perceptions of interest in government and public affairs. In H.-J. Hippler, N. Schwarz & S. Sudman (Eds.), *Social information processing and survey methodology* (pp. 179-199). New York: Springer.

Bishop, G. F., Oldendick, R. W. & Tuchfarber, A. J. (1983). Effects of filter questions in public opinion surveys. *Public Opinion Quarterly, 47,* 528-546.

Bortz, J. & Döring, N. (1995). *Forschungsmethoden und Evaluation* (2. Aufl.). Berlin: Springer.

Bradburn, N. M. (1983): Response Effects. In P. H. Rossi & J. D. Wright (Eds.), *The Handbook of Survey Research* (pp. 289-328). New York: Academic.

De Houwer, J. D. (2003). A structural analysis of indirect measures of attitudes. In J. Musch & K. C. Klauer (Eds.), *Psychology of evaluation: Affective processes in cognition and emotion* (pp. 219-244). Mahwah, NJ: Erlbaum.

Diersch, N. & Walther, E. (2006). *Der Einfluss von Kontext und Frageformat auf Antworten von Kindern und Jugendlichen in Umfragesituationen.* Unveröffentlichtes Manuskript, Universität Heidelberg.

Fallon Jr., T. & Schwab-Stone, M. (1994). Determinants of reliability in psychiatric surveys of children aged 6-12. *Journal of Child Psychology and Psychiatry, 35,* 1391-1408.

Felser, G. (2001). *Werbe- und Konsumentenpsychologie* (2. Aufl.). Heidelberg: Spektrum.

Fivush, R. & Shukat, J. R. (1995). Content, consistency, and coherence of early autobiographical recall. In M. S. Zaragoza, J. R. Graham, G. C. N. Hall, R. Hirschman & Y. S. Ben-Porath (Eds.), *Memory and testimony in the child witness* (pp. 5-23). Thousand Oaks, CA: Sage.

Gawronski, B. (2002). What does the Implicit Association Test measure? A test of the convergent and discriminant validity of prejudice-related IATs. *Experimental Psychology, 49,* 171-180.

Greenwald, A. G., McGhee, D. E. & Schwartz, J. L. K. (1998). Measuring individual differences in implicit cognition: The implicit association test. *Journal of Personality and Social Psychology, 74,* 1464-1480.

Grice, H. P. (1975). Logic and conversation. In P. Cole & J. L. Morgan (Eds.), *Syntax and semantics: Vol. 3 Speech acts* (pp. 41-58). New York: Academic.

Heinzel, F. (2000). Methoden und Zugänge der Kindheitsforschung im Überblick. In F. Heinzel (Hrsg.), *Methoden der Kindheitsforschung: Ein Überblick über Forschungszugänge zur kindlichen Perspektive* (S. 21-35). Weinheim: Juventa.

Johnson, P. B. & Richter, L. (2004). Research note: What if we're wrong? Some possible implications of systematic distortions in adolescents' self-reports of sensitive behaviors. *Journal of Drug Issues, 4,* 951-970.

Kränzl-Nagl, R. & Wilk, L. (2000). Möglichkeiten und Grenzen standardisierter Befragungen unter besonderer Berücksichtigung der Faktoren soziale und personale Wünschbarkeit. In F. Heinzel (Hrsg.), *Methoden der Kindheitsforschung: Ein Überblick über Forschungszugänge zur kindlichen Perspektive* (S. 59-75). Weinheim: Juventa.

Lipski, J. (2000). Zur Verlässlichkeit der Angaben von Kindern bei standardisierten Befragungen. In F. Heinzel (Hrsg.), *Methoden der Kindheitsforschung: Ein Überblick über Forschungszugänge zur kindlichen Perspektive* (S. 77-86). Weinheim: Juventa.

Lohaus, A. (1989). *Datenerhebung in der Entwicklungspsychologie: Problemstellungen und Forschungsperspektiven*. Bern: Huber.
Martin, L. L. & Harlow, T. F. (1992). Basking and brooding: The motivating effects of filter questions in surveys. In N. Schwarz & S. Sudman (Eds.), *Context effects in social and psychological research* (pp. 81-96). New York: Springer.
Mayring, P. (2002): *Einführung in die qualitative Sozialforschung. Eine Anleitung zu qualitativem Denken*. Weinheim: Beltz.
Ostrom, T. M., Bond, C. F., Krosnik, J. A. & Sedikides, K. (1994). Attitude Scales: How we measure the unmeasurable? In S. Shavitt & T. Brock (Eds.), *Persuasion: Psychological insides and perspectives* (pp. 15-42). Needham Heights: Allyn & Bacon.
Poole, D. A. & White, L. T. (1995). Tell me again and again: Stability and change in the repeated testimonies of children and adults. In M. S. Zaragoza, J. R. Graham, G. C. N. Hall, R. Hirschman & Y. S. Ben-Porath (Eds.), *Memory and testimony in the child witness* (pp. 24-43). Thousand Oaks, CA: Sage.
Reynolds, W. M. (1993). Self report methodology. In T. Ollendick & M. Hersen (Eds.), *Handbook of Child and Adolescent Assessment* (pp. 98-120). Boston, MA: Allyn & Bacon.
Saywitz, K. J. (1995). Improving children's testimony: The question, the answer, and the environment. In M. S. Zaragoza, J. R. Graham, G. C. N. Hall, R. Hirschman & Y. S. Ben-Porath (Eds.), *Memory and testimony in the child witness* (pp. 113-140). Thousand Oaks, CA: Sage.
Schuman, H. (1992). Context effects: State of the past/State of the art. In N. Schwarz & S. Sudman (Eds.), *Context effects in social and psychological research* (pp. 5-22). New York: Springer.
Schuman, H. & Presser, S. (1981). *Questions and answers in attitude surveys*. New York: Academic.
Schwarz, N. (1999). Self reports: How the questions shape the answers. *American Psychologist, 54,* 93-105.
Schwarz, N. (2003). Reflections and reviews self-reports in consumer research: The challenge of comparing cohorts and cultures. *Journal of Consumer Research, 29,* 588-594.
Schwarz, N. & Bienias, J. (1990). What mediates the impact of response alternatives on frequency reports of mundane behaviors? *Applied Cognitive Psychology, 4,* 61-72.
Schwarz, N., Bless, H., Strack, F., Klumpp, G., Rittenauer-Schatka, H. & Simons, A. (1991). Ease of retrieval as information: Another look at the availability heuristic. *Journal of Personality and Social Psychology, 61,* 195-202.
Schwarz, N. & Bohner, G. (2001). The construction of attitudes. In A. Tesser & N. Schwarz (Eds.), *Blackwell handbook of social psychology: Intraindividual processes* (Vol. 1, pp. 436-457). Oxford: Blackwell.
Schwarz, N. & Hippler, H. J. (1995). Subsequent questions may influence answers to preceding questions in mail surveys. *Public Opinion Quarterly, 59,* 93-97.
Schwarz, N., Hippler, H. J., Deutsch, B. & Strack, F. (1985). Response categories: Effects on behavioral reports and comparative judgments. *Public Opinion Quarterly, 49,* 388-395.
Schwarz, N. & Oyserman, D. (2001). Asking questions about behavior: Cognition, Communication, and questionnaire construction. *American Journal of Evaluation, 22,* 127-161.
Schwarz, N., Strack, F. & Mai, H. P. (1991). Assimilation and contrast effects in part-whole question sequences: A conversational logic analysis. *Public Opinion Quarterly, 55,* 3-23.
Schwarz, N., Strack, F., Müller, G. & Chassein, B. (1988). The range of response alternatives may determine the meaning of the question: Further evidence on informative functions of response alternatives. *Social Cognition, 6,* 107-117.

Shaffer, D., Fisher, P. & Luca, C. (2004). The Diagnostic Interview Schedule for Children (DISC). In M. Hersen (Ed.), *Comprehensive handbook of psychological assessment, Vol. 2: Personality assessment* (pp. 256-270). Hoboken, NJ: Wiley.

Strack, F. (1994). *Zur Psychologie der standardisierten Befragung. Kognitive und kommunikative Prozesse.* Berlin: Springer.

Strack, F. (1992). "Order effects" in survey research: Activation and information functions of preceding questions. In N. Schwarz & S. Sudman (Eds.), *Context effects in social and psychological research* (pp. 23-34). New York: Springer.

Tourangeau, R. (1992). Context effects on responses to attitude questions: Attitudes as memory structures. In N. Schwarz & S. Sudman (Eds.), *Context effects in social and psychological research* (pp. 35-48). New York: Springer.

Tourangeau, R. & Rasinski, K. A. (1988). Cognitive processes underlying context effects in attitude measurement. *Psychological Bulletin, 103,* 299-314.

Tourangeau, R., Rasinski, K. A., Bradburn, N. & D'Andrade, R. (1989). Carryover effects in attitude surveys. *Public Opinion Quarterly, 53,* 495-524.

Walper, S. & Tippelt, R. (2002). Methoden und Ergebnisse der quantitativen Kindheits- und Jugendforschung. In H. H. Krüger & C. Grunert (Hrsg.), *Handbuch Kindheits- und Jugendforschung* (S. 189-224). Opladen: Leske + Budrich.

Warren, A. R. & Lane, P. (1995). Effects of timing and type of questioning on eyewitness accuracy and suggestibility. In M. S. Zaragoza, J. R. Graham, G. C. N. Hall, R. Hirschman & Y. S. Ben-Porath (Eds.), *Memory and testimony in the child witness* (pp. 44-60). Thousand Oaks, CA: Sage.

Weis, H. C. & Steinmetz, P. (2002). *Marktforschung* (5. Aufl.). Ludwigshafen: Kiehl.

Yule, W. (1993). Developmental considerations in child assessment. In T. Ollendick & M. Hersen (Eds.), *Handbook of Child and Adolescent Assessment* (pp. 15-25). Boston, MA: Allyn & Bacon.

Zinnecker, J. (1999), Forschen für Kinder – Forschen mit Kindern – Kinderforschung. Über die Verbindung von Kindheits- und Methodendiskurs in der neuen Kindheitsforschung zu Beginn und am Ende des 20. Jahrhunderts. In M.-S. Honig, A. Lange & H. R. Leu (Hrsg.), *Aus der Perspektive von Kindern? Zur Methodologie der Kindheitsforschung* (S. 69-80) Weinheim: Juventa.

Befragung von Kindern und Jugendlichen im Familienberatungskontext

Julia Berkic und Klaus A. Schneewind

1 Einleitung

Wenn belastete Familien Hilfe suchen, steht am Anfang ihres Weges häufig nicht der Gang zu einem Therapeuten oder einer Therapeutin, sondern zu einer Beratungsstelle. Obwohl die Grenzen zwischen Beratung und Therapie unscharf sind, verbinden sich mit dem Begriff „Therapie" schwerpunktmäßig Dienstleistungen, die sich auf klinisch relevante Krankheiten, Verletzungen oder Dysfunktionen beziehen. Hingegen wird der Begriff „Beratung" oft mit Unterstützungsleistungen assoziiert, bei denen Personen oder Personengruppen nicht grundsätzlich als krank angesehen werden, sondern professionelle Expertise in Anspruch nehmen, um sich Kompetenzen zur Lösung spezifischer Probleme anzueignen (Blume, 2006). Im zuletzt genannten Sinne sind Beratungsstellen für Kinder und Jugendliche Einrichtungen, die Eltern und Kindern dabei helfen sollen, Probleme zu strukturieren und einzugrenzen, ihre Wünsche und Ziele zu klären und gegebenenfalls Informationen über weiterführende Hilfsangebote und mögliche Therapieangebote zur Verfügung zu stellen. Sie haben laut §28 des Kinder- und Jugendhilfegesetzes (KJHG) folgenden Auftrag:

Erziehungsberatungsstellen und andere Beratungsdienste und -einrichtungen sollen Kinder, Jugendliche und Eltern und andere Erziehungsberechtigte bei der Klärung und Bewältigung individueller und familienbezogener Probleme und der zugrunde liegenden Faktoren, bei der Lösung von Erziehungsfragen sowie bei Trennung und Scheidung unterstützen. Dabei sollen Fachkräfte verschiedener Fachrichtungen zusammenwirken, die mit unterschiedlichen methodischen Ansätzen vertraut sind.

So werden in diesem Beitrag Verfahren mit unterschiedlichen theoretischen und methodischen Ansätzen vorgestellt, die in beraterischen und therapeutischen Settings angewendet werden können. Dabei muss angemerkt werden, dass einige der vorgestellten Verfahren aus der Forschung stammen und zur korrekten wissenschaftlichen Anwendung lange und kostenintensive Reliabilitäts- und Beobachtungstrainings voraussetzen. Das bedeutet, dass für den Einsatz dieser Verfahren im Forschungskontext, wo Objektivität und eine hohe Übereinstimmung zwischen verschiedenen Beurteilern wichtige Voraussetzungen sind, ein sehr hoher Zeitaufwand nötig ist, um diese Verfahren korrekt zu erlernen (vgl. Abschnitt 3.2.4 zum GEV-B und BISK). Diese Verfahren können jedoch in gekürzter und abgewandelter Form auch hervorragend in der Praxis zur Befragung von Kindern und Jugendlichen eingesetzt werden. Fundiertes theoretisches Hintergrundwissen der Fachkräfte über die Grundlagen hinaus ist hierfür dennoch eine unabdingbare Voraussetzung.

2 Besonderheiten der Befragung von Kindern und Jugendlichen im Kontext der Familienberatung

Die Befragung von Kindern und Jugendlichen im Familienberatungskontext erfordert zum einen entwicklungspsychologische (vgl. Lockl & Schneider in diesem Band) und entwicklungspsychopathologische Kenntnisse. Auch pädagogisches Geschick und Erfahrungen im Wissen um typische Auffälligkeiten des Kindes- und Jugendalters in Abhängigkeit von der jeweiligen Altersstufe sind erforderlich. Ohne das Wissen darüber, welche Meilensteine in der Entwicklung von den meisten Kindern eines betrachteten Alters vollzogen werden, ist es schwierig, Abweichungen als solche zu erkennen. Hierbei sind Standardwerke der Entwicklungspsychologie, zum Beispiel von Oerter und Montada (2002) oder von Siegler, Deloache und Eisenberg (2005), sehr zu empfehlen. Sie liefern einen guten Überblick über die Schritte der menschlichen Entwicklung sowie über mögliche Indikatoren für eine abnormale Entwicklung. Zudem muss auch in Betracht gezogen werden, dass es einen hohen Grad an Variabilität innerhalb von Entwicklungsschritten geben kann, zum Beispiel lernen Kinder zu recht unterschiedlichen Alterszeitpunkten laufen, sprechen oder lesen und die Tatsache, dass ein Kind hier aus der Norm fällt, muss an sich noch kein Anlass zur Beunruhigung oder gar Grund für eine therapeutische Intervention sein (Boggs, Griffin & Gross, 2003). Ein weiterer entscheidender Punkt, den es zu berücksichtigen gilt, besteht darin, dass sich psychische Störungsbilder im Kindes- und Jugendalter meist in uneinheitlicherer und interindividuell unterschiedlicherer Form präsentieren als im Erwachsenenalter. Auch können sich die Symptome des gleichen Störungsbildes (z. B. einer Depression) abhängig vom Entwicklungsstand in völlig unterschiedlicher Weise zeigen. Depressionen im Kleinkindalter drücken sich oft in Form von Fütter- oder Schlafstörungen aus, in einem traurigen Gesichtsausdruck oder verminderter Aufmerksamkeit. Vorschulkinder dagegen zeigen häufig somatische Beschwerden oder Schlafstörungen, zeigen Trennungsangst und Stimmungsschwankungen. Depressive Symptome in der späteren Kindheit dagegen schließen Schulprobleme, Ängste und Gefühle der Traurigkeit und Hilflosigkeit mit ein. Und im Jugendalter können weitere Symptome wie sozialer Rückzug, Substanzmissbrauch, Suizidalität oder Essstörungen hinzukommen. Insofern ist es für einen Berater oder Therapeuten bzw. eine Beraterin oder Therapeutin entscheidend, über diese unterschiedlichen alterstypischen potentiellen Symptome – die der Grund für eine Beratung oder Therapie sein können – informiert zu sein bzw. alle in Frage kommenden Hypothesen abzuklopfen.

Grundsätzlich stehen bei der Befragung von Kindern und Jugendlichen die Verhaltensmaximen der Wärme, Offenheit und Empathie obenan, wie bei jeder anderen therapeutischen oder beraterischen Interaktion auch. Zudem gilt es zu beachten, dass Kinder anders als Erwachsene, die meist freiwillig eine Beratung aufsuchen, normalerweise von Eltern oder Lehrkräften zur Teilnahme an einem Beratungsgespräch „verdonnert" werden. Deshalb besitzen sie oftmals keine Einsicht in eine problematische Situation oder problematisches Verhalten und verstehen eventuell nicht, warum sie an einem Gespräch teilnehmen sollen. Daher kann man zunächst mit Widerstand seitens der befragten Kinder/Jugendlichen rechnen, mit dem man sorgfältig umgehen sollte, um größtmögliche Kooperation zu erreichen (vgl. Abschnitt 3.1).

Eine Frage des Settings: Familienberatung, Kinder- und Jugendtherapie oder Familientherapie? Zunächst soll die Frage der Settings einer Befragung genauer beleuchtet werden, ebenso wie die äußeren Umstände einer Familienberatung, in welcher eine Befragung von Kindern und Jugendlichen stattfindet: Ist die ganze Familie anwesend oder wird das Kind bzw. der oder die Jugendliche alleine befragt? Liegt eine manifeste Störung eines Familienmitgliedes vor oder wird die Beratung aus anderen Gründen (z. B. aufgrund von Trennungsgedanken der Eltern) aufgesucht? Sucht die Familie von sich aus Hilfe oder wurde die Beratung von einer außenstehenden Person oder Institution eingeleitet (z. B. Kindergärtnerin, Lehrkraft, Justiz)? Handelt es sich um eine einmalige Beratung oder um eine mittel- bis längerfristige Einzel- bzw. Familientherapie?

Die Antworten auf all diese Fragen implizieren unterschiedliche Herangehensweisen an und Voraussetzungen für das Vorgehen bei einer Befragung von Kindern und Jugendlichen, die in den einzelnen Abschnitten dieses Kapitels jeweils mitberücksichtigt werden sollen. Die grundsätzlichste Frage ist die, unter welchen Umständen ein einzeltherapeutisches Setting zu bevorzugen ist oder aber ein Setting, welches die Familie mit einbezieht? In manchen (seltenen) Fällen ist die Einbeziehung der Eltern in die Therapie kontraindiziert, zum Beispiel, wenn die Eltern selbst an einer schweren psychischen oder psychiatrischen Störung erkrankt sind oder aber auch in Fällen schwerer Misshandlungen, bei denen die Eltern Täter waren oder noch sind (Gavranidou, 2006). Abgesehen von diesen Ausnahmefällen gibt es jedoch Studien, die nachweisen, dass Kindertherapien, die von Familientherapie, Familienberatung oder Elterntrainings begleitet werden, äußerst wirksam sind (von Sydow, Beher, Retzlaff & Schweitzer, 2006). Auch wenn die Einbindung der Eltern bzw. ein familientherapeutisches Setting viele Vorteile bietet, gibt es Fälle, in denen Eltern nicht bereit sind, mit in die Beratung/Therapie zu kommen oder keine Möglichkeit sehen, durch Veränderung des eigenen Verhaltens das kindliche Verhalten zu beeinflussen. Oft haben Kinder oder Jugendliche auch Schwierigkeiten in außerfamiliären Kontexten wie Kindergarten oder Schule, die von den Eltern nicht oder nur bedingt wahrgenommen und als innerfamiliär behandlungsbedürftig angesehen werden (Burr, 2002).

Insgesamt ist im Beratungsverlauf eine hohe Flexibilität der Berater und Beraterinnen/Therapeuten und Therapeutinnen in der Gestaltung des Settings gefordert. So kann es sich oft empfehlen, das Gespräch mit der ganzen Familie zu beginnen, dann aber u. U. eine (vorläufige) Trennung vorzunehmen. Im Beratungsverlauf können u. a. Geschwister-, Einzel- und reine Elterngespräche sinnvoll sein (Rotthaus, 2002).

3 Arten der Befragung

Im Folgenden werden zunächst Techniken zur Gestaltung des Erstgesprächs mit Kindern und Jugendlichen beschrieben, die dazu dienen, mögliche Ängste, Vorbehalte oder Unsicherheiten auf Seiten der Befragten abzubauen bzw. eine vertrauensvolle Basis für eine gemeinsame Arbeit zu schaffen. Im Anschluss werden Interview- und Fragetechniken aus den Bereichen der systemischen und der Bindungstheorie dargestellt und erläutert.

3.1 Kinder im Erstgespräch: Gestalterische Techniken zu Beginn der Therapie

Von besonderer Bedeutung ist der allererste Kontakt, den man als Berater bzw. Therapeut mit Kindern oder Jugendlichen hat und es ist entscheidend, dass v. a. die Kinder der Familie von Anfang an das Gefühl haben, gehört zu werden. So ist es zum Beispiel empfehlenswert, in die Hocke zu gehen oder sich herabzubeugen, wenn man (kleine) Kinder das erste Mal begrüßt und wenn ein Baby dabei ist, sollte man auch dieses extra begrüßen und sich Zeit nehmen, es zu betrachten. Schon in dieser Phase des Erstgespräches kann man zudem wichtige diagnostische Informationen über die Familie sammeln: Wie gehen die Familienmitglieder mit der Anfangssituation um? Wie wählen sie ihre Stühle aus und treten dabei untereinander und mit dem Berater bzw. Therapeut in Kontakt? Welche nonverbalen Signale werden ausgetauscht und welcher Platz wird dem Kind oder Jugendlichen eingeräumt, zugeteilt oder verwehrt (Gammer, 2007)?

Da Kinder und Jugendliche oft unfreiwillig in eine Beratung kommen, ist es möglich, dass sie beim Erstgespräch verschlossen, ängstlich oder feindselig auf Fragen reagieren und es nicht sofort gelingt, einen Kontakt herzustellen. In solchen Fällen ist es besonders wichtig, nicht mit Kritik oder Missbilligung zu reagieren, sondern dem Kind oder Jugendlichen zu erklären, dass man seine Privatsphäre auf jeden Fall achtet und Verständnis dafür zeigt, dass es nicht einfach ist, problematische Themen mit einer fremden Person bei der ersten Begegnung zu besprechen. Man sollte sich darauf konzentrieren, einen guten Kontakt herzustellen und allgemeine Informationen über die Person und die Familie zu erfragen. Zu Beginn einer Beratung/Therapie ist es zudem immer unbedingt notwendig, herauszufinden, ob die anwesenden Kinder (zumindest ansatzweise) verstehen, aus welchen Gründen sie/die Familie zur Beratung oder Therapie kommen/kommt. Dabei können gezielte Fragen an die betreffenden Kinder bzw. Jugendlichen hilfreich sein, wie etwa, ob ihm/ihr bewusst ist, warum die Familie zur Beratung kommt oder was der/die Betreffende denkt, was der Sinn dieses Besuchs sei (vgl. Gammer, 2007, S. 189). Stellt sich heraus, dass niemand mit den Kindern darüber gesprochen hat, kann der Berater bzw. der Therapeut die Eltern – falls anwesend – bitten, dies entweder selbst zu tun oder ihm/ihr zu erlauben, dies zu tun. Der allererste Fokus der Begegnung liegt also darauf, dem Kind zu erklären, warum es/seine Familie überhaupt eine Beratung aufsucht und ihm in dieser allerersten Phase genug Raum einzuräumen, denn: je wohler sich das Kind/der Jugendliche von Anfang an fühlt, desto eher entsteht Kooperationsbereitschaft.

Bei der anschließenden Vorstellungsrunde, die im Normalfall ein Erstgespräch eröffnet, empfiehlt es sich allerdings – falls die Eltern anwesend sind – mit den Eltern zu beginnen. Dies signalisiert der Familie Respekt vor der Altershierarchie (vgl. Riehl-Emde, 2003). Falls mehrere Geschwisterkinder anwesend sind, sollte man auch hier mit dem ältesten beginnen, anschließend das nächstjüngere fragen, bis man beim jüngsten Kind angekommen ist (Gammer, 2007). Kinder kann man z. B. fragen, welche Klasse sie besuchen oder welche Hobbies und Aktivitäten ihnen Spaß bereiten (vgl. Gammer, 2007, S. 191). Dabei ist es wichtig, nicht nur darauf zu achten, was das Kind sagt, sondern sich auch ein Bild von seiner Entwicklung zu machen sowie von seinen sozialen Fähigkeiten und seiner altersentsprechenden Fähigkeit, Kontakt aufzunehmen. Bereits im Erstgespräch kann es sehr hilfreich sein, zirkuläre Fragen zu stellen (vgl. Abschnitt 3.2.2).

Am Anfang einer beratenden Familienarbeit, bei der auch Kinder beteiligt sind, steht neben dem Beziehungsaufbau die notwenige Problemerfassung. Das Aufmalen oder Aufschreiben von Problemen ist für Kinder häufig sehr viel einfacher als die reine Problemerfassung im Gespräch. Kinder können sich meist über ein Medium (etwa Stifte und Papier, Handpuppen) besser und angstfreier mitteilen (Görlitz, 2004). Als Beispiele für diese Art von Methoden werden im Folgenden das „Zeichnen der Wohnung" und der „Problemtopf" dargestellt.

Zeichnen der Wohnung. Eine gestalterische Aufgabe, die man während eines Erstgesprächs einsetzen kann, besteht darin, das Kind (oder mehrere Kinder, wenn anwesend) die Wohnung der Familie als Grundriss zeichnen zu lassen. Diese Arbeit kann gerade bei Jugendlichen oft als „Eisbrecher" dienen und auch Kindern macht es oft besonders Spaß, die eigene Wohnung zu zeichnen und zum Beispiel zu zeigen, wo Computer und Fernsehgerät stehen (Gammer, 2007). Während das Kind (bzw. die Kinder) die Wohnung zeichnet, kann die beratend oder therapeutisch tätige Person Fragen stellen, zum Beispiel danach, wo die Familie isst, wo die Kinder ihre Hausaufgaben machen, wo sie spielen, wo die einzelnen Familienmitglieder schlafen etc. Oft kann hier innerhalb weniger Minuten sehr viel nützliche Information zu Tage treten. Diese Technik kann auch bei kleineren Kindern eingesetzt werden, in diesem Fall können der Berater bzw. Therapeut oder ein Elternteil dem Kind beim Zeichnen behilflich sein, wobei auch aus dieser Kooperation erneut interessante diagnostische Informationen entstehen können (z. B. Sind sich die Familienmitglieder einig? Können unterschiedliche Wahrnehmungen integriert werden?). Eine solche gestalterische Aufgabe ermöglicht eine andere Art des Zugangs zu den Repräsentationen der Familienmitglieder als die reine Befragung sie bieten würde.

Der Problemtopf. Die Anwendung dieser Methode dient der Verhaltens- und Problemanalyse, der Förderung der emotionalen Wahrnehmungs- und Ausdrucksfähigkeit und Gefühlsdifferenzierung, eventuell einer kognitiven Umstrukturierung im weiteren Verlauf der Beratung und dem Aufbau von Lösungsstrategien. Das Bild eines Problemtopfes, der kurz vor dem Überkochen ist, regt zu einer Verknüpfung mit konkreten Alltagserfahrungen an. Allerdings ist im Sinne der Ressourcenorientierung (vgl. Abschnitt 3.2.1) unbedingt anzumerken, dass der Begriff „Problem" nur dann verwendet werden sollte, wenn das befragte Kind oder der Jugendliche sein jeweiliges Anliegen auch als solches bezeichnet.

Die Übung „Problemtopf" ist geeignet für Kinder ab sechs Jahren, aber auch für Jugendliche und Erwachsene. Sie nimmt in etwa 45 Minuten in Anspruch (15 Minuten Problem- und Gefühlsanalyse + 10 Minuten Selbsteinschätzung + 20 Minuten Lösungssuche), und bietet sich als Beginn einer Beratung an, im Anschluss an die Kennenlern-Phase (vgl. oben; Görlitz, 2004). Das Kind oder der Jugendliche beschreibt eine konkrete Situation und versucht die dazugehörigen Gefühle zu benennen (z. B. „nach dem Streit mit meinem Vater war ich so traurig und wütend, dass ich mich nur noch ins Bett gelegt und geheult habe"). Die beratend bzw.

therapeutisch tätige Person trägt alles, was das Kind/der Jugendliche erzählt, in ein Arbeitsblatt ein, auf dem ein „Problemtopf" abgebildet ist (vgl. Görlitz, 2004, S. 69). Anschließend werden mit dem Kind bzw. dem Jugendlichen die begleitenden Gefühle gesucht, benannt und den Situationen zugeordnet (z. B. Wut, Hilflosigkeit, Traurigkeit). In weiteren Schritten werden für jedes einzelne Teilproblem Bewältigungsmöglichkeiten gesucht und entwickelt und sowohl die Probleme als auch mögliche Lösungen in ihrer Wichtigkeit/Relevanz von 0 bis 10 eingeschätzt. (vgl. Abschnitt Punkt 3.2.2). Als wichtig eingeschätzte Lösungen können (am besten mit der Familie) im Rollenspiel eingeübt werden.

3.2 Theoretische Hintergründe und Interviewtechniken am Beispiel der systemischen Theorie/Familientherapie und der Bindungstheorie

Um einen theoretischen Rahmen aufzuspannen, in welchem Methoden und Vorgehensweisen der Befragung von Kindern im Familienberatungskontext eingeordnet werden können, bieten sich zwei Theorien besonders an: Zum einen die Systemtheorie und damit verbunden die Familientherapie, die eng an der praktischen, therapeutischen Arbeit orientiert entwickelt wurde und weiter entwickelt wird – und dabei den Fokus nicht auf die individuelle Entwicklung, sondern auf Veränderungen und Prozesse in sozialen Systemen legt (Cierpka & Martin, 2003; Schweitzer & Schlippe, 2006). Zum anderen bietet sich die Bindungstheorie Bowlbys (1969/1982; Bowlby, 1976, 1979) an, die als umfassende Theorie der Persönlichkeitsentwicklung in den letzten Jahrzehnten durch intensive empirische Forschung eine solide Basis an Erkenntnissen über die Entwicklung psychischer Sicherheit bei Kindern und einige wichtige diagnostische Verfahren hervorgebracht hat (für einen umfassenden Überblick vgl. Grossmann & Grossmann, 2004; Grossmann, Grossmann & Waters, 2005; Sroufe, Egeland, Carlson & Collins, 2005). Für Verfahren aus weiteren therapeutischen Richtungen sei an dieser Stelle verwiesen auf Borg-Laufs (2007) bzw. Mattejat (2006) für verhaltenstherapeutische Techniken bzw. auf Baulig und Baulig (2002) für gestalttherapeutische Techniken mit Kindern und Jugendlichen. Da es den Rahmen dieses Beitrages sprengen würde und das Hauptaugenmerk auf der Familien- bzw. Beziehungsperspektive (und nicht auf der individuellen Perspektive) liegen soll, wird auf diese Ansätze im Weiteren nicht vertieft eingegangen.

In den folgenden Abschnitten werden vielmehr nach einer theoretischen Einführung zunächst Verfahren betrachtet, die – im weitesten Sinne – aus der systemischen Familientherapiepraxis stammen. Danach werden die Grundzüge der Bindungstheorie und zwei bindungsspezifische Verfahren für unterschiedliche Altersstufen erläutert. Es werden jeweils die Interview- und Fragetechniken vorgestellt, ihre Durchführung und Anwendung, sowie ihre Auswertung bzw. Interpretation erklärt.

3.2.1 Grundzüge der systemischen Theorie und Familientherapie

Als systemische Theorie wird heute ein Ansatz bezeichnet, der sich seit Mitte des 20. Jahrhunderts zunächst als Familientherapie etabliert hat, dann aber zunehmend unabhängig vom Familiensetting spezifische Konzepte und Methoden entwickelte.

Heute findet man dieses Modell im Einzelsetting, als Paar- und Familientherapie aber auch als Gruppentherapie (z. B. Schlippe, 2003). Die wichtigsten Kernaspekte der theoretischen Grundlagen können wie folgt umrissen werden: Ein Problem wird nicht einer Person zugeschrieben, sondern als ein Geschehen verstanden, an dem mehrere interagierende Menschen (d. h. soziale Systeme) beteiligt sind. Das bedeutet, dass menschliches Verhalten aus systemischer Sicht am besten zu verstehen ist, wenn man es im Zusammenhang des Verhaltens der wichtigsten Interaktionspartner betrachtet. Für die Befragung von Kindern und Jugendlichen bedeutet dies, dass die Interaktion zwischen den einzelnen Familienmitgliedern während der Befragung bereits von großer diagnostischer Bedeutung ist. Die Wirklichkeit wird nicht als etwas Allgemeingültiges betrachtet, sondern als Ergebnis sozialer Konstruktion angesehen. Zudem wird nach Ressourcen gefragt und nicht nach Problemen bzw. die Suche nach Lösungen hat Vorrang vor dem Gespräch über das, was nicht funktioniert (Schweitzer-Rothers & Ochs, 2003). Auch hieraus entstehen wichtige Implikationen für die Art der Befragung der Familienmitglieder (vgl. Abschnitt 3.2.2).

Zentral für das Verständnis von familiensystemischen Interaktionen sind ebenso Annahmen über die Organisations- und Funktionsprozesse in sich selbst erzeugenden Systemen (autopoetischen Systemen), die vergleichbar mit Körperzellen ihre einzelnen Bestandteile fortwährend neu produzieren und definieren. Auf Grund dieser Annahme sind Familien nur begrenzt von außen therapeutisch beeinflussbar, man kann nur durch Vorschläge, Konfrontation, „Verstörung" die Veränderungsressourcen der Familie aktivieren (Schweitzer & Schlippe, 2006). Um solche Ressourcen im Rahmen einer Befragung aufzuspüren, kann man nach Unterschieden im (auffälligen) Verhalten des Kindes oder Jugendlichen fragen (z. B. unter welchen Umständen ein Kind aggressives Verhalten häufiger bzw. weniger häufig oder gar nicht zeigt). Dabei werden oft situative Bedingungen in den Familien klar, in denen das (unerwünschte) Verhalten häufiger oder eben seltener auftritt. Unkonventionelle oder überraschende Fragen sind hierbei hilfreich, zum Beispiel „Wie müssten sich die Eltern, die Lehrer, die Geschwister verhalten, damit das unerwünschte Verhalten noch häufiger auftritt?" oder „Wer könnte auf welche Weise dafür sorgen, dass die Situation noch mehr eskaliert?" (vgl. z. B. Rotthaus, 2006). Die systemische Familientherapie ist ein noch verhältnismäßig junges psychotherapeutisches Verfahren, das sich besonders in der Arbeit mit Kindern und Jugendlichen als sehr hilfreich erwiesen hat. So wird glücklicherweise in den letzten Jahren die Rolle des Kindes in der Familientherapie wieder verstärkt hervorgehoben, und einige systemische Verfahren werden explizit auf ihre Anwendung bei Kindern geprüft (Gammer, 2007; Retzlaff, 2006). Besonders bei schwer zu behandelnden Störungen wie Sucht, Essstörungen oder aggressivem Verhalten erzielt die systemische Therapie gute Erfolge, wie eine deutsche Metaanalyse in jüngster Zeit zeigen konnte (Sydow et al., 2006).

3.2.2 Systemische Fragetechniken

Nach dem Erstgespräch erkundet der Therapeut bzw. Berater im weiteren Verlauf der Beratung die Entstehungsbedingungen und die Auswirkungen des Problems. Alle anwesenden Personen werden hierbei mit einbezogen. Ist die ganze Familie anwesend, ist es wichtig, besonders auch die Kinder mit einzubinden und generell darauf zu achten, dass alle zu Wort kommen. Die Eltern sollten zum Beispiel nicht an Stelle der Kinder antworten bzw. die Kinder sich nicht in Gespräche zwischen den Eltern einmischen. Kommen solche Unterbrechungen jedoch häufig vor, kann dies ein Hinweis auf gestörte Generationengrenzen und damit eine interessante diagnostische Information sein. Neben einfachen diagnostischen Fragen stehen hierbei aus dem Bereich der systemischen Therapie einige bewährte Fragetechniken zur Verfügung (Skalierungsfragen, zirkuläres Fragen, Wunderfragen, Externalisierung und Fragen nach Ausnahmen), die im Folgenden in Verbindung mit konkreten Anwendungsbeispielen für Kinder dargestellt werden (vgl. z. B. Nordmann & Kötter, 2003). Der Großteil dieser Techniken ist nicht standardisiert und insofern nicht geeignet als Gegenstand einer objektiven Effektivitätsprüfung. Allerdings konnte – wie bereits erwähnt – in jüngster Vergangenheit die Wirksamkeit systemischer Therapien an sich bei Störungen des Kindes und Jugendalters in einer Metaanalyse nachgewiesen werden (Sydow et al., 2006).

Diagnostische Fragen. Die Fragen werden offen gestellt und beziehen das gesamte Familiensystem ein. Sie zielen unter anderem darauf ab, welche Funktion das Problem in der Familie hat, wer davon profitiert bzw. darunter leidet und welche Rückkoppelungsmechanismen stattfinden. Einige klassische systemische diagnostische Fragen, die speziell für Kinder geeignet sind, lauten etwa (Cjerpka & Martin, 1996):
- Was glaubst du, wie es zu diesem Problem gekommen ist?
- Sprichst du mit deinen Eltern über das Problem?
- Was machst du, wenn du merkst, dass deine Eltern Schwierigkeiten miteinander haben?
- Traust du dich, die Tür zuzumachen, um für dich zu sein?
- Fühlst du dich durch das Problem in deinem Leben (z. B. Spielen, Freunde, Schule) gestört?
- Für wen in der Familie ist das Problem am schlimmsten, für wen am wenigsten schlimm?
- Gibt es außer deinen Eltern jemanden, mit dem du über das Problem sprichst?

Zirkuläres Fragen. Diese Technik ist dadurch gekennzeichnet, dass sie ein Familienmitglied (z. B. das Kind) nach der Befindlichkeit eines anderen Familienmitgliedes (z. B. des Vaters) fragt (z. B. Was denkst du, wie sich dein Vater fühlt?). Zirkuläre Fragen haben also den Vorteil, dass sie zwei Arten von Informationen gleichzeitig zu Tage fördern: (a) die Eigenschaften von Person x (dem Vater) und (b) wie Person y (das Kind) diese Eigenschaften von Person x repräsentiert. Zudem kann der Betroffene (hier: der Vater) aus der Perspektive eines anderen Familienmitgliedes (hier: des Kindes) feststellen, wie seine Befindlichkeitsbotschaften gedeutet werden. Es können auch Klassifikationsfragen im Bezug auf alle Familienmitglieder gestellt werden (z. B. Wer ärgert sich über das Problem am meisten?). Bei der Arbeit mit Kindern sollte man auch hier wieder bewusst auf eine einfache Formulierung der Fragen achten. Abstrakte Konzepte wie „Besonderheit" oder „Eigenschaft" verstehen kleinere Kinder nicht – man muss so konkret wie möglich fragen, zum Beispiel:
- Was kann dein Vater besonders gut?
- Was tut dein Bruder, was dir gefällt/nicht gefällt?

Skalierungsfragen. Skalierungsfragen sind ein Werkzeug, das in der Verhaltenstherapie seit langem genutzt wird und in der systemischen Therapie kreativ weiterentwickelt wurde. In der Arbeit mit Skalierungsfragen wird ein Familienmitglied gebeten, seine Wahrnehmung einer Zahl zuzuordnen, das heißt sie zu quantifizieren. Dabei müssen für die Anwendung bei Kindern jedoch einige Besonderheiten beachtet werden: Während man in der Arbeit mit Erwachsenen tatsächlich fiktive Skalen zum Beispiel von 1 bis 10 einsetzt (z. B. „1 bedeutet am Boden zerstört und hoffnungslos unglücklich und 10 bedeutet extrem glücklich und zufrieden. Wo würden Sie Ihre momentane Position auf der Skala bestimmen?") muss man in der Arbeit mit Kindern weniger kognitiv, sondern anschaulich mit den Skalen umgehen. Da Skalen räumliche Metaphern sind, bietet es sich an, diese Repräsentationen in der Arbeit mit Kindern auch tatsächlich räumlich zu veranschaulichen. Beispielsweise kann man auf einem Flipchart eine Linie zeichnen und dem Kind helfen, für beide Enden der Skala ein Symbol zu finden, das dieses Ende der Skala kennzeichnet (z. B. ein lachendes und ein wütendes/trauriges Gesicht, manche Kinder wählen auch „liebe" und „böse" Tiere oder Farben aus). Es kann auch hilfreich sein, die Skala im Raum auszugestalten, am einfachsten mit einem Seil oder einer Schnur. Auch hier kann man gemeinsam mit dem Kind die Enden der Skala definieren (vgl. oben) und das Kind im Anschluss auffordern, zu dem Punkt auf der Schnur zu gehen, der nach seinem Empfinden auf der Skala den Problemzustand momentan repräsentiert (Cabie & Isebaert, 1997; Gammer, 2007). Sowohl in der Arbeit mit Kindern als auch mit Erwachsenen können Skalen dazu genutzt werden, um Befragte raten zu lassen, wie andere (Familienmitglieder) ihre Position momentan einschätzen und somit eine Verknüpfung zu zirkulären Fragetechniken herstellen (Gammer, 2007).

Die Wunderfrage. Die sogenannte „Wunderfrage" von De Shazer (1998) gilt ebenfalls als klassische Intervention der systemischen Therapie und wurde vermutlich von der Familientherapeutin Virginia Satir erstmal in der Arbeit mit Kindern angewendet (Gammer, 2007). Die Wunderfrage zielt darauf ab herauszufinden, welche Bedingungen im Leben des Kindes/der Familie eine (subjektiv empfundene) Verbesserung der Situation verhindern und was der gewünschte Zielzustand wäre. Sie kann besonders gut auch bei kleineren Kindern angewendet werden, die möglicherweise abstrakte Fragen nach dem jeweiligen Problem (vgl. oben) nicht verstehen können. Man kann dazu dem Kind einen (Spielzeug-)Zauberstab in die Hand geben und es bitten, sich vorzustellen, es sei ein Zauberer/eine Fee. Nun soll das Kind sich vorstellen, es könne mit Hilfe des Zauberstabes drei Dinge in seiner Familie ändern. Durch die geäußerten Veränderungswünsche des Kindes kann wiederum interessante diagnostische Information gewonnen werden (vgl. Gammer, 2007, S. 199).

Externalisierung des Problems. Die Technik der Externalisierung wurde ursprünglich von White und Epston (2006) entwickelt und von Freeman, Epston und Lobovits (2000) auf die Arbeit mit Kindern übertragen. Zunächst wird hierbei mit dem Kind/der Familie für das vorgetragene Problem ein Etikett, das heißt ein neuer Name gesucht. Dieser Begriff soll den Eindruck vermitteln, das Problem sei ein „Ding", eine äußere Kraft, die außerhalb des Kindes/der betroffenen Person liegt. Das Problem ist also beispielsweise nicht mehr der Sohn, der sich viel mit anderen Kindern prügelt, sondern „das Schlagen". Oder das Problem ist nicht mehr die Mutter, die depressives Verhalten zeigt, sondern „die Traurigkeit". Mit Hilfe dieser Technik kann von nun an über das Problem gesprochen werden, ohne dass Schuldzuweisungen oder Kritik eine zu große Rolle spielen. Außerdem kann das Problem als Teil des Systems behandelt und dementsprechende Fragen gestellt werden (z. B. „Wie wirkt sich das Schlagen auf das Zusammensein in der Familie aus?" oder „Wann ist die Traurigkeit zum ersten Mal aufgetreten?"; Gammer, 2007).

Kinder unter sieben Jahren tun sich mit dieser Art der Problemexternalisierung häufig schwer und Carol Gammer (2007) schlägt vor, man solle bei Kindern ab etwa drei Jahren eine Modifikation dieser Technik mit Hilfe von Puppen, Handpuppen und Plüschtieren verwenden: Man lässt dabei das Kind eine Puppe/ein Tier auswählen, dass seiner Ansicht nach die Eigenschaften des vorgetragenen Problems hat (z. B. ein „wilder Löwe" als Verkörperung des hitzigen Temperamentes/des Schlagens/der Aggression). Die meisten Kinder sind sehr geschickt im „So-tun-als-ob-Spiel" und man kann somit zum Beispiel das in Form eines „wilden Löwen" externalisierte Problem wunderbar nutzen, um Strategien mit dem Kind zu entwickeln, wie man den Löwen (= die Aggression) bändigen, ihm aus dem Weg gehen oder ihn verstehen lernen kann.

Fragen nach positiven Ausnahmen. Als nächster Schritt eignet sich meistens die Exploration positiver Ausnahmen, das heißt, das Kind/die Familie wird/werden nach Momenten gefragt, in denen das (externalisierte) Problem nicht existierte oder weniger dominant war. Man kann zum Beispiel fragen, wann die „Traurigkeit" dem Kind den Spaß am Spielen einmal nicht verdorben hat und wann der „wilde Löwe" sich einmal nicht gezeigt hat. Dabei geht es vor allen darum, die Handlungswirksamkeit des Kindes zu erfragen und zu erweitern. Damit sollen Grundlagen für ein alternatives Repräsentationsnetzwerk geschaffen werden. Hierbei ist wichtig anzumerken, dass genau genommen eine „falsche Repräsentation" erzeugt wird (denn das Problem ist ja keine äußere, unabhängige Kraft), aber durch das metaphorische Werkzeug der Externalisierung kann sich anschließend eine neue, angemessene Repräsentation entwickeln, die der Wirklichkeit entspricht: Nämlich dass es möglich ist, etwas an der aktuellen Situation zu ändern, dass das betroffene Kind aktiv gegen den Zustand/das Problem kämpfen kann und dabei über ein hohes Handlungspotential verfügt (Gammer, 2007).

Systemische Fragen im Kontext von Skulpturtechniken. Ein in der Familienberatung und -therapie häufig verwendetes Verfahren, um Familienbeziehungen auf eine metaphorische und weitgehend sprachfreie Weise darzustellen, ist die Methode der Familienskulptur – nicht zu verwechseln mit der Familienaufstellung nach Hellinger, bei der es um eine postulierte normative Ordnung geht (Molter, Nöcker & El Hachimi, 2005). In einer konstruktivistisch-systemtheoretischen Perspektive hat jedes Familienmitglied die Möglichkeit, seine eigenen Vorstellungen von Familienbeziehungen wie ein „Bildhauer" in einer raumsymbolischen Weise darzustellen. Dabei stehen vor allem die Aspekte „Nähe – Distanz" und „Hierarchie" (d. h. der Einfluss einzelner Personen im Familiensystem) im Vordergrund, ohne dass diese Beziehungsdimensionen jedoch wegen ihrer intuitiven räumlichen Vergegenständlichung explizit angesprochen werden müssen (zu den Einzelheiten und verschiedenen Varianten von Skulpturtechniken vgl. Arnold, Joraschky & Cierpka, 2003; Schweitzer & Weber, 1982). Schon früh hatte Constantine (1978) eine auch noch heute praktikable Klassifikation von Skulpturtechniken vorgeschlagen. Neben einfachen Verräumlichungen in Form einer *linearen oder polaren Skulptur* wie sie bereits im Zusammenhang mit Skalierungsfragen erwähnt wurde, gibt es die Möglichkeit *Grenzen-Skulpturen* zu gestalten, indem zum Beispiel individuelle Grenzen oder auch die Grenzen eines Beziehungssystems bei realen Personen durch die Verwendung von Seilen markiert werden können. Auf diese Weise lassen sich u. a. auch die Subsysteme innerhalb einer Familie (z. B. das Geschwistersubsystem oder auch generationenübergreifende Koalitionen zwischen bestimmten Kindern und Elternpersonen) anschaulich darstellen und befragen. Eine voll entwickelte *Systemskulptur* erfordert ein sorgfältiges professionelles Vorgehen. Dabei geht es zunächst darum, den physikalischen Raum zu erkunden und ein Gefühl für den metaphorischen Beziehungsraum herzustellen. Als nächstes müssen die Grenzen des Beziehungsraums definiert und die Skulptur mit Personen gefüllt werden. Auf dieser Basis kann dann der Beitrag jeder einzelnen Person für das Beziehungssystem sichtbar gemacht werden. Im Anschluss besteht die Möglichkeit zu einer Ritualisierung der Skultursequenz, wodurch die Stabilität der Beziehungsrepräsentation überprüft werden kann. Schließlich können dann nach einem „Einfrieren" der erarbeiteten Skulptur die Erfahrungen der einzelnen Personen im Beziehungssystem abgefragt werden. Neben der voll entwickelten Systemskulptur gibt es auch noch *spezielle Typen der Skulptur und Verräumlichung* wie zum Beispiel die Entwicklungsskulptur, in der das familiale Beziehungssystem im Zeitverlauf (Vergangenheit, Gegenwart, Zukunft) dargestellt wird und die Bedeutung von Veränderungen bei jeder einzelnen Person erarbeitet werden kann.

Ein besonderer Vorteil der Familienskulptur besteht darin, dass sich auch schon kleine Kinder bei einer lebenden Familienskulptur als „Bildhauer" betätigen können. In aller Regel macht Kindern das Vorgehen beim Erstellen einer Skulptur viel Spaß, da es aktionsorientiert ist und ohne viele Worte umgesetzt werden kann. Wenn das Kind die Familienskulptur erstellt und sich darin auch selbst positioniert hat, besteht für den Berater die Möglichkeit zum Nachfragen. Dieses sollte in Form offener Fragen erfolgen – zum Beispiel „Mir fällt auf, dass du ganz nah beim Papa stehst. Kannst du mir sagen, warum das so ist?". Auch die zuvor genannten systemischen Fragen lassen sich gut mit der Skulpturtechnik verbinden (Schlippe & Kriz, 1993). So kann etwa die „Gute-Fee-Variante" der Wunderfrage hinsichtlich ihrer Auswirkungen auf die vom Kind zuvor erstellte Familienskulptur befragt werden (z. B. „Was würde sich nach dem Besuch der guten Fee ändern? Du kannst jetzt noch mal ‚Bildhauer' sein und zeigen, wo du stehst und wo die anderen stehen?"). Außer lebenden Familienskulpturen besteht auch die Möglichkeit, mit Hilfe von Holzfiguren standardisierte Varianten zur symbolischen Repräsentation von Familienbeziehungen wie zum Beispiel den *Familien-System-Test* (Gehring, 1990), in Verbindung mit systemischen Fragen zu nutzen.

Neben der direkten Befragung gibt es eine breite Palette an diagnostischen Verfahren, die mit der Projektion unbewusster Inhalte arbeiten. Auf diesem Wege wird versucht, aus den Narrationen und den Darstellungen der Kinder Schlussfolgerungen auf deren Erleben, Gefühle und Gedanken zu ziehen. Solche Verfahren können bei

Kindern ab Beherrschung der Sprache bzw. ab dem Erreichen kognitiver Fähigkeiten wie der „Theory of Mind" (d. h. einer expliziten Repräsentationsebene und dem Verständnis für mentale innere Vorgänge bei anderen Personen und sich selbst) eingesetzt werden. Ab dem zweiten Lebensjahr zeigen sich normalerweise frühe Formen eines Als-ob-Spiels und ab dem dritten Lebensjahr komplexere Spielformen, bei denen Kinder im Spiel Figuren interagieren lassen und ihnen Gefühle und Absichten zuschreiben. Ab drei Jahren bestehen normalerweise geordnete Ereignisrepräsentationen für Alltagsroutinen (z. B. „ins Bett gehen", „in den Kindergarten gehen"), die in diesen Verfahren genutzt werden können (Gloger-Tippelt & König, 2002; Siegler et al., 2005). Als Beispiele für projektive Verfahren werden hier der *„Familie-in-Tieren"-Test* von Brem-Gräser (2001) als allgemeines familiendiagnostisches Verfahren und in Abschnitt 3.2.4 das bindungstheoretisch fundierte *Geschichtenergänzungsverfahren* (GEV-B; Gloger-Tippelt & König, 2009) beschrieben.

Familie in Tieren. Dieser von Luitgard Brem-Gräser (2001) entwickelte projektive Test wird seit vielen Jahrzehnten im Rahmen von unterschiedlichen Therapieformen bei Kindern eingesetzt und soll hier ohne standardisierte Auswertungs- bzw. Deutungsrichtlinien als Befragungsinstrument vorgestellt werden. Kritiker halten die Verwendung von „Familie in Tieren" als Test mit festgelegten Deutungsschemata für nicht verantwortbar, da die üblichen Gütekriterien der Validität, Reliabilität und Objektivität nicht erfüllt werden. Ein Mangel des Verfahrens sei zudem die willkürliche Interpretation: Wenn beispielsweise das Kind den Vater als Löwen malt, bleibt unklar, ob es die Rolle des Vaters positiv (z. B. stark, beschützend) oder negativ (z. B. aggressiv, dominant) empfindet (vgl. Petermann, 1997). Daher ist es wichtig, mit dem Kind die subjektive Bedeutung der gezeichneten Tiere zu besprechen. Wendet man den Test lediglich zur Exploration der familiären Verhältnisse und der kindlichen Repräsentation der Charakteristika einzelner Familienmitglieder und deren Beziehungsstruktur an, so bietet der *„Familie-in-Tieren"-Test* einen mühelosen und spielerischen Zugang. In der Therapie und Beratung gelingt es damit vielen Kindern besser, über familiäre Schwierigkeiten und die damit verbundenen Gefühle zu sprechen als durch direkte Befragung. Die Durchführung sollte in ruhiger Atmosphäre erfolgen. Ein Vorschlag für die Instruktion zu Beginn des Tests findet sich bei Görlitz (2004). Hier können wiederum Verknüpfungen mit den Techniken des zirkulären Fragens, Fragen nach Ausnahmen etc. (vgl. Abschnitt 3.2.2) hergestellt werden.

3.2.3 Grundzüge der Bindungstheorie

Anders als die Familiensystemtheorie ist die Bindungstheorie mit ihren Erkenntnissen bisher vergleichsweise wenig auf die praktische Arbeit mit Kindern und Jugendlichen angewendet worden. Die zentrale Annahme der Bindungstheorie ist die, dass die Mutter-Kind-Beziehung durch phylogenetisch angelegte Verhaltenssysteme gesteuert wird, welche die Nähe zwischen Mutter und Kind mit Hilfe des Bindungsverhaltens sichern und regulieren (Ainsworth, 1985a; Bowlby, 1969/1982). Mary Ainsworth konnte beobachten, dass bei einer (drohenden) Trennung das Bindungsverhaltenssystem des Kindes aktiviert wird (ebenso bei Müdigkeit, Schmerzen, Angst, Krankheit) und es Nähe und Kontakt zur Bindungsperson sucht. Die Bindungsperson kann als sichere Basis wirksam werden, die Schutz bei Gefahr und Sicherheit zur Exploration im Ruhezustand bietet (Ainsworth, 1985b). Ob und in welchem Ausmaß die Bindungsperson auf die Bindungsbedürfnisse des Kindes eingeht, wird durch ihre Feinfühligkeit bestimmt. Je nach den Erfahrungen mit der Bindungsperson und dem Temperament des Kindes bilden sich innerhalb des ersten Lebensjahres die verschiedenen Bindungsverhaltensmuster aus, die im standardisierten *Fremde-Situation-Test* mit 18 Monaten bestimmt werden können (Ainsworth, Blehar, Waters & Wall, 1978): Der *Fremde-Situation-Test* ist ein Verfahren, bei dem eine zweimalige Trennung und Wiedervereinigung zwischen Mutter und Kind in einer fremden Umgebung und im Beisein einer fremden Person inszeniert wird. Die Situation soll das Bindungssystem der Kinder aktivieren. *Sicher-gebundene* Kinder nützen ihre Bindungsperson als sichere Basis; in Trennungssituationen sind diese Kinder gestresst, begrüßen aber bei der Wiedervereinigung die Bindungsperson aktiv und finden nach einer Beruhigungsphase zum Spiel zurück. Mütter bindungssicherer Einjähriger sind im Durchschnitt feinfühliger, das heißt, sie nehmen die Äußerungen des Säuglings ernst, sind aufmerksam ihm gegenüber, trösten geduldig und fördern Erkundungswünsche (Grossmann & Grossmann, 2004). Die Kinder mit einer *unsicher-vermeidenden Bindungsorganisation* explorieren viel und ausdauernd, zeigen minimale Stressanzeichen und vermeiden bei der Wiedervereinigung mit der Bindungsperson den Blick- und/oder Körperkontakt. Dass diese Kinder trotzdem durch die Trennung sehr belastet sind, zeigen Studien mit physiologischen Messungen (z. B. Spangler & Schieche, 1995). Die Mütter Einjähriger mit vermeidendem Bindungsmuster sind generell weniger feinfühlig als die von sicher-gebundenen Kindern. Das Besondere an ihren Interaktionen ist ihre deutliche Aversion gegen die Bindungssignale des Kindes, andererseits werden alle Explorationen der Umwelt und das Alleinspiel der Kinder von den Müttern in einer vermeidenden Bindungsbeziehung mit Wohlwollen bedacht, allerdings oft in einer einmischenden, bevormundenden Art (Grossmann, Grossmann, Spangler, Suess & Unzner, 1985). Kinder mit unsicher-ambivalenter Bindungsqualität sind durch die Trennung und die fremde Umgebung sehr stark gestresst. Bei der Rückkehr der Bindungsperson zeigen diese Kinder widersprüchliches Verhalten, indem sie Kontakt suchen und gleichzeitig ärgerlich diesen Kontakt abwehren. Es tritt keine Beruhigung ein und die Exploration bleibt auch anschließend nachhaltig gehemmt. Die Mütter von Einjährigen mit *unsicher-ambivalenter Bindungsorganisation* zeigen ihren Mangel an Feinfühligkeit auf eine andere Weise: Ihre Interaktionen sind selten Reaktionen auf Signale des Kindes, sondern sind für den Säugling oft nicht vorhersagbar, sie sind zwar ab und zu liebevoll, aber selten, wenn das Kind danach verlangt (Cassidy & Berlin, 1994). Kinder, denen eine kohärente Bindungsstrategie fehlt und die stereotype Bewegungen, ungerichtetes Verhalten, Phasen von Starrheit, Angst oder beiläufiger Aggression gegenüber der Bezugsperson zeigen, werden (zusätzlich) als desorganisiert/desorientiert bezeichnet (Main & Solomon, 1986, 1990).

Das Wissen um diese emotionsregulatorischen Strategien von Kindern und ihre Ursachen können im Kontext einer Befragung sehr hilfreich sein. So kann ein Kind, das sehr pflegeleicht erscheint und selbstständig agiert bzw. bei Belastung nicht nach Hilfe fragt, eventuell vermeidende Anteile haben. Andererseits kann starke Trennungsangst ein Hinweis auf eine unsicher-ambivalente Bindungsorganisation sein.

Laut Bowlby (1976) bilden sich im weiteren Entwicklungsverlauf mentale Repräsentationen vom Selbst und der Bindungsfigur aus, die als „internale Arbeitsmodelle" bezeichnet werden. Während des ersten Lebensjahres entwickelt der Säugling durch Erfahrungen mit jeder einzelnen Bindungsperson Erwartungen darüber, ob sie für ihn verfügbar ist und wie sie auf ihn reagieren wird. Etwas später entstehen daraus laut Bowlby generelle Erwartungshaltungen und Vorstellungen von sich und nahe stehenden anderen in sozialen Beziehungen.

Diese „internalen Arbeitsmodelle" gilt es ggf. bei der Befragung von Kindern und Jugendlichen zu erfassen, um Rückschlüsse auf den Grad ihrer psychischen Sicherheit ziehen zu können. Sichere und unsichere generelle Arbeitsmodelle unterscheiden sich sowohl inhaltlich als auch in ihrer inneren Organisation. Auf inhaltlicher Ebene der berichteten Kindheitserfahrungen zeigen sich im Falle sicherer internaler Arbeitsmodelle häufiger positive Kindheitserfahrungen: Es wird weniger von Zurückweisung, Vernachlässigung oder Rollenumkehr berichtet als im Falle unsicherer Arbeitsmodelle (Shaver, Belsky & Brennan, 2000). Ob die erinnerten Erlebnisse positiv oder negativ sind, sagt jedoch alleine nichts über die Sicherheit oder Unsicherheit des Arbeitsmodells einer Person aus. So kann zum Beispiel trotz negativer Erinnerungen ein sicheres Arbeitsmodell im Nachhinein erarbeitet werden (sog. *earned security*, Ziegenhain, 2001). Wichtiger ist demnach der mentale Verarbeitungszustand der berichteten Erfahrungen. Sichere Modelle sind konsistent, das heißt, die unterschiedlichen Komponenten des Gesagten passen zueinander und sind optimal miteinander verschaltet. Das bedeutet, dass diese Schilderungen gekennzeichnet sind von hoher sprachlicher Kohärenz sowie von der Fähigkeit, eine Metaebene einzunehmen und Abstraktes mit Konkretem in Einklang zu bringen. Menschen dagegen, deren Arbeitsmodell als unsicher bezeichnet wird, können Erlebtes kognitiv nicht mit abstrakten Schemata in Verbindung setzen, was in einem inkohärenten Redestil resultiert.

Die Bindungstheorie stellt demnach sowohl auf Verhaltensebene im Kindesalter, als auch auf Repräsentationsebene ab dem mittleren Kindesalter einen umfassenden theoretischen Rahmen zur Interpretation des Verhaltens und der Antworten von Kindern im Rahmen einer Befragung zur Verfügung. Zusätzlich liefert sie eine breite Palette nützlicher und inzwischen hinreichend validierter Erhebungsinstrumente.

3.2.4 *Bindungstheoretisch fundierte Fragetechniken*

Während man im frühen Kindesalter (bis etwa zum dritten Lebensjahr) Bindungsverhalten sehr gut direkt durch Beobachtung erfassen kann (vgl. *Fremde-Situation-Test*), greift man ab dem mittleren Kindesalter sowohl auf projektive Verfahren als auch auf alterangepasste Interviewtechniken zurück, um die Sicherheit der Bindungsorganisation einer Person auf der Ebene mentaler Repräsentationen festzustellen. Eine sichere Bindungsorganisation gilt im Sinne der Entwicklungspsychopathologie als zentraler Schutzfaktor, eine unsichere Bindungsorganisation hingegen als Vulnerabilitätsfaktor, nicht jedoch als pathologisch. Um im Kontext der Familienberatung die Struktur der Bindungsorganisation einer Familie festzustellen, ist es sinnvoll, auf bewährte Instrumente der Bindungsforschung zurückzugreifen. Im Folgenden werden zwei solcher bindungstheoretisch fundierten Verfahren für das mittlere (GEV-B) sowie das späte Kindesalter (BISK) vorgestellt.

Geschichtenergänzungsverfahren zur Bindung (GEV-B). Während einige allgemeine projektive Tests (wie der in Abschnitt 3.2.2 beschriebene Test „Familie-in-Tieren" oder der *Sceno-Test* nach Staabs, 1985) die Intention haben, nichtstandardisierte, subjektive Informationen über individuelle Konfliktlagen von Kindern und ihre Beziehungen zur Umwelt zu erhalten, werden im *Geschichtenergänzungsverfahren* GEV-B (Gloger-Tippelt & König, 2009) die Bindungsrepräsentationen bei Kindern zwischen fünf und acht Jahren anhand von standardisierten Puppenspiel-Geschichten erfasst. Wie bereits in Abschnitt 3.2.3 dargestellt, geht die Bindungstheorie davon aus, dass sich innerhalb der ersten zwei Lebensjahre internale Arbeitsmodelle von Bindung aufgrund von Erfahrungen mit Bindungspersonen ausbilden. Spätestens ab dem fünften Lebensjahr ist dieses Modell bewusst zugänglich und explizit im deklarativen Gedächtnis gespeichert – sowohl als allgemeines Wissen über sich selbst und andere in sozialen Beziehungen (semantisches Gedächtnis), als auch als autobiographische Erinnerung (episodisches Gedächtnis; Bretherton, 2001; Nelson, 1999). Das GEV-B wurde in Anlehnung an erprobte englischsprachige Geschichtenergänzungsverfahren (vgl. ASCT; Bretherton & Ridgeway, 1990; Bretherton, Suess, Golby & Oppenheim, 2001) an deutschen Stichproben entwickelt und validiert (Gloger-Tippelt & König, 2009).

Das Prinzip des GEV-B besteht darin, Kindern die Anfänge von fünf ausgewählten Geschichten mit bindungsrelevantem Inhalt vorzuspielen und sie dann aufzufordern, diese Geschichten durch Spielen und Erzählen fortzuführen. Als Spielfiguren dienen biegbare Puppen, die die Mitglieder einer Familie darstellen: Mutter, Vater, ein Mädchen, ein Junge und eine Großmutter. Wichtig ist, dass die Figuren gut stehen können und dass Eltern- und Kinderfiguren deutlich voneinander zu unterscheiden sind. Die Hauptfigur der dargestellten Geschichte hat immer das Geschlecht des befragten Kindes. Die Geschichtenanfänge des GEV-B sprechen – nach einer Aufwärmgeschichte – folgende fünf bindungsrelevante Themen an (Gloger-Tippelt & König 2009):
- „Verschütteter Saft" (Bindungsperson in einer Autoritätsrolle),
- „Verletztes Knie" (Schmerz als Auslöser von Bindungsverhalten),
- „Monster im Kinderzimmer" (Angst als Auslöser für Bindungsverhalten),
- „Trennung von den Eltern für ein paar Tage" (Trennungsangst und ihre Bewältigung),
- „Wiedervereinigung nach einer Trennung von den Eltern" (Bindungsverhalten bei Wiederkehr der Bindungspersonen).

Zum genauen Aufbau der Geschichtenanfänge und den Vorgaben für die Geschichtenanfänge sei auf Gloger-Tippelt und König (2009) und für Fallbeispiele auf Gloger-Tippelt (2003) verwiesen.

Aus den von den Kindern angebotenen Spiel- und Erzählstrukturen wird nach klar definierten Richtlinien auf ihre Bindungssicherheit geschlossen. Die Auswertung der transkribierten Geschichten erfolgt in mehreren Schritten. Prinzipiell werden pro Geschichte einzelne Kategorien vergeben, die dann nach bestimmten Zuordnungsregeln einem 5-fach abgestuften Bindungssicherheitswert zugeordnet werden [von sehr sicher (5) bis sehr unsicher (1)]. Anschließend wird die Bindungsstrategie über alle Geschichten hinweg betrachtet und ein globaler Sicherheitswert über alle Geschichten hinweg vergeben, der jedoch keinen numerischen Durchschnitt der Einzelwerte darstellt, sondern nach dem Verlauf über die Geschichten hinweg gegeben wird. Auf dieser Grundlage wird eine Bindungsklassifikation gemäß der vorherrschenden Bindungsstrategie (entweder balanciert/sicher oder minimierend/ deaktivierend bzw. maximierend/hyperaktivierend) als *sicher*, *unsicher-vermeidend* oder *unsicher-verstrickt* vergeben (zu den theoretischen Wurzeln dieser Kategorien vgl. Abschnitt 2.2.2). Das Schema in Abbildung 2 zeigt das Prinzip der Bindungsklassifikation im GEV-B.

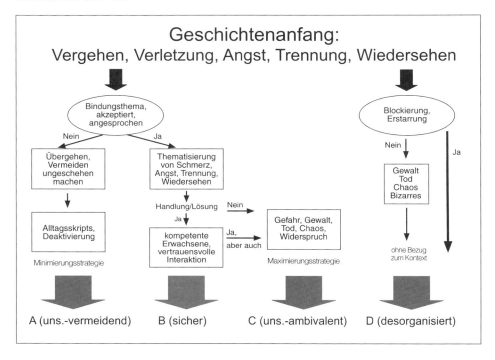

Abbildung 2: Schematische Orientierungshilfe zur Identifizierung der Bindungsstrategie im Geschichtenergänzungsverfahren zur Bindung (GEV-B) nach Gloger-Tippelt und König, 2009, S. 114; Abdruck erfolgt mit freundlicher Genehmigung von G. Gloger-Tippelt

Die Gütekriterien der Objektivität und Reliabilität des GEV-B können als gut bezeichnet werden: So zeigt sich zum einen eine hohe Interrater-Übereinstimmung über mehrere Stichproben hinweg ($k = .59$ bis $.92$), sowie Zusammenhänge mit der kindlichen Bindungsklassifikation in der Fremde-Situation mit 13 Monaten und mit dem mütterlichen AAI (*Adult Attachment Interview*) im fünften Lebensjahr des Kindes (Gloger-Tippelt, Gomille, König & Vetter, 2002). Um die Spielsequenzen valide und reliabel auswerten zu können, ist allerdings ein Training zum Umgang und zur Auswertung mit dem Verfahren unumgänglich (genauere Informationen dazu unter www.bindungsdiagnostik.de). In der Beratung und Therapie kann das GEV-B genutzt werden, um die Bindungssicherheit bei Kindern spielerisch festzustellen und gegebenenfalls zu verändern, indem zum Beispiel von Therapeut bzw. Therapeutin andere (sichere) Geschichtenergänzungen angeboten und somit alternative Handlungsmöglichkeiten aufgezeigt werden.

Bindungsinterview für die späte Kindheit (BISK). Das BISK (Zimmermann & Scheuerer-Englisch, 2003) erhebt zentrale Aspekte innerer Bindungsmodelle bei Kindern ab dem achten Lebensjahr und ist in leichter Adaptation bis ins Jugendalter verwendbar. Es ist ein halbstrukturiertes, offenes Interview, dessen Fragen sich auf subjektiv belastende Situationen beziehen und im Verlauf des Interviews zunehmend bindungsrelevante Aspekte erfragen, um das Bindungssystem zu aktivieren (Zimmermann & Scheuerer-Englisch, 2003). Das BISK dauert zwischen 50 und 90 Minuten, orientiert sich in den Fragen an der Erlebniswelt von Kindern der Altersstufe zwischen acht und zwölf Jahren und fokussiert dabei auf potentiell belastende Aspekte (z. B. Verlieren beim Spiel, Verbote und Konflikte mit den Eltern oder auch Alleinsein und Krankheiten). Ziel der Fragen ist es, die Regulation negativer Gefühle in der Beziehung zu erwachsenen Vertrauenspersonen zu erheben und Bindungsverhaltensstrategien erkennbar zu machen. In jedem Themenblock wird zunächst gefragt, inwieweit das Kind die Eltern in Problemsituationen als unterstützende sichere Basis oder sicheren Hafen beurteilt und anschließend, ob es bereits verallgemeinerte Bindungsverhaltensstrategien gibt (d. h. die Nutzung der Bindungsperson zur Regulation von Überforderung oder die Vermeidung von Bindungsverhalten). In dem Themenbereich „Alleine sein" werden beispielsweise folgende Fragen gestellt: „Bist du oft alleine?" (nach konkreten Situationen fragen), „Magst du das oder ist dir langweilig alleine?" (für den kompletten Leitfaden vgl. Scheuerer-Englisch, 2003).

Studien konnten die externe Validität des BISK bestätigen, da dieses sowohl zeitgleich hohe Zusammenhänge mit dem (getrennt erfassten) Verhalten der Eltern (Unterstützung, Zurückweisung) sowie der untersuchten Kinder zeigt, als auch längsschnittlich in Zusammenhang gebracht werden kann mit einerseits der Bindungsqualität zur Mutter mit einem Jahr (vgl. Fremde-Situation in Abschnitt 3.2.3) und andererseits mit der Bindungssicherheit mit 16 und 22 Jahren. Auch die Retest-Reliabilität über drei Monate kann mit $r = .77$ als gut bezeichnet werden (Zimmermann & Scheuerer-Englisch, 2003).

An dieser Stelle sei nachdrücklich darauf hingewiesen, dass der Einsatz des BISK sowohl ein Interviewer- als auch ein umfassendes Beobachtungs- und Rating-Training erforderlich macht – ohne dieses ist es nicht möglich, Bindungsmuster bei Kindern in der Praxis richtig einzuschätzen oder gar eine wissenschaftlich abgesicherte Einordnung der Kinder aufgrund ihrer Antworten vorzunehmen. Dennoch können die Fragen (wenn sie vollständig abgefragt werden, vgl. Zimmermann & Scheuerer-Englisch, 2003) und die Auswertungsskalen für die praktische Arbeit eine ausreichend gute Grundlage bilden, um sich bezüglich der wesentlichen Aspekte der Bindungsorganisation eines Kindes und seiner subjektiv empfundenen Belastungen zu orientieren. Bei der Auswertung sind diverse Skalen wesentlich, die Aspekte wie „Die Belastung des Kindes durch die Bindungsperson", „Verhaltensstrategien im Umgang mit belastenden Situationen" oder die „Kohärenz im Verhalten und im Interview" nach vorgegebenen Maßstäben beurteilen (vgl. Zimmermann & Scheuerer-Englisch, 2003, S. 241 ff.).

Im beraterischen Alltag kann dabei eher ein globaler Eindruck des Kindes gewonnen werden, als eine Feinanalyse der Kohärenz zu erstellen, wie es im wissenschaftlichen Kontext üblich ist. Dabei können die geschilderten Formen des sprachlichen Ausdrucks eine gute Orientierungshilfe sein. Insgesamt ist es mit den detaillierten Informationen aus dem Interview besser möglich, eine individuelle, auf das Bindungsmodell des Kindes abgestimmte Interventionsstrategie zu entwickeln. Grundsätzlich spricht dabei ein hohes Maß von fehlenden oder sehr knappen Antworten für einen fehlenden Zugang zu Gefühls- und Beziehungsthemen, der eher für *unsicher-vermeidend gebundene* Kinder charakteristisch ist. Ein wortreiches Weggehen vom Thema und sehr widersprüchliche Antworten sind dagegen eher typisch für *unsicher-ambivalent gebundene* Kinder. Dabei muss allerdings noch einmal darauf hingewiesen werden, dass ein ausführliches Training und die Arbeit mit einer großen Zahl an Interviews nötig ist, um eine Kalibrierung der eigenen Beobachtungsfähigkeit vorzunehmen, das heißt um eine hinreichend objektive und routinierte Einschätzung vornehmen zu können (Scheuerer-Englisch, 2003).

4   Fazit und Hinweise für die Praxis

Fragen zu stellen ist eine der wichtigsten professionellen Ressourcen im Kontext einer beziehungsorientierten Familienberatung oder -therapie. Dies gilt nicht nur für erwachsene Klienten, sondern auch für Kinder und Jugendliche, wenngleich für letztere wegen einer möglichen „Überbefragung" ein besonderes Fingerspitzengefühl erforderlich ist. Insbesondere für kleinere Kinder ist es häufig kaum zumutbar, über längere Zeit in einem Stuhlkreis sich den Fragen eines Beraters oder Therapeuten bzw. einer Beraterin oder Therapeutin auszusetzen. Deswegen bietet sich an, von Anfang an zunächst einen guten Rapport zum Kind herzustellen und dann – je nach Temperament, Aufgeschlossenheit und Interessen des Kindes – die eigentliche Befragung in einen spielerischen Kontext zu stellen. Die in diesem Kapitel dargestellten systemtheoretischen Befragungstechniken mit einer eher diagnostischen oder einer eher therapeutischen Intention bieten hierfür vielfältige Möglichkeiten zur Einbindung von Fragen in gestalterische oder aktionsorientierte Vorgehensweisen. Im Rahmen einer bindungstheoretisch fundierten Beziehungsdiagnostik und -intervention bietet sich für kleinere Kinder das mit Hilfe von Spielfiguren unterstützte Geschichtenergänzungsverfahren an. Für ältere Kinder und Jugendliche steht das dargestellte strukturierte Interview zur Verfügung (BISK).

Für alle in diesem Beitrag vorgestellten Vorgehensweisen gilt, dass sie sich in der Praxis bewährt haben, allerdings auch einer hinreichenden Anwendungsexpertise bedürfen. Darüber hinaus sollte die Entscheidung für den Einsatz bestimmter Interviewverfahren bzw. Fragetechniken stets den jeweiligen Beratungsanlass im Blick behalten.

Literatur

Ainsworth, M. D. S. (1985a). Attachment across the life-span. *Bulletin of the New York Academy of Medicine, 61,* 792-812.
Ainsworth, M. D. S. (1985b). Patterns of infant-mother attachment: Antecedents and effects on development. *Bulletin of the New York Academy of Medicine, 61,* 771-791.
Ainsworth, M. D. S., Blehar, M. C., Waters, E. & Wall, S. (1978). *Patterns of attachment. A psychological study of the strange situation.* Hillsdale, NJ: Erlbaum.
Arnold, S., Joraschky, P. & Cierpka, M. (2003). Die Skulpturverfahren. In M. Cierpka (Hrsg.), *Handbuch der Famliendiagnostik* (S. 339-372). Berlin: Springer.
Baulig, I. & Baulig, V. (2002). *Praxis der Kindergestalttherapie.* Köln: Edition Humanistische Psychologie.
Blume, T. W. (2006). *Becoming a family counselor. A bridge to family therapy.* New York: Wiley.
Boggs, K. M., Griffin, R. S. & Gross, A. M. (2003). Children. In M. Hersen & S. M. Turner (Eds.), *Diagnostic Interviewing* (pp. 393-413). New York: Kluwer.
Borg-Laufs, M. (2007). *Lehrbuch der Verhaltenstherapie mit Kindern und Jugendlichen* (Band I und II). Tübingen: DGVT Deutsche Gesellschaft für Verhaltenstherapie.
Bowlby, J. (1969/1982). *Attachment and loss. Vol.1: Attachment.* New York: Basic Books.
Bowlby, J. (1976). *Trennung.* München: Kindler. (Original erschienen 1973: Attachment and loss, Vol. 2: Separation: anxiety and anger).
Bowlby, J. (1979). *The making and breaking of affectional bonds.* London: Travisstock.
Brem-Gräser, L. (2001). *Familie in Tieren – die Familiensituation im Spiegel der Kinderzeichnung; Entwicklung eines Testverfahrens.* München: Reinhardt.
Bretherton, I. (2001). Zur Konzeption innerer Arbeitsmodelle in der Bindungstheorie. In G. Gloger-Tippelt (Hrsg.), *Bindung im Erwachsenenalter* (S. 52-74). Bern: Huber.
Bretherton, I. & Ridgeway, D. (1990). Appendix: Story completion tasks to assess young children's working models of child and parents in the attachment relationship. In M. T. Greenberg, D. Cicchetti & E. M. Cummings (Eds.), *Attachment in the preschool year.* (pp. 300-308). Chicago: The University of Chicago Press.
Bretherton, I., Suess, G., Golby, B. & Oppenheim, D. (2001). Attachement Story Completion Task (ASCT). Methode zur Erfassung der Bindungsqualitäten im Kindergartenalter durch Geschichtenergänzung im Puppenspiel. In G. Suess, H. Scheuerer-Englisch & W. K. Pfeifer (Hrsg.), *Bindungstheorie und Familiendynamik* (S. 83-124). Gießen: Psychosozial-Verlag.
Burr, W. (2002). Wozu brauchen wir eine systemische Kindertherapie? In W. Rotthaus (Hrsg.), *Systemische Kinder- und Jugendlichenpsychotherapie* (S. 78-90). Heidelberg: Auer.
Cabie, M. C. & Isebaert, L. (1997). *Kurzzeittherapie – ein praktisches Handbuch. Die gesundheitsorientierte kognitive Therapie.* Stuttgart: Klett-Cotta.
Cassidy, J. & Berlin, L. J. (1994). The insecure/ambivalent pattern of attachment: Theory and research. *Child Development, 65,* 971-991.
Cierpka, M. & Martin, G. (1996). Durchführung des Erstgespräches. In M. Cierpka (Hrsg.), *Handbuch der Familiendiagnostik* (S. 43-58). Heidelberg: Springer.
Constantine, L. L. (1978). Family sculpture and relationship mapping. *Journal of Marriage and Family Counseling, 4,* 13-23.
De Shazer, S. (1998). *Worte waren ursprünglich Zauber. Lösungsorientierte Kurztherapie in Theorie und Praxis.* Dortmund: Modernes Lernen.
Freeman, J., Epston, D. & Lobovits, D. (2000). *Ernsten Problemen spielerisch begegnen.* Dortmund: Modernes Lernen.

Gammer, C. (2007). *Die Stimme des Kindes in der Familientherapie.* Heidelberg: Auer.
Gavranidou, M. (2006). Die Rolle der Eltern. In R. Rosner (Hrsg.), *Psychotherapieführer Kinder und Jugendliche – Seelische Störungen und ihre Behandlung* (S. 27-34). München: Beck.
Gehring, M. (1990). *Familiensystemtest (FAST).* Weinheim: Beltz Test.
Gloger-Tippelt, G. (2003). Entwicklungswege zur Repräsentation von Bindung bei 6-jährigen Kindern – Fallbeipiele. In H. Scheuerer-Englisch, G. Suess & W. K. Pfeifer (Hrsg.), *Wege zur Sicherheit – Bindungswissen in Diagnostik und Intervention* (S. 193-222). Gießen: Psychosozial-Verlag.
Gloger-Tippelt, G., Gomille, B., König, L. & Vetter, J. (2002). Attachment representation in six-year olds: Related longitudinally to the quality of attachment in infancy and mothers' attachment representations. *Attachment and Human Development, 4 (3),* 318-339.
Gloger-Tippelt, G. & König, L. (2009). *Bindung in der mittleren Kindheit, Das Geschichtenergänzungsverfahren zur Bindung 5-8-jähriger Kinder.* Weinheim: Beltz.
Görlitz, G. (2004). *Psychotherapie für Kinder und Jugendliche – Erlebnisorientierte Übungen und Materialien.* Stuttgart: Pfeiffer bei Klett-Cotta.
Grossmann, K. & Grossmann, K. E. (2004). *Bindungen – das Gefüge psychischer Sicherheit.* Stuttgart: Klett-Cotta.
Grossmann, K., Grossmann, K. E., Spangler, G., Suess, G. & Unzner, L. (1985). Maternal sensitivity and newborns orientation responses as related to quality of attachment in northern Germany. In I. Bretherton & E. Waters (Eds.), *Growing points in attachment theory and research. Monographs of the society for research in child development* (Vol. 50, pp. 233-256). Chicago, IL: University of Chicago Press.
Grossmann, K., Grossmann, K. E. & Waters, E. (2005). *Attachment from Infancy to Adulthood: The Major Longitudinal Studies.* New York: Guilford.
Main, M. & Solomon, J. (1986). Discovery of an insecure disorganized/disoriented attachment pattern: Procedures, findings and implications for the classification of behavior. In T. B. Brazelton & M. Yogman (Eds.), *Affective development in infancy* (pp. 95-124). Norwood, NJ: Ablex.
Main, M. & Solomon, J. (1990). Procedures for identifying infants disorganized/disoriented during Ainsworth strange situation. In M. T. Greenberg, D. Cicchetti & E. M. Cummings (Eds.), *Attachment in the preschool years. Theory, research and intervention* (pp. 121-160). Chicago, IL: University of Chicago Press.
Mattejat, F. (2006). *Lehrbuch der Psychotherapie für die Ausbildung zur/zum Kinder- und Jugendlichenpsychotherapeutin/en und für die ärztliche Weiterbildung. Band 4: Verhaltenstherapie mit Kindern, Jugendlichen und Familien.* München: CIP-Medien.
Molter, H., Nöcker, K. & El Hachimi, M. (2005). Meta-Stallationen. *Systhema, 19,* 267-274.
Nelson, K. (1999). Event representations, narrative development and internal working models. *Attachment and Human Development, 1,* 239-252.
Nordmann, E. & Kötter, S. (2003). Systemisches Interviewen. In M. Cierpka (Hrsg.), *Handbuch der Familiendiagnostik* (S. 327-338). Berlin: Springer.
Oerter, R. & Montada, L. (2002). *Entwicklungspsychologie – ein Lehrbuch.* Weinheim: Beltz.
Petermann, F. (1997). Familie in Tieren [Testrezension]. *Zeitschrift für Differentielle und Diagnostische Psychologie, 1/2,* 90-93.
Retzlaff, R. (2006). Systemische Therapie mit Kindern. *Psychotherapie im Dialog, 7,* 16-21.
Riehl-Emde, A. (2003). Durchführung des Erstgesprächs. In M. Cierpka (Hrsg.), *Handbuch der Familiendiagnostik* (S. 59-74). Berlin: Springer.

Rotthaus, W. (2002). Zur Einführung: Systemische Kinder- und Jugendlichenpsychotherapie – eine Erweiterung der therapeutischen Handlungskompetenz. In W. Rotthaus (Hrsg.), *Systemische Kinder- und Jugendpsychotherapie* (S. 9-17). Heidelberg: Auer.
Rotthaus, W. (2006). Systemische Therapie/Familientherapie. In R. Rosner (Hrsg.), *Psychotherapieführer Kinder und Jugendliche* (S. 76-83). München: Beck.
Scheuerer-Englisch, H. (2003). Die innere Welt des Kindes: Das Bindungsinterview für die Späte Kindheit (BISK) in Beratung und Therapie. In H. Scheuerer-Englisch, G. Suess & W. K. Pfeifer (Hrsg.), *Wege zur Sicherheit – Bindungswissen in Diagnostik und Intervention* (S. 277-312). Gießen: Psychosozial-Verlag.
Schlippe, A. von (2003). Grundlagen systemischer Beratung. In B. Zander & M. Knorr (Hrsg.), *Systemische Praxis der Erziehungs- und Familienberatung* (S. 30-54). Göttingen: Vandenhoeck & Ruprecht.
Schlippe, A. von & Kriz, J. (1993). Skulpturarbeit und zirkuläres Fragen. Eine integrative Perspektive auf zwei systemtherapeutische Techniken aus Sicht der personenzentrierten Systemtherapie. *Integrative Therapie, 19,* 222-241.
Schweitzer-Rothers, J. & Ochs, M. (2003). Systemisch-konstruktivistische Diagnostik: Das Auffinden bisher ungesehener Beziehungsmöglichkeiten. In M. Cierpka (Hrsg.), *Handbuch der Familiendiagnostik* (S. 155-172). Berlin: Springer.
Schweitzer, J. & Schlippe, A. von (2006). *Lehrbuch der systemischen Therapie und Beratung II – Das störungsspezifische Wissen.* Göttingen: Vandenhoeck & Ruprecht.
Schweitzer, J. & Weber, G. (1982). Beziehung als Metapher. Die Familienskulptur als diagnostische, therapeutische und Ausbildungstechnik. *Familiendynamik, 7,* 113-128.
Shaver, P. R., Belsky, J. & Brennan, K. A. (2000). The Adult Attachment Interview and Self-Reports of Romantic Attachment: Associations across Domains and Methods. *Personal Relationships, 7,* 25-43.
Siegler, R., DeLoache, J. & Eisenberg, N. (2005). *Entwicklungspsychologie im Kindes- und Jugendalter.* Heidelberg: Spektrum.
Spangler, G. & Schieche, M. (1995). Psychobiologie der Bindung. In G. Spangler & P. Zimmermann (Hrsg.), *Die Bindungstheorie: Grundlagen, Forschung und Anwendung* (S. 297-310). Stuttgart: Klett-Cotta.
Sroufe, A., Egeland, B., Carlson, E. A. & Collins, W. (2005). *The Development of the Person: The Minnesota Study of Risk and Adaptation from Birth to Adulthood.* New York: Guilford.
Staabs, G. von (1985). *Der Sceno-Test, Beitrag zur Erfassung unbewusster Problematik und charakterologischer Struktur in Diagnostik und Therapie.* Bern: Huber.
Sydow, K. von, Beher, S., Retzlaff, R. & Schweitzer, J. (2006). *Die Wirksamkeit von der systemischen Therapie/Familientherapie.* Göttingen: Hogrefe.
White, M. & Epston, D. (2006). *Die Zähmung der Monster – Literarische Mittel zu therapeutischen Zwecken.* Heidelberg: Auer.
Ziegenhain, U. (2001). Sichere mentale Bindungsmodelle. In G. Gloger-Tippelt (Hrsg.), *Bindung im Erwachsenenalter* (S. 154-173). Bern: Huber.
Zimmermann, P. & Scheuerer-Englisch, H. (2003). Das Bindungsinterview für die Späte Kindheit. In H. Scheuerer-Englisch, G. Suess & W. K. Pfeifer (Hrsg.), *Wege zur Sicherheit – Bindungswissen in Diagnostik und Intervention* (S. 241-276). Gießen: Psychosozial-Verlag.

Teil 4

Ausblick

Alternativen zur Befragung: Indirekte und implizite Methoden am Beispiel von Einstellungen, Selbststeuerung und Motiven

Nicola Baumann

1 Einleitung

In diesem Kapitel geht es darum, neuere Entwicklungen aufzuzeigen, die Alternativen zur Befragung darstellen. Die Bezeichnung „indirekte" oder „nicht reaktive" Methoden ist dabei ein Oberbegriff für Verfahren, die die indirekte Messung sowohl expliziter als auch impliziter Faktoren ermöglichen. Mit impliziten Methoden ist der Unterteil an Verfahren bezeichnet, die aller Wahrscheinlichkeit nach implizite (und nicht explizite) Prozesse erfassen. Die Suche nach Alternativen zur Befragung wird durch zwei Anliegen motiviert (Greenwald & Banaji, 1995). Erstens soll die Messung von Einstellungen, Zielen und Wünschen so verbessert werden, dass sich Störvariablen wie soziale Erwünschtheit besser kontrollieren lassen. So zeigt sich immer wieder, dass Menschen Vorurteile bei einer direkten Befragung weit von sich weisen (z. B. gegenüber ethnischen Minderheiten), sich in ihren Entscheidungen aber dennoch davon leiten lassen (z. B. im Bus nicht neben einem ausländischen Fahrgast Platz nehmen). Diese Probleme der direkten Befragung sollen durch indirekte Methoden gelöst werden.

Im Bereich der Vorurteilsforschung ermöglichen sie zum Beispiel eine separate Messung von Vorurteilen und der Motivation zur Kontrolle von Vorurteilen (vgl. Killen, McGothlin & Henning, 2008), die bereits bei Kindern ab dem Alter von fünf Jahren möglich ist: Kinder sollen bei mehrdeutigen Bildern entscheiden, ob ein moralisches Vergehen (z. B. Stehlen) vorliegt oder nicht. Ein Vorurteil („Bias") liegt vor, wenn Kinder bei Bildern mit türkischen Personen eher auf ein Vergehen schließen als bei den gleichen Bildern mit deutschen Personen. Die Motivation zur Kontrolle von Vorurteilen kann darüber erschlossen werden, ob die ethnische Gruppenzugehörigkeit in der anschließenden Begründung für die Entscheidung genannt wird oder nicht. Es handelt sich hierbei um eine indirekte Methode, da die Variation der ethnischen Gruppenzugehörigkeit in den Bildvorlagen den Probanden bzw. Probandinnen nicht bewusst sein muss und nicht direkter Gegenstand der Befragung ist. Indirekte Methoden sind häufig weniger anfällig für Selbstdarstellungsstrategien und können auf vielfältige Inhalte und Prozesse von unkontrollierten, automatischen Reaktionen bis hin zu Attributionen von Motiven und Intentionen angewendet werden (Killen et al., 2008).

Die Suche nach Alternativen zur Befragung ist zweitens von dem Anliegen motiviert, einen Gegenstandsbereich zu erfassen, der sich dem Bewusstsein und der Introspektion völlig entzieht: Implizite (unbewusste) Einstellungen, Ziele und Wünsche. In der Psychologie gewinnen implizite Inhalte und Prozesse zunehmend an Bedeutung und werden qualitativ von expliziten (bewussten) Inhalten und Prozessen abgegrenzt (Greenwald & Banaji, 1995). Obwohl noch nicht bei allen impliziten Methoden Einigkeit darüber herrscht, ob sie tatsächlich qualitativ distinkte Dimensionen erfassen (Degner, Wentura & Rothermund, 2006), erlauben die meisten impliziten Verfahren doch eine Erweiterung der Verhaltensvorhersage. In der Einstellungsforschung zeigen sich beispielsweise immer wieder doppelte Dissoziationen zwischen impliziten und expliziten Einstellungen einerseits und spontanem und kontrolliertem Verhalten andererseits (z. B. Asendorpf, Banse & Mücke, 2002; Friese, Hofmann & Wänke, 2008; Perugini, 2005). Die Befundlage lässt sich so zusammenfassen, dass automatisch aktivierte (implizite) Einstellungen eher spontanes, selbstberichtete (explizite) Einstellungen dagegen überwiegend kontrolliertes Verhalten vorhersagen.

Bei der eingangs genannten Methode zur Messung von Vorurteilen handelt es sich um ein indirektes Verfahren, aber nicht notwendigerweise um ein implizites Verfahren, da keine Annahmen darüber gemacht werden, ob der „Bias" (d. h. die Verzerrung) in der Zuschreibung von moralischen Vergehen durch implizite oder explizite Prozesse vermittelt ist. Demgegenüber gibt es eine Reihe von impliziten Methoden, die eindeutig auf die Erfassung impliziter Aspekte abzielen. Im Folgenden werden indirekte und implizite Methoden zu drei Themenkomplexen dargestellt: (1) Einstellungen, (2) Selbststeuerung und (3) Motive. Aufgrund der Vielfalt der Methoden werden nur ausgewählte Methoden detaillierter vorgestellt und deren Eignung für Kinder und Jugendliche diskutiert. Abschließend wird der Anteil der Messung genuin impliziter Aspekte durch die einzelnen Verfahren erörtert.

2 Einstellungen

2.1 Impliziter Assoziationstest (IAT)

Ein prominenter Test zur Messung automatischer, assoziativer Prozesse ist der Implizite Assoziationstest (IAT; Greenwald, McGhee & Schwartz, 1998). Die Probanden bzw. Probandinnen sollen zwei Diskriminationsaufgaben gleichzeitig bearbeiten. Zur Erfassung von rassistischen Stereotypen werden zum Beispiel Photos von Gesichtern gezeigt, die als „schwarz" oder „weiß" zu klassifizieren sind. Außerdem werden Attribute dargeboten, die als „gut" oder „schlecht" zu klassifizieren sind (z. B. ehrlich, faul). Die Antwortalternativen werden zwei Antworttasten so zugeordnet, dass die Tastenkombination einmal kompatibel („weiß/gut" und „schwarz/schlecht" und einmal inkompatibel („weiß/schlecht" und „schwarz/gut") zum rassistischen Stereotyp ist. Die Logik des IAT besagt, dass Antworten schneller und korrekter vorgenommen werden, je stärker die beiden Kategorien miteinander assoziiert sind. Kürzere Reaktionszeiten in der kompatiblen („weiß/gut") im Vergleich zur inkompatiblen Bedingung („schwarz/gut") werden als Hinweis auf eine negativere implizite Bewertung von Schwarzen im Vergleich zu Weißen interpretiert. Diese generelle Logik des IAT kann auf beliebige Inhalte angewendet werden (z. B. Selbstwert, Geschlechtsstereotype, Einstellungen usw.).

Der IAT hat ein riesiges Forschungsprogramm stimuliert. In einem aktuellen Überblicksartikel kommen Schnabel, Asendorpf und Greenwald (2008) zu dem Schluss, dass der IAT eine zufriedenstellende Reliabilität besitzt. Die im Vergleich zur internen Konsistenz (zwischen .70 und .90) schwächere Retest-Reliabilität (Median von .56) könnte ein Hinweis darauf sein, dass der IAT nicht nur stabile, sondern auch situationsspezifische Aspekte erfasst, die aber bislang nicht genauer geklärt sind. Die Validität des IAT wird besonders durch doppelte Dissoziationen bestätigt: Die mit dem IAT gemessenen impliziten Einstellungen sagen nicht nur unabhängig von (additiv) und in Interaktion mit (multiplikativ) expliziten Einstellungen das Verhalten vorher, sondern haben ihre Vorhersagekraft für eine andere Klasse von Verhalten (spontanes statt kontrolliertes Verhalten; Schnabel et al., 2008).

Angesichts der umfangreichen Forschung mit dem IAT gibt es erstaunlich wenige Studien mit Kindern. Baron und Banaji (2006) haben den IAT durch akustische Darbietung der Instruktionen und Attribute vereinfacht und erfolgreich mit Sechs- und Zehnjährigen sowie mit Erwachsenen zur Messung von Entwicklung und Verlauf rassistischer Stereotype eingesetzt. Auch andere Studien belegen, dass der IAT schon ab einem Alter von ca. fünf bis sechs Jahren reliabel und valide zur Messung von Einstellungen eingesetzt werden kann (z. B. Rutland, Cameron, Milne & McGeorge, 2005; Sinclair, Dunn & Lowery, 2005; Turner, Hewstone & Voci, 2007).

Der IAT ist allerdings nicht unumstritten. Rothermund und Wentura (2004) argumentieren, dass IAT-Effekte nicht notwendigerweise durch Asymmetrien in Bewertungen zustande kommen müssen, sondern auch durch Unterschiede in der Salienz (Eindringlichkeit) der Kategorien, das heißt durch Figur-Grund-Phänomene erklärt werden können. Wenn „weiß" und „gut" salientere Kategorien sind („Figuren"), können die Probanden bzw. Probandinnen von der Koppelung dieser beiden Antwortalternativen profitieren, indem sie bei allen eindringlichen Stimuli die eine Taste drücken und bei allen anderen Stimuli (dem „Hintergrund") die andere Taste. Bei der inkompatiblen Tastenkombination („weiß/schlecht") kann diese Strategie nicht eingesetzt werden, sodass es zu längeren Reaktionen kommt, die nichts mit einer stärkeren Assoziation zwischen „schwarz" und „schlecht" zu tun haben müssen (z. B. Eindringlichkeit, Vertrautheit, Aufmerksamkeitsfokus). Der IAT kann daher nicht eindeutig als Maß für implizite Einstellungen interpretiert werden. Interessant ist der dennoch unumstrittene Beitrag des IAT zur Verhaltensaufklärung: Möglicherweise lassen sich spontane Verhaltensweisen nicht nur durch implizite Einstellungen, sondern durch ganz andere kognitive Prozesse erklären.

2.2 Affektives Priming

Beim affektiven Priming besteht die Aufgabe der Probanden bzw. Probandinnen darin, positive und negative Zielstimuli hinsichtlich ihrer Valenz zu klassifizieren. Vor jedem Zielstimulus wird ein Prime Stimulus eingeblendet. Probanden bzw. Probandinnen reagieren typischerweise schneller, wenn Prime und Zielstimulus in ihrer Valenz übereinstimmen als wenn sie nicht übereinstimmen, da der Prime durch die Aktivierung seiner Valenz schon die richtige Reaktion gebahnt hat. Wenn Prime und Zielstimulus nicht übereinstimmen, wird die falsche Reaktion gebahnt und zusätzliche (zeitaufwendige) Evidenz zur Klassifikation des Zielstimulus benötigt (vgl. Degner et al., 2006). Die Stärke des Priming-Effektes kann daher als Maß für die Valenz des Primes herangezogen werden. Interessanterweise können Priming-Effekte auch dann gemessen werden, wenn der Prime so kurz dargeboten (z. B. 40 ms) und anschließend durch eine Maske ersetzt wird, dass die Probanden ihn gar nicht bewusst wahrnehmen können. Das („subliminale") affektive Priming ist daher wesentlich nicht reaktiver als der IAT.

Beim affektiven Priming bestehen im Gegensatz zum IAT keine Interpretationsschwierigkeiten, da die zugrundeliegenden Prozesse gut bekannt sind (De Houwer, 2003, 2006; Fazio & Olson, 2003). Es besteht Konsens darüber, dass der Test die Valenz der Prime-Stimuli erfasst. Der Nachteil des affektiven Priming liegt in seiner geringen Reliabilität. Die interne Konsistenz liegt oft unter .60 und die Stabilität zwischen .08 und .28 (vgl. Degner et al., 2006). Trotzdem leisten auch die über affektives Priming gemessenen impliziten Einstellungen einen wertvollen Beitrag zur Aufklärung des Verhaltens, weil sie automatisches oder spontanes Verhalten vorhersagen, das durch Fragebogenmaße nicht erklärt werden kann (De Houwer, 2006). In der Einstellungsforschung wurde das affektive Priming noch seltener mit Kindern und Jugendlichen eingesetzt als der IAT. Degner, Wentura, Gniewosz und Noack (2007) konnten bei Jugendlichen im Alter von 13 bis 15 Jahren zeigen, dass die relative Negativität der Photos von türkischen im Vergleich zu deutschen Gesichtern im affektiven Priming sowohl mit Vorurteilen gegenüber Ausländern im Fragebogen als auch mit diskriminierendem Verhalten in einem virtuellen Ballspiel einherging. Degner und Wentura (2009) konnten zeigen, dass schon Kinder im Alter von neun Jahren positive und negative Bilder aus dem Internationalen Affektiven Picture System (IAPS; Lang, Bradley & Cuthbert, 2005) genauso automatisch evaluieren wie Erwachsene. Bilder von türkischen und deutschen Gesichtern werden von den Neunjährigen demgegenüber deutlich weniger automatisch evaluiert. Die automatische Aktivierung vorurteilsbezogener Einstellungen stieg linear mit dem Alter (9 bis 15 Jahre) der Probanden bzw. Probandinnen an. Obwohl das affektive Priming bislang noch nicht bei jüngeren Kindern als bei denen in der Studie von Degner und Wentura (2009) eingesetzt wurde, sollte der Test auch für Kinder ab einem Alter von fünf bis sechs Jahren geeignet sein, da er nur eine einfache und keine doppelte Diskriminationsaufgabe wie beim IAT beinhaltet. Schon die wenigen vorliegenden Arbeiten zeigen, dass das affektive Priming ein interessantes Verfahren darstellt, um Entstehung und Entwicklungsverlauf von impliziten Einstellungen zu untersuchen.

2.3 Weitere Methoden

Im Bereich der Einstellungsmessung gibt es eine Vielzahl von weiteren indirekten und impliziten Verfahren, die sich auf den ersten Blick nur leicht in ihrer Vorgehensweise voneinander unterscheiden. Bei der „Affektiven Simon Aufgabe" und ihren

Varianten müssen Probanden bzw. Probandinnen beispielsweise aufgrund nichtaffektiver Stimuluseigenschaften mit den Antwortalternativen „positiv" oder „negativ" reagieren (z. B. „positiv" bei Nomen und „negativ" bei Verben). Wenn die Antwortalternative kongruent zu der (eigentlich zu ignorierenden) Valenz des Stimulus ist, zeigen sich auch hier Reaktionszeitverkürzungen, die als Maß für implizite Einstellungen herangezogen werden können. Trotz ihrer scheinbaren Ähnlichkeit gibt es jedoch große Unterschiede zwischen den impliziten Verfahren, die hier für den IAT und das affektive Priming nur angerissen werden konnten (vgl. Degner et al., 2006; De Houwer, 2006). Einen Überblick über die aktuelle Forschung zu direkten und indirekten Methoden im Bereich der Einstellungen und Vorurteile von Kindern und Jugendlichen bieten Levy und Killen (2008) sowie Quintana und McKown (2008).

Besonders erwähnenswert sind die Arbeiten von Most, Sorber und Cunningham (2007) und Banse, Gawronski, Rebetez, Gutt und Morton (2009), die reaktionszeitbasierte Verfahren zur Messung impliziter Geschlechtsstereotype bereits bei fünf- bis sechsjährigen Kindern eingesetzt haben. Most et al. (2007) haben mit einer auditiven Stroop-Aufgabe gearbeitet, bei der beispielsweise stereotyp männliche und weibliche Wörter (z. B. „cheerleader" und „baseball") durch eine männliche oder weibliche Stimme dargeboten wurden. Die Aufgabe der Kinder bestand darin, das Geschlecht des Sprechers zu identifizieren. Die Höhe der Kongruenz- bzw. Inkongruenzeffekte erlaubt einen Rückschluss auf die Ausprägung geschlechtstypischer Stereotype. Most et al. (2007) halten die Methode bereits für dreijährige Kinder für geeignet. In dem neu entwickelten Action Interference Paradigm (AIP) von Banse und Kollegen (2009) sollten fünfjährige Kinder am Computer dargebotene Gegenstände Mädchen, Jungen oder beiden zuordnen. Die Methode stellt eine Weiterentwicklung der Stroop-Aufgabe dar, da sie Stereotypwissen (stereotypkongruente Zuordnungen zu den Jungen und Mädchen) von Stereotypflexibilität (Zuordnungen zu der Kategorie „beide") zu trennen vermag.

2.4 Diskussion

Die vorgestellten indirekten Verfahren zur Einstellungsmessung sind nicht völlig frei von strategischen Einflussfaktoren und bewusster Einflussnahme. Dennoch unterliegen sie diesen Einflussfaktoren in wesentlich geringerem Maße als die direkte Befragung. In dieser Hinsicht erfüllen sie eindeutig die in sie gesteckten Erwartungen. Noch nicht geklärt ist die Frage, ob reaktionszeitbasierte Methoden wie der IAT und das affektive Priming wirklich konzeptuell etwas anderes erfassen als Fragebögen (vgl. Degner et al., 2006). Möglicherweise erfasst der IAT keine qualitativ unterschiedliche Kategorie von Einstellungen (implizite statt explizite), sondern lediglich eine andere Form von Zugriff (automatisch statt kontrolliert) auf ein und dasselbe Konstrukt. Der Umstand, dass eine Einstellung bei der IAT-Messung automatisch aktiviert werden kann, bedeutet nicht notwendigerweise, dass diese Einstellung unbewusst und prinzipiell nicht introspektionsfähig ist. Selbstberichte können gleichermaßen eher spontan oder reflektiert vorgenommen werden. Die fehlende oder niedrige Korrelation zwischen impliziten und expliziten Maßen wird herangezogen, um diese Kritik zu entkräften und das Postulat unabhängiger Faktoren aufrechtzuerhalten (Greenwald et al., 1998). In einer Metaanalyse von Hofmann, Gawronski, Gschwendner, Le und Schmitt (2005) zeigt sich allerdings eine signifikante positive Korrelation von .19, die mit zunehmender Spontaneität des Selbstberichtes zunimmt.

Die Debatte ist für die Methodenwahl bei Kindern und Jugendlichen relevant, da die Übereinstimmung zwischen impliziten und expliziten Maßen häufig umso größer ist, je jünger die Kinder sind. Das wirft interessante Fragen auf: Sind Kinder „ehrlicher" (spontaner) in ihren expliziten Urteilen, sodass auf aufwendige implizite Methoden verzichtet werden kann? Sind die implizit-explizit-Domänen bei Kindern noch nicht vollständig differenziert? In der Untersuchung von Baron und Banaji (2006) zeigte sich jedoch auch bei den sechsjährigen Kindern keine vollständige Übereinstimmung zwischen impliziten und expliziten Einstellungen. Interessanter als eine „Alles-oder-nichts"-Antwort auf die zuvor genannten Fragen erscheint daher die systematische Untersuchung von Randbedingungen und Verläufen von implizit-explizit Dissoziationen.

3 Selbststeuerung

Die experimentelle Untersuchung willentlicher Prozesse begann Anfang des 20. Jahrhunderts und ist ein Paradebeispiel für die Methode der Introspektion. Ach (1910) definierte Wille dabei als die Fähigkeit, bewusste Absichten gegen innere und äußere Widerstände durchzusetzen. Diese bewusste Form der Zielverfolgung wird heute lediglich als eine Komponente willentlicher Steuerung aufgefasst: als bewusste Selbstkontrolle (Kuhl, 2000). Die Arbeiten von Baumeister und Kollegen (Baumeister, Bratslavsky, Muraven & Tice, 1998; Tice, Bratslavsky & Baumeister, 2001) zu „ego depletion" bzw. „volitional depletion" belegen, dass Selbstkontrolle anstrengend und erschöpfend ist. Sowohl der Willensakt als auch seine Auswirkungen sollten daher dem Bewusstsein gut zugänglich sein und auch bei Kindern gut durch eine Befragung gemessen werden können.

Eine andere Form willentlicher Steuerung wird durch parallele Verarbeitung unterstützt und findet intuitiv statt: die intuitive Selbstregulation (Kuhl, 2000). Da sich der Regulationsprozess dem Bewusstsein entzieht, können Personen lediglich das Ergebnis intuitiver Selbstregulation berichten. Obwohl inzwischen auch Fragebögen vorliegen, die mehr als 20 Subfunktionen willentlicher Steuerung separieren (Kuhl & Fuhrmann, 1998), gibt es daher eine zunehmende Zahl nicht reaktiver Methoden zur Erfassung einzelner Funktionskomponenten der willentlichen Handlungssteuerung (Baumann & Kuhl, 2003; Goschke, 1996; Kazén & Kuhl, 2005; Kocle & Jostmann, 2004; Kuhl & Kraska, 1992). Im Folgenden soll der *Selbstregulations- und Konzentrationstest für Kinder* (SRKT-K) ausführlicher beschrieben werden, da er eigens für Kinder im Grundschulalter entwickelt und normiert wurde und einer der wenigen prozessorientierten Verfahren ist. Danach werden eine Variante der Stroop-Aufgabe und weitere Verfahren kurz vorgestellt und deren Eignung für Kinder und Jugendliche diskutiert.

3.1 Der Selbstregulations- und Konzentrationstest für Kinder (SRKT-K)

Im SRKT-K (Kuhl & Kraska, 1992) wird gezielt ein Konflikt zwischen Wünschen und Wollen angeregt. Zu dem Zweck ist der Computerbildschirm in vier Quadranten aufgeteilt (vgl. Abb. 1). Die eigentliche Aufgabe (eine einfache visuelle Diskriminationsaufgabe) befindet sich unten links, wo entweder ein oder zwei Balken erscheinen. Die Aufgabe der Kinder besteht darin, durch Drücken einer entsprechenden Taste, die mit einem bzw. zwei Strichen markiert ist, möglichst viele Spielcents zu verdienen. Für jeden richtigen Tastendruck erhalten die Kinder einen Spielcent. Der aktuelle „Kontostand" ist jeweils über der Aufgabe angezeigt. Zusätzlich ist unten rechts eine Geldbörse dargestellt, in der der eigene Kontostand durch 10-Cent-Stücke veranschaulicht wird. Während der Aufgabenbearbeitung erscheint oben rechts zuweilen ein Baumstamm, an dem zwei Äffchen um die Wette hochklettern. Wenn das „liebe" Äffchen gewinnt, klettert es zur Geldbörse herunter und schenkt dem Kind ein bis drei 10-Cent-Stücke, während ihm das „böse" Äffchen ein bis drei 10-Cent-Stücke wegnimmt. Dem Kind wird erklärt, dass es zwar spannend und erlaubt ist, das Wettklettern anzuschauen, dass es den Ausgang jedoch nicht beeinflussen kann. Für eine Maximierung des eigenen Kontostandes ist es daher sinnvoll, sich ganz auf die Aufgabe mit den Balken zu konzentrieren. Das Verständnis dieser Zusammenhänge wird so lange durch Kontrollfragen und zusätzliche Informationen vertieft, bis das Kind eine klare Absicht gebildet hat, sich auf die Aufgabe mit den Balken zu konzentrieren.

Um die Intensität des Distraktors zu variieren, erfolgt das Wettklettern manchmal leise und manchmal in Begleitung eines Klick-Tons. Interessanterweise können einige Kinder dem lauten Distraktor besser widerstehen als dem leisen. Der zusätzliche Ton scheint die Versuchungssituation und die potentielle Gefahr bewusst zu machen und die Kinder zum Einsatz ihrer bereits latent vorhandenen Selbststeuerungsstrategien zu veranlassen. Die audiovisuelle Bedingung kann daher als Maß für bewusste Selbstkontrolle verwendet werden. Die weniger saliente, visuelle Distraktorbedingung scheint demgegenüber zu erfassen, ob Kinder latent vorhandene Selbststeuerungsstrategien auch schon intuitiv, das heißt ohne einen bewussten Vorsatz einsetzen können (intuitive Selbstregulation).

Gelegentlich erscheint das Wettklettern direkt in dem Aufgabenfeld unten links. Das Kind muss dann die mit einem Baum markierte Taste drücken, um das Wettklettern in den oberen rechten Quadranten zurückzuschicken. Während die zuvor genannten Bedingungen in erster Linie die Impulsunterdrückung betreffen, ist in dieser „Zwangsbedingung" Initiative erforderlich, um an der eigentlichen Aufgabe weiterarbeiten zu können. In der Hauptphase des Tests werden die vier verschiedenen Distraktorbedingungen (Baseline ohne Distraktor, leiser Distraktor, lauter Distraktor, Zwangsbedingung) sechsmal wiederholt. Ein Distraktorintervall dauert jeweils 15 Sekunden. In einer Zusatzphase des Tests wird bei identischem Versuchsablauf die Aufgabenstellung gewechselt, um Hinweise auf Überregulation zu erhalten, das heißt eine mangelnde Flexibilität in der Anpassung an veränderte Aufgabenstellungen.

Abbildung 1: Der Selbstregulations-und Konzentrationstest für Kinder (SRKT-K) von Kuhl und Kraska (1992)

Im SRKT-K werden eine Reihe alternativer Interpretationen der Tempoeinbußen in Distraktorphasen ausgeschlossen. Ein Kind könnte sich zum Beispiel bewusst dafür entschieden haben, doch lieber dem Wettklettern der Äffchen zuzuschauen. Bei Vorliegen eines Selbstregulationsdefizits steigen im Gegensatz zu einem Intentionswechsel jedoch die Temposchwankungen an (z. B. um gelegentliche Tempoeinbußen wieder aufzuholen). In der Normstichprobe mit fast tausend Grundschulkindern zeigten sowohl Tempo als auch Temposchwankungen in Distraktorphasen signifikante Zusammenhänge mit der Beurteilung von selbstregulatorischen Verhaltensmerkmalen durch die Lehrer („Wie leicht lässt sich das Kind ablenken, wenn ihm z. B. sein Nachbar etwas zeigen will?"): Je geringer die fremdbeurteilte Versuchungsresistenz, desto niedriger das Tempo und desto höher die Temposchwankungen in Distraktorphasen (Kuhl & Kraska, 1992).

In einer Studie mit Grundschulkindern (Kuhl & Kraska, 1992) konnten die Temposchwankungen in Distraktorphasen darüber hinaus durch das Strategiewissen der Kinder vorhergesagt werden. Der *Selbstregulations-Strategientest für Kinder* (SRST-K; Kuhl & Christ, 1993) prüft mittels Bildergeschichten das kindliche Wissen darüber, welche Strategien in Situationen, die Selbstregulation erfordern, anzuwenden sind. In der Bedingung ohne Distraktor waren die Temposchwankungen bei allen

Kindern niedrig, während sie in der Bedingung mit Distraktor vom Strategiewissen der Kinder abhängig waren. Kinder mit hohem Strategiewissen hatten geringere Temposchwankungen als Kinder mit niedrigem Strategiewissen. Die Befunde legen nahe, ein reduziertes Tempo in Kombination mit erhöhten Temposchwankungen als Indikator für Einbußen der Selbstregulationseffizienz heranzuziehen.

Tempo und Temposchwankungen sind weder mit dem Interesse an der Aufgabe noch mit der subjektiven Versuchung durch den Distraktor korreliert (Baumann & Kuhl, 2005). Die Befunde unterstützen die Annahme, dass der selbstregulatorische Anteil an der Leistung im SRKT-K trotz individueller Unterschiede in der Aufgaben- und Distraktormotivation konstant ist. Durch eine Trennung in frühes und spätes Distraktorintervall werden schließlich Selbstregulationsdefizite von Beeinträchtigungen basaler Aufmerksamkeitsfunktionen separiert. Der Distraktor ist anfänglich zwar neu, aber noch nicht motivational bedeutsam, da sich das Wettklettern der Äffchen erst nach 7,5 Sekunden entscheidet. Leistungseinbußen in der ersten Hälfte eines Distraktorintervalls werden daher als indikativ für Aufmerksamkeitsdefizite (z. B. mangelnde Unterdrückung der Orientierungsreaktion) angesehen, während Leistungseinbußen in der zweiten Hälfte eines Distraktorintervalls als mangelnde Versuchungsresistenz interpretiert werden.

Der SRKT-K zeigte in der Normstichprobe eine hinreichende interne Konsistenz für das Tempomaß (.67 bis .92), allerdings eine deutlich niedrigere interne Konsistenz für die Temposchwankungen (.35 bis .71). In einem Zeitintervall von vier Wochen zeigte sich gemittelt über alle Distraktorbedingungen eine Retest-Reliabilität von $r = .92$ für das Tempo und von $r = .57$ für die Temposchwankungen (vgl. Kuhl & Kraska, 1992), sodass von einer hohen Stabilität selbstregulatorischer Kompetenz ausgegangen werden kann. Die über den SRKT-K gemessene Selbstregulationsleistung wird trotzdem durch unterschiedliche Instruktionsstile, in denen Lehrer sich typischerweise unterscheiden, beeinflusst.

In der Untersuchung von Baumann und Kuhl (2005) erhöhte die Ausübung von Druck und externaler Kontrolle („Du musst dich jetzt konzentrieren und möglichst viele Punkte verdienen, weil ich sehen will, wie gut du bei der Aufgabe bist") die Versuchungsresistenz kurzfristig – zumindest bei „lageorientierten" Personen, die eher fremdbestimmt sind, stärker auf Druck reagieren und dazu neigen, sich auch selbst unter Druck zu setzen. Die kontrollierende Instruktion hatte jedoch bei allen (lage- und handlungsorientierten) Personen langfristig negative Auswirkungen, da sie zu einer Entfremdung von eigenen Präferenzen führte. Im Vergleich dazu war die autonomieförderliche Instruktion („Die Aufgabe ist nicht so spannend. Darum ist es umso wichtiger, dich jetzt zu konzentrieren, damit du möglichst viele Punkte verdienen kannst") für Lageorientierte zwar mit kurzfristigen Einbußen der Versuchungsresistenz verbunden, erhöhte langfristig jedoch bei allen Personen die Selbstkongruenz des Verhaltens, die über die Korrelation zwischen freiwilliger Weiterbeschäftigung und Interesse an der Aufgabe gemessen wurde (Baumann & Kuhl, 2005).

Der von Baumann und Kuhl (2005) gefundene „trade-off" zwischen Impulskontrolle und Selbstkongruenz ist ein erster Hinweis darauf, dass es für die Beratung und Therapie nicht nur auf die absolute Höhe willentlicher Effizienz ankommt, sondern auch auf das Gleichgewicht unterschiedlicher Komponenten willentlicher Steuerung.

Die einseitige Fähigkeit, Ziele beizubehalten und rigide gegen konkurrierende Impulse abzuschirmen (bewusste Selbstkontrolle), kann langfristig negative Folgen haben und sogar zur Entwicklung von Krankheitssymptomen führen (Baumann, Kaschel & Kuhl, 2005; Kuhl & Kaschel, 2004). Phasen reduzierter Selbstkontrolle können daher wichtig sein, um die Vielzahl eigener Wünsche und Bedürfnisse wieder wahrzunehmen und stimmigere Ziele zu bilden. Im SRKT-K wird die Fähigkeit zur Ablösung von Zielen durch die Zusatzaufgabe erfasst. Eine fehlende Ablösung von der Absicht, nicht auf das Wettklettern der Äffchen zu schauen, wird als Überkontrolle bezeichnet. Diese Variable ist besonders interessant, da sie im Unterricht kaum auffallen sollte: Kontrollierte Kinder stören nicht. Da der übermäßige Einsatz von Selbstkontrolle jedoch Flexibilität, Kreativität und psychische Gesundheit beeinträchtigt (Baumann & Kuhl, 2002, 2003; Kuhl & Kaschel, 2004), ist die Möglichkeit einer nichtreaktiven Messung von Überkontrolle klinisch höchst relevant.

3.2 Der „Stroop-Killer" als Maß für Willensbahnung

Ein im Vergleich zum SRKT-K noch recht neues Verfahren basiert auf der klassischen Stroop-Aufgabe und erfasst die Fähigkeit, eigene (schwierige) Absichten in die Tat umzusetzen. Bei der Stroop-Aufgabe sollen die Probanden bzw. Probandinnen per Tastendruck die Schriftfarbe der dargebotenen Stimuli angeben. Wenn inkongruente Farbwörter (z. B. das Wort „BLAU" in roter Farbe) dargeboten werden, kommt es im Vergleich zu Kontrollstimuli (z. B. „XXXX" in roter Farbe) zu einer Reaktionszeitverlängerung (der sog. Stroop-Interferenz), da die Probanden bzw. Probandinnen gegen den normalerweise stärkeren Impuls angehen müssen, das Wort zu lesen. Kuhl und Kazén (1999; Kazén & Kuhl, 2005) konnten zeigen, dass die Stroop-Interferenz durch die kurzzeitige Darbietung positiver Wörter aus dem Leistungsbereich (z. B. „Erfolg") vor einer Stroop-Aufgabe zum Verschwinden gebracht werden kann. Die Erinnerung an eigene Erfolge oder andere positive Leistungsbezüge scheint den Willen zu bahnen, sodass Personen die schwierige Absicht (Farbe benennen) problemlos gegen die überlernte Reaktion (Wort lesen) durchsetzen können.

Über die Reliabilität (interne Konsistenz und Stabilität) des Verfahrens ist noch wenig bekannt. Umso interessanter sind die ersten Validierungshinweise. Die über den „Stroop-Killer" gemessene Willensbahnung korreliert nicht nur signifikant mit Fragebogenmaßen für Selbstmotivierung (Kuhl, 2001, S. 614), sondern auch mit einem operanten Maß für Leistungs-Flow (Baumann & Scheffer, 2008): Personen mit einer hohen Motivdisposition, aktiv Tätigkeiten aufzusuchen, in denen sie gänzlich aufgehen können, reagieren auf inkongruente Farbwörter schneller und korrekter als auf neutrale Kontrollstimuli. Menschen mit einem hohen Flow-Motiv scheinen Schwierigkeiten regelrecht zu suchen und glänzend zu meistern. Umgekehrt scheint die leichte Umsetzung schwieriger Absichten die intrinsische Leistungsmotivation zu fördern.

In einer Stichprobe von Kindern der siebten Klasse zeigten sich erste Hinweise darauf, dass die Fähigkeit zur Willensbahnung möglicherweise eine wichtige Voraussetzung für die Umsetzung von Begabung in Leistung darstellt (vgl. Baumann, Gebker & Kuhl, 2010). Bei Schülern mit überdurchschnittlichem IQ und unterdurchschnittlichen Noten (sog. Underachievern) zeigte sich nicht nur ein Ausbleiben des Stroop-Killers, sondern sogar eine signifikant erhöhte Stroop-Interferenz (vgl. Abb. 2). Die Erinnerung an positive Erlebnisse aus dem Leistungsbereich scheint den Willen bei Underachievern regelrecht zu hemmen, sodass schwierige Absichten nicht umgesetzt werden können (Gebker & Kuhl, 2008; Kuhl, 2004). Möglicherweise führt das Ausbleiben von schulischen Erfolgen bei Underachievern jedoch auch umgekehrt dazu, dass Prime-Wörter wie „Erfolg" keinen positiven Affekt auslösen, sondern eher negative Gefühle wecken.

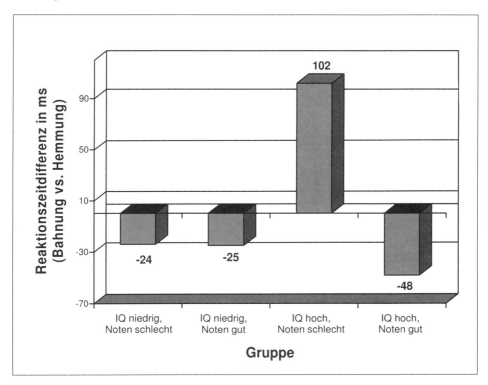

Abbildung 2: Die Hemmung der Umsetzung schwieriger Absichten (Willenshemmung) gemessen durch die Stärke der Stroop-Interferenz (als Reaktionszeitdifferenz der inkongruenten und Kontroll-Stimuli) nach positiven Leistungswörtern (z. B. „bestanden") bei 39 Gymnasialschülerinnen und -schülern der 7. Klassen (vgl. Kuhl, 2004)

Während der Wille nach positiven Leistungswörtern gebahnt wird, zeigt sich nach positiven Anschlusswörtern keine Willensbahnung, sondern tendenziell eher eine Willenshemmung (Kazén & Kuhl, 2005). Dieser Befund macht Sinn, wenn man davon ausgeht, dass jedes Motiv eine spezifische Konfiguration mentaler Systeme anregt, die die Bedürfnisbefriedigung optimieren. In der Auseinandersetzung mit schwierigen Aufgaben ist es sinnvoll, ein volitionales System einzuschalten, das auf die Aufrechterhaltung von Absichten spezialisiert ist und durch analytisches Denken und Planen unterstützt wird (das sog. Intentionsgedächtnis). In der zwischenmenschlichen Interaktion kommt es vielmehr auf intuitive Verhaltensprogramme an (Papoušek & Papoušek, 1987), die eine feine und spontane (responsive) Abstimmung auf den Interaktionspartner ermöglichen. Allzu planvolles, willentliches Handeln ist im Anschlussbereich kontraproduktiv und könnte manipulativ oder hölzern wirken. Wer zum Beispiel allzu genau plant, einer geliebten Person am nächsten Tag ein Kompliment zu machen, trifft sicherlich nicht den richtigen Ton.

Das Priming motivthematischer Wörter scheint die Umschaltung auf das für die Bedürfnisbefriedigung optimale kognitive System (bzw. die optimale Systemkonfiguration) zu gewährleisten (Kuhl, 2001; Kuhl & Kazén, 2008). Abweichungen von dieser typischen Modulation sind diagnostisch höchst interessant. So zeigte sich in der Untersuchung von Kazén und Kuhl (2005) bei langzeitarbeitslosen Akademikern beispielsweise eine massive Willenshemmung nach der Darbietung negativer leistungsthematischer Prime-Wörter (z. B. „versagen"). Die lange Serie von Misserfolgen bei der Stellensuche scheint Arbeitslose regelrecht zu lähmen, sodass sie nach der bloßen Erinnerung an einen Misserfolg schwierige Absichten schlechter umsetzen können. So lässt sich möglicherweise ein Teufelskreislauf beschreiben, in dem Arbeitslosigkeit lähmt und es immer schwerer macht, „aus eigenem Willen" aus der Arbeitslosigkeit herausfinden zu können.

Die Modulation der Stroop-Interferenz durch motivrelevante Primes ist ein sehr neues diagnostisches Verfahren, das bei Weitem noch nicht hinreichend erforscht und validiert ist, aber interessante Möglichkeiten für die Messung von Selbststeuerungsprozessen eröffnen könnte. Obwohl die Stroop-Aufgabe sehr schwer ist, konnte sie bereits erfolgreich bei Fünftklässlern eingesetzt werden (Kees, 2009).

4 Motive

Im Vergleich zur impliziten Messung von Einstellungen und Willensprozessen fußt die Motivdiagnostik auf einer sehr alten Forschungstradition. Seit der Entwicklung des *Thematischen Apperzeptionstests* (TAT) durch Murray (1943) werden grundlegende soziale Basismotive nach Anschluss, Leistung und Macht über Geschichten kodiert, die Probanden bzw. Probandinnen zu Bildvorlagen schreiben. Entscheidend an der Methode ist das Format der freien Reproduktion, das nicht reizabhängige („respondente"), sondern spontane („operante") Assoziationen und Gedächtnisinhalte zu erheben erlaubt. Obwohl der Terminus „operante Motive" aufgrund der spontanen Produktion über das implizite Repräsentationsformat hinausgeht, werden die Begriffe implizite und operante Motive zumeist synonym verwendet.

Der in der Motivationspsychologie bahnbrechende Artikel von McClelland, Koestner und Weinberger (1989) fasst eindrucksvoll zusammen, dass implizite Motive sehr früh gelernte, nicht sprachlich repräsentierte Vorlieben (statt sprachlich vermittelte Selbstbilder) widerspiegeln, die durch ganz andere situative Anreize (tätigkeitsbezogene statt sozial-evaluative Anreize) angeregt werden und eine ganz andere Klasse von Verhalten (operantes statt respondentes Verhalten) vorhersagen als über Fragebögen gemessene explizite Motive. Während zum Beispiel Schüler mit einem hohen impliziten Leistungsmotiv von sich aus die Beschäftigung mit schwierigen Aufgaben suchen, weil es ihnen Freude bereitet, streben Schüler mit einer hohen expliziten Leistungsorientierung eher nach guten Noten, weil dies durch die Schule als Mittel für soziale Anerkennung nahegelegt wird.

Der TAT wurde wegen seiner schlechten internen Konsistenzen und seiner geringen Retest-Reliabilität immer wieder kritisiert (z. B. Entwisle, 1972). Dennoch zeigt die umfassende Forschung zum TAT eine Vielfalt von Validierungskorrelaten, die von biologischen Grundlagen bis hin zu den sozialen Folgen von Motiven reichen (Brunstein, 2003; McClelland et al., 1989). Vor allem die starke Langzeitvorhersage über mehrere Jahrzehnte ist beeindruckend und von Fragebogenverfahren nicht annähernd erreicht worden. So sagt das Intimitätsmotiv beispielsweise die Zufriedenheit in der Partnerbeziehung und allgemeine soziale Anpassung über einen Zeitraum von 16 Jahren voraus (McAdams & Vaillant, 1982). Das inhibierte Machtmotivsyndrom sagte den Karriereerfolg von Führungskräften in einer großen US-Firma über eine Zeitperiode von 16 Jahren voraus (McClelland & Boyatzis, 1982). Das Leistungsmotiv sagte die zehn Jahre später erhobenen Kennwerte für Einkommen und beruflichen Erfolg voraus (McClelland & Franz, 1992). Für die Vorhersage von spontanen und überdauernden Verhaltenstrends gibt es im Bereich der Motivationspsychologie daher keine Alternative zu TAT-Verfahren. Mit dem *operanten Motivtest* (OMT) und dem *Multi-Motiv-Gitter* (MMG) liegen zwei bedeutsame Weiterentwicklungen der TAT-Methode vor, die im Folgenden dargestellt werden.

4.1 Operanter Motivtest (OMT)

Beim OMT von Kuhl und Scheffer (1999) werden 15 vielfach interpretierbare Bilder vorgelegt, zu denen Geschichten auszudenken sind. Vier Beispielbilder sind in Abbildung 3 dargestellt. Im Gegensatz zum TAT brauchen die Probanden bzw. Probandinnen ihre Geschichten jedoch nicht vollständig aufzuschreiben, sondern können stichwortartig auf vier Fragen antworten: „(1) Was ist für die Person in dieser Situation wichtig und was tut sie? (2) Wie fühlt sich die Person? (3) Warum fühlt sich die Person so? (4) Wie geht die Geschichte aus?". Die Antworten werden motivthematisch kodiert, wobei sich wie beim TAT zu jedem Motiv Aufsuchungskomponenten (Hoffnung auf Anschluss, Leistung und Macht) von Vermeidungskomponenten (Furcht vor Zurückweisung, Misserfolg und Ohnmacht) unterscheiden lassen. Die Besonderheit des OMT liegt darin, dass die Aufsuchungskomponenten noch einmal weiter differenziert werden. Die Bildergeschichten liefern nicht nur Informationen darüber, welche Bedürfnisse Personen verfolgen, sondern auch wie sie ihre Bedürfnisse und Wünsche umsetzen.

Die Aufsuchungskomponenten lassen sich durch die Kombination von zwei motivationalen Quellen (positiven vs. negativen Affekt) und zwei Regulationsformen (Selbst- vs. Anreizsteuerung) unterscheiden (vgl. Tab. 1). Auf der Ebene 1 liegt eine intrinsische Umsetzung von Bedürfnissen vor: Der für die Umsetzung eines Motivs notwendige positive Affekt wird intrinsisch bereitgestellt, das heißt, selbst generiert. Auf der Ebene 2 wird der positive Affekt dagegen durch internalisierte, aber ursprünglich externe Bezüge (z. B. Anreizobjekte, Normen, Rollenvorgaben, Gütemaßstäbe usw.) ausgelöst. Auf der Ebene 3 resultiert die Handlungsenergie aus der selbstständigen Herabregulierung von negativem Affekt (z. B., wenn ein möglicher Misserfolg etwa als Herausforderung umgedeutet wird). Auf der Ebene 4 wird die Motivumsetzung durch negativen Affekt vorangetrieben, der durch extrinsische Bezüge beseitigt wird. Gefühle wie Geborgenheit durch einen Partner bzw. eine Partnerin oder Erleichterung nach einer bestandenen Klausur implizieren, dass negativer Affekt beseitigt wurde. Die Entspannung ist jedoch nicht auf eine selbstgesteuerte, kreative Bewältigung von negativem Affekt zurückzuführen, sondern „widerfährt" den Personen eher. Auf Ebene 5 wird das Motiv durch bewusst erlebten, negativen Affekt gesteuert, der die Umsetzung hemmt, sodass Bedürfnisse nur durch die Hilfe anderer zu befriedigen sind. Beispielantworten auf die vier Fragen (vgl. oben) sind in Tabelle 1 für die 15 Inhaltskategorien (3 Motive x 5 Ebenen) des OMT aufgeführt.

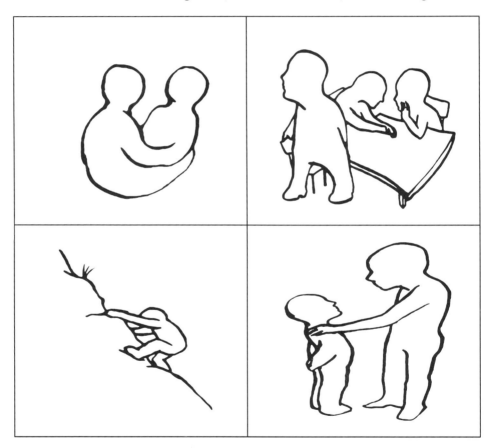

Abbildung 3: Vier Beispielbilder aus dem Operanten Motivtest (OMT) von Kuhl und Scheffer (1999)

Tabelle 1: Das Fünf-Ebenen-Modell und die 15 Inhaltskategorien (kursiv) des Operanten Motivtests (OMT, Kuhl & Scheffer, 1999) mit Beispielantworten zu den Fragen 1 bis 4

	Anschluss	**Leistung**	**Macht**
Ebene 1: positiver Affekt, Selbststeuerung	*Begegnung (Intimität)* 1. Das Liebesgefühl und die Freude am Tanz. 2. Glücklich: Sie ist verliebt. 3. Weil sie einander vertrauen. 4. Sie heiraten.	*Flow* 1. Hohe Konzentration. Ganz bei sich bleiben. 2. Gut, da sie neugierig ist. 3. Es ist wichtig, auch mal am Abgrund zu stehen. 4. Sie erreicht den Gipfel aus eigener Kraft.	*Führung (prosozial)* 1. Den Schüler in seinem Erfolg zu bestärken. 2. Sie fühlt sich gut. 3. Sie freut sich, dass ihre Lernmethode fruchtet. 4. Der Schüler wird sehr erfolgreich.
Ebene 2: Positiver Affekt, Anreizsteuerung	*Geselligkeit* 1. Mit anderen im Gespräch zu sein. 2. Entspannt und angeregt. 3. Weil mehrere Personen mitdiskutiert haben. 4. Die Personen gehen wieder nach Hause.	*Innerer Gütemaßstab* 1. Mit den anderen ein gutes Konzept für einen Vortrag auszuarbeiten. 2. Zufrieden und stolz. 3. Weil es ihnen zusammen gelungen ist. 4. Sie haben weiterhin Erfolg.	*Status* 1. Ihre Autorität zu verdeutlichen und die Rollenverteilung klarzustellen. 2. Sie fühlt sich großartig. 3. Sie sieht sich in ihrer Rolle/Position bestätigt, da sie sich dementsprechend verhalten hat. 4. Alle gehen wieder nach Hause.
Ebene 3: negativer Affekt, Selbststeuerung	*Umgang mit Zurückweisung* 1. Er sieht zu, wie sie miteinander reden. 2. Er fühlt sich eigentlich ganz gut. 3. Er schaut sich die Menschen genau an. Er weiß, dass er nicht einsam ist, obwohl es so scheint. 4. Er setzt sich zu den Personen an den Tisch.	*Misserfolgs-bewältigung* 1. Das nicht verstandene Problem zu klären und Lösungswege zu finden. 2. Klüger – geht mit frischem Mut an die Lösung. 3. Sie ist nach längerem Nachdenken auf die Lösung gekommen. 4. Sie bekommt ein Lob vom Lehrer.	*Selbstbehauptung* 1. Die anderen von der wichtigen Bedeutung der Mitteilung zu überzeugen. 2. Sie ist ärgerlich. 3. Weil die anderen ihr nicht glauben. 4. Am Schluss kann sie sich doch durchsetzen.

Tabelle wird auf der nächsten Seite fortgesetzt

Fortsetzung von Tabelle 1: Das Fünf-Ebenen-Modell und die 15 Inhaltskategorien (kursiv) des Operanten Motivtests (OMT, Kuhl & Scheffer, 1999) mit Beispielantworten (1. bis 4.)

	Anschluss	Leistung	Macht
Ebene 4: Negativer Affekt, Anreizsteuerung	*Vertrautheit* 1. Ich habe hier ein Problem. Bitte hör mir mal zu! 2. Erleichtert. Geborgenheit! 3. Es ist gut, nicht allein zu sein. 4. Sie werden sich weiter gut verstehen.	*Druck* 1. Auf jede Frage eine Antwort zu wissen und die Arbeit in der vorgegebenen Zeit zu schaffen. 2. Er ist ausgelaugt und müde, aber erleichtert. 3. Er weiß, dass die Prüfung hinter ihm liegt. 4. Er bekommt eine gute Note.	*Direktion/Inhibition* 1. Die anderen Personen nicht zu sehr einzuschüchtern. 2. Erleichtert. 3. Sie ist zufrieden damit, eine angenehme und faire Situation hergestellt zu haben. 4. Alle gehen gemeinsam wieder an die Arbeit.
Ebene 5: Furcht	*Abhängigkeit* 1. Er ist unsicher, möchte sich geborgen und sicher fühlen. 2. Er fühlt sich schlecht. 3. Er möchte Hilfe. Ihm wurde nicht geholfen. 4. Er ist enttäuscht.	*Misserfolgsfurcht* 1. Den Test zu bestehen. 2. Sie fühlt sich völlig neben der Rolle, weil der Test nicht gut gelaufen ist und hofft auf Glück 3. Sie hat nicht genug gelernt. 4. ??	*Ohnmacht* 1. Sich aufzurichten! Selbstbewusstsein und Klarheit zu haben. 2. Klein und zusammengeschrumpft. 3. Der andere wirkt viel zu beängstigend. 4. Sie muss eine Strafarbeit ausführen.

In der Antwort auf die erste Frage schlägt sich zumeist das Motiv nieder. In den Antworten auf die Fragen 2 und 3 werden die Regulationsmechanismen zur Motivumsetzung deutlich. Die Antwort auf die Frage 4 wird optional herangezogen, falls die vorherigen Antworten kein eindeutiges Ergebnis geliefert haben. Pro Bild wird eine der 15 Inhaltskategorien kodiert bzw. eine Nullkodierung vergeben, falls kein Motiv erkennbar ist. Die Auswertung ist trotz der 15 Kategorien bereits mit einigen Tagen Übung gut zu erlernen und liefert Auswerter-Übereinstimmungen von über .85 (nach der Formel von Winter, 1994). Die Durchführungs- und Auswertungszeiten sind deutlich kürzer als beim TAT. Die interne Konsistenz ist eigentlich kein geeigneter Kennwert zur Schätzung der Zuverlässigkeit operanter Verfahren, da Personen mit mittlerer Motivausprägung innerhalb eines Bildes keinen mittleren Wert erlangen können, sondern nur durch inkonsistente Antworten über verschiedene Bilder hinweg. Wenn man deshalb nur Personen mit extrem niedriger oder extrem hoher Motivausprägung (erstes und viertes Quartil der drei Grundmotive) heranzieht, dann zeigt der OMT in den aggregierten Hoffnungskennwerten (Summe der Ebenen 1 bis

4) ausreichende interne Konsistenzen (Anschluss .74, Leistung .70, Macht .78). Die Stabilität der Grundmotive liegt bei einem Retest-Intervall von einer Woche um die .72 (Scheffer, Kuhl & Eichstaedt, 2003). Einzelne Zellen wie „Flow" (Ebene 1 des Leistungsmotivs) zeigen in einer kleinen Stichprobe von $N = 27$ sogar eine Stabilität von .73 über einen Zeitraum von zwei Jahren (Baumann & Scheffer, 2008).

Es gibt bereits eine Vielzahl von Validierungshinweisen sowohl für einzelne Zellen des OMT als auch für die aggregierten Motivkennwerte (Scheffer, 2005). Ferner gibt es Validierungshinweise für die Zuordnung der Ebenen zu selbst- vs. anreizgesteuerten Regulationsformen. So zeigen sich beispielsweise signifikante Zusammenhänge zwischen den selbstgesteuerten Motivumsetzungsebenen (Ebenen 1 und 3) und reaktionszeitbasierten Kennwerten für einen guten Selbstzugang (Baumann, Kazén & Kuhl, 2010). Trotzdem stellt die Beurteilung der diskriminanten, konvergenten und inkrementellen Validität für jede der 15 OMT-Komponenten inklusive der Summenkennwerte natürlich eine monumentale Aufgabe dar, die zur Zeit noch nicht annähernd abgeschlossen ist.

Der OMT ist für die Untersuchung mit Kindern und Jugendlichen besonders interessant, da er durch die Differenzierung von fünf verschiedenen Regulationsformen der Bedürfnisbefriedigung veränderungssensitive Variablen erfasst. Während Motive an sich als eher stabile, überdauernde Dispositionen angesehen werden, kann von den Regulationsmechanismen zur Umsetzung der Motive angenommen werden, dass sie sich durch den Unterrichts- und Erziehungsstil sowie durch Beratung und Intervention verändern lassen. Systematische Untersuchungen mit dem OMT stehen zwar noch aus, liegen jedoch für andere Verfahren bereits vor. So konnten Gebker und Kuhl (2008) beispielsweise zeigen, dass ein spezielles Training zur Förderung der Selbstmotivierung und zur Verankerung der Leistungsmotivation im Selbst (z. B. durch eine Steigerung der Identifikation mit Leistungszielen) bei $N = 15$ Jugendlichen im Vergleich zu einer Kontrollgruppe von $N = 15$ Jugendlichen der elften Klassenstufe eines Gymnasiums tatsächlich zu einem signifikant höheren Leistungsanstieg vom vorangegangenen zum nachfolgenden Zeugnis führte.

Auch die klassische Differenzierung zwischen der Hoffnungs- und der Furchtkomponente des TAT-Leistungsmotivs hat bereits Motivänderungsprogramme angeregt. Ein Trainingsprogramm, das misserfolgsängstlichen Kindern einer vierten Grundschulklasse vermitteln sollte, sich angemessene Schwierigkeitsgrade zu wählen und Erfolge und Misserfolge in selbstwertförderlicher Weise zu erklären, konnte im Vergleich zur Kontrollgruppe die Hoffnungskomponente des Leistungsmotivs steigern und die Furchkomponente verringern (Krug & Hanel, 1976). Auch für die nachfolgend dargestellte Gitter-Technik liegen bereits Hinweise für die Veränderbarkeit der Regulationsform bei der Umsetzung von Motiven vor (vgl. Schmalt, 2003). Beratung und Intervention könnten von der Möglichkeit einer noch differenzierteren Messung der verschiedenen Regulationsformen im OMT enorm profitieren.

4.2 Multi-Motiv-Gitter (MMG)

Das MMG von Schmalt, Sokolowski und Langens (2000) arbeitet wie TAT und OMT mit der bildsituativen Anregung grundlegender Motive. Die Probanden bzw. Probandinnen sollen ihre Geschichten zu den Bildern jedoch nicht aufschreiben, sondern beurteilen, inwieweit eine Reihe von standardisierten Aussagen auf die Bilder zutreffen (Schmalt et al., 2000). Während durch die Vorlage mehrdeutiger Bilder das apperzeptive Element erhalten bleibt, wird bei der Bearbeitung und Auswertung auf fragebogenähnliche Prozeduren zurückgegriffen. Das MMG wird daher manchmal als semiprojektives statt projektives Verfahren bezeichnet. Auch wenn konzeptuelles Wissen stärker in das MMG einfließt als in den TAT und OMT, erfüllt das MMG dennoch wesentliche Kriterien operanter Motive: Zugriff auf ausgedehnte semantische Netzwerke bedürfnisbezogener Episoden, eine implizite Komponente und affektive Apperzeption im Sinne einer bedürfnisbezogenen Interpretation perzeptiven Inputs (vgl. Baumann, Kazén & Kuhl, 2010).

Für Kinder und Jugendliche im Alter von 9 bis 16 Jahren liegt mit dem *Leistungsmotiv-Gitter* (LM-Gitter) eine gesonderte Version zur Messung des Leistungsmotivs vor (vgl. Schmalt, 2003). In der langen Version werden 18 leistungsthematische Bilder aus Schule und Sport dargeboten, die anhand von 18 (für alle Bilder gleichen) Aussagen beurteilt werden. In der Kurzversion werden sechs Bilder und zehn Aussagen vorgelegt. Das LM-Gitter erfasst drei Faktoren: (1) Hoffnung auf Erfolg, gegründet auf positive Effizienzerwartungen, (2) Furcht vor Misserfolg (passiv), gegründet auf negative Effizienzerwartungen und (3) Furcht vor Misserfolg (aktiv), gegründet auf der Antizipation, den drohenden Misserfolg durch gesteigerten Einsatz vermeiden zu können.

Die interne Konsistenz der Skalen liegt zwischen .88 und .92. Die Retest-Reliabilität liegt für die Langversion zwischen .67 und .85 nach einem Intervall von zwei bis acht Wochen und für die Kurzversion zwischen .49 und .67 nach einem Intervall von drei Wochen. Das LM-Gitter kann damit als reliables Instrument angesehen werden. Die Validierungskorrelate reichen von Leistungsdaten (z. B. Schulnoten, Konzentrationsleistungen) über Anspruchsniveausetzungen, Risiko-Wahlen, Ausdauerverhalten und Belohnungsaufschub bis hin zu Ursachenzuschreibungen und Zielbildungen (vgl. Schmalt, 2003). Der besondere Reiz des LM-Gitters liegt also darin, dass es sehr ökonomisch ein recht globales Konstrukt erfasst, das in vielen verschiedenen Situationen und für sehr unterschiedliche Verhaltensweisen Vorhersagen erlaubt, solange es um das Thema Leistung, das heißt die Auseinandersetzung mit einem Gütemaßstab, geht (Schmalt, 2003).

4.3 Diskussion

Die drei verschiedenen Methoden zur Messung impliziter Motive (TAT, OMT und MMG) zeigen interessanterweise häufig keine konvergente Validität. Das mag an dem unterschiedlich starken Anteil konzeptueller und selbstregulatorischer Elemente in den drei Verfahren liegen (für eine vertiefende Diskussion vgl. Baumann, Kazén & Kuhl, 2010). Im Gegensatz zu den Methoden zur Messung impliziter Einstellungen herrscht bei den Motivmaßen jedoch inzwischen Konsens darüber, dass sie wirklich genuin implizite oder zumindest qualitativ andere Dimensionen erfassen als Fragebogenmaße. Diese Dualitätshypothese schließt nicht aus, dass beide Formen von Motiven miteinander interagieren und sich arbeitsteilig ergänzen oder in Konflikt miteinander geraten können (vgl. Brunstein, 2003). Die beiden Motive können sich arbeitsteilig gut ergänzen, da impliziten Motiven eine eher energetisierende und expliziten Motiven eine eher lenkende Funktion in der Regulation motivierten Verhaltens zugesprochen wird. Implizite Motive beschreiben hoch generalisierte Präferenzen für die Auseinandersetzung mit spezifischen Anreizen. Wo und wie diese Anreize aufgesucht werden, kann daher maßgeblich durch bewusste Zielsetzungen beeinflusst werden.

Implizite und explizite Motive können jedoch auch in Konflikt miteinander geraten, sodass sich Menschen an Ziele binden, die nicht zu ihren impliziten Motiven und Bedürfnissen passen. Bei einer Nullkorrelation zwischen beiden Motivkategorien ist dieser Fall etwa bei der Hälfte der Menschen zu erwarten. Dabei sind die Vorläufer und Auswirkungen bedürfnis-inkongruenter Zielorientierungen inzwischen gut bekannt: Personen, die wenig selbstbestimmt sind und Stress schlecht bewältigen können, zeigen weniger bedürfnis-kongruente Zielorientierungen als selbstbestimmte, stressresistente Personen (Baumann, et al., 2005; Elliot & Thrash, 2002). Bedürfnisfremde Zielorientierungen gehen mit verringertem Wohlbefinden und verstärkten psychosomatische Beschwerden einher (Baumann et al., 2005). Die Übereinstimmung zwischen impliziten und expliziten Motiven ist daher ein diagnostisch wertvoller Kennwert, der wichtige Impulse für die Beratung und Therapie geben kann. Motivkongruenz, Stressbewältigung und andere Motivationsaspekte können bereits in der Beratung von Schulkindern sinnvoll genutzt werden (z. B. Gebker & Kuhl, 2008; Schmalt, 2003).

5 Weitere Methoden

In anderen Bereichen der Psychologie werden ebenfalls vielversprechende nichtreaktive und implizite Methoden eingesetzt. Besonders interessant ist der *Familien-System-Test* (FAST) von Gehring (1993), der mit der Aufstellung von Familienstrukturen arbeitet. Der Test besteht aus einem Brett, das ähnlich wie ein Schachbrett in 81 monochromatische Felder unterteilt ist (9 Reihen x 9 Zeilen), schematischen Figuren von 5 bis 8 cm Größe, wobei Zylinder männliche Figuren und Kegel weibliche Figuren repräsentieren, und unterschiedlich hohen Klötzen (1,5 cm, 3 cm und 4,5 cm), die unter die Figuren gestellt werden können (vgl. Abb. 4). Die Probanden bzw. Probandinnen sollen sich an ihre Kindheit vor dem sechsten Lebensjahr erinnern und alle relevanten Personen so auf dem Brett platzieren, dass es die typische emotionale Nähe oder Verbundenheit zwischen den Personen ausdrückt. Im nächsten Schritt sollen die Figuren so mit den Klötzen erhöht werden, dass ihre Größe den tatsächlichen Einfluss auf die anderen ausdrückt. Das System setzt keine bewussten Reflexionen über die eigene Kindheit voraus und kann daher auch schon mit Kindern eingesetzt werden. Obwohl bei älteren Probanden bzw. Probandinnen auch bewusste

Reflexionen in die Aufstellung einfließen können, ist der FAST trotzdem besonders sensitiv für implizite „Erinnerungen". Zentrale Kennwerte sind Nähe und Distanz zwischen einzelnen Familienmitgliedern, Hierarchiegefälle und familiäre Kohäsion (Gehring, 1993). Die Abbildung 4 zeigt die Aufstellung einer Familie mit geringer Kohäsion.

Abbildung 4: Der Familien-System-Test (FAST) von Gehring (1993); Darstellung einer geringen familiären Kohäsion in der Kindheit

Der FAST ist durch entwicklungspsychologische Forschung gut validiert und liefert beispielsweise interessante Befunde über die Entwicklungsbedingungen impliziter Motive (Scheffer, 2005). So zeigen Menschen, die aus ihrer Kindheit eine geringe Kohäsion der gesamten Familie erinnern, ein starkes implizites Anschlussmotiv. Dieser Effekt ist noch verstärkt bei Menschen, die in Kriegszeiten aufgewachsen sind, da unter diesen „zerrissenen" Umständen der Aufbau eines intakten Beziehungsnetzes auch außerhalb der Kernfamilie besonders wichtig ist (vgl. Scheffer, 2005). Über die Forschung hinaus findet der FAST breite Anwendung in der Beratung und Therapie.

6 Fazit

Der vorliegende Beitrag liefert keinen vollständigen Überblick über Alternativen zur Befragung, sondern zeigt an ausgewählten Beispielen die Vielfalt indirekter und impliziter Methoden auf. Einige dieser Methoden sind altbewährt, während andere noch in den Kinderschuhen stecken und eher eine mögliche Suchrichtung für zukünftige Forschung, Diagnostik und Intervention aufzeigen. Wie wir Dinge sehen (Einstellungen), wie wir mit uns selbst umgehen (Selbststeuerung) und was uns antreibt

(Motive), beeinflusst unser Verhalten und Erleben. Aber auch die Art und Weise, wie wir diese Dinge messen, entscheidet darüber, was wir am Ende herausfinden oder vorhersagen können. Alle hier vorgestellten Methoden leisten einen signifikanten und zusätzlichen Beitrag zur Vorhersage des Verhaltens. Dabei wird die Vorhersagekraft nicht nur quantitativ gesteigert und um mögliche Störfaktoren bereinigt, sondern um eine qualitativ andere Klasse von Verhalten ergänzt. Das ist für mich ein starkes Argument für die Nutzung und Weiterentwicklung von Alternativen zur Befragung.

Literatur

Ach, N. (1910). *Über den Willensakt und das Temperament*. Leipzig: Quelle & Meyer.

Asendorpf, J. B., Banse, R. & Mücke, D. (2002). Double dissociation between implicit and explicit personality self-concept: The case of shy behavior. *Journal of Personality and Social Psychology, 83,* 380-393.

Banse, R., Gawronski, B., Rebetez, C. Gutt, H. & Morton, J. B. (2009). *Overcoming spontaneous gender stereotyping during childhood: Easier said than done*. Manuscript submitted for publication. University of Bonn.

Baron, A. S. & Banaji, M. R. (2006). The development of implicit attitudes: Evidence of race evaluations from ages 6 and 10 and adulthood. *Psychological Science, 17,* 53-58.

Baumann, N., Gebker, S. & Kuhl, J. (2010). Hochbegabung und Selbstregulation: Der Schlüssel für die Umsetzung von Begabung in Leistung. In F. Preckel, W. Schneider & H. Holling (Hrsg.), *Diagnostik von Hochbegabung* (S. 141-167). Göttingen: Hogrefe.

Baumann, N., Kaschel, R. & Kuhl, J. (2005). Striving for unwanted goals: Stress-dependent discrepancies between explicit and implicit achievement motives reduce subjective wellbeing and increase psychosomatic symptoms. *Journal of Personality and Social Psychology, 89,* 781-799.

Baumann, N., Kazén, M. & Kuhl, J. (2010). Implicit motives: A look from Personality Systems Interaction theory. In O. C. Schultheiss & J. C. Brunstein (Eds.), *Implicit motives* (pp. 375-403). New York, NY: Oxford University Press.

Baumann, N. & Kuhl, J. (2002). Intuition, affect, and personality: Unconscious coherence judgments and self-regulation of negative affect. *Journal of Personality and Social Psychology, 83,* 1213-1223.

Baumann, N. & Kuhl, J. (2003). Self-infiltration: Confusing assigned tasks as self-selected in memory. *Personality and Social Psychology Bulletin, 29,* 487-497.

Baumann, N. & Kuhl, J. (2005). How to resist temptation: The effects of external control versus autonomy support on self-regulatory dynamics. *Journal of Personality, 73,* 443-470.

Baumann, N. & Scheffer, D. (2008). Operanter Motivtest und Leistungs-Flow. In W. Sarges & D. Scheffer (Hrsg.), *Innovative Ansätze für die Eignungsdiagnostik. Psychologie für das Personalmanagement* (S. 65-76). Göttingen: Hogrefe.

Baumeister, R. F., Bratslavsky, E., Muraven, M. & Tice, D. M. (1998). Ego depletion: Is the active self a limited resource? *Journal of Personality and Social Psychology, 74,* 1252-1265.

Brunstein, J. C. (2003). Implizite Motive und motivationale Selbstbilder: Zwei Prädiktoren mit unterschiedlichen Gültigkeitsbereichen. In J. Stiensmeier-Pelster & F. Rheinberg (Hrsg.), *Diagnostik von Motivation und Selbstkonzept* (S. 59-88). Göttingen: Hogrefe.

Degner, J. & Wentura, D. (2009). *Automatic prejudice in childhood and early adolescence*. Manuscript submitted for publication. Saarland University, Saarbrücken.

Degner, J., Wentura, D., Gniewosz, B. & Noack, P. (2007). Hostility-related prejudice against Turks in adolescents: Masked affective priming allows for differentiation of automatic prejudice. *Basic and Applied Social Psychology, 29*, 245-256.

Degner, J., Wentura, D. & Rothermund, K. (2006). Indirect assessment of attitudes – chances and problems. *Zeitschrift für Sozialpsychologie (Themenheft Methoden der Sozialpsychologie herausgegeben von T. Meiser), 37*, 131-139.

De Houwer, J. (2003). A structural analysis of indirect measures of attitudes. In J. Musch & K. C. Klauer (Eds.), *The psychology of evaluation: Affective processes in cognition and emotion* (pp. 219-244). Mahwah, NJ: Erlbaum.

De Houwer, J. (2006). What are implicit measures and why are we using them. In R. W. Wiers & A. W. Stacy (Eds.), *The handbook of implicit cognition and addiction* (pp. 11-28). Thousand Oaks, CA: Sage.

Elliot, A. J. & Thrash, T. M. (2002). Approach-avoidance motivation in personality: Approach and avoidance temperaments and goals. *Journal of Personality and Social Psychology, 82* (5), 804-818.

Entwisle, D. R. (1972). To dispel fantasies about fantasy-based measures of achievement motivation. *Psychological Bulletin, 77*, 377-391.

Fazio, R. H. & Olson, M. A. (2003). Implicit measures in social cognition research: Their meaning and uses. *Annual Review of Psychology, 54*, 297-327.

Friese, M., Hofmann, W. & Wänke, M. (2008). When impulses take over: Moderated predictive validity of explicit and implicit attitude measures in predicting food choice and consumption behavior. *British Journal of Social Psychology, 47*, 397-419.

Gebker, S. & Kuhl, J. (2008). Gute Noten: eine Frage sowohl der Begabung als auch der Persönlichkeit? In C. Fischer, F. J. Mönks & U. Westphal (Hrsg.), *Individuelle Förderung: Begabungen entfalten – Persönlichkeit entwickeln. Allgemeine Forder- und Förderkonzepte* (S. 431-446). Münster: Lit-Verlag.

Gehring, T. M. (1993). *Familien-System-Test. Manual*. Weinheim: Beltz Test.

Goschke, T. (1996). Wille und Kognition: Zur funktionalen Architektur der intentionalen Handlungssteuerung. In J. Kuhl & H. Heckhausen (Hrsg.), *Motivation, Volition und Handlung* (S. 583-663). Göttingen: Hogrefe.

Greenwald, A.G. & Banaji, M. R. (1995). Implicit social cognition: Attitudes, self-esteem, and stereotypes. *Psychological Review, 102*, 4-27.

Greenwald, A. G., McGhee, D. E. & Schwartz, J. L. K. (1998). Measuring individual differences in implicit cognition: The Implicit Association Test. *Journal of Personality and Social Psychology, 74*, 1464-1480.

Hofmann, W., Gawronski, B., Gschwendner, T., Le, H. & Schmitt M. (2005). A meta-analysis on the correlation between the Implicit Association Test and explicit self-report measures. *Personality and Social Psychology Bulletin, 31*, 1369-1385.

Kazén, M. & Kuhl, J. (2005). Intention memory and achievement motivation: Volitional facilitation and inhibition as a function of affective contents of need-related stimuli. *Journal of Personality and Social Psychology, 89*, 426-448.

Kees, M. (2009). *Willensbahnung und integrative Fähigkeit im schulischen Leistungsbereich*. Unveröffentlichte Diplomarbeit, Universität Trier.

Killen, M., McGothlin, H. & Henning, A. (2008). Implicit bias and explicit judgments A developmental perspective. In S. R. Levy & M. Killen (Eds.), *Intergroup attitudes and relations in childhood through adulthood* (pp.126-145). Oxford: Oxford University Press.

Koole, S. & Jostmann, N. (2004). Getting a grip on your feelings: Effects of action orientation and external demands on intuitive affect regulation. *Journal of Personality and Social Psychology, 87,* 974-990.

Krug, S. & Hanel, J. (1976). Motivänderung: Erprobung eines theoriegeleiteten Trainingsprogramms. *Zeitschrift für Entwicklungspsychologie und Pädagogische Psychologie, 8,* 274-287.

Kuhl, J. (2000). The volitional basis of personality systems interaction theory: Applications in learning and treatment contexts. *International Journal of Educational Research, 33,* 665-703.

Kuhl, J. (2001). *Motivation und Persönlichkeit: Interaktionen psychischer Systeme.* Göttingen: Hogrefe.

Kuhl, J. (2004). Begabungsförderung: Diagnostik und Entwicklung persönlicher Kompetenzen. In C. Fischer, F. J. Mönks & E. Grindel (Hrsg.), *Curriculum und Didaktik der Begabtenförderung. Begabungen fördern – Lernen individualisieren* (S. 18-40). Münster: Lit-Verlag.

Kuhl, J. & Christ, E. (1993). *Der Selbstregulations-Strategien-Test für Kinder (SRST-K).* Göttingen: Hogrefe.

Kuhl, J. & Fuhrmann, A. (1998). Decomposing self-regulation and self-control: The volitional components checklist. In J. Heckhausen & C. Dweck (Eds.), *Life span perspectives on motivation and control* (pp. 15-49). Mahwah, NJ: Erlbaum.

Kuhl, J. & Kaschel, R. (2004). Entfremdung als Krankheitsursache: Selbstregulation von Affekten und integrative Kompetenz. *Psychologische Rundschau, 55,* 61-71.

Kuhl, J. & Kazén, M. (1999). Volitional facilitation of difficult intentions: Joint activation of intention memory and positive affect removes stroop interference. *Journal of Experimental Psychology: General, 128,* 382-399.

Kuhl, J. & Kazén, M. (2008). Motivation, affect and hemispheric asymmetry: Power versus affiliation. *Journal of Personality and Social Psychology, 95,* 456-469.

Kuhl, J. & Kraska, K. (1992). *Selbstregulations- und Konzentrationstest für Kinder (SRKT-K).* Göttingen: Hogrefe.

Kuhl, J. & Scheffer, D. (1999). *Der operante Multi-Motiv-Test (OMT): Manual.* Osnabrück: Universität.

Lang, P. J., Bradley, M. M. & Cuthbert, B. N. (2005). *International affective picture system (IAPS): Affective ratings of pictures and instruction manual* (Technical Report A-6). Gainesville, FL: University of Florida.

Levy, S. R. & Killen, M. (2008). *Intergroup attitudes and relations in childhood through adulthood.* Oxford: Oxford University Press.

McAdams, D. P. & Vaillant, G. E. (1982). Intimacy motivation and psychosocial adjustment: A longitudinal study. *Journal of Personality Assessment, 46,* 586-593.

McClelland, D. C. & Boyatzis, R. E. (1982). Leadership motive pattern and long-term success in management. *Journal of Applied Psychology, 67,* 737-743.

McClelland, D. C. & Franz, C. E. (1992). Motivational and other sources of work accomplishments in mid-life: A longitudinal study. *Journal of Personality, 60,* 679-707.

McClelland, D. C., Koestner, R. & Weinberger, J. (1989). How do self-attributed and implicit motives differ? *Psychological Review, 96,* 690-702.

Most, S. B., Sorber, A. V. & Cunningham, J. G. (2007). Auditory Stroop reveals implicit gender associations in adults and children. *Journal of Experimental Social Psychology, 43,* 287-294.

Murray, H. A. (1943). *Thematic Apperception Test.* Cambridge, MA: Harvard University Press.

Papoušek, H. & Papoušek, M. (1987). Intuitive Parenting: A dialectic counterpart to the infant's integrative competence. In J. D. Osofsky (Ed.), *Handbook of infant development* (2nd ed., pp. 669-720). New York: Wiley.

Perugini, M. (2005). Predicitve models of implicit and explicit attitudes. *British Journal of Social Psychology, 44*, 29-45.

Quintana, S. M. & McKown, C. (2008). *Handbook of race, racism, and the developing child.* Hoboken, NJ: Wiley.

Rothermund, K. & Wentura, D. (2004). Underlying processes in the Implicit Association Test: Dissociating salience from associations. *Journal of Experimental Psychology: General, 113*, 139-165.

Rutland, A., Cameron, L., Milne, A. & McGeorge, P. (2005). Social norms and self-presentation: Children's implicit and explicit intergroup attitudes. *Child Development, 76*, 451-466.

Scheffer, D. (2005). *Implizite Motive*. Göttingen: Hogrefe.

Scheffer, D., Kuhl, J. & Eichstaedt, J. (2003). Der Operante Motiv-Test (OMT): Inhaltsklassen, Auswertung, psychometrische Kennwerte und Validierung. In J. Stiensmeier-Pelster & F. Rheinberg (Hrsg.), *Diagnostik von Motivation und Selbstkonzept* (S. 151-167). Göttingen: Hogrefe.

Schmalt, H.-D. (2003). Leistungsmotivation im Unterricht: Über den Einsatz des LM-Gitters in der Schule. In J. Stiensmeier-Pelster & F. Rheinberg (Hrsg.), *Diagnostik von Motivation und Selbstkonzept* (S. 105-127). Göttingen: Hogrefe.

Schmalt, H.-D., Sokolowski, K. & Langens, T. A. (2000). *Das Multi-Motiv-Gitter für Anschluss, Leistung und Macht*. Frankfurt: Swets.

Schnabel, K., Asendorpf, J. B. & Greenwald, A. G. (2008). Assessment of individual differences in implicit cognition: A review of IAT measures. *European Journal of Psychological Assessment, 24*, 120-127.

Sinclair, S., Dunn, E. & Lowery, B. S. (2005). The relationship between parental racial attitudes and children's implicit prejudice. *Journal of Experimental Social Psychology, 41*, 283-289.

Turner, R. N., Hewstone, M. & Voci, A. (2007). Reducing explicit and implicit outgroup prejudice via direct and extended contact: The mediating role of self-disclosure and intergroup anxiety. *Journal of Personality and Social Psychology, 93*, 369-388.

Tice, D. M., Bratslavsky, E. & Baumeister, R. F. (2001). Emotional distress regulation takes precedence over impulse control: If you feel bad, do it! *Journal of Personality and Social Psychology, 80*, 53-67.

Winter, D. G. (1994). *Manual for scoring motive imagery in running text (Version 4.2)*. Unpublished manuscript, University of Michigan.

Die Autorinnen und Autoren des Bandes

Prof. Dr. Nicola Baumann
Universität Trier
FB I – Psychologie
Differentielle Psychologie,
Persönlichkeitspsychologie und
Diagnostik
54286 Trier
E-Mail: nicola.baumann@uni-trier.de

Dr. Julia Berkic
Staatsinstitut für Frühpädagogik (IFP)
Winzererstraße 9
80797 München
E-Mail: Julia.Berkic@ifp.bayern.de

Jeremy Burrus
Educational Testing Service (ETS)
Center for New Constructs
Rosedale Road
Princeton, NJ 08541
USA
E-Mail: JBurrus@ETS.ORG

Dipl.-Psych. Nadine Diersch
Max-Planck-Institut für Kognitions-
und Neurowissenschaften
Arbeitsbereich Psychologie
Stephanstraße 1a
04103 Leipzig
E-Mail: diersch@cbs.mpg.de

Dipl.-Psych. Sabina Glaser
Wiesenstraße 33
60385 Frankfurt am Main
E-Mail: sabina.glaser@googlemail.com

Almut Hupbach, PhD
Lehigh University
Department of Psychology
17 Memorial Drive East
Bethlehem, PA 18015-3068
USA
E-Mail: hupbach@lehigh.edu

Robert J. Jagers, PhD
University of Michigan
School of Education
610 E. University Ave.
Ann Arbor, MI 48109-1259
USA
E-Mail: rjagers@umich.edu

Prof. Dr. Bettina Janke
Pädagogische Hochschule Heidelberg
Fakultät I – Pädagogische Psychologie
Keplerstraße 87
69120 Heidelberg
E-Mail: janke@ph-heidelberg.de

PD Dr. Mechthild Kiegelmann
Universität Trier
FB I – Psychologie
Pädagogische Psychologie und
Angewandte Entwicklungspsychologie
54286 Trier
E-Mail: kiegelma@uni-trier.de

Dr. Kathrin Lockl
Universität Bamberg
Lehrstuhl Psychologie I
Entwicklung und Lernen
Markusplatz 3
96047 Bamberg
E-Mail: kathrin.lockl@ppp.uni-
bamberg.de

Dr. Silvia Mecklenbräuker
Universität Trier
FB I – Psychologie
Allgemeine Psychologie und
Methodenlehre
54286 Trier
E-Mail: mecklen@uni-trier.de

Dr. Andrea Mohr
Kreuzflur 123
54296 Trier
E-Mail: a.mohr@mohr-consultant.com

Prof. Dr. Franzis Preckel
Universität Trier
FB I – Psychologie
Hochbegabtenforschung und -förderung
54286 Trier
E-Mail: preckel@uni-trier.de

Dr. Richard D. Roberts
Educational Testing Service (ETS)
Center for New Constructs
Rosedale Road
Princeton, NJ 08541
USA
E-Mail: RRoberts@ETS.ORG

Prof. Dr. Claudia M. Roebers
Universität Bern
Institut für Psychologie
Abteilung Entwicklungspsychologie
Muesmattstraße 45
CH-3012 Bern
E-Mail: claudia.roebers@psy.unibe.ch

Dipl. Psych. Christiane Schlotter
Pädagogische Hochschule Heidelberg
Fakultät I – Pädagogische Psychologie
Keplerstraße 87
69120 Heidelberg
E-Mail: schlotter@ph-heidelberg.de

Prof. Dr. Klaus A. Schneewind
Universität München
Department Psychologie
Leopoldstraße 13
80802 München
E-Mail: schneewind@psy.uni-muenchen.de

Prof. Dr. Wolfgang Schneider
Julius-Maximilians-Universität Würzburg
Lehrstuhl für Psychologie IV
Wittelsbacherplatz 1
97070 Würzburg
E-Mail: schneider@psychologie.uni-wuerzburg.de

Prof. em. Dr. Albert Spitznagel †
Justus-Liebig-Universität Gießen
FB 06, Psychologie und
Sportwissenschaft
Pädagogische Psychologie
Otto-Behaghel-Straße 10F
35394 Gießen

Prof. em. Dr. Eberhard Todt
Justus-Liebig-Universität Gießen
FB 06, Psychologie und
Sportwissenschaft
Pädagogische Psychologie
Otto-Behaghel-Straße 10F
35394 Gießen
E-Mail: eberhard.todt@psychol.uni-giessen.de

Dr. Miriam Vock
Humboldt-Universität zu Berlin
Institut zur Qualitätsentwicklung im
Bildungswesen
Unter den Linden 6
10099 Berlin
E-Mail: miriam.vock@iqb.hu-berlin.de

Prof. Dr. Eva Walther
Universität Trier
FB I – Psychologie
Sozialpsychologie
54286 Trier
E-Mail: walther@uni-trier.de

Prof. Dr. Sabine Weinert
Universität Bamberg
Lehrstuhl für Psychologie I
Markusplatz 3
96045 Bamberg
E-Mail: sabine.weinert@uni-bamberg.de

Franzis Preckel
Wolfgang Schneider
Heinz Holling (Hrsg.)

Diagnostik von Hochbegabung

(Reihe: »Jahrbuch der pädagogisch-psychologischen Diagnostik. Tests und Trends«, N.F. 8)
2010, XII/321 Seiten,
€ 39,95 / sFr. 68,–
ISBN 978-3-8017-2281-4

Wie und woran ist Hochbegabung zu erkennen? Was sind wesentliche Kriterien intellektueller Hochbegabung? Das Buch illustriert die wesentlichen Problempunkte und zeigt Antworten auf.

Klaus D. Kubinger
Tuulia Ortner (Hrsg.)

Psychologische Diagnostik in Fallbeispielen

2010, ca. 500 Seiten,
ca. € 49,95 / sFr. 75,–
ISBN 978-3-8017-2244-9

Anhand von 30 Falldarstellungen illustriert der Band die Praxis psychologischen Diagnostizierens und stellt damit eine ideale Ergänzung zu Lehr- und Handbüchern der psychologischen Diagnostik dar.

Falko Rheinberg

Motivationsdiagnostik

(Reihe: »Kompendien Psychologische Diagnostik«, Band 5)
2004, 170 Seiten,
€ 24,95 / sFr. 43,90
ISBN 978-3-8017-1615-8

Der Band liefert eine praxisorientierte Einführung in die Motivationsdiagnostik.

Heinz Holling
Franzis Preckel
Miriam Vock

Intelligenzdiagnostik

(Reihe: »Kompendien Psychologische Diagnostik«, Band 6)
2004, 185 Seiten,
€ 24,95 / sFr. 43,90
ISBN 978-3-8017-1626-4

Der Band bietet einen Überblick über anwendungsbezogene Aspekte der Intelligenzdiagnostik und erleichtert damit die Auswahl und Anwendung von Verfahren der Intelligenzdiagnostik.

Marcus Hasselhorn
Wolfgang Schneider (Hrsg.)

Handbuch der Entwicklungspsychologie

(Reihe: »Handbuch der Psychologie«, Band 7)
2007, 711 Seiten, geb.,
€ 59,95 / sFr. 99,–
(Bei Abnahme von mind. 4 Bänden der Reihe € 49,95 / sFr. 84,–)
ISBN 978-3-8017-1847-3

Das Handbuch liefert einen umfassenden Überblick über theoretische Ansätze und empirische Befunde in der Entwicklungspsychologie.

Wolfgang Schneider
Marcus Hasselhorn (Hrsg.)

Handbuch der Pädagogischen Psychologie

(Reihe: »Handbuch der Psychologie«, Band 10)
2008, 711 Seiten, geb.,
€ 59,95 / sFr. 99,–
(Bei Abnahme von mind. 4 Bänden der Reihe € 49,95 / sFr. 84,–)
ISBN 978-3-8017-1863-3

Wichtige Ansätze und empirische Befunde der Pädagogischen Psychologie werden in diesem Handbuch ausführlich dargestellt.

Hogrefe Verlag GmbH & Co. KG
Rohnsweg 25 · 37085 Göttingen · Tel: (0551) 49609-0 · Fax: -88
E-Mail: verlag@hogrefe.de · Internet: www.hogrefe.de

Renate Volbert
Klaus-Peter Dahle

Forensisch-psychologische Diagnostik im Strafverfahren

(Reihe: »Kompendien Psychologische Diagnostik«, Band 12)
2010, ca. 120 Seiten,
ca. € 19,95 / sFr. 29,90
ISBN 978-3-8017-1460-4

Das Buch liefert einen Überblick über die zentralen forensisch-psychologischen Fragestellungen im Bereich des Strafrechts. Nach einer Einführung in die Rahmenbedingungen forensisch-psychologischer Sachverständigentätigkeit werden die methodischen Grundlagen für die verschiedenen Gutachtenfragestellungen erörtert. Ausführlich und praxisbezogen wird das Vorgehen bei aussagepsychologischen Fragestellungen, bei Fragen zur Kriminal- und Gefährlichkeitsprognose, zur Schuldfähigkeit, zur strafrechtlichen Verantwortlichkeit sowie zur Entwicklungsreife erläutert.

Günther Deegener
Wilhelm Körner (Hrsg.)

Kindesmisshandlung und Vernachlässigung
Ein Handbuch

2005, 874 Seiten, geb.,
€ 79,95 / sFr. 134,–
ISBN 978-3-8017-1746-9

Das Handbuch stellt die Bedingungen und Ursachen von Kindesmisshandlungen dar und geht hierbei u.a. auf Erziehungsstile sowie Ergebnisse der Bindungsforschung ein. Es vermittelt wichtige Handlungskonzepte für Diagnostik und Intervention: Themen sind u.a. die medizinische und psychosoziale Diagnostik, die ressourcenorientierte, familienaktivierende Arbeit und die Einschätzung der Kindeswohlgefährdung. Soziale Frühwarnsysteme und die Stärkung der Erziehungskompetenz sind Wege der Prävention, die ausführlich beschrieben werden.

Renate Volbert
Max Steller (Hrsg.)

Handbuch der Rechtspsychologie

(Reihe: »Handbuch der Psychologie«, Band 9)
2008, 649 Seiten, geb.,
€ 59,95 / sFr. 99,–
(Bei Abnahme von mind. 4 Bänden der Reihe € 49,95 / sFr. 84,–)
ISBN 978-3-8017-1851-0

Das Handbuch bietet einen Überblick über die zentralen Forschungs- und Anwendungsgebiete der Rechtspsychologie. Theorien und empirische Befunde zur Kriminalitätsentstehung, Methoden und Ergebnisse der Straftäterbehandlung im Straf- und Maßregelvollzug, Aspekte der Opfererfahrung und Kriminalitätsbewältigung, verschiedene Anwendungsgebiete von Polizeipsychologie, Grundlagen und Methoden der Aussagepsychologie, der Schuldfähigkeitsbegutachtung sowie der Kriminalitätsprognose, verschiedene Aspekte der familienpsychologischen Begutachtung sowie der Psychologie der Strafverfolgung und des Strafverfahrens sind Themen des Bandes.

Klaus-Peter Dahle
Renate Volbert (Hrsg.)

Entwicklungspsychologische Aspekte der Rechtspsychologie

2005, 398 Seiten,
€ 29,95 / sFr. 52,50
ISBN 978-3-8017-1903-6

Der Band bietet eine systematische Übersicht über die vielfältigen entwicklungspsychologischen Grundlagen der Rechtspsychologie. Dabei werden sowohl theoretische und empirische Beiträge der Entwicklungspsychologie als auch deren Implikationen für praktische Fragen der Begutachtung und Behandlung dargestellt. Das Themenspektrum umfasst z.B. die Entwicklung von Verantwortlichkeit und Rechtsbewusstsein, die Rückfallentwicklung, die Untersuchung der Entwicklung von Aussagekompetenzen insbesondere kindlicher Opferzeugen sowie Fragestellungen der Viktimologie.

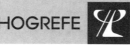

Hogrefe Verlag GmbH & Co. KG
Rohnsweg 25 · 37085 Göttingen · Tel: (0551) 49609-0 · Fax: -88
E-Mail: verlag@hogrefe.de · Internet: www.hogrefe.de